회계사 · 세무사 · 경영지도사 합격을 키운

해커스 경영아카데미
합격 시스템

해커스 경영아카데미 인강

취약 부분 즉시 해결!
**교수님께 질문하기
게시판 운영**

무제한 수강 가능+
**PC 및 모바일
다운로드 무료**

온라인 메모장+
**필수 학습자료
제공**

* 인강 시스템 중 무제한 수강, PC 및 모바일 다운로드 무료 혜택은 일부 종합반/패스/환급반 상품에 한함

해커스 경영아카데미 학원

쾌적한 환경에서 학습 가능!
**개인 좌석 독서실
제공**

철저한 관리 시스템
**미니 퀴즈+출석체크
진행**

복습인강 무제한 수강+
**PC 및 모바일
다운로드 무료**

* 학원 시스템은 모집 시기별로 변경 가능성 있음

회계사 · 세무사 · 경영지도사 단번에 합격! **해커스 경영아카데미 cpa.Hackers.com**

해커스
IFRS
김승철
중급회계 하

해커스 경영아카데미

┃ 이 책의 저자

김승철

학력

연세대학교 경영학과 졸업

경력

현 | 해커스 경영아카데미 교수

   상장사협의회, 국세청 강사

   진회계법인 근무

전 | 아이파 경영아카데미 세무사 재무회계 전임강사

   한국경제, 롯데그룹, 포스코, LG 등 강사

   삼일회계법인 근무

   안진회계법인 IFRS 본부(교육, 집필 등)

자격증

한국공인회계사, 세무사

저서

해커스 IFRS 김승철 중급회계 상/하

해커스 IFRS 김승철 객관식 재무회계

IFRS 회계원리

IFRS 중급회계

김승철 선생님과 직접 소통할 수 있습니다.

✉ kscyk@hanmail.net ☁ cafe.naver.com/ksccpa

머리말

본서는 공인회계사·세무사 시험을 준비하는 수험생들이 방대하고 어려운 재무회계를 체계적으로 학습할 수 있도록 역점을 두어 집필된 교재입니다.

본서의 주요 특징은 다음과 같습니다.

첫째, 공인회계사, 세무사 시험의 출제범위와 수준을 철저히 분석하여 공인회계사·세무사 회계학 시험에 최적화된 내용으로 구성하였습니다.

둘째, 각 주제별 기본이론을 일관된 논리와 풀이과정으로 설명함으로써 국제회계기준에 대한 이해도를 높이고 실전에서 계산문제 풀이에 대한 응용력을 높일 수 있도록 하였습니다.

셋째, 2024년부터 시행되는 국제회계기준 제·개정 사항들을 모두 반영하였습니다. 그리고 이에 따라 변경되는 다른 기준서 내용들도 모두 새로운 기준서에 입각하여 기술하였습니다.

넷째, 최근의 공인회계사, 세무사 시험의 주요 기출문제들을 최대한 많이 수록하여 변화하는 출제경향에 효율적으로 대비할 수 있도록 하였습니다.

힘든 수험의 길을 가고 있는 수험생 분들께 많은 도움을 드리기 위해 할 수 있는 모든 노력을 다하여 집필하였습니다. 이 책이 여러분들을 합격의 길로 이끌어드릴 수 있는 훌륭한 길잡이가 될 것임을 자신있게 말씀드립니다.

이 책이 출간되기까지 많은 분들의 도움을 받았습니다. 이 책의 출간에 물심양면으로 힘써 주신 유동균 원장님과 해커스 경영아카데미 관계자 여러분, 그리고 편집자 분께 많은 감사드립니다. 그리고 무엇보다 이 책으로 학습하시는 모든 수험생 분들이 만족할 만한 결과를 얻고 합격할 수 있기를 진심으로 기원합니다.

김승철

목차

해커스 IFRS 김승철 중급회계 하

제14장

고객과의 계약에서 생기는 수익

제1절 | 계약수익

01 수익인식 개요

1. 의의

① 기업회계기준서 제1115호 '고객과의 계약에서 생기는 수익'에서는 고객과의 계약에서 생기는 수익 및 현금흐름의 특성, 금액, 시기, 불확실성에 대한 유용한 정보를 재무제표 이용자들에게 보고하기 위한 기준을 정한다.

② 이 기준서는 계약상대방이 고객인 경우에만 그 계약에 적용한다. 고객이란 기업의 통상적인 활동의 산출물인 재화나 용역을 대가와 교환하여 획득하기로 그 기업과 계약한 당사자를 말한다. 예를 들면 계약상대방이 기업의 통상적인 활동의 산출물을 취득하기 위해서가 아니라 어떤 활동이나 과정 (예) 협업약정에 따른 자산 개발)에 참여하기 위해 기업과 계약하였고, 그 계약당사자들이 그 활동이나 과정에서 생기는 위험과 효익을 공유한다면, 그 계약상대방은 고객이 아니다.

> ⊙ 참고 **수익인식 기준서의 적용범위**
>
> 이 기준서(제1115호)는 다음을 제외한 고객과의 모든 계약에 적용한다.
> ① 기업회계기준서 제1116호 '리스'의 적용범위에 포함되는 리스계약
> ② 기업회계기준서 제1104호 '보험계약'의 적용범위에 포함되는 보험계약
> ③ 기업회계기준서 제1109호 '금융상품', 제1110호 '연결재무제표', 제1111호 '공동약정', 제1027호 '별도재무제표', 제1028호 '관계기업과 공동기업에 대한 투자'의 적용범위에 포함되는 금융상품과 그 밖의 계약상 권리 또는 의무
> ④ 고객이나 잠재적 고객에게 판매를 쉽게 하기 위해 행하는 같은 사업 영역에 있는 기업 사이의 비화폐성 교환. 예를 들면, 두 정유사가 서로 다른 특정 지역에 있는 고객의 수요를 적시에 충족하기 위해, 두 정유사끼리 유류를 교환하기로 합의한 계약에는 동 계약에 상업적 실질이 없으므로 이 기준서를 적용하지 않는다.

2. 수익인식 일반

(1) 수익의 정의

① 광의의 수익(income)은 자산의 유입 또는 가치 증가나 부채의 감소 형태로 자본의 증가를 가져오는 특정 회계기간에 생긴 경제적 효익의 증가로서, 지분참여자의 출연과 관련된 것은 제외한다. 광의의 수익의 정의에는 협의의 수익(revenue)과 차익(gains)이 모두 포함된다.

② 협의의 수익은 광의의 수익 중 기업의 통상적인 활동에서 생기는 것을 말하며, 차익은 광의의 수익의 정의를 충족하는 그 밖의 항목으로 기업의 정상영업활동의 일환이나 그 이외의 활동에서 발생할 수 있다. 차익도 경제적 효익의 증가를 나타내므로 본질적으로 수익과 차이가 없다. 다만, 본장에서 설명하는 수익은 협의의 수익(revenue)을 의미한다.

> ⊘ 참고 **협의의 수익과 차익**
>
> ① 협의의 수익(revenue)은 기업의 정상영업활동의 일환으로 발생하며, 매출액, 수수료수익, 이자수익, 배당수익, 로열티수익 및 임대료수익 등 기업이 영위하는 업종에 따라 다양한 명칭으로 구분된다.
> ② 차익(gains)은 기업의 정상영업활동의 일환이나 그 이외의 활동에서 발생할 수 있으며, 흔히 관련 비용을 차감한 순액으로 보고된다. 차익의 예로 유형자산처분이익, 금융자산평가이익 등이 있다.

(2) 수익의 측정

기업은 수행의무에 배분된 거래가격을 수익으로 인식한다. 거래가격은 고객에게 약속한 재화나 용역을 이전하고 그 대가로 기업이 받을 권리를 갖게 될 것으로 예상하는 금액이다.

> 승철쌤's comment **수익의 측정**
>
> 수익은 자본의 증가이다. 따라서 수익은 (그 금액을 직접 측정하는 것이 아니라) 고객으로부터 받은(받을) 대가(자산의 증가)를 먼저 인식하고, 그 잔액으로 수익금액을 측정하는 것이다.

(3) 수익의 인식시점

① 수행의무는 고객과의 계약에서 고객에게 제공하기로 약속한 구별되는 재화나 용역을 말한다. 기업은 수행의무에 배분된 거래가격을 해당 수행의무를 이행하는 시점에 수익으로 인식한다.

② 따라서 수행의무를 한 시점에 이행하는 경우(예 재화의 판매)에는 한 시점에 수익을 인식하고, 수행의무를 기간에 걸쳐 이행하는 경우(예 용역의 제공)에는 기간에 걸쳐 수익을 인식한다.

02 수익인식모형(5단계 수익인식모형)

[그림 14-1] 5단계 수익인식모형

개정된 수익인식 기준서의 핵심 원칙은 기업이 고객에게 약속한 재화나 용역의 이전을 나타내도록 해당 재화나 용역의 대가로 받을 권리를 갖게 될 대가를 반영한 금액으로 수익을 인식해야 한다는 것이다. 핵심 원칙에 따라 수익을 인식하기 위해서는 다음의 5단계를 적용해야 한다.

① **[1단계] 계약의 식별**: 계약은 둘 이상의 당사자 사이에 집행 가능한 권리와 의무가 생기게 하는 합의이며, 고객과의 계약이 실질적으로 유효한 계약의 경우에만 5단계 수익인식모형을 적용한다. 따라서 이 단계는 고객과의 계약이 **실질적으로 유효한 계약인지 여부(계약의 성립요건)**를 판단하는 단계이다.

② **[2단계] 수행의무의 식별**: 수행의무는 고객에게 재화나 용역을 이전하는 것이며, 기업은 수행의무별로 수익을 인식한다. 이 단계는 고객과의 계약에서 **기업의 수행의무가 무엇인지**를 파악(식별)하는 단계이다.

③ **[3단계] 거래가격의 산정**: 거래가격은 고객에게 재화나 용역을 이전하고 그 대가로 기업이 받을 권리를 갖게 될 금액으로서, 궁극적으로 기업이 수익으로 인식할 금액이다. 이 단계는 기업이 수익으로 인식할 금액인 거래가격을 산정하는 단계이다.

④ **[4단계] 거래가격의 배분**: 기업은 수행의무별로 수익을 인식한다. 따라서 만일 계약에 포함된 수행의무가 둘 이상인 경우에는 거래가격을 각 수행의무에 배분해야 한다. 이 단계는 **수행의무별로 수익을 인식하기 위해 거래가격을 각 수행의무에 배분**하는 단계이다.

⑤ **[5단계] 수익의 인식**: 기업이 재화나 용역을 고객에게 이전하여 수행의무를 이행할 때 수익을 인식한다. 이때 수행의무는 한 시점에 이행(예 재화판매거래)할 수도 있고 기간에 걸쳐 이행(예 용역제공거래)할 수도 있다. 따라서 이 단계는 각 수행의무에 배분된 거래가격을 **언제 수익으로 인식할지**, 즉, 수익의 인식시점을 결정하는 단계이다.

| 사례 |

5단계 수익인식모형 적용사례

(1) A통신사는 고객에게 휴대폰과 통신서비스를 제공한다. 고객에게 휴대폰만을 개별적으로 판매할 경우에는 통상적으로 ₩1,000에 판매하며, 통신서비스만을 개별적으로 제공할 경우에는 통상적으로 월 ₩60씩 24개월 약정으로 ₩1,440에 제공한다.

(2) A통신사는 고객유치를 위하여 휴대폰과 통신서비스를 묶어서 ₩240을 할인한 ₩2,200으로 '휴대폰과 24개월 약정 통신서비스 결합상품'을 판매하기로 하였다.

 휴대폰과 통신서비스 결합상품에 대하여 5단계 수익인식모형을 적용하면 다음과 같다.

 ① 1단계: 고객에게 휴대폰과 통신서비스를 제공하고 ₩2,200을 받기로 한 고객과의 계약이 식별된다.

 ② 2단계: 수행의무는 휴대폰의 인도와 통신서비스의 제공 2가지로 식별된다.

 ③ 3단계: 고객으로부터 받기로 한 대가(거래가격)는 ₩2,200이다.

 ④ 4단계: 거래가격을 각 수행의무의 상대적 개별판매가격에 기초하여 다음과 같이 배분한다.

휴대폰	2,200 × 1,000 ÷ (1,000 + 1,440) =	902
통신서비스	2,200 × 1,440 ÷ (1,000 + 1,440) =	1,298
계		2,200

 ⑤ 5단계: 휴대폰에 배분된 거래가격 ₩902은 휴대폰을 인도할 때 수익을 인식하고, 통신서비스에 배분된 거래가격 ₩1,298은 통신서비스 제공기간(약정기간)인 24개월에 걸쳐 매월 ₩54을 수익으로 인식한다.

---

03 [1단계] 계약의 식별

1. 계약의 성립요건

① 계약은 둘 이상의 당사자 사이에 집행 가능한 권리와 의무가 생기게 하는 합의이다. 계약상 권리와 의무의 집행 가능성은 법률적인 문제이다. 계약은 서면으로, 구두로, 기업의 사업 관행에 따라 암묵적으로 체결할 수 있다. 다음 기준을 모두 충족하는 때에만 고객과의 계약으로 회계처리한다.

> ㉠ 계약당사자들이 계약을 승인하고 각자의 의무를 수행하기로 확약한다.
>   ⇨ 계약당사들이 계약을 승인해야 계약을 집행할 수 있을 것이다. 즉, 실질적으로 집행 가능한 계약이 되기 위해 필요한 요건이다.
> ㉡ 이전할 재화나 용역과 관련된 각 당사자의 권리를 식별할 수 있다.
>   ⇨ 계약에 포함된 수행의무를 식별하기 위해 필요한 요건이다.
> ㉢ 이전할 재화나 용역의 지급조건을 식별할 수 있다.
>   ⇨ 거래가격을 산정하기 위해 필요한 요건이다.
> ㉣ 계약에 상업적 실질이 있다(계약의 결과로 기업의 미래현금흐름의 위험, 시기, 금액이 변동될 것으로 예상된다).
>   ⇨ 이 요건이 없다면 기업은 수익을 인위적으로 부풀리기 위해 상업적 실질이 없이 재화나 용역을 서로 주고 받을 수 있을 것이다. 즉, 수익의 과대계상을 방지하기 위해 필요한 요건이다.
> ㉤ 고객에게 이전할 재화나 용역에 대하여 받을 권리를 갖게 될 대가의 회수가능성이 높다.
>   ⇨ 계약상대방이 계약을 승인하여도 대가의 회수가능성이 높지 않다면 유효한 계약이라고 보기 어렵다. 즉, 고객의 신용위험 평가는 계약이 유효한지 여부를 판단하는 중요한 부분이므로 이 요건을 포함하였다.

⊘ 참고 대가의 회수가능성 평가

대가의 회수가능성이 높은지를 평가할 때에는 지급기일에 고객이 대가를 지급할 수 있는 능력과 지급할 의도만을 고려한다. 다만, 여기서 대가는 계약상 표시된 가격은 아닐 수 있다. 예를 들어, 기업이 고객에게 가격할인을 제공한다면(즉, 대가가 변동될 수 있다면) 기업이 받을 권리를 갖게 될 대가는 계약에 표시된 가격보다 적을 수 있다. 변동대가의 추정에 대하여는 '[3단계] 거래가격의 산정'에서 설명한다.

② 한편, 계약의 각 당사자가 전혀 수행되지 않은 계약에 대해 상대방에게 보상하지 않고 종료할 수 있는 일방적이고 집행 가능한 권리를 갖는다면 그 계약은 존재하지 않는다고 본다.

③ 또한 고객과의 계약이 계약개시시점에 계약의 성립요건을 충족하는 경우에는 사실과 상황에 유의적인 변동 징후가 없는 한 이러한 기준들을 재검토하지 않는다. 반면 고객과의 계약이 계약의 성립요건을 충족하지 못한다면, 나중에 충족되는지를 판단하기 위해 그 계약을 지속적으로 검토한다.

2. 계약의 성립요건을 충족하지 못하는 경우

고객과의 계약이 계약의 성립요건은 충족하지 못하지만 고객에게서 대가를 받은 경우에는 다음 사건 중 어느 하나가 일어난 경우에만 받은 대가를 수익으로 인식한다.

> ① 고객에게 재화나 용역을 이전해야 하는 의무(수행의무)가 남아있지 않고, 고객이 약속한 대가를 모두(또는 대부분) 받았으며 그 대가는 환불되지 않는다.
> ② 계약이 종료되었고 고객에게서 받은 대가는 환불되지 않는다.

상기 요건 중 하나가 일어나거나 계약의 성립요건을 나중에 충족될 때까지 고객에게서 받은 대가는 부채로 인식한다. 인식된 부채는 재화나 용역을 미래에 이전하거나 받은 대가를 환불해야 하는 의무를 나타낸다. 이때 그 부채는 고객에게서 받은 대가로 측정한다.

┌사례┐

계약의 성립요건을 충족하지 못하는 경우(기업회계기준서 수정)
(1) 부동산개발업자인 A기업은 B기업(고객)과 건물(원가 ₩600,000)을 ₩1,000,000에 판매하기로 계약을 체결하였다.
(2) A기업은 계약개시시점에 B기업으로부터 환불되지 않는 계약금 ₩50,000을 수령하고, 나머지 ₩950,000은 20년 동안 분할하여 수령하기로 장기 금융약정을 체결하였다. 만일 B기업이 나머지 대금을 지급하지 못할 경우, A기업은 B기업으로부터 건물을 회수한다. 다만, 회수한 담보물(건물)의 가치가 회수하지 못한 금액보다 적더라도 B기업에게 더 이상 보상을 요구할 수 없다.
(3) B기업은 매입한 건물에 레스토랑을 개업하려고 하며, 계약개시시점에 건물을 통제한다. 다만, 건물은 레스토랑을 운용하기에는 경쟁이 심한 지역에 위치하고 있으며, B기업은 건물 매입대금 지급에 사용할 수 있는 다른 수익이나 자산이 부족하다.

[수익인식 검토]
① B기업(고객)은 건물 매입대금 중 ₩950,000을 레스토랑 사업에서 얻는 수익으로 상환하고자 한다. 다만, 레스토랑 사업이 속한 산업의 경쟁이 심하고, 매입대금 상환에 사용할 수 있는 다른 수익이나 자산이 부족한 상태이다. 따라서 A기업은 건물의 판매로 받을 권리가 있는 대가를 회수할 가능성이 높지 않으므로 계약의 성립요건을 충족하지 못한다.
② A기업은 B기업으로부터 대부분의 대가를 받지도 못하였고 계약이 종료하지도 않았다. 따라서 A기업은 B기업으로부터 수령한 환불되지 않는 계약금 ₩50,000을 부채(보증금 채무)로 회계처리한다.

---

3. 계약의 결합

수익인식모형은 고객과의 계약에서 식별된 계약별로 적용한다. 그러나 다음 기준 중 하나 이상을 충족한다면, 같은 고객과 동시에 또는 가까운 시기에 체결한 둘 이상의 계약을 결합하여 단일계약으로 회계처리한다.

> ① 복수의 계약을 하나의 상업적 목적으로 일괄협상한다.
> ② 한 계약에서 지급하는 대가는 다른 계약의 가격이나 수행에 따라 달라진다.
> ③ 복수의 계약에서 약속한 재화나 용역은 단일 수행의무에 해당한다.

04 [2단계] 수행의무의 식별

1. 수행의무의 정의

기업은 수행의무를 이행할 때 수행의무별로 수익을 인식한다. 따라서 고객과의 계약에서 기업의 수행의무가 무엇인지를 식별하는 것이 중요하다. 기업은 계약개시시점에 고객과의 계약에서 약속한 재화나 용역을 검토하여 고객에게 다음 중 어느 하나를 이전하기로 한 각 약속을 독립된 하나의 수행의무로 식별한다.

---

① **별개의 거래**: 구별되는 재화나 용역(또는 재화나 용역의 묶음)
② **일련의 거래**: 실질적으로 서로 같고 고객에게 이전하는 방식도 같은 '일련의' 구별되는 재화나 용역(예 매주 반복해서 제공되는 청소용역)

승철쌤's comment   일련의 거래

① 실질적으로 동일한 재화나 서비스를 반복하여 제공하는 경우에는 일련의 거래 전체를 하나의 수행의무로 보고 수익을 인식하라는 의미이다.
② 즉, 그러한 경우에는 수행의무를 분리하든 통합하든 수익인식금액과 시기가 거의 동일할 것이기 때문에 실무적인 편의를 고려한 것이다.

한편, 계약을 이행하기 위해 해야 하지만, 고객에게 재화나 용역을 이전하는 활동이 아니라면 그 활동은 수행의무에 포함되지 않는다. 예를 들면, 용역제공자는 계약을 준비하기 위해 다양한 관리 업무를 수행할 필요가 있을 수 있다. 관리 업무를 수행하더라도, 그 업무를 수행함에 따라 고객에게 용역이 이전되지는 않는다. 그러므로 그 준비활동은 수행의무가 아니다.

2. 재화나 용역의 구별요건(수행의무의 식별요건)

고객과의 계약에서 약속한 재화나 용역은 구별되어야 한다. 왜냐하면 재화나 용역이 구별되어야 이를 별개의 독립된 수행의무로 식별하고 각 수행의무별로 수익을 인식할 수 있기 때문이다. 다음 기준을 모두 충족한다면 고객에게 약속한 재화나 용역은 구별되는 것이다.

① **효익의 존재**: 고객이 재화나 용역 그 자체에서 효익을 얻거나 고객이 쉽게 구할 수 있는 다른 자원과 함께하여 그 재화나 용역에서 효익을 얻을 수 있다(그 재화나 용역이 구별될 수 있다).
② **계약상 구별**: 고객에게 재화나 용역을 이전하기로 하는 약속을 계약 내의 다른 약속과 별도로 식별해낼 수 있다(그 재화나 용역을 이전하기로 하는 약속은 계약상 구별된다).

승철쌤's comment   재화나 용역의 구별요건

① **효익의 존재요건**: 고객이 재화나 용역으로부터 효익을 얻는다면 해당 재화나 용역에 대한 대가를 지불하려 할 것이다. 즉, 효익의 존재요건은 해당 재화나 용역의 대가가 거래가격에 포함되어 있는지를 입증하기 위한 요건이다.
② **계약상 구별요건**: 수행의무 단위로 수익을 인식하기 위해서는 거래가격을 각각의 수행의무별로 분리할 수 있어야 한다. 재화나 용역이 계약상으로 구별된다면, 즉, 재화나 용역을 실질적으로 분리하여 거래할 수 있다면, 거래가격을 해당 재화나 용역별로 배분할 수 있을 것이다. 즉, 계약상 구별요건은 거래가격을 해당 재화나 용역별로 배분할 수 있기 위한 요건이다.

상기 구별요건 중 두 번째 요건(계약상 구별요건)은 고객에게 재화나 용역을 제공하는 약속의 성격이 각 재화나 용역을 개별적으로 이전하는 것인지, 아니면 약속된 재화나 용역을 투입한 결합 품목(들)을 이전하는 것인지를 판단하는 것이다. 고객에게 재화나 용역을 이전하기로 하는 둘 이상의 약속을 별도로 식별(구별)할 수 없음을 나타내는 요소의 예는 다음과 같다.

① 고객이 계약한 결합산출물을 생산하거나 인도하기 위해서 계약에서 약속한 재화나 용역을 통합하는 유의적인 용역을 제공한다.
② 계약에서 약속한 하나 이상의 다른 재화나 용역을 유의적으로 변형 또는 고객 맞춤화(customize)한다.
③ 해당 재화나 용역은 상호의존도나 상호관련성이 매우 높다.

약속한 재화나 용역이 구별되지 않는다면, 구별되는 재화나 용역의 묶음을 식별할 수 있을 때까지 그 재화나 용역을 약속한 다른 재화나 용역과 결합한다. 경우에 따라서는 그렇게 함으로써 기업이 계약에서 약속한 재화나 용역 모두를 단일 수행의무로 회계처리하는 결과를 가져올 수도 있다.

예제 1 **수행의무의 식별(기업회계기준서 수정)**

다음에 제시된 상황은 각각 독립적이다. 제시된 각 상황별로 수행의무를 식별하시오.

(상황 1) 기업(제약회사)은 승인된 제약화합물에 대한 특허권을 고객에게 10년 동안 라이선스하고 약의 제조도 약속한다. 이 약은 성숙기 제품이므로 기업은 약에 대한 어떠한 지원활동도 하지 않을 것이다. 이는 기업의 사업 관행과 일관된다. 그리고 이 약의 제조과정이 매우 특수하기 때문에 이 약을 제조할 수 있는 다른 기업은 없다. 결과적으로 라이선스는 제조용역과 별도로 구매할 수 없다.

(상황 2) 기업(제약회사)은 승인된 제약화합물에 대한 특허권을 고객에게 10년 동안 라이선스하고 약의 제조도 약속한다. 이 약은 성숙기 제품이므로 기업은 약에 대한 어떠한 지원활동도 하지 않을 것이다. 이는 기업의 사업 관행과 일관된다. 그리고 이 약을 생산하기 위해 사용되는 제조과정이 유일하거나 특수하지 않고 몇몇 다른 기업도 고객을 위해 약을 제조할 수 있다.

(상황 3) 기업(도급업자)은 고객에게 병원을 건설해 주는 계약을 체결하였다. 기업은 그 프로젝트 전체를 책임지고 있으며, 엔지니어링, 부지 정리, 기초공사, 조달, 구조물 건설, 배관·배선, 장비 설치, 마무리 등을 포함한 여러 가지 약속한 재화와 용역을 식별한다.

(상황 4) 기업(소프트웨어 개발기업)은 2년 동안 소프트웨어 라이선스를 이전하고, 설치용역을 수행하며, 특정되지 않은 소프트웨어 갱신(update)과 기술지원(온라인과 전화)을 제공하는 계약을 고객과 체결하였다. 기업은 라이선스, 설치용역, 기술지원을 별도로 판매한다. 설치용역은 각 이용자 유형(예 마케팅, 재고관리, 기술정보)에 맞추어 웹 스크린을 변경하는 것을 포함한다. 설치용역은 일상적으로 다른 기업이 수행하는데 소프트웨어를 유의적으로 변형하지 않는다. 소프트웨어는 갱신과 기술지원이 없어도 가동되는 상태이다.

(상황 5) 기업이 고객 맞춤화 설치용역(customized installation service)을 추가로 제공하는 것을 제외하고는 (상황 4)와 같다. 즉, 계약조건에 따르면, 기업은 설치용역의 일부로서 고객이 사용하고 있는 다른 소프트웨어 어플리케이션에 접근할 수 있도록 소프트웨어에 유의적인 새로운 기능성을 추가하는 실질적인 고객 맞춤화 설치용역을 제공해야 한다. 그 고객 맞춤화 설치용역은 다른 기업이 제공할 수도 있다.

해답 1. (상황 1)
   ① **효익의 존재**: 고객은 특허권의 라이선스와 약의 제조용역으로부터 효익을 얻을 수 있다.
   ② **계약상 구별**: 약의 제조과정이 매우 특수하여 기업의 제조용역 없이는 고객이 라이선스에서 효익을 얻을 수 없다. 따라서 라이선스와 제조용역을 계약상으로 구별할 수 없다.
   ③ **식별된 수행의무(1개)**: 라이선스와 제조용역을 단일의 수행의무로 식별한다.

2. (상황 2)
   ① **효익의 존재**: 고객은 특허권의 라이선스와 약의 제조용역으로부터 효익을 얻을 수 있다.
   ② **계약상 구별**: 제조용역을 다른 기업이 제공할 수 있으므로 기업은 라이선스나 제조용역을 별도로 분리하여 거래할 수 있다. 따라서 고객에게 라이선스와 제조용역을 제공하기로 한 약속은 계약상으로도 구별된다.
   ③ **식별된 수행의무(2개)**: 특허권의 라이선스의무, 제조용역의무

3. (상황 3)
   ① **효익의 존재**: 고객은 제공되는 각각의 재화와 용역으로부터 효익을 얻을 수 있다.
   ② **계약상 구별**: 고객과 체결한 계약에 따르면, 기업은 재화와 용역(투입물)을 통합하여 병원(결합산출물)을 건설하는 유의적인 용역을 제공해야 한다. 따라서 재화나 용역을 개별적으로 분리할 수 없으므로 재화와 용역을 이전하기로 하는 약속은 계약상으로는 개별적으로 구별되지 않는다.
   ③ **식별된 수행의무(1개)**: 약속한 재화와 용역이 개별적으로 구별되지 않으므로 계약상의 모든 재화와 용역을 단일의 수행의무(병원 건설의무)로 식별한다.

4. (상황 4)
   ① **효익의 존재**: 고객은 소프트웨어 라이선스, 설치용역, 소프트웨어 갱신, 기술지원으로부터 효익을 얻을 수 있다.
   ② **계약상 구별**: 기업은 라이선스, 설치용역, 기술지원을 별도로 판매한다. 또한 설치용역은 일상적으로 다른 기업이 수행하는데 소프트웨어를 유의적으로 변형하지 않으며, 소프트웨어는 갱신과 기술지원이 없어도 가동되는 상태이다. 따라서 소프트웨어 라이선스, 설치용역, 소프트웨어 갱신, 기술지원은 계약상으로도 구별된다.
   ③ **식별된 수행의무(4개)**: 소프트웨어 라이선스의무, 설치용역의무, 소프트웨어 갱신의무, 기술지원의무

5. (상황 5)
   ① **효익의 존재**: 고객은 각각의 재화와 용역으로부터 효익을 얻을 수 있다.
   ② **계약상 구별**: 기업은 계약에서 정한 대로 고객 맞춤화 설치용역을 이행함으로써 기존 소프트웨어 시스템에 라이선스된 소프트웨어를 통합하는 유의적인 용역을 제공한다. 즉, 계약에서 정한 결합산출물(기능적으로 통합된 소프트웨어 시스템)을 생산하기 위한 투입물로서 라이선스와 고객 맞춤화 설치용역을 사용하는 것이다. 비록 고객 맞춤화 설치용역을 다른 기업이 제공할 수 있더라도, 계약의 맥락에서 볼 때 기업은 소프트웨어 라이선스를 고객 맞춤화 설치용역과 별도로 식별할 수 없다.
   ③ **식별된 수행의무(3개)**: 고객 맞춤화 설치의무(소프트웨어 라이선스 포함), 소프트웨어 갱신의무, 기술지원 의무

05 [3단계] 거래가격의 산정

거래가격은 고객에게 약속한 재화나 용역을 이전하고 그 대가로 기업이 받을 권리를 갖게 될 것으로 예상하는 금액이며, 제3자를 대신해서 회수한 금액(예) 일부 판매세)은 제외한다. 거래가격은 궁극적으로 기업이 수익으로 인식할 금액으로서, 다음 사항이 미치는 영향을 모두 고려하여 산정한다.

① 변동대가
② 변동대가 추정치의 제약
③ 계약에 있는 유의적인 금융요소
④ 비현금대가
⑤ 고객에게 지급할 대가

1. 변동대가

(1) 변동대가의 추정

고객과의 계약에서 약속한 대가는 고정금액, 변동금액 또는 둘 다를 포함할 수 있다. 계약에서 약속한 대가에 변동금액이 포함된 경우에는 고객에게 재화나 용역을 이전하고 그 대가로 받을 권리를 갖게 될 금액을 추정한다.

> ⊘ 참고 **변동대가의 사례**
>
> 대가는 할인(discount), 리베이트, 환불, 공제, 가격할인(price concessions), 장려금(incentives), 성과보너스, 위약금이나 그 밖의 비슷한 항목 때문에 변동될 수 있다. 기업이 대가를 받을 권리가 미래 사건의 발생 여부에 달려있는 경우에도 약속한 대가는 변동될 수 있다. 예를 들면, 반품권을 부여하여 제품을 판매하거나 특정 단계에 도달해야 고정금액의 성과보너스를 주기로 약속한 경우에 대가는 변동될 것이다.

변동대가는 다음 중에서 기업이 받을 권리를 갖게 될 대가를 더 잘 예측할 것으로 예상하는 방법을 사용하여 추정한다.

① **기댓값**: 기댓값은 가능한 대가의 범위에 있는 모든 금액에 각 확률을 곱한 금액의 합이다. 기업에 특성이 비슷한 계약이 많은 경우에 기댓값은 변동대가의 적절한 추정치일 수 있다.
② **가능성이 가장 높은 금액**: 가능성이 가장 높은 금액은 가능한 대가의 범위에서 가능성이 가장 높은 단일 금액이다. 계약에서 가능한 결과치가 두 가지뿐일 경우(예) 기업이 성과보너스를 받거나 받지 못하는 경우)에 는 가능성이 가장 높은 금액이 변동대가의 적절한 추정치가 될 수 있다.

(2) 변동대가 추정치의 제약

① 변동대가의 추정치가 너무 불확실하고 따라서 기업이 고객에게 재화나 용역을 이전하고 그 대가로 받을 권리를 갖게 될 금액을 충실하게 나타내지 못하는 경우에는 이를 거래가격에 포함시키지 않는다. 이를 변동대가 추정치의 제약이라고 하는데, 변동대가의 추정치를 제약하면 그만큼 수익을 인식하지 않게 된다.

② 변동대가와 관련된 불확실성이 나중에 해소될 때, 이미 인식한 누적수익금액 중 유의적인 부분을 되돌리지(환원하지) 않을 가능성이 매우 높은 정도까지만 추정된 변동대가의 일부나 전부를 거래가격에 포함한다. 즉, 추후 불확실성이 해소될 때 유의적인 부분을 되돌릴(환원할) 것으로 예상되는 금액이 있다면 이를 처음부터 거래가격에 포함하지 말라는 의미이다.

> **승철쌤's comment** **변동대가 추정치의 제약**
>
> ① 변동대가 추정치의 제약이란 변동대가 중 이후 취소할 가능성이 매우 낮은 금액 즉, 매우 확실한 금액까지만 거래가격으로 인정하겠다는 의미이다.
> ② **거래가격(수익으로 인식할 금액)**: Min[변동대가 추정치, 취소할 가능성이 매우 낮은 금액]

> ⊘ **참고** **수익의 환원 가능성을 높이거나 크기를 크게 할 수 있는 요인**
>
> 변동대가와 관련된 불확실성이 나중에 해소될 때, 이미 인식한 누적수익금액 중 유의적인 부분을 되돌리지 않을 가능성이 매우 높을지를 평가할 때는 수익의 환원 가능성 및 크기를 모두 고려한다. 수익의 환원 가능성을 높이거나 그 크기를 크게 할 수 있는 요인에는 다음 항목이 포함되나 이에 한정되지는 않는다.
> ① 대가가 기업의 영향력이 미치지 못하는 요인에 매우 민감하다. 그 요인에는 시장의 변동성, 제3자의 판단이나 행동, 날씨 상황, 약속한 재화나 용역의 높은 진부화 위험이 포함될 수 있다.
> ② 대가에 대한 불확실성이 장기간 해소되지 않을 것으로 예상된다.
> ③ 비슷한 유형의 계약에 대한 기업의 경험(또는 그 밖의 증거)이 제한적이거나, 그 경험(또는 그 밖의 증거)은 제한된 예측치만 제공한다.
> ④ 폭넓게 가격할인을 제공하거나, 비슷한 상황에 있는 비슷한 계약의 지급조건을 변경하는 관행이 있다.
> ⑤ 계약에서 생길 수 있는 대가가 다수이고 그 범위도 넓다.

(1) (주)한국은 주문제작 자산을 건설하기로 고객과 계약을 체결하였다. 자산을 이전하기로 한 약속은 기간에 걸쳐 이행하는 수행의무이다.

(2) 약속된 대가는 ₩2,500,000이지만, 자산의 완성시기에 따라 증감될 것이다. 특히 20×1년 3월 31일까지 자산이 완성되지 않는다면, 약속된 대가는 그 다음 날부터 매일 ₩10,000씩 감소한다. 20×1년 3월 31일 전에 자산이 완성되면, 약속된 대가는 그 전날부터 매일 ₩10,000씩 증가한다. (주)한국이 예상하는 자산의 완성시기와 완성시기별 확률은 다음과 같다.

예상 완성시기	확률
20×1년 3월 29일	15%
20×1년 3월 30일	30%
20×1년 3월 31일	40%
20×1년 4월 1일	10%
20×1년 4월 2일	5%

(3) 자산이 완성되면, 독립적인 제3자가 그 자산을 검사하고 계약에 규정된 척도에 기초하여 평점을 매길 것이다. 자산이 특정 평점을 받으면, (주)한국은 장려금 ₩150,000에 대한 권리를 갖게 될 것이다. (주)한국이 장려금을 받을 확률은 70%이며, 받지 못할 확률은 30%이다.

[요구사항]

주문제작 자산의 건설과 관련하여 (주)한국이 수익으로 인식할 거래가격을 산정하시오.

해답　1. 공사완성시기 관련 장려금 추정
　　　특성이 비슷한 계약이 많거나 가능한 결과치가 다수인 경우에는 기댓값이 변동대가의 좀 더 적절한 추정치이다. 따라서 공사완성시기와 관련된 매일의 위약금이나 장려금의 경우에는 기댓값을 이용하여 변동대가를 추정한다.
　　　⇨ (2일 × 15% + 1일 × 30% + 0일 × 40% − 1일 × 10% − 2일 × 5%) × @10,000/일 = 4,000

　　　2. 평점 관련 장려금 추정
　　　가능한 결과가 2가지[150,000 또는 영(0)]밖에 없기 때문에 가능성이 가장 높은 금액인 150,000이 변동대가의 적절한 추정치가 된다.

　　　3. 거래가격
　　　2,500,000 + 4,000 + 150,000 = 2,654,000

예제 3 변동대가 추정치의 제약(기업회계기준서 수정)

(1) 20×1년 12월 1일 (주)한국은 유통업을 영위하고 있는 (주)서울상사(고객)와 제품 1,000개를 개당 ₩100(총 대가 ₩100,000)에 판매하는 계약을 체결하였다. (주)한국은 계약개시시점에 제품을 (주)서울상사에게 인도하였으며, 제품을 인도할 때 제품에 대한 통제가 (주)서울상사에게 이전되었다고 가정한다.

(2) (주)서울상사는 최종 소비자에게 제품을 판매할 때 (주)한국에게 대가를 지급할 의무가 생긴다. (주)서울상사는 보통 제품을 인도받은 날부터 90일 이내에 제품을 판매한다.

(3) (주)한국은 제품의 판매를 위해 (주)서울상사가 제품을 할인하여 판매할 수 있게 하였다. 따라서 (주)한국이 (주) 서울상사로부터 받기로 한 대가는 변동될 수 있다. 다음의 상황은 각각 독립적이다.

    (상황 1)   (주)한국은 과거에 비슷한 제품을 판매한 경험이 있다. 그러나 (주)한국의 제품은 진부화 위험이 높고 그 제품 가격결정의 변동성이 매우 높았던 경험이 있다. 관측 가능한 자료에 따르면 (주)한국이 과거에 비슷한 제품에 부여한 가격할인은 판매가격의 20% ~ 60%로 그 범위가 넓었다. 현행 시장정보도 제품을 유통망에 유통시키려면 가격을 15% ~ 50% 낮추는 것이 필요할 수 있음을 암시한다. (주)한국은 기댓값 방법을 사용하여 40%의 가격할인을 제공할 것으로 추정하였다.

    (상황 2)   (주)한국은 이 제품과 그 비슷한 제품을 판매한 경험이 상당히 있다. 관측 가능한 자료에 따르면 (주)한국은 과거에 이러한 제품에 대해 판매가격의 약 20%의 가격할인을 부여하였다. 현행 시장정보는 가격을 20% 낮춘다면 유통망을 통해 유통시키기에 충분할 것임을 암시한다. (주)한국은 여러 해 동안 20%보다 유의적으로 큰 가격할인을 부여한 적이 없다. (주)한국은 기댓값 방법을 사용하여 20%의 가격할인을 제공할 것으로 추정하였다.

[요구사항]

1. (상황 1)의 경우 (주)한국이 20×1년 12월 1일에 수익으로 인식할 거래가격을 산정하시오.

2. (상황 2)의 경우 (주)한국이 20×1년 12월 1일에 수익으로 인식할 거래가격을 산정하시오.

해답   1. 변동대가 추정치의 제약이 있는 경우
        ① 변동대가 추정치(기댓값): 100,000 × (1 - 40%) = 60,000
        ② 변동대가 추정치의 제약(한도): 100,000 × (1 - (*)50%) = 50,000
            (*) 현행 시장정보에 따르면 15% ~ 50%의 가격할인이 필요할 것임을 암시하고 있다. 따라서 총 대가의 50%까지는 수익을 환원하지 않을 가능성이 매우 높다고 볼 수 없으므로 거래가격에 포함할 수 없다.
        ③ 거래가격: Min[①, ②] = 50,000

    2. 변동대가 추정치의 제약이 없는 경우
        ① 변동대가 추정치(기댓값): 100,000 × (1 - 20%) = 80,000
        ② 거래가격: 현행 시장정보에 따르면 가격을 20% 낮춘다면 제품을 유통시키기에 충분하므로 총 대가의 80% (80,000)까지는 수익을 환원하지 않을 가능성이 매우 높다. 따라서 기댓값으로 측정된 변동대가 추정치 80,000을 모두 거래가격에 포함한다.

2. 계약에 있는 유의적인 금융요소

(1) 개요

① 거래가격을 산정할 때, 계약당사자들 간에 (명시적으로나 암묵적으로) 합의한 지급시기 때문에 고객에게 재화나 용역을 이전하면서 유의적인 금융효익이 고객이나 기업에 제공되는 경우에는 화폐의 시간가치가 미치는 영향을 반영하여 약속된 대가를 조정한다.

② 유의적인 금융요소를 반영하여 약속한 대가를 조정하는 목적은 약속한 재화나 용역을 고객에게 이 전할 때 그 고객이 그 재화나 용역대금을 현금으로 결제했다면 지급하였을 가격을 반영하는 금액(현금판매가격)으로 수익을 인식하기 위해서이다. 그리고 포괄손익계산서에서는 금융효과(이자수익이나 이자비용)를 고객과의 계약에서 생기는 수익과 구분하여 표시한다.

> **사례**
>
> ① 예를 들어, 20×1년 1월 1일 (주)한국이 현금판매가격이 100인 상품을 2년 후에 121을 받기로 하고 판매하였다고 가정한다.
> ② 이때 (주)한국이 20×1년 1월 1일에 수익(매출액)으로 인식할 금액은 현금판매가격인 100이다. 그리고 현금판매가격 100과 2년 후에 받을 명목금액 121의 차이 21은 할부기간(2년)에 걸쳐 이자수익으로 인식한다.
> ③ 포괄손익계산서에서는 금융효과(이자수익) 21을 고객과의 계약에서 생기는 수익(매출액) 100과 구분하여 표시한다.

> ⊘ **참고   유의적인 금융요소 포함 여부 판단 시 고려요소**
>
> 계약에 금융요소가 포함되는지와 그 금융요소가 계약에 유의적인지를 평가할 때에는 다음 두 가지를 포함한 모든 관련 사실과 상황을 고려한다.
> ① 약속한 재화나 용역에 대하여 약속한 대가와 현금판매가격에 차이가 있다면, 그 차이
> ② 다음 두 가지의 결합 효과
>   ⊙ 기업이 고객에게 약속한 재화나 용역을 이전하는 시점과 고객이 재화나 용역에 대한 대가를 지급하는 시점 사이의 예상 기간
>   ⊙ 관련 시장에서의 일반적인 이자율
> 상기의 평가에도 불구하고, 고객과의 계약에 다음 요인 중 어느 하나라도 존재한다면 유의적인 금융요소가 없을 것이다.
> ① 고객이 재화나 용역의 대가를 선급하였고 그 재화나 용역의 이전시점은 고객의 재량에 따른다.
> ② 고객이 약속한 대가 중 상당한 금액이 변동될 수 있으며 그 대가의 금액과 시기는 고객이나 기업이 실질적으로 통제할 수 없는 미래 사건의 발생 여부에 따라 달라진다(예 대가가 판매기준 로열티인 경우).
> ③ 약속한 대가와 재화나 용역의 현금판매가격 간의 차이가 고객이나 기업에 대한 금융제공 외의 이유로 생기며, 그 금액 차이는 그 차이가 나는 이유에 따라 달라진다. 예를 들면 지급조건을 이용하여 계약상 의무의 일부나 전부를 적절히 완료하지 못하는 계약상대방에게서 기업이나 고객을 보호할 수 있다.

한편, 계약을 개시할 때 기업이 고객에게 약속한 재화나 용역을 이전하는 시점과 고객이 그에 대한 대가를 지급하는 시점 간의 기간이 1년 이내일 것이라고 예상한다면 유의적인 금융요소의 영향을 반영하여 약속한 대가를 조정하지 않는 실무적 간편법을 쓸 수 있다.

(2) 할인율의 결정

유의적인 금융요소를 반영하여 약속한 대가를 조정한 거래가격은 미래현금흐름을 적절한 이자율로 할인하여 측정한다. 이때 할인율은 다음과 같이 결정한다. 다만, 계약 개시 후에는 이자율이나 그 밖의 상황이 달라져도(예 고객의 신용위험 평가의 변동) 그 할인율을 새로 수정하지 않는다.

> ① 계약개시시점에 기업과 고객이 별도 금융거래를 한다면 반영하게 될 할인율을 사용한다. 이 할인율은 고객이나 기업이 제공하는 담보나 보증(계약에 따라 이전하는 자산을 포함)뿐만 아니라 계약에 따라 금융을 제공받는 당사자의 신용 특성도 반영할 것이다.
> ② 기업이 고객에게 재화나 용역을 이전할 때 고객이 그 재화나 용역의 대가를 현금으로 결제한다면 지급할 가격으로 약속한 대가의 명목금액을 할인하는 이자율을 식별하여 그 할인율을 산정할 수 있다.

⊘ 참고 **할인율 결정 시 고려요소**

[할인율에 위험을 반영해야 하는지 여부]
① 미래현금흐름을 할인할 때 사용하는 할인율은 (무위험이자율이 아니라) 위험을 조정한 이자율이어야 한다.
② 왜냐하면 무위험이자율은 입수하기가 쉽고 적용하기가 단순하지만, 계약에 당사자들의 특성을 반영하지 못했을 것이기 때문이다.

[계약에서 정한 이자율을 사용해야 하는지 여부]
① 할인율을 결정할 때 계약에서 명시적으로 정한 이자율을 그대로 사용하는 것은 적절하지 않을 수 있다. 왜냐하면 기업이 마케팅 인센티브로 고객에게 '값싼' 금융을 제공할 수도 있기 때문이다.
② 따라서 할인율은 기업이 재화나 용역의 제공을 포함하지 않는 고객과의 금융거래(금전대차거래)에서 사용하는 이자율을 적용해야 한다. 왜냐하면 그 이자율이 계약에서 금융을 제공받는 당사자의 특성을 반영하기 때문이다. 그리고 그 이자율은 여러 위험 중에서도 고객의 신용도(신용위험)도 반영한다.

예제 4 | **장기할부판매**

20×1년 1월 1일 (주)한국은 원가 ₩200,000의 제품을 ₩300,000에 판매하고, 판매대금은 매년 말 ₩100,000씩 3회에 걸쳐 회수하기로 하였다. 제품 장기할부판매거래의 내재이자율은 10%이며, 현재가치계수는 다음과 같다.

기간	현가계수	연금현가계수
1	0.9091	0.9091
2	0.8264	1.7355
3	0.7513	2.4868

[요구사항]

1. (주)한국이 20×1년 1월 1일에 인식할 제품 매출액과 할부기간 동안 인식할 총이자수익을 각각 계산하시오.

2. 제품의 장기할부판매거래와 관련한 현재가치할인차금상각표를 작성하시오.

3. (주)한국이 일자별로 수행할 회계처리를 제시하시오.

해답 **1. 제품 매출액과 총이자수익**

(1) 제품 매출액(명목금액의 현재가치): 100,000 × 2.4868 = 248,680

(2) 총이자수익: 명목금액 - 현금판매가격(현재가치) = 300,000 - 248,680 = 51,320

2. 현재가치할인차금상각표

일자	유효이자(10%)	표시이자(0%)	상각액	원금회수액	장부금액
20×1.1.1					248,680
20×1.12.31	24,868	-	24,868	100,000	173,548
20×2.12.31	17,355	-	17,355	100,000	90,903
20×3.12.31	(*)9,097	-	9,097	100,000	-
	51,320	-	51,320	300,000	

(*) 끝수조정

유효이자(10%)	+ 24,868	+ 17,355	+ 9,097
표시이자(0%)	-	-	-
상각액	+ 24,868	+ 17,355	+ 9,097
원금분할상환	- 100,000	- 100,000	- 100,000
	20×1년 초	20×1년 말	20×2년 말	20×3년 말
장부금액	248,680	173,548	90,903	0

3. 일자별 회계처리

일자		차변	금액		대변	금액	
20×1.1.1	(차)	장기매출채권	300,000	(대)	매출액	248,680	
					현재가치할인차금	51,320	⇨ 248,680
	(차)	매출원가	200,000	(대)	재고자산	200,000	
20×1.12.31	(차)	현재가치할인차금	24,868	(대)	이자수익	24,868	
	(차)	현금	100,000	(대)	장기매출채권	100,000	⇨ 173,548
20×2.12.31	(차)	현재가치할인차금	17,355	(대)	이자수익	17,355	
	(차)	현금	100,000	(대)	장기매출채권	100,000	⇨ 90,903
20×3.12.31	(차)	현재가치할인차금	9,097	(대)	이자수익	9,097	
	(차)	현금	100,000	(대)	장기매출채권	100,000	⇨ 0

4. 참고 순액표시방법에 따른 회계처리

일자		차변	금액		대변	금액	
20×1.1.1	(차)	장기매출채권	248,680	(대)	매출액	248,680	⇨ 248,680
	(차)	매출원가	200,000	(대)	재고자산	200,000	
20×1.12.31	(차)	장기매출채권	24,868	(대)	이자수익	24,868	
	(차)	현금	100,000	(대)	장기매출채권	100,000	⇨ 173,548
20×2.12.31	(차)	장기매출채권	17,355	(대)	이자수익	17,355	
	(차)	현금	100,000	(대)	장기매출채권	100,000	⇨ 90,903
20×3.12.31	(차)	장기매출채권	9,097	(대)	이자수익	9,097	
	(차)	현금	100,000	(대)	장기매출채권	100,000	⇨ 0

(3) 선수금에 포함되어 있는 유의적인 금융요소

[그림 14-2] 유의적인 금융요소

> **거래가격(수익인식금액):** 수익인식시점의 현금판매금액
> ┌ **장기할부판매:** 미래에 받을 대가 – 이자수익 = 현재가치 By 유효이자율
> └ **장기선수판매:** 과거에 받은 대가 + 이자비용 = 미래가치 By 유효이자율

① 장기할부판매와 달리, 고객으로부터 대가를 먼저 수취(선수금)하고 재화나 용역을 나중에 고객에게 제공함으로써 고객으로부터 유의적인 금융효익을 제공받는 경우가 있을 수 있다. 이 경우, 수익인식 기준서에서는 이렇게 선수금에 포함되어 있는 유의적인 금융요소(이자비용)에 대해서도 거래가격 측정에 반영하도록 하고 있다.

② 즉, 고객과 계약을 체결하고 대가를 수취한 시점에는 이를 계약부채(선수금)로 인식한다. 그리고 계약부채는 재화나 용역을 이전할 때까지 유효이자율법을 적용하여 이자비용을 인식하고, 동 금액을 계약부채에 가산한다. 이렇게 유의적인 금융요소를 반영하여 조정된 계약부채는 재화나 용역을 이전하는 시점에 수익으로 인식한다. 이에 따라 수익금액은 현금으로 결제했다면 수령하였을 금액(현금판매가격)으로 인식하게 되는 것이다.

[장기선수판매]

대가 선취 시:	(차) 현금	×××	(대) 계약부채(선수금)	×××
매 보고기간 말:	(차) 이자비용	(*)×××	(대) 계약부채	×××
	(*) 기초 계약부채 × 유효이자율			
재화 인도 시:	(차) 계약부채	×××	(대) 매출액	(*)×××
	(*) 대가 선취액 + 이자비용			
	(차) 매출원가	×××	(대) 재고자산	×××

승철쌤's comment   장기선수판매의 수익인식액

① 장기선수판매란 고객으로부터 대가를 먼저 수취(선수금)하고, 관련된 재화나 용역은 1년 이후에 제공하는 경우를 말한다. 즉, 고객으로부터 유의적인 금융효익을 제공받는 경우이다.

② 개정된 수익인식 기준서에서는 이렇게 선수금(계약부채)에 포함되어 있는 유의적인 금융요소(이자비용)에 대해서도 거래가격 측정에 반영할 것을 요구하고 있다.

③ 즉, 고객으로부터 대가를 1년 이상 미리 받았으므로 이자(이자비용)만큼 대가를 적게 받았을 것이다. 따라서 적게 받은 이자(이자비용)만큼을 다시 가산한 금액으로 수익을 인식하라는 의미이다. 결국 장기선수판매의 경우에도 장기할부판매의 경우와 같이 '수익인식시점'의 현금판매가격을 수익으로 인식하라는 것이다.

┌ 사례 ┐

장기선수판매와 할인율 평가(기업회계기준서 사례 수정)

[거래상황]

① 20×1년 1월 1일, (주)대한은 제품을 판매하기로 (주)민국과 계약을 체결하였다. 동 제품의 원가는 ₩3,500이며, 제품에 대한 통제는 20×2년 말에 (주)민국으로 이전된다.

② 계약에 의하면, (주)민국은 ⊙ 계약을 체결할 때 ₩4,000을 지급하거나 ⓒ 제품을 통제하는 20×2년 말에 ₩5,000을 지급하는 방법 중 하나를 선택할 수 있다. 이 중 (주)민국은 ⊙을 선택함으로써 계약체결일에 현금 ₩4,000을 (주)대한에게 지급하였다.

③ (주)대한은 시장의 일반적인 이자율 분만 아니라 자산 이전시점과 고객의 지급시점 사이의 기간을 고려하여 유의적인 금융요소가 포함되어 있다고 판단하였다.

[할인율 평가]

① 상기 거래의 내재이자율, 즉, 2가지 대금지급방법의 선택권을 경제적으로 동등하게 하기 위해 필요한 이자율은 11.8%이다.

② 그러나 (주)대한은 (주)한국과 별도 금융거래를 한다면 사용하게 될 증분차입이자율 연 6%를 적절한 할인율로 판단하였다.

[(주)대한의 회계처리]

20×1.1.1	(차) 현금	4,000	(대) 계약부채	4,000
20×1년 말	(차) 이자비용	(*)240	(대) 계약부채	240
	(*) 4,000 × 6% = 240			
20×2년 말	(차) 이자비용	(*)254	(대) 계약부채	254
	(*) 4,240(= 4,000 + 240) × 6% = 254			
	(차) 계약부채	(*)4,494	(대) 수익(매출액)	4,494
	(*) 4,240 + 254 = 4,494			
	(차) 매출원가	3,500	(대) 제품	3,500

예제 5 장기선수판매

(1) 20×1년 1월 1일 (주)한국은 원가 ₩80,000의 제품을 ₩100,000에 판매하기로 고객과 계약을 체결하였다. 판매대금은 계약체결시점에 전액 현금으로 수령하였다.
(2) 제품에 대한 통제는 20×2년 12월 31일에 이전될 것이며, 해당 거래의 내재이자율은 10%이다.

[요구사항]

1. (주)한국이 20×2년 12월 31일에 인식할 제품 매출액을 계산하시오.
2. (주)한국이 일자별로 수행할 회계처리를 제시하시오.

해답　1. 제품 매출액

$$100,000 \times 1.1^2 = 121,000$$

2. 일자별 회계처리

20×1.1.1	(차) 현금	100,000	(대) 계약부채	100,000	⇨	100,000
20×1.12.31	(차) 이자비용	$^{(*)}$10,000	(대) 계약부채	10,000	⇨	110,000
	$^{(*)}$ 100,000 × 10% = 10,000					
20×2.12.31	(차) 이자비용	$^{(*)}$11,000	(대) 계약부채	11,000	⇨	121,000
	$^{(*)}$ (100,000 + 10,000) × 10% = 11,000					
	(차) 계약부채	121,000	(대) 매출액	121,000	⇨	0
	(차) 매출원가	80,000	(대) 재고자산	80,000		

3. 비현금대가

① 고객이 현금 외의 형태로 대가(비현금대가)를 약속한 계약의 경우(재화나 용역의 교환거래)에 거래 가격을 산정하기 위하여 비현금대가를 공정가치로 측정한다.

② 그러나 만일 비현금대가의 공정가치를 합리적으로 추정할 수 없는 경우에는, 그 대가(비현금대가)와 교환하여 고객에게 제공하기로 약속한 재화나 용역의 개별판매가격을 참조하여 간접적으로 그 대가를 측정한다.

③ 한편, 성격과 가치가 유사한 재화나 용역의 교환거래는 계약에 상업적 실질이 없으므로 수익이 발생하는 거래로 보지 않는다.

[재화나 용역의 교환거래(비현금대가)의 수익 측정]
① 원칙: 제공받은 재화나 용역의 공정가치 + 현금수령액 − 현금지급액
② 예외: 제공한 재화나 용역의 공정가치(간접 측정)

[원칙: 비현금대가의 공정가치를 신뢰성 있게 측정 가능한 경우]

(차) 취득자산(비현금대가)	××× ①	(대) 수익	××× ③
현금	××× ②		

① 제공받은 재화나 용역(비현금대가)의 공정가치
② 현금수령액(현금지급액은 대변 기재)
③ 대차차액 ⇨ 수익: 받은 대가의 공정가치(현금수수액 가감)가 됨

[예외: 비현금대가의 공정가치를 추정하기 어려운 경우]

(차) 현금	××× ②	(대) 수익	××× ①
취득자산(비현금대가)	××× ③		

① 제공한 재화나 용역의 공정가치
② 현금수령액(현금지급액은 대변 기재)
③ 대차차액 ⇨ 취득자산(비현금대가) 취득원가

20×1년 1월 1일, (주)대한은 원가 ₩70,000의 상품(공정가치 ₩100,000)을 (주)민국에게 판매하고 대가로 (주)민국이 사용하고 있던 기계장치(공정가치 ₩120,000)를 수령하였다. 동 교환거래는 상업적 실질이 있다.

[요구사항]

1. (주)대한이 현금 ₩10,000을 추가로 수령하였다고 할 경우, (주)대한이 인식할 수익금액을 계산하시오.

2. (주)대한이 현금 ₩10,000을 추가로 지급하였다고 할 경우, (주)대한이 인식할 수익금액을 계산하시오.

3. 만일 (주)대한이 교환으로 취득한 기계장치의 공정가치를 합리적으로 추정할 수 없으며, (주)대한이 현금 ₩10,000을 추가로 수령하였다고 할 경우, (주)대한이 인식할 수익금액을 계산하시오.

4. 만일 (주)대한이 교환으로 취득한 기계장치의 공정가치를 합리적으로 추정할 수 없으며, (주)대한이 현금 ₩10,000을 추가로 지급하였다고 할 경우, (주)대한이 인식할 수익금액을 계산하시오.

해답　1. 비현금대가의 공정가치가 측정가능하고, 현금을 추가로 수령한 경우
　　　① 수익 인식액: 제공받은 재화·용역의 공정가치 + 현금수령액 - 현금지급액 = 120,000 + 10,000 = 130,000
　　　② 참고 회계처리

20×1.1.1	(차) 기계장치	120,000 ①	(대) 매출액(상품)	(*)130,000 ③	
	현금	10,000 ②			
	(*) 대차차액				
	(차) 매출원가(상품)	70,000	(대) 상품	70,000	

　　　2. 비현금대가의 공정가치가 측정가능하고, 현금을 추가로 지급한 경우
　　　① 수익 인식액: 제공받은 재화·용역의 공정가치 + 현금수령액 - 현금지급액 = 120,000 - 10,000 = 110,000
　　　② 참고 회계처리

20×1.1.1	(차) 기계장치	120,000 ①	(대) 현금	10,000 ②	
			매출액(상품)	(*)110,000 ③	
	(*) 대차차액				
	(차) 매출원가(상품)	70,000	(대) 상품	70,000	

　　　3. 비현금대가의 공정가치를 추정하기 어려우며, 현금을 추가로 수령한 경우
　　　① 수익 인식액: 제공한 재화·용역의 공정가치 = 100,000
　　　② 참고 회계처리

20×1.1.1	(차) 현금	10,000 ②	(대) 매출액(상품)	100,000 ①	
	기계장치	(*)90,000 ③			
	(*) 대차차액				
	(차) 매출원가(상품)	70,000	(대) 상품	70,000	

　　　4. 비현금대가의 공정가치를 추정하기 어려우며, 현금을 추가로 지급한 경우
　　　① 수익 인식액: 제공한 재화·용역의 공정가치 = 100,000
　　　② 참고 회계처리

20×1.1.1	(차) 기계장치	(*)110,000 ③	(대) 매출액(상품)	100,000 ①	
			현금	10,000 ②	
	(*) 대차차액				
	(차) 매출원가(상품)	70,000	(대) 상품	70,000	

4. 고객에게 지급할 대가

기업이 고객에게 대가를 지급하는 경우가 있다. 고객에게 지급할 대가에는 기업이 고객에게 지급하거나 지급할 것으로 예상하는 현금 금액을 포함한다. 고객에게 지급할 대가는 다음과 같이 회계처리한다.

(1) 고객에게서 받은 재화나 용역의 대가로 지급하는 것이 아닌 경우

고객에게 지급할 대가가 고객에게서 받은 재화나 용역의 대가로 지급하는 것이 아니라면, 그 대가는 거래가격, 즉 수익에서 차감하여 회계처리한다.

(2) 고객에게서 받은 재화나 용역의 대가로 지급하는 경우

고객에게 지급할 대가가 고객에게서 받은 재화나 용역에 대한 지급이라면, 다른 공급자에게서 구매한 경우와 같은 방법으로 회계처리한다. 만일 고객에게 지급할 대가가 고객에게서 받은 재화나 용역의 공정가치를 초과한다면, 그 초과액을 거래가격(수익)에서 차감하여 회계처리한다. 그러나 만일 고객에게서 받은 재화나 용역의 공정가치를 합리적으로 추정할 수 없다면, 고객에게 지급할 대가 전액을 거래가격(수익)에서 차감하여 회계처리한다.

필수암기! **고객에게 지급할 대가**

구분	회계처리
고객에게서 받은 재화나 용역의 대가로 지급하는 것이 아닌 경우	고객에게 지급할 대가를 거래가격(수익)에서 차감
고객에게서 받은 재화나 용역의 대가로 지급하는 경우	① 원칙: 고객에게서 별도의 재화나 용역을 취득한 것으로 회계처리 ② 고객에게 지급할 대가가 고객에게서 받은 재화나 용역의 공정가치를 초과하는 경우: 초과액을 거래가격(수익)에서 차감 ③ 고객에게서 받은 재화나 용역의 공정가치를 추정할 수 없는 경우: 고객에게 지급할 대가 전액을 거래가격(수익)에서 차감

(1) A기업은 차량운반구를 제조·판매하는 기업이며, B기업은 차량운반구 생산에 필요한 기계장치를 제조·판매하는 기업이다. 20×1년 1월 1일 A기업은 원가 ₩8,000,000의 차량운반구를 B기업에게 ₩10,000,000에 판매하면서, B기업으로부터 기계장치를 ₩1,000,000에 매입하는 계약을 체결하였다.
(2) A기업은 계약체결시점에 차량운반구를 인도하고 판매대금 ₩10,000,000을 현금으로 수령하였다. 그리고 20×1년 2월 1일 B기업으로부터 기계장치를 인도받고 매입대금 ₩1,000,000을 현금으로 지급하였다. 한편, B기업으로부터 매입하는 기계장치의 공정가치는 매입가격과 동일하다.

[요구사항]

1. A기업이 일자별로 수행할 회계처리를 제시하시오.

2. A기업이 20×1년 2월 1일에 매입하는 기계장치의 공정가치가 ₩900,000일 경우, A기업이 일자별로 수행할 회계처리를 제시하시오.

3. A기업이 20×1년 2월 1일에 매입하는 기계장치의 공정가치를 합리적으로 추정할 수 없을 경우, A기업이 일자별로 수행할 회계처리를 제시하시오.

해답　1. 고객에게 지급할 대가가 고객으로부터 받은 재화의 대가로 지급하는 경우
　　　① B기업(고객)에게 지급할 대가 1,000,000은 B기업으로부터 매입한 기계장치에 대한 대가이므로 전액 기계장치의 취득원가로 회계처리한다.
　　　② 회계처리

20×1.1.1	(차) 현금	10,000,000	(대) 매출액(차량운반구)	10,000,000
	(차) 매출원가	8,000,000	(대) 재고자산	8,000,000
20×1.2.1	(차) 기계장치	1,000,000	(대) 현금	1,000,000

　　　2. 고객에게 지급할 대가가 고객으로부터 받은 재화의 공정가치를 초과하는 경우
　　　① B기업(고객)에게 지급할 대가 1,000,000이 B기업으로부터 매입한 기계장치의 공정가치 900,000을 초과한다. 따라서 기계장치의 취득원가는 공정가치인 900,000으로 인식하고, 공정가치 초과지급액 100,000은 차량운반구 수익에서 차감한다.
　　　② 회계처리

20×1.1.1	(차) 현금	10,000,000	(대) 매출액(차량운반구)	9,900,000
			환불부채	(*)100,000

(*) 공정가치 초과 지급액: 1,000,000 − 900,000 = 100,000

	(차) 매출원가	8,000,000	(대) 재고자산	8,000,000
20×1.2.1	(차) 기계장치	900,000	(대) 현금	1,000,000
	환불부채	100,000		

　　　3. 고객으로부터 받은 재화의 공정가치를 알 수 없는 경우
　　　① B기업(고객)으로부터 매입한 기계장치의 공정가치를 알 수 없다. 따라서 기계장치는 인식하지 않으며, 대신 B기업에게 지급할 대가 1,000,000은 전액 차량운반구 수익에서 차감한다.
　　　② 회계처리

20×1.1.1	(차) 현금	10,000,000	(대) 매출액(차량운반구)	9,000,000
			환불부채	1,000,000
	(차) 매출원가	8,000,000	(대) 재고자산	8,000,000
20×1.2.1	(차) 환불부채	1,000,000	(대) 현금	1,000,000

예제 8 고객에게 지급할 대가(2)

(1) 20×1년 7월 1일, (주)한국(소비재 제조업자)은 국제적인 대형 소매체인점인 고객에게 1년 동안 재화를 판매하기로 계약을 체결하였다. 고객은 1년 동안 적어도 제품 1,000개를 단위당 ₩15,000씩 총 ₩15,000,000만큼 사기로 약속하였다.

(2) 계약에서 (주)한국은 계약개시시점에 환불되지 않는 ₩1,500,000을 고객에게 지급하도록 되어 있다. 이 지급액은 고객이 (주)한국의 제품을 선반에 올리는 데 필요한 변경에 대해 (주)한국이 고객에게 보상하는 것이다.

(3) (주)한국은 20×1년에 제품 600개를 고객에게 판매하고 현금 ₩9,000,000을 수령하였다.

[요구사항]

(주)한국이 20×1년에 인식할 수익금액을 계산하시오.

해답   1. 고객에게 지급할 대가의 분석
   ① 고객에게 지급할 대가는 고객이 기업에 제공하는 구별되는 재화나 용역의 대가로 지급하는 것이 아니라면, 그 대가는 거래가격에서 차감하여 회계처리한다.
   ② 사례에서 (주)한국은 고객의 선반에 대해 어떠한 권리도 통제하지 못한다. 따라서 (주)한국이 고객에게 지급하는 1,500,000은 재화나 용역의 대가로 지급한 것이 아니므로 거래가격에서 차감한다.

2. 20×1년에 인식할 수익금액
   ① 제품 단위당 수익: (15,000,000 − 1,500,000) ÷ 1,000개 = @13,500
   ② 20×1년 수익인식액: 600개 × @13,500 = 8,100,000

3. 참고 회계처리

20×1.7.1	(차) 환수자산	1,500,000	(대) 현금	1,500,000
제품 판매 시	(차) 현금	9,000,000	(대) 환수자산	(*)900,000
			매출	8,100,000

(*) 1,500,000 × 600개/1,000개 = 900,000

06 [4단계] 거래가격의 배분

기업은 수행의무별로 수익을 인식하므로 [3단계]에서 산정된 거래가격을 각 수행의무에 배분해야 한다. 즉, 계약에 포함된 수행의무가 하나인 경우에는 거래가격을 배분할 필요가 없다. 그러나 수행의무가 둘 이상인 경우에는 산정된 거래가격을 각 수행의무에 배분해야 수행의무별로 수익을 인식할 수 있을 것이다.

1. 개별판매가격에 기초한 배분

거래가격은 상대적 개별판매가격을 기준으로 계약에서 식별된 각 수행의무에 배분한다. 거래가격을 상대적 개별판매가격에 기초하여 각 수행의무에 배분하기 위하여 계약개시시점에 계약상 각 수행의무의 대상인 구별되는 재화나 용역의 개별판매가격을 산정하고 이 개별판매가격에 비례하여 거래가격을 배분한다.

> ⊘ 참고 **개별판매가격**
>
> ① 개별판매가격은 기업이 고객에게 약속한 재화나 용역을 별도로 판매할 경우의 가격이다. 개별판매가격의 최선의 증거는 기업이 비슷한 상황에서 비슷한 고객에게 별도로 재화나 용역을 판매할 때 그 재화나 용역의 관측 가능한 가격이다.
> ② 재화나 용역의 계약상 표시가격이나 정가는 그 재화나 용역의 개별판매가격일 수 있지만, 개별판매가격으로 간주되어서는 안 된다.

만일 개별판매가격을 직접 관측할 수 없다면 개별판매가격을 추정한다. 재화나 용역의 개별판매가격을 적절하게 추정하는 방법에는 다음이 포함되지만, 이에 한정되지는 않는다.

> ① **시장평가 조정 접근법**: 기업이 재화나 용역을 판매하는 시장을 평가하여 그 시장에서 고객이 그 재화나 용역에 대해 지급하려는 가격을 추정할 수 있다. 비슷한 재화나 용역에 대한 경쟁자의 가격을 참조하고 그 가격에 기업의 원가와 이윤을 반영하기 위해 필요한 조정을 하는 방법을 포함할 수도 있다.
> ② **예상원가 이윤 가산 접근법**: 수행의무를 이행하기 위한 예상원가를 예측하고 여기에 그 재화나 용역에 대한 적절한 이윤을 더한 금액으로 추정할 수 있다.
> ③ **잔여접근법**: 재화나 용역의 개별판매가격은 총 거래가격에서 계약에서 약속한 그 밖의 재화나 용역의 관측 가능한 개별판매가격의 합계를 차감하여 추정할 수 있다.

> ⊘ 참고 **잔여접근법의 사용이 적절한 경우**
>
> 잔여접근법은 다음 기준 중 어느 하나를 충족하는 경우에만 재화나 용역의 개별판매가격 추정에 사용할 수 있다.
>
> ① 같은 재화나 용역을 서로 다른 고객들에게 광범위한 금액으로 판매한다(하나의 대표적인 개별판매가격을 분간할 수 없어 판매가격이 매우 다양하다).
> ② 재화나 용역의 가격을 아직 정하지 않았고 과거에 그 재화나 용역을 따로 판매한 적이 없다(판매가격이 불확실하다).

2. 할인액의 배분

계약에서 약속한 재화나 용역의 개별판매가격 합계가 계약에서 약속한 대가를 초과하면, 고객은 재화나 용역의 묶음을 구매하면서 할인을 받은 것이다. 할인액은 다음과 같이 배분한다.

---

① **원칙**: 할인액을 계약상 모든 수행의무에 비례하여 배분
② **할인액이 계약상 일부 수행의무에만 관련된다는 관측 가능한** 증거가 있는 경우: 할인액을 일부 수행의무에만 배분

한편, 할인액을 일부 수행의무에만 배분하는 경우에는 잔여접근법을 사용하여 재화나 용역의 개별판매가격을 추정하기 전에 그 할인액을 먼저 배분한다.

3. 거래가격의 변동

① 계약을 개시한 다음에 거래가격은 여러 가지 이유로 변동될 수 있고, 그 이유에는 약속한 재화나 용역의 대가로 받을 권리를 갖게 될 것으로 예상하는 금액을 바뀌게 하는 불확실한 사건의 해소나 그 밖의 상황 변화가 포함된다.
② 거래가격의 후속 변동은 계약개시시점과 같은(동일한) 기준으로 계약상 수행의무에 배분한다. 따라서 계약을 개시한 후의 개별판매가격 변동을 반영하기 위해 거래가격을 다시 배분하지는 않는다. 이행된 수행의무에 배분되는 금액은 거래가격이 변동되는 기간에 수익으로 인식하거나 수익에서 차감한다.

4. 변동대가의 배분

계약에서 약속한 변동대가는 계약 전체에 기인할 수 있고 계약의 특정 부분에 기인할 수도 있다. 다음 기준을 모두 충족하면, 변동금액을 전부 하나의 수행의무에 배분하거나 단일 수행의무의 일부를 구성하는 구별되는 재화나 용역에 배분한다.

---

① 수행의무를 이행하거나 구별되는 재화나 용역을 이전하는 기업의 노력 또는 그에 따른 특정 성과와 변동 지급조건이 명백하게 관련되어 있다.
② 계약상 모든 수행의무와 지급조건을 고려할 때, 변동대가를 전부 그 수행의무나 구별되는 재화 또는 용역에 배분하는 것이 배분 목적에 맞는다.

예제 9 | 거래가격의 배분

20×1년 12월 1일, (주)한국은 ₩100을 수령하고 제품 A, B, C를 판매하기로 고객과 계약을 체결하였다. (주)한국은 제품 A와 B를 20×1년 말에 고객에게 인도하고, 제품 C는 20×2년 초에 인도하기로 하였다. 다음의 상황은 각각 독립적이다.

(상황 1) (주)한국은 보통 제품 A를 별도로 판매하므로 개별판매가격을 직접 관측할 수 있다. 그러나 제품 B와 C의 개별판매가격은 직접 관측할 수 없다. 따라서 (주)한국은 제품 B에는 시장평가 조정 접근법을 사용하고, 제품 C에는 예상원가 이윤 가산 접근법을 사용하여 계약개시일의 개별판매가격을 다음과 같이 추정하였다.

구분	금액
제품 A	₩45
제품 B	30
제품 C	75
합계	₩150

(상황 2) (주)한국은 보통 제품 A, B, C를 개별판매하므로 개별판매가격을 다음과 같이 정하였다. 그리고 (주)한국은 보통 제품 B와 제품 C를 함께 묶어서 ₩80에 판매한다.

구분	금액
제품 A	₩20
제품 B	65
제품 C	35
합계	₩120

(상황 3) (주)한국은 (상황 2)에서 기술한 바와 같이 제품 A, B, C를 판매하기로 고객과 계약을 체결하였다. 다만, 동 계약에는 제품 D를 제공하는 약속이 포함되며, 계약의 총 대가는 ₩130이다. (주)한국은 제품 D를 넓은 범위의 금액(₩15 ~ ₩45)으로 서로 다른 고객에게 판매하기 때문에, 제품 D의 개별판매가격의 변동성은 매우 높다. 따라서 (주)한국은 제품 D의 개별판매가격을 잔여접근법을 사용하여 추정하기로 결정하였다.

(상황 4) (상황 1)에서 상황의 변동으로 총 대가가 ₩100에서 ₩90으로 후속적으로 변경되었다. 변경시점의 제품의 개별판매가격은 다음과 같다.

구분	금액
제품 A	₩35
제품 B	25
제품 C	60
합계	₩120

[요구사항]

1. (상황 1)에서 (주)한국이 20×1년에 수익으로 인식할 금액을 계산하시오.

2. (상황 2)에서 (주)한국이 20×1년에 수익으로 인식할 금액을 계산하시오.

3. (상황 3)에서 (주)한국이 제품 D에 배분할 수익금액을 계산하시오.

4. (상황 4)에서 (주)한국이 20×1년에 수익으로 인식할 금액을 계산하시오.

해답

1. **(상황 1) 할인액이 모든 수행의무와 관련된 경우**
   ① 제품 A, B, C의 개별판매가격의 합계(150)가 약속된 대가(100)를 초과하기 때문에 고객은 제품 묶음을 구매하면서 50만큼 할인을 받은 것이다. 할인액이 모든 제품과 관련이 있으므로 모든 제품에 배분한다.
   ② 거래가격의 배분

	개별판매가격	배분비율	거래가격 배분
제품 A	45	45/150 = 30%	[*1]30
제품 B	30	30/150 = 20%	[*2]20
제품 C	75	75/150 = 50%	[*3]50
합계	150		100

   [*1] 100 × 30% = 30
   [*2] 100 × 20% = 20
   [*3] 100 × 50% = 50

   ③ 20×1년에 수익으로 인식할 금액: 30(A) + 20(B) = 50

2. **(상황 2) 할인액이 일부 수행의무에만 관련된 경우**
   ① 제품 A, B, C의 개별판매가격의 합계(120)가 약속된 대가(100)를 초과하기 때문에 고객은 제품 묶음을 구매하면서 20만큼 할인을 받은 것이다. 다만, (주)한국이 보통 제품 B와 C를 함께 묶어서 80에, 제품 A를 20에 판매하고 있기 때문에, 할인액 20은 전부 제품 B와 C에만 관련이 있다는 관측 가능한 증거가 있다. 따라서 할인액 20을 제품 B와 C에만 배분한다.
   ② 거래가격의 배분

	개별판매가격	배분비율	거래가격 배분
제품 A	20		20
제품 B	65	65/(65 + 35) = 65%	[*1]52
제품 C	35	35/(65 + 35) = 35%	[*2]28
합계	120		100

   [*1] (100 − 20) × 65% = 52
   [*2] (100 − 20) × 35% = 28

   ③ 20×1년에 수익으로 인식할 금액: 20(A) + 52(B) = 72

3. **(상황 3) 잔여접근법이 적절한 경우**
   ① (주)한국이 보통 제품 B와 제품 C를 함께 80에 판매하고 제품 A를 20에 판매하기 때문에, 총 거래가격 130 중에서 100을 제품 A, B, C에 배분한다(배분되는 금액은 (상황 2)와 동일함). 그리고 잔여접근법을 적용하여, 총 거래가격 130에서 제품 A, B, C에 배분된 100을 차감한 나머지 30을 제품 D의 개별판매가격으로 추정한다.
   ② 거래가격의 배분

	개별판매가격	배분비율	거래가격 배분
제품 A	20		20
제품 B	65	65/(65 + 35) = 65%	52
제품 C	35	35/(65 + 35) = 35%	28
소계	120		100
제품 D			30
합계			130

   ③ 제품 D에 배분된 거래가격: 30

4. (상황 4) 거래가격이 변동되는 경우

① 거래가격이 후속적으로 변동된 경우에도 계약개시시점과 동일한 기준으로 계약상 수행의무에 배분한다.

② 거래가격의 배분

	개별판매가격	배분비율	거래가격 배분
제품 A	45	45/150 = 30%	(*1)27
제품 B	30	30/150 = 20%	(*2)18
제품 C	75	75/150 = 50%	(*3)45
합계	150		90

(*1) 90 × 30% = 27
(*2) 90 × 20% = 18
(*3) 90 × 50% = 45

③ 20×1년에 수익으로 인식할 금액: 27(A) + 18(B) = 45

5. 계약변경으로 인한 거래가격의 변동

계약변경이란 계약당사자들이 승인한 계약의 범위나 계약가격(또는 둘 다)의 변경을 말한다. 계약당사자가 집행 가능한 권리와 의무를 새로 설정하거나 기존의 집행 가능한 권리와 의무를 변경하기로 승인할 때 계약변경이 존재한다.

(1) 계약변경이 별도계약인 경우

다음 두 조건을 모두 충족하는 경우에 계약변경은 (기존 계약과 분리되는) 별도계약으로 회계처리한다.

> ① 구별되는 약속한 재화나 용역이 추가되어 계약의 범위가 확장된다.
> ② 계약가격이 추가로 약속한 재화나 용역의 개별판매가격에 특정 계약 상황을 반영하여 적절히 조정한 대가만큼 상승한다.

즉, 계약변경으로 재화나 용역이 추가되고 계약가격도 추가된 재화나 용역의 개별판매가격을 반영한 금액만큼 상승한다면, 계약변경은 기존 계약과 분리된 별도의 계약으로 볼 수 있다. 따라서 이 경우에는 기존 계약은 기존 계약대로, 계약변경은 (기존 계약과 분리된) 별도의 새로운 계약으로 보고 회계처리한다.

(2) 계약변경이 별도계약이 아닌 경우

계약변경이 별도계약으로 회계처리하는 경우가 아니라면, 계약변경일에 아직 이전되지 않은 재화나 용역(나머지 재화나 용역)을 다음 중 해당하는 방법으로 회계처리한다.

① **계약분할**: 나머지 재화나 용역이 계약변경일이나 그 전에 이전한 재화나 용역과 구별된다면, 그 계약변경은 기존 계약을 종료하고 새로운 계약을 체결한 것처럼 회계처리한다. 이때 나머지 수행의무에 배분하는 대가는 다음 항목의 합계로 한다.

> ㉠ 거래가격 추정치에는 포함되었으나 아직 수익으로 인식되지 않은 금액
> ㉡ 계약변경으로 증가한 대가

② **계약병합**: 나머지 재화나 용역이 구별되지 않아서, 즉, 계약변경이 계약변경일에 부분적으로 이행된 단일 수행의무의 일부를 구성한다면, 그 계약변경은 기존 계약의 일부인 것처럼 회계처리한다. 이때 계약변경이 거래가격과 수행의무의 진행률에 미치는 영향은 계약변경일에 수익을 조정(수익의 증액이나 감액)하여 인식하는데, 이를 누적효과 일괄조정기준이라고 한다.

③ **기타 목적적합한 방법**: 나머지 재화나 용역이 ①과 ② 경우로 결합되어 있다면, 변경된 계약에서 이행되지 아니한 수행의무에 미치는 계약변경의 영향을 목적에 맞는 방법으로 회계처리한다.

계약변경 ── 요건충족○ ──▶ ① [별도계약] 계약변경을 (기존계약과 분리된) 별도계약으로 보고 수익인식

└ 충족× ── ┌ ② [계약분할] 변경일 현재 계약 분리 ○ ⇨ 변경일 현재 기존계약 종료 + 새로운 계약체결

└ ③ [계약병합] 변경일 현재 계약 분리 × ⇨ 기존계약과 계약변경을 단일계약 가정

예제 10 계약변경

(1) 20×1년 1월 1일 (주)한국은 제품 100개를 고객에게 ₩1,000(개당 ₩10)에 판매하기로 계약을 체결하였다. 제품 100개 중 50개는 20×1년 말에, 나머지 50개는 20×2년 말에 고객에게 제공된다. 20×1년 말까지 (주)한국은 제품 100개 중 50개에 대한 통제를 고객에게 이전하였다.

(2) 20×2년 초, (주)한국은 20×3년에 제품 50개를 추가로 판매하기로 계약을 변경하였다. 다음의 각각의 상황은 독립적이다.

(상황 1)   추가 제품 50개를 ₩450(개당 ₩9)에 판매하기로 하였다. 추가 제품의 판매가격은 개별판매가격을 반영하는 금액이다.

(상황 2)   추가 제품 50개를 ₩200(개당 ₩4)에 판매하기로 하였다. 추가 제품의 판매가격은 개별판매가격을 반영하지 않는 금액이다.

(상황 3)   추가 제품 50개를 ₩200(개당 ₩4)에 판매하기로 하였다. 추가 제품의 판매가격은 개별판매가격을 반영하지 않는 금액이다. 다만, 계약변경일에 아직 고객에게 제공하지 않은 제품이 이미 제공한 제품과 구별되는 수행의무가 아니라고 가정한다.

[요구사항]

1. (상황 1)과 관련하여 (주)한국이 연도별로 인식할 수익금액을 계산하시오.

2. (상황 2)와 관련하여 (주)한국이 연도별로 인식할 수익금액을 계산하시오.

3. (상황 3)과 관련하여 (주)한국이 연도별로 인식할 수익금액을 계산하시오.

해답 **1. 계약변경이 별도계약인 경우**

① 추가 제품 50개의 판매가격이 $^{(*)}$개별판매가격을 반영하므로 제품 50개를 추가하는 계약변경은 기존 계약과 분리된 별도의 계약으로 볼 수 있다. 따라서 기존 계약은 기존 계약대로 수익을 인식하고, 추가된 제품 50개는 별도의 새로운 계약으로 보고 수익을 인식한다.

$^{(*)}$ 본 예제의 경우, **계약변경일(20×2년 초)의 개별판매가격(개당 9)**이 **최초 계약체결일(20×1년 초)의 개별판매가격(개당 10)**과 **다르다.** 그 이유는 개별판매가격은 일종의 **공정가치**와 유사한 개념이므로 **계속하여 변동**할 수 있기 때문이다. 따라서 변경계약의 계약가격이 계약변경일의 개별판매가격을 반영하는 지 여부는 단순히 최초 계약체결일의 개별판매가격과만 비교하여 판단해서는 안 되며, 문제에서 **제시하는 단서부터 살펴본 다음에** 판단해야 한다.

② 연도별 수익금액

20×1년	50개 × @10 =	500
20×2년	50개 × @10 =	500
20×3년	50개 × @9 =	450
		1,450

2. 계약변경을 계약분할로 회계처리하는 경우

① 추가 제품 50개의 판매가격이 개별판매가격을 반영하지 않는다. 따라서 계약변경을 별도의 계약으로 볼 수 없다.

② 계약변경일(20×2년 초) 현재 이미 제공한 제품 50개와 아직 제공하지 않은 제품 100개(기존 계약 중 50개 + 추가 제품 50개)가 서로 구별된다. 따라서 계약변경일 기준으로 기존 계약을 종료하고, 아직 제공하지 않은 100개에 대하여 별도의 새로운 계약을 체결한 것으로 보아 회계처리한다. 이때 새로운 계약(100개)에 배분될 대가는 기존 계약 중 아직 수익으로 인식하지 않은 500과 계약변경으로 추가된 제품의 대가 200의 합계인 700(개당 7)으로 한다.

③ 연도별 수익금액

20×1년	50개 × @10 =	500
20×2년	50개 × @$^{(*)}$7 =	350
20×3년	50개 × @$^{(*)}$7 =	350
		1,200

$^{(*)}$ 700 ÷ 100개 = @7/개

3. 계약변경을 계약병합으로 회계처리하는 경우

① 계약변경일(20×2년 초) 현재 이미 제공한 제품 50개와 아직 제공하지 않은 제품 100개가 구별되지 않으므로 전체 계약(기존 계약과 변경 계약)을 단일계약으로 보고 수익을 인식한다.

② 다만, 계약변경으로 인하여 단일계약의 수량과 가격이 각각 150개(= 100개 + 50개)와 1,200(= 1,000 + 200)으로 변경된다. 이러한 계약범위와 가격 변경의 효과는 변경연도(20×2년)에 수익에서 일괄조정한다(누적효과 일괄조정기준).

③ 연도별 수익금액

20×1년	50개 × @10 =	500
20×2년	100개 × @$^{(*)}$8 − 500 =	300
20×3년	50개 × @$^{(*)}$8 =	400
		1,200

$^{(*)}$ 1,200 ÷ 150개 = @8/개

07 [5단계] 수익의 인식

1. 수익인식시점(수행의무 이행시점)

① 고객에게 약속한 재화나 용역, 즉 자산을 이전하여 수행의무를 이행할 때(또는 기간에 걸쳐 이행하는 대로) 수익을 인식한다. 그리고 자산은 고객이 그 자산을 통제할 때(또는 기간에 걸쳐 통제하게 되는 대로) 이전된다. 즉, 식별한 수행의무를 기간에 걸쳐 이행하는 경우에는 기간에 걸쳐 수익을 인식하며, 한 시점에 이행하는 경우에는 한 시점에 수익을 인식한다.

② 식별한 각 수행의무를 기간에 걸쳐 이행하는지 아니면 한 시점에 이행하는지를 계약개시시점에 판단한다. 수행의무가 기간에 걸쳐 이행되지 않는다면, 그 수행의무는 한 시점에 이행되는 것이다.

> ⊘ 참고 **자산에 대한 통제**
>
> 자산에 대한 통제란 자산을 사용하도록 지시하고 자산의 나머지 효익의 대부분을 획득할 수 있는 능력을 말한다. 통제에는 다른 기업이 자산의 사용을 지시하고 그 자산에서 효익을 획득하지 못하게 하는 능력이 포함된다. 그리고 자산의 효익은 다음과 같은 다양한 방법으로 직접적으로나 간접적으로 획득할 수 있는 잠재적인 현금흐름(유입이 있거나 유출이 감소)을 말한다.
>
> ① 재화를 생산하거나 용역(공공용역 포함)을 제공하기 위한 자산의 사용
> ② 다른 자산의 가치를 높이기 위한 자산의 사용
> ③ 부채를 결제하거나 비용을 줄이기 위한 자산의 사용
> ④ 자산의 매각 또는 교환
> ⑤ 차입금을 보증하기 위한 자산의 담보 제공
> ⑥ 자산의 보유

2. 기간에 걸쳐 이행하는 수행의무

① 다음 기준 중 어느 하나를 충족하면, 기업은 재화나 용역에 대한 통제를 기간에 걸쳐 이전하므로, 기간에 걸쳐 수행의무를 이행하는 것이고 기간에 걸쳐 수익을 인식한다.

> ㉠ 고객은 기업이 수행하는 대로 기업의 수행에서 제공하는 효익을 동시에 얻고 소비한다.
> ㉡ 기업이 수행하여 만들어지거나 가치가 높아지는 대로 고객이 통제하는 자산(예 재공품)을 기업이 만들거나 그 자산 가치를 높인다.
> ㉢ 기업이 수행하여 만든 자산이 기업 자체에는 대체 용도가 없고, 지금까지 수행을 완료한 부분에 대해 집행 가능한 지급청구권이 기업에 있다.

> ⊘ 참고 **대체적인 용도가 있는지 여부의 판단**
>
> ① 기업이 자산을 만드는 동안에 그 자산을 다른 용도로 쉽게 전환하는 데에 계약상 제약이 있거나, 완료된 상태의 자산을 쉽게 다른 용도로 전환하는 데에 실무상 제한이 있다면, 기업이 수행하여 만든 그 자산은 그 기업에는 대체 용도가 없는 것이다.
> ② 자산이 기업에 대체적인 용도가 있는지는 계약개시시점에 판단한다. 계약을 개시한 다음에는 계약당사자들이 수행의무를 실질적으로 변경하는 계약변경을 승인하지 않는 한, 자산이 기업에 대체 용도가 있는지를 다시 판단하지 않는다.

② 기간에 걸쳐 이행하는 수행의무 각각에 대해, 그 수행의무 완료까지의 진행률을 측정하여 기간에 걸쳐 수익을 인식한다(진행기준). 진행률을 측정하는 목적은 고객에게 약속한 재화나 용역에 대한 통제를 이전(기업의 수행의무 이행)하는 과정에서 기업의 수행 정도를 나타내기 위한 것이다.

③ 기간에 걸쳐 이행하는 각 수행의무에는 하나의 진행률 측정방법을 적용하며 비슷한 상황에서의 비슷한 수행의무에는 그 방법을 일관되게 적용한다. 기간에 걸쳐 이행하는 수행의무의 진행률은 보고기간 말마다 다시 측정한다. 그리고 시간이 흐르면서 상황이 바뀜에 따라 수행의무의 산출물 변동을 반영하기 위해 진행률을 새로 수정한다. 이러한 진행률의 변동은 회계추정의 변경으로 회계처리한다.

⊘ 참고 수행의무의 진행률 측정방법

기간에 걸쳐 이행하는 수행의무의 진행률을 측정하는 방법에는 산출법과 투입법이 포함된다. 적절한 진행률 측정방법을 결정할 때, 고객에게 이전하기로 약속한 재화나 용역의 특성을 고려한다.

(1) 산출법
① 산출법은 계약에서 약속한 재화나 용역의 가치와 비교하여 지금까지 이전한 재화나 용역이 고객에 주는 가치의 직접 측정에 기초하여 진행률을 측정하는 방법이다.
② 산출법에는 지금까지 수행을 완료한 정도를 조사, 달성한 결과에 대한 평가, 도달한 단계, 경과한 시간, 생산한 단위나 인도한 단위와 같은 방법이 포함된다.
③ 기업이 지금까지 수행을 완료한 정도가 고객에게 주는 가치에 직접 상응하는 금액을 고객에게서 받을 권리가 있다면(예 기업이 제공한 용역 시간당 고정금액을 청구할 수 있는 용역계약), 기업은 청구권이 있는 금액으로 수익을 인식하는 실무적 간편법을 쓸 수 있다.
④ 산출법의 단점은 진행률을 측정하는 데에 사용하는 산출물을 직접 관측하지 못할 수 있고, 과도한 원가를 들이지 않고는 산출법을 적용하기 위해 필요한 정보를 구하지 못할 수도 있다는 점이다. 그러므로 투입법이 필요할 수 있다.

(2) 투입법
① 투입법은 해당 수행의무의 이행에 예상되는 총 투입물 대비 수행의무를 이행하기 위한 기업의 노력이나 투입물(예 소비한 자원, 사용한 노동시간, 발생원가, 경과한 시간, 사용한 기계시간)에 기초하여 진행률을 측정하는 방법이다.
② 기업의 노력이나 투입물을 수행기간에 걸쳐 균등하게 소비한다면, 정액법으로 수익을 인식하는 것이 적절할 수 있다.
③ 투입법의 단점은 기업의 투입물과 고객에게 재화나 용역에 대한 통제를 이전하는 것 사이에 직접적인 관계가 없을 수 있다는 것이다.

④ 수행의무의 진행률을 합리적으로 측정할 수 있는 경우에만, 기간에 걸쳐 이행하는 수행의무에 대한 수익을 인식한다. 그러나 어떤 상황(예 계약 초기 단계)에서는 수행의무의 산출물을 합리적으로 측정할 수 없으나, 수행의무를 이행할 때 드는 원가는 회수될 것으로 예상되는 경우가 있다. 그 상황에서는 수행의무의 산출물을 합리적으로 측정할 수 있을 때까지 발생원가의 범위에서만 수익을 인식한다.

승철쌤's comment 회수가능원가기준

① 진행률(수행의무의 이행 정도)을 합리적으로 측정할 수 없는 경우에는 발생한 비용의 범위 내에서 고객에게 회수가능한 금액을 수익으로 인식한다. 즉, 수익은 인식하지만, 진행률의 측정이 어려우므로 이익은 인식하지 말라는 의미이다.
② 이에 대한 보다 자세한 설명은 제15장 '건설계약'의 제4절 내용을 참고하기 바란다.

3. 한 시점에 이행하는 수행의무

① 수행의무가 기간에 걸쳐 이행되지 않는다면, 그 수행의무는 한 시점에 이행되는 것이다. 따라서 고객이 약속된 자산을 통제하고 기업이 수행의무를 이행하는 한 시점에 수익을 인식한다.

② 고객에게 자산의 통제를 이전하는 시점을 판단하기 위해 다음과 같은 통제 이전의 지표를 참고한다. 다만, 통제 이전의 지표가 다음의 지표에 한정되지는 않는다.

> ⊙ **기업은 자산에 대해 현재 지급청구권이 있다:** 고객이 자산에 대해 지급할 현재 의무가 있다면, 이는 고객이 교환되는 자산의 사용을 지시하고 자산의 나머지 효익의 대부분을 획득할 능력을 갖게 되었음을 나타낼 수 있다.
>
> ⓛ **고객에게 자산의 법적 소유권이 있다:** 법적 소유권은 계약당사자 중 누가 '자산의 사용을 지시하고 자산의 나머지 효익의 대부분을 획득할 능력이 있는지' 또는 '그 효익에 다른 기업이 접근하지 못하게 하는 능력이 있는지'를 나타낼 수 있다. 그러므로 자산의 법적 소유권의 이전은 자산을 고객이 통제하게 되었음을 나타낼 수 있다. 그러나 고객의 지급불이행에 대비한 안전장치로서만 기업이 법적 소유권을 보유한다면, 그러한 기업의 권리가 고객이 자산을 통제하게 되는 것을 막지는 못할 것이다.
>
> ⓒ **기업이 자산의 물리적 점유를 이전하였다:** 자산에 대한 고객의 물리적 점유는 고객이 '자산의 사용을 지시하고 자산의 나머지 효익의 대부분을 획득할 능력'이 있거나 '그 효익에 다른 기업이 접근하지 못하게 하는 능력'이 있음을 나타낼 수 있다. 그러나 물리적 점유는 자산에 대한 통제와 일치하지 않을 수 있다. 예를 들면 일부 재매입약정이나 위탁약정에서는 기업이 통제하는 자산을 고객이나 수탁자가 물리적으로 점유할 수 있다. 이와 반대로, 일부 미인도청구약정에서는 고객이 통제하는 자산을 기업이 물리적으로 점유할 수 있다.
>
> ⓔ **자산의 소유에 따른 유의적인 위험과 보상이 고객에게 있다:** 자산의 소유에 따른 유의적인 위험과 보상이 고객에게 이전되었다는 것은 자산의 사용을 지시하고 자산의 나머지 효익의 대부분을 획득할 능력이 고객에게 있음을 나타낼 수 있다. 그러나 약속된 자산의 소유에 따른 위험과 보상을 평가할 때에는, 그 자산을 이전해야 하는 수행의무에 더하여 별도의 수행의무를 생기게 할 위험은 고려하지 않는다. 예를 들면 기업이 고객에게 자산에 대한 통제를 이전하였으나 이전한 자산과 관련된 유지용역을 제공해야 하는 추가되는 수행의무는 아직 이행하지 못하였을 수 있다.
>
> ⓜ **고객이 자산을 인수하였다:** 고객이 자산을 인수한 것은 '자산의 사용을 지시하고 자산의 나머지 효익의 대부분을 획득할 능력'이 고객에게 있음을 나타낼 수 있다.

예제 11 | 수행의무의 이행시기 판단(기업회계기준서 수정)

다음의 각각의 상황은 독립적이다. 각 상황별로 (주)한국의 수행의무가 기간에 걸쳐 이행되는지, 아니면 한 시점에 이행되는지 설명하시오.

(상황 1)   (주)한국은 고객에게 1년 동안 매월 급여처리용역을 제공하기로 계약을 체결하였다. 매월의 급여처리용역이 구별되더라도, 매월의 급여처리용역은 실질적으로 서로 같고 고객에게 이전하는 방식도 같은 일련의 구별되는 용역이므로 급여처리용역은 단일 수행의무로 식별되었다.

(상황 2)   (주)한국은 고객에게 전문가 의견을 제공하는 컨설팅용역을 제공하기로 고객과 계약을 체결하였다. 전문가 의견은 고객에게 특정된 사실 및 상황에 관련된다. 기업이 약속한 대로 수행하지 못하는 경우 외의 사유로 고객이 컨설팅용역계약을 종료한다면, 고객은 계약에 따라 기업의 발생원가에 15% 이윤을 더하여 보상해야 한다. 15% 이윤은 기업이 비슷한 계약에서 벌어들이는 이윤에 가깝다.

(상황 3)   (주)한국은 특수 위성을 건설하기로 고객(정부기관)과 계약을 체결하였다. (주)한국은 다양한 고객(예 정부, 상업적 기업)을 위해 위성을 건설한다. 각 위성의 디자인과 건설은 각 고객의 필요와 위성에 통합될 기술의 유형에 따라 상당히 다르다. 그리고 (주)한국이 건설을 완료한 부분에 대해서는 고객에게 집행 가능한 청구권이 있다.

(상황 4)   (주)한국은 장비를 건설하기로 고객과 계약을 체결하였다. 계약에 따르면, 고객은 계약개시시점에 계약가격의 10%인 선급금을 지급하고, 건설기간에 정기적으로 계약가격의 50%에 해당하는 금액까지 지급하며, 건설이 완료되어 장비가 규정된 성능 시험을 통과한 후에 계약가격의 40%를 최종 지급한다. (주)한국이 약속한 대로 수행하지 못하는 경우가 아니라면 이미 지급받은 금액은 환불되지 않는다. 고객이 계약을 종료할 경우에 (주)한국은 고객에게서 받은 기성금(progress payment)만 보유할 권리가 있다. 기업은 고객에게서 보상받을 권리가 더는 없다.

해답 (상황 1)   고객은 각 거래가 처리될 때 각 급여거래 처리의 수행에서 효익을 동시에 얻고 소비하기 때문에, 수행의무는 기간에 걸쳐 이행된다. 따라서 기업은 수행의무의 진행률을 측정하여 기간에 걸쳐 수익을 인식한다.

(상황 2)   전문가 의견의 개발은 (주)한국에 대체 용도가 있는 자산을 창출하지 못한다. 전문가 의견이 고객에게 특정된 사실 및 상황에 관련되기 때문이다. 그리고 (주)한국은 지금까지 수행을 완료한 부분에 대해 원가에 적정한 이윤(다른 계약에서의 이윤에 가까움)을 더한 금액만큼 집행 가능한 지급청구권이 있다. 따라서 (주)한국은 수행의무의 진행률을 측정하여 기간에 걸쳐 수익을 인식한다.

(상황 3)   고객에 특화된 위성의 디자인과 기능 때문에 그 위성을 다른 고객에게 넘길 수 있는 기업의 실무적 능력이 제한된다. 따라서 그 자산은 (주)한국에 대체 용도가 없다. 그리고 (주)한국이 지금까지 수행을 완료한 부분에 대해 집행 가능한 지급청구권이 있다. 따라서 (주)한국은 수행의무의 진행률을 측정하여 기간에 걸쳐 수익을 인식한다.

(상황 4)   (주)한국이 약속한 대로 이행하지 못하는 경우가 아닌 사유로 고객이 계약을 종료하는 경우에 지금까지 수행을 완료한 부분에 대하여 집행 가능한 지급청구권이 있는지를 고려한다. 고객의 지급액이 환불되지 않더라도, 계약의 모든 기간 내내 지급받은 누적 금액이 적어도 지금까지 수행을 완료한 부분에 대해 기업에 보상해야 할 금액에 상당한다고 예상되지 않는다. 이는 건설하는 동안 여러 차례 고객이 지급한 대가의 누적 금액이 그 시점에 부분적으로 완료된 장비의 판매가격보다 적을 것이기 때문이다. 따라서 (주)한국은 지금까지 수행을 완료한 부분에 대해 지급청구권이 없다. (주)한국이 지금까지 수행을 완료한 부분에 대해 지급청구권이 없기 때문에 장비가 (주)한국에 대체 용도가 있는지를 파악할 필요가 없다. 따라서 (주)한국의 수행의무는 기간에 걸쳐 이행되지 않으므로 (주)한국은 장비 건설을 한 시점에 이행하는 수행의무로 회계처리한다.

08 계약 관련 자산과 부채의 재무상태표 표시

① 계약당사자 중 어느 한 편이 계약을 수행했을 때, 기업의 수행 정도와 고객의 지급과의 관계에 따라 그 계약을 계약자산이나 계약부채로 재무상태표에 표시한다. 그리고 대가를 받을 무조건적인 권리는 수취채권으로 구분하여 표시한다.

> ⊙ **수취채권**: 고객에게서 대가를 받을 무조건적인 권리
> ⓛ **계약자산**: 기업이 고객에게 이전한 재화나 용역에 대하여 그 대가를 받을 기업의 권리로, 그 권리에 시간의 경과 외의 조건(예 기업의 미래 수행)이 있는 자산
> ⓒ **계약부채**: 기업이 고객에게서 이미 받은 대가(또는 지급기일이 된 대가)에 상응하여 고객에게 재화나 용역을 이전하여야 하는 기업의 의무

② 수취채권은 기업이 대가를 받을 무조건적인 권리이다. 시간만 지나면 대가를 지급받기로 한 때가 되는 경우에 그 대가를 받을 권리는 무조건적이다. 예를 들면, 기업에 현재 지급청구권이 있다면 그 금액이 미래에 환불될 수 있더라도 수취채권을 인식한다. 따라서 고객이 대가를 지급하기 전이나 지급기일 전에 기업이 고객에게 재화나 용역을 이전하는 경우, 그 계약에 대해 수취채권으로 표시한 금액을 제외하고는 계약자산으로 표시한다.

[계약자산]

① 재화·용역 이전 + 시간의 경과 외의 조건	(차) 계약자산	×××	(대) 수익	×××
② 대가를 받을 무조건적인 권리가 될 때	(차) 수취채권	×××	(대) 계약자산	×××
③ 수취채권을 현금으로 회수할 때	(차) 현금	×××	(대) 수취채권	×××

[수취채권]

① 재화·용역 이전 + 무조건적인 권리	(차) 수취채권	×××	(대) 수익	×××
② 수취채권을 현금으로 회수할 때	(차) 현금	×××	(대) 수취채권	×××

③ 계약부채는 기업이 고객에게서 받은 대가(또는 지급받을 권리가 있는 대가)에 상응하여 고객에게 재화나 용역을 이전하여야 하는 기업의 의무이다. 따라서 기업이 고객에게 재화나 용역을 이전하기 전에 고객이 대가를 지급하거나 기업이 대가를 받을 무조건적인 권리(수취채권)를 갖고 있는 경우, 기업은 대가를 지급받은 때나 지급받기로 한 때에 그 계약을 계약부채로 표시한다. 그리고 고객에게 그 재화나 용역을 이전하여 수행의무를 이행할 때 계약부채를 제거하고 수익을 인식한다.

[계약부채]

① 재화·용역 이전하기 전 + 무조건적인 권리	(차) 수취채권	×××	(대) 계약부채	×××
② 재화·용역을 이전할 때	(차) 계약부채	×××	(대) 수익	×××
③ 수취채권을 현금으로 회수할 때	(차) 현금	×××	(대) 수취채권	×××

예제 12 계약자산과 수취채권(기업회계기준서)

(1) 20×1년 12월 1일, (주)한국은 고객에게 제품 A와 B를 이전하고 그 대가로 ₩1,000을 받기로 계약을 체결하였다. 계약에 따르면, (주)한국은 제품 A를 20×1년 12월 31일에 먼저 인도하고, 제품 B는 20×2년 2월 1일에 인도한다. 그리고 제품 A의 인도대가는 제품 B의 인도를 조건으로 한다고 기재되어 있다. 즉, 대가 ₩1,000은 (주)한국이 고객에게 제품 A와 B 모두를 이전한 다음에만 받을 권리가 생긴다. 따라서 (주)한국은 제품 A와 제품 B 모두를 고객에게 이전할 때까지 대가를 받을 무조건적인 권리(수취채권)가 없다.

(2) (주)한국은 제품 A와 B를 이전하기로 한 약속을 수행의무로 식별하고, 제품의 상대적 개별판매가격에 기초하여 제품 A에 대한 수행의무에 ₩400을, 제품 B에 대한 수행의무에 ₩600을 배분한다.

[요구사항]

(주)한국이 일자별로 수행할 회계처리를 제시하시오.

해답   **1. 거래의 분석**

① (주)한국은 제품 A와 제품 B를 모두 인도한 경우에만 대가를 받을 무조건적인 권리(수취채권)가 생기므로 제품 A만을 인도했을 때는 수취채권을 인식할 수 없다.

② 따라서 20×1.12.31 (주)한국이 제품 A를 인도할 때에는 제품 A에 배분된 거래가격 400을 수익으로 인식하지만, 동 금액을 (수취채권이 아닌) 계약자산으로 인식한다.

③ 20×2.2.1 (주)한국이 제품 B를 인도할 때 대가 1,000을 받을 무조건적인 권리가 생기므로, 동 금액을 수취채권으로 인식한다.

2. 일자별 회계처리

20×1.12.1			– 회계처리 없음 –	
20×1.12.31	(차) 계약자산	400	(대) 수익(A)	400
20×2.2.1	(차) 수취채권	1,000	(대) 계약자산	400
			수익(B)	600

예제 13 수취채권과 계약부채(기업회계기준서)

(1) 20×1년 1월 1일, (주)한국은 20×1년 3월 31일에 고객에게 제품을 이전하는 계약을 체결하였다.

(2) 고객은 계약에 따라 20×1년 1월 31일에 대가 ₩1,000을 미리 지급하여야 한다. 그러나 고객은 20×1년 3월 1일에 대가를 지급하였다. (주)한국은 20×1년 3월 31일에 제품을 이전하여 수행의무를 이행하였다.

[요구사항]

1. (주)한국이 고객과 체결한 계약이 취소할 수 있는 계약인 경우, 일자별로 수행할 회계처리를 제시하시오.

2. (주)한국이 고객과 체결한 계약이 취소할 수 없는 계약인 경우, 일자별로 수행할 회계처리를 제시하시오.

해답 1. 취소할 수 있는 계약인 경우
① 고객과 체결한 계약이 취소할 수 있는 계약이므로, (주)한국은 대가의 지급기일인 20×1.1.31에 대가 1,000을 받을 무조건적인 권리가 없다. 따라서 (주)한국은 20×1.1.31에 수취채권을 인식할 수 없다.
② 일자별 회계처리

20×1.1.1		– 회계처리 없음 –		
20×1.1.31		– 회계처리 없음 –		
20×1.3.1	(차) 현금	1,000	(대) 계약부채	1,000
20×1.3.31	(차) 계약부채	1,000	(대) 수익	1,000

2. 취소할 수 없는 계약인 경우
① 고객과 체결한 계약이 취소할 수 없는 계약이므로, (주)한국은 대가의 지급기일인 20×1.1.31에 대가 1,000을 받을 무조건적인 권리가 생긴다. 따라서 (주)한국은 20×1.1.31에 대가 1,000을 수취채권으로 인식한다. 그리고 고객에게 제품을 이전하기 전에 수취채권을 인식하였으므로, 동 금액을 계약부채로 인식한다.
② 일자별 회계처리

20×1.1.1		– 회계처리 없음 –		
20×1.1.31	(차) 수취채권	1,000	(대) 계약부채	1,000
20×1.3.1	(차) 현금	1,000	(대) 수취채권	1,000
20×1.3.31	(차) 계약부채	1,000	(대) 수익	1,000

제2절 | 거래유형별 수익인식

01 위탁판매

1. 개요

[그림 14-3] 위탁판매

① 위탁판매는 판매자가 재화의 판매를 다른 기업에게 위탁하고 그 대가로 수수료를 지급하는 형태의 판매거래를 말한다. 여기서 재화의 판매를 위탁한 기업을 위탁자라고 하고, 재화의 판매를 위탁받은 기업을 수탁자라고 한다.

② 위탁판매인지 여부를 판단할 때는, 기업이 최종 고객에게 판매할 제품을 다른 당사자(예 중개인이나 유통업자)에게 인도할 때 그 다른 당사자가 그 시점에 제품을 통제하게 되었는지를 평가해야 한다.

> ⊙ 다른 당사자가 그 제품을 통제하는 경우에는 제품의 통제가 다른 당사자에게 이전되었으므로 다른 당사자에게 제품을 인도할 때 수익을 인식한다. 즉, 이 경우는 (위탁판매가 아니라) 기업이 제품을 그 다른 당사자에게 판매하는 것이다.
> ⊙ 다른 당사자가 제품을 통제하지 못한다면, 다른 당사자는 그 제품을 위탁약정에 따라 보유하는 것이다 (위탁판매). 따라서 기업이 다른 당사자(수탁자)에게 제품을 인도할 때 수익을 인식하지 않는다.

⊘ 참고 **위탁약정의 지표**

어떤 약정이 위탁약정이라는 지표에는 다음 사항이 포함되지만, 이에 한정되지는 않는다.
① 정해진 사건이 일어날 때까지(예 중개인이 최종 고객에게 자산을 판매하거나 정해진 기간이 만료될 때까지) 기업이 자산을 통제한다.
② 기업은 제품의 반환을 요구하거나 제품을 제3자(예 다른 중개인)에게 이전할 수 있다.
③ 중개인은 (보증금을 지급해야 하는 경우도 있지만) 제품에 대해 지급해야 하는 무조건적인 의무는 없다.

2. 위탁판매의 회계처리

① 위탁자가 재화의 판매를 위해 재화를 수탁자에게 보내는 행위를 적송이라고 하는데, 이는 단순히 재화의 보관장소만을 이전한 것에 불과할 뿐 재화의 통제를 수탁자에게 이전한 것이 아니다. 따라서 위탁자는 재화를 적송하는 시점에는 수익을 인식할 수 없고, 수탁자가 최종 고객에게 재화를 판매할 때 재화의 통제가 고객에게 이전되는 것으로 보아 수익을 인식한다.

> **[위탁자가 수탁자에게 적송 시]**
>
> (차) 적송품(재고자산)　　　　　　　×××　(대) 상품　　　　　　　　　　　×××
>
> **[수탁자가 최종 고객에게 판매 시]**
>
> (차) 매출채권　　　　　　　　　　×××　(대) 매출　　　　　　　　　　　×××
> (차) 매출원가　　　　　　　　　　×××　(대) 적송품　　　　　　　　　　×××

② 따라서 보고기간 말 현재 수탁자가 최종 고객에게 판매하지 못하고 보관하고 있는 재화는 (비록 위탁자의 창고에 없더라도) 위탁자의 재고자산에 포함해야 한다. 이 경우 위탁자는 수탁자에게 적송한 재화를 적송품 계정으로 대체하여 별도로 관리하기도 한다.

③ 한편, 위탁자가 수탁자에게 재화를 적송할 때 발생하는 운임(적송운임)은 상품을 판매 가능한 상태로 만들기 위해 발생하는 지출이므로 (당기비용으로 처리하지 않고) 적송하는 재화(적송품)의 원가에 가산한다. 반면, 수탁자가 최종 고객에게 재화를 판매하는 과정에서 발생하는 운임(판매운임)은 당기비용(판매관리비)으로 처리한다.

> **필수암기!** **위탁판매의 회계처리 요약**

구분	내용
위탁판매의 판단기준	기업이 제품을 다른 당사자(예 중개인, 유통업자)에게 인도할 때 ① 다른 당사자가 그 제품을 통제하는 경우: 일반판매(not 위탁판매) ② 다른 당사자가 제품을 통제하지 못하는 경우: 위탁판매
회계처리	① 수익인식시점: 수탁자가 제3자에게 재화를 판매한 시점 ② 적송운임: 재고자산(적송품) 원가에 가산(not 당기비용) 　　비교 판매운임: 당기비용(판매관리비) ③ 기말 현재 수탁자 보관 적송품: (위탁자 창고에 없더라도) 위탁자 기말재고에 포함

예제 14 위탁판매

(1) (주)한국은 20×1년 12월에 (주)서울상사와 위탁판매계약을 체결하고 상품 10개를 발송하였다. 상품의 발송운 임은 ₩2,000이며, 상품의 개당 취득금액은 ₩1,000이다.

(2) (주)서울상사는 12월 31일까지 상기 수탁받은 상품 중 6개를 판매하고, 다음과 같은 매출계산서와 현금 ₩7,500 을 (주)한국에 보내왔다.

수탁상품 매출계산서

판매금액	6개 × @1,500 =	₩9,000
판매수수료		(900)
판매운임		(600)
송금액		₩7,500

[요구사항]

(주)한국이 위탁판매와 관련하여 20×1년에 수행할 회계처리를 제시하시오.

해답   1. 회계처리

① 상품의 발송 시	(차)	적송품(재고자산)	10,000	(대)	상품	10,000
	(차)	적송품	2,000	(대)	현금	2,000
② 상품의 판매 시	(차)	매출채권	7,500	(대)	매출	9,000
		지급수수료(판매비)	900			
		판매운임(판매비)	600			
	(차)	매출원가	(*)7,200	(대)	적송품(재고자산)	7,200

(*) 6개 × @1,200(= 12,000 ÷ 10개) = 7,200

③ 대금 수령 시	(차)	현금	7,500	(대)	매출채권	7,500

2. 참고 20×1년 말 재무상태표와 20×1년 손익계산서

부분 재무상태표
20×1년 12월 31일 현재

유동자산	
재고자산 (*)4,800	

(*) 4개 × @1,200 = 4,800

부분 손익계산서
20×1년 1월 1일부터 12월 31일까지

매출액	9,000
매출원가	(7,200)
매출총이익	1,800
판매비와관리비	(1,500)
영업이익	300

02 본인 대 대리인의 고려사항

고객에게 재화나 용역을 제공하는 데에 다른 당사자가 관여할 때, 기업은 약속의 성격이 정해진 재화나 용역 자체를 제공하는 수행의무인지(기업이 본인) 아니면 다른 당사자가 재화나 용역을 제공하도록 주선하는 수행의무인지(기업이 대리인)를 판단한다.

1. 본인

① 고객에게 재화나 용역이 이전되기 전에 기업이 그 정해진 재화나 용역을 통제한다면 이 기업은 본인이다. 그러나 재화의 법적 소유권이 고객에게 이전되기 전에 기업이 일시적으로만 법적 소유권을 획득한다면, 기업이 반드시 정해진 재화를 통제하는 것은 아니다. 기업이 본인인 경우에 기업은 스스로 그 정해진 재화나 용역을 제공할 수행의무를 이행하거나, 본인을 대신하여 그 수행의무의 일부나 전부를 다른 당사자(예 하도급자)가 이행하도록 고용할 수도 있다.

② 기업이 본인인 경우에는 수행의무를 이행할 때 이전되는 재화나 용역과 교환하여 받을 권리를 갖게 될 것으로 예상하는 대가의 총액을 수익으로 인식한다.

> **⊘참고 본인임을 나타내는 지표**
>
> 고객에게 정해진 재화나 용역이 이전되기 전에 기업이 그 정해진 재화나 용역을 통제함(즉, 기업이 본인임)을 나타내는 지표에는 다음 사항이 포함되지만 이에 한정되지는 않는다.
>
> ① 정해진 재화나 용역을 제공하기로 하는 약속을 이행할 주된 책임이 기업에 있다.
>
> ② 정해진 재화나 용역이 고객에게 이전되기 전이나, 고객에게 통제가 이전된 후에 재고위험이 기업에 있다(예 고객에게 반품권이 있는 경우).
>
> ③ 정해진 재화나 용역의 가격을 결정할 재량이 기업에 있다. 정해진 재화나 용역에 대하여 고객이 지급하는 가격을 기업이 결정한다는 것은 기업이 재화나 용역의 사용을 지시하고 나머지 효익의 대부분을 획득할 능력이 있음을 나타낼 수 있다.

2. 대리인

① 기업의 수행의무가 다른 당사자가 정해진 재화나 용역을 제공하도록 주선하는 것이라면 이 기업은 대리인이다. 기업이 대리인인 경우에 다른 당사자가 공급하는 정해진 재화나 용역이 고객에게 이전되기 전에 기업이 그 정해진 재화나 용역을 통제하지 않는다.

② 기업이 대리인인 경우에는 수행의무를 이행할 때, 다른 당사자가 그 정해진 재화나 용역을 제공하도록 주선하고 그 대가로 받을 권리를 갖게 될 것으로 예상하는 보수나 수수료 금액을 수익으로 인식한다. 이때 기업의 보수나 수수료는 다른 당사자가 제공하기로 하는 재화나 용역과 교환하여 받은 대가 중에서 그 당사자에게 지급한 다음에 남는 순액일 수 있다.

예제 15 | 본인과 대리인: 위탁판매

(1) 20×1년 1월 1일, 제품 A와 제품 B를 생산하는 (주)대한은 유통업을 영위하고 있는 (주)민국과 각 제품에 대해 다음과 같은 조건의 판매 계약을 체결하였다.

(2) 제품 A
- ○ (주)민국은 제품 A에 대해 매년 최소 200개의 판매를 보장하며, 이에 대해서는 재판매 여부에 관계없이 (주)대한에게 매입대금을 지급한다. 다만, (주)민국이 200개를 초과하여 제품 A를 판매한 경우 (주)민국은 판매되지 않은 제품 A를 모두 조건 없이 (주)대한에게 반환할 수 있다.
- ○ 고객에게 판매할 제품 A의 판매가격은 (주)민국이 결정한다.
- ○ (주)대한의 제품 A 1개당 제조원가는 ₩1,100이며, (주)대한은 (주)민국에 제품 A를 1개당 ₩1,350에 인도한다. (주)민국은 판매수수료 ₩150을 가산하여 1개당 ₩1,500에 고객에게 판매한다.

(3) 제품 B
- ○ (주)민국은 제품 B에 대해 연간 최소 판매 수량을 보장하지 않으며, 매년 말까지 판매하지 못한 제품 B를 모두 조건 없이 (주)대한에게 반환할 수 있다.
- ○ 고객에게 판매할 제품 B의 판매가격은 (주)대한이 결정한다.
- ○ (주)민국은 인도 받은 제품 B 중 제3자에게 판매한 부분에 대해서만 (주)대한에게 관련 대금을 지급한다.
- ○ (주)대한의 제품 B 1개당 제조원가는 ₩900이며, (주)대한은 고객에게 판매할 제품 B의 판매가격을 1개당 ₩1,000으로 결정하였다. (주)민국은 해당 판매가격에서 ₩50의 판매수수료를 차감한 금액을 (주)대한에게 지급한다.

(4) (주)대한은 위 계약을 체결한 즉시 (주)민국에게 제품 A 250개와 제품 B 100개를 인도하였으며, (주)민국은 20×1년에 제품 A 150개와 제품 B 80개를 판매하였다.

[요구사항]

1. (주)대한이 20×1년도에 수익으로 인식할 금액을 계산하시오.
2. (주)민국이 20×1년도에 수익으로 인식할 금액을 계산하시오.

해답 1. (주)대한의 20×1년 수익인식액

(1) 거래의 분석

① 제품 A

㉠ 판매수량 200개: (주)민국이 판매를 보장한 200개 까지는 (주)민국이 재고위험을 부담하며 판매가격을 결정할 재량이 있으므로, (주)대한이 (주)민국에게 제품 A를 인도할 때 제품 A의 통제가 이전된다(일반판매). 따라서 판매수량 200개 까지는 (주)민국이 본인으로서 거래에 참여하는 것이므로, (주)대한은 제품 A를 (주)민국에게 이전할 때 받기로 한 대가 총액을 수익으로 인식한다.

㉡ 판매수량 200개 초과분: 200개 초과 판매수량에 대하여는 (주)민국이 재고위험을 부담하지 않으므로, (주)민국은 (본인이 아니라) (주)대한의 대리인으로서 거래에 참여하는 것이다(위탁판매). 따라서 (주)대한은 제품 A를 (주)민국에게 이전할 때는 수익을 인식할 수 없고, (주)민국이 제품 A를 고객에게 판매할 때 받기로 한 대가 총액을 수익으로 인식한다.

② 제품 B

㉠ 제품 B에 대해서는 (주)민국이 재고위험을 부담하지 않고 판매가격을 결정할 재량이 없으므로 (주)민국은 (주)대한의 대리인으로서 거래에 참여하는 것이다(위탁판매)

㉡ 따라서 (주)대한은 (주)민국이 제품 B를 고객에게 판매할 때 받기로 한 대가 총액을 수익으로 인식한다.

(2) (주)대한의 20×1년 수익인식액

제품 A	200개 × @1,350 =	270,000
제품 B	80개 × @1,000 =	80,000
합계		350,000

(3) 참고 (주)대한의 회계처리

① (주)대한이 (주)민국에게 제품을 인도하는 시점

(차) 현금	$^{(*1)}$337,500	(대) 매출(제품 A)	$^{(*2)}$270,000
		환불부채	$^{(*3)}$67,500

$^{(*1)}$ 250개 × @1,350 = 337,500
$^{(*2)}$ 200개 × @1,350 = 270,000
$^{(*3)}$ 50개 × @1,350 = 67,500

(차) 매출원가(제품 A)	$^{(*2)}$220,000	(대) 제품 A	$^{(*1)}$275,000
적송품(제품 A)	$^{(*3)}$55,000		

$^{(*1)}$ 250개 × @1,100 = 275,000
$^{(*2)}$ 200개 × @1,100 = 220,000
$^{(*3)}$ 50개 × @1,100 = 55,000

(차) 적송품(제품 B)	$^{(*)}$90,000	(대) 제품 B	90,000

$^{(*)}$ 100개 × @900 = 90,000

② (주)민국이 고객에게 제품을 판매하는 시점

(차) 지급수수료(판매비)	$^{(*2)}$4,000	(대) 매출(제품 B)	$^{(*1)}$80,000
매출채권	76,000		

$^{(*1)}$ 80개 × @1,000 = 80,000
$^{(*2)}$ 80개 × @50 = 4,000

(차) 매출원가(제품 B)	$^{(*)}$72,000	(대) 적송품(제품 B)	72,000

$^{(*)}$ 80개 × @900 = 72,000

2. (주)민국의 20×1년 수익인식액

(1) 거래의 분석

① 제품 A

㉠ 판매수량 200개: 판매수량 200개 까지는 (주)민국이 본인으로서 거래에 참여하는 것이므로, (주)민국은 제품 A를 고객에게 판매할 때 받기로 한 대가 총액을 수익으로 인식한다.

㉡ 판매수량 200개 초과분: 200개 초과 판매수량에 대하여는 (주)민국이 (본인이 아니라) (주)대한의 대리인으로서 거래에 참여하는 것이다(위탁판매). 따라서 (주)민국은 제품 A를 고객에게 판매할 때 받기로 한 대가 순액(판매수수료 상당액)을 수익으로 인식한다.

② 제품 B

㉠ 제품 B에 대해서는 (주)민국이 (주)대한의 대리인으로서 거래에 참여하는 것이다(위탁판매)

㉡ 따라서 (주)민국은 제품 B를 고객에게 판매할 때 받기로 한 대가 순액(판매수수료 상당액)을 수익으로 인식한다.

(2) (주)민국의 20×1년 수익인식액

제품 A	150개 × @1,500 =	225,000
제품 B	80개 × @50 =	4,000
합계		229,000

(3) 참고 (주)민국의 회계처리

① (주)민국이 (주)대한으로부터 제품을 인도받는 시점

(차) 상품(제품 A)	[*2]270,000	(대) 현금	[*1]337,500
환수자산	[*3]67,500		

[*1] 250개 × @1,350 = 337,500
[*2] 200개 × @1,350 = 270,000
[*3] 50개 × @1,350 = 67,500

② (주)민국이 고객에게 제품을 판매하는 시점

(차) 현금	[*]225,000	(대) 매출(제품 A)	225,000

[*] 150개 × @1,500 = 225,000

(차) 매출원가(제품 A)	[*]202,500	(대) 상품(제품 A)	202,500

[*] 150개 × @1,350 = 202,500

(차) 현금	[*1]80,000	(대) 수수료수익(제품 B)	[*2]4,000
		예수금	76,000

[*1] 80개 × @1,000 = 80,000
[*2] 80개 × @50 = 4,000

03 시용판매

시용판매(sales on approval)는 상품 등을 고객에게 일정기간 동안 사용하게 한 후 구입 여부를 결정하게 하는 형태의 판매를 말한다. 시용판매에서는 고객이 매입의사를 표시하기 전까지는 상품에 대한 통제가 고객에게 이전되었다고 할 수 없다. 따라서 시용판매는 (고객에게 상품을 발송한 시점이 아니라) 고객이 매입의사를 표시한 시점에 수익을 인식한다.

04 상품권 판매

① 상품권은 고객이 권면에 기재되어 있는 금액에 해당하는 상품이나 물품으로 교환할 수 있는 유가증권으로서, 백화점상품권, 도서상품권, 제화상품권 등이 있다. 이때 상품권을 발행한 기업의 수행의무는 상품권과 교환하여 고객에게 재화나 용역을 제공하는 것이다.

② 따라서 상품권을 발행하는 시점에는 수익을 인식할 수 없고, 상품권 발행으로 수령한 대가는 계약부채로 인식한다. 만일 상품권을 액면금액보다 낮은 금액으로 발행(할인발행)하는 경우에는 상품권의 액면금액을 계약부채로 인식하고, 상품권의 액면금액과 수령한 대가(상품권 발행금액)와의 차이를 상품권 할인액으로 하여 계약부채의 차감계정으로 표시한다.

[상품권 발행 시]

(차) 현금(자산 ↑)   ×××   (대) 계약부채(액면금액)(부채 ↑)   ×××
　　상품권 할인액(부채 ↓)(*)   ×××
　　(*) 계약부채의 차감계정으로 표시

③ 계약부채는 추후 상품권과 교환하여 고객에게 상품을 인도하는 시점에 수익으로 인식하고, 상품권 할인액은 매출에누리로 하여 수익에서 차감한다. 만일 상품권 액면금액과 상품 판매가격과의 차액을 현금으로 수령(지급)하는 경우에는 동 금액을 수익에 가산(차감)한다.

[상품권 회수 시]

(차) 계약부채(액면금액)(부채 ↓)   ×××   (대) 수익(자본 ↑: 수익)   ×××
(차) 매출에누리(수익의 취소)   ×××   (대) 상품권 할인액(부채 ↑)   ×××
(차) 수익(수익의 취소)   ×××   (대) 현금(자산 ↓)   ×××

필수암기! 　**상품권 판매**

① **수익인식시점**: 상품권을 회수하는 시점(not 상품권을 발행하는 시점)
② **수익인식금액**: 상품권 발행금액(not 상품권 액면금액)

예제 16 상품권 판매

(1) 20×1년 2월 1일, (주)한국은 1매당 액면금액 ₩5,000인 상품권 200매를 1매당 ₩4,800에 발행하였다. 상품권의 만기는 3년이며, 고객은 상품권 액면금액의 60% 이상을 사용할 경우 미사용 잔액을 현금으로 돌려받을 수 있다.

(2) (주)한국은 20×1년 12월 31일까지 상품권 40매를 회수하고 상품을 인도하였으며, 상품권 미사용 잔액 ₩12,000을 고객에게 현금으로 지급하였다.

[요구사항]

1. (주)한국이 상품권 판매와 관련하여 20×1년에 수익으로 인식할 금액을 계산하시오.

2. (주)한국이 상품권 판매와 관련하여 20×1년 말에 부채로 보고할 금액을 계산하시오.

3. (주)한국이 20×1년에 일자별로 수행할 회계처리를 제시하시오.

해답   1. 20×1년 수익인식액

상품권 회수액(액면금액)	40매 × @5,000 =	200,000
상품권 할인액	40매 × @200 =	(8,000)
현금환불액		(12,000)
20×1년 수익인식액		180,000

2. 20×1년 말 부채(계약부채)

상품권 미회수액(액면금액)	160매 × @5,000 =	800,000
상품권 할인액	160매 × @200 =	(32,000)
20×1년 말 부채		768,000

3. 회계처리

20×1.2.1	(차) 현금	(*1)960,000	(대) 계약부채	(*2)1,000,000
	상품권 할인액	40,000		

(*1) 200매 × @4,800 = 960,000
(*2) 200매 × @5,000 = 1,000,000

상품권 회수 시	(차) 계약부채	(*1)200,000	(대) 수익	200,000
	(차) 매출에누리	8,000	(대) 상품권 할인액	(*2)8,000
	(차) 수익	12,000	(대) 현금	12,000

(*1) 40매 × @5,000 = 200,000
(*2) 40매 × @200 = 8,000

05 고객이 행사하지 아니한 권리

고객에게서 선수금을 받은 경우에는 미래에 재화나 용역을 이전할(또는 언제라도 이전할 수 있는 상태에 있어야 하는) 수행의무에 대한 선수금을 계약부채로 인식한다. 그리고 재화나 용역을 이전하여 수행의무를 이행할 때 계약부채를 제거하고 수익을 인식한다.

[선수금 수령 시]

(차) 현금(자산 ↑)　　　　　　　　　　×××　　(대) 계약부채(부채 ↑)　　　　　　　　×××

[수행의무 이행 시]

(차) 계약부채(부채 ↓)　　　　　　　　×××　　(대) 수익(자본 ↑: 수익)　　　　　　×××

고객이 환불받을 수 없는 선급금을 기업에 지급하면 고객은 미래에 재화나 용역을 제공받을 권리를 기업에서 얻게 된다. 그러나 고객은 자신의 계약상 권리를 모두 행사하지 않을 수 있는데, 그 행사되지 않은 권리를 흔히 미행사 부분이라고 부른다. 미행사 부분은 다음과 같이 회계처리한다.

① 기업이 계약부채 중 미행사금액을 받을 권리를 갖게 될 것으로 예상된다면, 고객이 권리를 행사하는 방식에 따라 그 예상되는 미행사금액을 수익으로 인식한다.
② 기업이 미행사금액을 받을 권리를 갖게 될 것으로 예상되지 않는다면, 고객이 그 남은 권리를 행사할 가능성이 희박해질 때 예상되는 미행사금액을 수익으로 인식한다.

만일, 고객이 권리를 행사하지 아니한 대가를 다른 당사자(예 미청구 자산에 관한 관련 법률에 따른 정부기관)에게 납부하도록 요구받는 경우에는 받은 대가를 (수익이 아닌) 부채로 인식한다.

06 반품권이 있는 판매

1. 개요

[그림 14-4] 반품조건부 판매

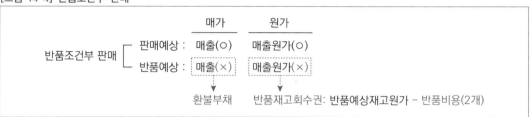

    일부 계약에서는 기업이 고객에게 제품에 대한 통제를 이전하고, 다양한 이유(예 제품 불만족)로 제품을 반품할 권리와 함께 다음 사항을 조합하여 받을 권리를 고객에게 부여한다.

① 지급된 대가의 전부나 일부 환불
② 기업에 갚아야 할 의무가 있거나 의무가 있게 될 금액에 대한 공제(credit)
③ 다른 제품으로 교환

    반품기간에 언제라도 반품을 받기로 하는 기업의 약속은 환불할 의무에 더하여 수행의무로 회계처리하지 않는다. 반품권이 있는 판매는 반품금액을 예상할 수 있는 경우와 없는 경우로 구분하여 다음과 같이 회계처리한다.

[표 14-1] 반품조건부 판매 회계처리 요약

구분		판매대가(매가)	판매한 재고자산의 원가
반품금액이 예측 가능한 경우	판매 예상 부분	수익으로 인식	매출원가로 인식
	반품 예상 부분	환불부채로 인식	반품재고회수권으로 인식
반품금액의 예측이 어려운 경우		환불부채로 인식	반품재고회수권으로 인식

2. 반품금액을 예상할 수 있는 경우

(1) 판매대가 중 반품이 예상되는 부분

받았거나 받을 금액 중 기업이 권리를 갖게 될 것으로 예상하지 않는 부분(반품이 예상되는 부분)은 고객에게 제품을 이전할 때 수익으로 인식하지 않고 환불부채로 인식한다. 이후 보고기간 말마다 반품 예상량의 변동에 따라 환불부채의 측정치를 새로 수정한다. 이에 따라 생기는 조정액을 수익(또는 수익의 차감)으로 인식한다.

(차) 현금 등	×××	(대) 매출액	×××
		환불부채	(*)×××

(*) 판매대가 중 반품이 예상되는 금액

(2) 반품이 예상되는 재고자산의 원가

환불부채를 결제할 때 고객에게서 제품을 회수할 기업의 권리에 대해서는 반품재고회수권으로 하여 자산을 인식한다. 반품재고회수권은 반품이 예상되는 재고자산의 장부금액에서 재고자산의 회수에 예상되는 원가를 차감한 금액으로 측정한다. 재고자산의 회수에 예상되는 원가에는 반품될 재고자산이 기업에 주는 가치의 잠재적인 감소를 포함한다.

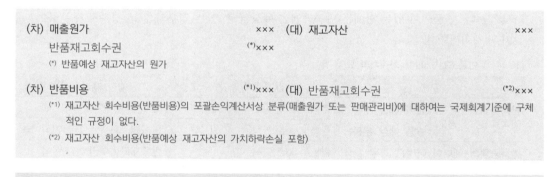

(차) 매출원가	×××	(대) 재고자산	×××
반품재고회수권	(*)×××		

(*) 반품예상 재고자산의 원가

(차) 반품비용	(*1)×××	(대) 반품재고회수권	(*2)×××

(*1) 재고자산 회수비용(반품비용)의 포괄손익계산서상 분류(매출원가 또는 판매관리비)에 대하여는 국제회계기준에 구체적인 규정이 없다.
(*2) 재고자산 회수비용(반품예상 재고자산의 가치하락손실 포함)

반품재고회수권 = 반품예상 재고자산의 원가 - 예상반품비용 - 반품예상 재고의 가치하락손실

보고기간 말마다 반품될 재고자산에 대한 예상의 변동을 반영하여 반품재고회수권의 측정치를 새로 수정한다. 그리고 반품재고회수권은 환불부채와 (상계하지 않고) 구분하여 표시한다.

3. 반품금액을 예상할 수 없는 경우

① 반품이 예상되는 부분을 예상할 수 없는 경우에는 제품에 대한 통제를 고객에게 이전할 때 수익을 인식하지 않는다. 왜냐하면 이미 인식한 누적수익금액 중 유의적인 부분을 되돌리지 않을 가능성이 매우 높다고 결론지을 수 없기 때문이다.

② 따라서 이 경우에는 고객에게 제품을 이전할 때 받은 대가를 전액 환불부채로 인식한다. 그리고 환불부채로 인식한 금액은 추후 반품권이 소멸되는 시점(예 반품기한의 경과 등)에 수익으로 인식한다.

[제품의 판매시점]

(차) 현금 등	×××	(대) 환불부채	×××
(차) 반품재고회수권	×××	(대) 재고자산	×××

[반품권 소멸시점]

(차) 환불부채	×××	(대) 매출	×××
(차) 매출원가	×××	(대) 반품재고회수권	×××

사례

반품금액의 추정이 어려운 경우(기업회계기준서 사례 수정)

① (주)한국은 고객에게 원가 ₩80,000의 제품을 ₩100,000에 판매하였다. 계약상 고객은 3개월 이내에 제품을 반품할 수 있다. 다만, 제품은 신제품이고 기업은 제품 반품에 대한 적절한 과거 증거나 구할 수 있는 다른 시장 증거가 없다.

② (주)한국은 제품을 고객에게 이전할 때 수익을 인식하지 않는다. 왜냐하면 제품의 반품과 관련된 과거 증거가 부족하여 기업이 이미 인식한 누적수익 금액 중 유의적인 부분을 되돌리지 않을 가능성이 매우 높다고 결론지을 수 없기 때문이다. 따라서 수익은 반품권이 소멸되는 3개월 후에 인식한다.

③ 반품권이 소멸될 때까지 제품이 반환되지 않았다고 할 경우 (주)한국의 시점별 회계처리는 다음과 같다.

[제품을 고객에게 이전하는 시점]

(차) 현금	100,000	(대) 환불부채	100,000
(차) 반품재고회수권	80,000	(대) 재고자산	80,000

[반품권이 소멸되는 시점]

(차) 환불부채	100,000	(대) 매출	100,000
(차) 매출원가	80,000	(대) 반품재고회수권	80,000

예제 17 반품권이 있는 판매

(1) (주)한국은 고객이 상품 구매 후 2개월 이내에 반품을 인정하는 조건으로 20×1년 12월 1일 원가 ₩800,000의 상품을 ₩1,000,000에 현금판매하였다. (주)한국은 과거의 경험에 기초하여 판매한 상품금액의 10%가 반품될 것으로 예상된다.

(2) 상품이 반품될 경우 반품과 관련하여 직접비용은 총 ₩10,000이 발생하며, 반품되는 상품원가의 40%가 손상될 것으로 추정된다.

(3) 20×2년에 실제로 다음과 같이 반품되었으며, 각 상황은 독립적이다.

    (상황 1) 판매한 상품의 10%가 반품되었다. 반품비용은 ₩10,000이 발생하였으며, 반품된 상품의 공정가치는 ₩48,000이다.

    (상황 2) 판매한 상품의 7%가 반품되었다. 반품비용은 ₩8,000이 발생하였으며, 반품된 상품의 공정가치는 ₩35,000이다.

    (상황 3) 판매한 상품의 12%가 반품되었다. 반품비용은 ₩11,000이 발생하였으며, 반품된 상품의 공정가치는 ₩58,000이다.

[요구사항]

1. 반품조건부 판매 거래와 관련하여 (주)한국의 20×1년 재무제표에 보고할 다음의 금액을 각각 계산하시오.
   (1) 20×1년 말 재무상태표상 환불부채와 반품재고회수권
   (2) 20×1년 포괄손익계산서상 수익인식액과 20×1년 당기순이익에 미치는 효과

2. (상황 1)의 경우, (주)한국이 20×1년과 20×2년에 일자별로 수행할 회계처리를 제시하시오.

3. (상황 2)의 경우 (주)한국의 20×2년 당기순이익에 미치는 효과를 계산하고, (주)한국이 20×2년에 일자별로 수행할 회계처리를 제시하시오.

4. (상황 3)의 경우 (주)한국의 20×2년 당기순이익에 미치는 효과를 계산하고, (주)한국이 20×2년에 일자별로 수행할 회계처리를 제시하시오.

5. 만일 상품을 판매한 20×1년에는 반품이 예상되는 금액을 합리적으로 추정할 수 없었으며, 20×2년에 실제로 반품된 내역은 (상황 1)과 같다고 할 경우, (주)한국이 20×1년과 20×2년에 일자별로 수행할 회계처리를 제시하시오.

해답　1. 판매연도의 재무상태표와 포괄손익계산서

    (1) 20×1년 말 재무상태표

       ① 20×1년 말 환불부채: 반품예상 재고자산의 매가 = 1,000,000 × 10% = 100,000

       ② 20×1년 말 반품재고회수권: 반품예상 재고자산의 원가 - 예상 반품비용

         = 80,000(= 800,000 × 10%) - 10,000 - 32,000(= 80,000 × 40%) = 38,000

    (2) 20×1년 포괄손익계산서

       ① 수익인식액: 판매예상 재고자산의 매가 = 1,000,000 × 90% = 900,000

       ② 당기순이익 효과

판매예상 재고자산의 매가	1,000,000 × 90% =	900,000
판매예상 재고자산의 원가	800,000 × 90% =	(720,000)
예상 반품비용	10,000 + 32,000 =	(42,000)
당기순이익 효과		138,000 증가

2. 실제 반품액과 반품예상액이 동일한 경우

20×1.12.1	(차) 현금	1,000,000	(대) 매출	1,000,000
	(차) 매출원가	800,000	(대) 재고자산	800,000
20×1.12.31	(차) 매출	100,000	(대) 환불부채	(*)100,000

        (*) 1,000,000 × 10% = 100,000

	(차) 반품재고회수권	(*)80,000	(대) 매출원가	80,000

        (*) 800,000 × 10% = 80,000

	(차) 반품비용	(*)42,000	(대) 반품재고회수권	42,000

        (*) 10,000 + 80,000 × 40% = 42,000

20×2년 반품 시	(차) 환불부채	100,000	(대) 현금	100,000
	(차) 재고자산	80,000	(대) 반품재고회수권	80,000
	(차) 반품재고회수권	42,000	(대) 현금	10,000
			재고자산	(*)32,000

        (*) 80,000 - 48,000 = 32,000

3. 실제 반품액이 반품예상액보다 작은 경우
   (1) 20×2년 당기순이익 효과

반품기한 경과분 매출액	1,000,000 × 3%(= 10% − 7%) =	30,000
반품기한 경과분 매출원가	800,000 × 3%(= 10% − 7%) =	(24,000)
반품비용 미달 발생액	42,000 − 29,000(= 8,000 + $^{(*)}$21,000) =	13,000
당기순이익 효과		19,000 증가

   $^{(*)}$ 56,000(=800,000 × 7%) − 35,000 = 21,000

   (2) 20×2년 회계처리

   20×2년 반품 시 (차) 환불부채　　　　　　70,000　(대) 현금　　　　　　$^{(*)}$70,000
   　　　　　　$^{(*)}$ 1,000,000 × 7% = 70,000

   　　　　　　(차) 재고자산　　　　$^{(*)}$56,000　(대) 반품재고회수권　　56,000
   　　　　　　$^{(*)}$ 800,000 × 7% = 56,000

   　　　　　　(차) 반품재고회수권　　29,000　(대) 현금　　　　　　　8,000
   　　　　　　　　　　　　　　　　　　　　　재고자산　　　　$^{(*)}$21,000
   　　　　　　$^{(*)}$ 56,000 − 35,000 = 21,000

   반품기한 경과 시 (차) 환불부채　　　　　30,000　(대) 매출　　　　　$^{(*)}$30,000
   　　　　　　$^{(*)}$ 1,000,000 × 3% = 30,000

   　　　　　　(차) 매출원가　　　　$^{(*)}$24,000　(대) 반품재고회수권　　24,000
   　　　　　　$^{(*)}$ 800,000 × 3% = 24,000

   　　　　　　(차) 반품재고회수권　$^{(*)}$13,000　(대) 반품비용　　　　13,000
   　　　　　　$^{(*)}$ 42,000 − (8,000 + 21,000) = 13,000

4. 실제 반품액이 반품예상액보다 큰 경우
   (1) 20×2년 당기순이익 효과

초과 반품분 매출 취소	1,000,000 × 2%(= 12% − 10%) =	(20,000)
초과 반품분 매출원가 취소	800,000 × 2%(= 12% − 10%) =	16,000
반품비용 초과 발생액	42,000 − 49,000(= 11,000 + $^{(*)}$38,000) =	(7,000)
당기순이익 효과		(11,000) 감소

   $^{(*)}$ 96,000(= 800,000 × 12%) − 58,000 = 38,000

   (2) 20×2년 회계처리

   20×2년 반품 시 (차) 환불부채　　　$^{(*2)}$100,000　(대) 현금　　　　$^{(*1)}$120,000
   　　　　　　　　　매출　　　　　　20,000
   　　　　　　$^{(*1)}$ 1,000,000 × 12% = 120,000
   　　　　　　$^{(*2)}$ 1,000,000 × 10% = 100,000

   　　　　　　(차) 재고자산　　　　$^{(*1)}$96,000　(대) 반품재고회수권　$^{(*2)}$80,000
   　　　　　　　　　　　　　　　　　　　　　매출원가　　　　16,000
   　　　　　　$^{(*1)}$ 800,000 × 12% = 96,000
   　　　　　　$^{(*2)}$ 800,000 × 10% = 80,000

   　　　　　　(차) 반품재고회수권　$^{(*2)}$42,000　(대) 현금　　　　　11,000
   　　　　　　　　　반품비용　　　　$^{(*3)}$7,000　　　재고자산　　　$^{(*1)}$38,000
   　　　　　　$^{(*1)}$ 96,000 − 58,000 = 38,000
   　　　　　　$^{(*2)}$ 20×1년 말 반품비용 예상액(20×1년 말 반품재고회수권에서 차감한 금액)
   　　　　　　$^{(*3)}$ 대차차액

5. 반품예상액의 합리적인 추정이 불가능한 경우

20×1.12.1	(차) 현금	1,000,000	(대) 환불부채	1,000,000
	(차) 반품재고회수권	800,000	(대) 재고자산	800,000
20×1.12.31			– 회계처리 없음 –	
20×2년 반품 시	(차) 환불부채	100,000	(대) 현금	$^{(*)}$100,000

$^{(*)}$ 1,000,000 × 10% = 100,000

	(차) 재고자산	$^{(*)}$80,000	(대) 반품재고회수권	80,000

$^{(*)}$ 800,000 × 10% = 80,000

	(차) 반품비용	42,000	(대) 현금	10,000
			재고자산	$^{(*)}$32,000

$^{(*)}$ 80,000 – 48,000 = 32,000

반품기한 경과 시	(차) 환불부채	900,000	(대) 매출	$^{(*)}$900,000

$^{(*)}$ 1,000,000 × 90% = 900,000

	(차) 매출원가	$^{(*)}$720,000	(대) 반품재고회수권	720,000

$^{(*)}$ 800,000 × 90% = 720,000

07 보증의 제공

1. 보증의 종류

기업은 제품의 판매와 관련하여 계약, 법률, 기업의 사업 관행에 따라 보증을 제공하는 것이 일반적이다. 보증의 특성은 산업과 계약에 따라 상당히 다를 수 있으며, 다음의 두 가지 형태로 구분된다.

> ① **확신유형의 보증**: 제품이 합의된 규격에 부합하므로 당사자들이 의도한 대로 작동할 것이라는 확신을 고객에게 제공하는 유형
> ② **용역유형의 보증**: 제품이 합의된 규격에 부합한다는 확신에 더하여 고객에게 용역을 제공하는 유형

> ⊘참고 **보증의 유형 판단 시 고려요소**
>
> 보증이 합의된 규격에 제품이 부합한다는 확신에 더하여 고객에게 용역을 제공하는 것인지를 평가할 때, 다음과 같은 요소를 고려한다.
> ① **법률에서 보증을 요구하는지 여부**: 법률에 따라 기업이 보증을 제공하여야 한다면 그 법률의 존재는 약속한 보증이 수행의무가 아님을 나타낸다. 그러한 규정은 보통 결함이 있는 제품을 구매할 위험에서 고객을 보호하기 위해 존재하기 때문이다. ⇨ 확신유형의 보증이라는 의미임
> ② **보증기간**: 보증기간이 길수록 약속한 보증이 수행의무일 가능성이 높다. 제품이 합의된 규격에 부합한다는 확신에 더하여 용역을 제공할 가능성이 더 높기 때문이다. ⇨ 용역유형의 보증이라는 의미임
> ③ **기업이 수행하기로 약속한 업무의 특성**: 제품이 합의된 규격에 부합한다는 확신을 주기 위해 기업이 정해진 업무를 수행할 필요가 있다면(예 결함이 있는 제품의 반품 운송용역), 그 업무는 수행의무를 생기게 할 것 같지는 않다.
> ⇨ 즉, 확신유형의 보증을 이행하기 위해 별도의 용역을 제공한다 하더라도 동 용역은 확신유형의 보증에 부수적으로 제공되는 것이므로 동 보증을 용역유형의 보증이 아니라 확신유형의 보증으로 보아 회계처리 하라는 의미임

2. 고객이 보증을 별도로 구매할 수 있는 선택권이 없는 경우

고객이 보증을 별도로 구매할 수 있는 선택권이 없는 경우에는 보증의 유형에 따라 다음과 같이 회계처리한다.

(1) 확신유형의 보증인 경우

① 확신유형의 보증은 고객에게 (구별되는 용역을 제공하는 것이 아니라) 판매한 제품에 문제가 없을 것이라는 확신만을 제공한다. 즉, 보증이 확신유형인 경우, 보증은 제품 판매에 부수적으로 제공되는 것이므로 구별되는 수행의무로 볼 수 없다.
② 따라서 제품 판매로 받은 대가(거래가격)는 보증에는 배분하지 않고 전액 제품 판매대가로 보아 제품에만 배분한 후, 제품 판매시점(수행의무 이행시점)에 수익을 인식한다. 그리고 보증과 관련하여 향후에 예상되는 보증비용은 충당부채로 인식한다.

제품 판매 시:	(차) 현금	×××	(대) 매출(제품)	×××
	(차) 매출원가(제품)	×××	(대) 제품	×××
보고기간 말:	(차) 보증비용	×××	(대) 제품보증충당부채	×××
보증비용 발생 시:	(차) 충당부채	×××	(대) 현금	×××

(2) 용역유형의 보증인 경우

보증이 용역유형인 경우, 보증은 제품 판매와 함께 제공하는 구별되는 용역(수행의무)으로 볼 수 있다. 따라서 제품 판매로 받은 대가(거래가격)를 제품과 보증용역에 배분한 후, 각각의 수행의무가 이행되는 다음의 시점에 수익을 인식한다.

---

① **제품 판매대가**: 재화의 판매시점에 수익을 인식한다.
② **보증용역 제공대가**: 계약부채로 인식한 후 보증용역을 제공할 때 수익을 인식한다(진행기준).

| 제품 판매 시: | (차) 현금 | ××× | (대) 매출(제품) | ××× |
| | | | 계약부채(보증용역) | (*)××× |

(*) 제품 판매대가 중 일부를 보증용역에 배분함

	(차) 매출원가(제품)	×××	(대) 제품	×××
보증비용 발생 시:	(차) 매출원가(보증용역)	×××	(대) 현금	×××
	(차) 계약부채(보증용역)	(*)×××	(대) 매출(보증용역)	×××

(*) 보증용역원가 투입비율(진행률)만큼 수익으로 인식함

3. 고객이 보증을 별도로 구매할 수 있는 선택권이 있는 경우

고객이 보증을 별도로 구매할 수 있는 선택권이 있다면, 기업은 고객에게 보증을 별도의 대가를 받고 판매한 것이므로 보증을 별도의 구별되는 용역(수행의무)으로 볼 수 있다. 따라서 제품 판매로 받은 대가를 제품과 보증용역에 배분한 후, 각각의 수행의무가 이행되는 시점에 수익을 인식한다.

> ⊘ 참고 **법적 보증**
>
> ① 제품이 손해나 피해를 끼치는 경우에 기업이 보상하도록 요구하는 법률(예 제조물 책임법) 때문에 수행의무가 생기지는 않는다. 예를 들면, 제조업자는 소비자가 용도에 맞게 제품을 사용하면서 생길 수 있는 모든 피해(예 개인 자산에 대한 피해)를 제조업자가 책임지도록 하는 법률이 있는 국가(법적 관할구역)에서 제품을 판매할 수 있다.
> ② 이와 비슷하게, 제품이 특허권, 저작권, 상표권, 그 밖의 권리를 침해한 데 따른 청구로 생기는 책임과 피해에 대해 고객에게 배상하기로 한 기업의 약속 때문에 수행의무가 생기지는 않는다. 이러한 의무는 기업회계기준서 제1037호 '충당부채'에 따라 회계처리한다.

예제 18 제품보증(1): 용역유형의 보증

(1) 20×1년 9월 1일에 (주)대한은 (주)민국에게 1년간의 하자보증조건으로 원가 ₩400,000의 중장비 1대를 ₩500,000에 현금판매하였다. 동 하자보증은 용역유형의 보증에 해당한다. (주)대한은 1년간의 하자보증을 제공하지 않는 조건으로도 중장비를 판매하고 있으며, 이 경우 중장비의 개별판매가격은 보증조건 없이 1대당 ₩481,000이며, 1년간의 하자보증용역의 개별판매가격은 ₩39,000이다.

(2) (주)대한은 (주)민국에게 판매한 중장비 1대에 대한 하자보증으로 20×1년에 ₩10,000의 원가를 투입하였으며, 20×2년 8월 말까지 추가로 ₩20,000을 투입하여 하자보증을 완료할 계획이다.

[요구사항]

1. 하자보증조건부판매와 관련하여 (주)대한이 20×1년에 인식할 총수익금액과 20×1년 말 재무상태표에 보고할 계약부채를 각각 계산하시오.

2. (주)대한이 20×1년에 수행할 회계처리를 제시하시오.

해답 **1. 20x1년 수익인식액과 20x1년 말 부채**

(1) 거래의 분석

① 중장비와 관련하여 제공하는 하자보증은 용역유형의 보증이므로 별도의 구별되는 수행의무이다. 따라서 중장비 판매대가(거래가격)를 중장비와 하자보증용역에 개별판매가격 비율로 각각 배분한다.

② 그리고 거래가격 중 중장비에 배분된 거래가격은 중장비 판매시점(인도시점)에 수익으로 인식하고, 하자보증용역에 배분된 거래가격은 계약부채(선수수익)로 인식 한 후 보증용역을 제공할 때(진행률: 보증용역원가 투입비율) 수익으로 인식한다.

(2) 거래가격의 배분

	개별판매가격	배분비율	거래가격 배분
중장비	481,000	481,000 ÷ 520,000 = 92.5%	462,500
보증용역	39,000	39,000 ÷ 520,000 = 7.5%	37,500
합계	520,000		500,000

(3) 20x1년 수익인식액

중장비		462,500
보증용역	37,500 × 1/3(= 10,000 ÷ 30,000) =	12,500
합계		475,000

(4) 20x1년 말 계약부채

37,500 - 12,500 = 25,000

2. 20x1년 회계처리

20×1.9.1	(차) 현금	500,000	(대) 수익(중장비)	462,500
			계약부채	37,500
	(차) 매출원가(중장비)	400,000	(대) 재고자산	400,000
20×1.12.31	(차) 계약부채	12,500	(대) 수익(보증용역)	12,500
	(차) 매출원가(보증용역)	10,000	(대) 현금	10,000

예제 19 제품보증(2): 확신유형의 보증과 용역유형의 보증

(1) (주)한국은 컴퓨터를 제조 및 판매하는 회사로서, 20×1년 12월 31일에 100대의 컴퓨터를 대당 ₩1,000에 판매하였다. (주)한국은 판매시점부터 1년간 무상으로 제품수리보증을 해 주고 있다. 판매 후 1년간의 보증은 확신유형의 보증이며, 고객은 보증을 별도로 구매할 수 있는 선택권이 없다.

(2) 고객은 제품을 구매할 때 원하는 경우 1년의 추가적인 보증을 대당 ₩100에 구매할 수 있다. 1년 추가 보증과 함께 판매한 컴퓨터 수량은 전체 판매량의 20%이다.

(3) 컴퓨터 1대당 수리비용은 ₩30으로 예상되며, 20×2년과 20×3년의 실제 보증비용 지출액은 다음과 같다.

연도	보증비용 지출액
20×2년	₩3,400
20×3년	₩1,600

[요구사항]

(주)한국이 각 회계연도에 해야 할 회계처리를 제시하시오.

해답   (1) 거래의 분석

     ① **판매 후 1년차 보증**: 확신유형의 보증이므로 구별되는 수행의무로 볼 수 없다. 따라서 판매 후 1년차 보증에는 거래가격을 배분하지 않으며, 대신 보증제공 후 1년 이내에 예상되는 보증비용을 충당부채로 인식한다. 인식한 충당부채는 1년 이내에 발생하는 보증비용과 상계하며, 만일 보증기간(1년)이 만료된 후에도 남아있는 잔액이 있으면 동 금액을 환입한다.

     ② **판매 후 2년차 보증**: 고객이 보증을 구매할 수 있는 선택권이 있으므로 보증을 별도의 구별되는 수행의무로 볼 수 있다. 따라서 2년차 보증용역의 판매로 받은 대가는 계약부채(선수수익)로 인식한 후, 2년차 보증비용(보증용역원가)이 발생할 때 수익(보증용역수익)으로 인식한다.

   (2) 연도별 회계처리

20×1.12.31	(차) 현금	(*1)102,000	(대) 수익(컴퓨터)	100,000
			계약부채	(*2)2,000

          (*1) 100대 × @1,000 + 20대 × @100 = 102,000
          (*2) 20대 × @100 = 2,000

	(차) 제품보증비	3,000	(대) 제품보증충당부채	(*)3,000

          (*) 100대 × @30 = 3,000

20×2년	(차) 제품보증충당부채	3,000	(대) 현금	3,400
	제품보증비	400		
20×3년	(차) 계약부채	2,000	(대) 수익(보증용역)	2,000
	(차) 보증용역원가	1,600	(대) 현금	1,600

08 재매입약정

1. 개요

재매입약정은 자산을 판매하고, 같은 계약이나 다른 계약에서 그 자산을 다시 사기로 약속하거나 다시 살 수 있는 선택권을 갖는 계약이다. 재매입약정은 일반적으로 3가지 형태로 나타난다.

> ① **선도**: 자산을 다시 사야 하는 기업의 의무
> ② **콜옵션**: 자산을 다시 살 수 있는 기업의 권리
> ③ **풋옵션**: 고객이 요청하면 자산을 다시 사야 하는 기업의 의무

필수암기! 재매입약정 회계처리 요약

구분			회계처리
선도나 콜옵션	판매가격 > 재매입가격		리스거래
	판매가격 ≤ 재매입가격		금융약정
풋옵션	판매가격 > 재매입가격	풋옵션 행사가능성 높음	리스거래
		풋옵션 행사가능성 높지 않음	반품권이 있는 판매
	판매가격 ≤ 재매입가격	풋옵션 행사가능성 높음	금융약정
		풋옵션 행사가능성 높지 않음	반품권이 있는 판매

2. 선도나 콜옵션

① 기업이 자산을 다시 사야 하는 의무(선도)나 다시 살 수 있는 권리(콜옵션)가 있다면, 고객은 자산을 통제하지 못한다. 고객이 자산을 물리적으로 점유할 수 있더라도, 자산의 사용을 지시하고 자산의 나머지 효익의 대부분을 획득할 수 있는 고객의 능력이 제한되기 때문이다.

② 따라서 선도나 콜옵션이 있는 재매입약정은 자산의 판매시점에 수익을 인식할 수 없고, 원래 판매가격과 재매입가격을 비교하여 다음과 같이 회계처리한다. 재매입가격을 판매가격과 비교할 때는 화폐의 시간가치를 고려한다.

(1) 원래 판매가격 > 재매입가격

기업이 자산을 원래 판매가격보다는 낮은 금액으로 다시 살 수 있거나 다시 사야 하는 경우에는 해당 재매입약정을 리스거래로 회계처리한다. 이때 원래 판매가격과 재매입가격의 차이는 재매입일까지의 기간(리스기간)에 걸쳐 리스료수익으로 인식한다.

> **[판매일]**
> (차) 현금   ×××   (대) 리스보증금   (*1)×××
>   선수리스료   (*2)×××
>
>   (*1) 재매입금액
>   (*2) 원래 판매가격 – 재매입금액
>
> **[판매일~재매입일(리스기간)]**
> (차) 선수리스료   ×××   (대) 리스료수익   ×××
>
> **[재매입일]**
> (차) 리스보증금   ×××   (대) 현금   ×××

(2) 원래 판매가격 ≤ 재매입가격

기업이 자산을 원래 판매가격 이상의 금액으로 다시 살 수 있거나 다시 사야 하는 경우에는 해당 재매입약정을 금융약정으로 회계처리한다. 재매입약정이 금융약정이라면, 기업은 자산을 계속 인식하고 고객에게서 받은 대가(원래 판매가격)는 금융부채로 인식한다. 그리고 고객에게서 받은 대가와 고객에게 지급해야 하는 대가(재매입가격)의 차이를 이자비용으로 인식한다. 만일, 추후 콜옵션이 행사되지 않은 채 소멸된다면 금융부채를 제거하고 수익을 인식한다.

> **[판매일]**
> (차) 현금   ×××   (대) 차입금(금융부채)   ×××
>
> **[판매일~재매입일(차입기간)]**
> (차) 이자비용   (*)×××   (대) 미지급이자   ×××
>   (*) 재매입금액 – 원래 판매금액
>
> **[재매입일(콜옵션 행사 시)]**
> (차) 차입금   ×××   (대) 현금   ×××
>   미지급이자   ×××
>
> **[재매입일(콜옵션 미행사 시)]**
> (차) 차입금(금융부채)   ×××   (대) 수익   ×××
>   미지급이자   ×××
> (차) 매출원가   ×××   (대) 재고자산   ×××

3. 풋옵션

(1) 원래 판매가격 > 재매입가격

자산을 다시 사는 가격(재매입가격)이 원래 판매가격보다 낮은 경우에는 계약개시시점에 고객이 풋옵션을 행사할 경제적 유인이 유의적인지를 고려하여 다음과 같이 회계처리한다.

> ① 고객이 그 권리를 행사할 경제적 유인이 유의적이라면, 이 재매입약정을 리스거래로 회계처리한다. 왜냐하면 고객이 그 권리를 행사하면 사실상 고객이 일정기간 특정 자산의 사용권대가를 기업에 지급하는 결과가 되기 때문이다.
> ② 고객이 자산의 원래 판매가격보다 낮은 가격으로 권리를 행사할 경제적 유인이 유의적이지 않다면, 이 약정을 반품권이 있는 제품의 판매처럼 회계처리한다.

(2) 원래 판매가격 ≤ 재매입가격

자산을 다시 사는 가격(재매입가격)이 원래 판매가격 이상인 경우에도 계약개시시점에 고객이 풋옵션을 행사할 경제적 유인이 유의적인지를 고려하여 다음과 같이 회계처리한다.

> ① 자산의 재매입가격이 자산의 예상 시장가치보다 높다면 고객이 풋옵션을 행사할 경제적 유인이 유의적이므로 재매입약정을 금융약정으로 회계처리한다.
> ② 자산의 재매입가격이 자산의 예상 시장가치 이하인 경우에는 고객이 풋옵션을 행사할 경제적 유인이 유의적이지 않으므로 재매입약정을 반품권이 있는 제품의 판매처럼 회계처리한다.

⊘참고   고객의 풋옵션 행사가능성 여부 판단 시 고려요소

> ① 고객이 자신의 권리를 행사할 경제적 유인이 유의적인지 여부를 판단하기 위하여 다양한 요소를 고려한다. 여기서 다양한 요소에는 재매입일의 자산의 예상 시장가치와 재매입가격의 관계, 권리가 소멸될 때까지 남은 기간 등이 포함될 수 있다.
> ② 예를 들면 재매입가격이 자산의 시장가치보다 유의적으로 높을 것으로 예상된다면, 이는 고객이 풋옵션을 행사할 경제적 유인이 유의적임을 나타낸다.

예제 20 재매입약정(콜옵션)

(1) (주)한국은 20×1년 11월 1일 (주)서울에 원가 ₩200,000의 제품을 ₩300,000에 판매하고 현금을 수령하였다.

(2) 판매계약에는 (주)한국이 동 제품을 20×2년 2월 28일에 ₩340,000에 재매입할 수 있는 콜옵션이 포함되어 있다. (주)한국은 20×2년 2월 28일 (주)서울로부터 동 제품을 재매입하였다.

[요구사항]

1. (주)한국이 일자별로 수행할 회계처리를 제시하시오.

2. 만일 (주)한국이 콜옵션을 행사하지 않았다고 할 경우, (주)한국이 일자별로 수행할 회계처리를 제시하시오.

해답 1. 콜옵션을 행사한 경우

20×1.11.1	(차) 현금	300,000	(대) 단기차입금	300,000
20×1.12.31	(차) 이자비용	(*)20,000	(대) 미지급이자	20,000

(*) (340,000 − 300,000) × 2/4 = 20,000

20×2.2.28	(차) 이자비용	(*)20,000	(대) 미지급이자	20,000

(*) (340,000 − 300,000) × 2/4 = 20,000

	(차) 단기차입금	300,000	(대) 현금	340,000
	미지급이자	40,000		

2. 콜옵션을 행사하지 않은 경우

20×1.11.1	(차) 현금	300,000	(대) 단기차입금	300,000
20×1.12.31	(차) 이자비용	(*)20,000	(대) 미지급이자	20,000

(*) (340,000 − 300,000) × 2/4 = 20,000

20×2.2.28	(차) 이자비용	(*)20,000	(대) 미지급이자	20,000

(*) (340,000 − 300,000) × 2/4 = 20,000

	(차) 단기차입금	300,000	(대) 수익(제품)	(*)340,000
	미지급이자	40,000		

(*) (주)한국이 콜옵션을 행사하지 않는 경우에는 행사일에 제품에 대한 통제가 고객에게 이전된다. 따라서 콜옵션 행사일에 단기차입금과 미지급이자를 제거하고 수익을 인식한다. 이 경우 (주)한국이 행사일에 인식하는 수익금액은 제품의 (원래 판매가격인 300,000이 아니라) 재매입가격(콜옵션 행사가격)인 340,000이 됨에 유의하기 바란다.

	(차) 매출원가	200,000	(대) 재고자산	200,000

(1) (주)한국은 20×1년 11월 1일 (주)서울에 원가 ₩200,000의 제품을 ₩300,000에 판매하고 현금을 수령하였다.
(2) 판매계약에는 (주)서울이 20×2년 2월 28일에 동 제품을 (주)한국에 ₩260,000에 재판매할 수 있는 풋옵션이 포함되어 있다. 20×2년 2월 28일의 제품의 시장가치는 ₩220,000이 될 것으로 예상된다. (주)서울은 20×2년 2월 28일에 풋옵션을 행사하였다.

[요구사항]

1. (주)한국이 일자별로 수행할 회계처리를 제시하시오.

2. 만일 (주)서울이 풋옵션을 행사하지 않았다고 할 경우, (주)한국이 일자별로 수행할 회계처리를 제시하시오.

해답　**1. 고객이 풋옵션을 행사한 경우**

(1) 거래의 분석

① 제품의 재매입가격(260,000)이 제품의 예상 시장가치(220,000)보다 높으므로 (주)서울(고객)이 풋옵션을 행사할 경제적 유인이 유의적이다. 따라서 (주)한국은 제품의 판매시점에 수익을 인식할 수 없다.

② 대신, 제품의 재매입가격(260,000)이 원래 판매가격(300,000)보다 낮으므로 (주)한국은 동 재매입약정을 리스거래로 회계처리한다.

(2) 일자별 회계처리

20×1.11.1	(차) 현금	300,000	(대) 리스보증금	260,000
			선수리스료	40,000
20×1.12.31	(차) 선수리스료	20,000	(대) 리스료수익	(*)20,000
	(*) 40,000 × 2/4 = 20,000			
20×2.2.28	(차) 선수리스료	20,000	(대) 리스료수익	(*)20,000
	(*) 40,000 × 2/4 = 20,000			
	(차) 리스보증금	260,000	(대) 현금	260,000

2. 고객이 풋옵션을 행사하지 않은 경우

20×1.11.1	(차) 현금	300,000	(대) 리스보증금	260,000
			선수리스료	40,000
20×1.12.31	(차) 선수리스료	20,000	(대) 리스료수익	(*)20,000
	(*) 40,000 × 2/4 = 20,000			
20×2.2.28	(차) 선수리스료	20,000	(대) 리스료수익	(*)20,000
	(*) 40,000 × 2/4 = 20,000			
	(차) 리스보증금	260,000	(대) 수익(제품)	(*)260,000

(*) (주)서울(고객)이 풋옵션을 행사하지 않는 경우에는 행사일에 제품에 대한 통제가 고객에게 이전된다. 따라서 풋옵션 행사일에 리스보증금을 제거하고 수익을 인식한다. 이 경우 (주)한국이 행사일에 인식하는 수익금액은 제품의 (원래 판매가격인 300,000이 아니라) 재매입가격(풋옵션 행사가격)인 260,000이 됨에 유의하기 바란다.

	(차) 매출원가(제품)	200,000	(대) 재고자산	200,000

09 미인도청구약정

① 미인도청구약정은 기업이 고객에게 제품의 대가를 청구하지만 미래 한 시점에 고객에게 이전할 때까지 기업이 제품을 물리적으로 점유하는 계약이다. 예를 들면, 고객이 제품을 보관할 수 있는 공간이 부족하거나 생산 일정이 지연되어 기업에 이러한 계약의 체결을 요청할 수 있다.

② 미인도청구약정에서는 기업이 제품을 물리적으로 점유하고 있더라도 고객에게 제품의 통제가 이전된다면 수익을 인식해야 한다. 미인도청구약정에서 고객이 제품을 통제하기 위해서는 다음 기준을 모두 충족하여야 한다.

> ⊙ 미인도청구약정의 이유가 실질적이어야 한다(예 고객이 그 약정을 요구하였다).
> ⓒ 제품은 고객의 소유물로 구분하여 식별되어야 한다.
> ⓒ 고객에게 제품을 물리적으로 이전할 준비가 현재 되어 있어야 한다.
> ⓔ 기업이 제품을 사용할 능력이 없거나 다른 고객에게 이를 넘길 능력이 없다.

③ 미인도청구약정에서 수익을 인식하는 경우에는 기업은 제품을 통제하지 않는 대신에 고객 자산을 보관하는 용역을 고객에게 제공한다. 따라서 이 경우에는 거래가격의 일부를 보관용역(수행의무)에 배분해야 한다.

필수암기!　　**미인도청구판매**

① 제품을 고객에게 판매했는데, 고객의 요청에 따라 판매한 제품을 잠시 맡아 놓고 있는 상황이다.
② 고객에게 제품의 통제가 이전되었다면 수익을 인식한다.
③ 제품이 기말 현재 회사의 창고에 보관되어 있더라도 회사의 기말재고에 포함하면 안 된다.
④ 수행의무가 2개 이상이다.
　　⇨ **수행의무**: 제품의 인도 + 보관용역 제공

미인도청구약정

(1) (주)한국은 기계와 예비부품을 판매하기로 20×1년 1월 1일에 고객과 계약을 체결하였다. 기계와 예비부품의 제작 소요기간은 2년이며, 기계와 예비부품을 이전하는 약속이 서로 구별된다.

(2) 20×2년 12월 31일에 고객은 기계와 예비부품에 대한 대가를 지급하지만 기계만을 물리적으로 점유하고, 예비부품을 (주)한국의 창고에 보관하도록 요청한다. 고객은 예비부품에 대한 법적 권리가 있고 그 부품은 고객의 소유물로 식별될 수 있다. 더욱이 (주)한국은 자신의 창고의 별도 구역에 예비부품을 보관하고 그 부품은 고객의 요청에 따라 즉시 운송할 준비가 되어 있다. (주)한국은 예비부품을 2년에서 4년까지 보유할 것으로 예상하고 있으며, 예비부품을 사용하거나 다른 고객에게 넘길 능력은 없다.

(3) (주)한국은 보관용역이 고객에게 제공되는 용역이고 기계 및 예비부품과 구별되기 때문에 보관용역을 제공하는 약속을 하나의 수행의무로 식별한다. 따라서 (주)한국은 계약상 3가지 수행의무(기계, 예비부품, 보관용역을 제공하는 약속)를 회계처리한다. 거래가격은 3가지 수행의무에 배분하고 수익은 고객에게 통제를 이전할 때 인식한다. (주)한국은 각 수행의무에 대해 다음과 같이 수익을 인식한다.

① **기계**: 기계에 대한 통제는 고객이 물리적으로 점유하는 때인 20×2년 12월 31일에 고객에게 이전된다. 따라서 20×1년 12월 31일에 수익을 인식한다.

② **예비부품**: 예비부품에 대한 통제는 20×2년 12월 31일에 고객에게 이전된다. 따라서 예비부품이 고객에게 인도되지는 않았지만 예비부품에 대한 통제를 이전한 20×2년 12월 31일에 수익을 인식한다.

③ **보관용역**: 용역이 제공되는 기간에 걸쳐 수익을 인식한다(진행기준). 다만, 예비부품의 보관기간이 1년 이상(2년에서 4년)이므로 (주)한국은 보관용역의 지급대가에 유의적인 금융요소가 포함되어 있는지를 고려한다.

10 추가 재화나 용역에 대한 고객의 선택권

(1) 개요

① 무료나 할인된 가격으로 추가 재화나 용역을 취득할 수 있는 고객의 선택권은 형태가 다양하다. 예를 들면, 판매 인센티브, 고객보상점수(points), 계약갱신 선택권, 미래의 재화나 용역에 대한 그 밖의 할인 등이 있다.

② 계약에서 추가 재화나 용역을 취득할 수 있는 선택권을 고객에게 부여하고 그 선택권이 그 계약을 체결하지 않으면 받을 수 없는 중요한 권리를 고객에게 제공하는 경우에만 그 선택권은 계약에서 수행의무가 생기게 한다. 예를 들어, 일반적인 범위를 초과하는 할인을 제공하는 선택권을 고객에게 부여하는 경우에는 선택권을 구별되는 수행의무로 볼 수 있다.

③ 결과적으로 선택권이 고객에게 중요한 권리를 제공한다면, 기업은 사실상 미래 재화나 용역의 대가를 미리 받은 것으로 볼 수 있으므로 거래가격의 일부를 선택권에 배분한 후 그 미래 재화나 용역을 고객에게 이전(즉, 고객이 선택권을 행사할 때)하거나 선택권이 만료될 때 수익으로 인식한다.

> ⊘ 참고 **고객에게 중요한 권리를 제공하지 않는 경우**
>
> ① 재화나 용역의 (할인된 가격이 아닌) 개별판매가격을 반영하는 가격으로 추가 재화나 용역을 취득할 수 있는 선택권이 고객에게 있다면, 과거에 계약을 체결한 경우에만 행사할 수 있을지라도 그 선택권은 고객에게 중요한 권리를 제공하지 않는다.
> ② 이 경우는 기업이 고객에게 재화나 용역의 마케팅 활동을 한 것일 뿐, 제공하는 구매선택권을 구별되는 수행의무로 보기 어렵다. 따라서 거래가격의 일부를 선택권에 배분하지 않으며, 추후 고객이 추가 재화나 용역을 매입하는 선택권을 행사하는 경우에만 그 추가 재화나 용역의 대가로 수령하는 금액(개별판매가격)을 수익으로 인식한다.

(2) 회계처리

① 기업은 고객에게 제공하는 재화·용역과 고객에게 부여한 구매선택권의 상대적 개별판매가격에 기초하여 거래가격을 배분한다. 만일 추가 재화나 용역을 구매할 수 있는 고객의 선택권의 개별판매가격을 직접 관측할 수 없다면 이를 추정한다. 그 추정에는 고객이 선택권을 행사할 때 받을 할인을 반영하되, 고객이 선택권을 행사하지 않고도 받을 수 있는 할인액과 선택권이 행사될 가능성도 모두 반영하여 추정한다.

② 구매선택권에 배분된 거래가격은 계약부채(선수금)로 인식하고, 추후 고객에 선택권을 행사하여 재화나 용역을 고객에게 이전하거나 선택권이 만료될 때 수익으로 인식한다.

[재화나 용역의 판매일]

(차) 현금	×××	(대) 수익	(*)×××
		계약부채(선수금)	(*)×××

(*) 상대적 개별판매가격에 기초하여 배분

[고객의 구매선택권 행사 시]

(차) 계약부채(선수금)	×××	(대) 수익	×××

(3) 고객충성제도

[그림 14-5] 고객충성제도

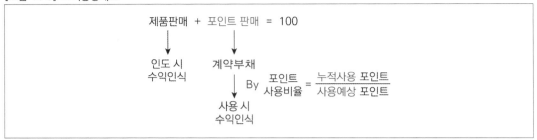

① 고객충성제도(customer loyalty programs)란 기업의 재화나 용역의 구매를 유도하기 위해 고객에게 포인트나 마일리지와 같은 보상점수를 부여(적립)하는 제도를 말한다. 고객은 부여받은 보상점수를 사용하여 기업의 재화나 용역을 무상 또는 할인된 금액으로 구매할 수 있다.

② 기업이 고객에게 부여한 보상점수가 고객에게 중요한 권리를 제공한다면, 기업은 사실상 미래에 제공할 재화나 용역의 대가를 미리 받은 것으로 볼 수 있다. 따라서 기업은 거래가격의 일부를 보상점수에 배분하여 계약부채로 인식한 후, 고객이 보상점수를 사용할 때 수익으로 인식(대체)한다.

[재화나 용역의 판매일]

(차) 현금	×××	(대) 매출액	(*)×××
		계약부채(선수수익)	(*)×××

(*) 거래가격을 재화(또는 용역)와 보상점수(포인트 등)의 개별판매가격 비율로 배분함

[고객이 보상점수 사용 시]

(차) 현금	(*)×××	(대) 매출액	×××

(*) 고객의 보상점수(포인트 등) 사용액만큼 할인된 가격임

(차) 계약부채(선수수익)	(*)×××	(대) 매출액	×××

(*) 고객의 보상점수(포인트 등) 사용비율만큼 수익으로 대체함

(차) 매출원가	×××	(대) 제품 등	×××

승철쌤's comment 보상점수의 개별판매가격

① 재화(용역)의 거래가격 중 일부를 보상점수에 배분하기 위해서는 보상점수의 개별판매가격을 측정해야 한다.

② 다만, 보상점수의 개별판매가격을 측정할 때는 고객에게 부여한 보상점수 중에서 고객이 사용하지 않을 것으로 예상되는 부분을 고려해야 한다. 왜냐하면 고객에게 보상점수를 부여하더라도 고객이 사용하지 않는다면 보상점수의 실질적인 가치(공정가치)는 그만큼 감소할 것이기 때문이다.

③ 예를 들어, A기업이 고객에게 제품을 판매하면서 1,000포인트를 부여(적립)하였고, 고객은 이후 A기업의 제품을 구매할 때 포인트당 ₩1의 할인을 받을 수 있다고 가정한다. 이때 고객에게 부여한 포인트 중 90%가 회수될 것으로 예상된다면, 포인트의 개별판매가격은 다음과 같이 계산된다.

  ㉠ 포인트당 개별판매가격: ₩1 × 90% = ₩0.9/포인트
  ㉡ 부여한 1,000포인트의 개별판매가격: 1,000포인트 × @0.9 = ₩900

③ 만일 고객이 보상점수를 조금씩 나누어 사용할 경우에는 고객의 보상점수 사용비율을 계산한 후, 동 비율만큼 계약부채를 수익으로 인식(대체)하면 된다. 이때 고객의 보상점수 사용비율은 고객이 실제로 사용한 보상점수(분자)를 사용할 것으로 예상되는 보상점수(분모)로 나누어 산정한다.

④ 다만, 보상점수 사용비율 계산 시 고객이 사용할 것으로 예상되는 보상점수(분모)는 추정치로서 변동이 될 수 있다. 따라서 계약부채 중 당기에 수익으로 인식(대체)할 금액은 당기 말 누적수익에서 전기 말 누적수익을 차감하여 계산해야 한다.

[보상점수 사용비율]

$$누적사용비율 = \frac{누적사용포인트}{사용예상포인트(추정치)} = \frac{누적사용포인트}{누적사용포인트 + 추가사용예상포인트}$$

[보상점수에 배분된 거래가격 중 당기수익 인식액]

당기수익 = 당기 말 누적수익 − 전기 말 누적수익

     = 포인트에 배분된 거래가격 × 당기 말 누적사용비율 − 전기 말 누적수익

⑤ 한편, 고객이 보상점수를 사용한다는 것은 기업 입장에서는 고객에게 부여한(적립해 준) 보상점수를 회수한다는 의미이다. 따라서 고객이 사용한 포인트를 기업이 회수한 포인트로 표현하기도 한다.

(1) (주)한국은 제품 구매 ₩10당 고객충성포인트 1점을 고객에게 보상하는 고객충성제도를 운영한다. 각 포인트는 (주)한국의 제품을 미래에 구매할 때 ₩1의 할인과 교환할 수 있다.

(2) 20×1년에 고객은 제품을 ₩100,000에 구매하고 미래 구매에 교환할 수 있는 10,000포인트를 얻었다. 대가는 고정금액이고 구매한 제품의 개별판매가격은 ₩100,000이다. (주)한국은 10,000포인트 중 9,500포인트가 교환될 것으로 예상하고 포인트당 개별판매가격을 ₩0.95으로 추정하였다.

(3) 매 보고기간 말 예상되는 누적교환포인트와 교환예상포인트 현황은 다음과 같다.

구분	20×1년	20×2년	20×3년
누적교환포인트	4,750	7,760	9,800
교환예상포인트	9,500	9,700	9,800

[요구사항]

1. 제품의 거래가격 ₩100,000을 제품과 고객충성포인트에 각각 배분하시오.

2. 고객충성제도와 관련한 연도별 회계처리를 제시하시오. 단, 매출원가와 관련된 회계처리는 생략한다.

해답   1. 거래가격의 배분
① 고객충성포인트의 개별판매가격: 10,000포인트 × @0.95 = 9,500
② 거래가격의 배분
㉠ 제품: 100,000 × 100,000 ÷ (100,000 + 9,500) = 91,324
㉡ 고객충성포인트: 100,000 × 9,500 ÷ (100,000 + 9,500) = 8,676

2. 연도별 회계처리
(1) 연도별 고객충성포인트 수익

구분	20×1년	20×2년	20×3년
① 누적교환포인트	4,750	7,760	9,800
② 교환예상포인트	9,500	9,700	9,800
③ 누적진행률(① ÷ ②)	50%	80%	100%
④ 누적수익(8,676 × ③)	4,338	6,941	8,676
⑤ 당기수익(누적수익의 증분)	4,338	2,603	1,735

(2) 연도별 회계처리

20×1년 판매 시	(차) 현금	100,000	(대) 수익(제품)	91,324
			계약부채	8,676
20×1년 말	(차) 계약부채	4,338	(대) 수익(포인트)	4,338
20×2년 말	(차) 계약부채	2,603	(대) 수익(포인트)	2,603
20×3년 말	(차) 계약부채	1,735	(대) 수익(포인트)	1,735

예제 23 고객에게 중요한 권리를 제공하는 선택권

(1) (주)한국은 제품 A를 ₩100에 판매하기로 계약을 체결하였다. 이 계약의 일부로 (주)한국은 앞으로 30일 이내에 ₩100 한도의 구매에 대해 40% 할인권을 고객에게 주었다.

(2) (주)한국은 계절 판촉활동의 일환으로 앞으로 30일 동안 모든 판매에 10% 할인을 제공할 계획이다. 10% 할인은 40% 할인권에 추가하여 사용할 수 없다. (주)한국은 고객의 80%가 할인권을 사용하고 추가 제품을 평균 ₩50에 구매할 것이라고 추정한다.

[요구사항]

1. 제품 A의 거래가격 ₩100을 제품 A와 할인권에 각각 배분하시오.

2. (주)한국이 제품 A의 판매일에 수행할 회계처리를 제시하시오.

해답 1. 거래가격의 배분

	개별판매가격	배분비율	거래가격 배분
제품 A	100	100/112	[*2]89
할인권	[*1]12	12/112	[*3]11
합계	112		100

[*1] 50 × 30%(증분 할인율) × 80% = 12
[*2] 100 × 100/112 = 89
[*3] 100 × 12/112 = 11

2. 제품 판매일의 회계처리

(차) 현금	100	(대) 수익(제품 A)	89
		계약부채	11

11 라이선싱

(1) 수행의무의 식별

라이선스는 기업의 지적재산에 대한 고객의 권리를 정한다. 지적재산에 대한 라이선스에는 다음 사항에 대한 라이선스가 포함될 수 있으나 이에 한정되지는 않는다.

> ① 소프트웨어, 기술
> ② 영화, 음악, 그 밖의 형태의 미디어와 오락물
> ③ 프랜차이즈
> ④ 특허권, 상표권, 저작권

고객에게 라이선스를 부여하는 약속에 더하여, 고객에게 다른 재화나 용역을 이전하기로 약속할 수 있다. 라이선스를 부여하는 약속이 그 밖에 약속한 재화나 용역과 계약에서 구별되지 않는다면, 라이선스를 부여하는 약속과 그 밖에 약속한 재화나 용역을 함께 단일 수행의무로 회계처리한다.

> ⊘참고 **재화나 용역과 구별되지 않는 라이선스의 예**
>
> 계약에서 약속한 그 밖의 재화나 용역과 구별되지 않는 라이선스의 예에는 다음 항목이 포함된다.
> ① 유형 재화의 구성요소이면서 그 재화의 기능성에 반드시 필요한 라이선스
> ② 관련 용역과 결합되는 경우에만 고객이 효익을 얻을 수 있는 라이선스(예 라이선스를 부여하여 고객이 콘텐츠에 접근할 수 있도록 제공하는 온라인 서비스)

라이선스를 부여하는 약속이 계약에서 그 밖에 약속한 재화나 용역과 구별되고, 따라서 라이선스를 부여하는 약속이 별도의 수행의무라면, 그 라이선스가 고객에게 한 시점에 이전되는지 아니면 기간에 걸쳐 이전되는지를 판단한다. 이를 판단할 때, 고객에게 라이선스를 부여하는 약속의 성격이 라이선스 접근권인지 아니면 라이선스 사용권인지를 고려한다.

필수암기! **라이선스 접근권과 라이선스 사용권**

구분	수행의무의 성격	수익인식시점	사례
라이선스 접근권	라이선스 기간 동안 지적재산을 적절하게 유지하고 관리할 의무	라이선스 기간에 걸쳐 수익인식	상호 라이선스, 프랜차이즈 라이선스 등
라이선스 사용권	라이선스 개시일 현재 존재하는 지적재산을 고객에게 이전할 의무	지적재산 이전시점에 수익인식	특허기술 라이선스, S/W 사용권 라이선스 등

(2) 라이선스 접근권

라이선스 접근권(right to access)은 고객이 라이선스 기간 전체에 걸쳐 존재하는 기업의 지적재산에 접근할 권리를 말한다. 다음 기준을 모두 충족한다면, 라이선스를 부여하는 기업의 약속의 성격은 기업의 지적재산에 접근권을 제공하는 것이다.

---

① 고객이 권리를 갖는 지적재산에 유의적으로 영향을 미치는 활동을 기업이 할 것을 계약에서 요구하거나 고객이 합리적으로 예상한다.
② 라이선스로 부여한 권리 때문에 고객은 ①에서 식별되는 기업 활동의 긍정적 또는 부정적 영향에 직접 노출된다.
③ 그 활동이 행해짐에 따라 재화나 용역을 고객에게 이전하는 결과를 가져오지 않는다.

라이선스 접근권인 경우에 고객은 지적재산에 영향을 미치는 활동을 기업이 수행하는 대로 기업의 수행에서 제공하는 효익을 동시에 얻고 소비한다. 따라서 라이선스 접근권은 라이선스 기간에 걸쳐 이행되는 수행의무이므로 라이선스 기간에 걸쳐 수익을 인식한다.

┤ 사례 ├

라이선스 접근권

미국의 명문 야구 구단인 LA 다저스 구단은 고객(야구용품 판매기업)에게 자신의 이름과 로고를 사용할 수 있도록 라이선스한다. 고객은 3년 동안 티셔츠, 모자, 머그컵, 타월 등의 품목에 LA 다저스 팀의 이름과 로고를 사용할 권리가 있다. LA 다저스 구단은 라이선스를 제공하고 그 대가로 고정대가 3억원을 로열티로 받기로 하였다. 고객은 LA 다저스 구단이 야구경기를 계속할 것이고 경쟁력 있는 팀을 유지할 것이라고 예상한다.

[수익인식 검토]

야구용품 판매기업인 고객은 LA 다저스 구단이 경쟁력 있는 야구팀을 유지할 것으로 예상하고 있다. 그리고 LA 다저스 구단의 활동에 따라 LA 다저스 구단의 상표가치가 변동하므로, 고객의 야구용품 매출액은 다저스 구단의 활동에 따른 긍정적 또는 부정적 영향에 직접 노출된다. 따라서 LA 다저스 구단이 고객에게 부여한 권한은 라이선스 접근권에 해당하며, 따라서 상표권 라이선스에 대한 대가 3억원을 라이선스 기간(3년)에 걸쳐 수익으로 인식한다.

(3) 라이선스 사용권

라이선스 사용권(right to use)은 고객이 라이선스를 부여하는 시점에 존재하는 기업의 지적재산을 사용할 권리를 말한다. 라이선스 접근권이 되기 위한 요건을 충족하지 못한다면, 기업이 한 약속의 성격은 라이선스를 고객에게 부여하는 시점에 형식과 기능면에서 그 라이선스가 존재하는 대로, 지적재산의 사용권을 제공하는 것이다. 이는 라이선스를 이전하는 시점에 고객이 라이선스의 사용을 지시할 수 있고 라이선스에서 생기는 효익의 대부분을 획득할 수 있음을 뜻한다. 따라서 라이선스 사용권은 라이선스 사용권을 고객에게 부여하는 시점에 수행의무가 이행되므로 라이선스 부여시점에 수익을 인식한다.

사례

라이선스 사용권(상장사협의회 '월간상장 2015년 11월호' 사례)

음반회사인 (주)한국이 '뉴욕 필하모니 오케스트라의 클래식 교향곡 20×1년 녹음판'을 고객에게 라이선스한다. 고객(제조기업)은 2년 동안 텔레비전, 라디오와 온라인 광고를 포함한 모든 상업 매체에서 해당 교향곡을 사용할 권리가 있다. (주)한국은 라이선스 제공대가로 반환하지 않는 일시금 ₩1,000,000을 받기로 하였다. (주)한국이 제공해야 하는 그 밖의 어떠한 재화나 용역도 없고 계약은 취소할 수 없다.

[수익인식 검토]

(주)한국의 수행의무는 라이선스를 부여하는 것뿐이며, 라이선스된 녹음판을 변경해야 하는 어떠한 계약적 의무나 암묵적 의무도 없다. 즉, 라이선스를 부여하는 약속의 성격은 라이선스를 부여한 시점에 존재하는 지적재산을 그대로 사용할 권리를 고객에게 부여하는 것이다. 따라서 고객에게 부여한 권한은 라이선스 사용권에 해당하므로 고정대가 ₩1,000,000은 일시에 수익으로 인식한다.

---

(4) 수익인식의 예외: 판매기준 또는 사용기준 로열티

판매기준 또는 사용기준 로열티는 고객에게서 받는 대가가 고객의 후속 판매나 사용에 기초하기 때문에 대가의 변동성이 높다는 불확실성이 있으므로 수익인식의 예외를 적용한다. 따라서 판매기준 로열티나 사용기준 로열티의 수익은 다음 중 나중의 사건이 일어날 때 인식한다.

① 판매기준 또는 사용기준 로열티의 일부나 전부가 배분된 수행의무를 이행하는 시점
② 고객의 후속 판매나 사용시점

사례

판매기준 로열티

(주)한국제약은 개발 완료한 약품제조 원천기술을 (주)서울(고객)이 5년 동안 사용하도록 하고 반환하지 않는 일시금 ₩1,000,000과 향후 발생하는 (주)서울의 제품 매출의 10%에 해당하는 변동대가를 수취하는 독점 생산 및 판매권 계약을 체결하였다. 후속적으로 (주)한국제약이 제공할 추가적인 제품이나 용역은 없다.

[수익인식 검토]

(주)한국제약이 부여한 라이선스의 성격은 라이선스를 부여한 시점에 존재하는 지적재산(약품제조 원천기술)을 그대로 사용할 권리를 (주)서울(고객)에게 부여하는 것이다. 따라서 고객에게 부여한 권한은 라이선스 사용권에 해당하므로 고정대가 ₩1,000,000을 일시에 수익으로 인식한다. 다만, 매출액의 10%에 해당하는 변동대가(판매기준 로열티)는 관련된 불확실성이 해소되는 시점에, 즉, (주)서울이 제품을 생산하여 판매할 때 수익을 인식한다.

예제 24 · 프랜차이즈 권리(기업회계기준서 수정)

(1) (주)한국은 프랜차이즈 본사로서, 프랜차이즈 상호를 지원하기 위해 제품 개선, 가격 전략, 마케팅 캠페인, 운영의 효율화 등의 활동을 하는 사업을 진행한다.

(2) 20x1년 7월 1일, (주)한국은 (주)서울(프랜차이즈 가맹점)과 계약을 체결하여 (주)서울이 3년 동안 (주)한국의 상호를 사용하고 (주)한국의 제품을 판매할 권리를 제공하는 프랜차이즈 라이선스를 부여하기로 하였으며, 이에 대한 대가로 ₩180,000을 수령하였다. 다만, 동 라이선스 수수료에는 프랜차이즈 상점을 운용하기 위해 필요한 장비의 대가가 포함되어 있다.

(3) 3년간 라이선스를 사용할 수 있는 권리의 개별판매가격은 ₩176,000이며, 프랜차이즈 상점 운영에 필요한 장비의 개별판매가격은 ₩44,000이다. (주)한국은 20x2년에 장비를 (주)서울에게 인도하였다.

(4) 또한 (주)한국은 계약기간 동안 (주)서울 매출액의 5%를 받기로 하였으며, 계약기간인 3년 동안 (주)서울의 매출액은 ₩3,000,000으로 예상된다. 20x1년과 20x2년 중 (주)서울에서 발생한 매출액은 각각 ₩800,000과 ₩1,000,000이다.

[요구사항]

1. 프랜차이즈 계약과 관련한 (주)한국의 수행의무를 식별하고, 식별된 수행의무가 기간에 걸쳐 이행되는지 아니면 한 시점에 이행되는지를 설명하시오.

2. (주)한국이 20x1년과 20x2년에 수익으로 인식할 금액을 각각 계산하시오.

3. (주)한국이 20x1년 말과 20x2년 말에 계약부채로 보고할 금액을 각각 계산하시오.

4. (주)한국이 20x1년과 20x2년에 수행할 회계처리를 제시하시오.

해답　**1. 수행의무의 식별과 이행시기**

(1) 수행의무(2개): 프랜차이즈 라이선스, 장비의 이전

(2) 수행의무의 이행시기

① **프랜차이즈 라이선스**: 고객(프랜차이즈 가맹점)은 (주)한국이 지적재산(프랜차이즈 상호)에 유의적으로 영향을 미칠 수 있는 활동(例 제품 개선, 가격 전략, 마케팅 캠페인, 운영의 효율화 등)을 할 것으로 기대한다. 그리고 고객은 (주)한국의 활동에 따른 긍정적 또는 부정적 영향에 직접 노출된다. 따라서 (주)한국이 고객에게 부여한 약속의 성격은 (주)한국의 지적재산에 접근할 수 있도록 한 것(라이선스 접근권)이다. 따라서 프랜차이즈 라이선스를 제공하는 약속은 라이선스 기간에 걸쳐 이행하는 수행의무이므로 라이선스 기간에 걸쳐 수익을 인식한다.

② **장비의 이전**: 장비의 이전의무는 고객에게 장비를 이전하는 한 시점에 이행된다. 따라서 장비를 이전할 때 수익을 인식한다.

2. 연도별 수익인식액

(1) 거래가격의 배분

	개별판매가격	배분비율	거래가격 배분
라이선스 접근권	176,000	176,000 ÷ 220,000 = 80%	144,000
장비	44,000	44,000 ÷ 220,000 = 20%	36,000
합계	220,000		180,000

(2) 연도별 수익인식액

		20x1년		20x2년
라이선스 접근권	144,000 × 6/36 =	24,000	144,000 × 12/36 =	48,000
장비		–		36,000
판매기준 로열티[*]	800,000 × 5% =	40,000	1,000,000 × 5% =	50,000
합계		64,000		134,000

[*] 매출액의 5%를 받기로 한 수수료는 판매기준 로열티(변동대가)이므로 수익인식의 예외를 적용하여 (주)서울의 매출액이 발생할 때 수익으로 인식한다.

3. 각 연도 말 계약부채

		20x1년 말		20x2년 말
라이선스 접근권	144,000 × 30/36 =	120,000	144,000 × 18/36 =	72,000
장비		36,000		–
합계		156,000		72,000

4. 연도별 회계처리

20×1.7.1	(차) 현금	180,000	(대) 계약부채(라이선스)	144,000
			계약부채(장비)	36,000
20×1.12.31	(차) 계약부채(라이선스)	24,000	(대) 수익(라이선스)	24,000
	(차) 현금	40,000	(대) 수익(판매로열티)	40,000
20×2년 장비 인도	(차) 계약부채(장비)	36,000	(대) 수익(장비)	36,000
20×2.12.31	(차) 계약부채(라이선스)	48,000	(대) 수익(라이선스)	48,000
	(차) 현금	50,000	(대) 수익(판매로열티)	50,000

12 기타의 거래유형별 수익인식

(1) 고객의 인수: 검사조건부 판매

고객의 인수조항에서는 재화나 용역이 합의한 규격에 부합하지 않는 경우에 고객의 계약 취소를 허용하거나 기업의 개선 조치를 요구할 수 있는 경우가 있다. 이러한 인수조항이 있는 경우 고객이 자산을 인수하는 것은 고객이 자산을 통제하게 됨을 나타낼 수 있다. 따라서 수익인식시점을 판단할 때는 이러한 인수조항을 참고하여 결정해야 한다.

> ① 계약에서 합의한 규격에 따라 재화나 용역에 대한 통제가 고객에게 이전되었음을 객관적으로 판단할 수 있다면, 고객의 인수는 고객이 재화나 용역을 언제 통제하게 되는지 판단하는 데에 영향을 미치지 않는 형식적인 것이다. 따라서 이러한 경우에는 (고객의 인수 여부와 관계없이) 재화나 용역이 고객에게 이전된 시점에 수익을 인식한다.
> ② 고객에게 제공된 재화나 용역이 계약에서 합의한 규격에 따른 것인지를 객관적으로 판단할 수 없다면, 고객이 인수할 때까지 고객이 통제하게 되었다고 결론을 내릴 수 없을 것이다. 따라서 이러한 경우에는 고객이 인수한 시점에 수익을 인식한다. 예를 들어, 시험·평가 목적으로 제품을 고객에게 인도하고 고객이 시험기간이 경과할 때까지 어떠한 대가도 지급하지 않기로 확약한 경우에는 고객이 제품을 인수하는 때나 시험기간이 경과할 때 수익을 인식한다.

(2) 출판물 및 이와 유사한 품목의 구독료 수입

출판물 등에 대한 구독료 수입은 출판물에 대한 통제가 고객에게 이전되는 시점(출판물 발송시점)에 수익을 인식한다. 다만, 일정기간 동안의 구독료를 미리 수령한 경우(예 매월 발송하는 출판물의 1년 치 구독료를 미리 수령한 경우)에는 다음과 같이 수익을 인식한다.

> ① 해당 품목(출판물)의 가액이 매기 비슷한 경우: 발송기간에 걸쳐 정액기준으로 수익을 인식한다.
> ② 해당 품목(출판물)의 가액이 기간별로 다른 경우: 발송된 품목의 개별판매가액이 구독신청을 받은 모든 품목의 추정 총 개별판매가액에서 차지하는 비율에 따라 가중평균한 금액을 수익으로 인식한다.

(3) 중간상에 대한 판매

유통업자, 판매자, 또는 재판매를 목적으로 하는 기타상인 등과 같은 중간상에 대한 판매에 따른 수익은 중간상에게 재화에 대한 통제가 이전되는 시점에 인식한다. 그러나 구매자(중간상)가 실질적으로 대리인 역할만을 한다면 이러한 거래를 위탁판매로 처리한다.

(4) 광고수수료

광고매체수수료는 광고 또는 상업방송이 대중에게 전달될 때 인식하고, 광고제작수수료는 광고제작의 진행률에 따라 인식한다.

제3절 | 계약원가

01 계약체결 증분원가

① 계약체결 증분원가는 고객과 계약을 체결하기 위해 들인 원가로서 계약을 체결하지 않았다면 들지 않았을 원가를 말한다. 계약체결 증분원가의 예로 판매수수료를 들 수 있다. 고객과의 계약체결 증분원가가 회수될 것으로 예상된다면 이를 자산으로 인식한다. 계약체결 증분원가를 자산으로 인식하더라도 상각기간이 1년 이하라면 그 계약체결 증분원가는 발생시점에 비용으로 인식하는 실무적 간편법을 쓸 수 있다.

② 한편, 계약체결 여부와 무관하게 드는 계약체결원가는 계약체결 여부와 관계없이 고객에게 그 원가를 명백히 청구할 수 있는 경우가 아니라면 발생시점에 비용으로 인식한다.

예제 25 계약체결 증분원가(기업회계기준서)

(1) (주)한국(컨설팅용역 제공자)은 새로운 고객에게 컨설팅용역을 제공하는 경쟁입찰에서 이겼다. 계약을 체결하기 위하여 다음과 같은 원가가 들었다. 이 중 영업사원 수수료는 고객이 계약에 서명할 때 지급되며, 계약이 체결되지 않으면 지급되지 않는다.

구분	금액
실사를 위한 외부 법률 수수료	₩15,000
제안서 제출을 위한 교통비	25,000
영업사원 수수료	10,000
총 발생원가	₩50,000

(2) 한편, (주)한국은 재량에 따라 연간 매출 목표, 기업 전체의 수익성, 개인별 성과평가에 기초하여 영업책임자에게 연간 상여를 지급하고 있으며, 영업책임자에게 ₩6,000의 상여를 지급할 것으로 추정된다.

[요구사항]

상기의 지출이 다른 기업회계기준서의 적용범위에 포함되지 않는다고 할 경우, (주)한국이 자산과 비용으로 인식할 금액을 각각 계산하시오.

해답   **1. 항목별 지출액 분석**

① 외부 법률 수수료와 교통비는 계약체결 여부와 관계없이 발생하므로 비용으로 인식한다.

② 영업사원 수수료는 계약이 체결되지 않았다면 발생하지 않았을 증분원가이다. 따라서 영업사원 수수료는 (주)한국이 제공할 컨설팅용역에 대한 미래 수수료로 그 원가를 회수할 것으로 예상하므로 자산으로 인식한다.

③ 영업책임자 상여는 그 금액이 재량적이고 기업의 수익성과 개인별 성과를 포함한 다른 요소에 기초하며, 컨설팅 계약이 상여의 직접적인 원인이라고 볼 수 없다. 따라서 영업책임자 상여는 계약체결에 따른 증분액이 아니기 때문에 자산으로 인식하지 않는다.

2. 자산과 비용인식액 계산

구분	자산인식액	비용인식액
실사를 위한 외부 법률 수수료	–	15,000
제안서 제출을 위한 교통비	–	25,000
영업사원 수수료	10,000	–
영업책임자 상여	–	6,000
합계	10,000	46,000

02 계약이행원가

① 계약이행원가는 고객과의 계약을 이행할 때 드는 원가를 말한다. 계약이행원가가 다른 기준서의 적용범위(예 재고자산, 유형자산, 무형자산)에 포함되는 경우에는 그 원가는 해당 기준서에 따라 회계처리한다. 예를 들어, 계약이행원가가 유형자산의 정의를 충족하면 기업회계기준서 제1016호(유형자산)를 적용하여 회계처리한다.

② 그러나 계약이행원가가 다른 기업회계기준서의 적용범위에 포함되지 않는다면, 그 원가는 다음 기준을 모두 충족해야만 자산으로 인식한다.

> ㉠ **계약직접원가**: 원가가 계약이나 구체적으로 식별할 수 있는 예상 계약에 직접 관련된다(예 기존 계약의 갱신에 따라 제공할 용역 관련 원가, 아직 승인되지 않은 특정 계약에 따라 이전할 자산의 설계원가).
> ㉡ **미래 경제적 효익의 존재**: 원가가 미래의 수행의무를 이행할 때 사용할 기업의 자원을 창출하거나 가치를 높인다.
> ㉢ **원가의 회수가능성이 높음**: 원가는 회수될 것으로 예상된다.

> ⊘ 참고 **계약직접원가의 예**
>
> 계약에 직접 관련된 원가에는 다음이 포함된다.
> ① 직접노무원가(예 고객에게 약속한 용역을 직접 제공하는 종업원의 급여와 임금)
> ② 직접재료원가(예 고객에게 약속한 용역을 제공하기 위해 사용하는 저장품)
> ③ 계약이나 계약활동에 직접 관련되는 원가 배분액(예 계약의 관리·감독 원가, 보험료, 계약의 이행에 사용된 기기·장비의 감가상각비)
> ④ 계약에 따라 고객에게 명백히 청구할 수 있는 원가
> ⑤ 기업이 계약을 체결하였기 때문에 드는 그 밖의 원가(예 하도급자에게 지급하는 금액)

③ 다음의 원가는 발생시점에 비용으로 인식한다.

> ㉠ 일반관리원가
> ㉡ 계약을 이행하는 과정에서 낭비된 재료원가, 노무원가, 그 밖의 자원의 원가로서 계약가격에 반영되지 않은 원가
> ㉢ 이미 이행한 계약상 수행의무와 관련된 원가(과거의 수행 정도와 관련된 원가)
> ㉣ 이행하지 않은 수행의무와 관련된 원가인지 이미 이행한 수행의무와 관련된 원가인지 구별할 수 없는 원가

03 상각과 손상

(1) 상각

자산으로 인식한 계약체결 증분원가와 계약이행원가는 관련된 재화나 용역을 고객에게 이전하는 방식과 일치하는 체계적 기준으로 상각한다. 그 자산과 관련된 재화나 용역을 고객에게 이전할 것으로 예상하는 시기에 유의적 변동이 있는 경우에 이를 반영하여 상각방식을 수정한다. 이러한 변경은 회계추정의 변경으로 회계처리한다.

(2) 손상과 환입

자산으로 인식한 계약체결 증분원가와 계약이행원가의 장부금액이 다음 ①에서 ②를 뺀 금액(잔여예상이익)을 초과하는 정도까지는 손상차손을 당기손익에 인식한다.

① 그 자산과 관련된 재화나 용역의 대가로 기업이 받을 것으로 예상하는 나머지 금액 ② 그 재화나 용역의 제공에 직접 관련되는 원가로서 아직 비용으로 인식하지 않은 원가

이후 손상 상황이 사라졌거나 개선된 경우에는 과거에 인식한 손상차손의 일부나 전부를 환입하여 당기손익으로 인식한다. 증액된 자산의 장부금액은 과거에 손상차손을 인식하지 않았다면 산정되었을 금액(상각 후 순액)을 초과해서는 안 된다.

(1) (주)한국은 5년 동안 고객의 정보기술자료센터를 관리하는 용역계약을 체결하였다. 5년 이후에 계약을 1년 단위로 갱신할 수 있다. 평균 고객기간은 7년이다. 고객이 계약서에 서명할 때에 기업은 영업수수료 ₩10,000을 종업원에게 지급한다.

(2) 용역을 제공하기 전에, (주)한국은 고객의 시스템에 접근하는 기술플랫폼을 기업 내부에서 사용하기 위해 설계하고 구축한다. 이 플랫폼은 고객에게 이전하지 않으나 고객에게 용역을 제공하기 위해 사용될 것이다. (주)한국이 기술플랫폼을 설치하기 위하여 들인 최초원가는 다음과 같다.

구분	금액
설계용역	₩40,000
하드웨어	120,000
소프트웨어	90,000
데이터센터 이전 및 시험	100,000
총 발생원가	₩350,000

[요구사항]

1. 종업원에게 지급할 영업수수료 ₩10,000의 회계처리에 대하여 설명하시오.

2. 기술플랫폼을 설치하기 위하여 들인 최초원가의 회계처리에 대하여 설명하시오.

해답　　1. 계약체결 증분원가

영업수수료에 대한 계약체결 증분원가 10,000은 (주)한국이 제공할 용역에 대한 미래 수수료로 그 원가를 회수할 것으로 예상하므로 자산으로 인식한다. 자산으로 인식한 영업수수료는 5년의 계약기간 동안 고객에게 제공하는 용역과 관련되고 5년 후 계약이 1년 단위로 두 번 갱신될 것으로 예상하기 때문에 7년에 걸쳐 상각한다.

2. 계약이행원가

① 하드웨어 원가: 유형자산으로 회계처리한다.

② 소프트웨어 원가: 무형자산으로 회계처리한다.

③ 데이터센터 설계, 이전 및 시험 원가: 계약이행원가를 자산으로 인식할 수 있는지를 검토한다. 검토 결과 자산이 인식된다면, 기업은 데이터센터에 관련된 용역을 제공할 것으로 예상하는 7년에 걸쳐 체계적 기준에 따라 상각한다.

개념정리 OX문제

01 기업이 기업회계기준서 '고객과의 계약에서 생기는 수익'의 핵심원칙에 따라 수익을 인 (O, X)
식하기 위해서는 가장 먼저 ① 고객과의 계약을 식별하고, ② 그 계약에서 기업의 수행
의무가 무엇인지를 식별해야 한다. 다음 단계로 ③ 수익으로 인식할 거래가격을 산정
한 후, ④ 산정된 거래가격을 계약 내의 각 수행의무에 배분해야 한다. 마지막으로 ⑤
기업이 수행의무를 이행할 때 각 수행의무에 배분된 거래가격을 수익으로 인식한다.

02 고객과의 계약으로 회계처리하기 위해 계약에 반드시 상업적 실질이 있을 필요는 없다. (O, X)

03 고객에게 재화나 용역을 이전하는 활동은 아니지만 계약을 이행하기 위해 수행해야 한 (O, X)
다면, 그 활동은 수행의무에 포함된다.

04 고객에게 약속한 재화나 용역이 구별되기 위해서는 고객이 재화나 용역 그 자체에서 (O, X)
효익을 얻거나 고객이 쉽게 구할 수 있는 다른 자원과 함께하여 그 재화나 용역에서
효익을 얻을 수 있고, 고객에게 재화나 용역을 이전하기로 하는 약속을 계약 내의 다른
약속과 별도로 식별해낼 수 있어야 한다.

05 거래가격은 고객에게 재화나 용역을 이전하고 그 대가로 기업이 받을 권리를 갖게 될 (O, X)
것으로 예상하는 금액이므로 제3자를 대신해서 회수한 금액도 포함한다.

06 기댓값은 가능한 대가의 범위에 있는 모든 금액에 각 확률을 곱한 금액의 합을 말하며, (O, X)
기업에 특성이 비슷한 계약이 많은 경우에 기댓값은 변동대가의 적절한 추정치일 수
있다.

정답 및 해설

01 O

02 X 만일 상업적 실질이 없는 계약에 대하여도 수익을 인식할 수 있도록 허용하면, 기업은 수익을 인위적으로 부풀리
기 위해 재화나 용역을 서로 주고받을 수 있을 것이다. 따라서 상업적 실질이 없는 계약의 경우에는 고객과의 계
약으로 회계처리할 수 없도록 규정하고 있다.

03 X 수행의무란 고객에게 구별되는 재화나 용역을 이전하기로 한 각 약속을 말한다. 따라서 계약을 이행하기 위해 해야
하지만, 고객에게 재화나 용역을 이전하는 활동이 아니라면 그 활동은 수행의무에 포함되지 않는다(예 준비활동).

04 O

05 X 제3자를 대신해서 회수한 금액(예 일부 판매세)은 기업의 자본을 증가시키지 않기 때문에, 즉, 수익의 정의에 해당
하지 않기 때문에 거래가격에 포함하지 않는다.

06 O

07 유의적인 금융요소를 반영하여 약속한 대가를 조정하는 목적은 재화나 용역을 고객에 (O, X)
게 이전할 때 그 고객이 그 재화나 용역대금을 현금으로 결제했다면 지급하였을 가격
을 반영하는 금액(현금판매가격)으로 수익을 인식하기 위해서이다.

08 고객에게 지급할 대가가 고객에게서 받은 재화나 용역의 공정가치를 초과한다면, 그 (O, X)
초과액을 발생한 기간의 비용으로 인식한다.

09 거래가격은 상대적 개별판매가격을 기준으로 계약에서 식별된 각 수행의무에 배분하 (O, X)
며, 거래가격이 후속적으로 변동되는 경우에도 계약 개시시점과 같은 기준으로 계약상
수행의무에 배분한다.

10 수익은 한 시점에 이행하는 수행의무 또는 기간에 걸쳐 이행하는 수행의무로 구분한다. (O, X)
이러한 구분을 위해 먼저 통제 이전 지표에 의해 한 시점에 이행하는 수행의무인지를
판단하고, 이에 해당하지 않는다면 그 수행의무는 기간에 걸쳐 이행되는 것으로 본다.

11 반품권이 있는 판매에서 기업이 받았거나 받을 금액 중 기업이 권리를 갖게 될 것으로 (O, X)
예상하지 않는 부분은 수익으로 인식하지 않고 환불부채로 인식하며, 환불부채를 결제
할 때 고객에게서 제품을 회수할 기업의 권리는 반품재고회수권으로 하여 자산으로 인
식한다.

12 기업이 재고자산을 다시 살 수 있는 권리(콜옵션)가 있는 재매입약정에서 기업이 재고 (O, X)
자산을 원래 판매가격 이상의 금액으로 다시 살 수 있는 경우에는 해당 재매입약정을
리스거래로 회계처리한다.

정답 및 해설

07 O

08 X 고객에게 지급할 대가가 고객에게서 받은 재화나 용역의 공정가치를 초과한다면, 그 초과액을 거래가격(수익)에서
차감하여 회계처리한다.

09 O

10 X 수행의무가 기간에 걸쳐 이행되지 않는다면, 그 수행의무는 한 시점에 이행되는 것이다. 즉, 기간에 걸쳐 이행되는
수행의무인지를 먼저 판단하고, 이에 해당하지 않는다면 그 수행의무는 한 시점에 이행되는 것으로 본다.

11 O

12 X 기업에게 콜옵션이 있는 재매입약정에서 원래 판매가격보다 재매입가격(콜옵션 행사가격)이 더 높은 경우에는 해
당 재매입약정을 금융약정(재고자산 담보차입거래)으로 회계처리한다. 이때 원래 판매가격과 재매입가격과의 차이
는 재매입까지의 기간에 걸쳐 이자비용으로 인식한다.

5단계 모형 - 종합

01 기업회계기준서 제1115호 '고객과의 계약에서 생기는 수익'에 대한 다음 설명 중 옳지 않은 것은?

[회계사 18]

① 계약이란 둘 이상의 당사자 사이에 집행 가능한 권리와 의무가 생기게 하는 합의이다.

② 하나의 계약은 고객에게 재화나 용역을 이전하는 여러 약속을 포함하며, 그 재화나 용역들이 구별된다면 약속은 수행의무이고 별도로 회계처리한다.

③ 거래가격은 고객이 지급하는 고정된 금액을 의미하며, 변동대가는 포함하지 않는다.

④ 거래가격은 일반적으로 계약에서 약속한 각 구별되는 재화나 용역의 상대적 개별판매가격을 기준으로 배분한다.

⑤ 기업이 약속한 재화나 용역을 고객에게 이전하여 수행의무를 이행할 때(또는 기간에 걸쳐 이행하는 대로) 수익을 인식한다.

5단계 모형 - 종합

02 수익의 인식에 관한 설명으로 옳지 않은 것은?

[세무사 20]

① 거래가격은 고객에게 약속한 재화나 용역을 이전하고 그 대가로 기업이 받을 권리를 갖게 될 것으로 예상하는 금액이며, 제3자를 대신해서 회수한 금액(예 일부 판매세)은 제외한다.

② 약속한 재화나 용역이 구별되지 않는다면, 구별되는 재화나 용역의 묶음을 식별할 수 있을 때까지 그 재화나 용역을 약속한 다른 재화나 용역과 결합한다.

③ 변동대가(금액)는 기댓값 또는 가능성이 가장 높은 금액 중에서 고객이 받을 권리를 갖게 될 대가(금액)를 더 잘 예측할 것으로 예상하는 방법을 사용하여 추정한다.

④ 계약의 각 당사자가 전혀 수행되지 않은 계약에 대해 상대방(들)에게 보상하지 않고 종료할 수 있는 일방적이고 집행 가능한 권리를 갖는다면, 그 계약은 존재하지 않는다고 본다.

⑤ 계약을 개시한 다음에는 계약당사자들이 수행의무를 실질적으로 변경하는 계약변경을 승인하지 않는 한, 자산이 기업에 대체 용도가 있는지를 다시 판단하지 않는다.

거래가격의 산정(3단계)과 배분(4단계)

03 기업회계기준서 제1115호 '고객과의 계약에서 생기는 수익'의 측정에 대한 다음 설명 중 옳은 것은?

[회계사 20]

① 거래가격의 후속 변동은 계약개시시점과 같은 기준으로 계약상 수행의무에 배분한다. 따라서 계약을 개시한 후의 개별판매가격 변동을 반영하기 위해 거래가격을 다시 배분해야 한다. 이행된 수행의무에 배분되는 금액은 거래가격이 변동되는 기간에 수익으로 인식하거나 수익에서 차감한다.

② 계약을 개시할 때 기업이 고객에게 약속한 재화나 용역을 이전하는 시점과 고객이 그에 대한 대가를 지급하는 시점 간의 기간이 1년 이내일 것이라고 예상한다면 유의적인 금융요소의 영향을 반영하여 약속한 대가를 조정하지 않는 실무적 간편법을 쓸 수 있다.

③ 고객이 현금 외의 형태의 대가를 약속한 계약의 경우, 거래가격은 그 대가와 교환하여 고객에게 약속한 재화나 용역의 개별판매가격으로 측정하는 것을 원칙으로 한다.

④ 변동대가는 가능한 대가의 범위 중 가능성이 가장 높은 금액으로 측정하며 기댓값 방식은 적용할 수 없다.

⑤ 기업이 고객에게 대가를 지급하는 경우, 고객에게 지급할 대가가 고객에게서 받은 구별되는 재화나 용역에 대한 지급이 아니라면 그 대가는 판매비로 회계처리한다.

계약변경 - 재화

04 20×1년 1월 1일 (주)세무는 제품 200개를 고객에게 1년에 걸쳐 개당 ₩1,000에 판매하기로 약속하였다. 각 제품에 대한 통제는 한 시점에 이전된다. (주)세무는 20×1년 4월 1일 동일한 제품 100개를 개당 ₩800에 고객에게 추가 납품하기로 계약을 변경하였으며, 동 시점까지 기존 계약 수량 200개 가운데 30개에 대한 통제를 고객에게 이전하였다. 추가된 제품은 구별되는 재화에 해당하며, 추가 제품의 계약 금액은 개별판매가격을 반영하지 않는다. 20×1년 4월 1일부터 6월 30일까지 기존 계약 수량 중 58개와 추가 계약 수량 중 50개의 통제를 고객에게 이전하였다. 동 거래와 관련하여 (주)세무가 20×1년 1월 1일부터 6월 30일 사이에 인식할 총수익은?

[세무사 19]

① ₩100,000
② ₩100,800
③ ₩118,000
④ ₩128,000
⑤ ₩130,000

계약변경 - 용역

05 다음은 (주)대한이 20×1년 1월 1일 (주)민국과 체결한 청소용역 계약의 내용이다.

> (1) (주)대한은 20×1년 1월 1일부터 20×2년 12월 31일까지 2년간 (주)민국의 본사 건물을 일주일 단위로 청소하고, (주)민국은 (주)대한에게 연간 ₩600,000을 매 연도 말에 지급한다.
>
> (2) 계약개시시점에 그 용역의 개별판매가격은 연간 ₩600,000이다. (주)대한은 용역을 제공한 첫 연도인 20×1년에 ₩600,000을 수령하고 이를 수익으로 인식하였다.
>
> (3) 20×1년 12월 31일에 (주)대한과 (주)민국은 계약을 변경하여 2차 연도의 용역대금을 ₩600,000에서 ₩540,000으로 감액하고 2년을 더 추가하여 계약을 연장하기로 합의하였다.
>
> (4) 연장기간에 대한 총 대가 ₩1,020,000은 20×3년 말과 20×4년 말에 각각 ₩510,000씩 지급하기로 하였다.
>
> (5) 2차 연도 개시일에 용역의 개별판매가격은 연간 ₩540,000이며, 20×2년부터 20×4년까지 3년간 계약의 개별판매가격의 적절한 추정치는 ₩1,620,000(연간 ₩540,000 × 3년)이다.

상기 거래에 대한 다음 설명 중 옳은 것은? (단, 유의적인 금융요소는 고려하지 않는다) [회계사 18]

① 매주의 청소용역이 구별되므로, (주)대한은 청소용역을 복수의 수행의무로 회계처리할 수 있다.

② 계약변경일에 (주)대한이 제공할 나머지 용역은 구별되지 않는다.

③ 계약변경일에 (주)대한이 나머지 대가로 지급받을 금액은 제공할 용역의 개별판매가격을 반영하고 있다.

④ (주)대한은 동 계약변경을 기존 계약의 일부인 것처럼 회계처리하여야 한다.

⑤ (주)대한이 20×2년에 인식해야 할 수익은 ₩520,000이다.

반품조건부 판매 - 종합

06 (주)세무는 20×1년 12월 31일 개당 원가 ₩150인 제품 100개를 개당 ₩200에 현금판매하였다. (주)세무는 판매 후 30일 이내에 고객이 반품하면 전액 환불해 주고 있다. 반품률은 5%로 추정되며, 반품제품 회수비용, 반품제품 가치하락 및 판매당일 반품은 없다. 동 거래에 관한 설명으로 옳지 않은 것은?

[세무사 19]

① 20×1년 인식할 매출액은 ₩19,000이다.

② 20×1년 인식할 이익은 ₩4,750이다.

③ '환불이 발생할 경우 고객으로부터 제품을 회수할 권리'를 20×1년 말 자산으로 인식하며, 그 금액은 ₩750이다.

④ 동 거래의 거래가격은 변동대가에 해당하기 때문에 받을 권리를 갖게 될 금액을 추정하여 수익으로 인식한다.

⑤ 20×1년 말 인식할 부채는 ₩250이다.

07 20×1년 12월 1일, (주)한국은 (주)서울에 원가 ₩100,000의 제품을 ₩120,000에 판매하고 현금을 수령하였다. 판매계약에는 (주)한국이 동 제품을 20×2년 2월 28일에 ₩123,000에 재매입할 수 있는 콜옵션이 포함되어 있다. 만일 (주)한국이 콜옵션을 행사하지 않았다고 할 경우, (주)한국의 20×1년과 20×2년의 당기순이익에 미치는 효과는 각각 얼마인가?

	20×1년	20×2년
①	₩20,000 증가	영향 없음
②	₩2,000 감소	₩2,000 감소
③	₩2,000 감소	₩123,000 증가
④	₩1,000 감소	₩18,000 증가
⑤	₩1,000 감소	₩21,000 증가

08 20×1년 1월 1일에 (주)대한은 특수프린터와 예비부품을 제작하여 판매하기로 (주)민국과 다음과 같이 계약을 체결하였다.

> (1) 특수프린터와 예비부품의 제작 소요기간은 2년이며, 특수프린터와 예비부품을 이전하는 약속은 서로 구별된다. 제작기간 중 제작을 완료한 부분에 대해 집행 가능한 지급청구권이 (주)대한에는 없다.
> (2) 20×2년 12월 31일에 (주)민국은 계약조건에 따라 특수프린터와 예비부품을 검사한 후, 특수프린터는 (주)민국의 사업장으로 인수하고 예비부품은 (주)대한의 창고에 보관하도록 요청하였다.
> (3) (주)민국은 예비부품에 대한 법적 권리가 있고 그 부품은 (주)민국의 소유물로 식별될 수 있다.
> (4) (주)대한은 자기 창고의 별도 구역에 예비부품을 보관하고 그 부품은 (주)민국의 요청에 따라 즉시 운송할 준비가 되어 있다.
> (5) (주)대한은 예비부품을 2년에서 4년까지 보유할 것으로 예상하고 있으며, (주)대한은 예비부품을 직접 사용하거나 다른 고객에게 넘길 능력은 없다.
> (6) (주)민국은 특수프린터를 인수한 20×2년 12월 31일에 계약상 대금을 전부 지급하였다.

상기 미인도청구약정에 관한 다음 설명 중 옳지 않은 것은?　　　　　　　　　　　[회계사 18]

① (주)대한이 계약상 식별해야 하는 수행의무는 두 가지이다.
② 특수프린터에 대한 통제는 (주)민국이 물리적으로 점유하는 때인 20×2년 12월 31일에 (주)민국에게 이전된다.
③ (주)대한은 예비부품에 대한 통제를 (주)민국에게 이전한 20×2년 12월 31일에 예비부품 판매수익을 인식한다.
④ (주)대한이 예비부품을 물리적으로 점유하고 있더라도 (주)민국은 예비부품을 통제할 수 있다.
⑤ (주)대한은 계약상 지급조건에 유의적인 금융요소가 포함되어 있는지를 고려해야 한다.

09 (주)세무는 고객이 구매한 금액 ₩2당 포인트 1점을 보상하는 고객충성제도를 운영하고 있으며, 각 포인트는 (주)세무의 제품을 구매할 때 ₩1의 할인과 교환할 수 있다. (주)세무가 고객에게 포인트를 제공하는 약속은 수행의무에 해당한다. 고객으로부터 수취한 대가는 고정금액이고, 고객이 구매한 제품의 개별판매가격은 ₩1,000,000이다. 고객은 20×1년에 제품 ₩1,000,000을 구매하였으며, 미래에 제품 구매 시 사용할 수 있는 500,000포인트를 얻었다. (주)세무는 20×1년도에 고객에게 부여한 포인트 중 50%가 교환될 것으로 예상하여 포인트당 개별판매가격을 ₩0.5으로 추정하였다. 20×1년과 20×2년의 포인트에 대한 자료는 다음과 같다.

구분	20×1년	20×2년
교환된 포인트	180,000	252,000
전체적으로 교환이 예상되는 포인트	450,000	480,000

(주)세무가 20×2년 12월 31일 재무상태표에 보고해야 할 계약부채는? [세무사 21]

① ₩10,000
② ₩20,000
③ ₩30,000
④ ₩40,000
⑤ ₩50,000

정답 및 해설

정답

01 ③　　02 ③　　03 ②　　04 ⑤　　05 ⑤　　06 ⑤　　07 ⑤　　08 ①　　09 ②

해설

01 ③ 거래가격은 고객에게 약속한 재화나 용역을 이전하고 그 대가로 기업이 받을 권리를 갖게 될 것으로 예상하는 금액이며, 제3자를 대신해서 회수한 금액(예 일부 판매세)은 제외한다. 고객과의 계약에서 약속한 대가는 고정금액, 변동금액 또는 둘 다를 포함할 수 있다.

02 ③ 변동대가는 기댓값 또는 가능성이 가장 높은 금액 중에서 '기업'이 받을 권리를 갖게 될 대가를 더 잘 예측할 것으로 예상하는 방법을 사용하여 추정한다.

03 ② ① 거래가격의 후속 변동은 계약개시시점과 동일한 기준으로 계약상 수행의무에 배분한다. 따라서 계약을 개시한 후의 개별판매가격 변동을 반영하기 위해 거래가격을 다시 배분하지 않는다.
　③ 고객이 현금 외의 형태로 대가(비현금대가)를 약속한 계약의 경우, 거래가격은 비현금대가의 공정가치로 측정한다. 그러나 만일 비현금대가의 공정가치를 합리적으로 추정할 수 없는 경우에는, 그 대가와 교환하여 고객에게 약속한 재화나 용역의 개별판매가격으로 간접 측정한다.
　④ 변동대가는 기댓값과 가능성이 가장 높은 금액 중에서 기업이 받을 권리를 갖게 될 대가를 더 잘 예측할 것으로 예상하는 방법을 사용하여 추정한다.
　⑤ 고객에게 지급할 대가가 고객에게서 받은 재화나 용역의 대가로 지급하는 것이 아니라면, 그 대가는 거래가격, 즉 수익에서 차감하여 회계처리한다.

04 ⑤ **(1) 별도계약 여부 판단**
　20×1.4.1 계약변경으로 인한 추가 제품 100개의 판매가격이 개별판매가격을 반영하지 않으므로 계약변경을 별도의 계약으로 볼 수 없다.

(2) 계약분할 회계처리
　계약변경일 현재 이미 제공한 제품 30개와 제공하지 않은 제품 270개(기존 계약 중 170개 + 추가 제품 100개)가 서로 구별된다. 따라서 계약변경일 기준으로 기존 계약을 종료하고, 아직 제공하지 않은 270개에 대하여 새로운 계약을 체결한 것으로 보아 회계처리한다. 이때 새로운 계약(270개)에 배분될 대가는 기존 계약 중 아직 수익으로 인식하지 않은 170,000(= 170개 × @1,000)과 계약변경으로 추가된 제품의 대가 80,000(= 100개 × @800)의 합계인 250,000으로 한다.

(3) 20×1.1.1 ~ 20×1.6.30 수익금액

20×1.1.1 ~ 4.1(계약변경 전)	30개 × @1,000 =	30,000
20×1.4.1 ~ 6.30(계약변경 후)	250,000 × (*)108개 ÷ 270개 =	100,000
계		130,000

(*) 58개 + 50개 = 108개

05 ⑤ ① 매주의 청소용역이 구별되더라도, 매주의 청소용역이 실질적으로 서로 같고 고객에게 이전하는 방식이 같은 용역을 기간에 걸쳐 이전하면서 진행률 측정에 같은 방법(시간기준 진행률 측정)을 사용하는 일련의 구별되는 용역이므로 청소용역을 단일의 수행의무로 회계처리한다.

② 계약변경일 현재 고객에게 제공하지 않은 청소용역(3년)은 이미 제공한 청소용역(1년)과 구별된다.

③ 20×1년 말 계약변경으로 추가된 청소용역의 대가는 1,020,000(= 510,000 × 2년)이므로 추가 용역의 개별판매가격 1,080,000(= 540,000 × 2년)을 반영하지 않는다.

④ 추가된 청소용역의 대가가 개별판매가격을 반영하지 않으므로 계약변경을 별도계약으로 볼 수 없다. 그리고 계약변경일 현재 고객에게 제공하지 않는 나머지 청소용역이 구별된다. 따라서 (주)대한은 계약변경일(20×1년 말) 현재 기존 계약을 종료하고, 남아있는 3년의 청소용역에 대하여 새로운 용역계약을 체결한 것처럼 회계처리한다. 이때 새로운 용역계약(3년의 청소용역)에 배분될 거래가격은 1,560,000(= 540,000 + 1,020,000)으로 한다.

⑤ 20×2년 용역수익: 1,560,000 ÷ 3년 = 520,000

06 ⑤ ① 20×1년 매출액: 100개 × @200 × 95% = 19,000

② 20×1년 이익: 100개 × @(200 - 150) × 95% = 4,750

③ 20×1년 말 반품재고회수권: 100개 × @150 × 5% = 750

④ 반품되는 제품이 몇 개인지에 따라 (주)세무가 받는 대가의 공정가치가 달라지므로 변동대가에 해당한다. 따라서 변동대가를 추정하여 거래가격을 산정한다.

⑤ 20×1년 말 환불부채: 100개 × @200 × 5% = 1,000

07 ⑤ **(1) 거래의 분석**

(주)한국이 보유한 콜옵션의 재매입가격 123,000이 원래 판매가격 120,000보다 높으므로 금융약정으로 회계처리한다. 이때 판매가격과 재매입가격의 차이 3,000은 재매입일까지의 기간(차입기간)에 걸쳐 이자비용으로 인식한다. 그리고 재매입일에 콜옵션이 행사되지 않은 경우에는 금융부채(단기차입금, 미지급이자)를 제거하고 수익을 인식한다.

(2) 당기순이익 효과

① 20×1년 이자비용: 3,000(= 123,000 - 120,000) × 1/3 = 1,000

② 20×2년 이자비용: 3,000(= 123,000 - 120,000) × 2/3 = 2,000

③ 20×2년 매출액(20×2.2.28): 120,000(단기차입금) + 3,000(미지급이자) = 123,000

④ 20×2년 매출원가(20×2.2.28): 100,000

⑤ 20×1년 당기순이익 효과: (-)1,000

⑥ 20×2년 당기순이익 효과: (-)2,000 + 123,000 - 100,000 = 21,000

(3) 참고 **시점별 회계처리**

20×1.12.1	(차) 현금	120,000	(대) 단기차입금	120,000
20×1.12.31	(차) 이자비용	1,000	(대) 미지급이자	1,000
20×2.2.28	(차) 이자비용	2,000	(대) 미지급이자	2,000
	(차) 단기차입금	120,000	(대) 매출	123,000
	미지급이자	3,000		
	(차) 매출원가	100,000	(대) 재고자산	100,000

08 ① ① 특수프린터와 예비부품을 이전하는 약속은 서로 구별된다. 또한 (주)대한은 보관용역이 고객에게 제공되는 용역이고 기계 및 예비부품과 구별되기 때문에 보관용역을 제공하는 약속을 하나의 수행의무로 식별한다. 따라서 수행의무는 특수프린터 제공, 예비부품 제공 그리고 보관용역 제공의 3가지로 식별된다.

②③④ 특수프린터와 예비부품이 (주)대한에는 대체 용도가 없지만, 제작기간 중 제작을 완료한 부분에 대해 집행 가능한 청구권이 (주)대한에 없으므로 특수프린터와 예비부품에 대한 통제는 기간에 걸쳐 이전되지 않는다. 특수프린터에 대한 통제는 고객이 물리적으로 점유하는 때인 20×2년 말에 고객에게 이전되며, 따라서 특수프린터에 배분된 거래가격을 20×2년 말에 수익으로 인식한다. 그리고 (주)대한이 예비부품을 물리적으로 점유하고 있지만, 예비부품에 대한 통제도 20×2년 말에 고객에게 이전되므로 예비부품에 배분된 거래가격을 20×2년 말에 수익으로 인식한다.

⑤ (주)대한은 계약상 대가를 20×2년 말에 수령하지만, 보관용역을 제공하는 수행의무는 용역이 제공되는 기간(2년에서 4년)에 걸쳐 이행된다. 따라서 보관용역을 제공하면서 유의적인 금융효익이 기업에게 제공된다면 화폐의 시간가치가 미치는 영향을 반영하여 약속된 대가를 조정한다.

09 ② **(1) 거래가격의 배분**

① 고객충성포인트의 개별판매가격: 500,000p × 0.5 = 250,000

② 거래가격의 배분

㉠ 제품: 1,000,000 × 1,000,000 ÷ (1,000,000 + 250,000) = 800,000

㉡ 고객충성포인트: 1,000,000 × 250,000 ÷ (1,000,000 + 250,000) = 200,000

(2) 20×2년 말 계약부채

① 제품: 제품에 배분된 거래가격 800,000은 20×1년 제품을 판매할 때 전액 수익으로 인식하였다. 따라서 제품과 관련하여 20×2년 말에 남아있는 계약부채는 없다.

② 고객충성포인트: 고객충성포인트에 배분된 거래가격은 200,000은 고객이 포인트를 사용할 때 수익으로 인식한다. 따라서 20×2년 말 현재 고객의 포인트 미사용비율 (*)10%에 해당하는 금액만큼이 계약부채로 남아있게 된다.

(*) 1 - 90%[= (180,000 + 252,000) ÷ 480,000] = 10%

③ 20×2년 말 계약부채

계약부채(제품)		-
계약부채(고객충성포인트)	200,000 × 10% =	20,000
계		20,000

제14장
주관식 연습문제

거래가격의 산정: 변동대가, 유의적인 금융요소

01 다음은 (주)한국의 20×1년도에 발생한 사건들이며, 각각의 물음은 독립적이다. 제시된 물음에 답하시오.

(상황 1) 20×1년 1월 1일, (주)한국은 주문제작 기계장치를 제조하여 납품하기로 고객과 계약을 체결하였다. 기계장치는 20×1년 말까지 완성하여 납품해야 한다. 약속된 대가는 ₩350,000이지만, 예정된 일정보다 1개월 이전에 조기납품할 경우에는 ₩80,000의 장려금을 수령하기로 하였다. 또한 (주)한국은 기계장치를 납품한 후 6개월 동안 고객의 기계장치를 이용한 제품 생산 실적에 따라 추가 장려금을 수령하기로 하였다. (주)한국이 예상하는 제품 생산량과 이에 따른 추가 장려금 및 관련 확률은 다음과 같다.

제품 생산량	100개 이하	101개~200개	201개~300개	301개 이상
추가 장려금	₩10,000	₩20,000	₩30,000	₩40,000
관련 확률	20%	30%	40%	10%

(상황 2) 20×1년 1월 1일, (주)한국은 원가 ₩700,000의 기계장치를 ₩900,000에 판매하기로 고객과 계약하였다. 판매대금 중 ₩300,000은 계약체결일인 20×1년 1월 1일에 현금으로 수령하였으며, 나머지 잔금은 20×2년 1월 1일과 20×3년 1월 1일에 ₩300,000씩 나누어 수령하기로 하였다. 기계장치는 20×2년 1월 1일에 고객에게 인도되었으며, 거래의 유효이자율은 10%이다. 관련 현재가치계수는 다음과 같다.

기간	10% 현재가치계수	10% 연금현재가치계수
1	0.90909	0.90909
2	0.82645	1.73554

[물음 1] (상황 1)의 주문제작 기계장치의 건설과 관련하여 (주)한국이 20×1년에 수익으로 인식할 거래 가격을 산정하시오. 한편, (주)한국이 주문제작 기계장치를 예정된 일정보다 1개월 이전에 조기 납품할 확률은 75%로 추정된다.

[물음 2] (상황 2)의 기계장치 판매거래와 관련하여 (주)한국의 20×1년과 20×2년의 당기순이익에 미친 효과를 각각 계산하시오. 단, 당기순이익이 감소하는 경우에는 금액 앞에 (-)표시를 하시오.

해답 **[물음 1] 변동대가의 추정**

1. 기계장치 생산 실적 관련 장려금 추정: 특성이 비슷한 계약이 많거나 가능한 결과치가 다수인 경우에는 기댓값이 변동대가의 좀 더 적절한 추정치이다. 따라서 기계장치의 생산 실적과 관련된 장려금은 기댓값을 이용하여 변동대가를 추정한다.

   $10,000 \times 20\% + 20,000 \times 30\% + 30,000 \times 40\% + 40,000 \times 10\% = 24,000$

2. 조기 납품 관련 장려금 추정: 가능한 결과가 2가지(80,000 또는 0) 밖에 없기 때문에 가능성이 가장 높은 금액인 80,000이 변동대가의 적절한 추정치가 된다.

3. 거래가격: $350,000 + 24,000 + 80,000 = 454,000$

[물음 2] 계약에 포함된 유의적인 금융요소

1. 20×1년
   ① 계약부채(장기선수금) 이자비용: $300,000 \times 10\% = 30,000$
   ② 당기손익 효과: (−)30,000

2. 20×2년
   ① 매출액(20×2.1.1): $300,000 \times 1.1 + 300,000 + 300,000 \times 0.90909 = 902,727$
   ② 매출원가(20×2.1.1): 700,000
   ③ 장기매출채권 이자수익: $272,727(= 300,000 \times 0.90909) \times 10\% = 27,273$
   ④ 당기손익 효과: $902,727 - 700,000 + 27,273 = 230,000$

3. 참고 회계처리

20×1.1.1	(차) 현금	300,000	(대) 계약부채(장기선수금)	300,000
20×1.12.31	(차) 이자비용	30,000	(대) 계약부채	30,000
20×2.1.1	(차) 계약부채	330,000	(대) 매출	902,727
	현금	300,000	현재가치할인차금	(*)27,273
	장기매출채권	300,000		
	(*) 300,000 − 272,727 = 27,273			
	(차) 매출원가	700,000	(대) 재고자산	700,000
20×2.12.31	(차) 현재가치할인차금	27,273	(대) 이자수익	27,273
20×3.1.1	(차) 현금	300,000	(대) 장기매출채권	300,000

계약변경: 재화

02 다음의 자료를 이용하여 물음에 답하시오.

(1) 20×1년 1월 1일 (주)한국은 제품 120개를 고객에게 ₩12,000(개당 ₩100)에 판매하기로 계약을 체결하였다. 제품은 2년에 걸쳐 고객에게 이전된다. 20×1년 10월 30일까지 (주)한국은 제품 120개 중 60개에 대한 통제를 고객에게 이전하고 현금 ₩6,000을 수령하였다.

(2) 20×1년 11월 20일, (주)한국은 고객과 제품 30개를 추가로 납품하기로 계약을 변경하였다. 추가 제품 30개를 판매하는 협상을 진행하면서, (주)한국과 고객은 처음에 개당 ₩85에 합의 하였다. 추가 제품의 개당 판매가격 ₩85은 개별판매가격에 비하여 현저하게 저렴한 금액이 다. 그러나 협상과정에서 고객은 이미 인도받은 최초 제품 60개에 제품 특유의 사소한 결함이 있음을 알게 되었으며, (주)한국은 이에 대한 보상으로 고객에게 개당 ₩15씩을 공제해 주기 로 약속하였다. 이에 따라 (주)한국과 고객은 추가 제품 30개에 부과하는 가격 ₩2,550(30개 ×@85)에서 ₩900(60개×@15)을 공제하기로 합의하였다. 따라서 계약변경에서는 추가 제 품 30개의 가격을 ₩1,650, 즉, 개당 ₩55으로 정하였다.

(3) (주)한국은 계약변경 후 20×1년 12월 31일까지 제품 20개에 대한 통제를 고객에게 이전하 고 현금 ₩800을 수령하였으며, 20×2년 10월 31일까지 제품 70개에 대한 통제를 고객에 게 이전하고 현금 ₩6,850을 수령하였다.

[물음 1] (주)한국이 연도별로 인식할 수익금액을 계산하시오.

[물음 2] 추가 제품이 기존 제품과 실질적으로 구별되지 않는다고 가정할 경우, (주)한국이 연도별로 인 식할 수익금액을 계산하시오.

해답 **[물음 1]** 계약변경일 현재 이전되지 않은 재화가 구별되는 경우

1. 거래의 분석
   (1) 별도계약 여부 판단

   계약범위가 확장(제품 추가 30개)되었으나, 추가 제품 30개의 판매가격이 개별판매가격을 반영하지 않는다. 따라서 계약변경을 별도의 계약으로 볼 수 없다.

   (2) 계약분할 회계처리

   ① 계약변경일(20×1.11.20) 현재 이미 제공한 제품 60개와 제공하지 않은 제품 90개(= 기존 계약 중 60개 + 추가 제품 30개)가 서로 구별된다. 따라서 계약변경일 기준으로 기존 계약을 종료하고, 아직 제공하지 않은 90개에 대하여 별도의 새로운 계약을 체결한 것으로 보아 회계처리한다(계약분할).

   ② 이때 새로운 계약(90개)에 배분될 대가는 기존 계약 중 아직 수익으로 인식하지 않은 6,000(= 60개 × @100)과 계약변경으로 추가된 제품의 대가 2,550(= 30개 × @85)의 합계인 8,550(개당 95)으로 한다.

   ⇨ 계약변경 후에 인식할 제품 개당 수익: (60개 × @100 + 30개 × @85) ÷ 90개 = 95/개

   ③ 한편, 추가 제품의 납품가격 2,550에서 공제하는 900(= 60개 × @15)은 계약변경일 현재 이미 인도한 제품 60개의 결함으로 인해 공제하는 금액이다(일종의 매출에누리). 따라서 동 공제액은 (대금결제 방식과는 관계없이) 결함이 발생한 제품 60개의 수익에서 차감한다.

2. 연도별 수익금액
   (1) 20×1년: 60개 × @100 − 900 + 20개 × @95 = 7,000
   (2) 20×2년: 70개 × @95 = 6,650

3. 참고 시점별 회계처리

20×1.10.31까지	(차) 현금	6,000	(대) 수익	(*)6,000
	(*) 60개 × @100 = 6,000			

20×1.11.20	(차) 수익	900	(대) 선수금	(*)900
	(*) 60개 × @15 = 900			

20×1.12.31까지	(차) 선수금	900	(대) 수익	(*)1,900
	현금	800		
	매출채권	200		
	(*) 20개 × @95 = 1,900			

20×2.10.31까지	(차) 현금	6,850	(대) 매출	(*)6,650
			매출채권	200
	(*) 70개 × @95 = 6,650			

[물음 2] 계약변경일 현재 이전되지 않은 재화가 구별되지 않는 경우

1. 거래의 분석
   ① 계약변경일(20×1.11.20) 현재 이미 제공한 제품 60개와 제공하지 않은 제품 90개가 구별되지 않으므로 전체 계약(기존 계약과 변경 계약)을 단일계약으로 보고 수익을 인식한다(계약병합).
   ② 다만, 계약변경으로 인하여 단일계약의 수량과 가격이 각각 150개(= 120개 + 30개)와 14,550(= 12,000 + 2,550)으로 변경된다. 이러한 계약범위와 가격 변경의 효과는 변경연도(20×1년)의 수익에서 일괄조정한다(누적효과 일괄조정기준).

2. 연도별 수익금액
   (1) 20×1년: 80개 × @97(= 14,550 ÷ 150개) − 900 = 6,860
   (2) 20×2년: 70개 × @97 = 6,790

환불조건부 판매, 고객에게 지급할 대가

03 [물음 1]

20×1년 4월 1일, (주)한국은 제품을 개당 ₩1,000에 이전하기로 고객과 계약을 체결하였다. 계약에 따르면, 고객이 1년 이내에 제품을 100개 이상 구매할 경우에는 계약에 따라 개당 가격을 소급하여 ₩900으로 낮추어야 한다. (주)한국은 제품에 대한 통제를 고객에게 이전할 때 대가를 지급받을 권리가 생긴다. 그러므로 (주)한국은 가격 감액을 소급적용하기 전까지는 개당 ₩1,000 의 대가를 받을 무조건적 권리가 있다. 거래가격을 산정할 때, (주)한국은 계약개시시점에 고객이 임계치인 제품 100개 구매조건을 충족할 것이고 따라서 거래가격이 제품 개당 ₩900으로 될 것 이라고 추정하였다. (주)한국은 20×1년 12월 31일까지 제품 70개를 고객에게 이전하였다.

[물음 1-1] (주)한국이 20×2년 3월 31일까지 추가로 제품 40개를 고객에게 이전하였으며, 판매대금은 20×2년 4월 1일에 일괄적으로 수령하였다. (주)한국이 ① 20×2년에 수익으로 인식할 금액 을 계산하고 ② 20×1년과 20×2년의 회계처리를 시점별로 제시하시오.

[물음 1-2] (주)한국이 20×2년 3월 31일까지 추가로 제품 20개를 고객에게 이전하였으며, 판매대금은 20×2년 4월 1일에 일괄적으로 수령하였다. (주)한국이 ① 20×2년에 수익으로 인식할 금액 을 계산하고 ② 20×1년과 20×2년의 회계처리를 시점별로 제시하시오.

[물음 2]

(주)한국은 차량운반구를 제조 · 판매하는 기업이며, (주)서울은 차량운반구 생산에 필요한 기계장 치를 제조 · 판매하는 기업이다. 20×1년 1월 1일 (주)한국은 원가 ₩700,000의 차량운반구를 (주)서울에게 ₩960,000에 판매하면서, (주)서울로부터 기계장치를 ₩140,000에 매입하는 계약 을 체결하였다. (주)한국은 계약체결시점에 차량운반구를 인도하고 판매대금 ₩960,000을 현금 으로 수령하였다. 그리고 20×1년 2월 1일 (주)서울로부터 기계장치를 인도받고 매입대금 ₩140,000을 현금으로 지급하였다.

다음에 주어진 상황별로 (주)한국이 20×1년에 차량운반구 수익으로 인식할 금액과 기계장치(유형자산) 취득원가로 인식할 금액을 다음의 양식에 따라 제시하시오.

상황	차량운반구 수익	기계장치 취득원가
(1) (주)서울로부터 매입하는 기계장치의 공정가치가 매입가격과 동일한 경우	①	②
(2) (주)서울로부터 매입하는 기계장치의 공정가치가 ₩100,000 인 경우	③	④
(3) (주)서울로부터 매입하는 기계장치의 공정가치를 합리적으로 추정할 수 없는 경우	⑤	⑥

해답 [물음 1] 환불조건부 판매

[물음 1-1] 고객이 제품 100개 구매조건을 충족한 경우

1. 수익인식금액

　　(1) 20×1년 누적수익: 70개 × @900 = 63,000

　　(2) 20×2년 누적수익: 110개 × @900 = 99,000

　　(3) 20×2년 당기수익: 99,000 − 63,000 = 36,000

2. 회계처리

20×1.12.31	(차) 매출채권(수취채권)		(*)70,000	(대) 매출		63,000
				환불부채		7,000

　　　　　　　　(*) 70개 × 1,000 = 70,000

20×2.3.31	(차) 매출채권		(*)40,000	(대) 매출		36,000
				환불부채		4,000

　　　　　　　　(*) 40개 × 1,000 = 40,000

20×2.4.1	(차) 현금		(*)99,000	(대) 매출채권		110,000
	환불부채		11,000			

　　　　　　　　(*) 110개 × 900 = 99,000

[물음 1-2] 고객이 제품 100개 구매조건을 충족하지 못한 경우

1. 수익인식금액

　　(1) 20×1년 누적수익: 70개 × @900 = 63,000

　　(2) 20×2년 누적수익: 90개 × @1,000 = 90,000

　　(3) 20×2년 당기수익: 90,000 − 63,000 = 27,000

2. 회계처리

20×1.12.31	(차) 매출채권(수취채권)		(*)70,000	(대) 매출		63,000
				환불부채		7,000

　　　　　　　　(*) 70개 × 1,000 = 70,000

20×2.3.31	(차) 매출채권		(*)20,000	(대) 매출		20,000

　　　　　　　　(*) 20개 × 1,000 = 20,000

	(차) 환불부채		7,000	(대) 매출		7,000
20×2.4.1	(차) 현금		(*)90,000	(대) 매출채권		90,000

　　　　　　　　(*) 90개 × 1,000 = 90,000

[물음 2] 고객에게 지급할 대가

1. 고객에게 지급할 대가가 고객으로부터 받은 재화의 대가로 지급하는 경우
   (1) (주)서울(고객)에게 지급할 대가 140,000은 (주)서울로부터 매입한 기계장치에 대한 대가이므로 기계장치의 취득원가로
       회계처리한다.
       ① 차량운반구 수익: 960,000
       ② 기계장치 취득원가: 140,000

   (2) 참고 회계처리

20×1.1.1	(차) 현금	960,000	(대) 매출	960,000
	(차) 매출원가	700,000	(대) 재고자산	700,000
20×1.2.1	(차) 기계장치	140,000	(대) 현금	140,000

2. 고객에게 지급할 대가가 고객으로부터 받은 재화의 공정가치를 초과하는 경우
   (1) (주)서울에게 지급할 대가 140,000이 (주)서울로부터 매입한 기계장치의 공정가치 100,000을 초과한다. 따라서 기계장
       치의 취득원가는 공정가치인 100,000으로 인식하고, 공정가치 초과지급액 40,000은 차량운반구 수익에서 차감한다.
       ③ 차량운반구 수익: 960,000 - 40,000 = 920,000
       ④ 기계장치 취득원가: 100,000

   (2) 참고 회계처리

20×1.1.1	(차) 현금	960,000	(대) 매출	920,000
			환불부채	40,000
	(차) 매출원가	700,000	(대) 재고자산	700,000
20×1.2.1	(차) 기계장치	100,000	(대) 현금	140,000
	환불부채	40,000		

3. 고객으로부터 받은 재화의 공정가치를 알 수 없는 경우
   (1) (주)서울로부터 매입한 기계장치의 공정가치를 알 수 없다. 따라서 기계장치는 인식하지 않으며, 대신 (주)서울에게 지급
       할 대가 140,000은 전액 차량운반구 수익에서 차감한다.
       ⑤ 차량운반구 수익: 960,000 - 140,000 = 820,000
       ⑥ 기계장치 취득원가: 0

   (2) 참고 회계처리

20×1.1.1	(차) 현금	960,000	(대) 매출	820,000
			환불부채	140,000
	(차) 매출원가	700,000	(대) 재고자산	700,000
20×1.2.1	(차) 환불부채	140,000	(대) 현금	140,000

04 다음은 (주)한국의 20×1년도에 발생한 사건들이며, 각각의 물음은 독립적이다. 제시된 물음에 답하시오.

[물음 1] 20×1년 12월 31일, (주)한국은 단위당 원가 ₩800의 제품을 단위당 ₩1,000에 판매하는 계약을 고객과 체결하였다. (주)한국은 계약체결시점에 제품 100단위에 대한 통제를 고객에게 이전하고 현금을 수령하였다. (주)한국의 사업 관행에 따르면, 고객이 사용하지 않은 제품을 30일 이내에 반품하면 전액을 환불받을 수 있도록 허용한다. 고객에게 제품의 반품을 허용하고 있기 때문에 고객에게서 받은 대가는 변동될 수 있으며, (주)한국은 기댓값 방법을 사용하여 90개의 제품이 반품되지 않을 것으로 추정하였다. 또한 제품이 반품될 경우 제품 회수비용이 ₩2,000이 발생하고, 반품될 제품의 잠재적 가치가 단위당 원가의 20%가 감소할 것으로 예상하였다.

[물음 1-1] 반품조건부 판매 거래와 관련하여 (주)한국의 20×1년 재무제표에 보고할 금액을 아래 양식에 따라 제시하시오. 단, 당기순이익이 감소하는 경우에는 금액 앞에 (-)표시를 하시오.

구분		금액
재무상태표	환불부채	①
	반품재고회수권	②
포괄손익계산서	수익인식금액	③
	당기순이익 효과	④

[물음 1-2] 20×2년에 실제로 제품 12단위가 반품되었으며, 반품될 때 회수비용이 ₩2,500이 발생하였다. 그리고 반품된 재고자산의 가치 감소는 단위당 ₩180이다. 반품조건부 판매 거래와 관련하여 (주)한국의 20×2년의 당기순이익에 미치는 효과를 계산하시오. 단, 당기순이익이 감소하는 경우에는 금액 앞에 (-)표시를 하시오.

[물음 2] 20×1년 11월 1일, (주)한국은 (주)서울에 원가 ₩800,000의 제품을 ₩1,000,000에 판매하고 현금을 수령하였다. 판매계약에는 (주)한국이 동 제품을 20×2년 2월 28일에 ₩1,040,000에 재매입할 수 있는 콜옵션이 포함되어 있다.

[물음 2-1] (주)한국은 20×2년 2월 28일 콜옵션을 행사하여 (주)서울로부터 동 제품을 재매입하였다. 재고자산의 재매입약정이 (주)한국의 ① 20×1년과 20×2년의 당기순이익에 미치는 효과를 계산하고 ② 시점별 회계처리를 제시하시오. 단, 당기순이익이 감소하는 경우에는 금액 앞에 (-)표시를 하시오.

[물음 2-2] 만일 (주)한국이 콜옵션을 행사하지 않았다고 할 경우, ① (주)한국의 20×2년의 당기순이익에 미치는 효과를 계산하고 ② 20×2년의 회계처리를 제시하시오. 단, 당기순이익이 감소하는 경우에는 금액 앞에 (-)표시를 하시오.

해답 **[물음 1] 반품권이 있는 판매**

[물음 1-1] 판매 연도

1. 20×1년 말 재무상태표

　① 20×1년 말 환불부채: 반품예상 재고자산의 매가 = 10개 × @1,000 = 10,000

　② 20×1년 말 반품재고회수권: 반품예상 재고자산의 원가 - 예상 반품비용

　　= 8,000(= 10개 × @800) - 2,000 - 1,600(= 10개 × @800 × 20%) = 4,400

2. 20×1년 포괄손익계산서

　③ 수익인식금액: 판매예상 재고자산의 매가 = 90개 × @1,000 = 90,000

　④ 당기순이익 효과

판매예상 재고자산의 매가	90개 × @1,000 =	90,000
판매예상 재고자산의 원가	90개 × @800 =	(72,000)
예상 반품비용	2,000 + 1,600 =	(3,600)
당기순이익 효과		14,400 증가

3. 답안의 작성

구분		금액
재무상태표	환불부채	① 10,000
	반품재고회수권	② 4,400
포괄손익계산서	수익인식금액	③ 90,000
	당기순이익 효과	④ 14,400

4. 참고 회계처리

20×1.12.31	(차) 현금		100,000	(대) 매출	90,000
				환불부채	10,000
	(차) 매출원가		72,000	(대) 재고자산	80,000
	반품재고회수권		8,000		
	(차) 반품비용		3,600	(대) 반품재고회수권	3,600

[물음 1-2] 반품 연도

1. 20×2년 당기순이익 효과

초과반품수량의 매출총이익	2개 × @(1,000 - 800) =	(-)400
반품비용 초과 발생액	(2,500 - 2,000) + (12개 × @180 - 10개 × @160) =	(-)1,060
당기순이익 효과		(-)1,460 감소

2. 참고 회계처리

20×2년 반품 시	(차) 환불부채		10,000	(대) 현금	(*)12,000
	매출		2,000		
	(*) 12개 × @1,000 = 12,000				
	(차) 재고자산		(*)9,600	(대) 반품재고회수권	8,000
				매출원가	1,600
	(*) 12개 × @800 = 9,600				
	(차) 반품재고회수권		3,600	(대) 현금	2,500
	반품비용		1,060	재고자산	(*)2,160
	(*) 12개 × @180 = 2,160				

[물음 2] 재매입약정(회사가 콜옵션을 보유한 경우)
[물음 2-1] 콜옵션을 행사한 경우

1. (주)한국이 보유한 콜옵션의 재매입가격이 원래 판매가격보다 높으므로 금융약정으로 회계처리한다. 이때 판매가격과 재매입
   가격의 차이는 재매입일까지의 기간(차입기간)에 걸쳐 이자비용으로 인식한다.

2. 당기순이익 효과
   (1) 20×1년 이자비용: 40,000(= 1,040,000 - 1,000,000) × 2/4 = 20,000
   (2) 20×2년 이자비용: 40,000(= 1,040,000 - 1,000,000) × 2/4 = 20,000
   (3) 20×1년 당기순이익 효과: (-)20,000
   (4) 20×2년 당기순이익 효과: (-)20,000

3. 회계처리

20×1.11.1	(차) 현금	1,000,000	(대) 단기차입금	1,000,000
20×1.12.31	(차) 이자비용	20,000	(대) 미지급이자	20,000
20×2.2.28	(차) 이자비용	20,000	(대) 미지급이자	20,000
	(차) 단기차입금	1,000,000	(대) 현금	1,040,000
	미지급이자	40,000		

[물음 2-2] 콜옵션을 행사하지 않은 경우

1. 재매입일에 콜옵션이 행사되지 않은 경우에는 금융부채(단기차입금, 미지급이자)를 제거하고 수익을 인식한다.

2. 당기순이익 효과
   (1) 20×1년 이자비용: 40,000(= 1,040,000 - 1,000,000) × 2/4 = 20,000
   (2) 20×2년 이자비용: 40,000(= 1,040,000 - 1,000,000) × 2/4 = 20,000
   (3) 20×2년 매출액(20×2.2.28): 1,000,000(단기차입금) + 40,000(미지급이자) = 1,040,000
   (4) 20×2년 매출원가(20×2.2.28): 800,000
   (5) 20×1년 당기순이익 효과: (-)20,000
   (6) 20×2년 당기순이익 효과: (-)20,000 + 1,040,000 - 800,000 = 220,000

3. 회계처리

20×1.11.1	(차) 현금	1,000,000	(대) 단기차입금	1,000,000
20×1.12.31	(차) 이자비용	20,000	(대) 미지급이자	20,000
20×2.2.28	(차) 이자비용	20,000	(대) 미지급이자	20,000
	(차) 단기차입금	1,000,000	(대) 매출	1,040,000
	미지급이자	40,000		
	(차) 매출원가	800,000	(대) 재고자산	800,000

05 다음의 자료를 이용하여 물음에 답하시오.

(1) (주)한국은 중장비를 제조 및 판매하는 회사로서, 20×1년 10월 1일 (주)서울에 판매시점부터 1년간 무상으로 제품수리보증을 제공하는 조건으로 원가 ₩70,000의 중장비를 ₩100,000에 현금판매하였다.

(2) 1년간의 하자보증을 제공하지 않는 조건으로 중장비를 개별판매할 경우의 중장비의 판매가격은 ₩93,500이며, 하자보증은 ₩16,500에 개별판매하고 있다.

(3) (주)한국은 20×1년에 판매한 중장비의 수리비용으로 총 ₩12,000이 발생할 것으로 예상하며, 20×1년에 실제로 발생한 수리비용은 ₩3,000이다.

[물음 1] (주)한국이 ① 20×1년에 인식할 수익금액과 ② 관련 부채의 금액을 각각 계산하시오.

[물음 2] 고객에게 보증을 별도로 구매할 수 있는 선택권이 없으며, 무상수리 보증이 합의된 규격에 부합한다는 확신을 고객에게 제공하는 것임을 제외하고는 제시된 상황과 동일하다. 이 경우 (주)한국이 ① 20×1년에 인식할 수익금액과 ② 관련 부채 금액을 각각 계산하시오.

해답 **[물음 1] 용역유형의 보증인 경우**

1. 고객이 무상수리 보증을 별도로 구매할 수 있는 선택권이 있다면, (주)한국은 고객에게 무상수리 보증을 별도의 대가를 받고 판매한 것이므로 보증용역을 구별되는 수행의무로 볼 수 있다. 따라서 거래가격을 제품과 보증용역에 배분한 후 각각의 수행의무가 이행되는 시점에 수익을 인식한다.

2. 20×1년 수익과 관련 부채의 계산
   (1) 거래가격의 배분
      ① 제품: 100,000 × 93,500 ÷ 110,000 = 85,000
      ② 보증용역: 100,000 × 16,500 ÷ 110,000 = 15,000
   (2) 20×1년 보증용역 진행률: 3,000 ÷ 12,000 = 25%
   (3) 20×1년 보증용역수익: 15,000 × 25% = 3,750
   (4) 20×1년 수익금액: 85,000(제품) + 3,750(보증용역) = 88,750
   (5) 20×1년 말 계약부채(보증용역): 15,000 - 3,750 = 11,250

3. 참고 회계처리

20×1.10.1	(차) 현금	100,000	(대) 매출(중장비)	85,000
			계약부채(보증용역)	15,000
	(차) 매출원가	70,000	(대) 재고자산	70,000
보증비용 발생	(차) 보증용역원가	3,000	(대) 현금	3,000
20×1.12.31	(차) 계약부채	3,750	(대) 매출(보증용역)	3,750

[물음 2] 확신유형의 보증인 경우

1. 무상수리 보증이 확신유형의 보증인 경우에는 보증을 구별되는 수행의무로 볼 수 없다. 따라서 거래가격은 모두 제품 판매대가로 보아 제품에만 배분하며, 대신 보증과 관련하여 예상되는 보증비용은 충당부채로 인식한다.

2. 20×1년 수익과 관련 부채의 계산
   ① 20×1년 수익금액(중장비): 100,000
   ② 20×1년 말 제품보증충당부채: 12,000 - 3,000 = 9,000

3. 참고 회계처리

20×1.10.1	(차) 현금	100,000	(대) 매출(중장비)	100,000
	(차) 매출원가	70,000	(대) 재고자산	70,000
보증비용 발생	(차) 제품보증비	3,000	(대) 현금	3,000
20×1.12.31	(차) 제품보증비	9,000	(대) 제품보증충당부채	9,000

06 다음의 자료를 이용하여 물음에 답하시오.

(1) (주)대한은 20×1년 4월 1일에 만성질환을 치료하는 A약에 대한 특허권을 고객에게 20×1년 9월 1일부터 1년 동안 라이선스하고 약의 제조도 약속하는 계약을 체결한 후 ₩800,000을 받았다. 고객에게 제공하는 A약의 제조과정이 유일하거나 특수하지 않고 몇몇 다른 기업도 고객을 위해 약을 제조할 수 있다. 특허권을 라이선스하는 약속과 제조용역을 제공하기로 하는 약속은 계약상 구별된다. 유의적인 금융요소에 대해서는 고려하지 않는다.

(2) A약은 성숙기 제품으로 성숙기 제품의 경우에 기업의 사업 관행은 약에 대한 어떠한 지원활동도 하지 않는다. A약은 유의적인 개별 기능성이 있으며, 고객은 기업의 계속적인 활동이 아닌 기능성에서 약품 효익의 상당 부분을 얻는다.

(3) (주)대한이 특허권 라이선스와 제조용역을 별도로 판매하는 경우, 특허권 라이선스와 제조용역의 개별판매가격은 각각 ₩550,000과 ₩450,000이다. 한편, 특허권 라이선스와 제조용역 제공과 관련하여 총 ₩500,000의 원가가 발생할 것으로 예상하였으며, 실제 발생원가는 다음과 같다. 제조용역은 기간에 걸쳐서 이행하는 수행의무이며 투입된 원가에 기초하여 진행률을 측정한다.

구분	총 예상원가	실제 발생원가	
		20×1년	20×2년
특허권 라이선스	₩300,000	₩300,000	₩ –
제조용역	200,000	60,000	140,000
합계	500,000	360,000	140,000

[물음 1] (주)대한이 20×1년과 20×2년 인식할 수익을 계산하시오.

[물음 2] 고객에게 제공하는 A약의 제조과정이 매우 특수하기 때문에 A약을 제조할 수 있는 다른 기업이 없다고 가정하는 경우, (주)대한이 20×1년과 20×2년에 인식할 수익을 계산하시오. 단, (주)대한이 고객에게 제공하는 재화와 용역은 고객에게 특정된 사실 및 상황에 관련되기 때문에 다른 고객에게 쉽게 이전할 수 없다.

해답 **[물음 1]**

1. 거래의 분석

    (1) 제조용역을 다른 기업이 제공할 수 있으므로 라이선스와 제조용역은 구별되는 수행의무이다. 따라서 거래가격을 라이선스와 제조용역에 배분하여 각각 수익을 인식한다.

    (2) 제조용역은 기간에 걸쳐 이행되는 수행의무이므로 진행기준으로 수익을 인식한다. 다만, 라이선스의 경우 기업의 사업관행은 약에 대한 어떠한 지원활동도 하지 않으며, 고객은 기업의 계속적인 활동이 아닌 기능성에서 약품 효익의 상당 부분을 얻는다. 따라서 라이선스를 부여하는 약속의 성격은 라이선스를 부여한 시점에 존재하는 지적재산을 그대로 사용할 권리를 고객에게 부여(지적재산 사용권)하는 것이다. 따라서 라이선스에 배분된 거래가격은 고객에게 라이선스 사용권을 부여하는 한 시점에 수익을 인식한다.

2. 거래가격의 배분

    (1) 라이선스: 800,000 × 550,000 ÷ 1,000,000 = 440,000
    (2) 제조용역: 800,000 × 450,000 ÷ 1,000,000 = 360,000

3. 20×1년 수익

라이선스 수익		440,000
제조용역 수익	360,000 × 30%(= 60,000 ÷ 200,000) =	108,000
계		548,000

4. 20×2년 수익

라이선스 수익		–
제조용역 수익	360,000 - 108,000 =	252,000
계		252,000

[물음 2]

1. 약의 제조과정이 매우 특수하여 기업의 제조용역 없이는 고객이 라이선스에서 효익을 얻을 수 없으므로 라이선스와 제조용역 자체가 개별적으로 구별되지 않는다. 따라서 라이선스와 제조용역을 단일의 수행의무로 식별하고 기간에 걸쳐 수익을 인식한다.

2. 20×1년 수익: 800,000 × 72%(= 360,000 ÷ 500,000) = 576,000

3. 20×2년 수익: 800,000 - 576,000 = 224,000

고객충성제도, 고객에게 지급할 대가, 거래가격의 배분

07 (주)민국은 다음의 제품들을 생산하여 고객에게 판매한다. 20×1년 각 제품과 관련된 거래는 다음과 같다.

(1) 제품 A
- ○ (주)민국은 20×1년 12월 1일 제품 A를 ₩500,000에 고객에게 판매하기로 계약을 체결하였다.
- ○ 이 계약의 일부로 (주)민국은 제품 A에 대한 통제권 이전 후 30일 이내에 ₩500,000 한도의 구매에 대해 62.5%의 할인권을 고객에게 주었다.
- ○ (주)민국은 고객이 추가제품을 평균 ₩250,000에 구매하고 할인권의 행사가능성을 80%로 추정한다. 할인권은 고객에게 중요한 권리를 제공한다.
- ○ 20×1년 12월 31일 제품 A에 대한 통제권을 고객에게 이전하고 현금을 수령하였다.

(2) 제품 B
- ○ (주)민국은 20×1년 7월 1일 제품 B를 ₩700,000에 판매하고 고객에게 청소용역을 3개월간 제공받는 계약을 체결하였다.
- ○ (주)민국은 청소용역에 대한 대가로 ₩300,000을 지급하기로 하였다. 청소용역의 공정가치는 ₩200,000이다.
- ○ (주)민국은 20×1년 8월 1일 제품 B를 인도하고 현금 ₩700,000을 받았으며, 고객으로부터 20×1년 8월 1일부터 20×1년 10월 31일까지 청소용역을 제공받고 현금 ₩300,000을 지급하였다.

(3) 제품 C와 제품 D
- ○ (주)민국은 20×1년 6월 1일 제품 C와 제품 D를 이전하기로 약속하였다.
- ○ 제품 C는 계약개시시점에 고객에게 이전하고, 제품 D는 20×2년 2월 1일에 이전한다.
- ○ 고객이 약속한 대가는 고정대가 ₩300,000과 ₩50,000으로 추정되는 변동대가를 포함하며, 대금은 제품 D가 이전되는 시점에 받기로 하였다. 변동대가 추정액은 변동대가 추정치의 제약이 고려된 후의 금액이며, 변동대가는 제품 C와 제품 D에 모두 배분한다.
- ○ (주)민국은 20×1년 12월 31일 변동대가 추정치 및 추정치의 제약을 재검토한 결과 변동대가를 ₩60,000으로 추정하였다.
- ○ 제품 C와 제품 D의 날짜별 개별판매가격은 다음과 같다.

구분	20×1년 6월 1일	20×1년 12월 31일
제품 C	₩300,000	₩280,000
제품 D	100,000	120,000

[물음] (주)민국이 각 제품의 판매로 20×1년에 인식해야 할 수익을 계산하시오.

제품 A	제품 B	제품 C	제품 D
①	②	③	④

해답 1. 제품 A
   (1) 할인권은 고객에게 중요한 권리를 제공하므로 구별되는 수행의무이다. 따라서 거래가격의 일부를 할인권에 배분한다. 그리고 제품 A에 대한 통제권은 20×1.12.31에 고객에게 이전하였으므로 제품 A에 배분된 거래가격은 20×1년에 수익으로 인식한다.
   (2) 할인권의 개별판매가격: 250,000 × 62.5% × 80% = 125,000
   (3) 거래가격의 배분
      ① 제품 A: 500,000 × 500,000 ÷ 625,000 = 400,000
      ② 할인권: 500,000 × 125,000 ÷ 625,000 = 100,000
   (4) 20×1년 제품 A 수익: 400,000

2. 제품 B
   (1) 제품 B는 20×1.8.1에 고객에게 인도하였으므로 제품 B의 거래가격을 20×1년에 수익으로 인식한다. 다만, 고객으로부터 제공받는 청소용역의 대가로 고객에게 지급하는 300,000 중 청소용역의 공정가치 200,000을 초과하는 금액은 제품 B의 리베이트로 보아 제품 B의 거래가격에서 차감한다.
   (2) 20×1년 제품 B 수익: 700,000 − 100,000(= 300,000 − 200,000) = 600,000

3. 제품 C와 D
   (1) 거래가격의 후속 변동은 계약개시시점과 동일한 기준으로 계약상 수행의무에 배분한다. 따라서 계약을 개시한 후의 개별판매가격의 변동을 반영하기 위해 거래가격을 다시 배분하지는 않는다.
   (2) 거래가격의 배분(최초 계약 시)
      ① 제품 C: (300,000 + 50,000) × 300,000 ÷ 400,000 = 262,500
      ② 제품 D: (300,000 + 50,000) × 100,000 ÷ 400,000 = 87,500
   (3) 거래가격의 후속 변동분 배분
      ① 제품 C: 10,000 × 300,000 ÷ 400,000 = 7,500
      ② 제품 D: 10,000 × 100,000 ÷ 400,000 = 2,500
   (4) 20×1년 제품 C 수익: 262,500 + 7,500 = 270,000
   (5) 20×1년 제품 D 수익: [*]영(0)
      [*] 제품 D는 20×2.2.1에 인도하므로 제품 D에 배분된 거래가격은 20×2년에 수익으로 인식한다.

4. 답안의 작성

제품 A	제품 B	제품 C	제품 D
① 400,000	② 600,000	③ 270,000	④ 0

cpa.Hackers.com

해커스 IFRS 김승철 중급회계 하

회계사 · 세무사 · 경영지도사 단번에 합격! 해커스 경영아카데미
cpa.Hackers.com

제15장

건설계약

제1절 | 건설계약의 기초

01 의의

건설계약은 단일 자산의 건설이나 설계, 기능이나 용도에 있어서 밀접하게 상호연관되거나 상호의존적인 복수 자산의 건설을 위해 구체적으로 협의된 계약을 말한다. 건설계약의 예를 들면 다음과 같다.

---
① 교량, 건물, 댐, 파이프라인, 도로, 선박 또는 터널 등 단일 자산의 건설계약
② 정제시설, 기타 복합 생산설비나 기계장치 등 건설계약
③ 공사관리와 설계용역의 계약과 같이 자산의 건설에 직접 관련된 용역제공계약

승철쌤's comment **건설계약의 범위**

건설계약 회계처리는 건설회사의 건설공사에만 적용되는 것이 아니라, 기업(수주기업)이 고객(발주기업)으로부터 주문을 받아 생산하는 재화(예 선박, 항공기, 특수 중장비 등)의 도급계약에도 일반적으로 적용된다.

02 계약수익과 계약원가

(1) 계약수익

① 계약수익은 건설사업자가 건설계약을 수행하는 기간 동안 인식할 수익금액으로, 발주자로부터 수령하였거나 수령할 대가의 공정가치로 측정한다.
② 이때 발주자로부터 수령할 대가는 건설사업자와 발주자 간의 건설계약에 따라 합의한 계약금액(도급금액)을 말한다. 다만, 계약금액은 건설계약과 관련된 불확실성에 영향을 받으므로 후속적으로 변동될 수 있다. 예를 들어, 계약금액은 최초에 합의된 계약금액에 공사내용의 변경이나 조기완공에 따른 장려금 수령으로 증가할 수도 있고, 공사완공의 지연에 따른 위약금 부담으로 감소할 수도 있다.

(2) 계약원가

계약원가는 건설계약 체결일부터 계약의 완료일까지의 기간 동안 당해 건설계약에 귀속되는 원가를 말한다. 이러한 계약원가는 건설에 사용된 재료원가, 현장인력의 노무원가, 건설계약에 사용된 생산설비와 건설장비의 감가상각비 등 간접공사비 등으로 구성된다. 다만, 건설기간 동안 예상되는 총계약원가(추정총계약원가)도 건설공사와 관련된 불확실성에 영향을 받으므로 건설공사의 진행에 따라 후속적으로 변동될 수 있다.

03 건설계약의 회계처리: 진행기준

(1) 진행기준의 적용

① 건설계약은 기간에 걸쳐 이행하는 수행의무의 요건을 충족한다. 따라서 건설계약은 수행의무(건설 공사) 완료 시까지 건설계약의 진행률에 따라 각각 수익과 비용을 인식한다(진행기준).

② 그리고 건설계약에 내재된 불확실성에 따라 계약수익과 계약원가의 추정치는 후속적으로 변경될 수 있으며, 계약수익과 계약원가의 추정치 변경의 효과는 회계추정의 변경으로 회계처리한다. 즉, 변경된 추정치는 변경이 이루어진 회계기간과 그 후의 기간의 수익과 비용금액에 반영하여 인식한다 (전진법).

> ⊘ 참고 **누적효과 일괄조정기준**
>
> ① 건설계약은 건설계약의 진행 정도(진행률)에 따라 기간에 걸쳐 수익과 비용을 인식한다. 이때 총수익(도급금액)과 총비용(추정총계약원가)의 추정치 변경효과를 변경 이후의 회계기간에 반영(전진법)하기 위해서는, 당기에 인식할 수익(비용)은 당기 말 현재 누적수익(누적비용)에서 전기 말까지 인식한 누적수익(비용)을 차감하여 계산해야 한다.
> ② 이렇게 추정치 변경의 효과를 변경연도의 수익(비용)에서 일괄조정하는 방법을 누적효과 일괄조정기준이라고 한다.

(2) 계약의 진행률

진행기준으로 수익과 비용을 인식하는 경우, 건설계약의 진행률은 산출법과 투입법 중에 수행의무의 진행 정도를 적절하게 측정하는 방법을 선택하여 적용한다.

> ① **산출법**: 계약에서 약속한 재화나 용역의 가치와 비교하여 지금까지 이전한 재화나 용역이 고객에 주는 가치의 직접 측정에 기초하여 진행률을 측정하는 방법(예 물리적 완성비율 등)
> ② **투입법**: 해당 수행의무의 이행에 예상되는 총 투입물 대비 수행의무를 이행하기 위한 기업의 노력이나 투입물에 기초하여 진행률을 측정하는 방법(예 계약원가투입비율, 노동시간투입비율 등)

일반적으로 건설계약의 진행률은 누적발생계약원가를 추정총계약원가로 나눈 비율인 계약원가투입 비율에 의하여 측정한다. 계약원가투입비율에 따른 누적진행률은 다음과 같이 산정한다.

[계약원가투입비율]

$$\text{누적진행률} = \frac{\text{누적발생계약원가}}{\text{추정총계약원가(추정치)}} = \frac{\text{누적발생계약원가}}{\text{누적발생계약원가 + 추가예정원가}}$$

수행의무의 진행률은 보고기간 말마다 다시 측정한다. 그리고 시간이 흐르면서 상황이 바뀜에 따라 수행의무의 산출물 변동을 반영하기 위해 진행률을 새로 수정한다. 이러한 진행률의 변동은 회계추정의 변경으로 회계처리한다(전진법).

제2절 | 이익이 예상되는 건설계약

건설계약 회계처리는 크게 전체 건설공사에서 이익이 예상되는 이익공사와 손실이 예상되는 손실공사의 진행기준 회계처리로 구분할 수 있다. 본 절에서는 이익공사의 진행기준 회계처리를 설명하고, 손실공사의 진행기준 회계처리는 제3절에서 설명하기로 한다.

01 이익공사 시점별 회계처리

1. 계약원가 발생 시

건설계약과 관련하여 계약원가(예 재료원가, 노무원가 등 계약직접원가, 계약공통원가 등)가 투입되면, 동 계약원가 지출액을 미성공사(자산)로 인식한다.

(차) 미성공사(자산 ↑)	×××	(대) 현금 등(자산 ↓)	×××

2. 건설계약대금 청구 시

① 건설사업자가 공사기간 중에 건설계약대금을 청구하면 건설사업자는 당해 청구금액을 계약미수금(자산)으로 인식하고, 동 금액을 대변에 진행청구액(부채)으로 인식한다.
② 계약미수금은 건설사업자가 발주자로부터 수령할 수취채권이므로 자산으로 인식한다. 그리고 진행청구액은 건설사업자가 발주자에게 청구한 금액을 나타내는 계정으로서 건설사업자가 수행할 건설의무를 의미하므로 부채로 분류한다.

(차) 계약미수금(자산 ↑)	×××	(대) 진행청구액(부채 ↑)	×××

3. 건설계약대금 회수 시

건설사업자가 발주자로부터 건설계약대금을 회수하는 경우에는 계약미수금과 상계한다. 만약 건설계약대금 수령액이 계약미수금의 장부금액을 초과하는 경우에는 초과금액을 계약선수금으로 하여 부채로 인식한다.

(차) 현금(자산 ↑)	×××	(대) 계약미수금(자산 ↓)	×××
		계약선수금(부채 ↑)	×××

4. 보고기간 말(계약수익과 계약원가의 인식)

(1) 계약수익

건설계약은 계약의 진행률을 측정하여 진행률에 따라 각 회계기간에 배분한 금액을 계약수익으로 인식한다. 다만, 건설계약금액과 진행률 산정 시 추정총계약원가(분모)가 변동할 수 있기 때문에 당기의 계약수익은 당기 말 누적계약수익에서 전기 말 누적계약수익을 차감한 금액으로 계산한다. 이때 당기 말 누적계약수익은 당기 말 현재 건설계약금액에 누적진행률을 곱하여 계산한다.

> 당기 **계약수익**
> = 당기 말 누적계약수익 - 전기 말 누적계약수익
> = 당기 말 건설계약금액 × 당기 말 누적진행률 - 전기 말 건설계약금액 × 전기 말 누적진행률

(2) 계약원가

계약원가는 관련된 계약수익에 대응되는 금액으로 인식해야 한다. 따라서 계약원가도 추정총계약원가를 계약의 진행률에 따라 각 회계기간에 배분한 금액을 계약원가로 인식한다. 다만, 추정총계약원가가 변동할 수 있으므로 당기의 계약원가도 당기 말 누적계약원가에서 전기 말 누적계약원가를 차감한 금액으로 계산한다. 이때 당기 말 누적계약원가는 당기 말 현재 추정총계약원가에 누적진행률을 곱하여 계산한다.

> 당기 **계약원가**
> = 당기 말 누적계약원가 - 전기 말 누적계약원가
> = 당기 말 추정총계약원가 × 당기 말 누적진행률 - 전기 말 추정총계약원가 × 전기 말 누적진행률
> = 당기지출 계약원가(이익공사이면서 진행률이 계약원가투입비율인 경우)

한편, 이익공사이면서 진행률을 계약원가투입비율로 사용하는 경우에는 당기 말 누적계약원가(누적비용)는 당기 말까지 실제로 지출한 누적계약원가가 된다. 따라서 포괄손익계산서에 보고할 당기 계약원가(당기비용)는 당기에 실제로 지출한 계약원가와 동일한 금액이 된다.

(3) 계약이익

당기 계약이익은 당기 계약수익에서 당기 계약원가를 차감한 금액이 된다. 다만, 이익공사인 경우에는 계약수익과 계약원가를 진행률만큼 인식하므로 당기 계약이익도 진행률에 따라 배분한 금액으로 계산할 수 있다.

> 당기 **계약이익**
> = 당기 계약수익 - 당기 계약원가
> = 당기 말 누적계약이익 - 전기 말 누적계약이익
> = 당기 말 추정총계약이익 × 당기 말 누적진행률 - 전기 말 추정총계약이익 × 전기 말 누적진행률

(4) 회계처리

계약수익은 대변에, 계약원가는 차변에 각각 인식하며, 대차차액(당기의 계약이익에 해당하는 금액)은 미성공사 계정으로 하여 차변에 기록한다.

(차) **계약원가**(비용)	×××	(대) **계약수익**(수익)	×××
미성공사(자산 ↑)	(*)×××		

(*) 계약수익에서 계약원가를 차감한 계약이익에 해당하는 금액

이와 같이 계약원가 발생액과 계약이익에 해당하는 금액을 미성공사로 인식하면, 당기 말 재무상태표상 미성공사 장부금액은 당기 말까지 발생한 누적발생계약원가에 누적계약이익을 합한 금액이 된다. 한편, 이익공사이면서 진행률을 계약원가투입비율로 사용하는 경우 미성공사 장부금액은 누적계약수익과 동일한 금액이 된다.

미성공사
  = 누적발생계약원가 + 누적계약이익
  = 누적계약수익 인식액(이익공사이면서 진행률이 계약원가투입비율인 경우)

5. 공사 완공 시

건설공사가 완공되면 미성공사 장부금액과 진행청구액 장부금액은 건설계약금액과 일치하게 된다. 따라서 건설현장을 인도하여 건설의무 이행을 완료하면 미성공사와 진행청구액을 서로 상계하여 재무상태표에서 제거한다.

(차) **진행청구액**(부채 ↓)	×××	(대) **미성공사**(자산 ↓)	×××

6. 재무상태표 표시

① 보고기간 말 현재 미성공사 장부금액과 진행청구액 장부금액은 재무상태표에 각각 자산과 부채로 총액으로 표시하지 않고, 상대계정에서 차감하여 표시한다(상계하여 표시).

② 이때 미성공사 장부금액이 진행청구액 장부금액보다 큰 경우에는 차액을 미청구공사의 과목으로 하여 자산으로 표시한다. 반대로, 진행청구액 장부금액이 미성공사 장부금액보다 큰 경우에는 차액을 초과청구공사의 과목으로 하여 부채(유동부채)로 표시한다.

> 미성공사 − 누적진행청구액 = (+)인 경우 ⇨ 미청구공사(유동자산)
> 미성공사 − 누적진행청구액 = (−)인 경우 ⇨ 초과청구공사(유동부채)

[그림 15-1] 부분 재무상태표

미성공사 > 진행청구액		미성공사 < 진행청구액	
재무상태표		재무상태표	
미성공사	×××	진행청구액	×××
진행청구액	(×××)	미성공사	(×××)
미청구공사	×××	초과청구공사	×××

승철쌤's comment   미청구공사와 계약자산, 초과청구공사와 계약부채

① 건설계약이 이익공사이면서 진행률로 계약원가투입비율을 사용하는 경우, 미성공사는 누적계약수익과 동일한 금액이 된다. 그리고 진행청구액은 대금을 수취할 무조건적인 권리를 갖는 금액이므로 수취채권(계약미수금)으로 인식한다.

② 결국 미청구공사는 진행기준에 따라 인식한 누적수익 중 수취채권(계약미수금)을 초과하는 금액이 되므로 (미청구공사가 아니라) 계약자산으로 표시해야 한다는 주장도 있다. 또한 초과청구공사는 수취채권(계약미수금)이 누적수익을 초과하는 금액이므로 (초과청구공사가 아니라) 계약부채로 표시해야 한다는 주장도 있다.

③ 저자의 의견으로는 이 부분은 기업회계기준서 제1115호가 제정될 때 기존의 기업회계기준서 제1011호(건설계약)가 폐기되면서 기존 건설계약 회계처리가 실질적으로 개정된 것인지 여부에 대한 해석의 차이에 기인한 것으로 생각된다. 본서의 경우에는 기존의 건설계약 기준서에 따라 회계처리를 설명하였다.

④ 다만, 미청구공사(초과청구공사)와 계약자산(계약부채)은 그 성격이 동일하다. 따라서 수험목적으로는 문제에서 계약자산(계약부채)이 제시되면 미청구공사(초과청구공사)로 생각하고 풀이하면 된다.

해커스 IFRS 김승철 중급회계 하

(주)대한건설은 정부로부터 20×1년 1월 1일에 계약금액이 ₩1,200,000인 항만건설계약을 수주하였으며, 공사기간은 20×1년 1월 1일부터 20×3년 12월 31일까지이다. (주)대한건설은 동 건설계약과 관련하여 진행기준으로 수익을 인식하고 있으며, 관련된 자료는 다음과 같다.

구분	20×1년	20×2년	20×3년
누적발생계약원가	₩360,000	₩700,000	₩1,050,000
추정총계약원가	900,000	1,000,000	1,050,000
계약대금 청구액	450,000	430,000	320,000
계약대금 수령액	400,000	500,000	300,000

[요구사항]

1. (주)대한건설이 포괄손익계산서에 인식할 계약이익을 연도별로 계산하시오.

2. (주)대한건설의 20×1년 말과 20×2년 말 재무상태표에 보고할 미성공사, 미청구공사(초과청구공사) 및 계약미수금(계약선수금)을 각각 계산하시오.

3. (주)대한건설이 20×1년, 20×2년과 20×3년에 해야 할 회계처리를 제시하시오.

해답 **1. 연도별 계약이익**

	20×1년	20×2년	20×3년
① 누적발생계약원가	360,000	700,000	1,050,000
② 총계약원가	900,000	1,000,000	1,050,000
③ 누적진행률(① ÷ ②)	40%	70%	100%
④ 누적계약수익(계약금액 × ③)	480,000	840,000	1,200,000
⑤ 당기계약수익(④의 증분)	480,000	360,000	360,000
⑥ 누적계약원가(총계약원가 × ③)	360,000	700,000	1,050,000
⑦ 당기계약원가(⑥의 증분)	360,000	340,000	350,000
⑧ 당기계약이익(⑤ − ⑦)	120,000	20,000	10,000

> **별해** 이익공사인 경우에는 진행률만큼 이익을 인식하므로 다음과 같이 계약이익을 계산할 수 있다.
>
> | | 20×1년 | 20×2년 | 20×3년 |
> |---|---|---|---|
> | ① 누적발생계약원가 | 360,000 | 700,000 | 1,050,000 |
> | ② 총계약원가 | 900,000 | 1,000,000 | 1,050,000 |
> | ③ 누적진행률(① ÷ ②) | 40% | 70% | 100% |
> | ④ 총예정이익(계약금액 − 총계약원가) | 300,000 | 200,000 | 150,000 |
> | ⑤ 누적계약이익(총예정이익 × ③) | 120,000 | 140,000 | 150,000 |
> | ⑥ 당기계약이익(⑤의 증분) | 120,000 | 20,000 | 10,000 |

2. 재무상태표

(1) 미성공사: 누적발생계약원가 + 누적계약이익 = ^(*)누적계약수익

    ^(*) 이익공사이면서 진행률을 계약원가투입비율로 사용하므로 미성공사금액은 누적계약수익과 동일한 금액이 된다.

    ① 20×1년 말: 360,000 + 120,000 = 480,000

    ② 20×2년 말: 700,000 + (120,000 + 20,000) = 840,000

(2) 미청구공사(초과청구공사): 미성공사 − 누적진행청구액

    ① 20×1년 말: 480,000 − 450,000 = 30,000 미청구공사

    ② 20×2년 말: 840,000 − (450,000 + 430,000) = (−)40,000 초과청구공사

(3) 계약미수금(선수금): 누적진행청구액 − 누적현금회수액

    ① 20×1년 말: 450,000 − 400,000 = 50,000 계약미수금

    ② 20×2년 말: 880,000 − (400,000 + 500,000) = (−)20,000 계약선수금

(4) **참고** 부분 재무상태표

재무상태표
20×1년 12월 31일 현재

계약미수금	50,000
...	
미성공사	480,000
진행청구액	(450,000)
미청구공사	30,000
...	

재무상태표
20×2년 12월 31일 현재

계약선수금	20,000
...	
진행청구액	880,000
미성공사	(840,000)
초과청구공사	40,000
...	

3. 연도별 회계처리

(1) 20×1년

① 계약원가 발생 시:	(차) 미성공사	360,000	(대) 현금	360,000
② 계약대금 청구 시:	(차) 계약미수금	450,000	(대) 진행청구액	450,000
③ 계약대금 회수 시:	(차) 현금	400,000	(대) 계약미수금	400,000
④ 보고기간 말:	(차) 계약원가	360,000	(대) 계약수익	480,000
	미성공사	120,000		

(2) 20×2년

① 계약원가 발생 시:	(차) 미성공사	340,000	(대) 현금	340,000
② 계약대금 청구 시:	(차) 계약미수금	430,000	(대) 진행청구액	430,000
③ 계약대금 회수 시:	(차) 현금	500,000	(대) 계약미수금	480,000
			계약선수금	20,000
④ 보고기간 말:	(차) 계약원가	340,000	(대) 계약수익	360,000
	미성공사	20,000		

(3) 20×3년

① 계약원가 발생 시:	(차) 미성공사	350,000	(대) 현금	350,000
② 계약대금 청구 시:	(차) 계약선수금	20,000	(대) 진행청구액	320,000
	계약미수금	300,000		
③ 계약대금 회수 시:	(차) 현금	300,000	(대) 계약미수금	300,000
④ 보고기간 말:	(차) 계약원가	350,000	(대) 계약수익	360,000
	미성공사	10,000		

(주)한국건설은 20×1년 초에 (주)서울과 교량건설을 위한 건설계약을 발주금액 ₩600,000에 체결하였다. 총 공사기간은 계약일로부터 3년인데, 20×2년도에 공사내용의 일부 변경에 따른 계약원가 추가 발생으로 건설계약금액을 ₩100,000 증가시키는 것으로 합의하였다. 동 건설계약과 관련된 자료는 다음과 같다.

구분	20×1년	20×2년	20×3년
실제 계약원가 발생액	₩200,000	₩130,000	₩220,000
연도 말 예상 추가계약원가	300,000	220,000	–
계약대금 청구액	140,000	160,000	300,000
계약대금 수령액	100,000	180,000	320,000

[요구사항]

1. (주)한국건설이 포괄손익계산서에 인식할 계약이익을 연도별로 계산하시오.

2. (주)한국건설이 20×1년 말과 20×2년 말 재무상태표에 보고할 미성공사와 미청구공사(초과청구공사)를 각각 계산하시오.

3. (주)한국건설이 20×1년과 20×2년에 해야 할 회계처리를 제시하시오.

해답   1. 연도별 계약이익

	20×1년	20×2년	20×3년
① 누적발생계약원가	200,000	330,000	550,000
② 추가소요 예정원가	300,000	220,000	–
③ 총계약원가(① + ②)	500,000	550,000	550,000
④ 누적진행률(① ÷ ③)	40%	60%	100%
⑤ 누적계약수익(계약금액 × ④)	240,000	420,000	700,000
⑥ 당기계약수익(⑤의 증분)	240,000	180,000	280,000
⑦ 누적계약원가(총계약원가 × ④)	200,000	330,000	550,000
⑧ 당기계약원가(⑦의 증분)[*]	200,000	130,000	220,000
⑨ 당기계약이익(⑥ - ⑧)	40,000	50,000	60,000

[*] 이익공사이면서 진행률을 계약원가투입비율로 사용하는 경우에는 당기 계약원가(당기비용)는 당기에 실제로 지출한 계약원가를 그대로 기재해도 된다.

2. 재무상태표

(1) 미성공사: 누적발생계약원가 + 누적계약이익 = [*]누적계약수익

[*] 이익공사이면서 진행률을 계약원가투입비율로 사용하므로 미성공사금액은 누적계약수익과 동일한 금액이 된다.

① 20×1년 말: 200,000 + 40,000 = 240,000

② 20×2년 말: 330,000 + (40,000 + 50,000) = 420,000

(2) 미청구공사(초과청구공사): 미성공사 - 누적진행청구액

① 20×1년 말: 240,000 - 140,000 = 100,000 미청구공사

② 20×2년 말: 420,000 - (140,000 + 160,000) = 120,000 미청구공사

3. 연도별 회계처리

(1) 20×1년

① 계약원가 발생 시:	(차)	미성공사	200,000	(대) 현금	200,000
② 계약대금 청구 시:	(차)	계약미수금	140,000	(대) 진행청구액	140,000
③ 계약대금 회수 시:	(차)	현금	100,000	(대) 계약미수금	100,000
④ 보고기간 말:	(차)	계약원가	200,000	(대) 계약수익	240,000
		미성공사	40,000		

(2) 20×2년

① 계약원가 발생 시:	(차)	미성공사	130,000	(대) 현금	130,000
② 계약대금 청구 시:	(차)	계약미수금	160,000	(대) 진행청구액	160,000
③ 계약대금 회수 시:	(차)	현금	180,000	(대) 계약미수금	180,000
④ 보고기간 말:	(차)	계약원가	130,000	(대) 계약수익	180,000
		미성공사	50,000		

02 계약원가투입비율 이외의 진행률을 사용하는 경우

(1) 계약원가투입비율 이외의 진행률

수행의무의 진행정도를 보다 적절하게 측정할 수 있다면, 계약의 진행률은 계약원가투입비율 외의 진행률(예 물리적 완성비율, 노동시간투입비율 등)을 사용할 수 있다. 예를 들어, 노동시간투입비율을 진행률로 측정하는 경우, 누적진행률은 다음과 같이 산정한다.

[노동시간투입비율]

$$\text{누적진행률} = \frac{\text{누적발생노동시간}}{\text{추정총노동시간(추정치)}} = \frac{\text{누적발생노동시간}}{\text{누적발생노동시간} + \text{추가예정노동시간}}$$

계약의 진행률을 계약원가투입비율 외의 진행률로 측정하는 경우에도 당기의 계약수익은 당기 말 누적계약수익에서 전기 말 누적계약수익을 차감한 금액으로 계산한다. 다만, 계약원가와 미성공사 금액을 계산할 때는 다음 사항에 유의한다.

(2) 계약원가

① 당기의 계약원가도 당기 말 누적계약원가에서 전기 말 누적계약원가를 차감한 금액으로 계산한다. 이때 당기 말 누적계약원가는 당기 말 현재 추정총계약원가에 누적진행률을 곱하여 계산한다.

② 다만, 계약의 진행률이 계약원가투입비율과 다르므로, 당기 말 누적계약원가(누적비용)는 당기 말까지 실제로 지출한 누적계약원가와 차이가 있다. 이에 따라, 당기계약원가(당기비용)도 당기에 실제로 지출한 계약원가와는 차이가 있음에 유의한다.

당기 계약원가
  = 당기 말 누적계약원가 − 전기 말 누적계약원가
  = 당기 말 추정총계약원가 × 당기 말 누적진행률 − 전기 말 추정총계약원가 × 전기 말 누적진행률
  ≠ 당기지출 계약원가

(3) 미성공사

① 당기 말 재무상태표상 미성공사 장부금액은 당기 말까지 발생한 누적발생계약원가에 누적계약이익을 합한 금액으로 계산한다.

② 다만, 계약의 진행률이 계약원가투입비율이 아니므로, 계약원가가 발생하는 비율과 계약이익을 인식하는 비율이 서로 다르다. 따라서, 계약원가투입비율과 달리, 미성공사 장부금액이 누적계약수익과는 차이가 있음에 유의한다.

미성공사
  = 누적발생계약원가 + 누적계약이익
  ≠ 누적계약수익 인식액

(1) (주)대한건설은 정부로부터 20×1년 1월 1일에 계약금액이 ₩1,200,000인 항만건설계약을 수주하였으며, 공사
기간은 20×1년 1월 1일부터 20×3년 12월 31일까지이다. (주)대한건설은 동 건설계약과 관련하여 진행기준으
로 수익을 인식하고 있으며, 관련된 자료는 다음과 같다.

구분	20×1년	20×2년	20×3년
누적발생계약원가	₩360,000	₩700,000	₩1,050,000
추정총계약원가	900,000	1,000,000	1,050,000
누적노동시간	30시간	88시간	115시간
추정총노동시간	100시간	110시간	115시간
계약대금 청구액	450,000	430,000	320,000
계약대금 수령액	400,000	500,000	300,000

(2) (주)대한건설은 계약의 진행률을 계약공사의 노동시간투입비율(투입된 노동시간 ÷ 추정총노동시간)로 측정한다.

[요구사항]

1. (주)대한건설이 포괄손익계산서에 인식할 계약이익을 연도별로 계산하시오.

2. (주)대한건설의 20x1년 말과 20x2년 말 재무상태표에 보고할 미성공사, 미청구공사(초과청구공사) 및 계약미수금
(계약선수금)을 각각 계산하시오.

3. (주)대한건설이 20×1년, 20×2년과 20×3년에 해야 할 회계처리를 제시하시오.

해답 1. 연도별 계약이익

	20×1년	20×2년	20×3년
① 누적노동시간	30시간	88시간	115시간
② 추정총노동시간	100시간	110시간	115시간
③ 누적진행률(① ÷ ②)	30%	80%	100%
④ 누적계약수익(계약금액 × ③)	360,000	960,000	1,200,000
⑤ 당기계약수익(④의 증분)	360,000	600,000	240,000
⑥ 누적계약원가(총계약원가 × ③)[*1]	270,000	800,000	1,050,000
⑦ 당기계약원가(⑥의 증분)[*2]	270,000	530,000	250,000
⑧ 당기계약이익(⑤ - ⑦)	90,000	70,000	(-)10,000

[*1] 누적계약원가(누적비용)이 당기 말까지 실제로 지출한 누적계약원가와 다름에 유의한다.

[*2] 당기계약원가(당기비용)이 당기에 실제로 지출한 계약원가와 다름에 유의한다.

별해	이익공사인 경우에는 진행률만큼 이익을 인식하므로 다음과 같이 계약이익을 계산할 수 있다.		
	20×1년	20×2년	20×3년
① 누적노동시간	30시간	88시간	115시간
② 추정총노동시간	100시간	110시간	115시간
③ 누적진행률(① ÷ ②)	30%	80%	100%
④ 총예정이익(계약금액 - 총계약원가)	300,000	200,000	150,000
⑤ 누적계약이익(총예정이익 × ③)	90,000	160,000	150,000
⑥ 당기계약이익(⑤의 증분)	90,000	70,000	(-)10,000

2. 재무상태표

(1) 미성공사: 누적발생계약원가 + 누적계약이익

① 20×1년 말: 360,000 + 90,000 = 450,000

② 20×2년 말: 700,000 + (90,000 + 70,000) = 860,000

참고 미성공사금액이 누적계약수익과 일치하지 않음에 유의한다.

(2) 미청구공사(초과청구공사): 미성공사 - 누적진행청구액

① 20×1년 말: 450,000 - 450,000 = 0

② 20×2년 말: 860,000 - (450,000 + 430,000) = (-)20,000 초과청구공사

(3) 계약미수금(선수금): 누적진행청구액 - 누적현금회수액

① 20×1년 말: 450,000 - 400,000 = 50,000 계약미수금

② 20×2년 말: 880,000 - (400,000 + 500,000) = (-)20,000 계약선수금

(4) 참고 부분 재무상태표

재무상태표 20×1년 12월 31일 현재			
계약미수금	50,000		
...			
미성공사	450,000		
진행청구액	(450,000)		
미청구공사	-		
...			

재무상태표 20×2년 12월 31일 현재	
계약선수금	20,000
...	
진행청구액	880,000
미성공사	(860,000)
초과청구공사	20,000
...	

3. 연도별 회계처리

(1) 20×1년

① 계약원가 발생 시:　(차) 미성공사　　　　　360,000　　(대) 현금　　　　　　360,000
② 계약대금 청구 시:　(차) 계약미수금　　　　450,000　　(대) 진행청구액　　　450,000
③ 계약대금 회수 시:　(차) 현금　　　　　　　400,000　　(대) 계약미수금　　　400,000
④ 보고기간 말:　　　(차) 계약원가　　　　　270,000　　(대) 계약수익　　　　360,000
　　　　　　　　　　　　　미성공사　　　　　　90,000

(2) 20×2년

① 계약원가 발생 시:　(차) 미성공사　　　　　340,000　　(대) 현금　　　　　(*)340,000
　　　　　　　　　　(*) 700,000 − 360,000 = 340,000
② 계약대금 청구 시:　(차) 계약미수금　　　　430,000　　(대) 진행청구액　　　430,000
③ 계약대금 회수 시:　(차) 현금　　　　　　　500,000　　(대) 계약미수금　　　480,000
　　　　　　　　　　　　　　　　　　　　　　　　　　계약선수금　　　　20,000
④ 보고기간 말:　　　(차) 계약원가　　　　　530,000　　(대) 계약수익　　　　600,000
　　　　　　　　　　　　　미성공사　　　　　　70,000

(3) 20×3년

① 계약원가 발생 시:　(차) 미성공사　　　　　350,000　　(대) 현금　　　　　(*)350,000
　　　　　　　　　　(*) 1,050,000 − 700,000 = 350,000
② 계약대금 청구 시:　(차) 계약선수금　　　　20,000　　(대) 진행청구액　　　320,000
　　　　　　　　　　　　　계약미수금　　　　300,000
③ 계약대금 회수 시:　(차) 현금　　　　　　　300,000　　(대) 계약미수금　　　300,000
④ 보고기간 말:　　　(차) 계약원가　　　　　250,000　　(대) 계약수익　　　　240,000
　　　　　　　　　　　　　　　　　　　　　　　　　　미성공사　　　　　10,000

03 [심화] 특수한 계약원가

필수암기! 특수한 계약원가 요약

구분	내용
미사용자재	① **개념**: 현장에 인도되거나 준비되었지만, 아직 사용되지 않은 재료원가 ② **진행률 산정 시**: 누적발생계약원가(분자)에서 제외 　⇨ 단, 건설공사를 위해 별도로 제작된 경우에는 제외하지 않음 ③ **포함시점**: 실제로 건설공사에 투입할 때 계약원가에 포함
하도급업체 선급공사원가	① **개념**: 하도급공사에 대해 하도급업체에게 선급한 금액 ② **진행률 산정 시**: 누적발생계약원가(분자)에서 제외 ③ **포함시점**: '하도급공사'의 진행률에 따라 포함
건설장비 감가상각비	① 건설장비의 감가상각비는 계약원가에 포함함 ② 단, 건설장비의 감가상각기간**은 다음과 같이 결정** 　㉠ **해당 건설공사에만 사용**: Min[경제적 내용연수, 건설기간] 　㉡ **여러 건설공사에 사용**: 경제적 내용연수
계약체결 증분원가	① **진행률 산정 시**: 누적발생계약원가(분자)에서 제외 ② **계약원가 포함방법**: 진행률에 따라 계약원가에 포함
차입원가	① **진행률 산정 시**: 누적발생계약원가(분자)에서 제외 ② **계약원가 포함방법**: 실제 발생금액을 계약원가에 포함

1. 사용하지 않은 계약원가

① 계약원가투입비율을 진행률로 측정하는 경우, 진행률 산정을 위한 누적발생계약원가(분자)에는 수행한 공사를 반영하는 계약원가만 포함해야 한다. 따라서 다음의 계약원가는 누적발생계약원가에 포함하지 않는다.

> ㉠ **미사용자재**: 현장에 인도되었거나 준비되었지만 아직 공사를 위해 설치, 사용되지 않은 재료의 원가와 같은 미래 활동과 관련된 계약원가(단, 재료가 건설공사를 위해 별도로 제작된 경우에는 누적발생계약 원가에 포함함)
> ㉡ **선급공사비**: 하도급계약에 따라 수행될 공사에 대해 하도급업자에게 선급한 공사비

② 당기 말 현재 건설공사에 투입되지 않은 미사용자재(예 매입 후 야적장에 쌓아놓은 벽돌, 시멘트 등)는 건설공사(수행의무)의 진행 정도를 반영하지 못하므로 누적발생계약원가에 포함하지 않는다. 이러한 미사용자재는 추후 건설공사에 투입될 때 누적발생계약원가에 포함한다.

③ 또한 건설공사 중의 일부를 다른 건설업자(하도급업자)에게 맡긴 경우, 하도급업자에게 선급한 공사비도 건설공사의 진행 정도를 반영하지 못하므로 누적발생계약원가에 포함하지 않는다. 하도급업자에게 선급한 공사비는 이후 하도급업자가 실제 건설공사를 진행하는 경우 해당 하도급공사의 진행 정도에 따라 누적발생계약원가에 포함하게 된다.

(1) 20x1년 1월 1일 (주)한국건설은 건설기간 3년의 댐 건설계약을 ₩1,000,000에 수주하였다. (주)한국건설은 진행기준으로 수익을 인식하며, 진행률은 발생한 누적계약원가를 추정총계약원가로 나눈 비율로 측정한다.

(2) 댐 건설계약과 관련하여 각 연도별로 발생한 계약원가, 추정총계약원가, 계약대금 청구액 및 회수액은 다음과 같다. 20x1년에 발생한 계약원가에는 20x1년에 매입하였지만 아직 건설공사에 투입하지 않은 ₩80,000만큼의 방열자재가 포함되어 있다. 동 방열자재는 20x2년에 전액 건설공사에 투입되었으며, 20x2년의 계약원가 발생액에는 포함되어 있지 않다. 단, 방열자재는 댐 건설공사를 위해 별도로 제작된 것은 아니다.

구분	20×1년	20×2년	20×3년
당기발생계약원가	₩350,000	₩315,000	₩295,000
추정총계약원가	900,000	950,000	960,000
계약대금 청구액	280,000	530,000	190,000
계약대금 회수액	240,000	480,000	280,000

[요구사항]

1. 댐 건설계약과 관련하여 연도별 누적계약진행률을 계산하시오.

2. (주)한국건설이 포괄손익계산서에 인식할 계약이익을 연도별로 계산하시오.

3. (주)한국건설이 20×1년 말과 20×2년 말 재무상태표에 보고할 미청구공사(초과청구공사)를 각각 계산하시오.

해답 1. **연도별 누적진행률**

	20×1년	20×2년	20×3년
① 당기발생계약원가	(*1)270,000	(*2)395,000	295,000
② 누적발생계약원가	270,000	665,000	960,000
③ 총계약원가	900,000	950,000	960,000
④ 누적진행률(② ÷ ③)	30%	70%	100%

(*1) 350,000 − 80,000 = 270,000
(*2) 315,000 + 80,000 = 395,000

2. **연도별 계약이익**

	20×1년	20×2년	20×3년
① 누적진행률	30%	70%	100%
② 총예정이익(계약금액 − 총계약원가)	100,000	50,000	40,000
③ 누적계약이익(총예정이익 × ①)	30,000	35,000	40,000
④ 당기계약이익(③의 증분)	30,000	5,000	5,000

3. **재무상태표**

(1) 미성공사: 누적발생계약원가 + 누적계약이익
   ① 20×1년 말: 270,000 + 30,000 = 300,000
   ② 20×2년 말: 665,000 + 35,000 = 700,000

(2) 미청구공사(초과청구공사): 미성공사 − 누적진행청구액
   ① 20×1년 말: 300,000 − 280,000 = 20,000 미청구공사
   ② 20×2년 말: 700,000 − (280,000 + 530,000) = (−)110,000 초과청구공사

2. 건설장비 감가상각비

건설공사를 수행하기 위해서는 지게차, 포크레인 등 많은 건설장비가 필요하다. 이러한 건설장비는 건설공사에 사용할 목적으로 취득한 자산이므로 유형자산으로 인식한 후, 해당 건설장비의 감가상각비를 다음과 같이 진행률 산정을 위한 누적발생계약원가에 포함한다.

> ① 건설장비가 특정 건설공사에만 **사용가능한 경우**: 해당 건설공사의 공사기간과 동 건설장비의 경제적 내용연수 중 짧은 기간 동안 감가상각하고, 감가상각비를 계약원가에 포함한다.
> ② 건설장비를 여러 건설공사를 위하여 **사용하는 경우**: 동 건설장비의 경제적 내용연수 동안 감가상각하고, 감가상각비를 각각의 건설공사에 배분한다.

예제 5 | 특수한 계약원가(2): 건설장비 감가상각비

(1) 20x1년 1월 1일 (주)한국건설은 건설기간 3년의 서울시청 건설계약을 ₩900,000에 수주하였다. (주)한국건설은 진행기준으로 수익을 인식하며, 진행률은 발생한 누적계약원가를 추정총계약원가로 나눈 비율로 측정한다.
(2) (주)한국건설은 건설공사에 사용할 건설장비를 20x1년 초에 ₩150,000에 취득하였다. 건설장비의 내용연수는 5년이고 잔존가치는 없다. 해당 건설장비는 당해 건설공사에만 사용이 가능하며 다른 건설공사에는 사용할 수 없는 특수 건설장비이다.
(3) 상기 건설장비의 감가상각비를 제외한 계약원가, 계약대금 청구액 및 회수액과 관련한 연도별 자료는 다음과 같다.

구분	20×1년	20×2년	20×3년
실제 계약원가 발생액	₩270,000	₩245,000	₩165,000
연도 말 예상 추가계약원가	380,000	155,000	-
계약대금 청구액	300,000	400,000	200,000
계약대금 회수액	280,000	500,000	120,000

[요구사항]

1. 건설계약과 관련하여 20x1년부터 20x3년까지 계약진행률 산정을 위한 누적발생계약원가와 누적계약진행률을 각각 계산하시오.

2. (주)한국건설이 포괄손익계산서에 인식할 계약이익을 연도별로 계산하시오.

3. (주)한국건설이 20×1년 말과 20×2년 말 재무상태표에 보고할 미청구공사(초과청구공사)를 각각 계산하시오.

4. (주)한국건설이 20×1년과 20×2년에 해야 할 회계처리를 제시하시오.

해답　**1. 연도별 누적발생계약원가, 누적진행률**

(1) 연도별 누적발생계약원가

	20×1년	20×2년	20×3년
① 당기발생계약원가(*1)	270,000	245,000	165,000
② 당기 건설장비 감가상각비	(*2)50,000	(*2)50,000	(*2)50,000
③ 당기발생계약원가(① + ②)	320,000	295,000	215,000
④ 누적발생계약원가	320,000	615,000	830,000

(*1) 건설장비 감가상각비 제외

(*2) 당해 건설공사에만 사용하는 건설장비는 공사기간과 내용연수 중 짧은 기간에 걸쳐 감가상각하고, 감가상각비 (150,000 ÷ 3년 = 50,000)를 계약원가에 포함한다.

(2) 연도별 누적진행률

	20×1년	20×2년	20×3년
① 누적발생계약원가	320,000	615,000	830,000
② 추가소요 예정원가	(*1)480,000	(*2)205,000	–
③ 총계약원가(① + ②)	800,000	820,000	830,000
④ 누적진행률(① ÷ ③)	40%	75%	100%

(*1) 380,000 + 100,000(20×2년과 20×3년 건설장비 감가상각비) = 480,000

(*2) 155,000 + 50,000(20×3년 건설장비 감가상각비) = 205,000

2. 연도별 계약이익

	20×1년	20×2년	20×3년
① 누적진행률	40%	75%	100%
② 누적계약수익(계약금액 × ①)	360,000	675,000	900,000
③ 당기계약수익(②의 증분)	360,000	315,000	225,000
④ 누적계약원가	320,000	615,000	830,000
⑤ 당기계약원가(④의 증분)(*)	320,000	295,000	215,000
⑥ 당기계약이익(③ - ⑤)	40,000	20,000	10,000

(*) 이익공사이면서 진행률을 계약원가투입비율로 사용하는 경우에는 당기계약원가(당기비용)는 당기에 실제로 발생한 계약원가(건설장비 감가상각비 포함)를 그대로 기재해도 된다.

3. 재무상태표

(1) 미성공사: 누적발생계약원가 + 누적계약이익

① 20×1년 말: 320,000 + 40,000 = 360,000

② 20×2년 말: 615,000 + (40,000 + 20,000) = 675,000

(2) 미청구공사(초과청구공사): 미성공사 - 누적진행청구액

① 20×1년 말: 360,000 - 300,000 = 60,000 미청구공사

② 20×2년 말: 675,000 - (300,000 + 400,000) = (-)25,000 초과청구공사

4. 연도별 회계처리

(1) 20×1년

① 계약원가 발생 시: (차) 미성공사 270,000 (대) 현금 270,000
(차) 미성공사 50,000 (대) 감가상각누계액 50,000
② 계약대금 청구 시: (차) 계약미수금 300,000 (대) 진행청구액 300,000
③ 계약대금 회수 시: (차) 현금 280,000 (대) 계약미수금 280,000
④ 보고기간 말: (차) 계약원가 320,000 (대) 계약수익 360,000
　　　　　　　　　　미성공사 40,000

(2) 20×2년

① 계약원가 발생 시: (차) 미성공사 245,000 (대) 현금 245,000
(차) 미성공사 50,000 (대) 감가상각누계액 50,000
② 계약대금 청구 시: (차) 계약미수금 400,000 (대) 진행청구액 400,000
③ 계약대금 회수 시: (차) 현금 500,000 (대) 계약미수금 420,000
　　　　　　　　　　　　　　　　　　계약선수금 80,000
④ 보고기간 말: (차) 계약원가 295,000 (대) 계약수익 315,000
　　　　　　　　　　미성공사 20,000

3. 기타의 계약원가

(1) 계약체결 증분원가

① 계약체결 증분원가는 고객과 계약을 체결하기 위해 지출한 원가로서 계약을 체결하지 않았다면 발생하지 않았을 원가를 말한다. 건설공사 수주에 성공할 경우 수주담당직원에게 지급하는 수수료를 그 예로 들 수 있다.

② 이러한 계약체결 증분원가가 회수될 것으로 예상된다면 이를 자산으로 인식한다. 다만, 계약체결 증분원가는 공사계약 체결 전에 발생한 원가이므로 진행률 산정에는 포함하지 않고, 선급계약원가(자산)로 인식한 후 진행률에 비례하여 계약원가에 배분하는 것이 합리적이다.

(2) 하자보수비

① 건설공사 종료 후에 일정기간 동안 당해 공사에서 발생하는 하자를 무상으로 보수해 주기로 하고 건설계약을 체결하는 경우가 있다. 이렇게 공사종료 후에 하자보수 의무가 있는 경우에는 합리적이고 객관적인 기준에 따라 추정된 금액을 하자보수비로 하여 계약원가에 포함하고, 동액을 하자보수충당부채로 계상한다.

② 이러한 하자보수비는 하자의 발생 단계별로 추정하고 이를 누적발생계약원가에 포함하여 누적진행률을 산정해야 한다. 다만, 하자의 발생 단계별로 하자보수비의 추정이 불가능한 경우에는 하자보수비를 진행률 계산에서 제외하고 진행률에 비례하여 계약원가에 배분하는 것이 합리적이다.

(3) 차입원가

건설공사에 소요되는 자금을 금융기관으로부터 차입할 경우, 건설기간 동안 차입원가가 발생하게 된다. 이러한 차입원가는 건설공사와 직접적으로 관련하여 발생한 금액이므로 계약원가에 포함한다. 다만, 차입원가는 건설공사의 진행 정도를 나타내지 못하므로 진행률 산정을 위한 누적발생계약원가에서 제외하고, 발생하는 기간에 즉시 비용으로 인식하는 것이 타당하다.

(1) 20x1년 1월 1일, (주)한국건설은 (주)서울과 계약금액 ₩900,000, 건설기간 3년인 야구경기장 건설계약을 체결하였다. (주)한국은 진행기준으로 수익을 인식하며, 진행률은 발생한 누적계약원가를 추정총계약원가로 나눈 비율로 측정한다.

(2) (주)한국건설이 각 회계연도에 지출한 계약원가 및 추가소요 예정원가와 관련한 자료는 다음과 같다.

구분	20×1년	20×2년	20×3년
당기계약원가	₩210,000	₩366,000	₩174,000
추가소요 예정원가	490,000	144,000	–

[요구사항]

상기에 제시된 계약원가에는 아래의 계약원가가 반영되어 있지 않다. 아래의 계약원가를 추가로 반영할 경우, (주)한국건설이 인식할 연도별 계약원가와 계약이익을 각각 계산하시오.

(1) (주)한국건설이 건설계약을 수주하기 위해 건설계약 체결 전에 지출한 수주비는 ₩15,000이며, 계약원가의 인식요건을 충족한다.

(2) 상기 건설계약에는 하자보수의무가 있으며, (주)한국건설은 ₩23,000의 하자보수비가 발생할 것으로 추정한다. (주)한국건설은 동 하자보수비를 진행률에는 반영하지 않고, 진행률에 비례하여 계약원가에 배분하고 있다.

(3) 각 회계연도의 계약원가에 포함될 차입원가는 다음과 같이 계산되었다.

구분	20×1년	20×2년	20×3년
차입원가	₩10,000	₩14,000	₩18,000

해답 **1. 연도별 당기계약원가**

(1) 거래의 분석

① 하자보수비, 수주비(계약체결 증분원가): 진행률 계산에서 제외하고 진행률에 비례하여 계약원가에 배분한다.

② 차입원가: 진행률 계산에서 제외하고 별도로 계산하며, 발생한 회계연도의 계약원가에 가산한다.

(2) 연도별 누적진행률(특수 계약원가 반영 전)

	20×1년	20×2년	20×3년
① 누적발생계약원가(*)	210,000	576,000	750,000
② 총예정원가(*)	700,000	720,000	750,000
③ 누적진행률(① ÷ ②)	30%	80%	100%

(*) 하자보수비, 수주비, 차입원가 반영 전 누적계약원가와 총예정원가임

(3) 연도별 당기계약원가

	20×1년	20×2년	20×3년
① 당기계약원가(*1)	210,000	366,000	174,000
② 수주비	(*2)4,500	(*2)7,500	(*2)3,000
③ 하자보수비	(*3)6,900	(*3)11,500	(*3)4,600
④ 차입원가	(*4)10,000	(*4)14,000	(*4)18,000
⑤ 당기발생계약원가(① + ② + ③ + ④)	231,400	399,000	199,600

(*1) 하자보수비, 수주비, 차입원가 반영 전 당기계약원가

(*2) 연도별 수주비

20x1년: 15,000 × 30% = 4,500

20x2년: 15,000 × 80% − 15,000 × 30% = 7,500

20x3년: 15,000 × 100% − 15,000 × 80% = 3,000

(*3) 연도별 하자보수비

20×1년: 23,000 × 30% = 6,900

20×2년: 23,000 × 80% − 23,000 × 30% = 11,500

20×3년: 23,000 × 100% − 23,000 × 80% = 4,600

(*4) 연도별 차입원가 발생액

2. 연도별 계약손익

	20×1년	20×2년	20×3년
① 누적발생계약원가(*)	210,000	576,000	750,000
② 총예정원가(*)	700,000	720,000	750,000
③ 누적진행률(① ÷ ②)	30%	80%	100%
④ 누적계약수익(계약금액 × ③)	270,000	720,000	900,000
⑤ 당기계약수익(④의 증분)	270,000	450,000	180,000
⑥ 당기계약원가	231,400	399,000	199,600
⑦ 당기계약이익(손실)(⑤ − ⑥)	38,600	51,000	(−)19,600

(*) 하자보수비, 수주비, 차입원가 반영 전 누적계약원가와 총예정원가임

제3절 | 손실이 예상되는 건설계약

01 손실이 예상되는 회계연도

(1) 계약원가 인식액

총계약원가가 총계약수익을 초과할 가능성이 높은 경우, 예상되는 손실을 즉시 당기비용으로 인식한다. 이에 따라 손실이 예상되는 연도의 계약원가(당기비용)는 당기발생계약원가에 차기 이후 예상손실을 더한 금액이 된다. 이때 차기 이후 예상손실은 총계약손실예상액에 잔여 진행률을 곱한 금액이다.

> **손실이 예상되는 연도의 계약원가** = 당기발생계약원가 + [*]차기 이후 예상손실
> [*] 총계약손실예상액 × (1 - 당기 말 누적진행률)

> (차) 계약원가(비용)　　　　　　[*]×××　(대) 계약수익(수익)　　　　　　　×××
> 　　　　　　　　　　　　　　　　　　　　　　미성공사(자산 ↓)　　　　　×××
> 　　　[*] 당기발생계약원가 + 차기 이후 예상손실

(2) 계약손실 인식액

차기 이후 예상손실을 추가로 당기의 계약원가로 인식하면, 손실이 예상되는 연도의 계약손실은 전기까지 인식한 누적계약이익에 총계약손실예상액을 더한 금액과 동일한 금액이 된다.

> **손실이 예상되는 연도의 계약손실** = 전기까지 인식한 누적계약이익 + 총계약손실예상액

(3) 미성공사 장부금액

손실이 예상되는 연도의 재무상태표상 미성공사 장부금액은 누적발생계약원가에서 누적계약손실을 차감한 금액이다. 다만, 손실이 예상되는 건설계약에서는 차기 이후 예상손실을 추가로 당기비용으로 인식하였으므로, 결국 손실이 예상되는 연도의 미성공사 장부금액은 누적발생계약원가에서 총계약손실예상액을 차감한 금액이 된다.

> **손실이 예상되는 연도의 미성공사**
> = 누적발생계약원가 - 당기 말 누적계약손실 - 차기 이후 예상손실
> = 누적발생계약원가 - (당기 말 누적계약손실 + 차기 이후 예상손실)
> = 누적발생계약원가 - 총계약손실예상액

02 공사가 완성되는 회계연도(손실이 확정되는 회계연도)

(1) 계약원가 인식액

전기(손실이 예상되는 연도)에 예상손실을 계약원가로 미리 인식하였다. 따라서 공사가 완성되는 연도(손실이 확정되는 연도)의 계약원가는 당기발생계약원가에서 전기에 미리 인식한 예상손실을 차감하여 인식한다.

> **공사가 완성되는 연도의 계약원가**
> = 당기발생계약원가 - 전기인식 예상손실

(2) 계약손실(이익) 인식액

전기에 예상손실을 미리 인식하였으므로, 건설계약대금이나 추정총계약원가에 추가적인 변동이 없다면 공사가 완성되는 연도에 인식할 계약손실은 영(0)이 된다. 그러나 건설계약대금이나 추정총계약원가가 예상과 달리 변동되는 경우에는 전기에 예상하지 못한 손실(또는 이익)이 공사가 완성되는 연도의 계약손실(이익)로 인식된다.

> **공사가 완성되는 연도의 계약손실(이익)**
> = 전기(손실예상연도)에 예상하지 못한 손실(이익)
> = 실제발생 총계약손실(이익) - 손실예상연도의 총계약손실예상액

(주)대한건설은 서울시로부터 20×1년 1월 1일에 계약금액이 ₩700,000인 축구경기장 건설계약을 수주하였으며, 공사기간은 20×3년 12월 31일까지이다. (주)대한건설은 동 건설계약과 관련하여 진행기준으로 수익을 인식하고 있으며, 관련된 자료는 다음과 같다.

구분	20×1년	20×2년	20×3년
실제 계약원가 발생액	₩180,000	₩420,000	₩200,000
추정총계약원가	600,000	750,000	800,000
계약대금 청구액	200,000	250,000	250,000
계약대금 수령액	180,000	250,000	270,000

[요구사항]

1. (주)대한건설이 인식할 계약이익(또는 손실)을 연도별로 계산하시오.

2. (주)대한건설이 20×2년 말 재무상태표에 보고할 미성공사와 미청구공사(초과청구공사)를 각각 계산하시오.

3. (주)대한건설이 20×1년, 20×2년과 20×3년에 해야 할 회계처리를 제시하시오.

해답 1. 연도별 계약이익(손실)

(1) 20×2년 말 추정총계약원가 750,000이 계약금액 700,000보다 50,000만큼 크다. 따라서 20×2년 말 현재 전체공사에서 50,000만큼 손실이 예상된다(손실공사).

(2) 연도별 계약이익(손실)

	20×1년	20×2년	20×3년
① 누적발생계약원가	180,000	600,000	800,000
② 총계약원가	600,000	750,000	800,000
③ 누적진행률(① ÷ ②)	30%	80%	100%
④ 누적계약수익(계약금액 × ③)	210,000	560,000	700,000
⑤ 당기계약수익(④의 증분)	210,000	350,000	140,000
⑥ 당기계약원가	180,000	(*1)430,000	(*2)190,000
⑦ 당기계약이익(손실)(⑤ − ⑥)	30,000	(80,000)	(50,000)

(*1) 총계약손실예상액: 750,000 − 700,000 = 50,000
차기 이후 예상손실: 50,000 × (1 − 80%) = 10,000
당기계약원가(손실예상연도): 420,000 + 10,000 = 430,000

(*2) 당기계약원가(손실확정연도): 200,000 − 10,000 = 190,000

별해 (1) 20×2년(손실예상연도) 계약손실
= 전기까지 인식한 누적계약이익 + 총계약손실예상액
= 30,000 + 50,000 = 80,000

(2) 20×3년(손실확정연도) 계약손실(이익)
= 실제발생 총계약손실(이익) − 손실예상연도의 총계약손실예상액
= (800,000 − 700,000) − 50,000 = 50,000 손실

2. 20×2년 말 재무상태표

(1) 미성공사: 누적발생계약원가 – 총계약손실예상액

600,000 – 50,000 = 550,000

(2) 미청구공사(초과청구공사): 미성공사 – 누적진행청구액

550,000 – 450,000 = 100,000 미청구공사

3. 연도별 회계처리

(1) 20×1년

① 계약원가 발생 시:	(차) 미성공사	180,000	(대) 현금	180,000
② 계약대금 청구 시:	(차) 계약미수금	200,000	(대) 진행청구액	200,000
③ 계약대금 회수 시:	(차) 현금	180,000	(대) 계약미수금	180,000
④ 보고기간 말:	(차) 계약원가	180,000	(대) 계약수익	210,000
	미성공사	30,000		

(2) 20×2년

① 계약원가 발생 시:	(차) 미성공사	420,000	(대) 현금	420,000
② 계약대금 청구 시:	(차) 계약미수금	250,000	(대) 진행청구액	250,000
③ 계약대금 회수 시:	(차) 현금	250,000	(대) 계약미수금	250,000
④ 보고기간 말:	(차) 계약원가	420,000	(대) 계약수익	350,000
			미성공사	70,000
	(차) 계약원가	10,000	(대) 미성공사	10,000

(3) 20×3년

① 계약원가 발생 시:	(차) 미성공사	200,000	(대) 현금	200,000
② 계약대금 청구 시:	(차) 계약미수금	250,000	(대) 진행청구액	250,000
③ 계약대금 회수 시:	(차) 현금	270,000	(대) 계약미수금	270,000
④ 보고기간 말:	(차) 계약원가	200,000	(대) 계약수익	140,000
			미성공사	60,000
	(차) 미성공사	10,000	(대) 계약원가	10,000

03 [보론] 손실이 예상되는 건설계약: 손실충당부채를 인식하는 경우

(1) 예상손실을 충당부채로 인식

① 기업회계기준서 제1037호(충당부채, 우발부채, 우발자산)에 따르면, 발생원가에 기초한 투입법을 진행률 측정에 사용하는 계약의 경우에는 해당 계약의 예상손실과 관련하여 인식한 손실부담계약의 충당부채를 주석으로 공시하도록 규정하고 있다.

② 이에 따라, 손실이 예상되는 건설계약에서 손실이 예상되는 연도의 차기 이후 예상손실을 (미성공사에서 차감하는 것이 아니라) 손실충당부채로 인식해야 한다는 주장이 있다. 이러한 주장에 따라 회계처리를 제시하면 다음과 같다.

(2) 손실이 예상되는 연도

손실이 예상되는 연도의 차기 이후 예상손실은 손실이 예상되는 연도의 계약원가로 인식하고, 동 금액을 대변에 손실충당부채로 인식한다. 손실충당부채는 추후 공사가 완성되는 연도(손실이 확정되는 연도)에 환입하여 계약원가에서 차감한다.

(차) 계약원가(비용)	(*)×××	(대) 계약수익(수익)	×××
		미성공사(자산 ↓)	×××
(*) 당기발생계약원가			
(차) 계약원가(비용)	(*)×××	(대) 손실충당부채(부채 ↑)	×××
(*) 차기 이후 예상손실			

차기 이후 예상손실을 손실충당부채로 인식하면, 손실이 예상되는 연도의 계약손실과 미성공사는 각각 아래와 같이 계산된다.

손실이 예상되는 연도의 계약손실
= 전기까지 인식한 누적계약이익 + 총계약손실예상액

손실이 예상되는 연도의 미성공사
= 누적발생계약원가 − 당기 말 누적계약손실
= 누적계약수익 인식액

(3) 공사가 완성되는 회계연도

공사가 완성되면 전기(손실이 예상되는 연도)에 인식한 손실충당부채를 환입하여 계약원가에서 차감한다. 이에 따라 공사가 완성되는 연도(손실이 확정되는 연도)의 계약원가는 당기발생계약원가에서 전기에 미리 인식한 예상손실을 차감한 금액이 된다.

(차) 계약원가(비용)	(*)×××	(대) 계약수익(수익)	×××
		미성공사(자산 ↓)	×××
(*) 당기발생계약원가			
(차) 손실충당부채(부채 ↓)	(*)×××	(대) 계약원가(비용 차감)	×××
(*) 전기 인식 예상손실			

차기 이후 예상손실을 손실충당부채로 인식하면, 공사가 완성되는 연도의 계약손실(이익)은 아래와 같이 계산된다.

> **공사가 완성되는 연도의 계약손실(이익)**
> = 전기(손실예상연도)에 예상하지 못한 손실(이익)
> = 실제발생 총계약손실(이익) − 손실예상연도의 총계약손실예상액

필수암기! **손실이 예상되는 건설계약**

구분	예상손실을 미성공사 차감 시	예상손실을 충당부채 인식 시
손실예상연도 계약손실	전기 누적계약이익 + 총계약손실 예상액	좌동
손실예상연도 미성공사	누적계약원가 − 총계약손실 예상액	누적계약원가 − 누적계약손실 = 누적계약수익
공사완성연도 계약손익	전기에 예상하지 못한 계약손실(이익)	좌동

(1) (주)대한건설은 서울시로부터 20×1년 1월 1일에 계약금액이 ₩700,000인 축구경기장 건설계약을 수주하였으며, 공사기간은 20×3년 12월 31일까지이다. (주)대한건설은 동 건설계약과 관련하여 진행기준으로 수익을 인식하고 있으며, 관련된 자료는 다음과 같다.

구분	20×1년	20×2년	20×3년
실제 계약원가 발생액	₩180,000	₩420,000	₩200,000
추정총계약원가	600,000	750,000	800,000
계약대금 청구액	200,000	250,000	250,000
계약대금 수령액	180,000	250,000	270,000

(2) 대한건설은 건설계약의 예상손실을 손실충당부채로 인식하고 있다.

[요구사항]

1. (주)대한건설이 인식할 계약이익(또는 손실)을 연도별로 계산하시오.

2. (주)대한건설이 20×2년 말 재무상태표에 보고할 미성공사와 미청구공사(초과청구공사)를 각각 계산하시오.

3. (주)대한건설이 20×1년, 20×2년과 20×3년에 해야 할 회계처리를 제시하시오.

해답   1. 연도별 계약이익(손실)

	20×1년	20×2년	20×3년
① 누적발생계약원가	180,000	600,000	800,000
② 총예정원가	600,000	750,000	800,000
③ 누적진행률(① ÷ ②)	30%	80%	100%
④ 누적계약수익(계약금액 × ③)	210,000	560,000	700,000
⑤ 당기계약수익(④의 증분)	210,000	350,000	140,000
⑥ 당기계약원가	180,000	(*1)430,000	(*2)190,000
⑦ 당기계약이익(손실)(⑤ - ⑥)	30,000	(80,000)	(50,000)

(*1) 총계약손실예상액: 750,000 - 700,000 = 50,000
차기 이후 예상손실: 50,000 × (1 - 80%) = 10,000
당기계약원가(손실예상연도): 420,000 + 10,000 = 430,000
(*2) 당기계약원가(손실확정연도): 200,000 - 10,000 = 190,000

2. 20×2년 말 재무상태표

(1) 미성공사: 누적발생계약원가 - 당기 말 누적계약손실 = 누적계약수익 인식액

600,000 - 40,000(= 560,000 - 600,000) = 700,000 × 80% = 560,000

(2) 미청구공사(초과청구공사): 미성공사 - 누적진행청구액

560,000 - 450,000 = 110,000 미청구공사

3. 연도별 회계처리

(1) 20×1년

① 계약원가 발생 시:	(차) 미성공사	180,000	(대) 현금	180,000
② 계약대금 청구 시:	(차) 계약미수금	200,000	(대) 진행청구액	200,000
③ 계약대금 회수 시:	(차) 현금	180,000	(대) 계약미수금	180,000
④ 보고기간 말:	(차) 계약원가	180,000	(대) 계약수익	210,000
	미성공사	30,000		

(2) 20×2년

① 계약원가 발생 시:	(차) 미성공사	420,000	(대) 현금	420,000
② 계약대금 청구 시:	(차) 계약미수금	250,000	(대) 진행청구액	250,000
③ 계약대금 회수 시:	(차) 현금	250,000	(대) 계약미수금	250,000
④ 보고기간 말:	(차) 계약원가	420,000	(대) 계약수익	350,000
			미성공사	70,000
	(차) 계약원가	10,000	(대) 손실충당부채	10,000

(3) 20×3년

① 계약원가 발생 시:	(차) 미성공사	200,000	(대) 현금	200,000
② 계약대금 청구 시:	(차) 계약미수금	250,000	(대) 진행청구액	250,000
③ 계약대금 회수 시:	(차) 현금	270,000	(대) 계약미수금	270,000
④ 보고기간 말:	(차) 계약원가	200,000	(대) 계약수익	140,000
			미성공사	60,000
	(차) 손실충당부채	10,000	(대) 계약원가	10,000

제4절 │ 진행률을 측정할 수 없는 경우

건설계약의 진행률을 합리적으로 추정할 수 있는 경우에는 진행기준에 따라 계약수익과 계약원가를 인식한다. 그러나 진행률을 합리적으로 추정할 수 없는 경우에는 다음과 같이 계약수익과 계약원가를 인식한다.

① 계약수익은 회수가능성이 높은 발생원가의 범위 내에서만 인식한다.
② 계약원가는 발생한 기간의 비용으로 인식한다.

따라서 이 경우에는 회수가능성이 높은 발생원가를 한도로 하여 계약수익을 인식하므로 계약이익을 인식하지 않는다.

[진행률을 합리적으로 추정할 수 없는 경우]
① 당기 계약수익: Min[누적발생계약원가, 회수가능액] – 전기 말 누적계약수익
② 당기 계약원가: 당기 말 누적발생계약원가 – 전기 말 누적발생계약원가 = 당기발생계약원가

한편, 추후 계약의 결과(진행률)를 신뢰성 있게 추정할 수 없게 한 불확실성이 해소되는 경우에는 당해 건설계약과 관련된 수익과 비용은 다시 진행기준에 따라 인식한다.

예제 9 진행률을 합리적으로 측정할 수 없는 경우: 회수가능원가기준

(주)대한건설은 서울시로부터 20×1년 1월 1일에 계약금액이 ₩1,200,000인 건설계약을 수주하였으며, 공사기간은 20×4년 12월 31일까지이다. (주)대한건설은 동 건설계약과 관련하여 진행기준으로 수익을 인식하고 있으며, 관련된 자료는 다음과 같다.

구분	20×1년	20×2년	20×3년
누적발생계약원가	₩200,000	₩500,000	₩880,000
추정총계약원가	1,000,000	?	1,100,000
계약대금 청구액	250,000	150,000	300,000
계약대금 회수액	250,000	150,000	300,000

한편, (주)대한건설은 건설 경기의 불확실성으로 20×2년 말에 총계약원가를 신뢰성 있게 추정할 수 없었으며, 20×3년 말에 다시 총계약원가를 추정할 수 있게 되었다. 다만, 손실이 예상되는 건설계약은 아니며, 건설계약대금의 회수에는 문제가 없는 것으로 판단되었다.

[요구사항]

(주)대한건설이 인식할 계약이익(또는 손실)을 연도별로 계산하시오.

해답   **1. 거래의 분석**

20×2년 말 현재 추정총계약원가를 추정할 수 없으므로 진행률을 측정할 수 없다. 따라서 20×2년에는 회수가능원가기준을 적용하여 수익과 비용을 인식한다. 그리고 20×3년에는 진행률을 추정할 수 있으므로 다시 진행기준에 따라 수익과 비용을 인식한다.

2. 연도별 계약이익(손실)

	20×1년	20×2년	20×3년
① 누적발생계약원가	200,000	500,000	880,000
② 총계약원가	1,000,000	?	1,100,000
③ 누적진행률(① ÷ ②)	20%	?%	80%
④ 누적계약수익	(*1)240,000	(*2)500,000	(*3)960,000
⑤ 당기계약수익(④의 증분)	240,000	260,000	460,000
⑥ 누적계약원가	(*1)200,000	500,000	(*3)880,000
⑦ 당기계약원가(⑥의 증분)	200,000	300,000	380,000
⑧ 당기계약이익(손실)(⑤ - ⑦)	40,000	(40,000)	80,000

(*1) 20×1년 누적계약수익: 1,200,000 × 20% = 240,000
20×1년 누적계약원가: 1,000,000 × 20% = 200,000

(*2) 20×2년 누적계약수익: Min[500,000(누적발생계약원가), 500,000(회수가능액)] = 500,000

(*3) 20×3년 누적계약수익: 1,200,000 × 80% = 960,000
20×3년 누적계약원가: 1,100,000 × 80% = 880,000

개념정리 OX문제

01 건설계약은 수행의무 완료 시까지 건설계약의 진행률에 따라 각각 수익과 비용을 인식 (O, X)
하며, 이때 진행률은 산출법과 투입법 중에 수행의무의 진행 정도를 적절하게 측정하
는 방법을 선택하여 적용한다.

02 건설계약에 내재된 불확실성에 따라 계약수익과 계약원가의 추정치는 후속적으로 변 (O, X)
경될 수 있으며, 계약수익과 계약원가의 추정치 변경의 효과는 회계추정의 변경으로
회계처리한다.

03 건설계약은 계약의 진행률을 측정하여 진행률에 따라 각 회계기간에 배분한 금액을 계 (O, X)
약수익으로 인식한다. 따라서 당기의 계약수익은 총계약수익(건설계약금액)에 당기의
증분진행률을 곱하여 계산한다.

04 전체 건설공사에서 이익이 예상되는 이익공사인 경우에는 계약수익과 계약원가를 진행 (O, X)
률만큼 인식하므로 당기 계약이익도 진행률에 따라 배분한 금액으로 계산할 수 있다.

05 건설계약의 진행률로 계약원가투입비율을 적용하는 경우, 아직 공사를 위해 설치, 사 (O, X)
용되지는 않았지만 이미 현장에 인도되었거나 준비된 재료의 원가는 진행률 산정을 위
한 누적발생계약원가(분자)에 포함한다.

06 총계약원가가 총계약수익을 초과할 가능성이 높은 경우, 예상되는 손실을 즉시 당기비 (O, X)
용으로 인식한다. 따라서 손실이 예상되는 연도의 계약손실은 전기까지 인식한 누적계
약이익에 총계약손실예상액을 더한 금액과 동일한 금액이 된다.

정답 및 해설

01 O

02 O

03 X 건설계약에 내재된 불확실성에 따라 총계약수익(건설계약금액) 추정치는 후속적으로 변동할 수 있다. 다만, 추정치
변경효과는 변경 이후의 회계기간에 전진적으로 반영해야 하므로, 당기의 계약수익은 당기 말 누적계약수익에서
전기 말 누적계약수익을 차감하여 계산한다.

04 O

05 X 진행률 산정을 위한 누적발생계약원가(분자)에는 수행한 공사를 반영하는 계약원가만 포함해야 한다. 따라서 당기
말 현재 건설공사에 투입되지 않은 미사용자재는 건설공사(수행의무)의 진행 정도를 반영하지 못하므로 누적발생
계약원가에 포함하지 않는 것이 원칙이다. 이러한 미사용자재는 추후 건설공사에 투입될 때 누적발생계약원가에
포함한다.

06 O

이익공사 + 공사원가투입비율

01 (주)세무는 20×1년 초 (주)대한과 건설계약(공사기간 3년, 계약금액 ₩850,000)을 체결하였다. 관련 자료가 다음과 같을 때, 20×1년 말 미청구공사금액(또는 초과청구공사금액)과 20×2년 공사이익은? (단, 진행기준으로 수익을 인식하고 진행률은 누적발생계약원가를 추정총계약원가로 나눈 비율로 측정한다)

[세무사 20]

구분	20×1년	20×2년	20×3년
누적발생계약원가	₩432,000	₩580,000	₩740,000
추정총계약원가	720,000	725,000	740,000
계약대금 청구금액	390,000	310,000	150,000
계약대금 수령금액	450,000	200,000	200,000

	20×1년 말 미청구공사(초과청구공사)	20×2년도 공사이익
①	초과청구공사 ₩0	₩78,000
②	초과청구공사 ₩20,000	₩22,000
③	초과청구공사 ₩20,000	₩78,000
④	미청구공사 ₩120,000	₩22,000
⑤	미청구공사 ₩120,000	₩78,000

이익공사 + 공사원가투입비율

02 (주)한국건설은 20×1년 1월 1일에 교량건설을 위하여 (주)서울과 총도급금액 ₩6,000,000에 계약을 체결하였다. 동 건설공사계약의 수익인식은 진행기준을 사용하며, 계약의 진행률은 누적발생계약원가를 기준으로 한다. 동 건설공사계약과 관련된 연도별 자료는 다음과 같다.

구분	20×1년	20×2년	20×3년
실제 계약원가 발생액	₩2,000,000	₩1,300,000	₩2,200,000
연도 말 예상 추가계약원가	3,000,000	2,200,000	-
계약대금 청구액	1,400,000	1,600,000	3,000,000
계약대금 회수액	1,000,000	1,800,000	3,200,000

이 건설공사계약과 관련하여, 20×2년 12월 31일 현재 (주)한국건설의 미청구공사 계정잔액과 이 건설공사계약이 (주)한국건설의 20×2년도 당기순이익에 미치는 영향은? [회계사 10]

	미청구공사 계정잔액	당기순이익에 미치는 영향
①	₩600,000	₩100,000 감소
②	₩700,000	₩100,000 감소
③	₩600,000	₩100,000 증가
④	₩600,000	₩500,000 감소
⑤	₩700,000	₩500,000 감소

이익공사 + 공사원가투입비율 + 도급금액 변경

03 (주)한국건설은 20×1년 초에 (주)대한과 교량건설을 위한 건설계약을 발주금액 ₩10,000,000에 체결하였다. 총 공사기간은 계약일로부터 3년인데, 20×2년도에 공사내용의 일부 변경에 따른 계약원가 추가 발생으로 건설계약금액을 ₩2,000,000 증가시키는 것으로 합의하였다. 동 건설계약과 관련된 연도별 자료는 다음과 같다.

구분	20×1년	20×2년	20×3년
실제 계약원가 발생액	₩2,400,000	₩4,950,000	₩3,150,000
연도 말 예상 추가계약원가	5,600,000	3,150,000	
계약대금 청구액	2,500,000	5,500,000	4,000,000
계약대금 회수액	2,500,000	5,500,000	4,000,000

(주)한국건설이 진행률을 누적발생계약원가에 기초하여 계산한다고 할 때, 동 건설계약과 관련하여 (주)한국건설이 20×2년 말 재무상태표상 인식할 미청구공사(초과청구공사)금액은 얼마인가? [회계사 14]

① 미청구공사 ₩100,000
② 미청구공사 ₩400,000
③ 미청구공사 ₩500,000
④ 초과청구공사 ₩100,000
⑤ 초과청구공사 ₩400,000

이익공사 + 물리적 완성비율

04 (주)희망건설은 20×1년 초에 (주)미래도로공사와 도로건설을 위한 계약을 체결하였다. 총계약금액은 ₩10,000,000이며 건설기간은 3년(총계약 도로 길이: 1,000km)이다. (주)희망건설은 동 계약의 결과를 신뢰성 있게 추정할 수 있으므로 진행기준에 따라 수익과 비용을 인식하며, 진행률은 계약 공사의 물리적 완성비율(완성된 도로 길이/총계약 도로 길이)로 측정한다. 동 계약과 관련된 연도별 자료는 다음과 같다.

구분	20×1년도	20×2년도	20×3년도
실제 계약원가 발생액	₩2,550,000	₩3,750,000	₩3,200,000
추정총계약원가	₩8,500,000	₩9,000,000	₩9,500,000
당기완성 도로 길이	400km	500km	100km
총계약 도로 길이	1,000km	1,000km	1,000km
계약대금 청구액	₩3,000,000	₩4,000,000	₩3,000,000
계약대금 회수액	₩3,000,000	₩4,000,000	₩3,000,000

상기 계약과 관련하여 (주)희망건설의 20×2년 말 현재 재무상태표에 표시되는 미청구공사(초과청구공사)의 잔액은 얼마인가?

[회계사 16]

① ₩200,000
② ₩(200,000)
③ ₩2,000,000
④ ₩(2,000,000)
⑤ ₩0

손실공사 + 공사원가투입비율

05 (주)한국건설은 20×1년에 대전광역시로부터 시민종합체육관을 ₩50,000에 수주하였다. 준공예정일은 20×3년 12월 31일이며, 진행기준에 따라 수익을 인식한다. 진행기준 적용 시 진행률은 누적발생계약원가를 총계약원가추정액으로 나누어 계산하며, 발생한 계약원가는 다음과 같다. (주)한국건설이 20×2년과 20×3년에 인식할 계약손익은 각각 얼마인가?

구분	20×1년	20×2년	20×3년
누적계약원가	₩12,000	₩39,000	₩53,000
추정총계약원가	40,000	52,000	53,000

	20×2년	20×3년
①	₩4,500 손실	₩1,000 손실
②	₩4,500 손실	₩1,500 손실
③	₩5,000 손실	₩1,000 손실
④	₩5,000 손실	₩1,500 손실
⑤	₩5,000 손실	₩3,000 손실

06 (주)세무는 20×1년 초 (주)한국과 건설계약(공사기간 4년, 계약금액 ₩2,000,000)을 체결하였으며, 관련 자료는 다음과 같다.

구분	20×1년	20×2년	20×3년	20×4년
누적발생계약원가	₩280,000	₩960,000	₩1,280,000	₩1,600,000
추정총계약원가	1,400,000	?	1,600,000	1,600,000

(주)세무는 20×2년 초부터 시작된 건설 경기의 불확실성으로 인해 20×2년 말에 총계약원가를 신뢰성 있게 추정할 수 없었으며, 계약금액 중 ₩800,000만 회수할 수 있다고 판단하였다. 하지만 건설 경기의 회복으로 20×3년 말에는 다시 총계약원가를 추정할 수 있게 되었으며, 계약금액도 전액을 회수할 수 있는 것으로 판단하였다. (주)세무가 20×1년, 20×2년 및 20×3년에 인식할 공사손익은? (단, (주)세무는 진행기준으로 수익을 인식하고 진행률은 누적발생계약원가를 추정총계약원가로 나눈 비율로 측정한다)

[세무사 17 수정]

	20×1년	20×2년	20×3년
①	₩120,000 이익	₩280,000 손실	₩480,000 이익
②	₩120,000 이익	₩120,000 손실	₩320,000 이익
③	₩120,000 이익	₩0	₩200,000 이익
④	₩120,000 이익	₩120,000 이익	₩80,000 이익
⑤	₩0	₩0	₩320,000 이익

정답 및 해설

정답

01 ④　02 ①　03 ②　04 ①　05 ③　06 ①

해설

01 ④ **(1) 20×2년 계약이익**

	20×1년	20×2년
누적원가	432,000	580,000
총예정원가	720,000	725,000
누적진행률	60%	80%
총예정이익	130,000	125,000
누적이익	78,000	100,000
당기이익(손실)	78,000	22,000

(2) 20×1년 말 미청구공사(초과청구공사)

미성공사	432,000 + (*)78,000 =	510,000
진행청구액		(390,000)
미청구공사		120,000

(*) 20×1년 누적이익

02 ① **(1) 20×2년 계약이익**

	20×1년	20×2년
누적원가	2,000,000	3,300,000
총예정원가	5,000,000	5,500,000
누적진행률	40%	60%
총예정이익	1,000,000	500,000
누적이익	400,000	300,000
당기이익(손실)	400,000	(100,000)

(2) 20×2년 말 미청구공사(계약자산)

미성공사	3,300,000 + (*)300,000 =	3,600,000
진행청구액	1,400,000 + 1,600,000 =	(3,000,000)
미청구공사		600,000

(*) 20×2년 누적이익

03 ② **(1) 20×2년 누적이익**

① 20×2년 말 누적원가: 2,400,000 + 4,950,000 = 7,350,000

② 20×3년 말 누적진행률: 7,350,000 ÷ 10,500,000(= 7,350,000 + 3,150,000) = 70%

③ 20×3년 누적이익: 1,500,000(= 12,000,000 − 10,500,000) × 70% = 1,050,000

(2) 20×2년 말 미청구공사(초과청구공사)

20×2년 말 미성공사	7,350,000 + 1,050,000 =	8,400,000
20×2년 말 누적진행청구액	2,500,000 + 5,500,000 =	(8,000,000)
미청구공사(초과청구공사)		400,000

04 ① **(1) 20×2년 누적이익**

① 20×2년 누적완성도로길이: 400km + 500km = 900km

② 20×2년 누적진행률: 900km ÷ 1,000km = 90%

③ 20×2년 누적이익: 1,000,000(= 10,000,000 − 9,000,000) × 90% = 900,000

(2) 20×2년 말 미청구공사(초과청구공사)

미성공사[*]	6,300,000 + 900,000 =	7,200,000
진행청구액	3,000,000 + 4,000,000 =	(7,000,000)
미청구공사		200,000

[*] 진행률을 계약원가투입비율이 아닌 다른 기준(예 물리적 완성비율 등)으로 측정하는 경우에는 미성공사금액 은 누적계약수익과 일치하지 않으며, 따라서 누적계약원가에 누적이익을 합한 금액으로 계산해야 한다.

05 ③ **(1) 거래의 분석**

20×2년에는 추정총계약원가 52,000이 총계약수익 50,000보다 크므로 전체공사에서 2,000만큼 손실이 예상 된다.

(2) 20×2년(손실예상연도) 계약손실

전기인식 누적이익	10,000 × 30%(= 12,000 ÷ 40,000) =	3,000
총계약손실예상액	52,000 − 50,000 =	2,000
20×2년 계약손실		5,000

(3) 20×3년(손실확정연도) 계약손실(이익)

실제발생 총계약손실(이익)	53,000 − 50,000 =	3,000
20×2년 총계약손실예상액		(2,000)
20×3년 계약손실(이익)		1,000

06 ① **(1) 거래의 분석**

20×2년 말 현재 추정총계약원가를 추정할 수 없으므로 진행률을 측정할 수 없다. 따라서 20×2년에는 회수 가능원가기준을 적용하여 수익과 비용을 인식한다. 그리고 20×3년에는 진행률을 추정할 수 있으므로 다시 진행기준에 따라 수익과 비용을 인식한다.

(2) 연도별 계약이익(손실)

	20×1년	20×2년	20×3년
① 누적발생계약원가	280,000	960,000	1,280,000
② 총계약원가	1,400,000	?	1,600,000
③ 누적진행률(①÷②)	20%	?%	80%
④ 누적계약수익	(*1)400,000	(*2)800,000	(*3)1,600,000
⑤ 당기계약수익(④의 증분)	400,000	400,000	800,000
⑥ 누적계약원가	(*1)280,000	960,000	(*3)1,280,000
⑦ 당기계약원가(⑥의 증분)	280,000	680,000	320,000
⑧ 당기계약이익(손실)(⑤ - ⑦)	120,000	(280,000)	480,000

(*1) 20×1년 누적계약수익: 2,000,000 × 20% = 400,000
    20×1년 누적계약원가: 1,400,000 × 20% = 280,000
(*2) 20×2년 누적계약수익: Min[960,000(누적발생계약원가), 800,000(회수가능액)] = 800,000
(*3) 20×3년 누적계약수익: 2,000,000 × 80% = 1,600,000
    20×3년 누적계약원가: 1,600,000 × 80% = 1,280,000

이익공사, 손실공사, 회수가능원가기준

[회계사 2차 12 수정]

01 다음에 제시되는 물음은 각각 독립된 상황이다. 제시된 물음에 답하시오.

(1) 12월 말 결산법인인 (주)한국은 20×1년 5월 1일에 (주)대한으로부터 도로건설을 수주하였다. 공사계약기간은 20×1년 7월 1일부터 20×3년 6월 30일까지이고, 공사계약금액은 ₩1,800,000이다.

(2) 진행기준 적용 시 진행률은 총추정원가 대비 현재까지 발생한 누적원가의 비율을 사용한다. 관련 〈기본자료〉는 아래와 같다.

구분	20×1년	20×2년	20×3년
당기발생계약원가	₩260,000	₩892,000	₩288,000
완성 시까지 추가계약원가 예상액	1,040,000	288,000	–
계약대금 청구액	400,000	900,000	500,000
계약대금 회수액	300,000	900,000	600,000

[물음 1] 건설계약과 관련하여 20×1년부터 20×3년까지 매년 포괄손익계산서에 인식할 ①~③의 금액을 구하시오. 단, 손실의 경우에는 금액 앞에 (-)로 표시하고, 항목별로 해당 금액이 없는 경우에는 "0"으로 표시한다.

구분		20×1년	20×2년	20×3년
포괄손익계산서	계약수익	?	②	?
	계약비용	?	?	?
	계약손익	①	③	?
재무상태표	미청구공사	?	④	?
	초과청구공사	?	⑤	?

[물음 2] 20×2년 말 건설자재 가격이 급등하여 추가 소요원가가 ₩288,000에서 ₩848,000으로 증가할 것으로 예상된다. 그 외의 조건은 <기본자료>와 동일하다. 20×2년도 포괄손익계산서에 인식할 ① 계약수익과 ② 계약손익 및 ③ 20×2년 말 재무상태표에 보고할 미청구공사(초과청구공사)의 금액을 각각 계산하시오. 단, 손실의 경우에는 금액 앞에 (-)로 표시하고, (주)한국건설은 손실부담계약에 해당되는 경우 예상손실을 미성공사에서 차감하는 방법을 사용한다.

[물음 3] 20×1년의 자료는 <기본자료>와 동일하다. 20×2년 초부터 (주)대한의 재무상태 악화로 인하여 미회수 계약대금 중 회수가능성이 높은 금액은 20×2년 말 현재 ₩500,000이다. 20×2년 발생원가는 ₩892,000이고, 건설자재 가격의 변동이 심하여 공사에 추가적으로 소요되는 금액을 20×2년 말 현재 신뢰성 있게 추정할 수 없다. 20×2년도 포괄손익계산서에 인식할 계약손익을 구하시오. 단, 손실의 경우에는 금액 앞에 (-)로 표시한다.

해답 **[물음 1] 이익공사 진행기준**

1. 연도별 계약이익(손실)

	20×1년	20×2년
① 누적발생계약원가	260,000	[*4]1,152,000
② 총예정원가	[*1]1,300,000	[*5]1,440,000
③ 누적진행률(① ÷ ②)	20%	80%
④ 누적계약수익(계약금액 × ③)	[*2]360,000	[*6]1,440,000
⑤ 당기계약수익(④의 증분)	360,000	1,080,000
⑥ 누적계약원가	[*3]260,000	[*7]1,152,000
⑦ 당기계약원가(⑥의 증분)	260,000	892,000
⑧ 당기계약이익(손실)(⑤ - ⑦)	100,000	188,000

[*1] 260,000 + 1,040,000 = 1,300,000

[*2] 1,800,000 × 20% = 360,000

[*3] 1,300,000 × 20% = 260,000

[*4] 260,000 + 892,000 = 1,152,000

[*5] 1,152,000 + 288,000 = 1,440,000

[*6] 1,800,000 × 80% = 1,440,000

[*7] 1,440,000 × 80% = 1,152,000

2. 연도 말 미청구공사(초과청구공사)

	20×1년 말	20×2년 말
누적발생계약원가	260,000	1,152,000
누적이익(손실)	100,000	288,000
미성공사	360,000	1,440,000
누적진행청구액	(400,000)	(1,300,000)
미청구공사(초과청구공사)	(40,000)	140,000

3. 답안의 작성

① 20×1년 계약이익: 100,000

② 20×2년 계약수익: 1,080,000

③ 20×2년 계약이익: 188,000

④ 20×2년 말 미청구공사: 140,000

⑤ 20×2년 말 초과청구공사: 영(0)

[물음 2] 손실공사 진행기준

1. 20×2년 말 추정총계약원가 2,000,000(= 1,152,000 + 848,000)이 계약금액 1,800,000보다 200,000만큼 크다. 따라서 20×2년 말 현재 전체공사에서 200,000만큼 손실이 예상된다(손실공사).

2. 20×2년 포괄손익계산서

   (1) 연도별 계약이익(손실)

	20×1년	20×2년
① 누적발생계약원가	260,000	(*4)1,152,000
② 총예정원가	(*1)1,300,000	(*5)2,000,000
③ 누적진행률(① ÷ ②)	20%	57.6%
④ 누적계약수익(계약금액 × ③)	(*2)360,000	(*6)1,036,800
⑤ 당기계약수익(④의 증분)	360,000	676,800
⑥ 누적계약원가	(*3)260,000	(*7)1,236,800
⑦ 당기계약원가(⑥의 증분)	260,000	976,800
⑧ 당기계약이익(손실)(⑤ - ⑦)	100,000	(300,000)

   (*1) 260,000 + 1,040,000 = 1,300,000

   (*2) 1,800,000 × 20% = 360,000

   (*3) 1,300,000 × 20% = 260,000

   (*4) 260,000 + 892,000 = 1,152,000

   (*5) 1,152,000 + 848,000 = 2,000,000

   (*6) 1,800,000 × 57.6% = 1,036,800

   (*7) 누적발생계약원가 + 차기 이후 예상손실 = 1,152,000 + 200,000 × (1 - 57.6%) = 1,236,800

   (2) 별해 20×2년(손실예상연도) 계약손실
       = 전기까지 인식한 누적계약이익 + 총계약손실예상액
       = 100,000 + 200,000 = 300,000

3. 20×2년 말 재무상태표

   (1) 20×2년 말 미청구공사(초과청구공사)

	20×2년 말
누적발생계약원가	1,152,000
누적이익(손실)	(200,000)
미성공사	952,000
누적진행청구액	(1,300,000)
미청구공사(초과청구공사)	(348,000)

   (2) 참고 예상손실을 충당부채로 인식할 경우

	20×2년 말
미성공사	(*)1,036,800
누적진행청구액	(1,300,000)
미청구공사(초과청구공사)	(263,200)

   (*) 20×2년 말 누적계약수익

4. 답안의 작성

   ① 20×2년 계약수익: 676,800

   ② 20×2년 계약이익: (-)300,000 계약손실

   ③ 20×2년 말 미청구공사(초과청구공사): 348,000 초과청구공사

[물음 3] 회수가능원가기준

1. 20×2년 말 현재 추정총계약원가를 추정할 수 없으므로 진행률을 측정할 수 없다. 따라서 20×2년에는 회수가능원가기준을 적용하여 수익과 비용을 인식한다.

2. 20×2년 계약이익(손실)

    (1) 20×2년 계약수익

        = Min[누적발생계약원가, 회수가능액] - 전기 말 누적계약수익

        = Min[1,152,000, $^{(*)}$800,000] - 360,000 = 440,000

            $^{(*)}$ 300,000(20×1년 대금 회수액) + 500,000(미회수 계약대금 중 회수가능액) = 800,000

    (2) 20×2년 계약원가: 당기발생계약원가 = 892,000

    (3) 20×2년 계약이익(손실): 440,000 - 892,000 = (-)452,000 계약손실

cpa.Hackers.com

해커스 IFRS 김승철 중급회계 하

제16장

복합금융상품

제1절 | 복합금융상품 일반사항

01 복합금융상품의 의의

(1) 개요

① 복합금융상품은 부채요소와 자본요소를 모두 포함하고 있는 금융상품을 말한다. 즉, 복합금융상품은 일반적으로 금융부채가 생기게 하는 요소(부채요소)와 발행자의 지분상품으로 전환할 수 있는 옵션을 보유자에게 부여하는 요소(자본요소)가 결합된 형태로 발행된다.

② 따라서 복합금융상품의 발행자는 복합금융상품의 발행시점에 부채요소와 자본요소를 별도로 분리하여 인식한다.

> 복합금융상품 = 금융부채(부채요소) + 발행자의 지분상품으로 전환할 수 있는 옵션(자본요소)

(2) 복합금융상품의 종류

복합금융상품의 대표적인 사례로는 전환사채와 신주인수권부사채가 있다. 전환사채(CB; Convertible Bonds)는 일반사채(채무상품)에 전환사채의 보유자(투자자)가 전환사채를 보통주(지분상품)로 전환을 청구할 수 있는 권리(전환권)가 부여된 복합금융상품이다. 그리고 신주인수권부사채(BW; Bond with Warrants)는 일반사채에 신주인수권부사채의 보유자가 행사가격으로 보통주의 발행을 청구할 수 있는 권리(신주인수권)가 부여된 복합금융상품이다.

> 전환사채 　　　　　 = 일반사채(부채요소) + 전환권(자본요소)
> 신주인수권부사채 = 일반사채(부채요소) + 신주인수권(자본요소)

전환사채와 신주인수권부사채는 사채의 안정성과 주식의 수익성을 모두 가지고 있는 투자수단으로서, 보유자와 발행자 입장에서 각각 다음과 같은 장점이 있다.

구분	장점
보유자	① 전환사채(신주인수권부사채)의 보유자는 주식의 시장가격이 상승하여 전환가격(행사가격)을 웃도는 경우 전환권(신주인수권)을 행사하여 자본이득(시세차익)을 누릴 수 있다. ② 반면에 주식시장의 침체로 주식의 시장가격이 하락하는 경우에는 전환권(신주인수권)을 행사하지 않고 만기까지 보유하면서 안정적인 이자수익을 얻을 수 있다.
발행자	① 전환사채(신주인수권부사채)는 전환권(신주인수권)이 없는 일반사채보다 낮은 표시이자율로 발행되는 것이 일반적이다. 따라서 전환사채(신주인수권부사채)의 발행자는 상대적으로 낮은 금융비용을 부담하면서 자금을 조달할 수 있다. ② 전환권(신주인수권)이 행사되면 주식이 발행되어 발행자의 자본이 증가하므로 재무구조가 개선되는 효과가 있다.

02 전환사채의 발행조건

(1) 상환할증금 지급조건

① 전환사채는 일반사채에 전환권이 부여되어 발행되므로, 전환권이 없이 발행되는 일반사채보다 표시이자율이 낮은 것이 일반적이다. 이에 따라 만일 전환사채의 투자자가 만기까지 전환권을 행사하지 못하는 경우에는 일반사채에 투자한 경우에 비해 투자수익률이 낮아지게 되는 문제점이 있다.

② 이러한 점을 고려하여 전환사채의 발행회사는 만일 투자자가 만기까지 전환권을 행사하지 못하는 경우 표시이자율보다 높은 일정 수익률을 보장해 주는 조건으로 전환사채를 발행하는 경우가 있는데, 이때 만기까지 전환권을 행사하지 못한 투자자에게 보장해 주기로 한 만기수익률을 보장수익률이라고 한다. 보장수익률은 전환사채의 미래현금흐름(상환할증금 포함)의 현재가치를 액면금액과 일치시키는 할인율을 말한다.

③ 이에 따라 전환사채의 발행회사는 투자자가 만기까지 전환권을 행사하지 못하는 경우에는 투자자에게 보장수익률을 보장해 주기 위해 만기일에 액면금액에 일정한 금액을 가산하여 지급하게 되는데, 이때 액면금액에 가산하여 지급하는 금액을 상환할증금이라고 한다.

[표 16-1] 전환사채의 발행조건

구분	내용
액면상환조건	만기까지 전환권을 행사하지 못한 투자자에게 액면금액만을 상환하는 조건으로 발행
상환할증금 지급조건	만기까지 전환권을 행사하지 못한 투자자에게 보장수익률을 보장해 주기 위해 만기에 액면금액에 상환할증금을 가산하여 상환하는 조건으로 발행

> ⊘ 참고 **이자율 간의 관계**
>
> 복합금융상품(전환사채 또는 신주인수권부사채)의 표시이자율과 보장수익률 그리고 일반사채의 시장이자율 간에는 다음과 같은 상대적인 관계가 성립한다.
>
> > 표시이자율 ≤ 보장수익률 < 일반사채 시장이자율
>
> ① 복합금융상품의 보장수익률은 표시이자율보다 항상 크거나 같다. 즉, 복합금융상품이 액면상환조건으로 발행된 경우에는 표시이자율과 보장수익률과 동일하며, 상환할증금 지급조건으로 발행된 경우에는 보장수익률이 표시이자율보다 크다.
> ② 반면, 복합금융상품의 보장수익률은 항상 일반사채의 시장이자율보다는 작다. 왜냐하면 복합금융상품은 일반사채에 옵션(전환권 또는 신주인수권)을 부여하여 발행되기 때문에, 옵션이 없이 발행되는 일반사채의 시장이자율만큼 수익률을 보장해 줄 필요가 없기 때문이다. 즉, 복합금융상품의 투자자는 시장이자율과 보장수익률의 차이를 옵션(전환권 또는 신주인수권)을 행사하여 보상받는 것이다.

(2) 상환할증금의 계산

[그림 16-1] 상환할증금의 계산

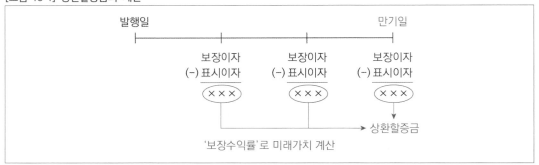

상환할증금은 투자자들에게 보장수익률을 보장해 주기 위해 보장수익률과 표시이자율의 차이에 해당하는 이자를 만기일에 일시 지급한 금액이다. 따라서 상환할증금은 보장이자율에 의한 이자(보장이자)와 표시이자율에 의한 이자(표시이자)의 차이를 보장수익률을 적용하여 계산한 만기일의 미래가치가 된다.

상환할증금 = [액면금액 × (보장수익률 − 표시이자율)]을 보장수익률로 계산한 만기일의 미래가치

한편, 상기 상환할증금의 계산방법은 전환사채의 발행금액과 상관이 없다. 왜냐하면 보장수익률은 전환사채의 미래현금흐름의 현재가치를 액면금액과 일치시키는 할인율이기 때문이다. 따라서 전환사채가 할인발행 또는 할증발행되는 경우에도 상환할증금은 (시장이자율이 아니라) 보장수익률을 적용한 미래가치로 계산된다.

예제 1 상환할증금 계산

(1) 20×1년 1월 1일, (주)한국은 액면금액 ₩1,000,000이며, 상환기일이 20×3년 12월 31일인 전환사채를 액면 발행하였다. 전환사채의 표시이자율은 연 5%로 매년 말에 지급한다.

(2) (주)한국은 전환사채의 보유자가 전환권을 행사하지 않는 경우 전환사채의 보유자에게 만기까지 연 8%의 수익률을 보장한다.

(3) 연금의 미래가치계수는 다음과 같다.

기간	5%	8%
3	3.1525	3.2464

[요구사항]

1. (주)한국이 발행한 전환사채의 만기일에 지급할 상환할증금을 계산하시오.

2. (주)한국이 발행한 전환사채의 상환할증률을 계산하시오.

해답   **1. 상환할증금**

(1) 보장이자와 표시이자의 차액

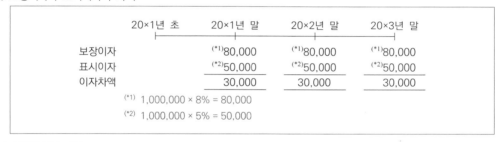

(2) 상환할증금 계산

보장이자와 표시이자 차액의 만기일 미래가치 합계(할인율: 보장수익률)

$= 30,000 \times 1.08^2 + 30,000 \times 1.08^1 + 30,000$

$= 30,000 \times (1.08^2 + 1.08^1 + 1)$

$= 30,000 \times 3.2464 = 97,392$

2. 상환할증률

상환할증금 ÷ 전환사채 액면금액 = 97,392 ÷ 1,000,000 = 9.739%

03 전환사채 발행금액의 배분

① 전환사채의 발행회사는 전환사채의 발행금액을 부채요소(일반사채)와 자본요소(전환권대가)를 별도로 분리하여 인식한다.

② 자본은 자산에서 부채를 차감한 잔여지분이다. 따라서 전환사채의 자본요소도 당해 전환사채의 발행가액에서 전환권이 없는 일반사채의 공정가치(부채요소)를 차감하여 계산한다. 이때 일반사채의 공정가치는 전환사채의 계약상 미래현금흐름(상환할증금 포함)을 전환권이 없는 채무상품(일반사채)에 적용되는 시장이자율로 할인하여 계산한다.

전환사채의 자본요소 = 전환사채의 발행금액 – [*]부채요소의 공정가치

[*] 전환사채의 미래현금흐름(액면금액 + 표시이자 + 상환할증금)을 일반사채의 시장이자율로 할인한 현재가치

[전환사채 발행일의 회계처리(순액법)]

(차) 현금	[*1]××× ①	(대) 전환사채(부채요소)	[*2]××× ②
		전환권대가(자본요소)	[*3]××× ③

[*1] 전환사채 발행금액: PV(액면금액 + 표시이자 + 상환할증금) By 전환사채 시장이자율
[*2] 일반사채를 가정한 현재가치: PV(액면금액 + 표시이자 + 상환할증금) By 일반사채 시장이자율
[*3] 대차차액: 전환사채 발행금액 – 일반사채를 가정한 현재가치

승철쌤's comment   부채요소의 공정가치

① 전환사채 발행금액을 부채요소와 자본요소로 배분할 때, 부채요소의 공정가치는 전환사채의 미래현금흐름을 (전환사채의 시장이자율이 아닌) 일반사채의 시장이자율로 할인하여 계산함에 유의한다. 왜냐하면 전환사채의 부채요소는 전환권(자본요소)이 없는 일반사채를 발행하였다고 가정하여 계산한 금액이기 때문이다.
② 만일 전환사채의 미래현금흐름을 전환사채의 시장이자율로 할인하면, 전환권(자본요소)이 포함된 전환사채의 공정가치(발행금액)가 계산된다.

예제 2 발행금액의 배분

(1) 20×1년 1월 1일, (주)한국은 액면금액 ₩1,000,000이며, 상환기일이 20×3년 12월 31일인 전환사채를 발행하였다. 전환사채의 보유자가 만기일까지 전환권을 행사하지 않을 경우에는 상환할증금 ₩100,000을 가산하여 지급한다.
(2) 전환사채의 표시이자율은 연 4%로 매년 말에 지급하며, 전환사채의 발행일 현재 전환권이 없는 유사한 채무상품에 적용되는 시장이자율은 12%이다.
(3) 현재가치계수는 다음과 같다.

기간	현가계수			연금현가계수		
	4%	10%	12%	4%	10%	12%
3	0.8890	0.7513	0.7118	2.7751	2.4868	2.4019

[요구사항]

1. (주)한국이 상기 전환사채를 액면발행하였을 경우, 전환사채의 발행금액 중에서 전환권의 가치에 해당하는 금액을 계산하시오.

2. [본 물음은 독립적이다] 만일 전환사채 발행일 현재 전환사채의 시장이자율이 10%일 경우, 전환사채의 발행금액 중에서 전환권의 가치에 해당하는 금액을 계산하시오.

해답   1. 전환사채의 발행금액이 제시된 경우

전환사채 발행금액		1,000,000
부채요소 공정가치(할인율 12%)	(1,000,000 + 100,000) × 0.7118 + 40,000 × 2.4019 =	(879,056)
전환권의 가치		120,944

2. 전환사채의 시장이자율이 제시된 경우

전환사채 발행금액(할인율 10%)	(1,000,000 + 100,000) × 0.7513 + 40,000 × 2.4868 =	925,902
부채요소 공정가치(할인율 12%)	(1,000,000 + 100,000) × 0.7118 + 40,000 × 2.4019 =	(879,056)
전환권의 가치		46,846

제2절 | 전환사채

01 전환사채의 액면발행

(1) 전환사채의 발행

① 전환사채의 발행금액 중 일반사채의 공정가치(일반사채를 가정한 현재가치)에 해당하는 금액은 금융 부채로 인식하고, 전환권의 가치에 해당하는 금액은 전환권대가의 과목으로 하여 자본으로 인식한다. 그리고 후속적으로 전환권을 행사할 가능성이 변동하는 경우에도 부채요소와 자본요소의 분류를 수정하지 않는다.

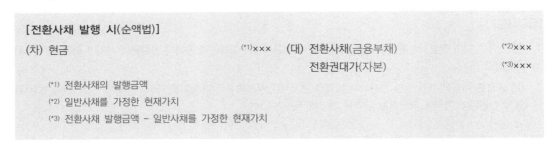

[전환사채 발행 시(순액법)]

| (차) 현금 | (*1)××× | (대) 전환사채(금융부채) | (*2)××× |
| | | 전환권대가(자본) | (*3)××× |

(*1) 전환사채의 발행금액
(*2) 일반사채를 가정한 현재가치
(*3) 전환사채 발행금액 – 일반사채를 가정한 현재가치

[그림 16-2] 전환사채의 총액법 회계처리: 액면발행 시

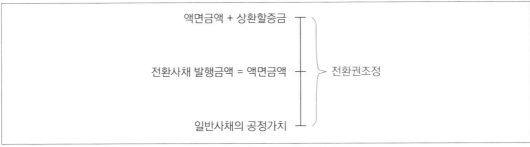

② 한편, 상환할증금 지급조건의 전환사채인 경우 전환사채 발행자는 만기일에 전환사채의 액면금액에 상환할증금을 가산하여 상환한다. 따라서 상환할증금은 전환사채 액면금액에 가산하여 표시한다. 즉, 전환사채 발행자는 발행일에 전환사채의 만기상환금액(액면금액 + 상환할증금)을 부채로 인식하고, 만기상환금액과 일반사채의 현재가치의 차이는 전환권조정의 과목으로 하여 전환사채에서 차감하여 표시한다.

③ 결과적으로 전환사채 발행일에 전환권조정으로 인식하는 금액은 상환할증금과 전환권대가의 합계 금액이 되며, 전환권조정은 전환사채의 상환기간에 걸쳐 유효이자율법으로 상각한 금액을 이자비용으로 인식한다. 한편, 국제회계기준에서는 전환권조정에 대하여 별도의 언급이 없다. 따라서 일부 교재에서는 전환권조정을 사채할인발행차금 계정으로 하여 회계처리하기도 한다.

[전환사채 발행 시(총액법)]

(차) 현금	$\times\times\times$	(대) 전환사채(액면금액)	$^{(*1)}\times\times\times$
전환권조정	$^{(*3)}\times\times\times$	상환할증금(만기금액)	$^{(*2)}\times\times\times$
		전환권대가	$\times\times\times$

(*1) 전환사채의 액면금액
(*2) 상환할증금의 만기금액
(*3) 액면금액 + 상환할증금 – 일반사채를 가정한 현재가치

전환권조정 = 전환사채 만기상환금액(액면금액 + 상환할증금) – 일반사채의 공정가치
= 전환사채 발행금액(액면발행 시 액면금액) – 일반사채의 공정가치 + 상환할증금
= 전환권대가 + 상환할증금

⊘ 참고 **전환사채의 재무상태표 표시**

	부분 재무상태표	
(주)한국	20×1년 1월 1일 현재	
	비유동부채	
	전환사채(액면금액)	$\times\times\times$
	상환할증금(만기금액)	$\times\times\times$
	전환권조정	$(\times\times\times)$
		$\times\times\times$
	자본	
	전환권대가	$\times\times\times$

승철쌤's comment 전환사채의 총액법

① **전환사채의 총액법**: [액면금액 + 상환할증금]을 총액으로 간주하여 표시함에 유의한다.
② 즉, 상환할증금은 원래 이자의 성격이지만, 어차피 만기에 액면금액에 가산하여 상환하므로 편의상 액면금액과 함께 총액으로 간주하여 표시하는 것이다.
③ 따라서 전환사채의 경우에는 이 총액(액면금액 + 상환할증금)과 일반사채의 발행금액의 차이가 사채할인발행차금이 된다. 다만, 전환사채가 액면발행된 경우에는 외관상 형식을 고려하기 위해, 즉, 외관상으로는 할인발행된 것이 아니므로 (사채할인발행차금이 아니라) 전환권조정이라는 특이한 계정과목으로 회계처리하는 것뿐이다.

(2) 이자비용의 인식

전환사채의 장부금액에 전환권이 없는 유사한 채무(일반사채)의 시장이자율을 곱한 유효이자를 전환사채의 이자비용으로 인식한다. 이자비용으로 인식한 금액(유효이자)과 표시이자의 차이는 전환권조정의 상각액으로 처리한다. 그리고 전환권조정은 전환사채에서 차감하여 표시하므로 전환권조정의 상각액만큼 전환사채의 장부금액이 증가하게 된다.

[이자비용의 인식(순액법)]			
(차) 이자비용(유효이자)	(*)×××	(대) 현금(표시이자)	×××
		전환사채(상각액)	×××

(*) 전환사채의 기초 장부금액 × 일반사채 시장이자율

[이자비용의 인식(총액법)]			
(차) 이자비용(유효이자)	(*)×××	(대) 현금(표시이자)	×××
		전환권조정(상각액)	×××

(*) 전환사채의 기초 장부금액 × 일반사채 시장이자율

(3) 전환권 행사

전환권이 행사되면 전환사채가 소멸하고 주식이 발행된다. 이때 전환권대가는 전환권 행사를 위한 계약금의 성격으로서 주식발행금액의 일부로 볼 수 있다. 따라서 전환권 행사 시 주식의 발행금액은 전환권대가와 전환권 행사시점의 전환사채 장부금액의 합계금액으로 한다.

주식의 발행금액 = 계약금 + 잔금(전환사채 상환의무의 면제)
= 전환권대가 + 전환사채 장부금액

[전환권의 행사(순액법)]

(차) 전환권대가	×××	(대) 자본금	(*2)×××
전환사채	(*1)×××	주식발행초과금	×××

(*1) 행사일 현재 전환사채 장부금액(상각후원가)
(*2) 발행한 주식의 액면금액

[전환권의 행사(총액법)]

(차) 전환권대가	×××	(대) 전환권조정	(*3)×××
전환사채(액면금액)	(*1)×××	자본금	×××
상환할증금(만기금액)	(*2)×××	주식발행초과금	×××

(*1) 전환사채의 액면금액
(*2) 상환할증금의 만기금액
(*3) 액면금액 + 상환할증금 − 전환사채 장부금액(상각후원가)

승철쌤's comment   전환권 행사 시 자본 증가액

① 전환사채의 투자자들이 전환권을 행사하면, 행사시점의 일반사채 장부금액(상각후원가)이 행사비율만큼 감소한다. 즉, 행사일의 일반사채 장부금액(부채)이 행사비율만큼 감소하므로 동 금액만큼 자본이 증가하게 된다.
② **전환권 행사일의 자본 증가액**: 행사일 현재 일반사채 상각후원가 × 행사비율

한편, 국제회계기준에서는 최초인식시점의 자본요소(전환권대가)는 자본의 다른 항목으로 대체될 수 있지만 계속하여 자본으로 유지된다고 규정하고 있다. 즉, 전환권 행사 시 전환권대가를 주식발행초과금으로 대체하는 것은 단순한 자본항목 간의 대체일 뿐이므로 이를 강제하고 있지 않은 것이다. 수험목적으로는 별도의 단서가 없는 한 주식발행초과금으로 대체하는 것으로 가정하여 문제를 풀이하면 된다.

(4) 전환권 행사 후 이자비용의 인식

　　전환권이 행사된 이후에도 주식으로 전환되지 않은 전환사채에 대하여는 유효이자율법을 적용한 유효이자를 이자비용으로 인식해야 한다. 이때 이자비용으로 인식할 금액은 전환권이 행사되지 않았다고 가정할 경우의 이자비용에 전환권 미행사비율을 곱하여 계산할 수도 있다.

> **전환권 행사 이후의 이자비용** = 권리행사 후 전환사채 장부금액 × 유효이자율
> = 전환권 미행사 가정 시 이자비용 × 전환권 미행사비율

(5) 전환사채의 만기상환

① 전환사채의 만기일까지 전환권이 행사되지 않은 부분에 대하여는 전환사채의 액면금액과 상환할증금을 합한 금액을 투자자들에게 상환하여야 한다. 그리고 전환사채의 만기일이 되면 전환권조정은 상각을 통하여 모두 소멸되었으므로 전환사채의 장부금액은 만기상환액(액면금액 + 상환할증금)과 동일한 금액이 된다. 즉, 전환사채의 만기일에는 만기상환액과 장부금액이 일치하므로 만기상환으로 인한 손익이 발생하지 않는다.

② 한편, 전환권 미행사분에 해당하는 전환권대가는 다른 자본항목(예 전환권대가소멸이익)으로 대체할 수 있다.

> **전환사채의 만기상환액** = (전환사채 액면금액 + 상환할증금) × 전환권 미행사비율

> **[전환사채의 만기상환(순액법)]**
> (차) 전환사채 　　　　　　　　　　×××　(대) 현금 　　　　　　　　(*)×××
> 　　(*) (전환사채 액면금액 + 상환할증금) × 전환권 미행사비율
>
> (차) 전환권대가 　　　　　　　　　×××　(대) 전환권대가소멸이익 　　×××
>
> **[전환사채의 만기상환(총액법)]**
> (차) 전환사채(액면금액) 　　　　　　×××　(대) 현금 　　　　　　　　×××
> 　　상환할증금(만기금액) 　　　　　×××
> (차) 전환권대가 　　　　　　　　　×××　(대) 전환권대가소멸이익 　　×××

필수암기!	전환사채의 회계처리

① **전환사채 발행 시**: 발행금액을 일반사채와 전환권대가 2개로 쪼갠다.
② **전환권 행사 시**: 주식발행으로 받은 대가(주식발행금액)는 2개이다.
　　㉠ 전환권대가
　　㉡ 전환권 행사 시 일반사채 장부금액
③ **전환권 행사 후**: 전환권이 행사되면 행사비율만큼 모든 금액이 소멸된다.

예제 3   전환사채(액면발행)

(1) 20×1년 1월 1일, (주)한국은 액면금액 ₩1,000,000이며, 상환기일이 20×3년 12월 31일인 전환사채를 액면 발행하였다. 전환사채의 보유자가 만기일까지 전환권을 행사하지 않을 경우에는 상환할증금 ₩100,000을 가산 하여 지급한다.
(2) 전환사채의 표시이자율은 연 5%로 매년 말에 지급하며, 전환사채의 발행일 현재 전환권이 없는 유사한 채무상 품에 적용되는 시장이자율은 10%이다.
(3) 20×2년 1월 1일, 전환사채 액면금액 중 ₩600,000(60%)에 해당하는 전환권이 행사되었으며, 전환권을 행사 하는 경우 전환사채 액면금액 ₩10,000당 1주의 보통주(주당 액면금액 ₩5,000)를 교부한다. (주)한국은 전환 권이 행사되는 경우 전환권대가를 주식발행초과금으로 대체하는 정책을 채택하고 있다.
(4) 현재가치계수는 다음과 같다.

기간	5%		10%	
	현가계수	연금현가계수	현가계수	연금현가계수
3	0.8638	2.7232	0.7513	2.4868

[요구사항]

1. (주)한국이 전환사채 발행일에 인식할 전환권대가를 계산하시오.
2. (주)한국이 전환사채와 관련하여 인식할 다음의 금액을 각각 계산하시오.
　(1) 전환권 행사일의 주식발행금액
　(2) 전환권 행사일의 주식발행초과금 인식액
　(3) 전환권 행사일의 자본 증가액
　(4) 20×2년에 인식할 이자비용
　(5) 20×2년 말 전환사채 장부금액
　(6) 전환사채 만기일에 상환할 금액(표시이자 제외)
3. (주)한국이 전환사채의 발행일부터 만기일까지 수행할 회계처리를 제시하시오.

해답 **1. 전환권대가**

전환사채 발행금액		1,000,000
일반사채 공정가치	(1,000,000 + 100,000) × 0.7513 + 50,000 × 2.4868 =	(950,770)
전환권대가		49,230

2. 전환권 행사일과 행사일 이후의 금액

(1) 전환권 행사일의 주식발행금액

① 20×1년 말 일반사채 장부금액: 950,770 × 1.1 − 50,000 = 995,847

② 20×2년 초 전환권 행사 시 주식발행금액

전환권대가	49,230 × 60% =	29,538
일반사채 장부금액	995,847 × 60% =	597,508
주식발행금액		627,046

(2) 전환권 행사일의 주식발행초과금 인식액

주식발행금액		627,046
자본금	60주(= 600,000 ÷ 10,000) × @5,000 =	(300,000)
주식발행초과금		327,046

(3) 전환권 행사일의 자본 증가액

① 투자자들이 전환권을 행사하면 일반사채 장부금액이 감소하므로 동 금액만큼 자본이 증가한다.

② 전환권 행사일의 자본 증가액: 995,847 × 60% = 597,508

(4) 20×2년에 인식할 이자비용

① 전환권 행사 직후 일반사채 장부금액: 995,847 × (1 − 60%) = 398,339

② 20×2년 일반사채 이자비용: 398,339 × 10% = 39,834

(5) 20×2년 말 전환사채(일반사채) 장부금액: 398,339 × 1.1 − 20,000(= 50,000 × 40%) = 418,173

(6) 전환사채 만기일에 상환할 금액: (전환사채 액면금액 + 상환할증금) × 전환권 미행사비율

(1,000,000 + 100,000) × (1 − 60%) = 440,000

3. 회계처리

(1) 순액법

20×1.1.1	(차) 현금	1,000,000	(대) 전환사채	950,770	⇨	950,770
			전환권대가	49,230		

20×1.12.31	(차) 이자비용	(*)95,077	(대) 현금	50,000		
			전환사채	45,077	⇨	995,847

(*) 950,770 × 10% = 95,077

20×2.1.1	(차) 전환권대가	29,538	(대) 자본금	300,000		
	전환사채	597,508	주식발행초과금	327,046	⇨	398,339

20×2.12.31	(차) 이자비용	39,834	(대) 현금	20,000		
			전환사채	19,834	⇨	418,173

20×3.12.31	(차) 이자비용	(*3)41,827	(대) 현금	(*2)20,000		
			전환사채	(*1)21,827	⇨	440,000

(*1) 440,000 − 418,173 = 21,827

(*2) 50,000 × (1 − 60%) = 20,000

(*3) 역산

	(차) 전환사채	440,000	(대) 현금	440,000	⇨	0

(2) 총액법

20×1.1.1	(차) 현금	1,000,000	(대) 전환사채	1,000,000 ⇨	950,770
	전환권조정	(*)149,230	상환할증금	100,000	
			전환권대가	49,230	

(*) (1,000,000 + 100,000) − 950,770 = 149,230

| 20×1.12.31 | (차) 이자비용 | 95,077 | (대) 현금 | 50,000 | |
| | | | 전환권조정 | 45,077 ⇨ | 995,847 |

20×2.1.1	(차) 전환권대가	29,538	(대) 전환권조정	(*)62,492	
	전환사채	600,000	자본금	300,000	
	상환할증금	60,000	주식발행초과금	327,046 ⇨	398,339

(*) (600,000 + 60,000) − 597,508 = 62,492

| 20×2.12.31 | (차) 이자비용 | (*1)39,834 | (대) 현금 | (*2)20,000 | |
| | | | 전환권조정 | 19,834 ⇨ | 418,173 |

(*1) 398,339 × 10% = 39,834
(*2) 50,000 × (1 − 60%) = 20,000

| 20×3.12.31 | (차) 이자비용 | (*3)41,827 | (대) 현금 | (*2)20,000 | |
| | | | 전환권조정 | (*1)21,827 ⇨ | 440,000 |

(*1) 440,000 − 418,173 = 21,827
(*2) 50,000 × (1 − 60%) = 20,000
(*3) 역산

| | (차) 전환사채 | 400,000 | (대) 현금 | 440,000 ⇨ | 0 |
| | 상환할증금 | 40,000 | | | |

4. 참고 시점별 부분 재무상태표

부분 재무상태표

	20×1.1.1	20×1.12.31	20×2.1.1	20×2.12.31	20×3.12.31
[순액법]					
비유동부채					
전환사채	950,770	995,847	(*1)398,339	418,173	–
자본					
자본금	–	–	300,000	300,000	300,000
주식발행초과금	–	–	327,046	327,046	327,046
전환권대가	49,230	49,230	(*2)19,692	19,692	19,692
[총액법]					
비유동부채					
전환사채	1,000,000	1,000,000	(*3)400,000	400,000	–
상환할증금	100,000	100,000	(*4)40,000	40,000	–
전환권조정	(149,230)	(104,153)	(*5)(41,661)	(21,827)	–
	950,770	995,847	398,339	418,173	–
자본					
자본금	–	–	300,000	300,000	300,000
주식발행초과금	–	–	327,046	327,046	327,046
전환권대가	49,230	49,230	(*2)19,692	19,692	19,692

(*1) 995,847 × (1 − 60%) = 398,339

(*2) 49,230 × (1 − 60%) = 19,692

(*3) 1,000,000 × (1 − 60%) = 400,000

(*4) 100,000 × (1 − 60%) = 40,000

(*5) 104,153 × (1 − 60%) = 41,661

02 전환사채의 할인(할증)발행

(1) 전환사채의 발행

[그림 16-3] 전환사채의 총액법 회계처리: 할인발행 시

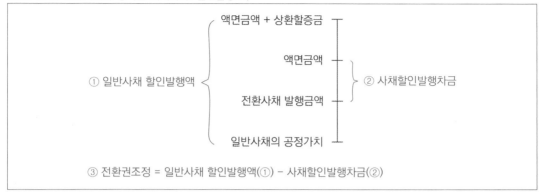

① 전환사채를 할인(할증)발행하는 경우에도 발행금액 중 일반사채의 공정가치(일반사채를 가정한 현재가치)에 해당하는 금액은 금융부채로 인식하고, 전환권의 가치에 해당하는 금액은 전환권대가의 과목으로 하여 자본으로 인식한다.

② 다만, 전환사채를 할인발행하는 경우에는 전환사채의 만기상환액(액면금액 + 상환할증금)과 일반사채의 현재가치의 차이를 전환권조정과 사채할인발행차금으로 분리하여 표시한다. 즉, 사채할인발행차금은 전환사채의 액면금액과 전환사채 발행금액의 차이로 계산하고, 나머지 금액을 전환권조정으로 구분하여 표시한다. 사채할인발행차금은 전환사채에서 차감하여 표시하고, 전환사채의 상환기간에 걸쳐 유효이자율법으로 상각한 금액을 이자비용에 가산한다.

---

① **사채할인발행차금** = 전환사채 액면금액 - 전환사채 발행금액
② **전환권조정**　　= (전환사채 액면금액 + 상환할증금) - 일반사채의 공정가치 - 사채할인발행차금
　　　　　　　　　　= 전환사채 발행금액 - 일반사채의 공정가치 + 상환할증금
　　　　　　　　　　= 전환권대가 + 상환할증금

[전환사채 발행 시: 할인발행(순액법)]

(차) 현금	×××	(대) 전환사채	×××
		전환권대가	×××

[전환사채 발행 시: 할인발행(총액법)]

(차) 현금	×××	(대) 전환사채(액면금액)	×××
사채할인발행차금	(*1)×××	상환할증금(만기금액)	×××
전환권조정	(*2)×××	**전환권대가**	×××

(*1) 전환사채 액면금액 - 전환사채 발행금액
(*2) 액면금액 + 상환할증금 - 일반사채를 가정한 현재가치 - 사채할인발행차금

[그림 16-4] 전환사채의 총액법 회계처리: 할증발행 시

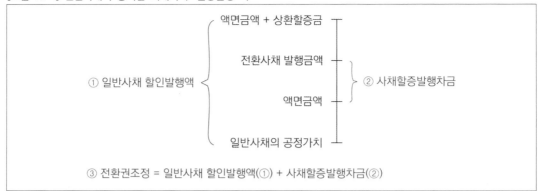

③ 전환사채를 할증발행하는 경우에도 전환사채의 만기상환액(액면금액 + 상환할증금)과 일반사채의 현재가치의 차이를 전환권조정과 사채할증발행차금으로 분리하여 표시한다. 즉, 사채할증발행차금은 전환사채의 발행금액과 전환사채 액면금액의 차이로 계산하고, 나머지 금액을 전환권조정으로 구분하여 표시한다. 사채할증발행차금은 전환사채에 가산하여 표시하고, 전환사채의 상환기간에 걸쳐 유효이자율법으로 상각한 금액을 이자비용에서 차감한다.

① **사채할증발행차금** = 전환사채 액면금액 - 전환사채 발행금액
        ⇨ 부(-)의 금액으로 계산됨
② **전환권조정** = (전환사채 액면금액 + 상환할증금) - 일반사채의 공정가치 - △사채할증발행차금
        = 전환사채 발행금액 - 일반사채의 공정가치 + 상환할증금
        = 전환권대가 + 상환할증금

[전환사채 발행 시: 할증발행(순액법)]

(차) 현금   ××× (대) 전환사채   ×××
                              전환권대가   ×××

[전환사채 발행 시: 할증발행(총액법)]

(차) 현금   ××× (대) 전환사채(액면금액)   ×××
    전환권조정   (*2)×××   상환할증금(만기금액)   ×××
                            사채할증발행차금   (*1)×××
                            전환권대가   ×××

   (*1) 전환사채 발행금액 - 전환사채 액면금액
   (*2) 액면금액 + 상환할증금 - 일반사채를 가정한 현재가치 + 사채할증발행차금

(2) 이자비용의 인식

① 액면발행의 경우와 마찬가지로, 전환사채의 장부금액에 전환권이 없는 유사한 채무(일반사채)의 시장이자율을 곱한 유효이자를 전환사채의 이자비용으로 인식한다.

② 다만, 할인(할증)발행의 경우에는 유효이자와 표시이자의 차이인 총상각액이 사채발행차금의 상각액과 전환권조정의 상각액으로 구성된다. 따라서 총상각액을 사채발행차금과 전환권조정의 금액비율로 배분하여 각각의 상각액을 계산해야 한다. 할증발행의 경우 사채할증발행차금 상각액은 이자비용을 감소시키므로 배분비율을 계산할 때 사채할증발행차금과 전환권조정의 차이를 분모로 하여 계산한다.

[할인발행]

$$\text{사채할인발행차금 상각액} = \text{총상각액} \times \frac{\text{사채할인발행차금}}{\text{사채할인발행차금} + \text{전환권조정}}$$

$$\text{전환권조정 상각액} = \text{총상각액} \times \frac{\text{전환권조정}}{\text{사채할인발행차금} + \text{전환권조정}}$$

[할증발행]

$$\text{사채할증발행차금 상각액} = \text{총상각액} \times \frac{\text{사채할증발행차금}}{\text{사채할증발행차금} - \text{전환권조정}}$$

$$\text{전환권조정 상각액} = \text{총상각액} \times \frac{\text{전환권조정}}{\text{사채할증발행차금} - \text{전환권조정}}$$

[이자비용의 인식: 할인발행 시(순액법)]

(차) 이자비용(유효이자)	(*)×××	(대) 현금(표시이자)	×××
		전환사채(총상각액)	×××

(*) 전환사채의 기초 장부금액 × 일반사채 시장이자율

[이자비용의 인식: 할인발행 시(총액법)]

(차) 이자비용(유효이자)	×××	(대) 현금(표시이자)	×××
		사채할인발행차금(상각액)	(*1)×××
		전환권조정(상각액)	(*2)×××

(*1) 총상각액 중 사채할인발행차금 상각액
(*2) 총상각액 중 전환권조정 상각액

[이자비용의 인식: 할증발행 시(순액법)]

(차) 이자비용(유효이자)	(*)×××	(대) 현금(표시이자)	×××
		전환사채(총상각액)	×××

(*) 전환사채의 기초 장부금액 × 일반사채 시장이자율

[이자비용의 인식: 할증발행 시(총액법)]

(차) 이자비용(유효이자)	×××	(대) 현금(표시이자)	×××
사채할증발행차금(상각액)	(*1)×××	전환권조정(상각액)	(*2)×××

(*1) 총상각액 중 사채할증발행차금 상각액
(*2) 총상각액 중 전환권조정 상각액

(3) 전환권 행사

전환권이 행사된 경우에도 액면발행의 경우와 동일한 방법으로 회계처리한다. 즉, 전환권대가와 전환권 행사일의 전환사채 장부금액의 합계를 주식의 발행금액으로 하여 행사일의 회계처리를 수행한다.

[전환권의 행사: 할인발행 시(순액법)]

(차) 전환권대가	×××	(대) 자본금	(*2)×××
전환사채	(*1)×××	주식발행초과금	×××

(*1) 행사일 현재 전환사채 장부금액(상각후원가)
(*2) 발행한 주식의 액면금액

[전환권의 행사: 할인발행 시(총액법)]

(차) 전환권대가	×××	(대) 사채할인발행차금	(*1)×××
전환사채(액면금액)	×××	전환권조정	(*2)×××
상환할증금(만기금액)	×××	자본금	×××
		주식발행초과금	×××

(*1) 전환사채 액면금액 – 전환사채 발행금액
(*2) 액면금액 + 상환할증금 – 전환사채 장부금액(상각후원가) – 사채할인발행차금

[전환권의 행사: 할증발행 시(순액법)]

(차) 전환권대가	×××	(대) 자본금	(*2)×××
전환사채	(*1)×××	주식발행초과금	×××

(*1) 행사일 현재 전환사채 장부금액(상각후원가)
(*2) 발행한 주식의 액면금액

[전환권의 행사: 할증발행 시(총액법)]

(차) 전환권대가	×××	(대) 전환권조정	(*2)×××
전환사채(액면금액)	×××	자본금	×××
상환할증금(만기금액)	×××	주식발행초과금	×××
사채할증발행차금	(*1)×××		

(*1) 전환사채 발행금액 – 전환사채 액면금액
(*2) 액면금액 + 상환할증금 – 전환사채 장부금액(상각후원가) + 사채할증발행차금

(1) 20×1년 1월 1일, (주)한국은 액면금액 ₩1,000,000이며, 상환기일이 20×3년 12월 31일인 전환사채를 ₩990,000에 할인발행하였다. 전환사채의 보유자가 만기일까지 전환권을 행사하지 않을 경우에는 상환할증금 ₩100,000을 가산하여 지급한다.

(2) 전환사채의 표시이자율은 연 5%로 매년 말에 지급하며, 전환사채의 발행일 현재 전환권이 없는 유사한 채무상품에 적용되는 시장이자율은 10%이다.

(3) 20×2년 1월 1일, 전환사채 액면금액 중 ₩600,000(60%)에 해당하는 전환권이 행사되었으며, 전환권을 행사하는 경우 전환사채 액면금액 ₩10,000당 1주의 보통주(주당 액면금액 ₩5,000)를 교부한다. (주)한국은 전환권이 행사되는 경우 전환권대가를 주식발행초과금으로 대체하는 정책을 채택하고 있다.

(4) 현재가치계수는 다음과 같다.

기간	5%		10%	
	현가계수	연금현가계수	현가계수	연금현가계수
3	0.8638	2.7232	0.7513	2.4868

[요구사항]

1. (주)한국이 전환사채 발행일에 인식할 전환권대가를 계산하시오.

2. (주)한국이 발행한 전환사채와 관련하여 다음의 금액을 각각 계산하시오.
   (1) 전환권 행사일의 주식발행금액
   (2) 전환권 행사일의 주식발행초과금 인식액
   (3) 전환권 행사일의 자본 증가액
   (4) 20×2년에 인식할 이자비용
   (5) 20×2년 말 전환사채 장부금액
   (6) 전환사채 만기일에 상환할 금액(표시이자 제외)

3. (주)한국이 전환사채의 발행일부터 만기일까지 수행할 회계처리를 제시하시오.

해답 1. 전환권대가

전환사채 발행금액		990,000
일반사채 공정가치	(1,000,000 + 100,000) × 0.7513 + 50,000 × 2.4868 =	(950,770)
전환권대가		39,230

2. 전환권 행사일과 행사일 이후의 금액

  (1) 전환권 행사일의 주식발행금액
    ① 20×1년 말 일반사채 장부금액: 950,770 × 1.1 - 50,000 = 995,847
    ② 20×2년 초 전환권 행사 시 주식발행금액

전환권대가	39,230 × 60% =	23,538
일반사채 장부금액	995,847 × 60% =	597,508
주식발행금액		621,046

  (2) 전환권 행사일의 주식발행초과금 인식액

주식발행금액		621,046
자본금	60주(= 600,000 ÷ 10,000) × @5,000 =	(300,000)
주식발행초과금		321,046

  (3) 전환권 행사일의 자본 증가액
    ① 투자자들이 전환권을 행사하면 일반사채 장부금액이 감소하므로 동 금액만큼 자본이 증가한다.
    ② 전환권 행사일의 자본 증가액: 995,847 × 60% = 597,508

  (4) 20×2년에 인식할 이자비용
    ① 전환권 행사 직후 일반사채 장부금액: 995,847 × (1 - 60%) = 398,339
    ② 20×2년 일반사채 이자비용: 398,339 × 10% = 39,834

  (5) 20×2년 말 전환사채(일반사채) 장부금액: 398,339 × 1.1 - 20,000(= 50,000 × 40%) = 418,173

  (6) 전환사채 만기일에 상환할 금액: (전환사채 액면금액 + 상환할증금) × 전환권 미행사비율
    (1,000,000 + 100,000) × (1 - 60%) = 440,000

3. 회계처리

  (1) 순액법

20×1.1.1	(차) 현금	990,000	(대) 전환사채	950,770	⇨	950,770
			전환권대가	39,230		
20×1.12.31	(차) 이자비용	(*)95,077	(대) 현금	50,000		
			전환사채	45,077	⇨	995,847

    (*) 950,770 × 10% = 95,077

20×2.1.1	(차) 전환권대가	23,538	(대) 자본금	300,000		
	전환사채	597,508	주식발행초과금	321,046	⇨	398,339
20×2.12.31	(차) 이자비용	39,834	(대) 현금	20,000		
			전환사채	19,834	⇨	418,173
20×3.12.31	(차) 이자비용	(*3)41,827	(대) 현금	(*2)20,000		
			전환사채	(*1)21,827	⇨	440,000

      (*1) 440,000 - 418,173 = 21,827
      (*2) 50,000 × (1 - 60%) = 20,000
      (*3) 역산

	(차) 전환사채	440,000	(대) 현금	440,000	⇨	0

(2) 총액법

20×1.1.1 (차) 현금 990,000 (대) 전환사채 1,000,000 ⇨ 950,770
　　　　 사채할인차금 $^{(*1)}$10,000 　　상환할증금 100,000
　　　　 전환권조정 $^{(*2)}$139,230 　　전환권대가 39,230

$^{(*1)}$ 1,000,000(액면금액) − 990,000(발행금액) = 10,000
$^{(*2)}$ (1,000,000 + 100,000) − 950,770 − 10,000 = 139,230

20×1.12.31 (차) 이자비용 95,077 (대) 현금 50,000
　　　　　 사채할인차금 $^{(*1)}$3,021
　　　　　 전환권조정 $^{(*2)}$42,056 ⇨ 995,847

$^{(*1)}$ 45,077(총상각액) × 10,000 ÷ (10,000 + 139,230) = 3,021
$^{(*2)}$ 45,077(총상각액) − 3,021(사채할인차금 상각액) = 42,056

20×2.1.1 (차) 전환권대가 23,538 (대) 사채할인차금 $^{(*1)}$4,187
　　　　 전환사채 600,000 　　전환권조정 $^{(*2)}$58,305
　　　　 상환할증금 60,000 　　자본금 300,000
　　　　　　　　　　　　　　　주식발행초과금 321,046 ⇨ 398,339

$^{(*1)}$ 6,979(= 10,000 − 3,021) × 60% = 4,187
$^{(*2)}$ (600,000 + 60,000) − 597,508 − 4,187 = 58,305

20×2.12.31 (차) 이자비용 39,834 (대) 현금 20,000
　　　　　 사채할인차금 $^{(*1)}$1,329
　　　　　 전환권조정 $^{(*2)}$18,505 ⇨ 418,173

$^{(*1)}$ 19,834(총상각액) × 10,000 ÷ (10,000 + 139,230) = 1,329
$^{(*2)}$ 19,834(총상각액) − 1,329(사채할인차금 상각액) = 18,505

20×3.12.31 (차) 이자비용 41,827 (대) 현금 20,000
　　　　　 사채할인차금 $^{(*1)}$1,463
　　　　　 전환권조정 $^{(*2)}$20,364 ⇨ 440,000

$^{(*1)}$ 10,000 − 3,021 − 4,187 − 1,329 = 1,463
$^{(*2)}$ 21,827(총상각액) − 1,463(사채할인차금 상각액) = 20,364

　　　　　 (차) 전환사채 400,000 (대) 현금 440,000 ⇨ 0
　　　　　 상환할증금 40,000

4. 참고 시점별 부분 재무상태표

부분 재무상태표

	20×1.1.1	20×1.12.31	20×2.1.1	20×2.12.31	20×3.12.31
[순액법]					
비유동부채					
전환사채	950,770	995,847	[*1]398,339	418,173	–
자본					
자본금	–	–	300,000	300,000	300,000
주식발행초과금	–	–	321,046	321,046	321,046
전환권대가	39,230	39,230	[*2]15,692	15,692	15,692
[총액법]					
비유동부채					
전환사채	1,000,000	1,000,000	[*5]400,000	400,000	–
상환할증금	100,000	100,000	[*6]40,000	40,000	–
사채할인발행차금	(10,000)	[*3](6,979)	[*7](2,792)	[*9](1,463)	–
전환권조정	(139,230)	[*4](97,174)	[*8](38,869)	[*10](20,364)	
	950,770	995,847	398,339	418,173	–
자본					
자본금	–	–	300,000	300,000	300,000
주식발행초과금	–	–	321,046	321,046	321,046
전환권대가	39,230	39,230	[*2]15,692	15,692	15,692

[*1] 995,847 × (1 – 60%) = 398,339

[*2] 39,230 × (1 – 60%) = 15,692

[*3] 별해 104,153(= 1,000,000 + 100,000 – 995,847) × 10,000 ÷ (10,000 + 139,230) = 6,979

[*4] 별해 104,153(= 1,000,000 + 100,000 – 995,847) × 139,230 ÷ (10,000 + 139,230) = 97,174

[*5] 1,000,000 × (1 – 60%) = 400,000

[*6] 100,000 × (1 – 60%) = 40,000

[*7] 6,979 × (1 – 60%) = 2,792

[*8] 97,174 × (1 – 60%) = 38,869

[*9] 별해 21,827(= 400,000 + 40,000 – 418,173) × 10,000 ÷ (10,000 + 139,230) = 1,463

[*10] 별해 21,827(= 400,000 + 40,000 – 418,173) × 139,230 ÷ (10,000 + 139,230) = 20,364

03 전환사채의 기타사항

(1) 전환사채 발행 거래원가

일반사채와 마찬가지로 전환사채를 발행하는 경우에도 거래원가(예 증권회사의 인수수수료, 사채권 인쇄비, 인지세 등)가 발생한다. 전환사채의 발행과 관련된 거래원가는 부채요소(일반사채)와 자본요소(전환권대가)에 배분하며, 거래원가를 배분할 때는 거래원가를 고려하지 않는 발행금액을 기준으로 비례 배분한다.

거래원가 중 부채요소에 배분될 금액 $= 거래원가 \times \dfrac{일반사채\ 공정가치}{전환사채\ 발행금액}$

거래원가 중 자본요소에 배분될 금액 $= 거래원가 \times \dfrac{전환권대가}{전환사채\ 발행금액}$

$= 거래원가 - 거래원가\ 중\ 일반사채에\ 배분된\ 금액$

전환사채 발행 거래원가 중 부채요소에 배분된 금액은 전환사채(부채요소)에서 차감하고, 전환권대가에 배분된 금액은 전환권대가(자본요소)에서 차감한다. 그리고 전환사채에 배분된 금액을 전환사채에서 차감하면 전환사채의 이자비용을 인식하기 위한 유효이자율이 달라진다. 즉, 거래원가를 차감한 전환사채금액과 전환사채 미래현금흐름의 현재가치를 일치시키는 이자율을 재계산하여 이를 유효이자율로 사용해야 한다.

[거래원가 발생 시]

(차) 전환권조정(부채 차감) ××× (대) 현금(거래원가) ×××
전환권대가(자본 차감) ×××

예제 5 전환사채 발행 거래원가

(1) 20×1년 1월 1일, (주)한국은 액면금액 ₩1,000,000이며, 상환기일이 20×3년 12월 31일인 전환사채를 액면 발행하였다. 전환사채의 보유자가 만기일까지 전환권을 행사하지 않을 경우에는 상환할증금 ₩100,000을 가산 하여 지급한다.
(2) 전환사채의 표시이자율은 연 5%로 매년 말에 지급하며, 전환사채의 발행일 현재 전환권이 없는 유사한 채무상 품에 적용되는 시장이자율은 10%이다.
(3) (주)한국은 전환사채의 발행과 관련한 중개수수료, 인쇄비 등 거래원가로 ₩25,531을 지출하였으며, 거래원가 를 반영하는 경우의 유효이자율은 11%이다.
(4) 현재가치계수는 다음과 같다.

기간	5%		10%	
	현가계수	연금현가계수	현가계수	연금현가계수
3	0.8638	2.7232	0.7513	2.4868

[요구사항]

1. 전환사채의 발행일에 (주)한국의 부채와 자본이 증가한 금액은 각각 얼마인가?
2. (주)한국이 20×1년에 수행할 회계처리를 일자별로 제시하시오.

해답   1. **부채와 자본 증가금액**

(1) 부채 증가금액

일반사채 공정가치	(1,000,000 + 100,000) × 0.7513 + 50,000 × 2.4868 =	950,770
거래원가 배분	25,531 × 950,770 ÷ 1,000,000 =	(24,274)
부채 증가금액		926,496

(2) 자본 증가금액

전환권의 가치	1,000,000 − 950,770 =	49,230
거래원가 배분	25,531 × 49,230 ÷ 1,000,000 =	(1,257)
자본 증가금액		47,973

2. **20×1년의 회계처리**

(1) 순액법

20×1.1.1	(차) 현금	1,000,000	(대) 전환사채	950,770 ⇨ 950,770
			전환권대가	49,230
	(차) 전환사채	24,274	(대) 현금	25,531 ⇨ 926,496
	전환권대가	1,257		
20×1.12.31	(차) 이자비용	(*)101,915	(대) 현금	50,000
			전환사채	51,915 ⇨ 978,411

(*) 926,496 × 11% = 101,915

(2) 총액법

20×1.1.1	(차) 현금	1,000,000	(대) 전환사채	1,000,000
	전환권조정	(*)149,230	사채상환증금	100,000 ⇨ 950,770
			전환권대가	49,230

(*) (1,000,000 + 100,000) − 950,770 = 149,230

	(차) 사채할인발행차금	24,274	(대) 현금	25,531 ⇨ 926,496
	전환권대가	1,257		
20×1.12.31	(차) 이자비용	(*1)101,915	(대) 현금	50,000
			사채할인발행차금	(*2)7,263
			전환권조정	(*3)44,652 ⇨ 978,411

(*1) 926,496 × 11% = 101,915

$$(*2)\ (101,915 - 50,000) \times \frac{24,274}{24,274 + 149,230} = 7,263$$

$$(*3)\ (101,915 - 50,000) \times \frac{149,230}{24,274 + 149,230} = 44,652$$

(2) 전환조건의 변경

① 전환사채의 발행자는 전환사채의 조기전환을 유도하기 위하여 좀 더 유리한 전환비율을 제시하거나 특정 시점 이전의 전환에는 추가 대가를 지급하는 등의 방법으로 전환사채의 조건을 변경할 수 있다.

② 이 경우 조건이 변경되는 시점에 변경된 조건에 따라 전환사채 보유자에게 전환으로 지급하게 되는 대가의 공정가치와 원래의 조건에 따라 전환사채 보유자에게 지급하였을 대가의 공정가치의 차이(조건변경손실)는 당기손익으로 인식한다.

> **조건변경손실** = 조건변경 후 지급할 대가 - 조건변경 전 지급하였을 대가

[전환비율을 변경하는 경우]

| (차) 조건변경손실(당기손익) | (*)××× (대) 전환권대가 | ××× |

(*) 변경 후 지급대가의 공정가치 - 변경 전 지급대가의 공정가치

[현금을 추가로 지급하는 경우]

| (차) 조건변경손실(당기손익) | (*)××× (대) 금융부채 | ××× |

(*) 현금 추가지급액

승철쌤's comment   조건변경손실의 성격

① 전환조건의 변경은 전환사채 투자자들의 조기전환을 유도하기 위해, 즉, 일반사채를 조기상환하기 위해 전환조건을 투자자들에게 유리하게 변경하는 것을 말한다.

② 결국, 이때 발생하는 조건변경손실은 일반사채를 상환할 때 발생하는 사채상환손익의 일부로 볼 수 있으므로 이를 당기손익으로 인식하는 것이다.

(1) 20×1년 1월 1일, (주)한국은 액면금액 ₩1,000,000이며, 상환기일이 20×3년 12월 31일인 전환사채를 발행하였다. 전환사채는 20×1년 7월 1일부터 사채액면금액 ₩10,000당 1주의 보통주(주당 액면금액 ₩5,000)로 전환될 수 있다.

(2) 20×2년 1월 1일, (주)한국은 전환사채의 조기전환을 유도하기 위하여 사채액면금액 ₩10,000당 2주의 보통주(주당 액면금액 ₩5,000)로 전환할 수 있도록 조건을 변경하였다.

(3) 조건변경일 현재 (주)한국의 보통주 1주당 공정가치는 ₩9,000이며, 전환조건을 변경하기 전까지 전환청구는 없었다.

[요구사항]

1. 전환사채의 조건변경으로 인해 (주)한국이 조건변경일에 인식할 손실을 계산하시오.

2. (주)한국이 조건변경일에 수행할 회계처리를 제시하시오.

해답   1. 조건변경손실

(1) 조건변경으로 추가발행될 주식수

변경 후 발행주식수	1,000,000 ÷ 10,000 × 2주 =	200주
변경 전 발행주식수	1,000,000 ÷ 10,000 × 1주 =	(100주)
추가발행 주식수		100주

(2) 조건변경손실: 100주 × @9,000(조건변경일의 공정가치) = 900,000

2. 조건변경일의 회계처리

20×2.1.1	(차) 조건변경손실	900,000	(대) 전환권대가	900,000

(3) 전환사채의 재매입(조기상환)

① 전환사채의 재매입은 전환사채의 발행자가 전환사채를 만기일 전에 취득하여 조기상환하는 것을 말한다. 다만, 전환사채의 조기상환은 부채요소(일반사채)와 자본요소(전환권대가)를 모두 조기상환하는 것이므로, 전환사채를 재매입하기 위하여 지급한 대가와 거래원가도 재매입일의 부채요소와 자본요소에 배분해야 한다.

② 지급한 대가와 거래원가를 각 요소별로 배분하는 방법은 전환사채가 발행되는 시점에 발행금액을 각 요소별로 배분한 방법과 일관되어야 한다. 즉, 조기상환일 현재 일반사채의 공정가치를 부채요소(일반사채)의 지급대가로 배분하고, 총 지급대가에서 부채요소의 지급대가를 차감한 나머지 금액을 자본요소(전환권대가)에 대한 지급대가로 배분한다. 이때 부채요소의 지급대가는 전환사채의 잔여 미래현금흐름을 전환권이 없는 채무상품에 적용되는 조기상환일 현재의 시장이자율로 할인한 현재가치로 계산한다.

③ 그리고 부채요소의 재매입으로 발생한 손익(일반사채 상환손익)은 당기손익으로 인식하고, 자본요소의 재매입으로 발생한 손익(전환권대가 상환손익)은 자본으로 인식한다.

[부채요소(일반사채)의 재매입]

(차) 전환사채(액면금액)	×××	(대) 전환권조정	×××
상환할증금	×××	현금(부채요소 지급대가)	×××
사채상환손실(당기손익 인식)	×××		

[자본요소(전환권대가)의 재매입]

(차) 전환권대가	×××	(대) 현금(자본요소 지급대가)	×××
전환권대가상환손실(자본항목 인식)	×××		

⊘ 참고   **전환사채의 재매입 시 발생한 거래원가**

① 전환사채를 재매입(조기상환)하는 경우, 재매입대가(조기상환금액)와 거래원가를 재매입일의 부채요소와 자본요소에 배분한다. 즉, 재매입대가 뿐만 아니라 재매입 시 발생한 거래원가도 부채요소와 자본요소에 배분해야 함에 유의한다.

② 이때 거래원가는 재매입대가에 비례하여 부채요소와 자본요소에 배분한다. 그리고 부채요소에 배분된 거래원가는 당기손익으로 인식하고, 자본요소에 배분된 거래원가는 자본으로 인식한다.

전환사채의 재매입(조기상환)

구분	전환사채(부채요소)	전환권대가(자본요소)
① 장부금액	조기상환일의 일반사채 상각후원가	조기상환일의 전환권대가 장부금액 (최초 발행일의 장부금액과 동일)
② 지급대가(상환금액) 배분	조기상환일의 일반사채 공정가치 = PV(잔여 FCF) By 조기상환일의 일반사채 시장이자율	잔액으로 계산 = 총지급대가 - 부채요소 지급대가
③ 상환이익(손실)(① - ②)	당기손익으로 인식(∵ 사채상환손익)	자본항목으로 인식

예제 7 · 전환사채의 재매입(조기상환)

(1) 20×1년 1월 1일, (주)한국은 액면금액 ₩1,000,000이며, 상환기일이 20×3년 12월 31일인 상환할증금 미지급조건의 전환사채를 액면발행하였다.

(2) 전환사채의 표시이자율은 연 5%로 매년 말에 지급하며, 전환사채의 발행일 현재 전환권이 없는 유사한 채무상품에 적용되는 시장이자율은 연 10%이다.

(3) 20×2년 1월 1일, (주)한국은 전환사채 전부를 동일자의 공정가치인 ₩1,100,000에 조기상환하였다. 조기상환일 현재 전환권이 없는 유사한 채무상품에 적용될 시장이자율은 12%이며, 현재가치계수는 다음과 같다.

기간	현가계수		연금현가계수	
	10%	12%	10%	12%
1	0.9091	0.8929	0.9091	0.8929
2	0.8264	0.7972	1.7355	1.6901
3	0.7513	0.7118	2.4868	2.4019

[요구사항]

1. 전환사채의 조기상환일 현재 전환사채의 장부금액과 전환권대가의 장부금액을 각각 계산하시오.

2. 전환사채의 조기상환일에 인식할 부채요소의 상환손익과 자본요소의 상환손익을 각각 계산하시오.

3. 전환사채의 조기상환으로 인해 (주)한국의 당기순이익에 미친 효과를 계산하시오.

4. (주)한국이 조기상환일에 수행할 회계처리를 제시하시오.

5. [본 물음은 독립적이다] 만일 전환사채의 조기상환과 관련하여 거래원가 ₩30,000이 발생하였다고 가정할 경우, 조기상환일의 (주)한국의 당기순이익에 미친 효과를 계산하고 조기상환일에 수행할 회계처리를 제시하시오.

해답 1. **조기상환일의 전환사채와 전환권대가 장부금액**

    (1) 전환사채 발행금액의 배분

전환사채 발행금액	1,000,000
일반사채 공정가치 $1,000,000 \times 0.7513 + 50,000 \times 2.4868 =$	(875,640)
전환권대가	124,360

    (2) 조기상환일의 전환사채와 전환권대가 장부금액

       ① 20×2.1.1 일반사채 장부금액: $875,640 \times 1.1 - 50,000 = 913,204$

       ② 20×2.1.1 전환권대가 장부금액: 124,360

2. **전환사채 상환손익의 배분**

    (1) 총상환대가의 배분

총상환대가	1,100,000
부채요소의 상환대가 $1,000,000 \times 0.7972 + 50,000 \times 1.6901 =$	(881,705)
자본요소의 상환대가	218,295

    (2) 전환사채 상환손익의 배분

	일반사채	전환권대가
장부금액	913,204	124,360
상환대가	(881,705)	(218,295)
상환이익(손실)	31,499	(93,935)

3. **당기순이익에 미친 효과**

    ① 부채요소(일반사채)의 상환손익은 당기손익으로 인식하며, 자본요소(전환권대가)의 상환손익은 자본으로 인식한다. 따라서 당기손익에 미치는 효과는 일반사채의 상환손익이 된다.

    ② 당기순이익에 미친 효과: 31,499 증가

4. **조기상환일의 회계처리**

    (1) 순액법

       ① 부채요소   (차) 전환사채   913,204   (대) 현금   881,705

                                          전환사채상환이익   31,499
                                          (당기손익 인식)

       ② 자본요소   (차) 전환권대가   124,360   (대) 현금   218,295

                     전환권대가상환손실   93,935
                     (자본항목 인식)

    (2) 총액법

       ① 부채요소   (차) 전환사채   1,000,000   (대) 전환권조정   (*)86,796

                                            현금   881,705
                                          전환사채상환이익   31,499

                           (*) $1,000,000 - 913,204 = 86,796$

       ② 자본요소   (차) 전환권대가   124,360   (대) 현금   218,295

                     전환권대가상환손실   93,935

5. 전환사채 재매입 시 거래원가가 발생하는 경우

(1) 거래의 분석

    ① 전환사채의 조기상환 시 거래원가도 부채요소와 자본요소에 배분한다. 거래원가를 배분할 때는 재매입대가에 비례하여 배분한다.

    ② 부채요소에 배분된 거래원가는 당기손익으로 인식(일반사채 상환손익에 가감)하고, 자본요소에 배분된 거래원가는 자본으로 인식(전환권대가 상환손익에 가감)한다.

(2) 당기순이익에 미친 효과

전환사채의 장부금액		913,204
부채요소의 상환대가		(881,705)
부채요소의 거래원가	30,000 × 881,705 ÷ 1,100,000 =	(24,047)
전환사채상환이익(손실)		7,452 증가

(3) 조기상환일의 회계처리(총액법)

① 부채요소　(차) 전환사채　1,000,000　　(대) 전환권조정　　　86,796
　　　　　　　　　　　　　　　　　　　　　현금　　　　$^{(*)}$905,752
　　　　　　　　　　　　　　　　　　　　　전환사채상환이익　7,452

        $^{(*)}$ 881,705 + 24,047 = 905,752

② 자본요소　(차) 전환권대가　　124,360　　(대) 현금　　$^{(*)}$224,248
　　　　　　　　전환권대가상환손실　99,888

        $^{(*)}$ 218,295 + 5,953(= 30,000 − 24,047) = 224,248

제3절 | 신주인수권부사채

01 신주인수권부사채의 기초

(1) 신주인수권부사채

① 신주인수권부사채는 일반사채에 신주인수권부사채의 보유자가 일정한 가격(행사가격)으로 신주인수권부사채 발행자의 보통주를 취득할 권리(신주인수권)를 부여한 사채이다. 전환사채와 마찬가지로 신주인수권부사채도 만기까지 신주인수권을 행사하지 않는 경우 액면금액만을 지급하는 액면상환 조건과 상환할증금을 액면금액에 가산하여 상환하는 상환할증금 지급조건으로 발행할 수 있다.

② 한편, 신주인수권부사채는 신주인수권을 사채와 분리하여 양도할 수 있는지 여부에 따라 분리형과 비분리형으로 구분된다. 다만, 신주인수권의 분리 여부에 따라 신주인수권부사채 발행자의 회계처리가 달라지는 것은 아니다.

(2) 전환사채와의 차이

신주인수권부사채도 부채요소(일반사채)와 자본요소(신주인수권대가)가 결합된 복합금융상품이라는 점에서 전환사채와 동일하다. 다만, 다음과 같은 점에서 전환사채와 차이가 있다.

필수암기! 전환사채와 신주인수권부사채 회계처리 차이 요약

구분	내용
권리행사 전	투자자들이 권리(전환권, 신주인수권)를 행사하기 전에는 전환사채와 신주인수권부사채의 회계처리에 실질적인 차이가 없다.
권리행사 시	① 전환사채는 전환권이 행사되면 행사된 부분만큼 일반사채가 모두 소멸한다. 반면 신주인수권부사채는 신주인수권이 행사되어도 신주인수권부사채 중 액면사채 부분(액면금액과 표시이자)은 소멸하지 않고 상환할증금 부분만 소멸한다. ② 전환사채는 전환권 행사 시 전환사채가 소멸할 뿐 별도의 현금유입액은 없다. 반면에 신주인수권부사채는 신주인수권 행사 시 신주인수권 행사가격만큼 현금이 유입된다.
권리행사 후 이자비용의 인식	① 전환사채는 전환권이 행사되면 전환권 행사비율만큼 전환사채가 모두 소멸하므로 전환권 행사 후에는 전환권 미행사분에 대하여만 이자비용을 인식하면 된다. ② 반면에 신주인수권부사채는 신주인수권이 행사되어도 신주인수권부사채 중 액면사채 부분은 소멸되지 않고 상환할증금 부분만 소멸된다. 따라서 신주인수권부사채 중 액면사채 부분은 전체를 이자비용으로 인식하고, 상환할증금 부분만 미행사분에 대하여 이자비용을 인식한다.
만기상환액	① 전환사채는 전환권을 행사하지 않은 부분에 대하여만 사채액면금액에 상환할증금을 가산하여 상환하면 된다. ② 반면에 신주인수권부사채는 액면금액은 전체를 상환하고 상환할증금만 신주인수권 미행사분에 대하여 상환한다.

02 신주인수권부사채의 회계처리

(1) 신주인수권부사채의 발행

① 신주인수권부사채의 발행금액 중 일반사채의 공정가치(일반사채를 가정한 현재가치)에 해당하는 금 액은 금융부채로 인식하고, 신주인수권의 가치에 해당하는 금액은 신주인수권대가의 과목으로 하여 자본으로 인식한다.

[신주인수권부사채 발행 시(순액법)]

(차) 현금	(*1)×××	(대) 신주인수권부사채(금융부채)	(*2)×××
		신주인수권대가(자본)	(*3)×××

(*1) 신주인수권부사채의 발행금액
(*2) 일반사채를 가정한 현재가치
(*3) 신주인수권부사채 발행금액 - 일반사채를 가정한 현재가치

---

② 그리고 상환할증금 지급조건의 신주인수권부사채인 경우 상환할증금은 신주인수권부사채 액면금액 에 가산하여 표시한다. 즉, 신주인수권부사채 발행자는 발행일에 사채의 만기상환금액(액면금액 + 상환할증금)을 부채로 인식하고, 만기상환금액과 일반사채의 현재가치의 차이는 신주인수권조정의 과 목으로 하여 신주인수권부사채에서 차감하여 표시한다.

③ 결과적으로 신주인수권부사채 발행일에 신주인수권조정으로 인식하는 금액은 상환할증금과 신주 인수권대가의 합계금액이 되며, 신주인수권조정은 사채의 상환기간에 걸쳐 유효이자율법으로 상각 한 금액을 이자비용으로 인식한다.

[신주인수권부사채 발행 시(총액법)]

(차) 현금	×××	(대) 신주인수권부사채(액면금액)	(*1)×××
신주인수권조정	(*3)×××	상환할증금(만기금액)	(*2)×××
		신주인수권대가	×××

(*1) 신주인수권부사채의 액면금액
(*2) 상환할증금의 만기금액
(*3) 액면금액 + 상환할증금 - 일반사채를 가정한 현재가치

신주인수권조정 = 신주인수권부사채 만기상환금액(액면금액 + 상환할증금) - 일반사채의 공정가치
= 신주인수권부사채 발행금액(액면발행 시 액면금액) - 일반사채의 공정가치 + 상환할증금
= 신주인수권대가 + 상환할증금

(2) 이자비용의 인식

신주인수권부사채의 장부금액에 전환권이 없는 유사한 채무(일반사채)의 시장이자율을 곱한 유효이자를 신주인수권부사채의 이자비용으로 인식한다. 이자비용으로 인식한 금액(유효이자)과 표시이자의 차이는 신주인수권조정의 상각액으로 처리한다. 그리고 신주인수권조정은 신주인수권부사채에서 차감하여 표시하므로 신주인수권조정의 상각액만큼 신주인수권부사채의 장부금액이 증가하게 된다.

[이자비용의 인식(순액법)]

(차) 이자비용(유효이자)   (*)×××   (대) 현금(표시이자)   ×××
                                             신주인수권부사채(상각액)   ×××

    (*) 신주인수권부사채의 기초 장부금액 × 일반사채 시장이자율

[이자비용의 인식(총액법)]

(차) 이자비용(유효이자)   ×××   (대) 현금(표시이자)   ×××
                                           신주인수권조정(상각액)   ×××

---

(3) 신주인수권 행사

① 신주인수권이 행사되면 행사가격만큼 현금을 수령하고 주식을 발행한다. 그리고 신주인수권을 행사한 부분에 대해서는 상환할증금 지급의무가 소멸되므로 신주인수권부사채 중 상환할증금 부분에 대한 장부금액을 제거한다. 따라서 신주인수권을 행사한 부분에 대한 상환할증금 장부금액도 주식발행금액의 일부로 볼 수 있다.

② 결과적으로 신주인수권 행사 시 주식의 발행금액은 계약금 성격의 신주인수권대가와 행사일의 현금유입액(행사가격) 및 상환할증금 장부금액의 합계금액이 된다.

> **주식의 발행금액** = 계약금 + 잔금(신주인수권 행사가격 + 상환할증금 지급의무의 면제)
> = 신주인수권대가 + 현금납입액(행사가격) + [*]상환할증금 장부금액
> [*] 상환할증금의 행사일 현재가치

[신주인수권의 행사(순액법)]

(차) 신주인수권대가	×××	(대) 자본금	×××
현금	(*1)×××	주식발행초과금	×××
신주인수권부사채	(*2)×××		

(*1) 행사가격
(*2) 상환할증금의 행사일 현재가치

[신주인수권의 행사(총액법)]

(차) 신주인수권대가	×××	(대) 신주인수권조정	(*2)×××
현금	×××	자본금	×××
상환할증금(만기금액)	(*1)×××	주식발행초과금	×××

(*1) 상환할증금의 만기금액
(*2) 상환할증금의 만기금액 - 상환할증금의 행사일 현재가치

승철쌤's comment 신주인수권 행사 시 자본 증가액

① 투자자들이 신주인수권을 행사하면, 행사가액만큼 현금이 유입(자산 증가)되고, 일반사채 중 상환할증금 부분이 행사비율만큼 소멸(부채 감소)된다. 따라서 신주인수권 행사로 인한 현금유입액과 소멸되는 상환할증금 장부금액의 합계액만큼 자본이 증가한다.
② **신주인수권 행사일의 자본 증가액**: 현금수령액(행사가액) + 상환할증금의 현재가치 × 행사비율

한편, 전환사채와 마찬가지로, 신주인수권 행사 시 신주인수권대가를 주식발행초과금으로 대체하는 것도 단순한 자본항목 간의 대체이므로 이를 강제하고 있지 않다. 수험목적으로는 별도의 단서가 없는 한 주식발행초과금으로 대체하는 것으로 가정하여 문제를 풀이하면 된다.

(4) 신주인수권 행사 후 이자비용의 인식

신주인수권이 행사된 이후에도 신주인수권부사채에 대하여는 유효이자율법을 적용한 유효이자를 이자비용으로 인식해야 한다.

> **신주인수권 행사 이후의 이자비용**
> = 권리행사 후 신주인수권부사채 장부금액 × 유효이자율
> = 액면사채 이자비용(× 100%) + 상환할증금 이자비용 × 신주인수권 미행사비율

(5) 신주인수권부사채의 만기상환

① 신주인수권부사채의 만기일이 되면 신주인수권부사채의 액면금액과 만기일까지 신주인수권이 행사되지 않은 부분에 대한 상환할증금을 합한 금액을 상환하여야 한다. 그리고 신주인수권부사채의 만기일이 되면 신주인수권조정은 상각을 통하여 모두 소멸되었으므로 신주인수권부사채의 장부금액도 만기상환액과 동일한 금액이 된다. 즉, 신주인수권부사채의 만기일에는 만기상환액과 장부금액이 일치하므로 만기상환으로 인한 손익이 발생하지 않는다.

② 한편, 전환사채와 마찬가지로 신주인수권 미행사분에 해당하는 신주인수권대가는 다른 자본항목(에 신주인수권대가소멸이익)으로 대체할 수 있다.

> **신주인수권부사채의 만기상환액**
> = 신주인수권부사채 액면금액(× 100%) + 상환할증금 × 신주인수권 미행사비율

> **[전환사채의 만기상환(순액법)]**
>
> (차) 신주인수권부사채   ×××   (대) 현금   ^(*)×××
>   ^(*) 액면금액 + 상환할증금 × 신주인수권 미행사비율
> (차) 신주인수권대가   ×××   (대) 신주인수권대가소멸이익   ×××
>
> **[전환사채의 만기상환(총액법)]**
>
> (차) 신주인수권부사채(액면금액)   ×××   (대) 현금   ×××
>   상환할증금(만기금액)   ^(*)×××
>   ^(*) 상환할증금 × 신주인수권 미행사비율
> (차) 신주인수권대가   ×××   (대) 신주인수권대가소멸이익   ×××

필수암기! **신주인수권부사채의 회계처리**

① 신주인수권 행사 전: 전환사채 회계처리와 실질적으로 동일하다.
② 신주인수권 행사 시: 주식발행으로 받은 대가(주식발행금액)는 3개이다.
　㉠ 신주인수권 대가
　㉡ 현금수령액(신주인수권 행사가액)
　㉢ 일반사채 중 상환할증금 부분 장부금액
③ 신주인수권 행사 후: (*)액면사채 부분은 그대로 남아있고, 나머지는 행사비율만큼 소멸된다.
　(*) 액면사채 부분: 사채액면금액, 표시이자

예제 8 　신주인수권부사채(액면발행)

(1) 20×1년 1월 1일, (주)한국은 액면금액 ₩1,000,000이며, 상환기일이 20×3년 12월 31일인 비분리형 신주인수권부사채를 액면발행하였다. 신주인수권부사채의 보유자가 만기일까지 신주인수권을 행사하지 않을 경우에는 상환할증금 ₩100,000을 가산하여 지급한다.

(2) 신주인수권부사채의 표시이자율은 연 5%로 매년 말에 지급하며, 신주인수권부사채의 발행일 현재 신주인수권이 없는 유사한 채무상품에 적용되는 시장이자율은 10%이다.

(3) 신주인수권 행사 시 사채 액면금액 ₩10,000당 보통주 1주(주당 액면금액 ₩5,000)를 인수할 수 있으며, 행사금액은 주당 ₩10,000이다. 20×2년 1월 1일, 신주인수권부사채 액면금액 중 ₩600,000(60%)에 해당하는 신주인수권이 행사되었다. (주)한국은 신주인수권이 행사되는 경우 신주인수권대가를 주식발행초과금으로 대체하는 정책을 채택하고 있다.

(4) 현재가치계수는 다음과 같다.

기간	5%		10%	
	현가계수	연금현가계수	현가계수	연금현가계수
3	0.8638	2.7232	0.7513	2.4868

[요구사항]

1. (주)한국이 신주인수권부사채 발행일에 인식할 신주인수권대가를 계산하시오.

2. (주)한국이 발행한 신주인수권부사채와 관련하여 다음의 금액을 각각 계산하시오.
   (1) 신주인수권 행사일의 주식발행금액
   (2) 신주인수권 행사일의 주식발행초과금 인식액
   (3) 신주인수권 행사일의 자본 증가액
   (4) 20×2년에 인식할 이자비용
   (5) 20×2년 말 신주인수권부사채 장부금액
   (6) 신주인수권부사채 만기일에 상환할 금액(표시이자 제외)

3. (주)한국이 신주인수권부사채의 발행일부터 만기일까지 수행할 회계처리를 제시하시오.

해답 1. 신주인수권대가

(1) 일반사채의 공정가치

액면사채의 현재가치	1,000,000 × 0.7513 + 50,000 × 2.4868 =	875,640
상환할증금의 현재가치	100,000 × 0.7513 =	75,130
일반사채의 공정가치		950,770

(2) 신주인수권대가

사채발행금액	1,000,000
일반사채 공정가치	(950,770)
신주인수권대가	49,230

2. 신주인수권 행사일과 행사일 이후의 금액

(1) 신주인수권 행사일의 주식발행금액

신주인수권대가	49,230 × 60% =	29,538
현금납입액	60주(= 600,000 ÷ 10,000) × @10,000 =	600,000
상환할증금 장부금액	82,644(= 100,000 ÷ 1.1^2) × 60% =	49,586
주식발행금액		679,124

(2) 신주인수권 행사일의 주식발행초과금 인식액

주식발행금액		679,124
자본금	60주(= 600,000 ÷ 10,000) × @5,000 =	(300,000)
주식발행초과금		379,124

(3) 신주인수권 행사일의 자본 증가액

① 투자자들이 신주인수권을 행사하면 행사가액만큼 현금이 유입(자산 증가)되고, 일반사채 중 상환할증금 부분이 소멸(부채 감소)된다. 따라서 신주인수권 행사로 인한 현금유입액과 소멸되는 상환할증금 장부금액의 합계액만큼 자본이 증가한다.

② 신주인수권 행사일의 자본 증가액

현금납입액	60주(= 600,000 ÷ 10,000) × @10,000 =	600,000
상환할증금 장부금액	82,644(= 100,000 ÷ 1.1^2) × 60% =	49,586
자본 증가액		649,586

(4) 20×2년에 인식할 이자비용

① 신주인수권 행사 직후 일반사채 장부금액

행사 직전 일반사채 장부금액	950,770 × 1.1 - 50,000 =	995,847
소멸되는 상환할증금 장부금액	82,644(= 100,000 ÷ 1.1^2) × 60% =	(49,586)
행사 직후 일반사채 장부금액		946,261

② 20×2년 일반사채 이자비용: 946,261 × 10% = 94,626

(5) 20×2년 말 일반사채 장부금액

946,261 × 1.1 - 50,000 = 990,887

(6) 신주인수권부사채 만기일에 상환할 금액: 신주인수권부사채 액면금액 + 상환할증금 × 신주인수권 미행사비율

1,000,000 + 100,000 × (1 - 60%) = 1,040,000

3. 회계처리

(1) 순액법

20×1.1.1	(차) 현금	1,000,000	(대) 신주인수권부사채	950,770 ⇨	950,770
			신주인수권대가	49,230	

20×1.12.31	(차) 이자비용	(*)95,077	(대) 현금	50,000	
			신주인수권부사채	45,077 ⇨	995,847

(*) 950,770 × 10% = 95,077

20×2.1.1	(차) 신주인수권대가	29,538	(대) 자본금	300,000	
	현금	600,000	주식발행초과금	379,124	
	신주인수권부사채	49,586		⇨	946,261

20×2.12.31	(차) 이자비용	94,626	(대) 현금	50,000	
			신주인수권부사채	44,626 ⇨	990,887

20×3.12.31	(차) 이자비용	(*2)99,113	(대) 현금	50,000	
			신주인수권부사채	(*1)49,113 ⇨	1,040,000

(*1) 1,040,000 − 990,887 = 49,113
(*2) 역산

	(차) 신주인수권부사채	1,040,000	(대) 현금	1,040,000 ⇨	0

(2) 총액법

20×1.1.1	(차) 현금	1,000,000	(대) 신주인수권부사채	1,000,000 ⇨	950,770
	신주인수권조정	(*)149,230	상환할증금	100,000	
			신주인수권대가	49,230	

(*) (1,000,000 + 100,000) − 950,770 = 149,230

20×1.12.31	(차) 이자비용	95,077	(대) 현금	50,000	
			신주인수권조정	45,077 ⇨	995,847

20×2.1.1	(차) 신주인수권대가	29,538	(대) 신주인수권조정	(*)10,414	
	현금	600,000	자본금	300,000	
	상환할증금	60,000	주식발행초과금	379,124 ⇨	946,261

(*) 60,000 − 49,586 = 10,414

20×2.12.31	(차) 이자비용	94,626	(대) 현금	50,000	
			신주인수권조정	44,626 ⇨	990,887

20×3.12.31	(차) 이자비용	(*2)99,113	(대) 현금	50,000	
			신주인수권조정	(*1)49,113 ⇨	1,040,000

(*1) 1,040,000 − 990,887 = 49,113
(*2) 역산

	(차) 신주인수권부사채	1,000,000	(대) 현금	1,040,000 ⇨	0
	상환할증금	40,000			

4. 참고 시점별 부분 재무상태표

부분 재무상태표

	20×1.1.1	20×1.12.31	20×2.1.1	20×2.12.31	20×3.12.31
[순액법]					
비유동부채					
신주인수권부사채	950,770	995,847	(*1)946,261	990,887	–
자본					
자본금	–	–	300,000	300,000	300,000
주식발행초과금	–	–	379,124	379,124	379,124
신주인수권대가	49,230	49,230	(*2)19,692	19,692	19,692
[총액법]					
비유동부채					
신주인수권부사채	1,000,000	1,000,000	1,000,000	1,000,000	–
상환할증금	100,000	100,000	(*3)40,000	40,000	–
신주인수권조정	(149,230)	(104,153)	(93,739)	(49,113)	–
	950,770	995,847	946,261	990,887	–
자본					
자본금	–	–	300,000	300,000	300,000
주식발행초과금	–	–	379,124	379,124	379,124
신주인수권대가	49,230	49,230	(*2)19,692	19,692	19,692

(*1) 995,847 – 49,586(= 82,644 × 60%) = 946,261
(*2) 49,230 × (1 – 60%) = 19,692
(*3) 100,000 × (1 – 60%) = 40,000

01 전환사채의 만기까지 전환권을 행사하지 못한 투자자에게 보장해 주기로 한 만기수익 (O, X)
률을 보장수익률이라고 한다. 그리고 전환사채의 만기일까지 전환권을 행사하지 못한
투자자에게 보장수익률을 보장해 주기 위해 만기일에 액면금액에 가산하여 지급하는
금액을 상환할증금이라고 한다.

02 전환사채 발행회사는 전환사채의 발행금액을 발행일 현재 일반사채와 전환권의 상대적 (O, X)
공정가치 비율로 배분한 금액을 각각 일반사채와 전환권대가로 분리하여 인식한다.

03 전환권이 없는 일반사채의 공정가치는 전환사채의 계약상 미래현금흐름을 전환사채의 (O, X)
시장이자율로 할인하여 계산한다.

04 전환사채를 발행한 이후 전환사채 발행회사의 주가가 하락하여 전환권이 행사될 가능 (O, X)
성이 크게 낮아지는 경우에는 자본으로 인식한 전환권대가를 부채요소로 분류를 변경
한다.

05 전환사채의 전환권이 행사되면 전환사채가 소멸하고 주식이 발행되는데, 이때 주식의 (O, X)
발행금액은 전환권대가와 전환권 행사시점의 전환사채 장부금액의 합계금액으로 한다.

06 전환권이 행사되면 전환사채와 관련된 모든 금액은 전환권 행사비율만큼 소멸된다. 따 (O, X)
라서 전환권이 행사된 이후 주식으로 전환되지 않은 전환사채의 이자비용은 전환권이
행사되지 않았다고 가정할 경우의 이자비용에 전환권 미행사비율을 곱하여 계산할 수
도 있다.

정답 및 해설

01 O

02 X   전환권대가는 자본이므로 잔액으로 측정해야 한다. 따라서 일반사채의 공정가치를 먼저 측정하여 부채로 인식하고,
전환사채 발행금액에서 부채로 인식한 일반사채를 차감한 나머지 금액을 전환권대가로 하여 자본으로 인식한다.

03 X   일반사채의 공정가치는 전환사채의 계약상 미래현금흐름을 (전환사채의 시장이자율이 아니라) 전환권이 없는 채무
상품(일반사채)에 적용되는 시장이자율로 할인하여 계산한다.

04 X   전환사채 발행일에 분류한 부채요소와 자본요소의 분류는 후속적으로 전환권을 행사할 가능성이 변동하는 경우에
도 수정하지 않는다.

05 O

06 O

07 전환사채의 발행과 관련된 거래원가는 부채요소(일반사채)와 자본요소(전환권대가)에 　　(O, X)
배분한다. 그리고 거래원가 중 부채요소에 배분된 금액은 즉시 당기비용으로 인식하
고, 전환권대가에 배분된 금액은 전환권대가(자본요소)에서 차감한다.

08 전환사채 투자자들의 조기전환을 유도하기 위하여 전환조건을 투자자들에게 유리하게 　　(O, X)
변경하는 경우, 전환조건 변경으로 인한 손실은 자본거래로 보아 자본에서 직접 차감
한다.

09 전환사채의 재매입(조기상환)은 부채요소(일반사채)와 자본요소(전환권대가)를 모두 　　(O, X)
조기상환하는 것이므로, 전환사채를 재매입하기 위하여 지급한 대가와 거래원가도 재
매입일의 부채요소와 자본요소에 배분해야 한다.

10 전환사채의 재매입(조기상환)시 발생한 손익은 전액 당기손익으로 인식한다. 　　(O, X)

11 전환사채는 전환권이 행사되면 행사된 부분만큼 일반사채가 모두 소멸한다. 반면, 신 　　(O, X)
주인수권부사채는 신주인수권이 행사되어도 신주인수권부사채 중 액면사채 부분(액면
금액과 표시이자)은 소멸하지 않고 상환할증금 부분만 소멸한다.

12 신주인수권부사채의 신주인수권 행사 시 주식의 발행금액은 신주인수권대가와 행사일 　　(O, X)
의 현금유입액(행사가격) 그리고 신주인수권부사채 중 상환할증금 부분에 대한 장부금
액의 합계금액이 된다.

정답 및 해설

07 X 　전환사채 발행 거래원가 중 부채요소(일반사채)에 배분된 금액은 전환사채(부채요소)에서 차감한다. 즉, 일반사채
의 발행 거래원가와 회계처리가 동일하다.

08 X 　변경된 조건에 따라 전환사채 투자자들에게 전환으로 지급하게 되는 대가와 원래의 조건에 따라 지급하였을 대가
의 차이(조건변경손실)는 조건변경일에 즉시 당기손익으로 인식한다.

09 O

10 X 　전환사채의 재매입시 부채요소의 재매입으로 발생한 손익(일반사채 상환손익)은 당기손익으로 인식하고, 자본요소
의 재매입으로 발생한 손익(전환권대가 상환손익)은 자본으로 인식한다.

11 O

12 O

상환할증금의 계산

01 (주)ABC는 20×1년 1월 1일 액면금액이 ₩1,000,000이며, 상환기일이 20×3년 12월 31일, 만기 3년의 전환사채를 액면발행하였다. 동 사채의 액면이자율은 연 5%로 매년 말 이자를 지급한다. 이 전환사채와 동일한 일반사채의 시장이자율은 연 12%이며 만기까지 전환되지 않은 전환사채에 대한 연 보장수익률은 액면금액의 10%이다. 20×1년 1월 1일 전환사채 발행 시 계상되는 전환권대가는 얼마인가? (단, 계산과 정에서 소수점 이하는 첫째 자리에서 반올림한다. 그러나 계산방식에 따라 단수차이로 인해 오차가 있는 경우, 가장 근사치를 선택한다)   [회계사 14]

3년 기준	5%	10%	12%
단일금액 ₩1 현재가치	0.8638	0.7513	0.7118
정상연금 ₩1 현재가치	2.7232	2.4868	2.4018
정상연금 ₩1 미래가치	3.1525	3.3100	3.3744

① ₩50,307
② ₩40,307
③ ₩30,307
④ ₩90,397
⑤ ₩170,397

전환사채 기본모형 - 종합

02 다음은 (주)한국의 전환사채와 관련된 자료이다.

○ 20×1년 1월 1일 전환사채 ₩1,000,000(표시이자율 연 7%, 매년 말 이자지급, 만기 3년)을 액면발행하였다. 전환사채 발행시점의 일반사채 시장이자율은 연 15%이다.
○ 전환으로 발행되는 주식 1주(액면금액 ₩5,000)에 요구되는 사채 액면금액은 ₩20,000으로 한다. 만기일까지 전환되지 않으면 만기일에 액면금액의 116.87%를 지급하고 일시상환한다.
○ 이자율이 연 15%일 때 3년 후 ₩1의 현재가치는 ₩0.6575이며, 3년간 정상연금 ₩1의 현재가치는 ₩2.2832이다.
○ 20×2년 1월 1일 사채 액면금액 ₩800,000의 전환청구로 사채가 주식으로 전환되었다.

(주)한국의 전환사채에 대한 회계처리로 옳지 않은 설명은? (단, 전환권대가는 전환시점에서 주식발행초 과금으로 대체한다. 필요 시 소수점 첫째 자리에서 반올림하고, 단수차이로 오차가 있는 경우 ₩10 이내 의 차이는 무시한다)   [회계사 17 수정]

① 전환사채 발행시점의 자본요소는 ₩71,756이다.
② 전환권 행사로 주식발행초과금은 ₩655,390 증가한다.
③ 전환권 행사로 자본총계는 ₩797,985 증가한다.
④ 20×2년 포괄손익계산서에 계상되는 이자비용은 ₩29,924이다.
⑤ 20×2년 말 재무상태표에 계상되는 전환사채 장부금액은 ₩159,420이다.

전환사채 발행 거래원가

03 (주)코리아는 20×1년 1월 1일 액면금액 ₩1,000,000의 전환사채를 ₩900,000에 발행하였다. 전환사채 발행과 관련된 중개수수료, 인쇄비 등 거래비용으로 ₩10,000을 지출하였다. 이자는 매년 말 액면금액의 4%를 지급하며 만기는 5년이다. 전환사채는 20×1년 7월 1일부터 만기일까지 액면금액 ₩5,000당 액면금액 ₩1,000의 보통주 1주로 전환이 가능하다. 전환사채 발행 당시 전환권이 없는 일반사채의 시장이자율은 연 10%이며, 만기일까지 전환권을 행사하지 않을 경우에는 액면금액의 106%를 지급한다. 동 사채발행일에 (주)코리아의 부채 및 자본이 증가한 금액은 각각 얼마인가? (단, 현가계수는 아래의 표를 이용하며 소수점 첫째 자리에서 반올림한다. 계산결과 단수차이로 인한 약간의 오차가 있으면 가장 근사치를 선택한다) [회계사 15]

이자율	기간	단일금액 ₩1의 현가	정상연금 ₩1의 현가
4%	5년	0.8219	4.4518
10%	5년	0.6209	3.7908

	부채 증가액	자본 증가액
①	₩800,788	₩89,212
②	₩809,786	₩90,214
③	₩809,786	₩88,518
④	₩809,786	₩89,505
⑤	₩836,226	₩89,505

전환사채의 재매입(조기상환)

04 (주)국세는 20×0년 1월 1일 액면금액 ₩3,000,000인 전환사채를 상환할증금 지급조건 없이 액면발행하였다. 전환사채의 액면이자율은 8%(매년 말 이자지급), 사채발행일 현재 일반사채의 유효이자율은 10%이다. 전환사채의 상환기일은 20×2년 12월 31일이며, 전환청구기간은 20×0년 6월 1일부터 20×2년 11월 30일까지이다. 동 전환사채는 사채액면 ₩10,000당 1주의 보통주(주당 액면 ₩5,000)로 전환이 가능하다. (주)국세가 20×1년 1월 1일 동 전환사채 전부를 공정가치인 ₩2,960,000에 재구매하였다면, 동 전환사채의 재구매거래가 20×1년도 (주)국세의 포괄손익계산서상 당기순이익에 미치는 영향은 얼마인가? (단, 재구매일 현재 일반사채의 유효이자율은 9%이며, 현가계수는 아래 표를 이용한다. 계산결과 단수차이로 인해 오차가 있으면 가장 근사치를 선택한다) [세무사 11]

기간	단일금액(기말 지급)			정상연금		
	8%	9%	10%	8%	9%	10%
1년	0.92592	0.91743	0.90909	0.92592	0.91743	0.90909
2년	0.85733	0.84168	0.82645	1.78325	1.75911	1.73554
3년	0.79383	0.77218	0.75131	2.57708	2.53129	2.48685

① 감소 ₩38,601 ② 감소 ₩51,375
③ 감소 ₩64,149 ④ 증가 ₩12,774
⑤ 증가 ₩91,375

05 (주)세무는 20×1년 초 다음과 같은 전환사채를 액면발행하였으며, 20×2년 초 전환사채 전부를 ₩1,070,000(상환시점의 공정가치)에 조기상환하였다. 이 전환사채의 회계처리에 관한 설명으로 옳지 않은 것은? (단, 주어진 현가계수표를 이용하며, 현가계산 시 소수점 이하는 첫째 자리에서 반올림한다)

[세무사 18]

○ 액면금액: ₩1,000,000
○ 표시이자율: 연 4%(이자지급일: 매년 12월 31일 지급)
○ 일반사채의 시장수익률: 연 8%
○ 만기상환일: 20×3년 12월 31일
○ 조기상환일 일반사채의 시장수익률: 연 15%
○ 상환할증금: 없음
○ 발행 시 주식전환 옵션은 전환조건이 확정되어 있다.
○ 현가계수

기간	단일금액(기말 지급)		정상연금	
	8%	15%	8%	15%
2	0.85733	0.75614	1.78326	1.62571
3	0.79383	0.65752	2.57710	2.28323

① 발행 당시 전환권대가는 ₩103,086이다.
② 20×1년도 전환권조정 상각액은 ₩31,753이다.
③ 20×2년 초 장부금액은 ₩928,667이다.
④ 20×2년 전환사채의 조기상환일에 부채요소의 공정가치는 ₩821,168이다.
⑤ 20×2년 전환사채의 조기상환과 관련하여 당기손익에 반영되는 사채상환손실은 ₩38,247이다.

06 전환권 행사비율 추정

(주)한국은 20×1년 1월 1일 만기 3년, 액면 ₩1,000,000의 전환사채를 액면발행하였다. 전환사채의 표시이자율은 연 10%이고 이자는 매년 말에 지급한다. 발행시점에 전환권이 부여되지 않은 동일한 조건의 일반사채 시장이자율은 연 15%이다. 전환사채는 20×1년 7월 1일부터 보통주로 전환이 가능하며, 사채 액면 ₩10,000당 1주의 보통주(주당 액면 ₩5,000)로 전환될 수 있다. 20×2년 1월 1일 전환사채의 일부가 보통주로 전환되었으며, 나머지는 만기에 상환되었다. (주)한국은 전환사채 발행 시 인식한 자본요소(전환권대가) 중 전환된 부분은 주식발행초과금으로 대체하는 회계처리를 한다. 20×2년 1월 1일 전환사채의 전환으로 인한 (주)한국의 주식발행초과금 증가액은 ₩213,150이다. 이 경우 전환된 전환사채의 비율은 얼마인가? (단, 이자율 15%의 3년에 대한 단일금액 ₩1의 현가계수와 정상연금 ₩1의 현가계수는 각각 0.6575와 2.2832이며, 단수차이로 인한 오차가 있으면 가장 근사치를 선택한다)

① 30% ② 35%
③ 40% ④ 45%
⑤ 50%

07 신주인수권부사채 - 신주인수권 행사전 이자비용

(주)세무는 20×1년 1월 1일 액면금액 ₩1,000,000인 신주인수권부사채(만기 3년, 표시이자율 연 7%, 매년 말 이자지급)를 액면발행하였다. 동 신주인수권부사채 발행 당시 동일한 조건의 일반사채의 유효이자율은 연 12%이다. 동 사채는 발행일로부터 18개월이 경과한 시점부터 상환기일 30일 전까지 사채의 액면금액 ₩10,000당 보통주 1주(주당 액면금액 ₩5,000)를 인수할 수 있는 권리가 부여되어 있다. 만기까지 신주인수권을 행사하지 않을 경우 액면금액의 113.5%를 보장한다. (주)세무의 20×1년도 이자비용은? (단, 계산금액은 소수점 이하 첫째 자리에서 반올림한다) [세무사 20]

기간	단일금액 ₩1의 현재가치		정상연금 ₩1의 현재가치	
	7%	12%	7%	12%
1	0.9346	0.8929	0.9346	0.8929
2	0.8734	0.7972	1.8080	1.6901
3	0.8163	0.7118	2.6243	2.4018

① ₩70,000 ② ₩117,122
③ ₩122,777 ④ ₩135,000
⑤ ₩158,981

08 (주)대한은 20×1년 1월 1일에 다음과 같은 상환할증금 미지급조건의 비분리형 신주인수권부사채를 액면발행하였다.

○ 사채의 액면금액은 ₩1,000,000이고 만기는 20×3년 12월 31일이다.
○ 액면금액에 대하여 연 10%의 이자를 매년 말에 지급한다.
○ 신주인수권의 행사기간은 발행일로부터 1개월이 경과한 날부터 상환기일 30일 전까지이다.
○ 행사비율은 사채액면금액의 100%로 행사금액은 ₩20,000[사채액면금액 ₩20,000당 보통주 1주(주당 액면금액 ₩5,000)를 인수]이다.
○ 원금상환방법은 만기에 액면금액의 100%를 상환한다.
○ 신주인수권부사채 발행시점에 일반사채의 시장수익률은 연 12%이다.

(주)대한은 신주인수권부사채 발행 시 인식한 자본요소(신주인수권대가) 중 행사된 부분은 주식발행초과금으로 대체하는 회계처리를 한다. 20×3년 1월 1일에 (주)대한의 신주인수권부사채 액면금액 중 40%에 해당하는 신주인수권이 행사되었다. 다음 설명 중 옳은 것은? (단, 단수차이로 인해 오차가 있다면 가장 근사치를 선택한다)

[회계사 19]

기간 \ 할인율	단일금액 ₩1의 현재가치		정상연금 ₩1의 현재가치	
	10%	12%	10%	12%
1년	0.9091	0.8929	0.9091	0.8929
2년	0.8264	0.7972	1.7355	1.6901
3년	0.7513	0.7118	2.4868	2.4019

① 20×1년 1월 1일 신주인수권부사채 발행시점의 자본요소(신주인수권대가)는 ₩951,990이다.
② 20×2년도 포괄손익계산서에 인식할 이자비용은 ₩114,239이다.
③ 20×2년 말 재무상태표에 부채로 계상할 신주인수권부사채의 장부금액은 ₩966,229이다.
④ 20×3년 1월 1일 신주인수권의 행사로 증가하는 주식발행초과금은 ₩319,204이다.
⑤ 20×3년도 포괄손익계산서에 인식할 이자비용은 ₩70,694이다.

정답

01 ①   02 ⑤   03 ①   04 ②   05 ⑤   06 ③   07 ②   08 ④

해설

01   ①   **(1) 상환할증금**

1,000,000 × (10% − 5%) × 3.3100 = 165,500

(2) 전환권대가

전환사채 발행금액		1,000,000
일반사채 공정가치	(1,000,000 + 165,500) × 0.7118 + 50,000 × 2.4018 =	(949,693)
전환권대가		50,307

02   ⑤   ① 발행시점의 자본요소(전환권대가)

사채 발행금액		1,000,000
일반사채 공정가치	1,000,000 × 116.87% × 0.6575 + 70,000 × 2.2832 =	(928,244)
전환권대가		71,756

② 전환권 행사 시 주식발행초과금

㉠ 20×1년 말 일반사채 장부금액: 928,244 × 1.15 − 70,000 = 997,481

㉡ 20×2년 초 전환권 행사 시 주식발행초과금

전환권대가		71,756
일반사채 장부금액		997,481
주식 발행금액		1,069.237
자본금	50주(= 1,000,000 ÷ 20,000) × @5,000 =	(250,000)
주식발행초과금		819,237 (100% 행사 시)
전환권 행사비율		80%
주식발행초과금		655,390

③ 전환권 행사 시 자본 증가액

㉠ 투자자들이 전환권을 행사하면 일반사채(부채) 장부금액이 감소하므로 동 금액만큼 자본이 증가한다.

㉡ 전환권 행사일의 자본 증가액: 997,481 × 80% = 797,985

④ 20×2년에 인식할 이자비용

㉠ 전환권 행사 직후 일반사채 장부금액: 997,481 × (1 − 80%) = 199,496

㉡ 20×2년 일반사채 이자비용: 199,496 × 15% = 29,924

⑤ 20×2년 말 전환사채(일반사채) 장부금액: 199,496 × 1.15 − 14,000(= 70,000 × 20%) = 215,420

03 ① **(1) 부채 증가금액**

일반사채 공정가치	$1,000,000 \times 106\% \times 0.6209 + 40,000 \times 3.7908 =$	809,786
거래원가 배분	$10,000 \times 809,786 \div 900,000 =$	(8,998)
부채 증가금액		800,788

(2) 자본 증가금액

전환권의 가치	$900,000 - 809,786 =$	90,214
거래원가 배분	$10,000 \times 90,214 \div 900,000 =$	(1,002)
자본 증가금액		89,212

04 ② **(1) 전환사채 재매입(조기상환)시 당기손익 효과 분석**

자본요소(전환권대가)의 상환손익은 자본으로 인식하므로, 당기손익에 미치는 효과는 부채요소(전환사채)의 상환손익이 된다.

(2) 전환사채 상환손익

전환사채의 장부금액	$3,000,000 \times 0.82645 + 240,000 \times 1.73554 =$	2,895,880
부채요소의 상환대가	$3,000,000 \times 0.84168 + 240,000 \times 1.75911 =$	(2,947,226)
전환사채상환이익(손실)		(51,346)

05 ⑤ ① 전환권대가

사채발행금액		1,000,000
일반사채 공정가치	$1,000,000 \times 0.79383 + 40,000 \times 2.57710 =$	(896,914)
전환권대가		103,086

② 20×1년 전환권조정 상각액: $896,914 \times 8\% - 40,000 = 31,753$

③ 20×2년 초 전환사채 장부금액: $896,914 + 31,753 = 928,667$

④ 20×2년 초(조기상환일)의 부채요소 공정가치

$1,000,000 \times 0.75614 + 40,000 \times 1.62571 = 821,168$

⑤ 전환사채상환이익(손실): $928,667 - 821,168 = 107,499$ 상환이익

06 ③ **(1) 주식발행초과금 증가액(100% 행사 가정 시)**

20×1년 초 일반사채 공정가치	$1,000,000 \times 0.6575 + 100,000 \times 2.2832 =$	885,820
20×1년 일반사채 상각액	$885,820 \times 15\% - 100,000 =$	32,873
20×2년 초 일반사채 장부금액		918,693
전환권대가	$1,000,000 - 885,820 =$	114,180
주식 발행금액		1,032,873
자본금 증가액	100주$(= 1,000,000 \div 10,000) \times @5,000 =$	(500,000)
주식발행초과금 증가액		532,873 (100% 행사 시)

(2) 전환권 행사비율: $213,150 \div 532,873 = 40\%$

07 ② (1) 20×1.1.1 일반사채 공정가치

$1,000,000 \times 113.5\% \times 0.7118 + 70,000 \times 2.4018 = 976,019$

(2) 20×1년 일반사채 이자비용

$976,019 \times 12\% = 117,122$

08 ④ (1) 발행금액의 배분

발행금액		1,000,000
일반사채의 공정가치	$1,000,000 \times 0.7118 + 100,000 \times 2.4019 =$	(951,990)
신주인수권대가		48,010

(2) 각 항목의 분석

① 발행일 자본요소(신주인수권대가): 48,010

② 20×2년 일반사채 이자비용

㉠ 20×1년 말 일반사채 상각후원가: $951,990 \times 1.12 - 100,000 = 966,229$

㉡ 20×2년 일반사채 이자비용: $966,229 \times 12\% = 115,947$

③ 20×2년 일반사채 상각후원가: $966,229 \times 1.12 - 100,000 = 982,176$

④ 20×3.1.1 신주인수권 행사 시 주식발행초과금 증가액

신주인수권대가		48,010
현금납입액	$50주(=1,000,000 \div 20,000) \times @20,000 =$	1,000,000
주식의 발행금액		1,048,010
발행주식의 액면금액	$50주 \times @5,000 =$	(250,000)
주식발행초과금 증가액		798,010
신주인수권 행사비율		40%
주식발행초과금 증가액		319,204

⑤ 20×3년 일반사채 이자비용: $982,176 \times 12\% = 117,861$

제16장
주관식 연습문제

전환사채

01 (주)한국은 자금조달을 위하여 20×1년 1월 1일에 다음과 같은 조건의 전환사채를 액면발행하였다.

> (1) 전환사채의 액면금액은 ₩100,000이며, 만기는 20×3년 12월 31일이다. 표시이자율은 연 7%로 매년 12월 31일에 지급한다. 전환사채 액면금액 ₩10,000당 액면금액 ₩5,000의 보통주 1주로 전환이 가능하다.
> (2) 전환청구기간은 사채발행일 이후 3개월 경과일로부터 만기 전일까지며, 전환사채가 만기까지 전환되지 않으면 연 12%의 이자를 보장하여 상환일에 일괄지급하는 조건이다. 전환사채 발행 당시 전환권이 없는 일반사채의 시장이자율은 연 15%이다.
> (3) 기간별 현재가치(현가)계수는 다음과 같다.

기간	12%		13%		15%	
	현가계수	연금현가계수	현가계수	연금현가계수	현가계수	연금현가계수
1	0.8929	0.8929	0.8850	0.8850	0.8696	0.8696
2	0.7972	1.6901	0.7832	1.6681	0.7561	1.6257
3	0.7118	2.4019	0.6931	2.3612	0.6575	2.2832

> (4) 경과기간 혹은 잔여기간은 월 단위로 계산하며, 계산금액은 특별한 언급이 없는 한, 소수점 첫째 자리에서 반올림한다.

[물음 1] (주)한국이 ① 전환사채의 만기일에 지급할 상환할증금을 계산하고 ② 전환사채 발행일의 회계처리를 제시하시오.

※ [물음 2]부터 [물음 4]까지는 상환할증금이 ₩20,000이라고 가정한다.

[물음 2] 20×2년 1월 1일에 전환사채 액면금액의 60%가 전환청구되었으며, 이에 따라 (주)한국은 자사의 보통주를 발행하였다고 할 경우 다음 물음에 답하시오. 단, (주)한국은 전환권을 행사하는 경우 전환사채의 자본요소(전환권대가) 중 전환된 부분은 주식발행초과금으로 대체하는 회계처리를 한다.

[물음 2-1] 20×2년 1월 1일, 전환사채의 보통주 전환으로 인하여 ① (주)한국이 주식발행초과금으로 인식할 금액과 ② (주)한국의 자본 증가액을 각각 계산하시오.

[물음 2-2] (주)한국이 ① 20×2년 포괄손익계산서에 이자비용으로 인식할 금액과 ② 20×2년 말 재무상태표에 전환사채(부채)로 보고할 금액 및 ③ 20×3년 말에 상환할 금액(액면이자 제외)을 각각 계산하시오.

[물음 3] [본 물음은 독립적이다] 20×2년 1월 1일, (주)한국은 전환사채 조기전환을 유도하기 위하여 사채액면 ₩10,000당 보통주 1.2주로 전환할 수 있도록 전환조건을 변경하였다. 조건변경일 현재 (주)한국의 보통주 1주당 공정가치가 ₩7,000이라고 할 경우, 동 조건변경과 관련하여 조건변경일의 (주)한국의 당기손익에 미치는 영향을 계산하시오.

[물음 4] [본 물음은 독립적이다] 20×2년 1월 1일, (주)한국은 전환사채의 50%를 ₩55,000에 재매입하였다. 동 전환사채의 재매입 거래가 재매입일의 (주)한국의 ① 당기손익과 ② 자본에 미치는 영향을 각각 계산하시오. 단, 재매입일 현재 일반사채의 시장이자율은 13%이며, 재매입일까지 전환청구는 없었다고 가정한다.

해답 [물음 1] 상환할증금 계산과 전환사채 발행일의 회계처리

1. 상환할증금: $100,000 \times (12\% - 7\%) \times (1.12^2 + 1.12^1 + 1) = 16,872$

2. 전환사채 발행일의 회계처리

   (1) 전환권대가의 계산

전환사채의 발행금액		100,000
일반사채의 공정가치	$(100,000 + 16,872) \times 0.6575 + 100,000 \times 7\% \times 2.2832 =$	(92,826)
전환권대가		7,174

   (2) 발행일의 회계처리

(차) 현금	100,000	(대) 전환사채	100,000
전환권조정	(*)24,046	상환할증금	16,872
		전환권대가	7,174

   (*) $(100,000 + 16,872) - 92,826 = 24,046$

[물음 2] 전환권 행사시점과 행사 이후의 회계처리
[물음 2-1] 전환권 행사 시

1. 전환권 행사 시 주식발행초과금 인식액

   (1) 전환권대가의 계산

전환사채의 발행금액		100,000
일반사채의 공정가치	$(100,000 + 20,000) \times 0.6575 + 100,000 \times 7\% \times 2.2832 =$	(94,882)
전환권대가		5,118

   (2) 전환권 행사 시 주식발행초과금 인식액

20×1년 말 일반사채 상각후원가	$94,882 \times (1 + 15\%) - 7,000 =$	102,114
전환권대가		5,118
주식의 발행금액		107,232
주식의 액면금액	$10주(= 100,000 \div 10,000) \times @5,000 =$	(50,000)
주식발행초과금(100% 행사 시)		57,232
전환권 행사비율		60%
주식발행초과금(60% 행사 시)		34,339

2. 전환권 행사 시 자본 증가액: (*)$102,114 \times 60\% = 61,268$
   (*) 전환권 행사 시 일반사채 장부금액

3. 답안의 작성
   ① 전환권 행사 시 주식발행초과금 증가액: 34,339
   ② 전환권 행사 시 자본 증가액: 61,268

4. [참고] 행사일 회계처리

(차) 전환권대가	(*1)3,071	(대) 전환권조정	(*2)10,732
전환사채	60,000	자본금	(*3)30,000
상환할증금	12,000	주식발행초과금	34,339

   (*1) $5,118 \times 60\% = 3,071$
   (*2) $72,000(= 60,000 + 12,000) - 61,268(= 102,114 \times 60\%) = 10,732$
   (*3) $50,000 \times 60\% = 30,000$

[물음 2-2] 전환권 행사 이후

1. 20×2년 이자비용: $^{(*)}40,846 \times 15\% = 6,127$

　　$^{(*)}$ 전환권 행사 직후 일반사채 상각후원가: $102,114 \times 40\% = 40,846$

2. 20×2년 말 일반사채(부채) 장부금액: $40,846 + 6,127 - 2,800(= 7,000 \times 40\%) = 44,173$

3. 만기상환액(액면이자 제외): $(100,000 + 20,000) \times 40\% = 48,000$

4. 답안의 작성
　　① 20×2년 이자비용: 6,127
　　② 20×2년 말 일반사채 장부금액: 44,173
　　③ 20×3년 말 상환할 금액(액면이자 제외): 48,000

[물음 3] 전환조건변경

1. 전환사채의 전환조건을 변경하는 경우 조건변경손실은 당기손익으로 인식한다.

2. 조건변경손실: $100,000 \div 10,000 \times (1.2주 - 1주) \times @7,000 = 14,000$ 감소

[물음 4] 전환사채의 재매입(조기현금상환)

1. 당기손익에 미치는 영향(일반사채 상환손익)

　(1) 재매입금액의 배분

재매입금액		55,000
부채요소(일반사채)의 재매입금액	$^{(*)}105,661 \times 50\% =$	(52,831)
자본요소(전환권대가)의 재매입금액		2,169

　　$^{(*)}$ $(100,000 + 20,000) \times 0.7832 + 7,000 \times 1.6681 = 105,661$

　(2) 일반사채 상환이익(손실)

일반사채의 장부금액	$102,114 \times 50\% =$	51,057
일반사채의 재매입금액		(52,831)
일반사채 상환이익(손실)(당기손익 효과)		(1,774)

　(3) **참고** 회계처리

(차) 전환사채	50,000	(대) 전환권조정	$^{(*)}8,943$
상환할증금	10,000	현금	52,831
전환사채상환손실	1,774		

　　$^{(*)}$ $(50,000 + 10,000) - 51,057 = 8,943$

(차) 전환권대가	$^{(*1)}2,559$	(대) 현금	2,169
		전환권대가상환이익	$^{(*2)}390$

　　$^{(*1)}$ $5,118 \times 50\% = 2,559$
　　$^{(*2)}$ **자본으로 인식**

2. 자본에 미치는 영향
　(1) 재매입으로 인해 일반사채(부채)가 감소하고, 재매입금액만큼 현금(자산)이 감소하였다. 따라서 재매입일의 자본의 변동금액은 재매입일 현재 일반사채 장부금액에서 재매입금액을 차감한 금액이 된다.
　(2) 자본에 미치는 영향: $51,057 - 55,000 = (-)3,943$

02 (주)대한은 20×1년 1월 1일 다음과 같은 조건의 전환사채를 액면발행하였다.

○ 액면금액: ₩1,000,000
○ 만기상환일: 20×4년 12월 31일
○ 표시이자율: 연 2%
○ 이자지급일: 매년 12월 31일(연 1회)
○ 상환할증금: 만기일까지 전환권을 행사하지 않을 경우 액면금액에 ₩84,929을 가산하여 지급
○ 사채발행일 현재 동일 조건의 전환권이 없는 일반사채 시장수익률: 연 5%
○ 행사(전환)가격: 사채액면 ₩10,000당 1주의 보통주
○ 보통주 액면금액: 1주당 ₩5,000
○ 현가계수

기간	단일금액(기말지급)		정상연금	
	2%	5%	2%	5%
4년	0.9238	0.8227	3.5459	3.5459

20×2년 7월 1일 50%의 전환권이 행사되어 보통주가 발행되었다. 단, 기중전환 시 전환간주일은 고려하지 않으며, 전환된 부분의 전환일까지의 표시이자를 지급하는 것으로 가정한다. 또한, (주)대한은 전환권이 행사될 때 전환권대가를 주식의 발행가액으로 대체한다.

[물음 1] 20×2년 7월 1일 전환권 행사 시 (주)대한의 주식발행초과금 증가액은 얼마인가?

[물음 2] (주)대한이 20×2년 포괄손익계산서에 이자비용으로 인식할 금액은 얼마인가?

[물음 3] (주)대한이 20×2년 말 재무상태표에 표시할 전환사채의 장부금액은 얼마인가?

해답   [물음 1] 전환권 행사 시 주식발행초과금 증가액

1. 전환사채 발행금액의 배분

전환사채 발행금액		1,000,000
일반사채 공정가치	(1,000,000 + 84,929) × 0.8227 + 20,000 × 3.5459 =	(963,489)
전환권대가		36,511

2. 전환권 행사 시 주식발행초과금 증가액

(1) 권리행사일 일반사채 장부금액

20×1.12.31 장부금액	963,489 × 1.05 - 20,000 =	991,663
20×2.1.1 ~ 6.30 상각액	(991,663 × 5% - 20,000) × 6/12 =	14,792
권리행사일 일반사채 장부금액		1,006,455

(2) 주식발행초과금 증가액

전환권대가		36,511
권리행사일 일반사채 장부금액		1,006,455
주식의 발행금액		1,042,966
발행주식의 액면금액	100주(= 1,000,000 ÷ 10,000) × @5,000 =	(500,000)
주식발행초과금		542,966 (100% 행사 시)
전환권 행사비율		50%
주식발행초과금		271,483

(3) 참고 기중전환 시 회계처리

① 순액법

20×2.7.1	(차)	이자비용	(*1)12,396	(대)	현금	(*2)5,000
					전환사채	7,396

$^{(*1)}$ 991,663 × 5% × 6/12 × 50% = 12,396
$^{(*2)}$ 20,000 × 6/12 × 50% = 5,000

	(차)	전환권대가	(*1)18,256	(대)	자본금	250,000
		전환사채	(*2)503,227		주식발행초과금	271,483

$^{(*1)}$ 36,511 × 50% = 18,256
$^{(*2)}$ 1,006,455 × 50% = 503,227

② 총액법

20×2.7.1	(차)	이자비용	12,396	(대)	현금	5,000
					전환권조정	7,396

	(차)	전환권대가	18,256	(대)	자본금	250,000
		전환사채	(*1)500,000		주식발행초과금	271,483
		상환할증금	(*2)42,465		전환권조정	(*3)39,238

$^{(*1)}$ 1,000,000 × 50% = 500,000
$^{(*2)}$ 84,929 × 50% = 42,465
$^{(*3)}$ (500,000 + 42,465) - 503,227 = 39,238

[물음 2] 전환권 행사연도 이자비용

20×2.1.1 ~ 6.30	991,663 × 5% × 6/12 =	24,792
20×2.7.1 ~ 12.31	991,663 × 5% × 6/12 × (1 - 50%) =	12,396
20×2년 이자비용		37,188

[물음 3] 전환권 행사연도 말 일반사채 상각후원가

1. 20×2년 말 일반사채 장부금액
   ① 전환권 행사 직후 일반사채 장부금액
      1,006,455 × (1 - 50%) = 503,228
   ② 20×2년 말 일반사채 장부금액
      503,228 + 12,396 - 5,000(= 500,000 × 2% × 6/12) = 510,624

2. [별해] 20×2년 말 일반사채 장부금액
   ([*]991,663 × 1.05 - 20,000) × (1 - 50%) = 510,624
   [*] 20×1년 말 일반사채 상각후원가

03 (주)한국은 자금조달을 위하여 20×1년 1월 1일에 다음과 같은 조건의 비분리형 신주인수권부사채를 액면발행하였다.

> (1) 신주인수권부사채의 액면금액은 ₩100,000이며, 만기는 20×3년 12월 31일이다. 표시이자율은 연 7%로 매년 12월 31일에 지급한다.
>
> (2) 신주인수권부사채의 보유자가 만기일까지 신주인수권을 행사하지 않을 경우에는 상환할증금 ₩20,000을 가산하여 지급한다. 신주인수권부사채 발행 당시 신주인수권이 없는 일반사채의 시장이자율은 연 15%이다.
>
> (3) 신주인수권 행사 시 사채액면금액 ₩10,000당 액면금액 ₩5,000의 보통주 1주를 교부하며, 행사비율은 사채액면금액의 100%라고 가정한다. 20×2년 1월 1일, 신주인수권부사채 액면금액 중 ₩60,000(60%)에 해당하는 신주인수권이 행사되었다. (주)한국은 신주인수권이 행사되는 경우 신주인수권대가를 주식발행초과금으로 대체하는 정책을 채택하고 있다.
>
> (4) 기간별 현재가치(현가)계수는 다음과 같다.
>
> | 기간 | 12% | | 13% | | 15% | |
> |---|---|---|---|---|---|---|
> | | 현가계수 | 연금현가계수 | 현가계수 | 연금현가계수 | 현가계수 | 연금현가계수 |
> | 1 | 0.8929 | 0.8929 | 0.8850 | 0.8850 | 0.8696 | 0.8696 |
> | 2 | 0.7972 | 1.6901 | 0.7832 | 1.6681 | 0.7561 | 1.6257 |
> | 3 | 0.7118 | 2.4019 | 0.6931 | 2.3612 | 0.6575 | 2.2832 |
>
> (5) 경과기간 혹은 잔여기간은 월 단위로 계산하며, 계산금액은 특별한 언급이 없는 한, 소수점 첫째 자리에서 반올림한다.

[물음 1] 20×2년 1월 1일, 신주인수권의 행사로 인하여 ① (주)한국이 주식발행초과금으로 인식할 금액과 ② (주)한국의 자본 증가액을 각각 계산하시오.

[물음 2] (주)한국이 ① 20×2년 포괄손익계산서에 이자비용으로 인식할 금액과 ② 20×2년 말 재무상태표에 신주인수권부사채(부채)로 보고할 금액 및 ③ 20×3년 말에 상환할 금액(액면이자 제외)을 각각 계산하시오.

해답 **[물음 1]** 신주인수권 행사 시

1. 신주인수권 행사 시 주식발행초과금 인식액

(1) 신주인수권대가의 계산

신주인수권부사채의 발행금액		100,000
일반사채의 현재가치	120,000 × 0.6575 + 100,000 × 7% × 2.2832 =	(94,882)
신주인수권대가		5,118

(2) 신주인수권 행사 시 주식발행초과금 인식액

신주인수권대가		5,118
신주인수권 행사금액	10주(= 100,000 ÷ 10,000) × @10,000 =	100,000
20×1년 말 상환할증금의 현재가치	20,000 × 0.7561 =	15,122
주식의 발행금액		120,240
발행주식의 액면금액	10주(= 100,000 ÷ 10,000) × @5,000 =	(50,000)
주식발행초과금(100% 행사 시)		70,240
신주인수권 행사비율		× 60%
주식발행초과금(60% 행사 시)		42,144

(3) 참고 신주인수권 행사조건

① 문제에서 언급한 신주인수권 행사비율은 신주인수권부사채 액면금액 대비 현금수령액(행사금액)의 비율을 말한다.

$$신주인수권\ 행사비율 = \frac{현금수령액(신주인수권\ 행사금액)}{사채\ 액면금액}$$

② 이 문제에서는 행사비율이 100%이므로 신주인수권 행사 시 사채 액면금액 ₩10,000당 보통주 1주를 발행한다면, 발행하는 보통주 1주당 현금(행사금액) ₩10,000을 수령한다는 의미이다. 결국 신주인수권 행사비율이 100%인 경우에는 신주인수권을 행사하면 사채 액면금액과 동일한 금액의 현금이 납입되게 된다.

2. 신주인수권 행사 시 자본 증가액

(1) 신주인수권 행사로 인해 신주인수권 행사가액만큼 현금(자산)이 증가하고, 일반사채(부채) 중 상환할증금 부분이 행사비율만큼 감소한다. 따라서 행사일의 자본 증가액은 행사금액과 일반사채 상각후원가의 합계액이 된다.

(2) 자본 증가액: (10주 × @10,000 + 15,122) × 60% = 69,073

3. 답안의 작성

① 신주인수권 행사 시 주식발행초과금 증가액: 42,144

② 신주인수권 행사 시 자본 증가액: 69,073

4. 참고 20×2.1.1(행사일) 회계처리

(차) 신주인수권대가	(*1)3,071	(대) 신주인수권조정	(*2)2,927
현금	60,000	자본금	(*3)30,000
상환할증금	12,000	주식발행초과금	42,144

(*1) 5,118 × 60% = 3,071

(*2) 12,000 − 9,073(= 15,122 × 60%) = 2,927

(*3) 50,000 × 60% = 30,000

[물음 2] 신주인수권 행사 이후

1. 20×2년 이자비용

  (1) 신주인수권 행사 직후 일반사채 상각후원가

20×1년 말 일반사채 상각후원가	94,882 × (1 + 15%) - 7,000 =	102,114
상환할증금의 현재가치	15,122 × 60% =	(9,073)
신주인수권 행사 직후 일반사채 상각후원가		93,041

  (2) 20×2년 이자비용: 93,041 × 15% = 13,956

2. 20×2년 말 일반사채(부채) 장부금액: 93,041 + 13,956 - 7,000 = 99,997

3. 만기상환액(액면이자 제외): 100,000 + 20,000 × (1 - 60%) = 108,000

4. 답안의 작성

  ① 20×2년 이자비용: 13,956

  ② 20×2년 말 일반사채 장부금액: 99,997

  ③ 20×3년 말 상환할 금액(액면이자 제외): 108,000

5. 참고 행사일 이후 회계처리

20×2.12.31 (차) 이자비용	13,956	(대) 현금	7,000		
		신주인수권조정	6,956	⇨	99,997
20×3.12.31 (차) 이자비용	(*2)15,003	(대) 현금	7,000		
		신주인수권조정	(*1)8,003	⇨	108,000

    (*1) 108,000 - 99,997 = 8,003(끝수조정)

    (*2) 대차차액

(차) 신주인수권부사채	100,000	(대) 현금	108,000		
상환할증금	8,000			⇨	0

cpa.Hackers.com

해커스 IFRS 김승철 중급회계 하

제17장

종업원급여

제1절 | 종업원급여의 기초

01 의의

[그림 17-1] 종업원급여

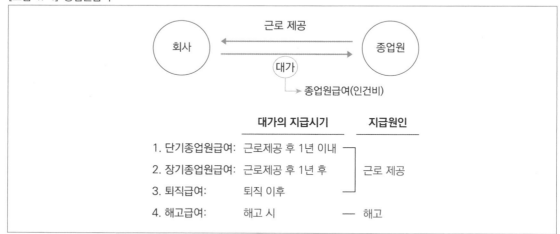

① 종업원급여는 종업원이 제공한 근무용역의 대가로 또는 종업원을 해고하는 대가로 기업이 제공하는 모든 종류의 보수를 말한다. 여기서 종업원은 전일제, 시간제, 정규직, 임시직으로 기업에 근무용역을 제공할 수 있으며, 이사와 그 밖의 경영진도 종업원에 포함한다.

② 종업원급여는 종업원이나 그의 피부양자 또는 수익자에게 제공하는 급여를 포함하며, 종업원이나 그의 배우자, 자녀, 그 밖의 피부양자에게 직접 지급(또는 재화나 용역의 제공)하거나 보험회사와 같은 제3자에게 지급(또는 재화나 용역의 제공)하여 결제할 수 있다.

③ 국제회계기준에서는 종업원급여를 다음과 같이 4가지 범주로 식별하고 있으며, 이하에서 각각의 범주별로 회계처리를 살펴보기로 한다.

[표 17-1] 종업원급여의 분류

구분	내용
단기종업원급여	종업원이 관련 근무용역을 제공하는 연차보고기간 말 후 12개월이 되기 전에 모두 결제될 것으로 예상하는 종업원급여(해고급여 제외)
퇴직급여	퇴직 후에 지급하는 종업원급여(해고급여와 단기종업원급여는 제외)
해고급여	종업원을 해고하는 대가로 제공하는 종업원급여
기타장기종업원급여	단기종업원급여, 퇴직급여, 해고급여를 제외한 종업원급여

02 단기종업원급여

(1) 개요

단기종업원급여는 종업원이 관련 근무용역을 제공하는 연차보고기간 후 12개월이 되기 전에 모두 결제될 것으로 예상하는 종업원급여(해고급여 제외)를 말한다. 단기종업원급여에는 다음과 같은 급여가 포함된다.

① 임금, 사회보장분담금
② 유급연차휴가와 유급병가
③ 이익분배금 · 상여금
④ 현직 종업원을 위한 비화폐성급여(예 의료, 주택, 자동차, 무상이나 일부 보조로 제공하는 재화 · 용역)

종업원이 회계기간에 근무용역을 제공할 때, 그 대가로 지급이 예상되는 단기종업원급여를 할인하지 않은 금액으로 인식한다. 만일 이미 지급한 금액이 있다면 이를 차감한 후 부채(미지급비용)로 인식한다. 그리고 이미 지급한 금액이 해당 급여의 할인하지 않은 금액보다 많은 경우, 그 초과액으로 미래 지급액이 감소하거나 현금이 환급된다면 그만큼을 자산(선급비용)으로 인식한다. 단기종업원급여는 해당 급여를 자산의 원가에 포함하는 경우가 아니라면, 비용으로 인식한다.

[지급부족액이 있는 경우]

(차) 단기종업원급여	×××	(대) 현금	×××
		미지급비용(지급부족액)	×××

[초과지급액이 있는 경우]

(차) 단기종업원급여	×××	(대) 현금	×××
선급비용(초과지급액)	×××		

(2) 단기유급휴가

기업은 연차휴가, 병가, 단기장애휴가, 출산 · 육아휴가, 배심원 참여, 병역 등과 같은 여러 가지 이유로 생기는 종업원의 휴가에 대해 보상할 수 있다. 이 유급휴가는 누적 유급휴가와 비누적 유급휴가로 구분한다.

① **누적 유급휴가**: 당기에 사용하지 않으면 이월되어 차기 이후에 사용할 수 있는 유급휴가
② **비누적 유급휴가**: 이월되지 않으므로 당기에 사용하지 않으면 소멸되는 유급휴가

누적 유급휴가의 경우에는 종업원이 미래 유급휴가 권리를 증가시키는 근무용역을 제공하는 때에 인식한다. 즉, 기업의 채무는 종업원이 미래 유급휴가에 대한 권리를 증가시키는 근무용역을 제공함에 따라 생긴다. 따라서 유급휴가가 아직 가득되지 않은 경우에도 관련 채무는 존재하므로 그 채무를 인식하여야 한다. 다만, 채무를 측정할 때에는 가득되지 않은 누적 유급휴가를 사용하기 전에 종업원이 퇴사할 가능성을 고려한다. 결과적으로 누적 유급휴가의 예상원가는 보고기간 말 현재 미사용 유급휴가가 누적되어 기업이 지급할 것으로 예상하는 추가 금액으로 측정한다.

[보고기간 말 현재 미사용 누적 유급휴가]

(차) 단기종업원급여 ××× (대) 미지급비용 (*)×××

    (*) 미사용 누적 유급휴가 중 차기 이후 사용이 예상되는 금액

비누적 유급휴가는 종업원이 휴가를 실제로 사용할 때 인식한다. 즉, 비누적 유급휴가는 이월되지 않으므로 당기에 사용하지 않은 유급휴가는 소멸되며 관련 종업원이 퇴사하더라도 미사용 유급휴가에 상응하는 현금을 수령할 자격이 없다. 이 경우 종업원이 근무용역을 제공하더라도 관련 급여가 증가되지 않기 때문에 종업원이 실제로 유급휴가를 사용하기 전에는 부채나 비용을 인식하지 않는 것이다.

예제 1 유급병가

(1) (주)한국은 100명의 종업원에게 1년에 5일의 근무일수에 해당하는 유급병가를 제공하고 있으며, 미사용 유급병가는 다음 1년 동안 이월하여 사용할 수 있다. 유급병가는 당기에 생긴 권리를 먼저 사용한 다음에, 전기에서 이월된 미사용 권리를 사용한다(후입선출 기준).

(2) 20×1년 12월 31일 현재 미사용 유급병가는 종업원당 평균 2일이다. 과거의 경험에 비추어 볼 때, 20×2년 중에 종업원 92명이 사용할 유급병가일수는 5일 이하, 나머지 8명이 사용할 유급병가 일수는 평균적으로 6.5일이 될 것으로 예상된다. 유급병가의 예상원가는 1일당 ₩50,000이다.

[요구사항]

1. 유급병가가 누적 유급병가일 경우 (주)한국이 20×1년 말 부채로 인식할 금액을 계산하시오.

2. 유급병가가 비누적 유급병가일 경우 (주)한국이 20×1년 말 부채로 인식할 금액을 계산하시오.

해답   1. 누적 유급병가일 경우

        ① 종업원 중 92명은 20×2년에 사용이 예상되는 유급병가일수가 5일 이하로 20×2년에 부여되는 유급병가일수(5일)보다 작으므로 20×1년 말 미사용 유급병가는 소멸된다. 그러나 종업원 중 8명은 20×2년에 사용이 예상되는 유급병가일수(6.5일)가 20×2년에 부여되는 유급병가일수(5일)보다 1.5일 많으므로 동 유급병가일수는 20×1년 말 미사용 유급병가에서 사용해야 한다.

        ② 20×1년 말 부채인식액: (6.5일 - 5일) × 8명 × @50,000 = 600,000

    2. 비누적 유급병가일 경우

        ① 비누적 유급병가의 경우 당기에 사용되지 않으면 소멸되므로 20×1년 말 미사용 유급병가와 관련하여 부채로 인식할 금액은 없다.

        ② 20×1년 말 부채인식액: 영(0)

(3) 이익분배제도와 상여금제도

① 종업원이 특정 기간 계속 근무하는 조건으로 이익을 분배받는 이익분배제도가 있다. 이러한 제도에서 종업원이 특정 시점까지 계속 근무할 경우, 기업은 종업원이 근무용역을 제공함에 따라 지급할 금액이 증가하므로 의제의무가 생긴다. 그리고 기업이 별도의 상여금을 지급할 법적의무가 없음에도 관행적으로 상여금을 지급하는 경우가 있다. 이러한 경우에 기업은 상여금을 지급하는 방법 외에 다른 현실적인 대안이 없으므로 의제의무를 부담한다.

② 이 경우 과거 사건의 결과로 현재의 지급의무(법적의무나 의제의무)가 발생하고 채무금액을 신뢰성 있게 추정할 수 있다면 이익분배금과 상여금의 예상원가를 부채로 인식한다. 이익분배제도와 상여금제도에 따라 기업이 부담하는 법적의무나 의제의무는 다음 중 어느 하나를 충족할 때 신뢰성 있게 측정할 수 있다.

> ㉠ 제도의 공식적 규약에 급여계산방식이 포함되어 있다.
> ㉡ 재무제표 발행이 승인되기 전에 지급액이 산정된다.
> ㉢ 과거 관행에 비추어 볼 때 기업이 부담하는 의제의무의 금액을 명백히 결정할 수 있다.

③ 이 의제의무를 측정할 때 일부 종업원이 이익분배금이나 상여금을 받지 못하고 퇴사할 가능성을 고려한다. 그리고 이익분배제도와 상여금제도에 따라 기업이 부담하는 의무는 종업원이 제공하는 근무용역에서 생기는 것이지 주주와의 거래에서 생기는 것은 아니다. 따라서 이익분배제도와 상여금제도와 관련된 원가는 이익분배가 아닌 당기 비용으로 인식한다.

④ 한편, 이익분배금이나 상여금이 종업원이 관련 근무용역을 제공하는 연차보고기간 후 12개월이 되기 전에 모두 결제될 것으로 예상되지 않는다면 기타장기종업원급여에 해당된다.

03 해고급여

(1) 개요

해고급여는 (종업원의 근무가 아니라) 종업원을 해고하는 대가로 제공하는 종업원급여를 말하며, 다음 중 어느 하나의 결과로 발생한다. 다만, 기업의 제안이 아닌 종업원의 요청에 따른 해고나 의무 퇴직 규정에 따라 생기는 종업원급여는 퇴직급여이기 때문에 해고급여에 포함하지 아니한다.

① 기업이 통상적인 퇴직시점 전에 종업원을 해고하는 결정
② 종업원이 해고의 대가로 기업에서 제안하는 급여를 받아들이는 결정

기업의 요청으로 해고하는 경우에는 종업원의 요청으로 해고할 때 지급하는 급여(실질적으로 퇴직급여)보다 더 많은 급여를 제공할 수 있다. 종업원의 요청에 따라 해고할 때 지급하는 급여와 기업의 요청으로 해고할 때 더 많이 지급하는 급여와의 차이가 해고급여이다.

해고급여 = 기업의 요청으로 해고할 때 지급하는 급여 − 종업원의 요청으로 해고할 때 지급하는 급여

(2) 해고급여의 인식과 측정

해고급여는 다음 중 이른 날에 부채와 비용을 인식한다.

① 기업이 해고급여의 제안을 더는 철회할 수 없을 때
② 기업이 기업회계기준서 제1037호(충당부채 기준서)의 적용범위에 포함되고 해고급여의 지급을 포함하는 구조조정 원가를 인식할 때

해고급여는 그 종업원급여의 성격에 따라 최초인식시점에 측정하고, 후속적 변동을 측정하고 인식한다. 해고급여가 퇴직급여를 증액하는 것이라면, 퇴직급여 규정을 적용한다. 그 밖의 경우에는 다음과 같이 처리한다.

① 해고급여가 인식되는 연차보고기간 말 후 12개월이 되기 전에 해고급여가 모두 결제될 것으로 예상되는 경우 단기종업원급여 규정을 적용한다.
② 해고급여가 인식되는 연차보고기간 말 후 12개월이 되기 전에 해고급여가 모두 결제될 것으로 예상되지 않는 경우 기타장기종업원급여 규정을 적용한다.

(1) 20×1년 1월 1일, (주)한국은 10개월 이내에 한 공장을 폐쇄하고, 폐쇄시점에 그 공장에 남아있는 모든 종업원을 해고할 것을 계획하고 있다. (주)한국의 공장에는 종업원 120명이 있다.
(2) 다만, (주)한국은 진행 중인 일부 계약을 마무리하기 위하여 종업원 중 100명이 공장의 폐쇄시점까지 남아서 근무용역을 제공하도록 하고, 이들 종업원에 대해서는 해고일에 1인당 ₩30,000을 지급하기로 하였다. 그리고 공장의 폐쇄시점 전에 퇴사하는 종업원 20명에게는 1인당 ₩10,000을 지급한다.

[요구사항]

1. (주)한국이 해고급여로 인식할 금액을 계산하시오.

2. (주)한국이 근무용역에 대한 대가로 지급하는 금액을 계산하시오.

해답 1. 해고급여
　　　① 해고급여는 종업원이 공장의 폐쇄시점까지 남아서 근무용역을 제공하느냐, 공장 폐쇄 전에 퇴사하느냐에 상관없이 해고로 인해 기업이 지급하여야 하는 금액이므로 1인당 10,000이 된다.
　　　② 해고급여: 120명 × @10,000 = 1,200,000

　　2. 근무용역의 대가로 제공되는 급여
　　　① 종업원이 공장 폐쇄시점까지 근무할 경우 받는 증분급여 1인당 20,000(= 30,000 - 10,000)은 그 기간에 제공한 근무용역에 대한 대가로 제공되는 급여이다.
　　　② 근무용역의 대가: 100명 × @20,000 = 2,000,000

04 기타장기종업원급여

(1) 개요

기타장기종업원급여는 단기종업원급여, 퇴직급여, 해고급여를 제외한 종업원급여를 말한다. 기타장기종업원급여는 종업원이 관련 근무용역을 제공하는 연차보고기간 말 후 12개월이 되기 전에 모두 결제될 것으로 예상되지 않는 경우에 한정되며, 다음과 같은 급여가 포함된다.

> ① 장기근속휴가나 안식년휴가와 같은 장기유급휴가
> ② 그 밖의 장기근속급여
> ③ 장기장애급여
> ④ 이익분배금과 상여금
> ⑤ 이연된 보상

(2) 기타장기종업원급여의 인식과 측정

① 기타장기종업원급여는 퇴직급여의 인식과 측정방법에 따른다. 다만, 일반적으로 기타장기종업원급여를 측정할 때 나타나는 불확실성은 퇴직급여를 측정할 때 나타나는 불확실성에 비하여 크지 않다. 따라서 기타장기종업원급여에 대해 비교적 간략한 회계처리방법을 규정하고 있다. 이 회계처리방법에 따르면 퇴직급여에 대한 회계처리와는 달리 재측정요소를 기타포괄손익으로 인식하지 않고 당기손익으로 인식한다.

② 이에 따라 기타장기종업원급여의 경우에는 (다른 한국채택국제회계기준서에 따라 자산의 원가에 포함하는 경우를 제외하고는) 다음의 순합계금액을 당기손익으로 인식한다.

> ㉠ 근무원가
> ㉡ 순확정급여부채(자산)의 순이자
> ㉢ 순확정급여부채(자산)에 대한 재측정요소

제2절 | 퇴직급여

01 개요

(1) 퇴직급여제도

[그림 17-2] 퇴직급여: 확정기여제도와 확정급여제도

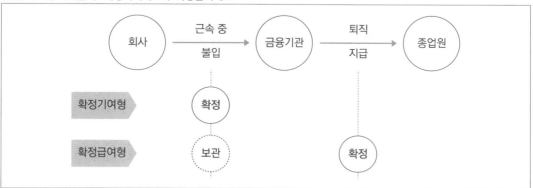

퇴직급여는 퇴직 후에 지급하는 종업원급여를 말하며, 해고급여와 단기종업원급여는 제외한다. 퇴직급여에는 다음과 같은 급여가 포함된다.

① 퇴직금(예 퇴직연금과 퇴직일시금)
② 퇴직 후 생명보험이나 퇴직 후 의료급여 등과 같은 그 밖의 퇴직급여

기업이 한 명 이상의 종업원에게 퇴직급여를 지급하는 근거가 되는 공식 약정이나 비공식 약정을 퇴직급여제도라고 하며, 퇴직급여제도는 제도의 주요 규약에서 도출되는 경제적 실질에 따라 확정기여제도나 확정급여제도로 분류한다.

구분	내용
확정기여제도	① 기업이 별개의 실체(기금)에 고정 기여금을 납부하고, 추가적인 기여금을 납부할 법적 의무나 의제의무가 없는 퇴직급여제도이다. ② 즉, 그 기금에서 당기와 과거기간에 제공된 종업원 근무용역과 관련된 모든 종업원급여를 지급할 수 있을 정도로 자산을 충분히 보유하지 못하더라도 기업에는 추가로 기여금을 납부할 의무가 없다.
확정급여제도	확정기여제도 외의 모든 퇴직급여제도

(2) 확정기여제도와 확정급여제도

① 확정기여제도에서 기업의 법적의무나 의제의무는 기업이 기금에 출연하기로 약정한 금액으로 한정된다. 따라서 종업원이 받을 퇴직급여액은 기업과 종업원이 퇴직급여제도나 보험회사에 출연하는 기여금과 그 기여금에서 생기는 투자수익에 따라 산정된다. 그 결과 종업원이 보험수리적위험(급여가 예상에 미치지 못할 위험)과 투자위험(투자한 자산이 예상급여액을 지급하는 데 충분하지 못할 위험)을 실질적으로 부담한다.

② 반면, 확정급여제도에서 기업의 의무는 약정한 급여를 전직·현직 종업원에게 지급하는 것이다. 따라서 기업이 보험수리적위험(실제급여액이 예상급여액을 초과할 위험)과 투자위험을 실질적으로 부담한다. 보험수리적실적이나 투자실적이 예상보다 저조하다면 기업의 의무는 늘어날 수 있다.

승철쌤's comment   확정기여제도 vs 확정급여제도

① 확정기여제도와 확정급여제도의 차이를 기업이 퇴직금 지급의무를 이행한 시점(실질적으로 퇴직금을 지급한 시점)의 차이로 이해해도 된다.

② 즉, 확정기여제도는 종업원의 근무용역 제공에 따라 매년 발생하는 퇴직금을 기업이 금융기관(기금)에 불입할 때 퇴직금 지급의무를 이행한 것으로 보는 제도이다. 이에 따라 확정기여제도에서 종업원의 근속기간 동안 금융기관에서 보관하고 있는 퇴직금은 종업원 소유의 자산이며, 따라서 금융기관의 퇴직금 운용손익(위험)도 모두 종업원에게 귀속되는 것이다.

③ 반면에 확정급여제도는 (기업이 금융기관에 퇴직금을 불입할 때가 아니라) 종업원이 나중에 퇴직하여 기업으로부터 퇴직금을 실제로 수령할 때 기업이 퇴직금 지급의무를 이행한 것으로 보는 제도이다. 이에 따라 확정급여제도에서 종업원의 근속기간 동안 금융기관에서 보관하고 있는 퇴직금은 기업 소유의 자산이며, 따라서 금융기관의 퇴직금 운용손익(위험)도 모두 기업에게 귀속되는 것이다.

필수암기!   확정기여제도와 확정급여제도

구분	확정기여제도	확정급여제도
기업의 의무	기업이 기금에 출연하기로 약정한 금액으로 한정	퇴직급여지급 규정에 따라 지급하기로 약정한 퇴직급여를 종업원에게 지급하는 것
종업원이 받을 퇴직급여액	기업이 기금에 출연하는 기여금과 그 기여금에서 생기는 투자수익에 따라 결정	퇴직급여지급 규정에 따라 종업원의 퇴직 시에 지급할 금액으로 결정
기금이 보관중인 퇴직금	종업원 소유	기업 소유
보험수리적위험과 투자위험	종업원이 부담	기업이 부담

02 확정기여제도

① 확정기여제도의 회계처리는 보고기업이 각 기간에 부담하는 채무를 해당 기간의 기여금으로 결정하기 때문에 비교적 단순하다. 따라서 채무나 비용을 측정하기 위해 보험수리적가정을 할 필요가 없고 그 결과 보험수리적손익이 생길 가능성도 없다. 따라서 확정기여제도에서는 종업원이 일정기간 근무용역을 제공하면 기업은 그 대가로 확정기여제도에 납부할 기여금을 부채로 인식한다. 부채로 인식하는 기여금은 (자산의 원가에 포함하는 경우를 제외하고는) 비용(퇴직급여)으로 인식한다.

② 이때 이미 납부한 기여금이 있다면 이를 차감한 후 부채(미지급비용)로 인식한다. 그리고 이미 납부한 기여금이 보고기간 말 전에 제공된 근무용역에 대해 납부할 기여금을 초과하는 경우, 그 초과 기여금 때문에 미래 지급액이 감소하거나 현금이 환급된다면 그만큼을 자산(선급비용)으로 인식한다.

[지급부족액이 있는 경우]			
(차) 퇴직급여	×××	(대) 현금	×××
		미지급비용(지급부족액)	×××
[초과지급액이 있는 경우]			
(차) 퇴직급여	×××	(대) 현금	×××
선급비용(초과지급액)	×××		

③ 기여금 전부나 일부의 납부기일이 종업원이 관련 근무용역을 제공하는 연차보고기간 말 후 12개월이 되기 전에 모두 결제될 것으로 예상되지 않는 경우를 제외하고는 할인되지 않은 금액으로 채무를 측정한다.

④ 만일 확정기여제도에 대한 기여금이 종업원의 근무용역을 제공하는 연차보고기간 말 후 12개월이 되기 전에 모두 결제될 것으로 예상되지 않는 경우, 그 기여금은 현재가치로 할인하여 측정한다. 이때 할인율은 보고기간 말 현재 우량회사채의 시장수익률을 참조하여 결정하며, 만일 그러한 우량회사채에 대해 거래층이 두터운 해당 통화의 시장이 없는 경우에는 보고기간 말 현재 그 통화로 표시된 국공채의 시장수익률을 사용한다.

03 확정급여제도

① 확정급여제도에서 종업원의 퇴직시점에 지급하는 퇴직금은 종업원이 제공한 근무용역의 대가로 지급하는 것이다. 따라서 기업은 종업원이 근무하는 기간 동안 종업원의 당기근무용역에 대한 퇴직급여(당기근무원가)를 당기비용으로 인식하고, 동 금액을 확정급여채무의 과목으로 하여 부채로 인식한다.

② 확정급여채무는 추후 종업원의 퇴직시점에 지급되는 장기성 채무이다. 따라서 확정급여채무는 보험수리적가정을 적용하여 추정한 미래퇴직금지급액을 현재가치로 할인하여 측정하고, 이후 확정급여채무의 현재가치 증가분은 이자원가로 인식한다.

[당기근무원가의 인식]

(차) 퇴직급여 ××× (대) 확정급여채무 ×××

[이자원가의 인식]

(차) 퇴직급여(*) ××× (대) 확정급여채무 ×××
    (*) 퇴직급여 대신 '이자원가'의 과목으로 회계처리해도 무방하다.

---

③ 또한 기업은 종업원이 퇴직할 때 지급할 퇴직금 재원마련을 위해 매년 일정금액을 금융기관에 예치하며, 금융기관에 예치한 적립금은 사외적립자산의 과목으로 하여 자산으로 인식한다. 다만, 재무상태표에는 확정급여채무에서 사외적립자산을 차감한 순액(순확정급여채무)으로 표시한다. 그리고 사외적립자산의 운용에서 발행하는 투자수익은 이자수익으로 인식한다.

[사외적립자산의 적립]

(차) 사외적립자산 ××× (대) 현금 ×××

[사외적립자산의 이자수익 인식]

(차) 사외적립자산 ××× (대) 퇴직급여(*) ×××
    (*) 퇴직급여 대신 '이자수익'의 과목으로 회계처리해도 무방하다.

---

④ 종업원이 퇴직할 때 종업원에게 지급하는 퇴직금은 금융기관에 예치한 사외적립자산에서 지급된다.

[퇴직금 지급]

(차) 확정급여채무 ××× (대) 사외적립자산 ×××

제3절 | 확정급여제도

01 확정급여채무의 현재가치

(1) 확정급여채무의 현재가치 측정

① 확정급여채무는 종업원이 당기와 과거기간에 근무용역을 제공하여 생긴 채무를 결제하기 위해 필요한 예상 미래지급액의 현재가치로 측정한다. 현재가치로 측정할 때 퇴직급여채무의 일부를 보고기간 후 12개월이 되기 전에 결제할 것으로 예상하더라도 퇴직급여채무 전부를 할인한다.

② 확정급여채무의 현재가치와 당기근무원가를 산정할 때는 예측단위적립방식(projected unit credit method)을 사용한다. 예측단위적립방식에서는 근무기간마다 추가적인 급여수급권 단위가 생긴다고 보며, 궁극적인 확정급여채무액을 결정하기 위하여 각 급여수급권 단위를 별도로 측정한다. 퇴직급여채무의 현재가치와 관련 당기근무원가를 측정하기 위한 구체적인 절차는 다음과 같다.

> ⊙ **확정급여채무의 추정**: 종업원의 사망률, 퇴직률, 미래급여상승률, 할인율 등(보험수리적가정)을 결정하고, 결정한 보험수리적가정에 근거하여 미래예상 퇴직급여지급액(확정급여채무)을 추정한다.
> ⓒ **확정급여채무의 배분**: 추정한 퇴직급여지급액을 종업원의 기대근무기간에 걸쳐 정액법에 따라 균등하게 배분한다.
> ⓒ **확정급여채무의 현재가치 결정**: 추정 퇴직급여지급액 중 당기와 과거기간에 배분된 퇴직급여지급액을 현재가치로 할인하여 확정급여채무의 현재가치를 결정한다. 이때 추정 퇴직급여지급액 중 당기에 배분된 금액의 현재가치가 당기근무원가가 된다.

> ⊘참고 **확정급여채무의 현재가치 평가 시 할인율**
> ① 퇴직급여채무를 할인하기 위한 할인율은 보고기간 말 현재 우량회사채의 시장수익률을 참조하여 결정한다.
> ② 만약 그러한 우량회사채에 대해 거래층이 두터운 해당 통화의 시장이 없는 경우에는 보고기간 말 현재 그 통화로 표시된 국공채의 시장수익률을 사용한다.

(2) 확정급여채무의 현재가치 증가

확정급여채무의 현재가치는 매 보고기간 말에 당기근무원가와 이자원가의 인식으로 증가하며, 기업은 당기근무원가와 이자원가 인식으로 인한 확정급여채무의 증가분을 포괄손익계산서에 당기손익으로 인식한다.

> ⊙ **당기근무원가**: 당기에 종업원이 근무용역을 제공하여 생긴 확정급여채무 현재가치의 증가분을 말한다.
> ⓛ **이자원가**: 확정급여채무의 결제일에 한 기간만큼 더 가까워짐에 따른 확정급여채무의 현재가치 증가액을 말하며, 확정급여채무의 기중 변동을 고려한 연평균 장부금액에 기초 시점의 할인율을 적용하여 계산한다.

확정급여채무의 이자원가 = 확정급여채무의 ^(*1)연평균 장부금액 × ^(*2)기초 시점의 할인율
  (*1) 확정급여채무의 기중 변동(과거근무원가, 퇴직금 지급)을 고려하여 연평균 금액으로 산정
  (*2) 기초 시점의 확정급여채무의 현재가치 평가 시 적용한 할인율

[당기근무원가의 인식]

(차) 퇴직급여(당기근무원가)　　　　　×××　　(대) 확정급여채무　　　　　×××

[이자원가의 인식]

(차) 퇴직급여(이자원가)　　　　　×××　　(대) 확정급여채무　　　　　×××

승철쌤's comment　이자원가와 이자수익의 표시방법

① 국제회계기준에서는 확정급여채무의 이자원가와 사외적립자산의 이자수익의 표시방법을 특정하지 않고 있다. 따라서 실무적으로는 이자원가와 이자수익을 각각 이자원가와 이자수익의 과목으로 회계처리하는 경우도 있고, 퇴직급여에서 가감하여 회계처리하는 경우도 있다.
② 이하 본서에서는 퇴직급여에서 가감하여 표시하는 방법, 즉, 확정급여채무의 이자원가를 퇴직급여의 과목으로, 사외적립자산의 이자수익을 부의 퇴직급여의 과목으로 회계처리하기로 한다.

확정급여채무의 현재가치(일시불급여)

기업은 종업원이 퇴직한 시점에 일시불급여를 지급하는 확정급여제도를 시행하고 있다. 종업원은 20×1년 초에 입사하여 20×3년 말에 퇴직할 것으로 예상되며, 일시불급여는 종업원의 퇴직 전 최종 임금의 1%에 근무연수를 곱하여 산정한다. 종업원의 연간 임금은 1차 연도에 ₩10,000이며 앞으로 매년 5%(복리)씩 상승하는 것으로 가정한다. 또한 연간 할인율은 10%로 가정한다. 이 경우 확정급여채무의 현재가치와 당기근무원가 및 이자원가는 다음과 같이 산정한다.

① 20×3년 말 최종 임금: $10,000 \times (1 + 5\%)^2 = 11,025$
② 20×3년 말 예상 퇴직금: $11,025 \times 1\% \times 3년 = 330$
③ 근무기간 동안의 각 회계기간에 배분될 퇴직금: $330 \div 3년 = 110$
④ 매기 말 확정급여채무의 현재가치와 매 기간 당기근무원가 및 이자원가

	20×1년 초	20×1년 말	20×2년 말	20×3년 말
퇴직금의 배분				
당기 이전 귀속	–	–	110	220
당기분 귀속	–	110	110	110
합계	–	110	220	330
현재가치할인	$\div 1.1^3$	$\div 1.1^2$	$\div 1.1^1$	$\div 1.1^0$
확정급여채무(BS)[*1]	–	91	200	330
확정급여채무의 변동(PL)				
이자원가[*2]		–	9	20
당기근무원가[*3]		91	100	110
합계		91	109	130

[*1] 매기 말 확정급여채무: 해당연도와 과거연도에 귀속되는 퇴직금의 현재가치
[*2] 이자원가: 기초 확정급여채무 × 할인율(10%)
[*3] 당기근무원가: 해당연도에 귀속되는 퇴직금의 현재가치

⑤ 연도별 회계처리

20×1년 말	(차) 퇴직급여(당기근무원가)	91	(대) 확정급여채무	91
20×2년 말	(차) 퇴직급여(이자원가)	9	(대) 확정급여채무	9
	(차) 퇴직급여(당기근무원가)	100	(대) 확정급여채무	100
20×3년 말	(차) 퇴직급여(이자원가)	20	(대) 확정급여채무	20
	(차) 퇴직급여(당기근무원가)	110	(대) 확정급여채무	110
	(차) 확정급여채무	330	(대) 현금	330

02 사외적립자산의 공정가치

① 사외적립자산은 종업원에게 지급할 퇴직금 재원을 마련하기 위하여 사외에 적립한 기금을 말한다. 사외적립자산은 공정가치로 측정한다. 그리고 재무상태표에는 확정급여채무에서 차감하여 과소적립액은 순확정급여부채로, 초과적립액은 순확정급여자산의 과목으로 하여 표시한다.

[그림 17-3] 부분 재무상태표

확정급여채무 > 사외적립자산			확정급여채무 < 사외적립자산		
재무상태표			재무상태표		
확정급여채무	×××		사외적립자산	×××	
사외적립자산	(×××)		확정급여채무	(×××)	
순확정급여채무	×××		순확정급여자산	×××	

② 보고기간 동안 시간의 경과에 따라 발생하는 사외적립자산의 증가액은 이자수익으로 하여 당기손익으로 인식한다. 사외적립자산의 이자수익은 사외적립자산의 연평균 장부금액에 확정급여채무의 현재가치 평가 시 적용한 할인율을 곱하여 계산한다. 이때 사외적립자산의 연평균 장부금액은 보고기간의 기여금 납부와 급여 지급으로 생기는 사외적립자산의 기중 변동을 고려하여 산정하며, 할인율은 연차보고기간 초에 결정된 할인율을 적용한다. 한편, 확정급여채무의 이자원가에서 사외적립자산의 이자수익을 차감한 금액을 순확정급여부채(자산)의 순이자라고 한다.

> **사외적립자산의 이자수익 = 사외적립자산의 [*1]연평균 장부금액 × [*2]기초 시점의 할인율**
> [*1] 사외적립자산의 기중 변동(기여금 납부, 퇴직금 지급)을 고려하여 연평균 금액으로 산정
> [*2] 기초 시점의 확정급여채무의 현재가치 평가 시 적용한 할인율

③ 그리고 종업원이 퇴직하여 퇴직금을 지급할 경우에는 확정급여채무와 사외적립자산을 상계하는 방식으로 회계처리한다.

> **[사외적립자산의 적립]**
> (차) 사외적립자산   ×××   (대) 현금   ×××
>
> **[이자수익의 인식]**
> (차) 사외적립자산   ×××   (대) 퇴직급여(이자수익)   ×××
>
> **[퇴직급여의 지급]**
> (차) 확정급여채무   ×××   (대) 사외적립자산   ×××

03 확정급여채무와 사외적립자산의 재측정요소

1. 개요

순확정급여채무(자산)의 재측정요소는 확정급여채무나 사외적립자산의 예상치 못한 변동을 말한다.

> ① 확정급여채무의 재측정요소
>   ㉠ 확정급여채무는 기초금액에 당기근무원가와 이자원가를 가산하고 퇴직급여 지급액을 차감하여 보고기간 말 장부금액이 결정된다.
>   ㉡ 그러나 재무상태표에는 보험수리적가정 변동을 반영하여 보고기간 말 기준으로 재측정한 확정급여채무의 현재가치로 보고되어야 한다.
>   ㉢ 이에 따라 보고기간 말에 확정급여채무를 재측정함에 따라 장부금액과 재측정금액의 차이만큼 재측정손익이 발생하는데, 이를 확정급여채무의 재측정요소라고 한다.
> ② 사외적립자산의 재측정요소
>   ㉠ 사외적립자산은 기초금액에 사외적립금액과 이자수익을 가산하고 퇴직급여 지급액을 차감하여 보고기간 말 장부금액이 결정된다.
>   ㉡ 그러나 사외적립자산도 보고기간 말의 공정가치로 재측정한 금액을 재무상태표에 보고하여야 한다.
>   ㉢ 이에 따라 보고기간 말에 사외적립자산을 공정가치로 재측정함에 따라 장부금액과 재측정금액의 차이만큼 재측정손익이 발생하는데, 이를 사외적립자산의 재측정요소라고 한다.

> **확정급여채무의 재측정요소 = 보고기간 말 재측정한 확정급여채무의 현재가치 – 재측정 전 장부금액**
> **사외적립자산의 재측정요소 = 보고기간 말 재측정한 사외적립자산의 공정가치 – 재측정 전 장부금액**

순확정급여부채(자산)의 재측정요소는 기타포괄손익으로 인식하고 재무상태표에 기타자본구성요소 (기타포괄손익누계액)에 누적된다. 기타포괄손익에 인식되는 순확정급여부채(자산)의 재측정요소는 후속 기간에 당기손익으로 재분류하지 아니한다. 그러나 기타포괄손익에 인식된 금액을 자본 내에서 대체할 수 있다(즉, 이익잉여금으로 직접 대체할 수는 있다는 의미이다).

[확정급여채무의 재측정요소]

(차) 재측정요소(기타포괄손익)　　　　　×××　(대) 확정급여채무　　　　　×××

[사외적립자산의 재측정요소]

(차) 재측정요소(기타포괄손익)　　　　　×××　(대) 사외적립자산　　　　　×××

승철쌤's comment　확정급여채무의 이자원가 인식 시 기초 할인율을 적용하는 이유

① 보고기간 말에 보험수리적가정의 변동을 반영하여 확정급여채무를 재측정하면 확정급여채무에 적용된 할인율이 당기 말 기준으로 갱신된다.
② 다만, 확정급여채무를 재측정하기 전에 이자원가를 먼저 인식하므로, 확정급여채무의 이자원가 인식 시 적용할 할인율은 확정급여채무를 재측정하기 전 할인율, 즉, 전기 말에 재측정 시 적용한 할인율이 되는 것이다.

2. 재측정요소의 구성

순확정급여부채(자산)의 재측정요소는 다음과 같은 요소로 구성된다.

---

① 확정급여채무의 보험수리적손익
② 순확정급여부채(자산)의 순이자에 포함된 이자수익(기대수익)을 제외한 사외적립자산의 실제수익
③ 순확정급여부채(자산)의 순이자에 포함된 금액을 제외한 자산인식상한효과의 변동

---

(1) 확정급여채무의 보험수리적손익

보험수리적손익은 확정급여채무에서 발생한 재측정손익으로서, 보험수리적가정의 변동과 경험조정으로 인하여 생기는 확정급여채무 현재가치의 변동을 말한다. 이때 경험조정은 이전의 보험수리적가정과 실제 일어난 결과의 차이 효과를 말한다.

> ⊘참고 **보험수리적손익 발생원인의 예**
>
> ① 종업원의 이직률, 조기퇴직률, 사망률, 임금상승률, 급여(제도의 공식적 규약이나 의제의무에 따라 물가상승률에 연동하여 급여가 증액되는 경우), 의료원가가 예상보다 높거나 낮은 경우
> ② 급여지급선택권과 관련된 가정의 변동 영향
> ③ 종업원의 이직률, 조기퇴직률, 사망률, 임금상승률, 급여(제도의 공식적 규약이나 의제의무에 따라 물가상승률에 연동하여 급여가 증액되는 경우), 의료원가의 추정치 변경의 영향
> ④ 할인율의 변경 영향

(2) 순확정급여채무(자산)의 순이자에 포함된 이자수익을 제외한 사외적립자산의 실제수익

순확정급여채무의 순이자에 포함된 사외적립자산의 이자수익은 확정급여채무의 현재가치를 측정할 때 적용된 할인율을 곱하여 계산되는데, 이는 사외적립자산에서 발생한 실제수익과는 차이가 있다. 이에 따라 사외적립자산의 실제수익과 순이자에 포함된 이자수익(기대수익)과의 차이가 사외적립자산의 재측정요소가 된다.

사외적립자산의 재측정요소 = 사외적립자산의 실제수익 − 사외적립자산의 이자수익(기대수익)
= 사외적립자산[*] × 실제수익률 − 사외적립자산[*] × 기초 할인율
[*] 사외적립자산의 기중 변동을 고려하여 산정한 연평균 장부금액

	기초	순이자	근무원가	사외적립	퇴직금 지급	재측정요소	기말
확정급여채무	×××	+	+		−	±	×××
사외적립자산	×××	+		+	−	±	×××
순확정급여채무	×××	+	+	−		±	×××
		⇩	⇩			⇩	
		당기손익	당기손익			기타포괄손익	

예제 3 확정급여제도

(1) 12월 말 결산법인인 (주)한국은 확정급여제도를 시행하고 있으며, 20×1년 1월 1일 현재 확정급여채무의 현재가치와 사외적립자산의 공정가치는 각각 ₩10,000과 ₩6,000이다.

(2) (주)한국은 20×1년 3월 31일 사외적립자산에 ₩4,000을 추가로 적립하였으며, 20×1년 6월 30일 일부 종업원의 퇴직으로 퇴직금 ₩2,000을 사외적립자산에서 지급하였다.

(3) 20×1년에 종업원이 근무용역을 제공함에 따라 증가하는 예상미래퇴직급여지급액의 현재가치(당기근무원가)는 ₩5,000이다.

(4) 20×1년 초 현재 확정급여채무의 현재가치 평가에 사용한 할인율은 연 10%이다.

[요구사항]

1. 20×1년 말 보험수리적가정의 변동을 반영한 확정급여채무의 현재가치는 ₩15,500이며, 20×1년 말 사외적립자산의 공정가치는 ₩9,400이라고 할 경우, 다음 물음에 답하시오.

   (1) 확정급여제도가 (주)한국의 20×1년 당기손익과 기타포괄손익에 미친 영향을 각각 계산하시오.

   (2) (주)한국이 20×1년에 해야 할 회계처리를 일자별로 제시하시오.

2. 만일 20×1년 말 보험수리적가정의 변동을 반영한 확정급여채무의 현재가치는 ₩15,500이며, 20×1년 사외적립자산에서 발생한 실제수익률이 8%라고 할 경우, 다음 물음에 답하시오.

   (1) 확정급여제도가 (주)한국의 20×1년 당기손익과 기타포괄손익에 미친 영향을 각각 계산하시오.

   (2) (주)한국이 20×1년 말 재무상태표에 보고할 순확정급여채무를 계산하시오.

해답   1. 확정급여제도
    (1) 포괄손익계산서에 미치는 영향
        ① 순확정급여채무의 변동

	기초	순이자	근무원가	사외적립	퇴직금 지급	재측정요소	기말
확정급여채무	10,000	(*1)900	5,000	–	(2,000)	1,600	15,500
사외적립자산	6,000	(*2)800	–	4,000	(2,000)	600	9,400
순확정급여채무	4,000	100	5,000	(4,000)	–	1,000	6,100

(*1) (10,000 − 2,000 × 6/12) × 10% = 900

(*2) (6,000 + 4,000 × 9/12 − 2,000 × 6/12) × 10% = 800

        ② 당기손익에 미친 효과: (−)100(순이자) − 5,000(근무원가) = (−)5,100 감소
        ③ 기타포괄손익에 미친 효과: (−)1,000(재측정요소) 감소
    (2) 일자별 회계처리
        20×1.3.31   (차) 사외적립자산   4,000   (대) 현금   4,000

        20×1.6.30   (차) 확정급여채무   2,000   (대) 사외적립자산   2,000

        20×1.12.31
        ① 이자원가   (차) 퇴직급여   900   (대) 확정급여채무   900

        ② 당기근무원가   (차) 퇴직급여   5,000   (대) 확정급여채무   5,000

        ③ 이자수익   (차) 사외적립자산   800   (대) 퇴직급여   800

        ④ 재측정요소   (차) 재측정요소   1,600   (대) 확정급여채무   1,600
                          (차) 사외적립자산   600   (대) 재측정요소   600

2. 사외적립자산의 재측정요소
    (1) 포괄손익계산서에 미치는 영향
        ① 순확정급여채무의 변동

	기초	순이자	근무원가	사외적립	퇴직금 지급	재측정요소	기말
확정급여채무	10,000	(*1)900	5,000	–	(2,000)	1,600	15,500
사외적립자산	6,000	(*2)800	–	4,000	(2,000)	(*3)(160)	8,640
순확정급여채무	4,000	100	5,000	(4,000)	–	1,760	6,860

(*1) (10,000 − 2,000 × 6/12) × 10% = 900

(*2) (6,000 + 4,000 × 9/12 − 2,000 × 6/12) × 10% = 800

(*3) 실제수익 − 기대수익 = (6,000 + 4,000 × 9/12 − 2,000 × 6/12) × 8% − 800 = (−)160 손실

        ② 당기손익에 미친 효과: (−)100(순이자) − 5,000(근무원가) = (−)5,100 감소
        ③ 기타포괄손익에 미친 효과: (−)1,760(재측정요소) 감소
    (2) 순확정급여채무: 15,500(확정급여채무) − 8,640(사외적립자산) = 6,860

04 순환정급여자산과 자산인식상한효과

[그림 17-4] 순환정급여자산의 자산인식상한효과

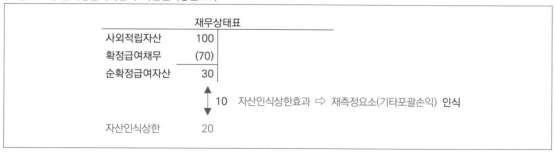

순환정급여자산은 사외적립자산의 공정가치가 확정급여채무의 현재가치를 초과하는 경우 그 초과적립액을 말한다. 확정급여제도에 초과적립액이 있는 경우, 순환정급여자산은 확정급여제도의 초과적립액과 자산인식상한 중 작은 금액으로 측정한다. 이때 자산인식상한은 제도에서 환급받는 형태로 또는 제도에 납부할 미래기여금을 절감하는 형태로 얻을 수 있는 경제적 효익의 현재가치를 말한다.

순환정급여자산 = Min[확정급여제도의 초과적립액, 자산인식상한]

자산인식상한효과는 순환정급여자산이 자산인식상한을 초과하는 금액으로서 순환정급여자산의 재측정요소로 보아 기타포괄손익으로 인식한다. 다만, 만일 기초에 자산인식상한효과가 있는 경우에는 자산인식상한효과에 대해서도 당기에 순이자를 인식할 것이므로 순이자에 포함된 금액을 제외한 자산인식상한효과의 당기 변동액이 기타포괄손익으로 인식할 재측정요소가 된다.

기타포괄손익으로 인식할 자산인식상한효과의 변동
= 자산인식상한효과의 당기 변동액[*] – 기초 시점의 자산인식상한효과 × 할인율
    [*] 자산인식상한효과의 기말금액 – 자산인식상한효과의 기초금액

[자산인식상한효과의 이자원가 인식]
(차) 퇴직급여(이자원가)   ×××   (대) 자산인식상한효과[*]   ×××

[자산인식상한효과의 재측정요소]
(차) 재측정요소   ×××   (대) 자산인식상한효과[*]   ×××
    [*] 평가충당금과 같은 자산의 차감계정으로 생각하면 된다.

(1) 12월 말 결산법인인 (주)한국은 확정급여제도를 시행하고 있으며, 20×1년 1월 1일 현재 확정급여채무의 현재 가치와 사외적립자산의 공정가치는 각각 ₩14,000과 ₩10,000이다.

(2) 20×1년 말 일부 종업원의 퇴직으로 퇴직금 ₩3,000을 사외적립자산에서 지급하였으며, 20×1년 말에 추가로 적립한 기여금 납부액은 ₩8,000이다.

(3) 20×1년에 종업원이 근무용역을 제공함에 따라 증가하는 예상미래퇴직급여지급액의 현재가치(당기근무원가)는 ₩6,000이다.

(4) 20×1년 말 확정급여채무에서 발생한 보험수리적이익은 ₩3,000이며, 사외적립자산의 재측정요소(이익)는 ₩2,400이다.

(5) 20×1년 초 현재 확정급여채무의 현재가치 평가에 사용한 할인율은 연 5%이며, 20×1년 말 현재 순확정급여자산의 자산인식상한은 ₩2,500이다.

[요구사항]

1. 확정급여제도가 (주)한국의 20×1년 당기손익과 기타포괄손익에 미친 영향을 각각 계산하시오.

2. (주)한국이 20×1년 말에 보고할 부분 재무상태표를 작성하시오.

3. (주)한국이 20×1년에 해야 할 회계처리를 제시하시오.

해답 1. 포괄손익계산서에 미치는 영향
① 순확정급여채무(자산)의 변동

	기초	순이자	근무원가	사외적립	퇴직금 지급	재측정요소	기말
확정급여채무	14,000	(*1)700	6,000	–	(3,000)	(3,000)	14,700
사외적립자산	10,000	(*2)500	–	8,000	(3,000)	2,400	17,900
순확정급여채무(자산)	4,000	200	6,000	(8,000)	–	(5,400)	(3,200)
자산인식상한효과						700	(*3)700
순확정급여채무(자산)						(4,700)	(2,500)

(*1) 14,000 × 5% = 700
(*2) 10,000 × 5% = 500
(*3) 3,200 – 2,500 = 700

② 당기손익에 미친 효과: (–)200(순이자) – 6,000(근무원가) = (–)6,200 감소
③ 기타포괄손익에 미친 효과: 4,700(재측정요소) 증가

2. 부분 재무상태표

부분 재무상태표

(주)한국		20×1년 12월 31일 현재		
자산			자본	
사외적립자산	17,900		재측정요소	4,700
확정급여채무	(14,700)			
자산인식상한효과	(700)			
순확정급여자산	2,500			

3. 회계처리
[20×1.12.31]

① 사외적립	(차) 사외적립	8,000	(대) 현금	8,000		
② 퇴직금의 지급	(차) 확정급여채무	3,000	(대) 사외적립자산	3,000		
③ 이자원가	(차) 퇴직급여	700	(대) 확정급여채무	700		
④ 당기근무원가	(차) 퇴직급여	6,000	(대) 확정급여채무	6,000		
⑤ 이자수익	(차) 사외적립자산	500	(대) 퇴직급여	500		
⑥ 재측정요소	(차) 확정급여채무	3,000	(대) 재측정요소	3,000		
	(차) 사외적립자산	2,400	(대) 재측정요소	2,400		
⑦ 자산인식상한	(차) 재측정요소	700	(대) 자산인식상한효과	700		

예제 5 순확정급여자산(2): 기초 자산인식상한효과가 있는 경우

(1) 12월 말 결산법인인 (주)한국은 확정급여제도를 시행하고 있으며, 20×1년 1월 1일 현재 확정급여채무의 현재가치와 사외적립자산의 공정가치는 각각 ₩7,000과 ₩10,000이다. 20×1년 1월 1일 현재 순확정급여자산의 자산인식상한은 ₩2,000이다.

(2) 20×1년 말 일부 종업원의 퇴직으로 퇴직금 ₩3,000을 사외적립자산에서 지급하였으며, 20×1년 말에 추가로 적립한 기여금 납부액은 ₩4,000이다.

(3) 20×1년에 종업원이 근무용역을 제공함에 따라 증가하는 예상미래퇴직급여지급액의 현재가치(당기근무원가)는 ₩6,000이다.

(4) 20×1년 말 확정급여채무에서 발생한 보험수리적이익은 ₩2,750이며, 사외적립자산의 재측정요소(이익)는 ₩2,000 이다.

(5) 20×1년 초 현재 확정급여채무의 현재가치 평가에 사용한 할인율은 연 5%이며, 20×1년 말 현재 순확정급여자산의 자산인식상한은 ₩4,000이다.

[요구사항]

1. 확정급여제도가 (주)한국의 20×1년 당기손익과 기타포괄손익에 미친 영향을 각각 계산하시오.
2. (주)한국이 20×1년에 해야 할 회계처리를 제시하시오.

해답

1. **포괄손익계산서에 미치는 영향**

① 순확정급여채무(자산)의 변동

	기초	순이자	근무원가	사외적립	퇴직금 지급	재측정요소	기말
확정급여채무	7,000	(*1)350	6,000	–	(3,000)	(2,750)	7,600
사외적립자산	10,000	(*2)500	–	4,000	(3,000)	2,000	13,500
순확정급여채무(자산)	(3,000)	(150)	6,000	(4,000)	–	(4,750)	(5,900)
자산인식상한효과	1,000	(*3)50				(*5)850	(*4)1,900
순확정급여채무(자산)	(2,000)	(100)				(3,900)	(4,000)

(*1) 7,000 × 5% = 350

(*2) 10,000 × 5% = 500

(*3) 1,000 × 5% = 50

(*4) 5,900 − 4,000 = 1,900

(*5) 1,900(기말 자산인식상한효과) − 1,000(기초 자산인식상한효과) − 50(순이자) = 850

② 당기손익에 미친 효과: 100(순이자) − 6,000(근무원가) = (−)5,900 감소

③ 기타포괄손익에 미친 효과: 3,900(재측정요소) 증가

2. **회계처리**

[20×1.12.31]

① 사외적립	(차) 사외적립	4,000	(대) 현금	4,000
② 퇴직금의 지급	(차) 확정급여채무	3,000	(대) 사외적립자산	3,000
③ 이자원가	(차) 퇴직급여	350	(대) 확정급여채무	350
④ 당기근무원가	(차) 퇴직급여	6,000	(대) 확정급여채무	6,000
⑤ 이자수익	(차) 사외적립자산	500	(대) 퇴직급여	500
⑥ 재측정요소	(차) 확정급여채무	2,750	(대) 재측정요소	2,750
	(차) 사외적립자산	2,000	(대) 재측정요소	2,000
⑦ 자산인식상한	(차) 퇴직급여	50	(대) 자산인식상한효과	50
	(차) 재측정요소	850	(대) 자산인식상한효과	850

05 확정급여제도의 기타사항

(1) 과거근무원가

① 과거근무원가는 제도가 개정되거나 축소됨에 따라 종업원이 과거기간에 제공한 근무용역에 대한 확정급여채무 현재가치가 변동하는 경우 그 변동금액을 말한다. 제도의 개정은 확정급여제도를 도입하거나, 철회하거나, 기존 확정급여제도에서 지급될 급여를 변경할 때 일어나며, 제도의 축소는 제도의 대상이 되는 종업원 수를 유의적으로 감소시킬 때 일어난다. 축소는 공장폐쇄, 영업중단, 제도의 종료나 중단과 같은 독립된 사건에서 비롯될 수 있다.

② 이때 제도의 개정이나 축소의 결과로 급여가 새로 생기거나 변동되어 확정급여채무의 현재가치가 증가할 수도 있지만, 기존 급여가 철회되거나 변동되어 확정급여채무의 현재가치가 감소할 수도 있다. 따라서 과거근무원가는 정(+)의 금액(확정급여채무의 현재가치가 증가하는 경우)이 될 수도 있고 부(−)의 금액(확정급여채무의 현재가치가 감소하는 경우)이 될 수도 있다.

③ 과거근무원가는 다음 중 이른 날에 비용으로 인식한다.

㉠ 제도의 개정이나 축소가 일어날 때
㉡ 관련되는 구조조정원가나 해고급여를 인식할 때

[정(+)의 과거근무원가]

(차) 퇴직급여(과거근무원가) ××× (대) 확정급여채무 ×××

[부(−)의 과거근무원가]

(차) 확정급여채무 ××× (대) 퇴직급여(과거근무원가) ×××

(1) 12월 말 결산법인인 (주)한국은 확정급여제도를 시행하고 있으며, 20×1년 1월 1일 현재 확정급여채무의 현재
    가치와 사외적립자산의 공정가치는 각각 ₩50,000과 ₩40,000이다.
(2) 20×1년 말 일부 종업원의 퇴직으로 퇴직금 ₩13,000을 사외적립자산에서 지급하였으며, 20×1년 말에 추가로
    적립한 기여금 납부액은 ₩22,000이다.
(3) 20×1년 당기근무원가는 ₩15,000이며, 20×1년 초 확정급여제도의 일부 개정으로 종업원의 과거근무기간의
    근무용역에 대한 확정급여채무의 현재가치가 ₩5,000 증가하였다.
(4) 20×1년 말 보험수리적가정의 변동을 반영한 확정급여채무의 현재가치는 ₩65,000이며, 20×1년 말 사외적립
    자산의 공정가치는 ₩54,000이다.
(5) 20×1년 초와 20×1년 말 현재 우량회사채의 연 시장수익률은 각각 8%와 10%이며, 퇴직급여채무의 할인율로
    사용한다.

[요구사항]

1. 확정급여제도가 (주)한국의 20×1년 당기손익과 기타포괄손익에 미친 영향을 각각 계산하시오.

2. (주)한국이 20×1년에 해야 할 회계처리를 제시하시오.

해답 1. 포괄손익계산서에 미치는 영향
      ① 순확정급여채무(자산)의 변동

	기초	순이자	근무원가	사외적립	퇴직금 지급	재측정요소	기말
확정급여채무	50,000	(*1)4,400	(*3)20,000	–	(13,000)	3,600	65,000
사외적립자산	40,000	(*2)3,200	–	22,000	(13,000)	1,800	54,000
순확정급여채무	10,000	1,200	20,000	(22,000)	–	1,800	11,000

(*1) (50,000 + 5,000) × 8% = 4,400
(*2) 40,000 × 8% = 3,200
(*3) 15,000(당기근무원가) + 5,000(과거근무원가) = 20,000

② 당기손익에 미친 효과: (-)1,200(순이자) - 20,000(근무원가) = (-)21,200 감소
③ 기타포괄손익에 미친 효과: (-)1,800(재측정요소) 감소

2. 일자별 회계처리
   [20×1.1.1]
   과거근무원가   (차) 퇴직급여   5,000   (대) 확정급여채무   5,000

   [20×1.12.31]
   ① 사외적립   (차) 사외적립   22,000   (대) 현금   22,000

   ② 퇴직금의 지급 (차) 확정급여채무   13,000   (대) 사외적립자산   13,000

   ③ 이자원가   (차) 퇴직급여   4,400   (대) 확정급여채무   4,400

   ④ 당기근무원가 (차) 퇴직급여   15,000   (대) 확정급여채무   15,000

   ⑤ 이자수익   (차) 사외적립자산   3,200   (대) 퇴직급여   3,200

   ⑥ 재측정요소   (차) 재측정요소   3,600   (대) 확정급여채무   3,600
                  (차) 사외적립자산   1,800   (대) 재측정요소   1,800

(2) 확정급여제도의 정산(조기상환)

① 확정급여제도의 정산(조기상환)은 확정급여제도에 따라 생긴 급여의 전부나 일부에 대한 법적의무나 의제의무를 기업이 더 이상 부담하지 않기로 하는 거래를 말한다. 예를 들어, 확정급여제도에 따라 발생한 기업의 확정급여채무를 보험계약의 체결을 통해 보험회사에 일시에 이전하는 경우에 정산이 발생한다.

② 정산손익은 다음 ⊙과 ⓒ의 차이로 측정하며, 확정급여제도의 정산이 일어나는 때에 정산손익을 당기손익으로 인식한다.

> ⊙ 정산일에 결정되는 확정급여채무의 현재가치
> ⓒ 정산가격(이전되는 사외적립자산과 정산과 관련하여 기업이 직접 지급하는 금액을 포함)

[확정급여제도의 정산]

(차) 확정급여채무	×××	(대) 사외적립자산	×××
퇴직급여(정산손실)	×××	현금	×××

예제 7 확정급여제도의 정산

(1) 12월 말 결산법인인 (주)한국은 확정급여제도를 시행하고 있으며, 20×1년 12월 31일 현재 확정급여채무의 현재가치와 사외적립자산의 공정가치는 각각 ₩80,000과 ₩60,000이다.

(2) 20×2년 1월 1일, (주)한국은 보험회사와의 계약을 통하여 종업원에 대한 퇴직금 지급의무를 전부 보험회사에 이전하였으며, 사외적립자산 부족액 ₩30,000을 보험회사에 추가로 현금을 지급하였다.

[요구사항]

확정급여제도의 정산과 관련하여 (주)한국이 20×2년 1월 1일에 해야 할 회계처리를 제시하시오.

해답	20×2.1.1	(차) 확정급여채무	80,000	(대) 사외적립자산	60,000
		정산손실(당기손익)	10,000	현금	30,000

---

01 퇴직급여제도 중 확정급여제도하에서 보험수리적위험과 투자위험은 종업원이 실질적 (O, X)
으로 부담한다.

02 확정급여채무는 종업원이 당기와 과거기간에 근무용역을 제공하여 생긴 채무를 결제 (O, X)
하기 위해 필요한 예상 미래지급액의 현재가치로 측정한다.

03 퇴직급여채무를 할인하기 위해 사용하는 할인율은 보고기간 말 현재 우량회사채의 시 (O, X)
장수익률을 참조하여 결정한다. 만약 그러한 우량회사채에 대해 거래층이 두터운 해당
통화의 시장이 없는 경우에는 보고기간 말 현재 그 통화로 표시된 국공채의 시장수익
률을 사용한다.

04 당기근무원가는 당기에 종업원이 근무용역을 제공하여 생긴 확정급여채무 현재가치의 (O, X)
증가분을 말하며, 포괄손익계산서에 당기손익으로 인식한다.

05 확정급여채무의 이자원가는 확정급여채무의 결제일에 한 기간만큼 더 가까워짐에 따 (O, X)
른 확정급여채무의 현재가치 증가액을 말하며, 확정급여채무의 기중 변동을 고려한 연
평균 장부금액에 당기말 현재의 할인율을 적용하여 계산한다.

06 사외적립자산은 재무상태표에 확정급여채무에서 차감하여 과소적립액은 순확정급여 (O, X)
부채로, 초과적립액은 순확정급여자산의 과목으로 하여 표시한다.

정답 및 해설

01 X 확정급여제도에서 기업의 퇴직금 지급의무는 약정한 퇴직금을 전직·현직 종업원에게 지급하는 것이다. 따라서
기업이 보험수리적위험(실제급여액이 예상급여액을 초과할 위험)과 투자위험을 실질적으로 부담한다. 만일 보험수
리적실적이나 투자실적이 예상보다 저조하다면 기업의 퇴직금 지급의무는 늘어날 수 있다.

02 O

03 O

04 O

05 X 확정급여채무의 이자원가는 확정급여채무의 연평균 장부금액에 기초 시점의 할인율을 적용하여 계산한다. 즉, 보
고기간 말에 확정급여채무를 재측정해야 확정급여채무에 적용된 할인율이 당기말 기준으로 갱신되는데, 확정급여
채무를 재측정하기 전에 이자원가를 인식하므로 확정급여채무의 이자원가는 전기 말에 재측정시 적용한 할인율을
적용하여 계산하는 것이다.

06 O

07 사외적립자산의 이자수익은 사외적립자산의 연평균 장부금액에 확정급여채무의 현재   (O, X)
가치 평가 시 적용한 할인율을 곱하여 계산하며, 이때 할인율은 연차보고기간 초에 결
정된 할인율을 적용한다.

08 순확정급여채무(자산)의 재측정요소는 확정급여채무나 사외적립자산의 예상치 못한   (O, X)
변동을 말한다. 순확정급여부채(자산)의 재측정요소는 기타포괄손익으로 인식하고 재
무상태표에 기타자본구성요소(기타포괄손익누계액)에 누적된다.

09 기타포괄손익에 인식되는 순확정급여부채(자산)의 재측정요소는 추후 관련 종업원이   (O, X)
퇴사하여 순확정급여채무가 결제되는 시점에 당기손익으로 재분류한다.

10 사외적립자산의 재측정요소는 사외적립자산의 실제수익과 순확정급여채무의 순이자   (O, X)
에 포함된 이자수익(기대수익)과의 차이로 측정한다.

11 과거근무원가는 제도가 개정되거나 축소됨에 따라 종업원이 과거기간에 제공한 근무   (O, X)
용역에 대한 확정급여채무의 현재가치가 변동하는 경우 그 변동금액을 말하며, 정(＋)
의 금액이 될 수는 있지만, 부(－)의 금액이 될 수는 없다.

12 자산인식상한효과는 순확정급여자산이 자산인식상한을 초과하는 금액으로서 포괄손   (O, X)
익계산서에 당기손익으로 인식한다.

정답 및 해설

07 O

08 O

09 X   기타포괄손익으로 인식되는 순확정급여부채(자산)의 재측정요소는 후속 기간에 당기손익으로 재분류하지 아니한
다. 그러나 기타포괄손익에 인식된 금액을 자본 내에서 대체할 수 있다(즉, 이익잉여금으로 직접 대체할 수는 있다
는 의미이다).

10 O

11 X   제도의 개정이나 축소의 결과로 확정급여채무의 현재가치가 증가할 수도 있지만 감소할 수도 있다. 따라서 과거근
무원가는 정(＋)의 금액(확정급여채무의 현재가치가 증가하는 경우)이 될 수도 있고, 부(－)의 금액(확정급여채무의
현재가치가 감소하는 경우)이 될 수도 있다.

12 X   자산인식상한효과는 순확정급여자산이 자산인식상한을 초과하는 금액으로서, 순확정급여자산의 재측정요소로 보
아 기타포괄손익으로 인식한다.

기말 사외적립자산 공정가치, 당기순이익 효과

01 20×1년 1월 1일에 설립된 (주)대한은 확정급여제도를 채택하고 있으며, 관련 자료는 다음과 같다. 순확정급여부채(자산) 계산 시 적용한 할인율은 연 7%로 변동이 없다.

[20×1년]
○ 20×1년 말 확정급여채무의 현재가치는 ₩1,200,000이다.
○ 20×1년 말 사외적립자산의 공정가치는 ₩1,000,000이다.

[20×2년]
○ 20×2년도 당기근무원가는 ₩300,000이다.
○ 20×2년 말에 일부 종업원의 퇴직으로 ₩150,000을 사외적립자산에서 현금으로 지급하였다.
○ 20×2년 말에 ₩200,000을 현금으로 사외적립자산에 출연하였다.
○ 20×2년 말 확정급여채무에서 발생한 재측정요소와 관련된 회계처리는 다음과 같다.

   (차) 보험수리적손실   466,000   (대) 확정급여채무   466,000

(주)대한의 20×2년 말 재무상태표에 표시될 순확정급여부채가 ₩400,000인 경우, (A) 20×2년 말 현재 사외적립자산의 공정가치 금액과 (B) 확정급여제도 적용이 20×2년도 당기순이익에 미치는 영향은 각각 얼마인가?   [회계사 19]

	(A)	(B)
①	₩568,000	₩286,000 감소
②	₩568,000	₩314,000 감소
③	₩1,416,000	₩286,000 감소
④	₩1,500,000	₩286,000 감소
⑤	₩1,500,000	₩314,000 감소

사외적립 및 퇴사시점이 기중인 경우

02 (주)세무는 확정급여제도를 채택하여 시행하고 있다. 20×1년 초 확정급여채무의 현재가치는 ₩900,000이고, 사외적립자산의 공정가치는 ₩720,000이다. 20×1년 동안 당기근무원가는 ₩120,000이다. 20×1년 9월 1일 퇴직한 종업원에게 ₩90,000의 퇴직급여가 사외적립자산에서 지급되었으며, 20×1년 10월 1일 사외적립자산에 대한 기여금 ₩60,000을 납부하였다. 20×1년 말 순확정급여부채는? (단, 우량회사채의 시장수익률은 연 10%이고, 이자원가 및 이자수익은 월할계산한다)

[세무사 20]

① ₩240,000   ② ₩256,500

③ ₩258,000   ④ ₩316,500

⑤ ₩318,000

포괄손익계산서 효과

03 (주)세무는 확정급여제도를 채택하여 시행하고 있다. (주)세무의 확정급여채무와 관련된 자료가 다음과 같을 때, 20×1년도에 인식할 퇴직급여와 기타포괄손익은?

[세무사 21 수정]

> ○ 20×1년 초 사외적립자산 잔액은 ₩560,000이며, 확정급여채무 잔액은 ₩600,000이다.
> ○ 20×1년도의 당기근무원가는 ₩450,000이다.
> ○ 20×1년 말에 사외적립자산 ₩150,000이 퇴직종업원에게 현금으로 지급되었다.
> ○ 20×1년 말에 현금 ₩400,000을 사외적립자산에 출연하였다.
> ○ 20×1년 말 현재 사외적립자산의 공정가치는 ₩920,000이며, 보험수리적가정의 변동을 반영한 20×1년 말 확정급여채무는 ₩1,050,000이다.
> ○ 확정급여채무 계산 시 적용한 할인율은 연 15%이다.

	퇴직급여	기타포괄손익
①	₩456,000	손실 ₩34,000
②	₩456,000	이익 ₩26,000
③	₩540,000	손실 ₩34,000
④	₩540,000	이익 ₩26,000
⑤	₩540,000	손실 ₩60,000

04 (주)한국은 퇴직급여제도로 확정급여제도를 채택하고 있다. 다음은 확정급여제도와 관련된 (주)한국의 20×1년 자료이다. 퇴직금의 지급과 사외적립자산의 추가납입은 20×1년 말에 발생하였으며, 20×1년 초 현재 우량회사채의 시장이자율은 연 5%로 20×1년 중 변동이 없었다.

○ 20×1년 초 확정급여채무 장부금액	₩500,000
○ 20×1년 초 사외적립자산 공정가치	400,000
○ 당기근무원가	20,000
○ 퇴직금지급액(사외적립자산에서 지급함)	30,000
○ 사외적립자산 추가납입액	25,000
○ 확정급여채무의 보험수리적손실	8,000
○ 사외적립자산의 실제수익	25,000

20×1년 말 (주)한국의 재무상태표에 계상될 순확정급여부채는 얼마인가? [회계사 15]

① ₩65,000   ② ₩73,000
③ ₩95,000   ④ ₩100,000
⑤ ₩103,000

05 다음은 (주)한국이 채택하고 있는 퇴직급여제도와 관련한 20×1년도 자료이다.

> 가. 20×1년 초 확정급여채무의 현재가치와 사외적립자산의 공정가치는 각각 ₩4,500,000과 ₩4,200,000이다.
>
> 나. 20×1년 말 확정급여채무의 현재가치와 사외적립자산의 공정가치는 각각 ₩5,000,000과 ₩3,800,000이다.
>
> 다. 20×1년 말 일부 종업원의 퇴직으로 퇴직금 ₩1,000,000을 사외적립자산에서 지급하였으며, 20×1년 말에 추가로 적립한 기여금 납부액은 ₩200,000이다.
>
> 라. 20×1년에 종업원이 근무용역을 제공함에 따라 증가하는 예상미래퇴직급여지급액의 현재가치는 ₩500,000이다.
>
> 마. 20×1년 말 확정급여제도의 일부 개정으로 종업원의 과거근무기간의 근무용역에 대한 확정급여채무의 현재가치가 ₩300,000 증가하였다.
>
> 바. 20×1년 초와 20×1년 말 현재 우량회사채의 연 시장수익률은 각각 8%, 10%이며, 퇴직급여채무의 할인율로 사용한다.

(주)한국의 확정급여제도로 인한 20×1년도 포괄손익계산서의 당기순이익과 기타포괄이익에 미치는 영향은 각각 얼마인가? (단, 법인세효과는 고려하지 않는다) [회계사 14]

	당기순이익에 미치는 영향	기타포괄이익에 미치는 영향
①	₩548,000 감소	₩52,000 감소
②	₩600,000 감소	₩300,000 감소
③	₩830,000 감소	₩270,000 감소
④	₩830,000 감소	₩276,000 증가
⑤	₩824,000 감소	₩276,000 감소

06 (주)신라는 퇴직급여제도로 확정급여제도(defined benefit plan)를 채택하고 있다. 20×1년 초 순확정급여부채는 ₩2,000이다. 20×1년에 확정급여제도와 관련된 확정급여채무 및 사외적립자산에서 기타포괄손실(재측정요소)이 각각 발생하였으며, 그 결과 (주)신라가 20×1년 포괄손익계산서에 인식한 퇴직급여 관련 기타포괄손실은 ₩1,040이다. (주)신라가 20×1년 초 확정급여채무의 현재가치 측정에 적용한 할인율은 얼마인가? (단, 자산인식상한은 고려하지 않는다) [회계사 16]

> (1) 20×1년 확정급여채무의 당기근무원가는 ₩4,000이다.
> (2) 20×1년 말 퇴직한 종업원에게 ₩3,000의 현금이 사외적립자산에서 지급되었다.
> (3) 20×1년 말 사외적립자산에 추가로 ₩2,000을 적립하였다.
> (4) 20×1년 말 재무상태표에 표시되는 순확정급여부채는 ₩5,180이다.

① 6%		② 7%	
③ 8%		④ 9%	
⑤ 10%			

07 다음은 (주)대한이 채택하고 있는 확정급여제도와 관련한 자료이다.

○ 순확정급여부채(자산) 계산 시 적용한 할인율은 연 5%이다.
○ 20×1년 초 사외적립자산의 공정가치는 ₩550,000이고, 확정급여채무의 현재가치는 ₩500,000 이다.
○ 20×1년도 당기근무원가는 ₩700,000이다.
○ 20×1년 말에 퇴직종업원에게 ₩100,000의 현금이 사외적립자산에서 지급되었다.
○ 20×1년 말에 사외적립자산에 ₩650,000을 현금으로 출연하였다.
○ 20×1년 말 사외적립자산의 공정가치는 ₩1,350,000이다.
○ 보험수리적가정의 변동을 반영한 20×1년 말 확정급여채무는 ₩1,200,000이다.
○ 20×1년 초와 20×1년 말 순확정급여자산의 자산인식상한금액은 각각 ₩50,000과 ₩100,000 이다.

(주)대한의 확정급여제도 적용이 20×1년도 포괄손익계산서의 당기순이익과 기타포괄이익에 미치는 영향은? [회계사 18]

	당기순이익에 미치는 영향	기타포괄이익에 미치는 영향
①	₩702,500 감소	₩147,500 감소
②	₩702,500 감소	₩147,500 증가
③	₩702,500 감소	₩97,500 감소
④	₩697,500 감소	₩97,500 감소
⑤	₩697,500 감소	₩97,500 증가

08 20×1년 1월 1일에 설립된 (주)대한은 확정급여제도를 채택하고 있으며, 관련 자료는 다음과 같다. 순확정급여자산(부채) 계산 시 적용한 할인율은 연 8%로 매년 변동이 없다.

〈20×1년〉
○ 20×1년 말 사외적립자산의 공정가치는 ₩1,100,000이다.
○ 20×1년 말 확정급여채무의 현재가치는 ₩1,000,000이다.
○ 20×1년 말 순확정급여자산의 자산인식상한금액은 ₩60,000이다.

〈20×2년〉
○ 20×2년 당기근무원가는 ₩900,000이다.
○ 20×2년 말에 일부 종업원의 퇴직으로 ₩100,000을 사외적립자산에서 현금으로 지급하였다.
○ 20×2년 말에 ₩1,000,000을 현금으로 사외적립자산에 출연하였다.
○ 20×2년 말 사외적립자산의 공정가치는 ₩2,300,000이다.
○ 20×2년 말 확정급여채무의 현재가치는 ₩2,100,000이다.

(주)대한의 20×2년 말 재무상태표에 표시될 순확정급여자산이 ₩150,000인 경우, (주)대한의 확정급여제도 적용이 20×2년 포괄손익계산서의 기타포괄이익(OCI)에 미치는 영향은 얼마인가?　[회계사 21]

① ₩12,800 감소　　　　　② ₩14,800 감소
③ ₩17,800 감소　　　　　④ ₩46,800 감소
⑤ ₩54,800 감소

정답 및 해설

정답

01 ⑤　02 ②　03 ①　04 ⑤　05 ⑤　06 ②　07 ⑤　08 ②

해설

01 ⑤　(1) 20×2년 순확정급여채무의 변동

	기초	순이자(7%)	근무원가	사외적립	퇴직금 지급	재측정요소	기말
확정급여채무	1,200,000	(*1)84,000	300,000	-	(150,000)	466,000	1,900,000
사외적립자산	1,000,000	(*2)70,000	-	200,000	(150,000)	380,000	1,500,000
순확정급여채무	200,000	14,000	300,000	(200,000)	-	86,000	400,000

　(*1) 1,200,000 × 7% = 84,000
　(*2) 1,000,000 × 7% = 70,000

(2) 20×2년 말 사외적립자산 공정가치(A)
　1,500,000

(3) 20×2년 당기손익 효과(B)
　14,000(순이자) + 300,000(근무원가) = 314,000 감소

02 ②

	기초	순이자	근무원가	사외적립	퇴직금 지급	재측정요소	기말
확정급여채무	900,000	(*1)87,000	120,000	-	(90,000)	-	1,017,000
사외적립자산	720,000	(*2)70,500	-	60,000	(90,000)	-	760,500
순확정급여채무	180,000	16,500	120,000	(60,000)	-	-	256,500

　(*1) 870,000(= 900,000 - 90,000 × 4/12) × 10% = 87,000
　(*2) 705,000(= 720,000 + 60,000 × 3/12 - 90,000 × 4/12) × 10% = 70,500

03 ①　(1) 20x1년 순확정급여채무의 변동

	기초	순이자	근무원가	사외적립	퇴직금 지급	재측정요소	기말
확정급여채무	600,000	(*1)90,000	450,000	-	(150,000)	60,000	1,050,000
사외적립자산	560,000	(*2)84,000	-	400,000	(150,000)	26,000	920,000
순확정급여채무	40,000	6,000	450,000	(400,000)	-	34,000	130,000

　(*1) 600,000 × 15% = 90,000
　(*2) 560,000 × 15% = 84,000

(2) 20x1년 퇴직급여 인식액
　6,000(순이자) + 450,000(근무원가) = 456,000

(3) 20x1년 기타포괄손익 인식액
　(-)34,000(재측정요소) 손실

04 ⑤

	기초	순이자	근무원가	사외적립	퇴직금 지급	재측정요소	기말
확정급여채무	500,000	(*1)25,000	20,000	-	(30,000)	8,000	523,000
사외적립자산	400,000	(*2)20,000	-	25,000	(30,000)	(*3)5,000	420,000
순확정급여채무	100,000	5,000	20,000	(25,000)	-	3,000	103,000

(*1) 500,000 × 5% = 25,000
(*2) 400,000 × 5% = 20,000
(*3) 25,000(실제수익) - 20,000(기대수익) = 5,000

05 ⑤ (1) 순확정급여채무의 변동

	기초	순이자	근무원가	사외적립	퇴직금 지급	재측정요소	기말
확정급여채무	4,500,000	(*1)360,000	(*3)800,000	-	(1,000,000)	340,000	5,000,000
사외적립자산	4,200,000	(*2)336,000	-	200,000	(1,000,000)	64,000	3,800,000
순확정급여채무	300,000	24,000	800,000	(200,000)	-	276,000	1,200,000

(*1) 4,500,000 × 8% = 360,000
(*2) 4,200,000 × 8% = 336,000
(*3) 500,000(당기근무원가) + 300,000(과거근무원가) = 800,000

(2) 당기손익에 미친 효과
(-)24,000(순이자) - 800,000(근무원가) = (-)824,000 감소
(3) 기타포괄손익에 미친 효과
(-)276,000(재측정요소) 감소

06 ② (1) 순확정급여채무의 변동

	기초	순이자	근무원가	사외적립	퇴직금 지급	재측정요소	기말
확정급여채무	?	?	4,000	-	(3,000)	?	?
사외적립자산	?	?	-	2,000	(3,000)	?	?
순확정급여채무	2,000	140(역산)	4,000	(2,000)	-	1,040	5,180

(2) 할인율의 계산
할인율을 r%라고 하면, 2,000 × r% = 140 ⇨ r = 7%

07 ⑤ (1) 순확정급여채무(자산)의 변동

	기초	순이자	근무원가	사외적립	퇴직금 지급	재측정요소	기말
확정급여채무	500,000	(*1)25,000	700,000	-	(100,000)	75,000	1,200,000
사외적립자산	550,000	(*2)27,500	-	650,000	(100,000)	222,500	1,350,000
순부채(자산)	(50,000)	(2,500)	700,000	(650,000)	-	(147,500)	(150,000)
인식상한효과	-	-				50,000	(*3)50,000
순부채(자산)	(50,000)	-				(97,500)	(100,000)

(*1) 500,000 × 5% = 25,000
(*2) 550,000 × 5% = 27,500
(*3) 150,000 - 100,000 = 50,000

(2) 당기손익에 미친 효과
2,500(순이자) - 700,000(근무원가) = (-)697,500 감소
(3) 기타포괄손익에 미친 효과
97,500(재측정요소) 증가

(1) 20x2년 순확정급여채무(자산)의 변동

	기초	순이자	근무원가	사외적립	퇴직금 지급	재측정요소	기말
확정급여채무	1,000,000	(*1)80,000	900,000	–	(100,000)	220,000	2,100,000
사외적립자산	1,100,000	(*2)88,000	–	1,000,000	(100,000)	212,000	2,300,000
순부채(자산)	(100,000)	(8,000)	900,000	(1,000,000)	–	8,000	(200,000)
인식상한효과	40,000	(*3)3,200				(*4)6,800	50,000
순부채(자산)	(60,000)	(4,800)				14,800	(150,000)

(*1) 1,000,000 × 8% = 80,000
(*2) 1,100,000 × 8% = 88,000
(*3) 40,000 × 8% = 3,200
(*4) 50,000 – 40,000 – 3,200 = 6,800

(2) 20x2년 당기손익에 미친 효과

4,800(순이자) – 900,000(근무원가) = (–)895,200 감소

(3) 20x2년 기타포괄손익에 미친 효과

14,800(재측정요소) 감소

01

(1) (주)한국은 종업원이 퇴직한 시점에 일시불급여를 지급하며, 종업원은 20×4년 말에 퇴직할 것으로 예상한다. 일시불급여는 종업원의 퇴직 전 최종 임금의 2%에 근무연수를 곱하여 산정한다. 종업원의 연간 임금은 20×1년에 ₩10,000,000이며 앞으로 매년 8%(복리)씩 상승한다.

(2) 20×1년 말과 20×2년 말 우량회사채의 시장이자율은 각각 연 12%와 10%이며, 확정급여채무의 할인율로 사용한다. 우량회사채의 시장이자율을 제외한 보험수리적가정의 변동은 없다고 가정한다.

(3) 현재가치계수는 아래의 표를 이용한다.

기간	10%		12%	
	현가계수	연금현가계수	현가계수	연금현가계수
1	0.9091	0.9091	0.8929	0.8929
2	0.8264	1.7355	0.7972	1.6901
3	0.7513	2.4868	0.7118	2.4018
4	0.6830	3.1699	0.6355	3.0373

[물음 1] (주)한국이 20×1년에 당기비용으로 인식할 당기근무원가를 계산하시오.

[물음 2] (주)한국이 20×2년 포괄손익계산서에 기타포괄손익으로 인식할 금액을 계산하시오.

[물음 3] 확정급여제도와 관련하여 (주)한국이 20×1년과 20×2년에 해야 할 회계처리를 제시하시오.

해답 **[물음 1] 20×1년 당기근무원가**

1. 퇴직시점에 지급할 퇴직일시금: $10,000,000 \times 1.08^3 \times 2\% \times 4년 = 1,007,770$
2. 각 연도에 귀속될 퇴직급여: $1,007,770 \div 4년 = 251,943$
3. 20×1년 당기근무원가: $251,943 \times 0.7118 = 179,333$

[물음 2] 20×2년 기타포괄손익

1. 20×2년 말 확정급여채무 장부금액(재측정 전)

20×1년 말 확정급여채무		179,333
20×2년 이자원가	$179,333 \times$ (*)12% =	21,520
20×2년 당기근무원가	$251,943 \times$ (*)0.7972 =	200,849
20×2년 말 확정급여채무		401,702

(*) 20×2년 말에 보험수리적 가정의 변동을 반영하여 확정급여채무의 현재가치를 재측정해야 보험수리적 가정이 20×2년 말 기준으로 갱신된다. 이에 따라 20×2년 말 확정급여채무를 재측정하기 전에 인식하는 당기근무원가와 이자원가는 20×1년 말(전기 말)의 할인율을 적용하여 계산해야 한다.

2. 20×2년 말 확정급여채무 현재가치(재측정 후)
   $251,943 \times 2년 \times 0.8264 = 416,411$

3. 20×2년 기타포괄손익(재측정손익)

20×2년 말 확정급여채무 현재가치(재측정 후)	416,411
20×2년 말 확정급여채무 장부금액(재측정 전)	401,702
20×2년 확정급여채무의 재측정손실(이익)	14,709

[물음 3] 20×1년과 20×2년 회계처리

20×1.12.31	(차) 퇴직급여(당기근무원가)	179,333	(대) 확정급여채무	179,333
20×2.12.31	(차) 퇴직급여(이자원가)	21,520	(대) 확정급여채무	21,520
	(차) 퇴직급여(당기근무원가)	200,849	(대) 확정급여채무	200,849
	(차) 재측정요소(손실)	14,709	(대) 확정급여채무	14,709

02 (주)대한의 20×1년 확정급여제도와 관련된 자료는 다음과 같다. 제시된 물음에 답하시오.

> (1) 20×1년 1월 1일 확정급여채무 현재가치는 ₩90,000이다.
> (2) 20×1년 1월 1일 사외적립자산의 공정가치는 ₩88,000이다.
> (3) 20×1년 말에 퇴직종업원에게 ₩2,000의 현금이 사외적립자산에서 지급되었다.
> (4) 20×1년 당기근무원가는 ₩105,000이다.
> (5) 20×1년 초에 제도 개정으로 인한 과거근무원가는 ₩10,000이다.
> (6) 20×1년 말에 사외적립자산에 ₩70,000을 현금으로 출연하였다.
> (7) 20×1년 확정급여채무에서 발생한 보험수리적손실은 ₩8,000이다.
> (8) 20×1년 사외적립자산의 실제수익은 ₩14,000이다.
> (9) 보험수리적가정의 변동을 반영한 20×1년 말 확정급여채무는 ₩220,000이다.

[물음 1] (주)대한이 확정급여채무의 이자원가 계산에 적용한 할인율을 계산하시오.

[물음 2] 확정급여제도가 (주)대한의 20×1년 포괄손익계산서상 당기순이익과 기타포괄손익에 미친 영향을 각각 계산하시오. 단, 감소의 경우에는 금액 앞에 '(-)'를 표시하시오.

[물음 3] 20×1년 말 사외적립자산의 공정가치를 계산하시오.

[물음 4] 확정급여제도와 관련하여 (주)한국이 20×1년에 해야 할 회계처리를 제시하시오.

해답 **[물음 1] 확정급여채무의 할인율**

1. 순확정급여채무의 변동 분석

	기초	순이자	근무원가	사외적립	퇴직금 지급	재측정요소	기말
확정급여채무	90,000	(*2)9,000	(*1)115,000	–	(2,000)	8,000	220,000
사외적립자산	88,000	(*3)7,920	–	70,000	(2,000)	(*4)6,080	170,000
순확정급여채무	2,000	1,080	115,000	(70,000)	–	1,920	50,000

(*1) 105,000(당기근무원가) + 10,000(과거근무원가) = 115,000

(*2) 역산 ⇨ 할인율: 9,000 ÷ 100,000(= 90,000 + 10,000) = 9%

(*3) 88,000 × 9% = 7,920

(*4) 사외적립자산의 재측정요소: 실제수익 – 기대수익 = 14,000 – 7,920 = 6,080 재측정이익

2. 확정급여채무의 이자원가 계산에 적용한 할인율: 9%

[물음 2] 20×1년 포괄손익계산서 효과

1. 20×1년 당기손익 효과

확정급여채무 이자비용	(–)9,000
사외적립자산 이자수익	7,920
당기근무원가	(–)105,000
과거근무원가	(–)10,000
당기손익 효과	(–)116,080 감소

2. 20×1년 기타포괄손익 효과(재측정요소): (–)1,920 감소

[물음 3] 20×1년 말 사외적립자산

20×1년 말 사외적립자산의 공정가치: 170,000

[물음 4] 20×1년 회계처리

20×1년 초	(차) 퇴직급여(과거근무원가)	10,000	(대) 확정급여채무	10,000
20×1년 말	(차) 퇴직급여(이자원가)	9,000	(대) 확정급여채무	9,000
	(차) 사외적립자산	7,920	(대) 퇴직급여(이자수익)	7,920
	(차) 퇴직급여(당기근무원가)	105,000	(대) 확정급여채무	105,000
	(차) 확정급여채무	2,000	(대) 사외적립자산	2,000
	(차) 재측정요소(재측정손실)	8,000	(대) 확정급여채무	8,000
	(차) 사외적립자산	6,080	(대) 재측정요소(재측정이익)	6,080

해커스 IFRS 김승철 중급회계 하

회계사 · 세무사 · 경영지도사 단번에 합격! 해커스 경영아카데미
cpa.Hackers.com

제18장

주식기준보상

01 기초개념

[그림 18-1] 주식기준보상 거래

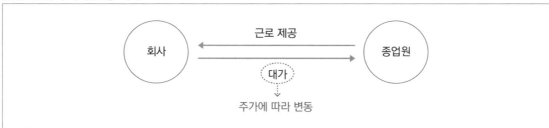

주식기준보상거래는 기업이 재화나 용역을 제공받는 대가로 기업의 지분상품(주식 또는 주식선택권 등)을 부여하거나 기업의 지분상품의 가치에 기초하여 산정하는 금액에 해당하는 현금이나 그 밖의 자산으로 결제하는 거래를 말한다. 이러한 주식기준보상거래의 유형은 다음과 같다.

① **주식결제형 주식기준보상**: 기업이 재화나 용역을 제공받는 대가로 기업의 지분상품(주식 또는 주식선택권 등)을 부여하는 주식기준보상거래
② **현금결제형 주식기준보상**: 기업이 재화나 용역을 제공받는 대가로 기업의 지분상품의 가치에 기초하여 산정하는 금액에 해당하는 현금이나 그 밖의 자산으로 결제하는 주식기준보상거래
③ **선택형 주식기준보상**: 기업이 재화나 용역을 제공받는 대가로 기업 또는 재화나 용역의 공급자가 결제방식을 선택할 수 있는 권리를 부여하는 주식기준보상거래

승철쌤's comment   주식선택권

① 주식선택권은 거래상대방이 기업의 발행 주식을 일정한 가격(행사가격)에 매입할 수 있는 권리, 즉, 일종의 신주인수권이다. 다만, 신주인수권을 (기존 주주가 아니라) 종업원이나 그 밖의 제3자에게 부여한 것으로 생각하면 된다.
② 예를 들어, (주)한국이 종업원에게 3년 근무를 조건으로 (주)한국의 주식을 1주당 ₩10,000에 행사할 수 있는 주식선택권을 부여하였을 경우, 만일 3년 후 주가가 ₩10,000보다 높다면 종업원은 주식선택권 행사로 (주)한국의 주식을 ₩10,000에 취득하여 주가와 행사가격과의 차이만큼 자본이득을 얻게 된다.

02 가득조건

[표 18-1] 가득조건의 종류

구분		내용	사례
용역제공조건(근로기간조건)		특정 기간 동안 용역을 제공	용역제공기간
성과조건	비시장조건	지분상품의 가격과 관련이 없는 성과목표	목표이익, 판매량, 매출액 등
	시장조건	지분상품의 가격과 관련된 성과목표	목표주가

① 가득이란 주식기준보상약정에서 거래상대방이 현금, 그 밖의 자산이나 기업의 지분상품을 받을 권리를 획득하는 것을 말한다. 가득조건이란 거래상대방이 현금, 그 밖의 자산, 또는 기업의 지분상품을 받을 권리를 획득(가득)하게 하는 용역을 기업이 제공받을지를 결정짓는 조건을 말한다. 예를 들어, (주)한국이 종업원에게 3년간의 근무용역을 제공할 것을 조건으로 주식선택권을 부여하는 경우, 가득조건은 '3년간의 근무용역'이다. 따라서 종업원은 3년간의 근무용역을 제공해야 주식선택권을 행사할 수 있는 권리를 가득(획득)하게 된다.

② 이러한 가득조건에는 다음과 같이 크게 용역제공조건과 성과조건이 있다.

> ⊙ **용역제공조건**: 거래상대방에게 특정 기간 기업에 용역을 제공하도록 요구하는 가득조건을 말한다.
>
> ⓒ **성과조건**: 거래상대방이 특정 기간에 용역을 제공(용역제공조건)하고, 용역을 제공하는 동안 특정 성과목표를 달성하도록 요구하는 가득조건을 말한다. 이때 거래상대방이 달성해야 하는 특정 성과목표에는 다음과 같이 시장조건과 비시장조건이 있다.
>
>> ⓐ **시장조건**: 지분상품의 시장가격에 관련된 성과목표(예 목표주가, 주식선택권의 목표내재가치 등)
>>
>> ⓑ **비시장조건**: 기업의 영업이나 활동 등 지분상품과 시장가격과 직접적인 관련이 없는 성과목표(예 목표매출액, 목표이익, 목표판매량, 목표시장점유율 등)

제2절 | 주식결제형 주식기준보상

01 회계처리 개요

기업은 일반적으로 종업원이 일정기간 동안 근무용역을 제공할 것을 조건으로 하여 주식선택권을 부여한다. 결국 종업원이 주식선택권의 행사로 얻는 이득은 종업원이 일정기간 동안 제공한 근무용역의 대가로 기업이 지급하는 것이다. 따라서 기업은 주식선택권의 공정가치를 측정하여 동 금액을 종업원이 근무하는 기간 동안에 걸쳐 당기비용(주식보상비용)으로 인식한다.

(1) 주식선택권 부여일

주식선택권의 부여일에는 아직 종업원으로부터 제공받은 근무용역이 없으므로 인식할 주식보상비용이 없다. 따라서 기업이 주식선택권의 부여일에 수행할 회계처리는 없다.

(2) 매 보고기간 말

부여일 기준으로 측정한 주식선택권의 공정가치를 종업원이 근무하는 기간 동안 안분한 금액을 매 보고기간 말에 당기비용(주식보상비용)으로 인식하고, 동 금액을 자본(주식선택권)으로 인식한다.

(차) 주식보상비용(당기비용)	×××	(대) 주식선택권(자본)[*]	×××

[*] 만일, 주식선택권이 아니라, 종업원이 권리행사 시 주식을 교부하는 조건인 경우에는 미가득주식의 계정과목으로 회계처리한다.

(3) 주식선택권 행사일

① 종업원이 가득하여 주식선택권을 행사하면, 기업은 행사가격만큼 현금을 수령하고 주식을 발행한다. 이때 행사일의 주식선택권 장부금액과 수령한 행사가격의 합계액은 기업이 주식 발행으로 받은 대가로 볼 수 있다.

② 따라서 행사일의 주식선택권 장부금액을 제거하고, 제거되는 주식선택권 장부금액과 수령한 행사가격의 합계액을 대변에 자본금과 주식발행초과금으로 나누어 인식한다.

주식 발행금액 = 행사일의 주식선택권 장부금액 + 행사가액(현금납입액)

(차) 주식선택권	×××	(대) 자본금	×××
현금(행사가격)	×××	주식발행초과금	×××

③ 한편, 종업원이 주식선택권을 행사할 때 (신주를 발행하지 않고) 자기주식을 교부하는 경우가 있다. 이 경우 행사일의 주식선택권 장부금액과 수령한 행사가격의 합계액을 자기주식의 처분금액으로 보아 회계처리한다.

| (차) 주식선택권 | ××× | (대) 자기주식 | ××× |
| 현금(행사가격) | ××× | 자기주식처분이익 | ××× |

(4) 주식선택권의 소멸

① 종업원이 주식선택권을 가득하였지만, 만일 권리행사기간에 주가가 행사가격보다 낮은 경우에는 권리가 행사되지 않고 소멸될 것이다.

② 국제회계기준에 따르면, 기업이 제공받은 재화나 용역과 그에 상응하는 자본의 증가를 인식한 경우 가득일이 지난 후에는 자본을 수정하지 않는다고 규정하고 있다. 즉, 가득된 주식선택권이 추후 상실되거나 행사되지 않고 소멸되더라도 과거에 종업원에게서 제공받은 근무용역에 대해 인식한 보상비용을 환입하지 않는다는 의미이다. 왜냐하면 주식선택권이 행사되지 않고 소멸된다 하더라도 과거에 종업원에게 근무용역을 제공받았다는 사실에는 변함이 없기 때문이다.

③ 다만, 가득된 지분상품이 소멸되는 경우 자본계정 간 대체 곧, 한 자본계정에서 다른 자본계정(예 주식선택권소멸이익)으로 대체하는 것을 금지하지 않는다.

| (차) 주식선택권 | ××× | (대) 주식선택권소멸이익(자본) | ××× |

02 당기보상비용의 산정

1. 보상비용의 측정

필수암기! 보상비용의 측정 요약

구분	거래상대방		측정기준일
	제3자	종업원	
[1순위] 제공받는 재화·용역의 공정가치(직접 측정)	○	[*]×	재화·용역을 제공받은 날
[2순위] 부여한 지분상품의 공정가치(간접 측정)	○	○	지분상품의 부여일
[3순위] 부여한 지분상품의 내재가치	○	○	재화·용역을 제공받은 날

[*] 제공받는 재화·용역의 공정가치를 신뢰성 있게 측정하는 것이 어려운 것으로 간주함

(1) 보상비용 측정원칙

주식결제형 주식기준보상거래에서는 제공받는 재화나 용역(주식보상비용)과 그에 상응하는 자본(주식선택권)의 증가를 제공받는 재화나 용역의 공정가치로 직접 측정한다. 그러나 제공받는 재화나 용역의 공정가치를 신뢰성 있게 추정할 수 없다면, 부여한 지분상품의 공정가치에 기초하여 간접 측정한다.

[그림 18-2] 보상비용 측정원칙

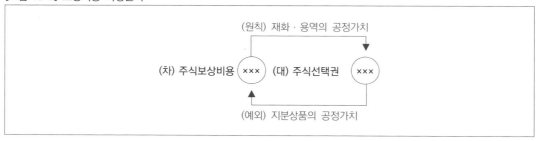

(2) 거래상대방이 종업원이 아닌 경우

종업원이 아닌 거래상대방과의 거래의 경우에는, 반증이 없는 한, 제공받는 재화나 용역의 공정가치는 신뢰성 있게 추정할 수 있다고 본다. 따라서 제공받는 재화나 용역(주식보상비용)과 그에 상응하는 자본(주식선택권)의 증가를 제공받는 재화나 용역의 공정가치로 직접 측정한다. 이때 공정가치는 재화나 용역을 제공받는 날을 기준으로 측정하며, 이후에 재측정하지 않는다.

(차) 주식보상비용(당기비용)	[*1]××× ①	(대) 주식선택권(자본)	[*2]××× ②

[*1] 제공받은 재화나 용역의 공정가치
[*2] 대차차액

한편, 드물지만, 만일 제공받는 재화나 용역의 공정가치를 신뢰성 있게 추정할 수 없다면, 부여된 지분상품의 공정가치에 기초하여 간접 측정한다. 다만, 이때에도 부여한 지분상품의 공정가치는 재화나 용역을 제공받는 날을 기준으로 측정함에 유의한다.

(3) 거래상대방이 종업원인 경우

종업원 및 유사용역제공자(이하 '종업원')와의 거래의 경우에는 제공받는 용역의 공정가치를 일반적으로 신뢰성 있게 추정할 수 없다. 따라서 제공받는 재화나 용역(주식보상비용)과 그에 상응하는 자본(주식선택권)의 증가를 부여한 지분상품의 공정가치에 기초하여 간접 측정한다. 이때 부여한 지분상품의 공정가치는 부여일 기준으로 측정하며, 이후에 재측정하지 않는다.

(차) 주식보상비용(당기비용) (*2)××× ②   (대) 주식선택권(자본) (*1)××× ①
　　(*1) 부여한 지분상품의 공정가치
　　(*2) 대차차액

> ⊘ 참고 **종업원에게 제공받는 용역의 공정가치를 신뢰성 있게 추정하기 어려운 이유**
>
> ① 종업원에게 지분상품(주식이나 주식선택권)을 부여할 경우에는, 종업원에게 지급하는 총 보상의 일부로서, 즉, 현금급여나 그 밖의 급여에 추가하여 부여하는 것이 일반적이다. 이 경우, 이러한 추가 급여로 인해 종업원으로부터 제공받는 추가 근무용역의 공정가치를 독립적으로 추정하기는 매우 어려울 것이다.
> ② 이에 따라 주식기준보상거래의 거래상대방이 종업원인 경우에는 종업원에게 부여한 지분상품의 공정가치에 기초하여 제공받은 근무용역의 공정가치를 간접 측정하는 것이다.

(4) 부여한 지분상품의 공정가치를 측정할 수 없는 경우

드물지만, 부여한 지분상품의 공정가치를 신뢰성 있게 추정할 수 없을 경우가 있다. 이러한 드문 경우에는 거래상대방에게서 재화나 용역을 제공받는 날을 기준으로 지분상품을 내재가치로 최초 측정한다. 이후 매 보고기간 말과 최종 결제일에 내재가치를 재측정하고 내재가치 변동액은 당기손익으로 인식한다.

> ⊘ 참고 **주식선택권의 공정가치**
>
> 주식선택권은 기업의 주식을 일정한 가격(행사가격)에 매입할 수 있는 권리로서, 주식선택권의 보유자가 유리할 때만 행사할 수 있는 일종의 옵션이다. 이러한 주식선택권의 공정가치는 옵션가격결정모형인 블랙 - 숄즈모형이나 이항모형 등을 적용하여 측정하며, 크게 내재가치와 시간가치로 구성되어 있다.
> ① **내재가치**: 지금 당장 권리행사를 가정할 경우의 가치로서, 현재 주가에서 행사가격을 차감하여 결정된다.
> ② **시간가치**: 권리행사일인 만기일까지 주가가 변동함에 따라 내재가치보다 더 많은 이득이 생길 가능성 때문에 추가되는 가치를 말한다. 따라서 시간가치는 기간이 경과함에 따라(만기일에 가까워짐에 따라) 점차 감소하여 권리행사일에는 영(0)이 된다. 결국 권리행사일에는 주식선택권의 공정가치가 내재가치와 동일한 금액이 된다.
>
> > ① **주식선택권의 공정가치** = 내재가치 + 시간가치
> > ② **주식선택권의 내재가치** = 현재주가 - 행사가격
> > ③ **주식선택권의 시간가치** = 미래의 주가상승에 대한 기대를 반영한 가치

(1) (주)세무의 20×1년 중 주식기준보상 거래내용은 다음과 같다.

○ 주식기준보상 A

20×1년 4월 1일 현재 근무하고 있는 종업원 100명에게 향후 12개월을 근무할 경우 1인당 주식 20주를 지급하기로 하였다. 20×1년 말 기준 예상 가득인원은 90명이다.

○ 주식기준보상 B

20×1년 11월 1일 (주)민국이 2개월 이내에 원재료 1톤을 공급하면 주식 300주를 지급하기로 하였다. 동 계약에 따라 (주)민국은 11월 1일에 공정가치 ₩80,000의 원재료 0.7톤을 공급하였으며, 12월 1일에 공정가치 ₩50,000의 원재료 0.3톤을 공급하여 주식 300주를 수취하였다.

○ 주식기준보상 C

20×1년 8월 1일 (주)대한으로부터 기계장치를 취득하고 주식 200주를 지급하였다. 기계장치의 공정가치는 신뢰성 있게 측정할 수 없다.

(2) 20×1년 중 (주)세무 주식의 한 주당 주가는 다음과 같다.

구분	4월 1일	8월 1일	11월 1일	12월 1일	12월 31일
주가	₩300	₩320	₩400	₩420	₩450

[요구사항]

상기 주식기준보상거래와 관련하여 (주)세무가 20×1년에 수행할 회계처리를 각 거래별로 제시하시오.

해답　**1. 주식기준보상 A**

　　(1) 거래의 분석

　　　① 종업원과의 거래이므로 제공받는 근로용역의 공정가치를 신뢰성 있게 추정할 수 없다. 따라서 제공받는 근로
　　　　용역(주식보상비용)과 그에 상응하는 자본(미가득주식)의 증가를 부여한 지분상품(주식)의 공정가치에 기초하
　　　　여 간접 측정한다.

　　　② 부여한 지분상품(주식)의 공정가치는 부여일인 20×1.4.1 기준으로 측정한다.

　　(2) 회계처리

　　　20×1.4.1　　　　　　　　　　　　　　　– 회계처리 없음 –

　　　20×1.12.31　　(차) 주식보상비용　　　　405,000 ②　　(대) 미가득주식　　　　(*)405,000 ①
　　　　　　　　　　(*) 1,800주(= 90명 × 20주) × @300 × 9/12 = 405,000

2. 주식기준보상 B

　　(1) 거래의 분석

　　　① 종업원이 아닌 자와의 거래이므로 제공받는 원재료의 공정가치를 (반증이 없는 한) 신뢰성 있게 추정할 수
　　　　있다. 따라서 취득하는 원재료와 그에 상응하는 자본(미가득주식)의 증가를 취득한 원재료의 공정가치로 직접
　　　　측정한다.

　　　② 취득한 원재료의 공정가치는 원재료를 취득한 날을 기준으로 측정한다.

　　(2) 회계처리

　　　20×1.11.1　　(차) 재고자산　　　　80,000 ①　　(대) 미가득주식　　　　80,000 ②
　　　20×1.12.1　　(차) 재고자산　　　　50,000 ①　　(대) 미가득주식　　　　50,000 ②

3. 주식기준보상 C

　　(1) 거래의 분석

　　　① 종업원이 아닌 자와의 거래이지만, 제공받는 기계장치의 공정가치를 신뢰성 있게 추정할 수 없다. 따라서 취
　　　　득하는 기계장치와 그에 상응하는 자본(미가득주식)의 증가를 부여한 지분상품(주식 200주)의 공정가치에 기
　　　　초하여 간접 측정한다.

　　　② 다만, 부여한 지분상품(주식)의 공정가치는 (부여일이 아니라) 기계장치를 취득한 날인 20×1.8.1 기준으로 측
　　　　정한다.

　　(2) 회계처리

　　　20×1.8.1　　(차) 기계장치　　　　64,000 ②　　(대) 미가득주식　　　　(*)64,000 ①
　　　　　　　　　　(*) 200주 × @320 = 64,000

2. 당기보상비용의 산정

① 거래상대방이 종업원인 경우 보상비용은 부여한 주식선택권의 공정가치로 측정한다. 따라서 기업이 가득기간 동안 인식해야 할 총보상비용은 주식선택권 수량(Q)에 주식선택권 단위당 공정가치(P)를 곱하여 계산한다.

② 이때 지분상품의 수량은 가득기간 종료일에 가득이 예상되는 수량에 대한 최선의 추정치로서, 종업원이 가득기간 중에 퇴사할 경우 가득수량이 감소할 수 있으므로 매 보고기간 말에 예측치의 변동을 반영하여 재측정해야 한다. 그러나 주식선택권의 단위당 공정가치는 부여일 기준으로 측정하며, 이후 공정가치의 변동을 재측정하지 않는다.

> **총보상비용**
> = 가득예상 주식선택권 수량(Q) × 부여일 현재 주식선택권 한 개당 공정가치(P)
> = 가득예상 종업원 수 × 한 명당 행사예상수량 × 부여일 현재 주식선택권 한 개당 공정가치

③ 기업은 상기와 같이 계산된 총보상비용을 가득기간(N)에 걸쳐 배분하여 매 보고기간 말에 보상비용으로 인식해야 한다. 다만, 가득이 예상되는 주식선택권 수량이 변동할 수 있으므로 당기에 인식할 보상비용(당기보상비용)은 당기 말 누적보상비용에서 전기 말 누적보상비용을 차감하여 계산해야 한다.

필수암기! 당기보상비용의 계산

① 주식선택권 가득예상수량(Q)	× × ×	: 가득예상 종업원 수 × 한 명당 행사예상수량
② 주식선택권 단위당 공정가치(P)	× × ×	: 부여일 기준 측정 + 이후 재측정하지 않음
③ 총보상비용(① × ②)	× × ×	: 가득기간 동안 인식할 총보상비용
④ 누적기간/총가득기간(N)	누적기간/N	
⑤ 누적보상비용(③ × ④)	× × ×	
⑥ 당기보상비용(증분보상비용)	× × ×	: 당기 말 누적보상비용 – 전기 말 누적보상비용

(1) (주)한국은 20×1년 1월 1일 종업원 500명에게 각각 주식선택권 10개를 부여하였다. 동 주식선택권의 단위당 행사가격은 ₩120이며, 종업원이 앞으로 3년 동안 회사에 근무해야 가득된다.

(2) 20×1년 1월 1일 현재 (주)한국이 부여한 주식선택권의 단위당 공정가치는 ₩15이며, 각 연도 말 퇴직 종업원 수는 다음과 같다.

구분	20×1년 말	20×2년 말	20×3년 말
보고기간 말까지 실제 누적 퇴사자 수	20명	42명	57명
가득기간 말까지 추가 퇴직 예상자 수	55명	18명	–

(3) 가득기간 종료일인 20×3년 말에 주식선택권 3,000개가 행사되어 보통주 3,000주(주당 액면금액 ₩100)를 발행 및 교부하였다.

[요구사항]

1. (주)한국이 매 보고기간에 주식보상비용으로 인식할 금액을 계산하시오.

2. 20×3년 말 주식선택권 행사 시 (주)한국이 인식할 주식발행초과금을 계산하시오.

3. (주)한국이 주식선택권과 관련하여 해야 할 회계처리를 일자별로 제시하시오.

4. 만일 20×3년 말 주식선택권 행사 시 한 주당 장부금액이 ₩110인 자기주식을 교부한 경우, 주식선택권 행사 시 회계처리를 제시하시오.

해답 1. 연도별 보상비용

	예상가득수량		개당 FV		누적가득기간		누적보상비용	당기보상비용
20×1년	(*1)4,250개	×	15	×	1/3	=	21,250	21,250
20×2년	(*2)4,400개	×	15	×	2/3	=	44,000	22,750
20×3년	(*3)4,430개	×	15	×	3/3	=	66,450	22,450

(*1) 425명(= 500 − 20 − 55) × 10개 = 4,250개
(*2) 440명(= 500 − 42 − 18) × 10개 = 4,400개
(*3) 443명(= 500 − 57) × 10개 = 4,430개

2. 행사 시 주식발행초과금 인식액

(1) 주식선택권 1개당 주식발행초과금 인식액

부여일 FV	15
주식선택권 행사가격	120
주식발행금액	135
주당 액면금액	(100)
주식발행초과금 인식액	35

(2) 주식선택권 행사 시 주식발행초과금 인식액

주식선택권 1개당 주식발행초과금 인식액	35
주식선택권 행사수량	3,000개
주식선택권 행사 시 주식발행초과금 인식액	105,000

3. 시점별 회계처리

20×1.1.1   − 회계처리 없음 −

20×1.12.31 (차) 주식보상비용 21,250 (대) 주식선택권 21,250

20×2.12.31 (차) 주식보상비용 22,750 (대) 주식선택권 22,750

20×3.12.31 (차) 주식보상비용 22,450 (대) 주식선택권 22,450
           (차) 주식선택권 (*1)45,000 (대) 자본금 (*3)300,000
           현금 (*2)360,000 주식발행초과금 (*4)105,000

(*1) 3,000개 × 15 = 45,000
(*2) 3,000개 × 120 = 360,000
(*3) 3,000개 × 100 = 300,000
(*4) 대차차액

4. 자기주식 교부 시 회계처리

20×3.12.31 (차) 주식보상비용 22,450 (대) 주식선택권 22,450
           (차) 주식선택권 (*1)45,000 (대) 자기주식 (*3)330,000
           현금 (*2)360,000 자기주식처분이익 (*4)75,000

(*1) 3,000개 × 15 = 45,000
(*2) 3,000개 × 120 = 360,000
(*3) 3,000개 × 110 = 330,000
(*4) 대차차액

03 가득조건의 고려

구분	변동되는 행사조건	보상비용 반영	금액 측정
용역제공조건	행사수량(행사예상 인원수)	Q에서 직접 반영	부여일 추정치 + 추정치 변경(○)
성과조건	행사수량(인당 행사개수)	Q에서 직접 반영	부여일 추정치 + (*)추정치 변경(○) (*) 단, 시장조건인 경우 추정치 변경(×)
	행사가격	P에서 간접 반영	
	행사기간	N에서 직접 반영	

기업은 일반적으로 특정 가득조건이 충족될 것을 조건으로 종업원에게 주식이나 주식선택권을 부여한다. 예를 들어, 종업원이 특정 기간 계속 근무할 것을 조건으로 주식선택권을 부여할 수 있다. 또는 특정 이익 또는 주가를 달성하는 것(성과조건)을 조건으로 주식선택권을 부여할 수도 있다. 이 경우, 종업원이 이러한 가득조건을 달성하지 못할 경우 기업이 인식할 보상비용 금액이 감소할 것이다. 따라서 기업이 보상비용을 산정할 때는 가득조건의 달성 여부를 고려하여 측정해야 한다.

(1) 용역제공조건

① 용역제공조건은 종업원이 특정 기간 기업에 남아 계속 근무해야 하는 조건이다. 따라서 만일 종업원이 그 기간 내에 퇴사하면 주식선택권은 상실되므로 기업이 인식할 보상비용도 감소할 것이다.

② 따라서 용역제공조건의 경우, 이러한 용역제공조건의 달성 여부에 따라 변동되는 가득예상 인원수를 가득이 예상되는 주식선택권 수량(Q)에서 직접 반영하여 보상비용을 측정한다. 그리고 부여일 이후 매 보고기간 말에 가득이 예상되는 인원수 추정치가 변동될 경우 이를 전진적으로 반영하여 추정치를 수정한다. 이에 따라 가득일에는 실제로 가득된 주식선택권 수량과 주식선택권 수량 추정치가 같아지게 된다.

(2) 성과조건

성과조건의 경우, 성과조건의 달성 여부에 따라 주식선택권의 행사수량이나 행사가격 또는 가득기간이 달라질 수 있다. 예를 들면 다음과 같다.

> ① **행사수량 변동**: 매출액 ₩10,000을 달성하면 종업원 한 명당 행사수량을 2배로 조정하는 성과조건인 경우
> ② **행사가격 변동**: 매출액 ₩10,000을 달성하면 행사가격을 ₩100에서 ₩80으로 조정하는 성과조건인 경우
> ③ **가득기간 변동**: 매출액 ₩10,000을 달성하는 시점에 주식선택권을 행사할 수 있는 성과조건인 경우

따라서 성과조건의 달성 여부에 따라 달라지는 주식선택권의 행사수량이나 행사가격 또는 가득기간을 보상비용을 산정할 때 다음과 같이 반영해야 한다.

구분	보상비용 산정 시 반영방법	부여일 이후 후속측정
성과조건 달성 시 행사수량 변동조건	주식선택권 수량(Q) 산정 시 행사예상수량을 대입하여 직접 반영	부여일 이후 성과조건의 달성가능성 변동에 따라 행사예상수량 추정치가 달라질 경우, 이를 전진적으로 반영한다.
성과조건 달성 시 행사가격 변동조건	주식선택권 단위당 공정가치(P) 산정 시 예상행사가격에 해당하는 공정가치를 대입하여 간접 반영	부여일 이후 성과조건의 달성가능성 변동에 따라 예상행사가격 추정치가 달라질 경우, 이를 전진적으로 반영한다.
성과조건 달성 시 가득기간 변동조건	가득기간(N) 산정 시 예상가득기간을 대입하여 직접 반영	부여일 이후 성과조건의 달성가능성 변동에 따라 예상가득기간 추정치가 달라질 경우, 이를 전진적으로 반영한다.

다만, 성과조건이 시장조건인 경우에는 부여일 이후 기대행사수량, 기대행사가격 또는 기대가득기간 추정치가 달라지더라도 보상비용을 측정할 때 이를 반영하지 않는다는 점에 유의해야 한다.

> ⊘참고 **시장성과조건의 경우 추정치 변경을 반영하지 않는 이유**
>
> 시장성과조건의 경우에는 부여일에 지분상품의 공정가치를 추정할 때 시장조건이 충족되지 못할 가능성을 고려한다. 즉, 시장성과조건의 달성가능성이 지분상품에 대한 부여일의 가치평가에 이미 고려되었기 때문에, 이후 시장조건의 달성 여부에 따라 기대행사수량, 기대행사가격 또는 기대가득기간 추정치가 달라지더라도 이를 보상비용을 측정할 때 다시 반영하지 않는 것이다.

성과조건(1): 행사수량이 변동되는 경우

(1) 20×1년 1월 1일 (주)한국은 종업원 100명에게 3년의 근로용역을 제공하는 조건으로 각각 주식선택권 10개를 부여하였다.

(2) 부여일 현재 주식선택권의 단위당 공정가치는 ₩30이며, 각 종업원의 주식선택권 행사수량은 다음과 같이 연평균 매출증가율에 따라 결정된다.

구분	행사가능수량
연평균 매출증가율이 10% 미만인 경우	1인당 10개
연평균 매출증가율이 10% 이상인 경우	1인당 15개

(3) 각 보고기간 말 퇴직 종업원 수는 다음과 같다.

구분	20×1년 말	20×2년 말	20×3년 말
각 회계연도의 실제 퇴사자 수	3명	3명	4명
가득기간 말까지 추가 퇴직 예상자 수	6명	5명	–

(4) (주)한국이 부여일과 각 보고기간 말에 예측한 연평균 매출증가율은 다음과 같다.

구분	20×1년 초	20×1년 말	20×2년 말	20×3년 말
연평균 매출증가율 예측치	12%	13%	9%	7%

[요구사항]

1. (주)한국이 매 보고기간에 주식보상비용으로 인식할 금액을 계산하시오.

2. 만일 (주)한국이 연평균 매출증가율이 아니라 주가가 ₩10,000을 달성할 때 행사수량이 상기와 같이 달라지는 성과 조건을 부여하였다고 할 경우, [요구사항 1]에 답하시오.

해답　1. 비시장성과조건

	예상가득수량		개당 FV		누적가득기간		누적보상비용	당기보상비용
20×1년	[*1]1,365개	×	30	×	1/3	=	13,650	13,650
20×2년	[*2]890개	×	30	×	2/3	=	17,800	4,150
20×3년	[*3]900개	×	30	×	3/3	=	27,000	9,200

[*1] 91명(= 100 − 3 − 6) × 15개 = 1,365개
[*2] 89명(= 100 − 3 − 3 − 5) × 10개 = 890개
[*3] 90명(= 100 − 3 − 3 − 4) × 10개 = 900개

2. 시장성과조건

(1) 성과조건이 시장조건인 경우에는 부여일 이후 기대행사수량 추정치가 달라지더라도 이를 반영하지 않는다.

(2) 연도별 보상비용

	예상가득수량		개당 FV		누적가득기간		누적보상비용	당기보상비용
20×1년	[*1]1,365개	×	30	×	1/3	=	13,650	13,650
20×2년	[*2]1,335개	×	30	×	2/3	=	26,700	13,050
20×3년	[*3]1,350개	×	30	×	3/3	=	40,500	13,800

[*1] 91명(= 100 − 3 − 6) × 15개 = 1,365개
[*2] 89명(= 100 − 3 − 3 − 5) × 15개 = 1,335개
[*3] 90명(= 100 − 3 − 3 − 4) × 15개 = 1,350개

(1) 20×1년 1월 1일 (주)한국은 종업원 100명에게 각각 주식선택권 10개를 부여하였으며, 부여일 현재 주식선택권의 단위당 공정가치는 ₩30이다.
(2) 주식선택권은 판매제품의 시장점유율이 10% 이상이 되는 경우에 가득되며, 부여일과 각 보고기간 말에 추정한 추정퇴사비율과 기대가득기간은 각각 다음과 같다.

구분	20×1년 초	20×1년 말	20×2년 말	20×3년 말
가득기간 전체의 추정퇴사비율	10%	12%	15%	14%
기대가득기간	2년	3년	4년	4년

[요구사항]

1. (주)한국이 매 보고기간에 주식보상비용으로 인식할 금액을 계산하시오.

2. 만일 (주)한국이 판매제품의 시장점유율이 아니라 주가가 ₩10,000을 달성할 때 가득되는 성과조건을 부여하였다고 할 경우, [요구사항 1]에 답하시오.

해답　1. 비시장성과조건

	예상가득수량		개당 FV		누적가득기간		누적보상비용	당기보상비용
20×1년	[*1]880개	×	30	×	1/3	=	8,800	8,800
20×2년	[*2]850개	×	30	×	2/4	=	12,750	3,950
20×3년	[*3]860개	×	30	×	3/4	=	19,350	6,600

　　　　[*1] 88명(= 100 × 88%) × 10개 = 880개
　　　　[*2] 85명(= 100 × 85%) × 10개 = 850개
　　　　[*3] 86명(= 100 × 86%) × 10개 = 860개

　　2. 시장성과조건
　　　(1) 성과조건이 시장조건인 경우에는 부여일 이후 기대가득기간 추정치가 달라지더라도 이를 반영하지 않는다.
　　　(2) 연도별 보상비용

	예상가득수량		개당 FV		누적가득기간		누적보상비용	당기보상비용
20×1년	[*1]880개	×	30	×	1/2	=	13,200	13,200
20×2년	[*2]850개	×	30	×	2/2	=	25,500	12,300
20×3년	[*3]860개	×	30	×	2/2	=	25,800	300

　　　　[*1] 88명(= 100 × 88%) × 10개 = 880개
　　　　[*1] 85명(= 100 × 85%) × 10개 = 850개
　　　　[*1] 86명(= 100 × 86%) × 10개 = 860개

예제 5 | 성과조건(3): 행사가격이 변동되는 경우

(1) 20×1년 1월 1일 (주)한국은 종업원 100명에게 3년의 근로용역을 제공하는 조건으로 각각 주식선택권 10개를 부여하였다.

(2) (주)한국은 시장점유율을 기준으로 종업원들에게 부여한 주식선택권의 행사가격을 다르게 적용한다. 시장점유율과 주식선택권의 각 행사가격에 따른 부여일의 공정가치는 다음과 같다.

연평균 시장점유율	단위당 행사가격	단위당 공정가치
10% 미만	₩40	₩12
10% 이상 20% 미만	30	15
20% 이상	20	18

(3) (주)한국이 달성할 것이라고 예상하는 연평균 시장점유율은 20×1년 초와 20×1년 말에는 각각 23%와 18%이며, 20×2년 말에는 9%이다. 그리고 20×3년 말에는 연평균 시장점유율이 21%로 확정되었다.

(4) 20×1년 말과 20×2년 말 기준으로 종업원들의 연평균 기대권리소멸률은 각각 10%, 15%로 예상되었고 20×3년 말은 예상치와 동일하게 13%로 확정되었다. 단, 주식선택권의 수량을 계산할 때 소수점 이하는 반올림한다.

[요구사항]

1. (주)한국이 매 보고기간에 주식보상비용으로 인식할 금액을 계산하시오.

2. 만일 (주)한국이 연평균 시장점유율이 아니라 주가 ₩10,000과 ₩20,000을 기준으로 행사가격을 상기와 같이 다르게 적용하는 성과조건을 부여하였다고 할 경우, [요구사항 1]에 답하시오.

해답 1. 비시장성과조건

	예상가득수량		개당 FV		누적가득기간		누적보상비용	당기보상비용
20×1년	(*1)729개	×	(*4)15	×	1/3	=	3,645	3,645
20×2년	(*2)614개	×	(*4)12	×	2/3	=	4,912	1,267
20×3년	(*3)659개	×	(*4)18	×	3/3	=	11,862	6,950

(*1) 100명 × (1 − 10%)³ × 10개 = 729개
(*2) 100명 × (1 − 15%)³ × 10개 = 614개
(*3) 100명 × (1 − 13%)³ × 10개 = 659개
(*4) 주식결제형 주식기준보상거래에서는 주식선택권의 공정가치를 부여일 시점으로 측정하고 이후 공정가치가 변동하더라도 이를 재측정하지 않는다. 본 예제에서 주식선택권의 공정가치가 연도별로 변동하는데, 이는 공정가치를 후속적으로 재측정한 것이 아니다. 즉, 성과조건에 따라 달라지는 주식선택권의 공정가치는 모두 부여일에 측정한 것이며, 매 보고기간 말 성과조건의 달성 여부에 대한 예측치가 달라짐에 따라 부여일에 측정한 다른 공정가치로 변경하였을 뿐이다.

2. 시장성과조건

(1) 성과조건이 시장조건인 경우에는 부여일 이후 행사가격 추정치가 달라지더라도 이를 반영하지 않는다.

(2) 연도별 보상비용

	예상가득수량		개당 FV		누적가득기간		누적보상비용	당기보상비용
20×1년	(*1)729개	×	18	×	1/3	=	4,374	4,374
20×2년	(*2)614개	×	18	×	2/3	=	7,368	2,994
20×3년	(*3)659개	×	18	×	3/3	=	11,862	4,494

(*1) 100명 × (1 − 10%)³ × 10개 = 729개
(*2) 100명 × (1 − 15%)³ × 10개 = 614개
(*3) 100명 × (1 − 13%)³ × 10개 = 659개

04 조건변경

(1) 개요

조건변경이란 기업이 이미 부여한 주식선택권의 행사조건(행사수량, 행사가격, 가득기간)을 중간에 변경하는 것을 말한다. 예를 들어, 이미 종업원에게 부여한 주식선택권의 행사가격을 낮추어 주식선택권의 공정가치를 높일 수 있다. 이러한 조건변경은 종업원에게 유리하도록 변경될 수도 있고 불리하게 변경될 수도 있다.

> **승철쌤's comment   조건변경 vs 성과조건**
>
> 조건변경은 부여일 이후에 주식기준보상약정의 행사조건을 변경하는 것으로서, 부여일 현재 (가득조건의 달성 여부에 따라) 행사조건의 변경이 예정되어 있는 성과조건과는 다르다.

(2) 종업원에게 유리한 조건변경

① 기업이 지분상품을 부여한 당시의 조건을 변경하는지 여부와는 관계없이 제공받는 근무용역은 최소한 지분상품의 부여일 당시의 공정가치에 따라 인식한다.

② 다만, 주식기준보상약정의 총 공정가치를 높이거나 종업원에게 더 유리하도록 조건을 변경하는 때에는 조건변경의 영향을 인식한다. 즉, 조건변경으로 부여한 지분상품의 공정가치가 증가하는 경우에는 증분공정가치를 잔여 가득기간에 걸쳐 추가로 보상비용으로 인식한다. 만일 가득일 후에 조건이 변경되면 증분공정가치를 즉시 인식한다. 이때 증분공정가치는 조건변경 직후의 공정가치에서 조건변경 직전의 공정가치를 차감하여 산정한다.

> **[종업원에게 유리한 조건변경]**
> ① 인식할 보상비용:
>   부여일의 공정가치(당초 가득기간) + 조건변경일의 증분공정가치(변경일 이후 잔여 가득기간)
> ② 증분공정가치: 조건변경 직후 공정가치 − 조건변경 직전 공정가치(not 부여일 공정가치)

(3) 종업원에게 불리한 조건변경

① 부여한 지분상품의 조건이 변경되어 주식기준보상약정의 총 공정가치를 감소시키거나 종업원에게 불리하게 이루어지면 조건변경이 없는 것으로 본다. 이에 따라 지분상품의 부여일 당시의 공정가치에 따라 보상비용을 계속하여 인식한다.

② 다만, 조건이 변경되어 부여한 지분상품의 수량이 감소하는 경우에는 부여한 지분상품의 일부가 취소된 것으로 보아 잔여 가득기간에 인식할 보상비용을 즉시 인식한다(후술하는 중도청산의 회계처리와 동일함).

> **⊘참고   불리한 조건변경을 인식하지 않는 이유**
>
> ① 종업원의 근무용역은 부여일에 이미 지분상품의 공정가치에 기초하여 측정하였고, 나중에 불리하게 조건변경이 된다 하더라도 조건변경 이후에 제공될 근무용역의 가치가 감소한다거나 근무용역의 양이나 질을 감소시키는 행위(부의 근무용역)가 제공된다고 볼 수는 없다.
> ② 또한, 부의 증분가치를 인식하면 기업이 종업원에게 불리하게 조건변경을 함으로서 의도적으로 보상원가를 축소할 수 있는 가능성이 존재하게 된다. 따라서 이러한 가능성을 제거하기 위해서는 부(-)의 증분가치는 인식하지 않는 것이 타당하다.

구분	내용
종업원에게 유리한 조건변경 (주식선택권의 FV 증가)	① **가득기간 중 변경**: 증분 FV를 추가로 보상비용 인식 By 잔여 가득기간 ⇨ 보상비용 2개: 부여일 FV + 변경일 증분 FV ⇨ 주의 증분 FV의 계산: 변경 후 FV − 변경 직전 FV(not 부여일 FV) ② **가득기간 후 변경**: 증분 FV를 즉시 보상비용 인식
종업원에게 불리한 조건변경 (주식선택권의 FV 감소)	① 조건변경이 없는 것으로 간주 ② 취지: 당기손익 조작의도(보상비용 축소의도) 방지

예제 6 조건변경(1): 행사가격을 변경하는 경우

(1) 20×1년 1월 1일 (주)한국은 종업원 100명에게 3년의 근로용역을 제공하는 조건으로 각각 주식선택권 10개를 부여하였다.

(2) 부여일 현재 주식선택권의 단위당 공정가치는 ₩150으로 추정되었다. 주식선택권의 단위당 행사가격은 ₩600이며, 주식의 주당 액면금액은 ₩500이다.

(3) 각 보고기간 말 퇴직 종업원 수는 다음과 같다.

구분	20×1년 말	20×2년 말	20×3년 말
각 회계연도의 실제 퇴사자 수	7명	6명	4명
가득기간 말까지 추가 퇴직 예상자 수	13명	2명	–

(4) 주식선택권 부여 이후 회사의 주가가 지속적으로 하락함에 따라 20×2년 1월 1일 (주)한국은 주식선택권의 행사가격을 ₩550으로 하향조정하였다. 행사가격을 하향조정한 날 당초 주식선택권의 공정가치는 ₩50으로 추정되었고, 조정된 주식선택권의 공정가치는 ₩90으로 추정하였다.

[요구사항]

1. (주)한국이 매 보고기간에 주식보상비용으로 인식할 금액을 계산하시오.

2. 만일 (주)한국이 20×2년 1월 1일에 행사가격을 ₩650으로 상향조정하였으며, 행사가격을 상향조정한 날 당초 주식선택권의 공정가치는 ₩200, 조정된 주식선택권의 공정가치는 ₩160으로 추정하였다고 할 경우 [요구사항 1]에 답하시오.

해답 1. **종업원에게 유리한 조건변경**

(1) 부여일 FV 기준 연도별 보상비용

	예상가득수량		개당 FV		누적가득기간		누적보상비용	당기보상비용
20×1년	(*1)800개	×	150	×	1/3	=	40,000	40,000
20×2년	(*2)850개	×	150	×	2/3	=	85,000	45,000
20×3년	(*3)830개	×	150	×	3/3	=	124,500	39,500

(*1) 80명(= 100 − 7 − 13) × 10개 = 800개
(*2) 85명(= 100 − 7 − 6 − 2) × 10개 = 850개
(*3) 83명(= 100 − 7 − 6 − 4) × 10개 = 830개

(2) 증분 FV 기준 연도별 보상비용

	예상가득수량		개당 FV		누적가득기간		누적보상비용	당기보상비용
20×2년	850개	×	(*)40	×	1/2	=	17,000	17,000
20×3년	830개	×	(*)40	×	2/2	=	33,200	16,200

(*) 단위당 증분공정가치: 90 − 50 = 40

(3) 연도별 보상비용

	20×1년	20×2년	20×3년
부여일 FV 기준 보상비용	40,000	45,000	39,500
증분 FV 기준 보상비용	–	17,000	16,200
계	40,000	62,000	55,700

2. **종업원에게 불리한 조건변경**

(1) 부여한 주식선택권의 조건이 종업원에게 불리하게 변경되면 조건변경이 없는 것으로 본다. 따라서 주식선택권의 부여일 당시의 공정가치만 원래 가득기간에 걸쳐 보상비용으로 인식한다.

(2) 연도별 보상비용

	20×1년	20×2년	20×3년
부여일 FV 기준 보상비용	40,000	45,000	39,500
증분 FV 기준 보상비용	–	–	–
계	40,000	45,000	39,500

(1) 20×1년 1월 1일 (주)한국은 종업원 100명에게 각각 10개의 주식선택권을 부여하였다. 동 주식선택권은 종업원이 앞으로 3년 동안 회사에 근무해야 가득된다.

(2) 20×1년 1월 1일 현재 (주)한국이 부여한 주식선택권의 단위당 공정가치는 ₩360이며, 각 연도 말 퇴직 종업원 수는 다음과 같다.

구분	실제 퇴직자 수	추가 퇴직예상자 수
20×1년 말	10명	20명
20×2년 말	15명	13명
20×3년 말	14명	–

(3) 주식선택권 부여일 이후 주가가 지속적으로 하락하여 (주)한국의 20×2년 12월 31일 주식선택권의 단위당 공정가치는 ₩250이 되었다. 또한 20×2년 말 (주)한국은 종업원에게 부여하였던 주식선택권의 수를 10개에서 9개로 변경하였다.

[요구사항]

(주)한국이 20×2년에 주식보상비용으로 인식할 금액을 계산하시오.

해답   **1. 거래의 분석**

① 주식기준보상약정의 총공정가치를 감소시키거나 종업원에게 불리하게 조건을 변경하는 경우에는 조건이 변경되지 않은 것으로 본다.

② 다만, 조건변경으로 부여한 지분상품의 수량이 줄어들 경우에는 부여한 지분상품의 일부가 취소된 것으로 보아 중도청산과 동일한 방법으로 회계처리한다. 즉, 취소된 수량은 조건변경일에 즉시 가득된 것으로 보아 미인식 잔여보상비용을 즉시 인식한다.

2. 연도별 보상비용

		예상가득수량		개당 FV		누적가득기간		누적보상비용	당기보상비용
20×1년		(*1)700개	×	360	×	1/3	=	84,000	84,000
20×2년	취소분	(*2)75개	×	360	×	2/2	=	27,000	
	미취소분	(*3)558개	×	360	×	2/3	=	133,920	
								160,920	76,920

(*1) 70명(= 100 − 10 − 20) × 10개 = 700개
(*2) 75명(= 100 − 10 − 15) × 1개 = 75개
(*3) 62명(= 100 − 10 − 15 − 13) × 9개 = 558개

05 중도청산(조기상환)

종업원에게 부여한 지분상품은 가득기간 중이나 가득일 이후에 중도청산(조기상환)되는 경우가 있다. 부여한 지분상품이 가득기간 중에 중도청산되면 다음과 같이 회계처리한다.

① 미인식 잔여 보상비용 인식: 취소나 중도청산 때문에 부여한 지분상품이 일찍 가득되었다고 보아 중도청산을 하지 않았다면 잔여 가득기간에 인식할 보상비용을 즉시 인식한다.

[잔여 보상비용 즉시 인식]

(차) 주식보상비용	×××	(대) 주식선택권	×××

② 중도청산: 중도청산으로 종업원에게 지급하는 금액은 자기지분상품의 재매입으로 보아 자본에서 차감한다. 즉, 중도청산 시 주식선택권의 중도청산손익을 자본거래손익으로 보아 (당기손익이 아니라) 자본으로 인식한다는 의미이다. 다만, 주식선택권의 재매입일 현재 공정가치를 초과하여 지급하는 금액은 당기비용으로 인식한다.

필수암기! 중도청산금액의 배분

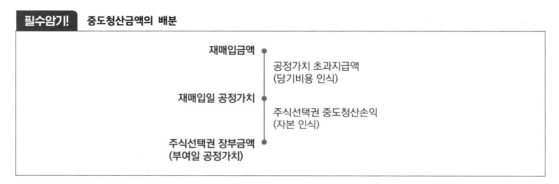

[주식선택권 중도청산]

(차) 주식선택권	×××	(대) 현금(공정가치)	×××
주식선택권 청산손실(자본)	×××		

[공정가치 초과지급액]

(차) 주식보상비용(당기비용)	×××	(대) 현금(공정가치 초과액)	×××

(1) 20×1년 1월 1일 (주)한국은 종업원 20명에게 3년의 근로용역을 제공하는 조건으로 각각 주식선택권 30개를 부여하였다. (주)한국이 부여한 주식선택권의 부여일 현재 단위당 공정가치는 ₩300이다.

(2) (주)한국은 20×3년 말까지 퇴사자가 없을 것으로 추정하였고, 실제 결과도 당초 추정과 동일하였다.

(3) 20×2년 12월 31일, (주)한국은 부여한 주식선택권을 단위당 ₩500에 전액 현금으로 중도청산하였다.

[요구사항]

1. 중도청산일 현재 주식선택권의 단위당 공정가치가 ₩350이라고 할 경우, 다음 물음에 답하시오.
   (1) (주)한국이 중도청산일에 해야 할 회계처리를 제시하시오.
   (2) 상기 주식선택권과 관련하여 (주)한국의 20×2년 당기손익에 미치는 효과를 계산하시오.

2. 중도청산일 현재 주식선택권의 단위당 공정가치가 ₩200이라고 할 경우, [요구사항 1]에 답하시오.

해답   1. 주식선택권 단위당 공정가치가 350인 경우
　　　(1) 20×2.12.31 회계처리

　　　　　(차) 주식보상비용　　　　^(*)60,000　　　(대) 주식선택권　　　　　60,000
　　　　　　　^(*) 20×2년 보상비용: 600개 × 300 × 1/3 = 60,000
　　　　　(차) 주식보상비용　　　　^(*)60,000　　　(대) 주식선택권　　　　　60,000
　　　　　　　^(*) 20×3년 잔여 미인식보상비용 즉시 인식
　　　　　(차) 주식선택권　　　　^(*1)180,000　　　(대) 현금　　　　　^(*2)300,000
　　　　　　　중도청산손실　　　^(*3)30,000
　　　　　　　주식보상비용　　　^(*4)90,000
　　　　　　　^(*1) 600개 × 300 = 180,000
　　　　　　　^(*2) 600개 × 500 = 300,000
　　　　　　　^(*3) 600개 × (350 - 300) = 30,000 청산손실(자본으로 인식)
　　　　　　　^(*4) 600개 × (500 - 350) = 90,000

　　　(2) 20×2년 당기손익 효과(주식보상비용)

　　　　　20×2년 보상비용　　　　　　60,000
　　　　　20×3년 잔여 보상비용　　　　60,000
　　　　　공정가치 초과지급액　　　　90,000
　　　　　당기손익 효과　　　　　　210,000 감소

　　2. 주식선택권 단위당 공정가치가 200인 경우
　　　(1) 20×2.12.31 회계처리

　　　　　(차) 주식보상비용　　　　^(*)60,000　　　(대) 주식선택권　　　　　60,000
　　　　　　　^(*) 20×2년 보상비용: 600개 × 300 × 1/3 = 60,000
　　　　　(차) 주식보상비용　　　　^(*)60,000　　　(대) 주식선택권　　　　　60,000
　　　　　　　^(*) 20×3년 잔여 미인식보상비용 즉시 인식
　　　　　(차) 주식선택권　　　　^(*1)180,000　　　(대) 현금　　　　　^(*2)300,000
　　　　　　　주식보상비용　　　^(*4)180,000　　　　　중도청산이익　　　^(*3)60,000
　　　　　　　^(*1) 600개 × 300 = 180,000
　　　　　　　^(*2) 600개 × 500 = 300,000
　　　　　　　^(*3) 600개 × (200 - 300) = (-)60,000 청산이익(자본으로 인식)
　　　　　　　^(*4) 600개 × (500 - 200) = 180,000

　　　(2) 20×2년 당기손익 효과(주식보상비용)

　　　　　20×2년 보상비용　　　　　　60,000
　　　　　20×3년 잔여 보상비용　　　　60,000
　　　　　공정가치 초과지급액　　　180,000
　　　　　당기손익 효과　　　　　　300,000 감소

제3절 │ 현금결제형 주식기준보상

01 시점별 회계처리

① 현금결제형 주식기준보상은 기업이 재화나 용역을 제공받는 대가로 기업의 지분상품의 가치에 기초하여 산정하는 금액에 해당하는 현금이나 그 밖의 자산으로 결제하는 주식기준보상거래를 말한다. 특정기간 기업의 주가 상승액에 기초하여 종업원에게 미래에 (지분상품이 아닌) 주가와 행사가격과의 차이를 현금으로 받는 권리를 획득하게 하는 주가차액보상권이 대표적인 예에 해당한다.

② 현금결제형 주식기준보상거래는 제공받는 재화나 용역과 그 대가로 부담하는 부채를 부채의 공정가치로 측정한다. 또한, 부채가 결제될 때까지 매 보고기간 말과 결제일에 부채의 공정가치를 재측정하고, 공정가치의 변동액은 당기손익으로 인식한다.

(1) 주가차액보상권 부여일

주가차액보상권의 부여일에는 아직 종업원으로부터 제공받은 근무용역이 없으므로 인식할 주식보상비용이 없다. 따라서 부여일에 수행할 회계처리는 없다.

(2) 매 보고기간 말

보고기간 말 기준으로 재측정한 주가차액보상권의 공정가치를 종업원이 근무하는 기간 동안 안분한 금액을 매 보고기간 말에 부채(장기미지급비용)로 인식하고, 동 금액을 당기비용(주식보상비용)으로 인식한다.

(차) 주식보상비용(당기비용)	×××	(대) 장기미지급비용(부채)	×××

(3) 주식차액보상권 행사일

종업원이 가득하여 주가차액보상권을 행사하면 행사일의 내재가치에 해당하는 금액을 현금으로 지급하고 장기미지급비용 장부금액을 제거한다. 현금지급액과 장기미지급비용 장부금액의 차액은 당기비용(주식보상비용)으로 인식한다.

$$\text{행사일의 현금지급액(내재가치)} = \text{행사일 주식의 공정가치} - \text{행사가액}$$

(차) 장기미지급비용	×××	(대) 현금(내재가치)	×××
주식보상비용	×××		

02 당기보상비용의 산정

(1) 가득기간

① 보상비용은 부여한 주가차액보상권의 공정가치로 측정한다. 따라서 기업이 가득기간 동안 인식해야 할 총보상비용은 주가차액보상권 수량(Q)에 주가차액보상권 단위당 공정가치(P)를 곱하여 계산한다.

② 이때 주가차액보상권의 수량은 가득기간 종료일에 가득이 예상되는 수량에 대한 최선의 추정치로서, 매 보고기간 말에 예측치의 변동을 반영하여 재측정한다. 또한 주가차액보상권의 단위당 공정가치도 매 보고기간 말과 결제일에 재측정하고, 공정가치의 변동액은 당기손익으로 인식한다.

> **총보상비용**
> = 가득예상 주가차액보상권 수량(Q) × 보고기간 말 주가차액보상권 한 개당 공정가치(P)(매년 말 재측정)
> = 가득예상 종업원 수 × 한 명당 행사예상수량 × 보고기간 말 주가차액보상권 한 개당 공정가치

③ 기업은 상기와 같이 계산된 총보상비용을 가득기간(N)에 걸쳐 배분하여 매 보고기간 말에 보상비용으로 인식해야 한다. 다만, 가득이 예상되는 주가차액보상권 수량이 변동할 수 있으므로 당기에 인식할 보상비용은 당기 말 누적보상비용에서 전기 말 누적보상비용을 차감하여 계산해야 한다.

필수암기! **당기보상비용의 계산**

① 주가차액보상권 가득예상수량(Q)	×××	: 가득예상 종업원 수 × 한 명당 행사예상수량
② 주가차액보상권 단위당 공정가치(P)	×××	: 매 보고기간 말 재측정
③ 총보상비용(① × ②)	×××	: 가득기간 동안 인식할 총보상비용
④ 누적기간/총가득기간(N)	누적기간/N	
⑤ 누적보상비용(③ × ④)	×××	
⑥ 당기보상비용(증분보상비용)	×××	: 당기 말 누적보상비용 – 전기 말 누적보상비용

(2) 가득기간 이후

[그림 18-3] 보상비용 인식기간

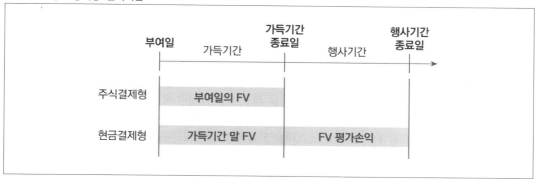

현금결제형 주가차액보상권은 가득일 이후에도 권리가 행사되기 전까지는 매 보고기간 말에 주가차액보상권(부채)의 공정가치를 재측정하고, 공정가치의 변동액은 당기손익(주식보상비용)으로 인식한다. 이에 따라 가득일 이후 재무상태표에 표시되는 주가차액보상권은 보고기간 말 현재 미행사된 수량에 보고기간 말 주가차액보상권의 공정가치를 곱한 금액이 된다.

[표 18-2] 보상비용 인식기간 비교

구분	내용
주식결제형 주식기준보상	① 주식선택권의 공정가치로 측정되는 주식선택권은 자본임 ② 자본은 재측정하지 않으므로 가득기간이 종료된 이후에는 보상비용을 인식하지 않음
현금결제형 주가차액보상권	① 주가차액보상권의 공정가치로 측정되는 미지급급여는 부채임 ② 따라서 가득일 이후에도 권리가 행사될 때까지 주가차액보상권을 공정가치로 재측정하고 공정가치 변동액을 보상비용에 가감함

(1) (주)한국은 20×1년 1월 1일에 종업원 500명에게 각각 현금결제형 주가차액보상권 10개씩(개당 행사가격 ₩300)을 부여하고, 3년의 용역제공조건을 부여하였다.

(2) 20×1년 중에 35명이 퇴사하였으며, 회사는 20×2년과 20×3년에 걸쳐 추가로 60명이 퇴사할 것으로 추정하였다. 20×2년에는 실제로 40명이 퇴사하였고, 회사는 20×3년에 추가로 25명이 퇴사할 것으로 추정하였다. 20×3년에 실제로 22명이 퇴사하여 20×3년 12월 31일자로 403명이 주가차액보상권을 가득하였다.

(3) 20×3년 12월 31일에 150명이 주가차액보상권을 행사하였고, 20×4년 12월 31일에 140명이 주가차액보상권을 행사하였으며, 나머지 113명은 20×5년 12월 31일에 주가차액보상권을 행사하였다.

(4) (주)한국이 매 회계연도 말에 추정한 주가차액보상권의 단위당 공정가치와 20×3년, 20×4년 및 20×5년 말의 1주당 주가는 아래와 같다.

구분	20×1년 말	20×2년 말	20×3년 말	20×4년 말	20×5년 말
공정가치	₩144	₩155	₩182	₩214	₩ -
주가	-	-	450	500	550

[요구사항]

1. 상기 주가차액보상권과 관련하여 (주)한국이 각 회계연도의 포괄손익계산서와 재무상태표에 보고할 금액을 아래의 양식에 따라 제시하시오.

구분	20×3년	20×4년	20×5년
주식보상비용	①	②	③
장기미지급비용	④	⑤	⑥
현금지급액	⑦	⑧	⑨

2. 주가차액보상권과 관련하여 (주)한국이 수행할 회계처리를 일자별로 제시하시오.

해답 1. 현금결제형 주식기준보상

(1) 연도별 보상비용의 계산

	예상가득수량		개당 가치		누적가득기간		누적보상비용	당기보상비용
20×1년	(*1)4,050개	×	144	×	1/3	=	194,400	194,400
20×2년	(*2)4,000개	×	155	×	2/3	=	413,333	218,933
20×3년 행사분	1,500개	×	(*3)150	×	3/3	=	225,000	
미행사분	2,530개	×	182	×	3/3	=	460,460	
							685,460	(*6)272,127
20×4년 행사분	1,400개	×	(*4)200			=	280,000	
미행사분	1,130개	×	214			=	241,820	
							521,820	(*7)61,360
20×5년 행사분	1,130개	×	(*5)250			=	282,500	(*8)40,680

(*1) 405명(= 500 − 35 − 60) × 10개 = 4,050개
(*2) 400명(= 500 − 35 − 40 − 25) × 10개 = 4,000개
(*3) 20×3년 말 내재가치: 450 − 300 = 150
(*4) 20×4년 말 내재가치: 500 − 300 = 200
(*5) 20×5년 말 내재가치: 550 − 300 = 250
(*6) 685,460 − 413,333 = 272,127
(*7) 521,820 − 460,460(전기 말 미행사분 누적보상비용) = 61,360
(*8) 282,500 − 241,820(전기 말 미행사분 누적보상비용) = 40,680

(2) 답안의 작성

구분	20×3년	20×4년	20×5년
주식보상비용	① 272,127	② 61,360	③ 40,680
장기미지급비용	④ 460,460	⑤ 241,820	⑥ 0
현금지급액	⑦ 225,000	⑧ 280,000	⑨ 282,500

2. 일자별 회계처리

20×1.1.1 – 회계처리 없음 –

20×1.12.31 (차) 주식보상비용 194,400 (대) 장기미지급비용 194,400

20×2.12.31 (차) 주식보상비용 218,933 (대) 장기미지급비용 218,933

20×3.12.31 (차) 주식보상비용 272,127 (대) 현금 225,000
　　　　　　　　　　　　　　　　　　　　　　장기미지급비용 (*)47,127
　　　　(*) 460,460 − 413,333 = 47,127

20×4.12.31 (차) 장기미지급비용 (*)218,640 (대) 현금 280,000
　　　　　　주식보상비용 61,360
　　　　(*) 241,820 − 460,460 = (−)218,640

20×5.12.31 (차) 장기미지급비용 (*)241,820 (대) 현금 282,500
　　　　　　주식보상비용 40,680
　　　　(*) 20×4년 말 잔액

03 [심화] 현금결제형에서 주식결제형 주식기준보상거래로 변경

현금결제형에서 주식결제형 주식기준보상거래로 분류를 바꾸는 조건변경이 있을 수 있다. 이렇게 현금결제형 주식기준보상거래의 조건이 변경되어 주식결제형으로 변경되는 경우, 그 거래는 조건변경일부터 주식결제형 주식기준보상거래로 다음과 같이 회계처리한다.

> ① 그 주식결제형 주식기준보상거래는 조건변경일에 부여된 지분상품의 공정가치에 기초하여 측정한다. 다만, 재화나 용역을 기존에 제공받은 정도까지는 조건변경일에 자본(주식선택권)으로 인식한다.
> ② 조건변경일 현재의 현금결제형 주식기준보상거래 관련 부채(장기미지급비용)를 그 날에 제거한다.
> ③ 조건변경일에 제거된 부채(장기미지급비용)의 장부금액과 인식된 자본금액(주식선택권)의 차이는 즉시 당기손익(변경손익 또는 주식보상비용)으로 인식한다.

[조건변경일의 회계처리]

(차) 장기미지급비용(부채↓)　　　　(*2)××× 　　(대) 주식선택권(자본↑)　　　　(*1)×××
　　 주식보상비용(당기손익)　　　　(*3)×××
(*1) 조건변경일 현재 지분상품의 공정가치 × 조건변경일까지의 누적가득기간 ÷ 총가득기간
(*2) 조건변경일 현재 현금결제형 주식기준보상거래의 장기미지급비용 장부금액 제거
(*3) 대차차액

예제 10 현금결제형에서 주식결제형으로 변경(기업회계기준서 사례 수정)

(1) 20×1년 1월 1일 (주)한국은 종업원 100명에게 앞으로 4년간 근무할 것을 조건으로 각각 현금결제형 주가차액보상권 10개씩을 부여하였다.
(2) 20×2년 12월 31일 (주)한국은 주가차액보상권을 취소하고, 그 대신 종업원에게 앞으로 2년간 근무할 것을 조건으로 주식선택권 10개씩을 부여하였다.
(3) (주)한국은 20×4년 말까지 퇴사자가 없을 것으로 추정하였고, 실제로도 퇴사한 종업원은 없다.
(4) (주)한국이 부여일과 매 회계연도 말에 추정한 주가차액보상권과 주식선택권의 단위당 공정가치는 각각 아래와 같다.

구분	20×1년 초	20×1년 말	20×2년 말	20×3년 말	20×4년 말
주가차액보상권	₩95	₩100	₩120	₩130	₩138
주식선택권	95	108	132	135	142

[요구사항]

1. (주)한국이 매 보고기간에 주식보상비용으로 인식할 금액을 계산하시오.
2. 주식기준보상거래와 관련하여 (주)한국이 수행할 회계처리를 일자별로 제시하시오.

해답 1. 연도별 보상비용의 계산

		예상가득수량		개당 가치		누적가득기간		누적보상비용	당기보상비용
20×1년 (현금결제형)		1,000개	×	100	×	1/4	=	25,000	25,000
20×2년 (현금결제형)		1,000개	×	120	×	2/4	=	60,000	35,000
(주식결제형)		1,000개	×	(*1)132	×	(*2)2/4	=	(*2)66,000	(*3)6,000
									41,000
20×3년 (주식결제형)		1,000개	×	132	×	3/4	=	99,000	(*4)33,000
20×4년 (주식결제형)		1,000개	×	132	×	4/4	=	132,000	33,000

(*1) 조건변경일 현재 주식선택권의 단위당 공정가치로 측정함
(*2) 조건변경일까지 용역을 제공받은 정도까지는 조건변경일에 자본으로 인식함
(*3) 현금결제형에서 주식결제형으로 변경 시 변경손익에 해당하는 금액임
(*4) 99,000 - 66,000 = 33,000

2. 일자별 회계처리

20×1.1.1				- 회계처리 없음 -		
20×1.12.31	(차)	주식보상비용	25,000	(대)	장기미지급비용	25,000
20×2.12.31	(차)	주식보상비용	35,000	(대)	장기미지급비용	35,000
	(차)	장기미지급비용	60,000	(대)	주식선택권	66,000
		주식보상비용	6,000			
20×3.12.31	(차)	주식보상비용	33,000	(대)	주식선택권	33,000
20×4.12.31	(차)	주식보상비용	33,000	(대)	주식선택권	33,000

제4절 | [보론] 선택형 주식기준보상

01 거래상대방이 결제방식을 선택할 수 있는 경우

1. 개요

기업이 거래상대방에게 주식기준보상거래를 현금이나 지분상품발행으로 결제받을 수 있는 선택권을 부여한 때에는, 부채요소와 자본요소가 포함된 복합금융상품을 부여한 것이다. 이때 부채요소는 거래상대방의 현금결제요구권을 의미하며, 자본요소는 거래상대방의 지분상품결제요구권을 의미한다.

> **[거래상대방이 결제방식을 선택할 수 있는 경우]**
> 주식기준보상거래 = 부채요소(거래상대방의 현금결제요구권) + 자본요소(거래상대방의 지분상품결제요구권)

(1) 재화나 용역의 공정가치를 직접 측정하는 경우

종업원이 아닌 거래상대방과의 거래의 경우에는, 반증이 없는 한 제공받는 재화나 용역의 공정가치는 신뢰성 있게 추정할 수 있다고 본다. 따라서 종업원이 아닌 자와의 주식기준보상거래에서 제공받는 재화나 용역의 공정가치를 직접 측정하는 때에는, 복합금융상품 중 자본요소는 재화나 용역이 제공되는 날 현재 재화나 용역의 공정가치와 부채요소의 공정가치의 차이로 측정한다.

> **[재화나 용역의 공정가치를 직접 측정하는 경우]**
> ① 복합금융상품의 공정가치 = 제공받는 재화나 용역의 공정가치
> ② 복합금융상품의 자본요소 = 복합금융상품의 공정가치(①) − 부채요소의 공정가치

(2) 재화나 용역의 공정가치를 직접 측정할 수 없는 경우

① 종업원과의 주식기준보상거래를 포함하여 제공받는 재화나 용역의 공정가치를 직접 측정할 수 없는 거래에서는, 현금이나 지분상품에 부여된 권리의 조건을 고려하여 측정기준일 현재 복합금융상품의 공정가치를 측정한다. 복합금융상품의 공정가치를 측정할 때에는 우선 부채요소의 공정가치를 측정한 다음에 자본요소의 공정가치를 측정하는데, 이때 거래상대방이 지분상품을 받으려면 현금수취권리를 포기해야 한다는 점을 고려한다. 복합금융상품의 공정가치는 부채요소와 자본요소의 공정가치를 합한 금액이다.

② 한편, 거래상대방이 결제방식을 선택할 수 있는 주식기준보상거래는 흔히 현금결제방식과 지분상품 결제방식의 공정가치가 같도록 설계된다. 이 경우 자본요소의 공정가치는 영(0)이 되며, 따라서 복합금융상품의 공정가치는 부채요소의 공정가치와 같다. 그러나 만일 각 결제방식의 공정가치가 다르다면, 자본요소의 공정가치는 보통 영(0)보다 크고, 따라서 복합금융상품의 공정가치는 부채요소의 공정가치보다 크다. 결과적으로 복합금융상품과 복합금융상품 자본요소의 공정가치는 각각 다음과 같이 측정된다.

[재화나 용역의 공정가치를 직접 측정할 수 없는 경우]
① **복합금융상품의 공정가치** = 부채요소의 공정가치 + 자본요소의 공정가치
　　　　　　　　　　　　　 = Max[현금결제방식의 공정가치, 지분상품 결제방식의 공정가치]
　　　　　　　　　　　　　 = 지분상품 결제방식의 공정가치
② **자본요소의 공정가치** 　 = 복합금융상품의 공정가치(①) - 부채요소의 공정가치

---

2. 회계처리

(1) 보상원가의 인식

부여한 복합금융상품의 대가로 제공받는 재화나 용역은 각각의 구성요소별로 구분하여 회계처리한다.

---

① **부채요소**: 부채요소는 현금결제형 주식기준보상거래와 같이 제공받는 재화나 용역(보상비용)과 그 대가로 부담하는 부채(장기미지급비용)를 인식한다. 부채는 매 보고기간 말과 결제일에 공정가치로 재측정한다.
② **자본요소**: 주식결제형 주식기준보상거래와 같이 제공받는 재화나 용역(보상비용)과 그에 상응하여 자본(주식선택권 또는 미가득주식)을 인식한다. 자본요소는 부여일 이후에 재측정하지 않는다.

(차) 주식보상비용	×××	(대) 장기미지급비용(부채)	×××
		주식선택권(자본)	×××

(2) 결제일(권리행사일)

거래상대방이 지분상품 결제방식을 선택하여 기업이 결제일에 (현금을 지급하는 대신) 지분상품을
발행하는 때에는, 부채요소와 자본요소의 장부금액 합계액을 발행하는 지분상품의 대가(발행금액)로 보
아 자본으로 직접 대체한다.

[거래상대방이 지분상품 결제방식을 선택한 경우]			
(차) 장기미지급비용	×××	(대) 자본금	×××
주식선택권	×××	주식발행초과금	×××
현금	×××		

만일 거래상대방이 현금결제방식을 선택하여 기업이 (지분상품을 발행하는 대신) 현금을 지급한다
면, 현금지급액은 모두 부채의 상환액으로 보며, 이미 인식한 자본요소는 계속 자본으로 분류한다. 다만,
자본계정 간 대체, 즉, 한 자본계정(예 주식선택권소멸이익)으로 대체하는 것을 금
지하는 것은 아니다.

[거래상대방이 현금결제방식을 선택한 경우]			
(차) 장기미지급비용	×××	(대) 현금	×××
주식보상비용	×××		
(차) 주식선택권	×××	(대) 주식선택권소멸이익(자본)	×××

거래상대방이 결제방식을 선택할 수 있는 경우(기업회계기준서 수정)

(1) (주)한국은 20×1년 1월 1일 종업원에게 가상주식 1,000주(주식 1,000주에 상당하는 현금지급에 대한 권리)와 주식 1,200주를 선택할 수 있는 권리를 부여하였다. 각 권리는 종업원이 3년간 근무할 것을 조건으로 한다. 종업원이 주식 1,200주를 제공받는 결제방식을 선택하는 경우에는 주식을 가득일 이후 3년간 보유하여야 하는 제한이 있다.

(2) 부여일과 매 보고기간 말의 (주)한국의 주가는 다음과 같다.

구분	20×1년 초	20×1년 말	20×2년 말	20×3년 말
주가	₩50	₩52	₩55	₩60

(3) (주)한국은 부여일 이후 3년 동안 배당금을 지급할 것으로 예상하지 않는다. 기업은 가득 이후 양도제한의 효과를 고려할 때 주식 1,200주를 제공받는 결제방식의 부여일 공정가치가 주당 ₩48이라고 추정하였다.

[요구사항]

1. 부여일 현재 복합금융상품 내 자본요소의 공정가치를 계산하시오.

2. 상기 주식기준보상거래와 관련하여 (주)한국이 각 회계연도의 포괄손익계산서와 재무상태표에 보고할 금액을 아래의 양식에 따라 제시하시오.

구분	20×1년	20×2년	20×3년
주식보상비용	①	②	③
장기미지급비용	④	⑤	⑥
미가득주식	⑦	⑧	⑨

3. 20×4년 1월 1일 종업원이 주식결제방식을 선택하였다고 할 경우, 권리행사일의 회계처리를 제시하시오. 단, (주)한국 주식의 주당 액면금액은 ₩20이다.

4. 20×4년 1월 1일 종업원이 현금결제방식을 선택하였다고 할 경우, 권리행사일의 회계처리를 제시하시오.

해답 1. **자본요소의 공정가치**

(1) 복합금융상품의 공정가치
  ① 주식결제방식의 공정가치: 1,200주 × @48 = 57,600
  ② 현금결제방식의 공정가치: 1,000주 × @50 = 50,000
  ③ 복합금융상품의 공정가치: Max[57,600, 50,000] = 57,600

(2) 자본요소의 공정가치

복합금융상품의 공정가치	57,600
부채요소의 공정가치	(50,000)
자본요소의 공정가치	7,600

2. **선택형 주식기준보상**

(1) 연도별 보상비용의 계산

  ① 부채요소

	예상가득수량		개당 FV		총보상비용		누적가득기간		누적보상비용	당기보상비용
20×1년	1,000주	×	52	=	52,000	×	1/3	=	17,333	17,333
20×2년	1,000주	×	55	=	55,000	×	2/3	=	36,667	19,334
20×3년	1,000주	×	60	=	60,000	×	3/3	=	60,000	23,333

  ② 자본요소

	총보상비용		누적가득기간		누적보상비용	당기보상비용
20×1년	7,600	×	1/3	=	2,533	2,533
20×2년	7,600	×	2/3	=	5,066	2,533
20×3년	7,600	×	3/3	=	7,600	2,534

  ③ 합계(부채요소 + 자본요소)

			당기보상비용
20×1년	17,333 + 2,533	=	19,866
20×2년	19,334 + 2,533	=	21,867
20×3년	23,333 + 2,534	=	25,867

(2) 답안의 작성

구분	20×1년	20×2년	20×3년
주식보상비용	① 19,866	② 21,867	③ 25,867
장기미지급비용[*1]	④ 17,333	⑤ 36,667	⑥ 60,000
미가득주식[*2]	⑦ 2,533	⑧ 5,066	⑨ 7,600

  [*1] 부채요소의 누적보상비용
  [*2] 자본요소의 누적보상비용

(3) 참고 일자별 회계처리

20×1.1.1   − 회계처리 없음 −

| 20×1.12.31 | (차) 주식보상비용 | 17,333 | (대) 장기미지급비용 | 17,333 |
| | (차) 주식보상비용 | 2,533 | (대) 미가득주식[*] | 2,533 |

[*] 주식선택권이 아니라, 권리행사 시 주식을 교부하는 조건이므로 미가득주식의 계정과목으로 회계처리한다.

| 20×2.12.31 | (차) 주식보상비용 | 19,334 | (대) 장기미지급비용 | 19,334 |
| | (차) 주식보상비용 | 2,533 | (대) 미가득주식 | 2,533 |

| 20×3.12.31 | (차) 주식보상비용 | 23,333 | (대) 장기미지급비용 | 23,333 |
| | (차) 주식보상비용 | 2,534 | (대) 미가득주식 | 2,534 |

3. 종업원이 주식결제방식을 선택한 경우

| 20×4.1.1 | (차) 장기미지급비용 | 60,000 | (대) 자본금 | [*]24,000 |
| | 미가득주식 | 7,600 | 주식발행초과금 | 43,600 |

[*] 1,200주 × @20 = 24,000

4. 종업원이 현금결제방식을 선택한 경우

| 20×4.1.1 | (차) 장기미지급비용 | 60,000 | (대) 현금 | [*]60,000 |

[*] 1,000주 × @60 = 60,000

| | (차) 미가득주식 | 7,600 | (대) 미가득주식소멸이익 | 7,600 |

02 기업이 결제방식을 선택할 수 있는 경우

기업이 현금이나 지분상품발행으로 결제할 수 있는 선택권을 갖는 조건이 있는 주식기준보상거래의 경우에는, 기업이 현금을 지급해야 하는 현재의무가 있다면 현금결제형 주식기준보상거래로 회계처리한다. 다음 중 어느 하나에 해당하는 경우에는 현금을 지급해야 하는 현재의무가 있는 것으로 본다.

① 지분상품을 발행하여 결제하는 선택권에 상업적 실질이 없는 경우(예 법률에 따른 주식발행의 금지)
② 현금으로 결제한 과거의 실무 관행이 있거나 현금으로 결제한다는 방침이 명백한 경우
③ 거래상대방이 현금결제를 요구할 때마다 일반적으로 기업이 이를 수용하는 경우

그러나 만일 기업이 현금을 지급해야 하는 현재의무가 없다면, 주식결제형 주식기준보상거래로 회계처리한다. 다만, 주식기준보상을 결제할 때에는 다음과 같이 회계처리한다.

① 기업이 현금결제를 선택하는 때에는 자기지분상품의 재매입으로 보아 현금지급액을 자본에서 차감한다. 다만, 아래 ③의 경우는 추가 회계처리가 필요하다.
② 기업이 지분상품을 발행하여 결제하기로 하는 때에는 아래 ③의 경우를 제외하고는 별도의 회계처리를 하지 아니한다. 다만 필요하다면 한 자본계정에서 다른 자본계정으로 대체는 가능하다.
③ 기업이 결제일에 더 높은 공정가치를 가진 결제방식을 선택하는 때에는 초과 결제가치를 추가 비용으로 인식한다. 이때 초과 결제가치는 실제로 지급한 금액이 주식결제방식을 선택할 때 발행하여야 하는 지분상품의 공정가치를 초과하는 금액이거나 실제로 발행한 지분상품의 공정가치가 현금결제방식을 선택할 때 지급하여야 하는 금액을 초과하는 금액이다.

01 주식결제형 주식기준보상 거래에서 종업원이 주식선택권의 행사로 얻는 이득은 종업 (O, X) 원이 가득기간 동안 제공한 근무용역의 대가로 기업이 지급하는 것이다. 따라서 기업 은 주식선택권의 부여일에 측정한 주식선택권의 공정가치를 가득기간에 걸쳐 당기비 용(주식보상비용)으로 인식한다.

02 종업원과의 주식기준보상 거래의 경우에는 제공받는 재화나 용역(주식보상비용)과 그 (O, X) 에 상응하는 자본(주식선택권)의 증가를 제공받는 재화나 용역의 공정가치로 직접 측 정한다.

03 종업원이 가득하여 주식선택권을 행사하면, 기업은 행사가격만큼 현금을 수령하고 주 (O, X) 식을 발행한다. 이때 주식의 발행금액은 행사일 현재 주식선택권 장부금액과 수령한 행사가격의 합계액이 된다.

04 주식선택권의 공정가치는 크게 내재가치와 시간가치로 구성되어 있는데, 이 중 내재가 (O, X) 치는 주식선택권의 만기일까지 주가가 상승함에 따라 더 많은 이득이 생길 기대를 반 영한 가치를 말한다.

05 주식결제형 주식기준보상 거래에서 종업원에게 부여한 지분상품의 공정가치는 매 보 (O, X) 고기간 말에 재측정하고, 공정가치의 변동액은 당기손익으로 인식한다.

06 성과조건은 거래상대방이 특정 기간에 용역을 제공(용역제공조건)하고, 용역을 제공하 (O, X) 는 동안 특정 성과목표를 달성하도록 요구하는 가득조건을 말하며, 크게 시장조건과 비시장조건이 있다.

정답 및 해설

01 O

02 X 종업원과의 거래의 경우에는 제공받는 용역의 공정가치를 일반적으로 신뢰성 있게 추정할 수 없다. 따라서 제공받 는 재화나 용역(주식보상비용)과 그에 상응하는 자본(주식선택권)의 증가를 부여한 지분상품의 공정가치에 기초하 여 간접 측정한다.

03 O

04 X 주식선택권의 내재가치는 지금 당장 권리행사를 가정할 경우의 가치로서, 현재 주가에서 행사가격을 차감하여 결 정된다. 그리고 시간가치는 주식선택권의 만기일까지 주가가 변동함에 따라 내재가치보다 더 많은 이득이 생길 가 능성 때문에 추가되는 가치를 말한다.

05 X 주식결제형 주식기준보상 거래에서 종업원에게 부여한 지분상품의 공정가치는 부여일 기준으로 측정하며, 이후에 재측정하지 않는다.

06 O

07 성과조건이 시장조건인 경우에는 부여일 이후 기대행사수량, 기대행사가격 또는 기대   (O, X)
가득기간 추정치가 변동될 경우 이를 전진적으로 반영하여 추정치를 수정한다.

08 주식기준보상약정의 총 공정가치를 증가시키거나 종업원에게 유리하게 조건변경을 하   (O, X)
는 경우에는 추가로 조건변경의 효과를 인식한다. 반면에 주식기준보상약정의 총 공정
가치를 감소시키거나 종업원에게 불리하게 조건변경이 이루어지면 조건이 변경되지
않은 것으로 본다.

09 주식선택권의 중도청산으로 종업원에게 지급하는 금액은 자기지분상품의 재매입으로   (O, X)
보아 자본에서 차감한다. 다만, 주식선택권의 재매입일 현재 공정가치를 초과하여 지
급하는 금액은 당기비용으로 인식한다.

10 특정 기간 기업의 주가 상승액에 기초하여 종업원에게 미래에 주가와 행사가격과의 차   (O, X)
이를 현금으로 받는 권리를 획득하게 하는 주가차액보상권은 현금결제형 주식기준보
상 거래의 대표적인 예에 해당한다.

11 현금결제형 주식기준보상 거래에서 주가차액보상권의 공정가치는 부여일 기준으로 측   (O, X)
정하며, 이후에 재측정하지 않는다.

정답 및 해설

07 X   성과조건이 시장조건인 경우에는 부여일 이후 기대행사수량, 기대행사가격 또는 기대가득기간 추정치가 달라지더
라도 보상비용을 측정할 때 이를 반영하지 않는다.

08 O

09 O

10 O

11 X   현금결제형 주가차액보상권의 공정가치는 매 보고기간 말과 결제일에 재측정하고, 공정가치의 변동액은 당기손익
으로 인식한다.

주식기준보상 - 종합

01 주식결제형 주식기준보상에 대한 다음의 설명 중 옳지 않은 것은? [회계사 16]

① 종업원 및 유사용역제공자와의 주식기준보상거래에서는 기업이 거래상대방에게서 재화나 용역을 제공받는 날을 측정기준일로 한다.

② 제공받는 재화나 용역의 공정가치를 신뢰성 있게 추정할 수 있다면, 제공받는 재화나 용역과 그에 상응하는 자본의 증가를 제공받는 재화나 용역의 공정가치로 직접 측정한다.

③ 제공받는 재화나 용역의 공정가치를 신뢰성 있게 추정할 수 없다면, 제공받는 재화나 용역과 그에 상응하는 자본의 증가는 부여한 지분상품의 공정가치에 기초하여 간접 측정한다.

④ 가득된 지분상품이 추후 상실되거나 주식선택권이 행사되지 않은 경우에도 종업원에게서 제공받은 근무용역에 대해 인식한 금액을 환입하지 아니한다.

⑤ 시장조건이 있는 지분상품을 부여한 경우에는 그러한 시장조건이 달성되는지 여부와 관계없이 다른 모든 가득조건을 충족하는 거래상대방으로부터 제공받는 재화나 용역을 인식한다.

용역제공조건

02 (주)대한은 20×1년 1월 1일 종업원 100명에게 각각 1,000개의 주식선택권을 부여하였다. 동 주식선택권은 종업원이 앞으로 3년 동안 회사에 근무해야 가득된다. 20×1년 1월 1일 현재 (주)대한이 부여한 주식선택권의 단위당 공정가치는 ₩360이며, 각 연도 말 퇴직 종업원 수는 다음과 같다.

연도	실제 퇴직자 수	추가 퇴직 예상자 수
20×1년 말	10명	20명
20×2년 말	15명	13명
20×3년 말	8명	-

주식선택권 부여일 이후 주가가 지속적으로 하락하여 (주)대한의 20×2년 12월 31일 주식선택권의 공정가치는 단위당 ₩250이 되었다. 동 주식기준보상과 관련하여 (주)대한이 인식할 20×2년 포괄손익계산서상 주식보상비용은 얼마인가? (단, 계산방식에 따라 단수차이로 인해 오차가 있는 경우, 가장 근사치를 선택한다) [회계사 14]

① ₩1,933,333
② ₩5,166,667
③ ₩6,480,000
④ ₩6,672,000
⑤ ₩8,400,000

03 (주)한국은 20×1년 1월 1일 종업원 100명에게 각각 주식결제형 주식선택권 10개를 부여하였으며, 부여한 주식선택권의 단위당 공정가치는 ₩3,000이다. 이 권리들은 연평균 시장점유율에 따라 가득시점 및 가득 여부가 결정되며, 조건은 다음과 같다.

연평균 시장점유율	가득일
10% 이상	20×2년 말
7% 이상 10% 미만	20×3년 말
7% 미만	가득되지 않음

20×1년의 시장점유율은 11%이었으며, 20×2년에도 동일한 시장점유율을 유지할 것으로 예상하였다. 20×2년의 시장점유율은 8%이었으며, 20×3년에도 8%로 예상하였다. 20×1년 말 현재 6명이 퇴사하였으며, 20×3년 말까지 매년 6명씩 퇴사할 것으로 예측된다. 실제 퇴직자 수도 예측과 일치하였다. (주)한국이 주식선택권과 관련하여 20×2년도 포괄손익계산서에 인식할 비용은? [회계사 17]

① ₩320,000   ② ₩440,000
③ ₩1,320,000   ④ ₩1,440,000
⑤ ₩1,640,000

04 (주)백두는 20×1년 1월 1일에 판매부서 직원 20명에게 2년 용역제공조건의 주식선택권을 1인당 1,000개씩 부여하였다. 주식선택권의 행사가격은 단위당 ₩1,000이나, 만약 2년 동안 연평균 판매량이 15% 이상 증가하면 행사가격은 단위당 ₩800으로 인하된다. 부여일 현재 주식선택권의 단위당 공정가치는 행사가격이 단위당 ₩1,000일 경우에는 ₩500으로, 행사가격이 단위당 ₩800일 경우에는 ₩600으로 추정되었다. 20×1년의 판매량이 18% 증가하여 연평균 판매량 증가율은 달성 가능할 것으로 예측되었다. 그러나 20×2년의 판매량 증가율이 6%에 그쳐 2년간 판매량은 연평균 12% 증가하였다. 한편 20×1년 초에 (주)백두는 20×2년 말까지 총 5명이 퇴직할 것으로 예상하였고 이러한 예상에는 변동이 없었으나, 실제로는 20×1년에 1명, 20×2년에 3명이 퇴직하여 총 4명이 퇴사하였다. 동 주식기준보상과 관련하여 (주)백두가 20×2년도 포괄손익계산서상에 인식할 보상비용은 얼마인가? [회계사 13]

① ₩3,500,000   ② ₩3,800,000
③ ₩4,000,000   ④ ₩4,500,000
⑤ ₩5,100,000

05 (주)세무는 20×1년 1월 1일 현재 근무 중인 임직원 300명에게 20×4년 12월 31일까지 의무적으로 근무할 것을 조건으로 임직원 1명당 주식선택권 10개씩을 부여하였다. 주식선택권 부여일 현재 동 주식선택권의 단위당 공정가치는 ₩200이다. 동 주식선택권은 20×5년 1월 1일부터 행사할 수 있다. 20×2년 1월 1일 (주)세무는 주가가 크게 하락하여 주식선택권의 행사가격을 조정하였다. 이러한 조정으로 주식선택권의 단위당 공정가치는 ₩20 증가하였다. (주)세무는 20×1년 말까지 상기 주식선택권을 부여받은 종업원 중 20%가 퇴사할 것으로 예상하여, 주식선택권의 가득률을 80%로 추정하였으나, 20×2년 말에는 향후 2년 내 퇴사율을 10%로 예상함에 따라 주식선택권의 가득률을 90%로 추정하였다. 부여한 주식선택권과 관련하여 (주)세무가 20×2년에 인식할 주식보상비용은? [세무사 22]

① ₩120,000
② ₩150,000
③ ₩168,000
④ ₩240,000
⑤ ₩270,000

06 (주)한국은 20×1년 1월 1일 종업원 10명에게 향후 3년간 근로용역을 제공하는 조건으로 각각 주식선택권 10개를 부여하였다. 부여일 현재 주식선택권의 개당 공정가치는 ₩900이다. 20×1년 중 퇴사한 종업원은 없으며, 20×1년 말 현재 (주)한국은 20×3년 말까지 추가로 퇴사할 것으로 예상되는 종업원은 없다고 추정하였다. 20×2년 1월 1일, (주)한국은 종업원과의 협의 하에 주식선택권을 전액 현금으로 중도청산하였다. 중도청산일 현재 주식선택권의 단위당 공정가치는 ₩700이며, 주식선택권 1개당 현금지급액은 ₩1,000이다. 동 주식선택권과 관련하여 (주)한국의 20×2년 당기손익과 자본총계에 미친 영향은 각각 얼마인가?

	당기손익	자본총계
①	₩10,000 감소	₩90,000 감소
②	₩30,000 감소	₩100,000 감소
③	₩30,000 감소	₩70,000 감소
④	₩90,000 감소	₩100,000 감소
⑤	₩90,000 감소	₩30,000 감소

주식결제형 VS 현금결제형

※ 다음의 자료를 이용하여 **07**과 **08**에 답하시오.

(주)갑은 20×1년 1월 1일에 영업부서 종업원 10명에게 2년간 근무하는 조건으로 종업원 1인당 10단위의 주식선택권을 부여하였다. 부여일의 주식선택권 공정가치는 단위당 ₩20이고, 단위당 행사가격은 ₩10이다. (주)갑은 이들 종업원 모두가 20×2년 말까지 근무할 것으로 예측하였고, 이 예측은 실현되었다. 주식선택권을 부여받은 종업원 중 5명은 20×3년 1월 1일 주식선택권을 전부 행사하였고, 나머지 5명은 20×4년 1월 1일 주식선택권을 전부 행사하였다. (주)갑의 주식선택권 단위당 공정가치 및 주가 흐름은 다음과 같다.

일자	주식선택권 단위당 공정가치	1주당 주가
20×1년 1월 1일	₩20	₩10
20×1년 12월 31일 및 20×2년 1월 1일	₩30	₩20
20×2년 12월 31일 및 20×3년 1월 1일	₩25	₩30
20×3년 12월 31일 및 20×4년 1월 1일	₩35	₩40

07 (주)갑이 주식선택권의 대가로 제공받는 근무용역에 대하여 20×1년, 20×2년, 20×3년에 인식할 보상비용(순액)은 각각 얼마인가? [회계사 12]

	20×1년	20×2년	20×3년
①	₩1,000	₩1,000	₩0
②	₩1,000	₩1,000	₩1,750
③	₩1,500	₩1,500	₩750
④	₩1,250	₩1,500	₩0
⑤	₩1,500	₩1,500	₩1,750

08 상기 자료에서 (주)갑이 부여한 주식기준보상이 주식결제형이 아닌 주가와 행사가격의 차이를 현금으로 지급하는 현금결제형 주가차액보상권이라면, (주)갑이 해당 근무용역에 대하여 20×1년, 20×2년, 20×3년에 인식할 보상비용(순액)은 각각 얼마인가? [회계사 12]

	20×1년	20×2년	20×3년
①	₩1,500	₩1,000	₩750
②	₩1,000	₩1,500	₩250
③	₩1,250	₩1,250	₩750
④	₩1,000	₩1,500	₩750
⑤	₩1,500	₩1,000	₩250

09 (주)세무는 20×1년 1월 1일 종업원 100명에게 각각 현금결제형 주가차액보상권 10개씩 부여하였다. 주가차액보상권은 3년간 종업원이 용역을 제공하는 조건으로 부여되었으며, 주가차액보상권과 관련된 자료는 다음과 같다. (주)세무가 20×3년도에 인식할 당기비용은? [세무사 21]

○ 20×1년 실제퇴사자는 10명이며, 미래 예상퇴사자는 15명이다.
○ 20×2년 실제퇴사자는 12명이며, 미래 예상퇴사자는 8명이다.
○ 20×3년 실제퇴사자는 5명이며, 주가차액보상권 최종 가득자는 73명이다.
○ 20×3년 말 주가차액보상권을 행사한 종업원 수는 28명이다.
○ 매 연도말 주가차액보상권에 대한 현금지급액과 공정가치는 다음과 같다.

연도	현금지급액	공정가치
20x1년	₩ -	₩1,000
20x2년	-	1,260
20x3년	1,200	1,400

① ₩56,000
② ₩378,000
③ ₩434,000
④ ₩490,000
⑤ ₩498,000

10 (주)대한은 20×1년 초에 기업이 결제방식을 선택할 수 있는 주식기준보상을 종업원에게 부여하였다. (주)대한은 결제방식으로 가상주식 1,000주(주식 1,000주에 상당하는 현금을 지급) 또는 주식 1,200주를 선택할 수 있고, 각 권리는 종업원이 2년 동안 근무할 것을 조건으로 한다. 또한 종업원이 주식 1,200주를 제공받는 경우에는 주식을 가득일 이후 2년 동안 보유하여야 하는 제한이 있다. (주)대한은 부여일 이후 2년 동안 배당금을 지급할 것으로 예상하지 않으며, 부여일과 보고기간 말에 추정한 주식결제방식의 주당 공정가치와 주당 시가는 다음과 같다.

구분	20×1년 초	20×1년 말
주식 1,200주 결제방식의 주당 공정가치	₩400	₩480
주당 시가	₩450	₩520

종업원 주식기준보상약정과 관련하여 (A) 현금을 지급해야 하는 현재의무가 (주)대한에게 있는 경우와 (B) 현금을 지급해야 하는 현재의무가 (주)대한에게 없는 경우, 20×1년도에 (주)대한이 인식할 주식보상비용은 각각 얼마인가? (단, 주식기준보상약정을 체결한 종업원 모두가 20×2년 말까지 근무할 것으로 예측하였고, 이 예측은 실현되었다고 가정한다) [회계사 19]

	(A)	(B)		(A)	(B)
①	₩225,000	₩240,000	②	₩225,000	₩288,000
③	₩260,000	₩240,000	④	₩260,000	₩288,000
⑤	₩275,000	₩288,000			

정답 및 해설

정답

01 ① 02 ③ 03 ① 04 ① 05 ③ 06 ④ 07 ① 08 ⑤ 09 ② 10 ③

해설

01 ① 종업원 및 유사용역제공자와의 거래의 경우에는 제공받는 용역의 공정가치를 신뢰성 있게 추정할 수 없다. 따라서 제공받는 재화나 용역(주식보상비용)과 그에 상응하는 자본(주식선택권)의 증가를 부여한 지분상품의 공정가치로 간접 측정한다. 이에 따라 부여한 지분상품의 공정가치는 지분상품의 부여일 기준으로 측정한다.

02 ③

	예상가득수량		개당 FV		누적가득기간		누적보상비용	당기보상비용
20×1년	(*1)70,000개	×	(*3)360	×	1/3	=	8,400,000	8,400,000
20×2년	(*2)62,000개	×	(*3)360	×	2/3	=	14,880,000	6,480,000

(*1) 70명(= 100 - 10 - 20) × 1,000개 = 70,000개
(*2) 62명(= 100 - 10 - 15 - 13) × 1,000개 = 62,000개
(*3) 주식결제형 주식선택권의 공정가치는 부여일 기준으로 측정하며, 이후에 재측정하지 않는다.

03 ①

	예상가득수량		개당 FV		누적가득기간		누적보상비용	당기보상비용
20×1년	(*1)880개	×	3,000	×	1/2	=	1,320,000	1,320,000
20×2년	(*2)820개	×	3,000	×	2/3	=	1,640,000	320,000

(*1) 88명(= 100 - 6 × 2년) × 10개 = 880개
(*2) 82명(= 100 - 6 × 3년) × 10개 = 820개

04 ①

	예상가득수량		개당 FV		누적가득기간		누적보상비용	당기보상비용
20×1년	(*1)15,000개	×	(*3)600	×	1/2	=	4,500,000	4,500,000
20×2년	(*2)16,000개	×	(*4)500	×	2/2	=	8,000,000	3,500,000

(*1) 15명(= 20 - 5) × 1,000개 = 15,000개
(*2) 16명(= 20 - 1 - 3) × 1,000개 = 16,000개
(*3) 연평균 판매량 15% 달성 예상 ⇨ 단위당 행사가격 800 ⇨ 부여일의 주식선택권 단위당 FV 600
(*4) 연평균 판매량 15% 달성 못함 ⇨ 단위당 행사가격 1,000 ⇨ 부여일의 주식선택권 단위당 FV 500

05 ③ **(1) 20×2년 초 행사가격 변경**

주식기준보상약정의 총공정가치를 높이거나 종업원에게 더 유리하도록 조건을 변경하는 때에는 증분공정가치를 잔여 가득기간에 걸쳐 추가로 보상비용으로 인식한다.

(2) 부여일FV 기준 연도별 보상비용

	예상가득수량		개당 FV		누적가득기간		누적보상비용	당기보상비용
20×1년	(*1)2,400개	×	200	×	1/4	=	120,000	120,000
20×2년	(*2)2,700개	×	200	×	2/4	=	270,000	150,000

(*1) 240명(= 300명 × 80%) × @10개 = 2,400개
(*2) 270명(= 300명 × 90%) × @10개 = 2,700개

(3) 증분FV 기준 연도별 보상비용

	예상가득수량		개당 FV		누적가득기간		누적보상비용	당기보상비용
20×2년	2,700개	×	20	×	1/3	=	18,000	18,000

(4) 20×2년 보상비용

부여일FV 기준 보상비용	150,000
증분FV 기준 보상비용	18,000
계	168,000

06 ④ **(1) 20×2년 당기손익 효과**

중도청산일 현재 잔여 보상비용 인식	100개 × @900 × 2/3 =	60,000
공정가치 초과지급액(보상비용 인식)	100개 × (1,000 − 700) =	30,000
당기손익 효과		90,000 감소

(2) 20×2년 자본총계 효과

① 주식선택권을 중도청산하면 현금지급액만큼 자산이 감소하므로 동 금액만큼 자본이 감소한다.
② 자본 감소액: 100개 × @1,000 = 100,000

(3) 참고 중도청산일 회계처리

잔여 보상비용 인식:	(차) 주식보상비용	(*)60,000	(대) 주식선택권		60,000

(*) 100개 × @900 × 2/3 = 60,000

중도청산 회계처리:	(차) 주식선택권	(*1)90,000	(대) 현금		(*2)100,000
	주식보상비용	(*4)30,000	중도청산이익(자본)		(*3)20,000

(*1) 100개 × @900 = 90,000
(*2) 100개 × @1,000 = 100,000
(*3) 100개 × @(900 − 700) = 20,000
(*4) 100개 × @(1,000 − 700) = 30,000

주식기준보상

제18장

해커스 IFRS 김승철 중급회계 하

07 ① (1) 가득기간 중 보상비용

	예상가득수량		개당 FV		누적가득기간		누적보상비용	당기보상비용
20×1년	(*)100개	×	20	×	1/2	=	1,000	1,000
20×2년	(*)100개	×	20	×	2/2	=	2,000	1,000

(*) 10명 × 10개 = 100개

(2) 가득기간 후 보상비용

주식결제형 주식기준보상의 경우에는 주식선택권의 공정가치를 부여일 기준으로 측정하고 이후 재측정하지 않으므로 가득기간이 종료된 이후에는 보상비용을 인식하지 않는다. 따라서 20×3년에 인식할 보상비용은 영 (0)이 된다.

08 ⑤

		예상가득수량		개당 가치		누적가득기간		누적보상비용	당기보상비용
20×1년		100개	×	30	×	1/2	=	1,500	1,500
20×2년		100개	×	25	×	2/2	=	2,500	1,000
20×3년	행사분	50개	×	(*1)20			=	1,000	
	미행사분	50개	×	35			=	1,750	
								2,750	(*2)250

(*1) 20×3년 초 주당 내재가치: 30 – 10 = 20
(*2) 2,750 – 2,500 = 250

09 ②

		예상가득수량		개당 가치		누적가득기간		누적보상비용	당기보상비용
20×1년		(*1)750개	×	1,000	×	1/3	=	250,000	250,000
20×2년		(*2)700개	×	1,260	×	2/3	=	588,000	338,000
20×3년	행사분	280개	×	1,200	×	3/3	=	336,000	
	미행사분	450개	×	1,400	×	3/3	=	630,000	
								966,000	(*3)378,000

(*1) 75명(= 100 – 10 – 15) × 10개 = 750개
(*2) 70명(= 100 – 10 – 12 – 8) × 10개 = 700개
(*3) 966,000 – 588,000 = 378,000

10 ③ (1) 현금지급 현재의무가 있는 경우

① 현금결제형 주식기준보상거래로 회계처리한다.
② 20×1년 보상비용: 1,000주 × @520(20×1년 말 FV) × 1/2 = 260,000

(2) 현금지급 현재의무가 없는 경우

① 주식결제형 주식기준보상거래로 회계처리한다.
② 20×1년 보상비용: 1,200주 × @400(부여일 FV) × 1/2 = 240,000

주식결제형 주식기준보상: 성과조건

01 (주)한국은 20×1년 1월 1일 종업원 100명에게 각각 40개의 주식선택권을 부여하고 3년 용역제공기간의 조건을 부여하였다.

(1) 20×1년 말과 20×2년 말 기준으로 종업원들의 연평균 기대권리소멸률은 각각 10%, 15%로 예상되었고 20×3년 말은 예상치와 동일하게 13%로 확정되었다. 단, 주식선택권의 수량을 계산할 때 소수점 이하는 반올림한다.

(2) (주)한국은 시장점유율을 기준으로 종업원들에게 부여한 주식선택권의 행사가격을 다르게 적용한다. 시장점유율과 주식선택권의 각 행사가격에 따른 부여일의 공정가치는 다음과 같다.

연평균 시장점유율	단위당 행사가격	단위당 공정가치
10% 미만	₩400	₩120
10% 이상 20% 미만	300	150
20% 이상	200	180

(3) (주)한국이 달성할 것이라고 예상하는 연평균 시장점유율은 20×1년 초와 20×1년 말에는 각각 18%와 13%이며, 20×2년 말에는 9%이다. 그리고 20×3년 말에는 연평균 시장점유율이 21%로 확정되었다.

(4) 20×4년 초 주식선택권의 일부 권리가 행사되어 신주를 발행하였으며, 회사가 발행하는 보통주식의 1주당 액면가액은 ₩100이다.

[물음 1] 상기 주식선택권과 관련하여 (주)한국이 20×2년과 20×3년의 포괄손익계산서와 재무상태표에 보고할 금액을 아래의 양식에 따라 제시하시오.

구분	20×2년	20×3년
주식보상비용	①	②
주식선택권	③	④

[물음 2] (주)한국이 20×4년 초 신주를 발행교부하면서 증가한 자본 총액이 ₩270,000일 경우, 권리가 행사된 ① 주식선택권의 수량과 ② 행사로 인하여 증가된 주식발행초과금 총액은 각각 얼마인가?

해답 [물음 1]

1. 연도별 보상비용의 계산

	예상가득수량		개당 FV		누적가득기간		누적보상비용	당기보상비용
20×1년	(*1)2,916개	×	150	×	1/3	=	145,800	145,800
20×2년	(*2)2,457개	×	120	×	2/3	=	196,560	50,760
20×3년	(*3)2,634개	×	180	×	3/3	=	474,120	277,560

(*1) 100명 × $(1 - 10\%)^3$ × 40개 = 2,916개
(*2) 100명 × $(1 - 15\%)^3$ × 40개 = 2,457개
(*3) 100명 × $(1 - 13\%)^3$ × 40개 = 2,634개

2. 답안의 작성

구분	20×2년	20×3년
주식보상비용	① 50,760	② 277,560
주식선택권	③ 196,560	④ 474,120

[물음 2]

1. 1개의 주식선택권 행사 시 회계처리

(차) 현금(행사가격)	200	(대) 자본금	100
주식선택권	180	주식발행초과금	280

2. 주식선택권 행사수량
   (1) 주식선택권을 행사하면 행사가격만큼 현금이 유입되므로 동 금액만큼 자본이 증가한다.
   (2) 자본 증가액: 200(개당 행사가격) × 행사수량 = 270,000 ⇨ 행사수량 1,350개

3. 주식발행초과금 증가액: 1,350개 × @280 = 378,000

02 12월 말 결산법인인 (주)한국은 20×1년 초에 임직원 100명에게 각각 10개의 주식선택권을 부여하였다. 이 주식선택권은 부여일로부터 4년간 근무할 것을 조건으로 하며, 행사가격은 ₩500이다. (주)한국의 임직원의 퇴사 인원수에 관한 자료는 아래 표와 같다.

연도	각 회계연도 말에 예측한 20×1년 초부터 20×4년 말까지의 누적 퇴사 인원수	실제 퇴사 인원수	
		해당연도	누적
20×1년	12명	3명	3명
20×2년	15명	4명	7명
20×3년	17명	5명	12명
20×4년	16명	4명	16명

단, 임직원의 근로용역에 대한 공정가치는 신뢰성 있게 추정되지 않으며, 법인세효과는 고려하지 않는다.

[물음 1] (주)한국의 1주당 주가와 부여된 주식선택권의 1개당 공정가치가 다음과 같다고 할 경우, (주)한국이 20×2년도 포괄손익계산서와 재무상태표에 보고할 ① 주식보상비용과 ② 주식선택권을 각각 계산하시오.

연도	1주당 주가	주식선택권의 1개당 공정가치
20×1년 초	₩530	₩40
20×1년 말	550	60
20×2년 말	570	80

[물음 2] 20×3년 초에 (주)한국의 주가가 ₩500으로 크게 하락하여 주식선택권의 행사가격도 ₩500에서 ₩460으로 조정되었다. 이러한 행사가격의 조정으로 주식선택권의 공정가치도 행사가격 조정 전 ₩20에서 행사가격 조정 후 ₩30으로 변경되었다. (주)한국이 20×3년도 포괄손익계산서와 재무상태표에 보고할 ① 주식보상비용과 ② 주식선택권을 각각 계산하시오.

[물음 3] [물음 2]의 상황 대신 20×3년 초에 (주)한국의 주가가 크게 상승하여 주식선택권의 행사가격이 ₩500에서 ₩520으로 조정되었다고 가정한다. 이러한 행사가격의 조정으로 주식선택권의 공정가치도 행사가격 조정 전 ₩70에서 행사가격 조정 후 ₩50으로 변경되었다. (주)한국의 20×3년도 포괄손익계산서와 재무상태표에 미치는 영향에 대하여 간략히 기술하시오.

[물음 4] (주)한국이 20×3년 초에 20×2년 말까지 퇴사하지 않은 종업원과 합의하여 주식선택권 1개당 현금 ₩120을 지급하는 조건으로 주식선택권을 모두 중도청산한다고 가정한다. 20×3년 (주)한국의 회계처리와 관련하여 아래 ①부터 ④까지의 금액을 계산하시오. 단, 20×3년 초 주식선택권의 1개당 공정가치는 ₩100이다.

(차변)		(대변)	
주식보상비용	①	현금	④
주식선택권	②		
주식선택권중도청산손실	③		

해답 **[물음 1]**

1. 연도별 보상비용의 계산

	예상가득수량		개당 FV		누적가득기간		누적보상비용	당기보상비용
20×1년	88명(= 100 - 12) × 10개	×	40	×	1/4	=	8,800	8,800
20×2년	85명(= 100 - 15) × 10개	×	40	×	2/4	=	17,000	8,200
20×3년	83명(= 100 - 17) × 10개	×	40	×	3/4	=	24,900	7,900

2. 답안의 작성

　① 20×2년 주식보상비용: 8,200

　② 20×2년 말 주식선택권: 17,000

[물음 2]

1. 종업원에게 유리한 조건변경

조건변경으로 부여한 지분상품의 공정가치가 증가하는 경우이므로 증분공정가치를 잔여 가득기간에 걸쳐 추가로 보상비용으로 인식한다.

2. 변경된 조건에 따른 20×3년 증분보상비용

	예상가득수량		개당 증분 FV		누적가득기간		누적보상비용	당기보상비용
20×3년	83명 × 10개	×	(*)10	×	1/2	=	4,150	4,150

(*) 30 - 20 = 10

3. 답안의 작성

　① 20×3년 주식보상비용: 7,900 + 4,150 = 12,050

　② 20×3년 말 주식선택권: 24,900 + 4,150 = 29,050

[물음 3]

주식선택권의 행사조건이 종업원에게 불리하게 변경되어 주식선택권의 공정가치가 감소하는 경우에는 조건변경이 없는 것으로 본다. 따라서 해당 조건변경으로 (주)한국의 20×3년도 포괄손익계산서와 재무상태표에 미치는 영향은 없다.

[물음 4]

1. 20×3년 초 미인식 잔여 보상비용

총보상비용	930개(= 93명 × 10개) × @40 =	37,200
기인식 보상비용		(17,000)
잔여 보상비용		20,200

2. 20×3년 초(중도청산일) 회계처리

　(1) 잔여 보상비용 인식: (차) 주식보상비용　20,200　(대) 주식선택권　20,200

　(2) 중도청산 회계처리: (차) 주식선택권　37,200　(대) 현금　(*1)111,600

　　　　　　　　　　　　　중도청산손실(자본)　(*2)55,800

　　　　　　　　　　　　　주식보상비용　(*3)18,600

　　(*1) 930개 × @120 = 111,600

　　(*2) 주식선택권 중도청산손실: 930개 × @(100 - 40) = 55,800

　　(*3) 공정가치 초과지급액: 930개 × @(120 - 100) = 18,600

3. 답안의 작성

(차변)		**(대변)**	
주식보상비용	① (*1)38,800	현금	④ 111,600
주식선택권	② (*2)17,000		
주식선택권중도청산손실	③ 55,800		

(*1) 20,200 + 18,600 = 38,800

(*2) 37,200 - 20,200 = 17,000

03 (주)개신은 20×1년 1월 1일에 종업원 100명에게 각각 현금결제형 주가차액보상권 100개를 부여하고, 3년의 용역조건을 부여하였다. 관련 자료는 다음과 같다.

(1) 20×1년 중에 5명이 퇴사하였으며, 회사는 20×2년과 20×3년에 걸쳐 추가로 7명이 퇴사할 것으로 추정하였다. 20×2년에는 실제로 3명이 퇴사하였고, 회사는 20×3년에 추가로 2명이 퇴사할 것으로 추정하였다. 20×3년에 실제로 3명이 퇴사하여 20×3년 12월 31일자로 89명이 주가차액보상권을 가득하였다.

(2) 20×3년 12월 31일에 20명이 주가차액보상권을 행사하였고, 20×4년 12월 31일에 30명이 주가차액보상권을 행사하였으며, 나머지 39명은 20×5년 12월 31일에 주가차액보상권을 행사하였다.

(3) (주)개신이 매 회계연도 말에 추정한 주가차액보상권의 공정가치와 20×3년, 20×4년 및 20×5년 말에 행사된 주가차액보상권의 내재가치(현금지급액)는 아래 표와 같다.

회계연도	공정가치	내재가치(현금지급액)
20×1	₩144	-
20×2	155	-
20×3	182	₩150
20×4	214	200
20×5	250	250

[물음] 상기 주가차액보상권과 관련하여 (주)개신이 각 회계연도의 포괄손익계산서와 재무상태표에 보고할 금액을 아래의 양식에 따라 제시하시오.

구분	20×3년	20×4년	20×5년
주식보상비용	①	②	③
장기미지급비용	④	⑤	⑥
현금지급액	⑦	⑧	⑨

해답 1. 연도별 보상비용의 계산

	예상가득수량		개당 가치		누적가득기간		누적보상비용	당기보상비용
20×1년	(*1)8,800개	×	144	×	1/3	=	422,400	422,400
20×2년	(*2)9,000개	×	155	×	2/3	=	930,000	507,600
20×3년 행사분	2,000개	×	150	×	3/3	=	300,000	
미행사분	6,900개	×	182	×	3/3	=	1,255,800	
							1,555,800	(*3)625,800
20×4년 행사분	3,000개	×	200			=	600,000	
미행사분	3,900개	×	214			=	834,600	
							1,434,600	(*4)178,800
20×5년 행사분	3,900개	×	250			=	975,000	(*5)140,400

(*1) 88명(= 100 − 5 − 7) × 100개 = 8,800개
(*2) 90명(= 100 − 5 − 3 − 2) × 100개 = 9,000개
(*3) 1,555,800 − 930,000 = 625,800
(*4) 1,434,600 − 1,255,800(전기 말 미행사분 누적보상비용) = 178,800
(*5) 975,000 − 834,600(전기 말 미행사분 누적보상비용) = 140,400

2. 답안의 작성

구분	20×3년	20×4년	20×5년
주식보상비용	① 625,800	② 178,800	③ 140,400
장기미지급비용	④ 1,255,800	⑤ 834,600	⑥ 0
현금지급액	⑦ 300,000	⑧ 600,000	⑨ 975,000

해커스 IFRS 김승철 중급회계 하

제19장

투자부동산과
매각예정비유동자산

제1절 | 투자부동산

01 투자부동산의 정의 및 범위

1. 투자부동산의 정의

[그림 19-1] 부동산의 분류별 회계처리

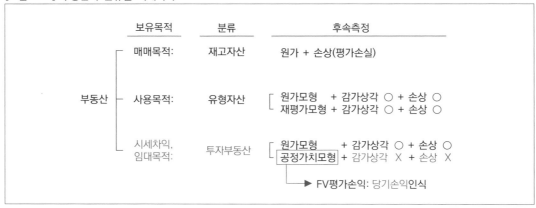

① 투자부동산(investment property)은 임대수익이나 시세차익 또는 둘 다를 얻기 위하여 소유자가 보유하거나 리스이용자가 사용권자산으로 보유하고 있는 부동산을 말한다. 이때 부동산은 토지나 건물(또는 건물의 일부분) 또는 둘 다를 의미한다. 다만, 다음의 목적으로 보유하는 부동산은 제외한다.

> ㉠ 재화의 생산이나 용역의 제공 또는 관리목적에 사용(유형자산으로 분류)
> ㉡ 통상적인 영업과정에서의 판매(재고자산으로 분류)

② 자가사용부동산은 재화나 용역의 생산이나 제공 또는 관리목적에 사용하기 위하여 소유자나 금융리스의 리스이용자가 보유하고 있는 부동산을 말한다. 자가사용부동산에서 창출된 현금흐름은 해당 부동산에만 귀속되는 것이 아니라 생산이나 공급과정에서 사용된 다른 자산에도 귀속된다.
③ 반면에 투자부동산은 임대수익이나 시세차익을 얻기 위하여 보유하는 부동산이므로 기업이 보유하고 있는 다른 자산과 거의 독립적으로 현금흐름을 창출한다. 이러한 특성에 의하여 투자부동산과 자가사용부동산이 구별된다.

④ 투자부동산과 투자부동산이 아닌 항목의 예는 각각 다음과 같다.

[투자부동산의 예]

㉠ 장기 시세차익을 얻기 위하여 보유하고 있는 토지. 단, 통상적인 영업과정에서 단기간에 판매하기 위하여 보유하는 토지(재고자산)는 제외한다.

㉡ 장래 사용목적을 결정하지 못한 채로 보유하고 있는 토지(만일 토지를 자가사용할지 또는 통상적인 영업과정에서 단기간에 판매할지를 결정하지 못한 경우 당해 토지는 시세차익을 얻기 위하여 보유하고 있는 것으로 본다)

㉢ 직접 소유하고 운용리스로 제공하고 있는 건물(또는 보유하는 건물에 관련되고 운용리스로 제공하는 사용권자산)

㉣ 운용리스로 제공하기 위하여 보유하고 있는 미사용 건물

㉤ 미래에 투자부동산으로 사용하기 위하여 건설 또는 개발 중인 부동산

[투자부동산이 아닌 항목의 예]

㉠ 통상적인 영업과정에서 판매하기 위한 부동산이나 이를 위하여 건설 또는 개발 중인 부동산. 예를 들면, 가까운 장래에 판매하거나 개발하여 판매하기 위한 목적으로만 취득한 부동산이 있다.

㉡ **자가사용부동산**: 미래에 자가사용하기 위한 부동산, 미래에 개발 후 자가사용할 부동산, 종업원이 사용하고 있는 부동산(종업원이 시장가격으로 임차료를 지급하고 있는지 여부는 관계없음), 처분예정인 자가사용부동산을 포함한다.

㉢ 금융리스로 제공한 부동산

⇨ 장기할부판매로 회계처리하므로 부동산이 재무상태표에 표시되지 않는다.

---

2. 투자부동산의 식별

(1) 부동산 중 일부만 임대수익(또는 시세차익)을 얻기 위해 보유하는 경우

부동산 중 일부분은 임대수익이나 시세차익을 얻기 위하여 보유하고, 일부분은 재화의 생산이나 용역의 제공 또는 관리목적에 사용하기 위하여 보유하는 경우에는 다음과 같이 구분한다.

> ① **부분별로 분리하여 매각(또는 금융리스로 제공)할 수 있는 경우**: 각 부분을 분리하여 회계처리한다.
> ② **부분별로 분리하여 매각할 수 없는 경우**: 재화나 용역의 생산이나 제공 또는 관리목적에 사용하기 위하여 보유하는 부분(자가사용 부분)이 경미한 경우에만 당해 부동산을 투자부동산으로 분류한다.

(2) 부수적인 용역을 제공하는 경우

부동산 보유자가 부동산 사용자에게 부수적인 용역을 제공하는 경우에는 다음과 같이 분류한다.

> ① **부동산 사용자에게 제공하는 용역이 유의적인 경우**: 당해 부동산을 유형자산으로 분류한다. 예를 들면, 호텔을 소유하고 직접 경영하는 경우, 투숙객에게 제공하는 용역은 전체 계약에서 유의적인 비중을 차지한다. 그러므로 소유자가 직접 경영하는 호텔은 (투자부동산이 아니며) 자가사용부동산(유형자산)이다.
> ② **부수적인 용역의 비중이 경미한 경우**: 당해 부동산을 투자부동산으로 분류한다. 예를 들면, 사무실 건물의 소유자가 그 건물을 사용하는 리스이용자에게 보안과 관리용역을 제공하는 경우이다.

(3) 지배기업 또는 다른 종속기업에게 부동산을 리스하는 경우

① 지배기업 또는 다른 종속기업에게 부동산을 리스하는 경우가 있다. 이러한 부동산은 연결재무제표에 투자부동산으로 분류할 수 없다. 경제적 실체 관점에서 당해 부동산은 자가사용부동산(유형자산)이기 때문이다.

② 그러나 부동산을 소유하고 있는 개별기업 관점에서는 그 부동산이 투자부동산의 정의를 충족한다면 투자부동산이다. 이 경우 리스제공자의 개별재무제표에 당해 자산을 투자부동산으로 분류하여 회계처리한다.

02 투자부동산의 최초인식

① 투자부동산은 투자부동산에서 발생하는 미래 경제적 효익의 유입가능성이 높고, 투자부동산의 원가를 신뢰성 있게 측정할 수 있을 때 자산으로 인식한다.

② 투자부동산은 최초인식시점에 원가로 측정하며, 원가에는 거래원가를 포함한다. 구입한 투자부동산의 원가는 구입금액과 구입에 직접 관련이 있는 지출로 구성된다. 직접 관련이 있는 지출의 예를 들면, 법률용역의 대가로 전문가에게 지급하는 수수료, 부동산 구입과 관련된 세금 및 그 밖의 거래원가 등이 있다.

> **승철쌤's comment   투자부동산의 최초인식**
>
> 투자부동산의 최초인식과 관련하여 여기에 언급하지 않은 내용(예: 당기비용으로 인식하는 취득무관원가와 취득후원가, 장기할부매입, 교환취득 등)은 수험목적상 유형자산과 동일하다고 생각하여 풀이하면 된다. 따라서 구체적인 언급은 생략하기로 한다.

③ 한편, 리스이용자가 사용권자산으로 보유하는 투자부동산은 기업회계기준서 제1116호(유형자산)에 따라 (최초)인식한다.

03 투자부동산의 후속측정

투자부동산은 최초인식 이후 원가모형과 공정가치모형 중 하나를 선택하여 모든 투자부동산에 적용한다. 따라서 투자부동산 중 일부는 원가모형을 적용하고, 일부는 공정가치모형을 적용할 수 없다.

(1) 원가모형

① 최초인식 이후 투자부동산의 평가방법을 원가모형으로 선택한 경우에는 모든 투자부동산에 대하여 기업회계기준서 제1016호(유형자산)에 따라 원가모형으로 측정한다. 다만, 투자부동산에 대하여 원가모형을 적용하는 경우에도 투자부동산의 공정가치를 주석으로 공시해야 한다.

② 만일 투자부동산이 매각예정으로 분류되는 기준을 충족하는 경우에는 기업회계기준서 제1105호 (매각예정비유동자산과 중단영업)에 따라 측정한다.

(2) 공정가치모형

① 투자부동산에 대하여 공정가치모형을 선택한 경우에는 최초인식 후 모든 투자부동산을 공정가치로 측정한다. 투자부동산의 공정가치 변동으로 발생하는 손익(공정가치평가손익)은 발생한 기간의 당기손익에 반영한다. 그리고 공정가치모형을 적용하는 투자부동산은 감가상각과 손상차손을 인식하지 않는다. 왜냐하면 공정가치평가손익을 당기손익으로 인식하기 때문에 감가상각과 손상인식 여부에 관계없이 당기손익이 동일하기 때문이다.

> **승철쌤's comment   공정가치평가손익을 당기손익으로 인식하는 자산의 손상**
>
> ① 공정가치모형을 적용하는 투자부동산, 생물자산, 당기손익 - 공정가치 측정 금융자산: 손상차손을 인식하지 않는다.
> ② 왜냐하면 상기 자산들의 경우 보고기간 말의 (순)공정가치평가손익을 당기손익으로 인식하므로 손상인식 여부에 관계없이 당기손익이 동일하기 때문이다.

② 기업은 투자부동산의 공정가치를 계속하여 신뢰성 있게 측정할 수 있다고 추정한다. 그러나 예외적으로 처음으로 취득한 투자부동산의 공정가치를 신뢰성 있게 측정하기가 어려울 것이라는 명백한 증거가 있을 수 있다(예 부동산 시장이 활성화되어 있지 않거나 신뢰성 있는 대체적 공정가치를 추정할 수 없는 경우). 이에 따라, 만일 기업이 투자부동산(건설 중인 투자부동산 제외)의 공정가치를 신뢰성 있게 측정할 수 없다고 결정하면, 유형자산의 원가모형을 사용하여 그 투자부동산을 측정한다. 다만, 이 경우 투자부동산의 잔존가치는 영(0)으로 가정한다.

③ 그러나 투자부동산을 공정가치로 측정해 온 경우라면 비교할만한 시장의 거래가 줄어들거나 시장가격 정보를 쉽게 얻을 수 없게 되더라도, 당해 부동산을 처분(또는 유형자산이나 재고자산으로 대체)할 때까지는 계속하여 공정가치로 측정한다.

> ⊘ 참고   **건설 중인 투자부동산의 공정가치모형**
>
> ① 건설 중인 투자부동산은 건설이 완료되면 공정가치를 신뢰성 있게 추정할 수 있다고 가정한다. 즉, 건설 중인 투자부동산의 공정가치가 신뢰성 있게 측정될 수 있다는 가정은 오직 최초인식시점에만 반박될 수 있다. 건설 중인 투자부동산을 공정가치로 측정한 기업은 완성된 투자부동산의 공정가치가 신뢰성 있게 측정될 수 없다고 결론지을 수 없다.
> ② 만일, 기업이 건설 중인 투자부동산의 공정가치를 신뢰성 있게 측정할 수 없지만, 건설이 완료된 시점에서는 공정가치를 신뢰성 있게 측정할 수 있다고 기대하는 경우에는, 공정가치를 신뢰성 있게 측정할 수 있는 시점과 건설이 완료되는 시점 중 빠른 시점까지는 건설 중인 투자부동산을 원가로 측정한다. 그리고 공정가치로 평가하게 될 자가건설 투자부동산의 건설이나 개발이 완료되면 해당일의 공정가치와 기존 장부금액의 차액은 당기손익으로 인식한다.

04 투자부동산의 처분(제거)

① 투자부동산을 처분하거나, 투자부동산의 사용을 영구히 중지하고 처분으로도 더 이상의 경제적 효익을 기대할 수 없는 경우에는 제거(재무상태표에서 삭제)한다. 투자부동산의 폐기나 처분으로 발생하는 손익은 순처분금액과 장부금액의 차액이며, 폐기나 처분이 발생한 기간에 당기손익으로 인식한다.

② 한편, 투자부동산의 손상, 멸실 또는 포기로 제3자에게서 받는 보상은 받을 수 있게 되는 시점에 당기손익으로 인식한다.

예제 1 **투자부동산의 인식과 측정**

(주)대한은 20×1년 1월 1일 내용연수 5년, 잔존가치 ₩0의 건물을 ₩10,000에 취득하였다. (주)대한의 결산일은 매년 12월 31일로 정액법으로 감가상각한다. (주)대한이 보유한 건물의 매 보고기간 말 현재 공정가치는 다음과 같다.

구분	20×1년 말	20×2년 말
공정가치	₩13,000	₩9,000

[요구사항]

1. (주)대한이 투자부동산에 대해 원가모형을 적용할 경우, 20×1년 1월 1일과 매 보고기간 말에 해야 할 회계처리를 하시오.

2. (주)대한이 투자부동산에 대해 공정가치모형을 적용할 경우, 20×1년 1월 1일과 매 보고기간 말에 해야 할 회계처리를 하시오.

해답 1. 원가모형 적용 시

20×1.1.1	(차) 투자부동산	10,000	(대) 현금	10,000
20×1.12.31	(차) 감가상각비	(*)2,000	(대) 감가상각누계액	2,000

(*) (10,000 − 0) ÷ 5년 = 2,000

20×2.12.31	(차) 감가상각비	2,000	(대) 감가상각누계액	2,000

2. 공정가치모형 적용 시

20×1.1.1	(차) 투자부동산	10,000	(대) 현금	10,000
20×1.12.31	(차) 투자부동산	3,000	(대) 투자부동산평가이익	(*)3,000

(*) 13,000 − 10,000 = 3,000

20×2.12.31	(차) 투자부동산평가손실	(*)4,000	(대) 투자부동산	4,000

(*) 13,000 − 9,000 = 4,000

05 계정대체(분류변경)

(1) 용도변경

부동산의 용도가 변경되는 경우에만 투자부동산으로(에서) 대체한다. 부동산이 투자부동산의 정의를 충족하게 되거나 충족하지 못하게 되고, 용도변경의 증거가 있는 경우에, 부동산의 용도가 변경되는 것이다. 부동산의 용도에 대한 경영진의 의도변경만으로는 용도변경의 증거가 되지 않는다. 용도변경 증거의 예는 다음을 포함한다.

---

① 자가사용의 개시나 자가사용을 목적으로 개발을 시작: 투자부동산에서 자가사용부동산으로 대체
② 통상적인 영업과정에서 판매할 목적으로 개발을 시작: 투자부동산에서 재고자산으로 대체
③ 자가사용의 종료: 자가사용부동산에서 투자부동산으로 대체
④ 제3자에 대한 운용리스 제공의 약정: 재고자산에서 투자부동산으로 대체

한편, 투자부동산을 개발하지 않고 처분하기로 결정하는 경우에는 그 부동산이 제거(재무상태표에서 삭제)될 때까지 재무상태표에 투자부동산으로 계속 분류하며, 재고자산으로 재분류하지 않는다. 이와 비슷하게 투자부동산을 재개발하여 미래에도 계속 투자부동산으로 사용하려는 경우에도 재개발 기간에 계속 투자부동산으로 분류하며 자가사용부동산(유형자산)으로 재분류하지 않는다.

(2) 원가모형을 적용하는 투자부동산의 계정대체

① 투자부동산을 원가모형으로 평가하는 경우에는 투자부동산, 자가사용부동산, 재고자산 사이에 대체가 발생할 때에 대체 전 자산의 장부금액을 승계하며, 측정이나 주석공시 목적으로 자산의 원가를 변경하지 않는다.

② 즉, 원가모형을 적용하는 투자부동산의 경우에는 대체 전 장부금액을 그대로 대체하므로 계정대체로 인한 손익이 발생하지 않으며, 대체 직전 장부금액을 대체 후 자산의 원가로 보고 대체 후 회계처리를 수행하면 된다.

[투자부동산(원가모형)으로 대체]

(차) 투자부동산   ××× ②   (대) 재고자산(또는 유형자산)   BV ①

[투자부동산(원가모형)에서 대체]

(차) 재고자산(또는 유형자산)   ××× ②   (대) 투자부동산   BV ①

---

(3) 공정가치모형을 적용하는 투자부동산의 계정대체

투자부동산에 대해 공정가치모형을 적용하는 경우에는 사용목적 변경시점의 공정가치로 대체한다. 즉, 계정대체 전에 대체 전 자산에 대해 공정가치 평가를 먼저 수행한 후, 대체 회계처리를 수행한다는 의미이다(선평가·후대체). 이에 따라, 대체 전 자산의 장부금액과 공정가치의 차이만큼 공정가치평가손익이 발생하며, 이는 다음과 같이 처리한다.

① **재고자산에서 투자부동산으로 대체**: 재고자산의 장부금액과 대체시점의 공정가치의 차액은 재고자산을 매각하는 경우의 회계처리와 일관성 있게 당기손익으로 인식한다.
② **투자부동산에서 재고자산으로 대체**: 투자부동산의 공정가치평가손익이므로 당기손익으로 인식한다.
③ **유형자산에서 투자부동산으로 대체**: 유형자산의 공정가치평가손익이므로 유형자산의 재평가 회계처리와 동일한 방법으로 회계처리한다.
④ **투자부동산에서 유형자산으로 대체**: 투자부동산의 공정가치평가손익이므로 당기손익으로 인식한다.

[재고자산에서 투자부동산(공정가치모형)으로 대체]

(차) 투자부동산	FV ②	(대) 재고자산	BV ①
		재고자산처분이익(당기손익)	××× ③

[투자부동산(공정가치모형)에서 재고자산 대체]

(차) 재고자산	FV ②	(대) 투자부동산	BV ①
		투자부동산평가이익(당기손익)	××× ③

[유형자산에서 투자부동산(공정가치모형) 대체]

(차) 투자부동산	FV ②	(대) 유형자산	BV ①
		재평가잉여금(기타포괄손익)	××× ③

[투자부동산(공정가치모형)에서 유형자산 대체]

(차) 유형자산	FV ②	(대) 투자부동산	BV ①
		투자부동산평가이익(당기손익)	××× ③

필수암기! **공정가치모형을 적용하는 투자부동산의 계정대체**

대체유형	대체 전 선평가 시 평가손익의 처리
① 재고자산 ⇨ 투자부동산(공정가치모형)	당기손익 인식
② 재고자산 ⇦ 투자부동산(공정가치모형)	당기손익 인식
③ 유형자산 ⇨ 투자부동산(공정가치모형)	유형자산의 재평가모형에 따라 인식
④ 유형자산 ⇦ 투자부동산(공정가치모형)	당기손익 인식

(1) (주)한국은 20×1년 말에 취득한 건물(취득원가 ₩1,000,000, 내용연수 12년, 잔존가치 ₩0)을 투자부동산으로 분류하고 공정가치모형을 적용하기로 하였다. 그러나 20×2년 7월 1일에 (주)한국은 동 건물을 유형자산으로 계정대체하고 즉시 사용하였다.
(2) 20×2년 7월 1일 현재 동 건물의 잔존내용연수는 10년이고, 잔존가치는 ₩0이며, 정액법(월할상각)으로 감가상각한다. 각 일자별 건물의 공정가치는 다음과 같다.

구분	20×1.12.31	20×2.7.1	20×2.12.31
공정가치	₩1,000,000	₩1,100,000	₩1,200,000

[요구사항]

1. (주)한국이 유형자산으로 계정대체된 건물에 대하여 원가모형을 적용한다고 할 때, 동 건물과 관련한 회계처리가 20×2년도 (주)한국의 당기순이익에 미치는 영향은 얼마인가?
2. (주)한국이 20×2년에 수행할 회계처리를 제시하시오.

해답　1. 대체연도의 당기손익 효과

(1) 투자부동산의 유형자산 계정대체

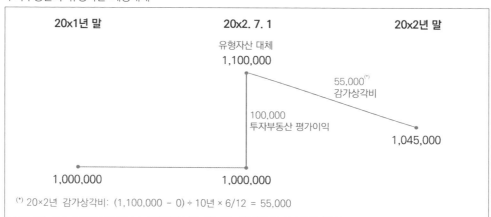

(*) 20×2년 감가상각비: (1,100,000 - 0) ÷ 10년 × 6/12 = 55,000

(2) 20×2년 당기손익 효과

투자부동산 평가이익	100,000
유형자산 감가상각비	(55,000)
당기손익 효과	45,000 증가

2. 회계처리

20×2.7.1	(차) 유형자산	1,100,000	(대) 투자부동산	1,000,000
			투자부동산평가이익	100,000
20×2.12.31	(차) 감가상각비	55,000	(대) 감가상각누계액	55,000

예제 3 분류변경(2): 유형자산의 투자부동산 계정대체

(1) (주)대한은 자동차 관련 부품을 생산하는 회사로 본사는 서울특별시에, 부품생산 공장은 부산광역시에 위치하고 있다. (주)대한은 20×1년 1월 1일 본사사옥으로 사용하기 위하여 서울특별시 서초구에 위치한 건물을 ₩900,000에 취득하였다. 건물의 내용연수는 10년, 내용연수 종료시점의 잔존가치는 없으며, 정액법으로 감가상각한다.

(2) (주)대한은 본사를 부품생산 공장이 있는 부산광역시로 이전하고, 서울의 본사사옥은 다른 기업에 임대하기로 하였다. 본사의 이전일자는 20×2년 7월 1일이다. (주)대한은 자가사용부동산은 원가모형을, 투자부동산은 공정가치모형을 적용한다. (주)대한이 보유한 건물의 공정가치는 다음과 같다.

구분	20×2.7.1	20×2.12.31
공정가치	₩1,000,000	₩1,200,000

[요구사항]

1. 동 건물과 관련한 회계처리가 (주)대한의 20×2년의 당기순이익과 기타포괄손익에 미치는 영향을 각각 계산하시오.

2. (주)대한이 20×2년에 수행할 회계처리를 제시하시오. 단, (주)한국은 재평가모형 적용 시 감가상각누계액을 우선 제거하는 방법을 적용하여 회계처리한다.

해답   1. 20×2년 포괄손익계산서 효과

    (1) 거래의 분석

       사용목적을 변경하여 자가사용부동산을 공정가치모형을 적용하는 투자부동산으로 대체하는 경우에는 대체 전에 먼저 공정가치로 측정하고, 공정가치와 장부금액의 차액은 대체 전의 분류인 유형자산의 재평가모형의 재평가손익의 처리방법과 동일하게 처리한다.

    (2) 유형자산의 투자부동산 계정대체

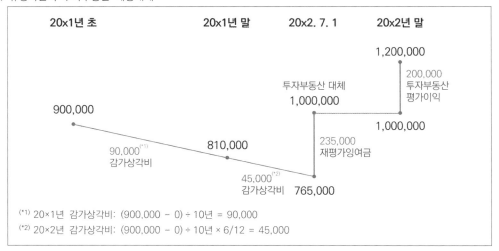

    (3) 20×2년 포괄손익계산서 효과

      ① 20×2년 당기손익 효과

유형자산 감가상각비	(45,000)
투자부동산 평가이익	200,000
당기손익 효과	155,000 증가

      ② 20×2년 기타포괄손익 효과

      235,000(재평가잉여금) 증가

2. 회계처리

20×2.7.1	(차) 감가상각비	45,000	(대) 감가상각누계액	45,000	
	(차) 감가상각누계액	(*)135,000	(대) 건물	900,000	
	투자부동산	1,000,000	재평가잉여금	235,000	

              (*) (900,000 − 0) ÷ 10년 × 1.5년 = 135,000

20×2.12.31	(차) 투자부동산	200,000	(대) 투자부동산평가이익	200,000

제2절 | 매각예정비유동자산

01 매각예정 분류

(1) 분류요건

비유동자산(또는 처분자산집단)의 장부금액이 계속 사용이 아닌 매각거래를 통하여 주로 회수될 것이라면 이를 매각예정으로 분류한다.

> ⊘ 참고 **처분자산집단**
>
> 처분자산집단이란 단일거래를 통해 매각이나 다른 방법으로 함께 처분될 예정인 자산의 집합과 당해 자산에 직접 관련되어 이전될 부채를 말한다. 만약 처분자산집단이 영업권이 배분된 현금창출단위이거나 당해 현금창출단위 내의 영업인 경우, 당해 처분자산집단은 사업결합에서 취득한 영업권을 포함한다.

매각예정으로 분류하기 위해서는 당해 자산(또는 처분자산집단)은 현재의 상태에서 통상적이고 관습적인 거래조건만으로 즉시 매각 가능하여야 하며 매각될 가능성이 매우 높아야 한다. 이때 매각 가능성이 매우 높으려면 다음의 요건을 모두 충족해야 한다.

① 적절한 지위의 경영진이 자산(또는 처분자산집단)의 매각계획을 확약하고, 매수자를 물색하고 매각계획을 이행하기 위한 적극적인 업무진행을 이미 시작하였어야 한다.
② 당해 자산(또는 처분자산집단)의 현행 공정가치에 비추어 볼 때 합리적인 가격 수준으로 적극적으로 매각을 추진하여야 한다.
③ 매각예정 분류시점에서 1년 이내에 매각완료요건이 충족될 것으로 예상되며, 계획을 이행하기 위하여 필요한 조치로 보아 그 계획이 유의적으로 변경되거나 철회될 가능성이 낮아야 한다.
④ 매각될 가능성이 매우 높은지에 대한 평가의 일환으로 주주의 승인(그러한 승인이 요구되는 국가의 경우) 가능성이 고려되어야 한다.

만일 매각예정 분류요건이 보고기간 후에 충족된 경우 당해 비유동자산(또는 처분자산집단)은 보고기간 후 발행되는 당해 재무제표에서 매각예정으로 분류할 수 없다. 그러나 보고기간 후 공표될 재무제표의 승인 이전에 충족된다면 그 내용을 주석으로 공시한다.

(2) 폐기될 비유동자산

폐기될 비유동자산(또는 처분자산집단)은 매각예정으로 분류할 수 없다. 왜냐하면 해당 장부금액은 원칙적으로 계속 사용함으로써 회수되기 때문이다. 그러나 폐기될 처분자산집단이 중단영업에 해당된다면 처분자산집단의 성과와 현금흐름을 사용이 중단된 날에 중단영업으로 표시한다. 한편, 일시적으로 사용을 중단한 비유동자산은 폐기될 자산으로 회계처리할 수 없다.

02 측정

(1) 최초인식

자산(또는 처분자산집단)을 매각예정으로 최초 분류하기 직전에 해당 자산(또는 처분자산집단 내의 모든 자산과 부채)의 장부금액을 적용 가능한 한국채택국제회계기준서에 따라 측정한다. 예를 들어, 재평가모형을 적용하는 유형자산이 매각예정으로 분류되는 경우, 매각예정으로 분류하기 직전에 유형자산 기준서를 적용하여 감가상각과 재평가를 먼저 수행한다. 즉, 이렇게 재측정한 금액을 매각예정자산의 최초원가로 간주하는 것이다.

(2) 후속측정

매각예정으로 분류된 비유동자산(또는 처분자산집단)은 장부금액과 순공정가치(회수가능액) 중 작은 금액으로 측정한다. 그리고 비유동자산이 매각예정으로 분류되거나 매각예정으로 분류된 처분자산집단의 일부이면 그 자산은 감가상각(또는 상각)하지 아니한다. 그러나 매각예정으로 분류된 처분자산집단의 부채와 관련된 이자와 기타 비용은 계속해서 인식한다.

> 매각예정비유동자산(또는 처분자산집단) = Min[장부금액, 순공정가치(회수가능액)]

> ⊘ 참고 매각부대원가
>
> 만일 매각예정자산이 1년 이후에 매각될 것으로 예상된다면, 순공정가치 측정 시 매각부대원가는 현재가치로 측정한다. 이후 기간 경과에 따라 발생하는 매각부대원가 현재가치의 증가분은 금융원가로서 당기손익으로 인식한다.

매각예정자산(또는 처분자산집단)의 최초 또는 향후 순공정가치(회수가능액)의 하락은 손상차손으로 인식한다. 이때 매각예정처분자산집단에 대한 손상차손은 영업권의 장부금액을 우선적으로 감소시키고, 나머지 금액은 처분자산집단에 속하는 다른 비유동자산의 장부금액에 비례하여 배분한다. 다만, 재고자산, 금융자산, 공정가치모형을 적용하는 투자부동산과 이연법인세자산 등은 손상차손 금액을 배분하지 않고, 해당 자산에 적용되는 기준서의 요구사항에 따라 측정한다.

> 매각예정처분자산집단의 손상차손 배분
> [1단계] 영업권
> [2단계] 나머지 비유동자산의 장부금액에 비례 배분
> [배분 제외] 재고자산, 금융자산, 공정가치모형 적용 투자부동산, 이연법인세자산 등

손상차손을 인식한 후 자산의 순공정가치(회수가능액)가 증가하면 이익(손상차손 환입)을 인식한다. 다만, 이익으로 인식하는 금액은 과거에 인식하였던 손상차손누계액을 초과할 수 없다.

> 승철쌤's comment 매각예정비유동자산의 손상과 환입
>
> 매각예정비유동자산은 감가상각을 하지 않고 원가(매각예정 분류 직전에 재측정한 금액)로만 평가한다. 따라서 매각예정비유동자산에 대해 손상차손을 인식한 후 회수가능액(순공정가치)이 복구되더라도 회복시점의 원가를 한도로 하여 자산금액을 증가시킨다. 이에 따라 손상차손환입액이 과거에 인식한 손상차손누계액을 초과할 수 없는 것이다.

03 재무제표 공시

(1) 재무상태표

① 매각예정으로 분류된 비유동자산은 다른 자산과 별도로 재무상태표에 구분하여 표시한다. 매각예정으로 분류된 처분자산집단에 포함되는 자산이나 부채는 다른 자산이나 부채와 별도로 재무상태표에 구분하여 표시한다. 다만, 해당 자산과 부채는 상계하여 단일금액으로 표시할 수 없다. 또한 매각예정으로 분류된 비유동자산(또는 처분자산집단)과 관련하여 기타포괄손익으로 인식한 손익누계액(기타포괄손익누계액)도 별도로 구분하여 표시한다.

② 그리고 과거 재무상태표에 매각예정으로 분류된 비유동자산 또는 처분자산집단에 포함된 자산과 부채의 금액은, 최근 재무상태표의 분류를 반영하기 위하여 재분류하거나 재작성하지 아니한다.

(2) 포괄손익계산서

① 중단영업이란 이미 처분되었거나 매각예정으로 분류되고, 다음 중 하나에 해당하는 기업의 구분단위를 말한다.

> ㉠ 별도의 주요 사업계열이나 영업지역이다.
> ㉡ 별도의 주요 사업계열이나 영업지역을 처분하는 단일 계획의 일부이다.
> ㉢ 매각만을 목적으로 취득한 종속기업이다.

② 매각예정으로 분류된 비유동자산(또는 처분자산집단)이 중단영업에 해당하는 경우에는 다음의 합계를 포괄손익계산서에 단일금액으로 표시하고, 표시된 최종기간의 보고기간 말까지 모든 중단영업과 관련된 공시사항이 표시될 수 있도록 과거재무제표에 중단영업을 소급하여 다시 표시한다.

> ㉠ 세후 중단영업손익
> ㉡ 중단영업에 포함된 자산(또는 처분자산집단)을 순공정가치로 측정함에 따른 세후 손익(손상차손)
> ㉢ 중단영업에 포함된 자산(또는 처분자산집단)을 처분함에 따른 세후 손익(처분손익)

③ 반면에, 기업의 구분단위를 더 이상 매각예정으로 분류할 수 없는 경우, 중단영업으로 표시하였던 당해 구분단위의 영업성과를 비교표시되는 모든 회계기간에 다시 재분류하여 계속영업손익에 포함하고, 과거기간에 해당하는 금액이 소급하여 재분류되었음을 주석으로 기재한다.

④ 또한, 매각예정으로 분류하였으나 중단영업의 정의를 충족하지 않는 비유동자산(또는 처분자산집단)을 재측정하여 인식하는 평가손익은 계속영업손익에 포함한다.

(3) 중단영업의 현금흐름 공시

중단영업의 영업활동, 투자활동 및 재무활동으로부터 발생한 순현금흐름은 주석이나 재무제표 본문에 표시한다.

예제 4 **매각예정처분자산집단의 손상차손** [회계사 10 수정]

(1) (주)한국은 12월 말에 특정자산집단을 매각방식으로 처분하기로 하였고 이는 매각예정의 분류기준을 충족한다. 처분자산집단에 속한 자산은 다음과 같이 측정한다.

구분	매각예정으로 분류하기 전 12월 말의 장부금액	매각예정으로 분류하기 직전에 재측정한 장부금액
영업권	₩4,000	₩4,000
유형자산(재평가액으로 표시)	18,000	17,000
유형자산(원가로 표시)	13,000	13,000
재고자산	5,000	4,000
기타포괄손익인식금융자산	3,000	2,000
합계	₩43,000	₩40,000

(2) (주)한국은 매각예정으로 분류하는 시점에서 처분자산집단의 순공정가치를 ₩33,000으로 추정하였으며, 따라서 처분자산집단에 대한 손상차손을 인식하고자 한다.

[요구사항]

1. 손상차손 배분 후 처분자산집단 내 자산들의 장부금액을 각각 계산하시오.

2. (주)한국이 처분자산집단과 관련하여 12월 말에 수행할 회계처리를 제시하시오. 단, 재평가액으로 표시하는 유형자산은 당기에 취득하였다고 가정한다.

해답 **1. 손상차손 배분 후 처분자산집단 내 자산들의 장부금액**

	매각예정으로 분류하기 직전에 재측정한 장부금액	손상차손 배분	장부금액
영업권	4,000	(4,000) ②	–
유형자산(재평가액으로 표시)	17,000	(*1)(1,700) ③	15,300
유형자산(원가로 표시)	13,000	(*2)(1,300) ③	11,700
재고자산	4,000	(*3) –	4,000 ①
기타포괄손익인식금융자산	2,000	(*3) –	2,000 ①
합계	40,000	(7,000)	33,000

(*1) (7,000 − 4,000) × 17,000 ÷ (17,000 + 13,000) = 1,700

(*2) (7,000 − 4,000) × 13,000 ÷ (17,000 + 13,000) = 1,300

(*3) 재고자산과 기타포괄손익인식금융자산은 손상차손을 배분하지 않고 해당 자산에 적용되는 기준서에 따라 측정한다.

2. 매각예정자산 분류시점의 회계처리

(1) 매각예정으로 분류하기 직전의 재측정

(차)	재평가손실	(*1)1,000	(대)	유형자산	1,000
	재고자산평가손실	(*2)1,000		재고자산평가충당금	1,000
	금융자산평가손실	(*3)1,000		기타포괄손익인식금융자산	1,000

(*1) 18,000 − 17,000 = 1,000

(*2) 5,000 − 4,000 = 1,000

(*3) 3,000 − 2,000 = 1,000(기타포괄손익 인식)

(2) 매각예정처분자산집단의 손상차손 인식

(차)	손상차손(영업권)	4,000	(대)	영업권	4,000
(차)	손상차손(유형자산)	(*1)1,700	(대)	손상차손누계액	1,700
(차)	손상차손(유형자산)	(*2)1,300	(대)	손상차손누계액	1,300

(*1) 재평가모형 적용 유형자산

(*2) 원가모형 적용 유형자산

01 장기 시세차익을 얻기 위하여 보유하고 있는 토지, 장래 사용목적을 결정하지 못한 채 (O, X)
로 보유하고 있는 토지, 직접 소유하고 운용리스로 제공하고 있는 건물, 종업원이 사용
하고 있는 부동산은 투자부동산으로 분류한다.

02 부동산 중 일부는 시세차익을 얻기 위하여 보유하고, 일부분은 재화의 생산에 사용하 (O, X)
기 위하여 보유하고 있으나, 이를 부분별로 나누어 매각할 수 없다면, 재화의 생산에
사용하기 위하여 보유하는 부분이 중요하다고 하더라도 전체 부동산을 투자부동산으
로 분류한다.

03 부동산 보유자가 부동산 사용자에게 부수적인 용역을 제공하는 경우, 만일 전체 계약 (O, X)
에서 그러한 용역의 비중이 경미하다면 부동산 보유자는 당해 부동산을 투자부동산으
로 분류한다.

04 지배기업 또는 다른 종속기업에게 부동산을 리스하는 경우 당해 부동산을 연결재무제 (O, X)
표에 자가사용부동산으로 분류할 수 없고 투자부동산으로 분류한다.

05 투자부동산은 최초인식 이후 원가모형과 공정가치모형 중 하나를 선택하여 모든 투자 (O, X)
부동산에 적용한다. 만일 투자부동산에 대하여 공정가치모형을 선택한 경우에는 투자
부동산의 공정가치 변동으로 발생하는 손익은 발생한 기간의 당기손익에 반영하고, 감
가상각과 손상차손을 인식하지 않는다.

정답 및 해설

01 X 종업원이 사용하고 있는 부동산은 종업원이 시장가격으로 임차료를 지급하고 있는지 여부에 관계없이 자가사용부
동산(유형자산)으로 분류한다.

02 X 부분별로 분리하여 매각할 수 없는 경우에는 자가사용 부분(재화나 용역의 생산이나 제공 또는 관리목적에 사용하
기 위하여 보유하는 부분)이 경미한 경우에만 당해 부동산을 투자부동산으로 분류한다. 따라서 자가사용 부분이
중요하다면 전체를 유형자산으로 분류한다.

03 O

04 X 지배기업 또는 다른 종속기업에게 부동산을 리스하는 경우, 당해 부동산은 연결재무제표에 (투자부동산으로 분류
할 수 없고) 유형자산(자가사용부동산)으로 분류한다. 그러나 리스제공자의 개별재무제표에서는 당해 부동산을 투
자부동산으로 분류한다.

05 O

06 투자부동산을 원가모형으로 평가하는 경우에는 투자부동산, 자가사용부동산, 재고자 (O, X)
산 사이에 대체가 발생할 때에 대체 전 자산의 장부금액을 승계하며, 측정이나 주석공
시 목적으로 자산의 원가를 변경하지 않는다.

07 자가사용부동산을 공정가치로 평가하는 투자부동산으로 대체하는 경우, 용도 변경시 (O, X)
점의 부동산의 장부금액과 공정가치의 차액은 당기손익으로 인식한다.

08 비유동자산(또는 처분자산집단)을 매각예정으로 분류하기 위해서는 당해 자산(또는 처 (O, X)
분자산집단)이 현재의 상태에서 통상적이고 관습적인 거래조건만으로 즉시 매각 가능
하여야 하며 매각될 가능성이 매우 높아야 한다.

09 매각예정으로 분류된 비유동자산(또는 처분자산집단)은 장부금액과 순공정가치 중 작 (O, X)
은 금액으로 측정한다. 그리고 비유동자산이 매각예정으로 분류되거나 매각예정으로
분류된 처분자산집단의 일부이면 그 자산은 감가상각(또는 상각)하지 아니한다.

10 매각예정자산(또는 처분자산집단)의 최초 또는 향후 순공정가치의 하락은 손상차손으 (O, X)
로 인식한다. 이때 매각예정처분자산집단에 대한 손상차손은 영업권의 장부금액을 우
선적으로 감소시키고, 나머지 금액은 처분자산집단에 속하는 다른 비유동자산의 장부
금액에 비례하여 배분한다.

11 매각예정으로 분류된 비유동자산(또는 처분자산집단)이 중단영업에 해당하는 경우에는 (O, X)
'세후 중단영업손익'과 '중단영업에 포함된 자산이나 처분자산집단을 순공정가치로 측
정하거나 처분함에 따른 세후손익'의 합계를 포괄손익계산서에 단일금액으로 표시한다.

정답 및 해설

06 O

07 X 자가사용부동산을 공정가치로 평가하는 투자부동산으로 대체하는 경우, 용도 변경시점의 부동산의 장부금액과 공
정가치의 차액은 유형자산의 재평가 회계처리와 동일한 방식으로 회계처리한다.

08 O

09 O

10 O

11 O

투자부동산 - 정의 및 범위

01 **투자부동산의 회계처리에 관한 설명으로 옳지 않은 것은?** [세무사 10 수정]

① 부동산 중 일부는 시세차익을 얻기 위하여 보유하고, 일부분은 재화의 생산에 사용하기 위하여 보유하고 있으나, 이를 부분별로 나누어 매각할 수 없다면, 재화의 생산에 사용하기 위하여 보유하는 부분이 중요하다고 하더라도 전체 부동산을 투자부동산으로 분류한다.

② 보유하는 건물에 관련되고 운용리스로 제공하는 사용권자산은 투자부동산으로 분류한다.

③ 사무실 건물의 소유자가 그 건물을 사용하는 리스이용자에게 경미한 보안과 관리용역을 제공하는 경우 당해 부동산은 투자부동산으로 분류한다.

④ 운용리스로 제공하기 위하여 직접 소유하고 있는 미사용 건물은 투자부동산에 해당된다.

⑤ 지배기업이 보유하고 있는 건물을 종속기업에게 리스하여 종속기업의 본사 건물로 사용하는 경우 그 건물은 지배기업의 연결재무제표상에서 투자부동산으로 분류할 수 없다.

투자부동산 - 정의 및 범위

02 **투자부동산의 분류에 대한 설명으로 옳지 않은 것은?** [세무사 18]

① 통상적인 영업과정에서 단기간에 판매하기 위하여 보유하지 않고 장기 시세차익을 얻기 위하여 보유하고 있는 토지는 투자부동산으로 분류한다.

② 종업원으로부터 시장가격에 해당하는 임차료를 받고 있는 경우에도 종업원이 사용하는 부동산은 자가사용부동산이며 투자부동산으로 분류하지 않는다.

③ 장래 자가사용할지 또는 통상적인 영업과정에서 단기간에 판매할지를 결정하지 못한 토지는 자가사용부동산이며 투자부동산으로 분류하지 않는다.

④ 건물의 소유자가 그 건물 전체를 사용하는 리스이용자에게 보안과 관리용역을 제공하는 경우에는 당해 건물을 투자부동산으로 분류한다.

⑤ 투자부동산을 개발하지 않고 처분하기로 결정하는 경우에는 그 부동산이 제거될 때까지 투자부동산으로 계속 분류한다.

03 공정가치모형의 적용

(주)국세는 20×2년 1월 1일에 임대수익을 얻을 목적으로 건물 A를 ₩150,000,000에 취득하였다. 건물 A의 내용연수는 10년이고, 잔존가치는 없는 것으로 추정하였다. 20×2년 12월 31일 건물 A의 공정가치는 ₩140,000,000이다. (주)국세가 건물 A에 대해 공정가치모형을 적용하는 경우 20×2년도에 평가손익으로 인식할 금액은 얼마인가? (단, (주)국세는 통상적으로 건물을 정액법으로 감가상각한다)

[세무사 12]

① ₩0
② ₩5,000,000 평가이익
③ ₩5,000,000 평가손실
④ ₩10,000,000 평가이익
⑤ ₩10,000,000 평가손실

04 투자부동산(공정가치 모형) ⇨ 유형자산

(주)세무는 20×1년 말에 취득한 건물(취득원가 ₩1,000,000, 내용연수 12년, 잔존가치 ₩0)을 투자부동산으로 분류하고 공정가치모형을 적용하였다. 20×2년 7월 1일부터 동 건물 전부를 본사사옥으로 전환하여 사용하고 있다. 20×2년 7월 1일 현재 동 건물의 잔존내용연수를 10년, 잔존가치를 ₩0으로 추정하였으며, 정액법으로 감가상각하기로 결정하였다. 아래 표는 동 건물의 공정가치 변동 현황이다.

구분	20×1년 12월 31일	20×2년 7월 1일	20×2년 12월 31일
공정가치	₩1,000,000	₩1,200,000	₩1,000,000

20×2년 12월 31일 동 건물을 원가모형에 따라 회계처리하였을 경우 20×2년 당기순이익은 ₩750,000이다. 재평가모형을 적용하였을 경우 (주)세무의 20×2년 당기순이익은?

[세무사 19]

① ₩550,000
② ₩610,000
③ ₩670,000
④ ₩750,000
⑤ ₩916,667

05 투자부동산(공정가치 모형) ⇨ 유형자산(재평가모형)

(주)세무는 20×1년 1월 1일에 투자목적으로 건물(취득원가 ₩2,000,000, 잔존가치 ₩0, 내용연수 4년, 공정가치모형 적용)을 구입하였다. 20×2년 7월 1일부터 (주)세무는 동 건물을 업무용으로 전환하여 사용하고 있다. (주)세무는 동 건물을 잔여내용연수 동안 정액법으로 감가상각(잔존가치 ₩0)하며, 재평가모형을 적용한다. 공정가치의 변동내역이 다음과 같을 때, 동 거래가 20×2년도 (주)세무의 당기순이익에 미치는 영향은? (단, 감가상각은 월할상각한다)

[세무사 16]

구분	20×1년 말	20×2년 7월 1일	20×2년 말
공정가치	₩2,200,000	₩2,400,000	₩2,500,000

① ₩480,000 감소
② ₩280,000 감소
③ ₩200,000 증가
④ ₩300,000 증가
⑤ ₩580,000 증가

06 기업회계기준서 제1105호 '매각예정비유동자산과 중단영업'에 대한 다음 설명 중 옳지 않은 것은?

[회계사 21]

① 비유동자산의 장부금액이 계속 사용이 아닌 매각거래를 통하여 주로 회수될 것이라면 이를 매각예정으로 분류한다.

② 매각예정비유동자산으로 분류하기 위한 요건이 보고기간 후에 충족된 경우 당해 비유동자산은 보고기간 후 발행되는 당해 재무제표에서 매각예정으로 분류할 수 없다.

③ 매각예정으로 분류된 비유동자산은 공정가치에서 처분부대원가를 뺀 금액과 장부금액 중 작은 금액으로 측정한다.

④ 비유동자산이 매각예정으로 분류되거나 매각예정으로 분류된 처분자산집단의 일부이면 그 자산은 감가상각(또는 상각)하지 아니하며, 매각예정으로 분류된 처분자산집단의 부채와 관련된 이자와 기타 비용 또한 인식하지 아니한다.

⑤ 과거 재무상태표에 매각예정으로 분류된 비유동자산 또는 처분자산집단에 포함된 자산과 부채의 금액은 최근 재무상태표의 분류를 반영하기 위하여 재분류하거나 재작성하지 아니한다.

07 중단영업에 관한 설명으로 옳은 것은?

[세무사 19]

① 매각만을 목적으로 취득한 종속기업의 경우에는 이미 처분된 경우에만 중단영업에 해당한다.

② '세후 중단영업손익'과 '중단영업에 포함된 자산이나 처분자산집단을 순공정가치로 측정하거나 처분함에 따른 세후 손익'을 구분하여 포괄손익계산서에 별도로 표시한다.

③ 중단영업의 영업활동, 투자활동 및 재무활동으로부터 발생한 순현금흐름은 주석으로 공시해야 하며, 재무제표 본문에 표시할 수 없다.

④ 기업의 구분단위를 매각예정으로 더 이상 분류할 수 없는 경우, 중단영업으로 표시하였던 당해 구분단위의 영업성과를 비교표시되는 모든 회계기간에 재분류하여 계속영업손익에 포함하고 과거기간에 해당하는 금액이 재분류되었음을 주석으로 기재한다.

⑤ 중단영업의 정의를 충족하지 않더라도 매각예정으로 분류된 처분자산집단과 관련하여 발생한 평가손익은 중단영업손익에 포함한다.

매각예정비유동자산집단의 손상차손 배분

08 (주)한국은 20×1년 12월 말에 다음의 자산집단을 매각방식으로 처분하기로 하였고, 이는 매각예정의 분류기준을 충족한다. 처분자산집단에 속한 자산은 다음과 같이 측정한다.

구분	매각예정으로 분류하기 전 12월 말의 장부금액	매각예정으로 분류하기 직전에 재측정한 장부금액
영업권	₩100,000	₩100,000
유형자산 Ⅰ (재평가액으로 표시)	1,200,000	1,000,000
유형자산 Ⅱ (원가로 표시)	2,000,000	2,000,000
재고자산	1,100,000	1,050,000
FVOCI금융자산	1,300,000	1,250,000
합계	₩5,700,000	₩5,400,000

한편, (주)한국은 매각예정으로 분류하는 시점에서 처분자산집단의 순공정가치를 ₩5,000,000으로 추정하였다. 20×1년 12월 말에 (주)한국이 처분자산집단에 대하여 인식할 총포괄손익(A)과 손상차손 배분 후 유형자산 Ⅰ의 장부금액(B)은 각각 얼마인가? [회계사 16]

	처분자산집단에 대하여 인식할 총포괄손익(A)	손상차손 배분 후 유형자산 Ⅰ의 장부금액(B)
①	₩(300,000)	₩800,000
②	₩(400,000)	₩800,000
③	₩(400,000)	₩900,000
④	₩(700,000)	₩800,000
⑤	₩(700,000)	₩900,000

정답

01 ①　　02 ③　　03 ⑤　　04 ②　　05 ②　　06 ④　　07 ④　　08 ⑤

해설

01　①　부분별로 분리하여 매각할 수 없는 경우에는 재화나 용역의 생산이나 제공 또는 관리목적에 사용하기 위하여 보유하는 부분(자가사용 부분)이 경미한 경우에만 당해 부동산을 투자부동산으로 분류한다. 따라서 자가사용 부분이 중요하다면 전체를 유형자산으로 분류한다.

02　③　토지를 자가사용할지 또는 통상적인 영업과정에서 단기간에 판매할지를 결정하지 못한 경우 당해 토지는 시세차익을 얻기 위하여 보유하고 있는 것으로 보아 투자부동산으로 분류한다.

03　⑤　(1) 공정가치모형을 적용하는 투자부동산은 감가상각하지 않는다.
　　　　(2) 투자부동산평가이익(손실): 140,000,000 - 150,000,000 = (-)10,000,000 평가손실

04　②　(1) 투자부동산(공정가치모형)의 유형자산(재평가모형) 대체

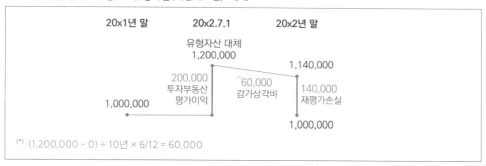

(2) 재평가모형 적용 시 20×2년 당기순이익

원가모형 적용 시 당기순이익	750,000
20×2년 말 재평가손실	(-)140,000
재평가모형 적용 시 당기순이익	610,000

05 ② (1) 투자부동산(공정가치모형)의 유형자산(재평가모형) 대체

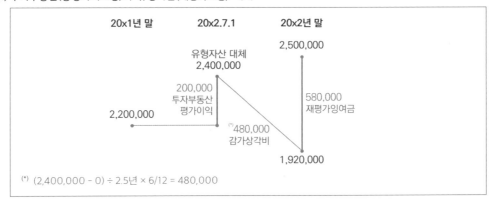

(2) 20×2년 당기순이익 효과

투자부동산평가이익	200,000
유형자산 감가상각비	(-)480,000
계	(-)280,000 감소

06 ④ 비유동자산이 매각예정으로 분류되거나 매각예정으로 분류된 처분자산집단의 일부이면 그 자산은 감가상각(또는 상각)하지 아니한다. 그러나 매각예정으로 분류된 처분자산집단의 부채와 관련된 이자와 기타 비용은 계속해서 인식한다.

07 ④ ① 이미 처분되지 않았어도 매각예정으로 분류된 경우에는 중단영업에 해당한다.
② 매각예정으로 분류된 비유동자산(또는 처분자산집단)이 중단영업에 해당하는 경우에는 다음의 합계를 포괄손익계산서에 단일금액으로 표시한다.
  ㉠ 세후 중단영업손익
  ㉡ 중단영업에 포함된 자산(처분자산집단)을 순FV로 측정하거나 처분함에 따른 세후 손익
③ 중단영업의 영업활동, 투자활동 및 재무활동으로부터 발생한 순현금흐름은 주석이나 재무제표 본문에 표시한다.
④ 기업의 구분단위를 더 이상 매각예정으로 분류할 수 없는 경우에는 과거기간 포괄손익계산서상 중단영업손익을 소급하여 계속영업이익에 포함하여 표시한다.
⑤ 매각예정자산으로 분류하였으나, 중단영업의 정의를 충족하지 않는 비유동자산의 관련손익은 계속영업손익에 포함하여 표시한다.

08 ⑤ **(1) 손상차손 배분 후 장부금액**

	매각예정으로 분류하기 직전에 재측정한 장부금액	손상차손 배분	장부금액
영업권	100,000	(100,000)	–
유형자산 Ⅰ(재평가액으로 표시)	1,000,000	[*1](100,000)	900,000
유형자산 Ⅱ(원가로 표시)	2,000,000	[*2](200,000)	1,800,000
재고자산	1,050,000	[*3] –	1,050,000
FVOCI금융자산	1,250,000	[*3] –	1,250,000
합계	5,400,000	(400,000)	5,000,000

[*1] $(400,000 - 100,000) \times 1,000,000 \div 3,000,000 = 100,000$

[*2] $(400,000 - 100,000) \times 2,000,000 \div 3,000,000 = 200,000$

[*3] 재고자산과 FVOCI금융자산은 손상차손을 배분하지 않고 해당 자산에 적용되는 기준서에 따라 측정한다.

(2) 총포괄손익 효과

영업권 손상차손		(100,000)
유형자산 Ⅰ 재평가손실	1,000,000 - 1,200,000 =	(200,000)
유형자산 Ⅰ 손상차손		(100,000)
유형자산 Ⅱ 손상차손		(200,000)
재고자산평가손실	1,050,000 - 1,100,000 =	(50,000)
금융자산평가손실	1,250,000 - 1,300,000 =	(50,000)
합계		(700,000)

투자부동산의 대체, 중단영업손익

[회계사 2차 12 수정]

01 다음 물음은 각각 독립적이다. 제시된 물음에 답하시오.

[물음 1] (주)한국은 20×1년 1월 1일에 건물을 ₩100,000에 취득하였다.

> (1) 건물의 추정 내용연수는 5년, 추정 잔존가치는 ₩0이며, 정액법을 사용하여 감가상각한다. (주)한국은 동 기계장치에 대해 재평가모형을 적용한다. 재평가모형을 적용하여 장부금액을 조정하는 경우 기존의 감가상각누계액을 전액 제거하는 방법을 사용한다. 20×1년 말 동 건물의 공정가치는 ₩90,000이다.
> (2) 20×2년 초에 (주)한국은 사무실로 사용하던 건물을 임대목적으로 변경하여 투자부동산으로 대체하였다. 투자부동산에 대하여 공정가치모형을 적용하며 공정가치는 20×2년 초 ₩75,000, 20×2년 말 ₩82,000이다.

동 건물과 관련하여 (주)한국의 20×2년도 포괄손익계산서의 당기순이익과 기타포괄이익에 미치는 영향을 각각 계산하시오. 단, 당기순이익과 기타포괄이익이 감소하는 경우에는 (-)를 숫자 앞에 표시하시오.

[물음 2] (주)한국은 가전사업부와 제과사업부 2개를 운영 중이다.

> (1) 20×2년 12월 31일 이사회에서 제과사업부 전체를 20×3년 중에 매각하기로 결정하였다. 제과사업부의 자산은 건물과 기계장치만으로 구성되며, 부채는 없다. 20×2년 말 이사회 이전 시점의 제과사업부의 유형자산 내역은 다음과 같다.
>
> | 구분 | 취득원가 | 감가상각누계액 | 장부금액 |
> |------|---------|---------------|---------|
> | 건물 | ₩100,000 | ₩40,000 | ₩60,000 |
> | 기계장치 | 50,000 | 25,000 | 25,000 |
>
> (2) 20×2년 말 제과사업부의 유형자산 중 건물의 공정가치는 ₩40,000, 매각부대비용은 ₩0, 기계장치의 공정가치는 ₩18,000, 매각부대비용은 ₩3,000이다.
> (3) 20×2년 말 제과사업부가 매각예정부문으로 분류되었다. 20×2년 제과사업부의 세전 영업이익은 ₩100,000이고 법인세율(법인세에 부가되는 세액 포함)은 30%이다.

(주)한국의 20×2년 포괄손익계산서에 인식할 중단영업손익을 구하시오. 단, 손실의 경우에는 금액 앞에 (-)로 표시한다.

해답 **[물음 1]**

1. 유형자산(재평가모형)의 투자부동산(공정가치모형) 대체

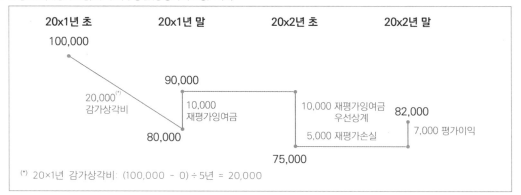

2. 20×2년 포괄손익계산서 효과
   (1) 당기손익 효과

유형자산 재평가손실	(-)5,000
투자부동산 평가이익	7,000
당기손익 효과	2,000

   (2) 기타포괄손익 효과(재평가잉여금 우선상계액): (-)10,000

3. 참고 회계처리

20×1.1.1	(차) 건물		100,000	(대) 현금	100,000
20×1.12.31	(차) 감가상각비		20,000	(대) 감가상각누계액	20,000
	(차) 감가상각누계액		20,000	(대) 건물	(*)10,000
				재평가잉여금	10,000

   (*) 90,000(당기 말 FV) - 100,000(취득원가) = (-)10,000

20×2.1.1	(차) 투자부동산		75,000	(대) 건물	90,000
	재평가잉여금		10,000		
	재평가손실		5,000		
20×2.12.31	(차) 투자부동산		7,000	(대) 투자부동산평가이익	7,000

[물음 2]

1. 매각예정으로 분류된 비유동자산(또는 처분자산집단)이 중단영업에 해당하는 경우에는 다음의 합계를 포괄손익계산서에 단일금액으로 표시한다.
   (1) 세후 중단영업손익
   (2) 중단영업에 포함된 자산(또는 처분자산집단)의 세후 손상차손
   (3) 중단영업에 포함된 자산(또는 처분자산집단)의 세후 처분손익

2. 20×2년 제과사업부의 중단영업손익

제과사업부의 세전 영업이익		100,000
건물 손상차손	60,000 - 40,000(= 40,000 - 0) =	(-)20,000
기계장치 손상차손	25,000 - 15,000(= 18,000 - 3,000) =	(-)10,000
세전 중단영업손익		70,000
법인세효과	70,000 × 30% =	(-)21,000
세후 중단영업손익		49,000

02 (주)세무의 공장건물과 관련된 사항은 다음과 같다.

> (1) (주)세무는 20×1년 1월 1일에 공장건물을 ₩25,000,000에 신규 취득하였다. (주)세무는 곧바로 공장건물을 제품생산에 사용하였다. (주)세무는 공장건물에 대하여 내용연수는 10년, 잔존가치는 ₩0으로 추정하고, 정액법에 의해 감가상각하기로 하였으며 재평가모형을 적용하였다. 20×1년 말과 20×2년 말 공장건물의 공정가치는 각각 ₩24,750,000과 ₩26,400,000이었다. (주)세무는 자산의 장부금액을 재평가금액으로 조정할 때, 총장부금액은 장부금액의 변동에 비례하여 수정하고, 재평가일의 감가상각누계액은 손상차손누계액을 고려한 후 총장부금액과 장부금액의 차이와 같아지도록 조정한다. 또한 재평가잉여금은 이익잉여금으로 대체하지 않는다.
>
> (2) (주)세무는 20×3년 들어 경기악화로 동 공장건물의 가동을 멈추게 되었다. 이에 따라 (주)세무는 20×3년 7월 1일에 동 공장건물을 임대목적으로 전환하고 즉시 임대를 개시하였다. (주)세무는 임대목적으로 전환한 시점에서 공장건물을 투자부동산으로 분류변경하고, 공정가치모형을 적용하기로 하였다. 20×3년 7월 1일 현재 공정건물의 공정가치는 ₩25,000,000이었다.

[물음 1] (주)세무의 20×1년 말 재무상태표에 표시될 ① 공장건물의 감가상각누계액과 ② 재평가잉여금을 계산하시오.

[물음 2] (주)세무의 20×2년 말 재무상태표에 표시될 ① 공장건물의 감가상각누계액과 ② 재평가잉여금을 계산하시오.

[물음 3] (주)세무의 20×3년 7월 1일 ① 재분류 직전 공장건물 감가상각누계액과 ① 재분류로 인하여 발생하는 재평가손익을 계산하시오. 단, 손실은 금액 앞에 '(－)'를 표시하며, 계산된 금액이 없는 경우에는 '없음'으로 표시하시오.

[물음 4] (주)세무가 20×3년 7월 1일에 수행할 분개를 제시하시오.

해답 **[물음 1]**

1. 재평가모형의 적용(20×1년, 20×2년)

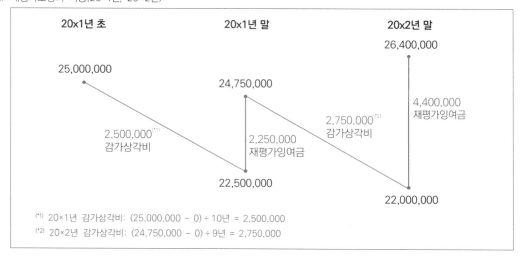

2. 20×1년 말 감가상각누계액
   (1) 매년 감가상각비율: 1 ÷ 10년 = 10%
   (2) 20×1년 말 건물 취득원가: 24,750,000 ÷ 90%(= 1 − 10% × 1년) = 27,500,000
   (3) 20×1년 말 감가상각누계액: 27,500,000 × 10%(= 10% × 1년) = 2,750,000

3. 20×1년 말 재평가잉여금 잔액: 2,250,000

4. 답안의 작성
   ① 2,750,000
   ② 2,250,000

[물음 2]

1. 20×2년 말 감가상각누계액
   (1) 매년 감가상각비율: 1 ÷ 10년 = 10%
   (2) 20×2년 말 건물 취득원가: 26,400,000 ÷ 80%(= 1 − 10% × 2년) = 33,000,000
   (3) 20×2년 말 감가상각누계액: 33,000,000 × 20%(= 10% × 2년) = 6,600,000

2. 20×1년 말 재평가잉여금 잔액: 2,250,000 + 4,400,000([물음 1] 그림 참조) = 6,650,000

3. 답안의 작성
   ① 6,600,000
   ② 6,650,000

[물음 3]

1. 자가사용부동산을 공정가치모형을 적용하는 투자부동산으로 대체하는 경우에는 대체 전에 먼저 공정가치로 측정하고, 공정 가치와 장부금액의 차액은 대체 전의 분류인 유형자산의 재평가모형의 재평가손익의 처리방법과 동일하게 처리한다.

2. 20×3년: 유형자산(재평가모형)의 투자부동산(공정가치모형) 대체

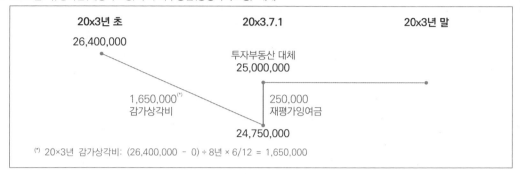

3. 20×3.7.1 재분류 직전 감가상각누계액

20×2년 말 감가상각누계액	6,600,000 ([물음 2] 해답 참조)
20×3년 감가상각비	1,650,000
계	8,250,000

4. 재분류 시 재평가손익: 250,000 재평가잉여금

5. 답안의 작성
　① 8,250,000
　② 250,000 (기타포괄이익)

[물음 4]

20×3.7.1	(차) 감가상각비	1,650,000	(대) 감가상각누계액	1,650,000
	(차) 감가상각누계액	8,250,000	(대) 건물	(*)33,000,000
	투자부동산	25,000,000	재평가잉여금	250,000
	(*) [물음 2] 해답 참조			

해커스 IFRS 김승철 중급회계 하

제20장

리스회계

제1절 | 리스회계의 기초

01 리스거래의 개요

1. 리스거래의 의의

[그림 20-1] 리스거래

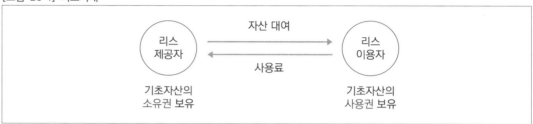

리스(lease)는 대가와 교환하여 자산(기초자산)의 사용권을 일정기간 이전하는 계약이나 계약의 일부를 말한다. 이때 대가와 교환하여 기초자산 사용권을 일정기간 제공하는 기업을 리스제공자라고 하며, 대가와 교환하여 기초자산의 사용권을 일정기간 얻게 되는 기업을 리스이용자라고 한다. 그리고 리스제공자가 리스이용자에게 자산의 사용권을 제공하는, 리스의 대상이 되는 자산을 기초자산이라고 한다.

> **승철쌤's comment   리스거래의 의의**
>
> ① 리스거래의 외관상 형식은 임대차 거래로서, 기초자산의 법적 소유권은 리스제공자가 그대로 보유한 채 기초자산을 일정기간 동안 사용할 수 있는 권리(사용권)만을 리스이용자에게 부여하는 거래이다.
> ② 따라서 리스이용자는 영업활동에 필요한 자산을 리스제공자로부터 자금을 조달하여 구입하는 물적금융의 효과를 누릴 수 있으며, 리스제공자는 리스자산의 구입금액(투자원금)과 이윤(투자수익)을 리스료를 통해 리스이용자로부터 회수하는 것이다.

기업회계기준서 제1116호(리스)는 다음을 제외한 모든 리스(전대리스에서 사용권자산의 리스를 포함함)에 적용한다.

> ① 광물, 석유, 천연가스, 이와 비슷한 비재생 천연자원을 탐사하거나 사용하기 위한 리스
> ② 리스이용자가 보유하는, 기업회계기준서 제1041호 '농림어업'의 적용범위에 포함되는 생물자산 리스
> ③ 기업회계기준해석서 제2112호 '민간투자사업'의 적용범위에 포함되는 민간투자사업
> ④ 리스제공자가 부여하는, 기업회계기준서 제1115호 '고객과의 계약에서 생기는 수익'의 적용범위에 포함되는 지적재산 라이선스
> ⑤ 기업회계기준서 제1038호 '무형자산'의 적용범위에 포함되는, 라이선싱 계약에 따라 영화필름, 비디오 녹화물, 희곡, 원고, 특허권, 저작권과 같은 항목에 대하여 리스이용자가 보유하는 권리

2. 금융리스와 운용리스

뒤에서 자세히 설명하겠지만, 리스거래는 회계처리 목적으로 크게 금융리스와 운용리스로 구분된다. 즉, 리스제공자가 기초자산의 위험과 보상의 대부분을 리스이용자에게 이전하는 경우에는 금융리스로 분류되며, 이전하지 않는 경우에는 운용리스로 분류된다.

(1) 금융리스

금융리스는 기초자산의 위험과 보상의 대부분을 리스이용자에게 이전하므로 (외관상 형식은 임대차거래이나) 그 실질은 기초자산을 장기할부로 판매한 거래로 볼 수 있다. 따라서 금융리스거래에서 리스제공자는 기초자산을 리스이용자에게 판매하고 판매대금에 해당하는 금액을 대여해 준 것으로 회계처리한다.

[금융리스의 제공자]					
리스개시일	(차) 리스채권	×××	(대) 기초자산		×××
리스료 수취	(차) 현금(리스료 수령액)		(대) 이자수익		×××
			리스채권		×××

반면에 금융리스거래에서 리스이용자는 기초자산을 장기할부로 매입한 거래로 볼 수 있다. 따라서 리스이용자는 기초자산의 구입금액에 해당하는 자금을 리스제공자로부터 차입하여 기초자산을 취득한 것으로 회계처리한다. 리스이용자가 기초자산을 취득한 것으로 보므로 기초자산의 감가상각은 리스이용자가 수행한다.

[금융리스의 이용자]					
리스개시일	(차) 기초자산(사용권자산)	×××	(대) 리스부채		×××
리스료 지급	(차) 이자비용	×××	(대) 현금(리스료 지급액)		×××
	리스부채	×××			×××
기초자산 감가상각	(차) 감가상각비	×××	(대) 감가상각누계액		×××

(2) 운용리스

운용리스는 기초자산의 위험과 보상의 대부분을 리스이용자에게 이전하지 않으므로 기초자산을 (판매한 거래가 아니라) 리스이용자에게 일정기간 동안 임대한 거래로 볼 수 있다. 따라서 운용리스거래에서는 리스제공자가 기초자산을 인식하고 감가상각하며, 리스이용자로부터 수령하는 리스료는 전액 리스료수익(임대료수익)으로 인식한다.

[운용리스의 제공자]					
리스개시일		- 회계처리 없음 -			
리스료 수취	(차) 현금(리스료 수령액)	×××	(대) 리스료수익		×××
기초자산 감가상각	(차) 감가상각비	×××	(대) 감가상각누계액		×××

02 리스의 식별

1. 리스계약의 식별

계약의 약정시점에, 계약 자체가 리스인지, 계약이 리스를 포함하는지를 판단한다. 계약에서 대가와 교환하여, 식별되는 자산의 사용통제권을 일정기간 이전하게 한다면 그 계약은 리스이거나 리스를 포함한다.

(1) 식별되는 자산

자산은 일반적으로 계약에서 분명히 특정되어 식별된다. 그러나 어떤 자산은 고객이 사용할 수 있는 시점에 암묵적으로 특정되어 식별될 수도 있다. 그리고 자산이 특정되더라도, 공급자가 사용기간 내내 그 자산을 대체할 실질적 권리(대체권)를 가진다면, 식별되는 자산은 없으며 계약은 리스를 포함하지 않는다. 왜냐하면 공급자가 사용기간 내내 자산을 대체할 수 있다면 공급자(고객이 아님)가 자산의 사용을 통제하기 때문이다.

(2) 사용통제권의 이전

계약이 식별되는 자산의 사용통제권을 일정기간 이전하는지를 판단하기 위하여 고객이 사용기간 내내 다음 권리를 모두 갖는지를 판단한다. 계약 조건이 변경된 경우에만 계약이 리스인지, 리스를 포함하는지를 다시 판단한다.

---

① 식별되는 자산의 사용으로 생기는 경제적 효익의 대부분을 얻을 권리
② 식별되는 자산의 사용을 지시할 권리

> ⊘ **참고 식별되는 자산의 사용권의 이전**
>
> 고객이 식별되는 자산의 사용을 통제하려면, 고객은 사용기간 내내 식별되는 자산의 사용을 지시할 권리를 가져야 한다. 다음 중 어느 하나에 해당하는 경우에만 고객은 사용기간 내내 식별되는 자산의 사용을 지시할 권리를 가진다.
> ① 고객이 사용기간 내내 자산을 사용하는 방법 및 목적을 지시할 권리를 가진다.
> ② 자산을 사용하는 방법 및 목적에 관련되는 결정이 미리 내려지고 다음 중 어느 하나에 해당한다.
> ㉠ 고객이 사용기간 내내 자산을 운용할(또는 고객이 결정한 방식으로 자산을 운용하도록 다른 자에게 지시할) 권리를 가지며, 공급자는 그 운용 지시를 바꿀 권리가 없다.
> ㉡ 고객이 사용기간 내내 자산을 사용할 방법 및 목적을 미리 결정하는 방식으로 자산(또는 자산의 특정 측면)을 설계하였다.
> 한편, 계약에는 해당 자산이나 그 밖의 자산에 대한 공급자의 지분을 보호하고, 공급자의 인력을 보호하며, 공급자가 법규를 지키도록 보장하기 위한 의도로 조건(방어권)을 포함할 수 있다. 그러나 방어권은 일반적으로 고객의 사용권 범위를 정하지만 방어권만으로는 고객이 자산의 사용을 지시할 권리를 가지는 것을 막지 못한다.

2. 계약의 구성요소 분리

리스계약이나 리스를 포함하는 계약에서 계약의 각 리스요소를 리스가 아닌 요소(비리스요소)와 분리하여 리스로 회계처리한다.

(1) 리스제공자

하나의 리스요소와, 하나 이상의 추가 리스요소나 비리스요소를 포함하는 계약에서 리스제공자는 기업회계기준서 제1115호(고객과의 계약에서 생기는 수익)를 적용하여 계약대가를 배분한다.

(2) 리스이용자

① 하나의 리스요소와, 하나 이상의 추가 리스요소나 비리스요소를 포함하는 계약에서 리스이용자는 리스요소의 상대적 개별가격과 비리스요소의 총개별가격에 기초하여 계약대가를 각 리스요소에 배분한다. 리스요소와 비리스요소의 상대적 개별가격은 리스제공자나 이와 비슷한 공급자가 그 요소나 그와 비슷한 요소에 개별적으로 부과할 가격을 기초로 산정한다. 관측 가능한 개별가격을 쉽게 구할 수 없다면, 리스이용자는 관측 가능한 정보를 최대한 활용하여 그 개별가격을 추정한다.

② 한편, 실무적 간편법으로, 리스이용자는 비리스요소를 리스요소와 분리하지 않고, 각 리스요소와 이에 관련되는 비리스요소를 하나의 리스요소로 회계처리하는 방법을 기초자산의 유형별로 선택할 수 있다.

(1) 리스제공자는 광산업자인 리스이용자의 채굴 작업에 사용하도록 리스이용자에게 불도저, 트럭, 장거리 굴착기를 4년간 리스하는 계약을 체결하고, 추가로 리스기간 내내 각 장비를 유지보수해 주기로 합의하였다. 계약상 총 대가는 매년 할부금으로 ₩150,000씩 총 ₩600,000의 고정대가와 장거리 굴착기 유지보수 작업 수행시간에 따라 달라지는 변동대가로 구성된다. 변동대가 지급액은 장거리 굴착기 교체원가의 2%를 한도로 하며, 각 장비의 유지보수용역원가를 포함한다.
(2) 리스이용자는 장비의 리스 및 유지보수 계약의 구성요소별 관측 가능한 개별판매가격을 다음과 같이 결정하였다.

구분	불도저	트럭	굴착기	합계
장비 리스	₩170,000	₩102,000	₩224,000	₩496,000
장비 유지보수	32,000	16,000	56,000	104,000

[요구사항]

상기 계약의 고정대가 ₩600,000과 변동대가를 리스요소와 비리스요소로 각각 배분하시오.

해답 1. 고정대가의 배분

구분	불도저	트럭	굴착기	합계
리스요소	170,000	102,000	224,000	496,000
비리스요소	32,000	16,000	56,000	104,000
계	202,000	118,000	280,000	600,000

⇨ 장비의 유지보수는 리스요소가 아니므로 전부 비리스요소로 배분한다. 리스이용자의 경우, 고정대가 중 리스요소는 기업회계기준서 제1116호(리스)에 따라 사용권자산과 리스부채를 인식하며, 비리스요소에 해당하는 금액은 장비의 유지보수용역을 제공받는 시점에 비용으로 인식한다.

2. 변동대가의 배분
변동대가는 장거리 굴착기 유지보수 작업에만 관련되므로 모두 계약의 비리스요소에 배분한다.

03 리스제공자의 리스분류

[표 20-1] 리스제공자의 리스분류

구분	내용
분류기준	거래의 형식보다는 거래의 실질에 따라 분류
금융리스	기초자산의 소유에 따른 위험과 보상의 대부분을 리스이용자에게 이전하는 리스
운용리스	기초자산의 소유에 따른 위험과 보상의 대부분을 리스이용자에게 이전하지 않는 리스

리스제공자는 기초자산의 소유에 따른 위험과 보상을 이전하는 정도에 따라 각 리스를 운용리스 아니면 금융리스로 분류한다. 즉, 기초자산의 소유에 따른 위험과 보상의 대부분을 리스이용자에게 이전하는 리스는 금융리스로 분류하며, 기초자산의 소유에 따른 위험과 보상의 대부분을 이전하지 않는 리스는 운용리스로 분류한다. 여기서 기초자산의 소유에 따른 위험과 보상은 다음과 같다.

> ① **위험**: 유휴 생산능력이나 기술적 진부화로 생기는 손실 가능성과 경제적 상황의 변화로 생기는 수익의 변동성
> ② **보상**: 기초자산의 경제적 내용연수에 걸친 수익성 있는 운영과 가치의 상승이나 잔존가치 실현에서 생기는 차익

리스가 금융리스인지 운용리스인지는 계약의 형식보다는 거래의 실질에 달려있다. 리스가 일반적으로 금융리스로 분류되는 상황의 예는 다음과 같다.

> ① **소유권 이전 약정 기준**: 리스기간 종료시점 이전에 기초자산의 소유권이 리스이용자에게 이전되는 리스
> ② **염가매수선택권 약정 기준**: 리스이용자가 선택권을 행사할 수 있는 날의 공정가치보다 충분히 낮을 것으로 예상되는 가격으로 기초자산을 매수할 수 있는 선택권을 가지고 있고, 그 선택권을 행사할 것이 리스약정일 현재 상당히 확실한 경우
> ③ **리스기간 기준**: 기초자산의 소유권이 이전되지는 않더라도 리스기간이 기초자산의 경제적 내용연수의 상당부분을 차지하는 경우(예 일반적으로 리스기간이 경제적 내용연수의 75% 이상인 경우)
> ④ **리스료 기준**: 리스약정일 현재, 리스료의 현재가치가 적어도 기초자산 공정가치의 대부분에 해당하는 경우(예 일반적으로 리스료의 현재가치가 리스자산 공정가치의 90% 이상인 경우)
> ⑤ **범용성 없는 자산**: 기초자산이 특수하여 해당 리스이용자만이 주요한 변경 없이 사용할 수 있는 경우

⊘참고 **금융리스로 분류될 수 있는 상황의 지표**

리스가 금융리스로 분류될 수 있는 상황의 지표는 다음과 같다.

① 리스이용자가 리스를 해지할 수 있는 경우에 리스이용자가 해지에 관련되는 리스제공자의 손실을 부담하는 경우
② 잔존자산의 공정가치 변동에서 생기는 손익이 리스이용자에게 귀속되는 경우(예 리스 종료시점에 매각대가의 대부분에 해당하는 금액이 리스료 환급의 형태로 리스이용자에게 귀속되는 경우)
③ 리스이용자가 시장리스료보다 현저하게 낮은 리스료로 다음 리스기간에 리스를 계속할 능력이 있는 경우

상기의 예시나 지표가 항상 결정적인 것은 아니다. 계약의 다른 속성들을 고려할 때 기초자산의 소유에 따른 위험과 보상의 대부분을 이전하지 않는다는 점이 분명하다면 그 리스는 운용리스로 분류한다. 이러한 경우의 예는 다음과 같다.

> ① 리스기간 종료시점에 기초자산의 소유권을 그 시점의 공정가치에 해당하는 변동 지급액으로 이전하는 경우
> ② 변동리스료가 있고 그 결과로 리스제공자가 기초자산의 소유에 따른 위험과 보상의 대부분을 이전하지 않는 경우

리스는 리스약정일에 분류하며 리스변경이 있는 경우에만 분류를 다시 판단한다. 추정의 변경(예 기초자산의 내용연수 또는 잔존가치 추정치의 변경)이나 상황의 변화(예 리스이용자의 채무불이행)는 회계목적상 리스를 새로 분류하는 원인이 되지 않는다.

04 용어의 정의

(1) 리스약정일과 리스개시일

① 리스약정일: 리스계약일과 리스의 주요 조건에 대하여 계약당사자들이 합의한 날 중 이른 날을 말한다.

② 리스개시일: 리스제공자가 리스이용자에게 기초자산을 사용할 수 있게 하는 날을 말한다.

(2) 리스기간

리스기간은 리스이용자가 기초자산 사용권을 갖는 해지불능기간과 다음 기간을 포함하는 기간을 말한다.

> ① 리스이용자가 리스 연장선택권을 행사할 것이 상당히 확실한 경우 그 선택권의 대상 기간
> ② 리스이용자가 리스 종료선택권을 행사하지 않을 것이 상당히 확실한 경우 그 선택권의 대상 기간

리스개시일에 리스이용자가 연장선택권을 행사하거나 기초자산을 매수할 것이 상당히 확실한지, 리스 종료선택권을 행사하지 않을 것이 상당히 확실한지를 평가한다. 그리고 리스의 해지불능기간이 달라진다면 리스기간을 변경한다.

> **승철쌤's comment   리스 연장선택권과 종료선택권이 있는 경우의 리스기간의 결정**
>
> ① **연장선택권의 예:** 리스약정일에 체결한 해지불능기간이 10년이고, 리스종료일에 리스기간을 5년 연장할 수 있는 선택권이 있다고 가정한다. 이 경우, 리스개시일에 기업이 연장선택권을 행사할 가능성이 상당히 확실하다면 리스기간은 15년이 되며, 상당히 확실하지 않다면 리스기간은 10년이 된다.
> ② **종료선택권의 예:** 리스약정일에 체결한 해지불능기간이 10년이고, 리스개시일로부터 7년 후에 리스를 종료할 수 있는 선택권이 있다고 가정한다. 이 경우, 리스개시일에 기업이 종료선택권을 행사하지 않을 가능성이 상당히 확실하다면 리스기간은 10년이 되며, 상당히 확실하지 않다면 리스기간은 7년이 된다.

(3) 경제적 내용연수와 내용연수

① 경제적 내용연수: 하나 이상의 사용자가 자산을 경제적으로 사용할 수 있을 것으로 예상하는 기간이나 자산에서 얻을 것으로 예상하는 생산량 또는 이와 비슷한 단위 수량을 말한다.

② 내용연수: 기업이 자산을 사용할 수 있을 것으로 예상하는 기간이나 자산에서 얻을 것으로 예상하는 생산량 또는 이와 비슷한 단위 수량을 말한다.

> **승철쌤's comment   경제적 내용연수 vs 내용연수**
>
> ① 경제적 내용연수는 해당 자산이 경제적으로 사용될 수 있는 최대기간을 말하며, 내용연수는 경제적 내용연수 중에서 해당 기업이 사용하는 기간을 말한다.
> ② 예를 들어, 특정 기계장치를 여러 사용자가 경제적으로 사용할 수 있는 최대기간이 10년이며, 그 중에서 A 기업이 사용하는 기간을 6년이라고 할 경우, 해당 기계장치의 경제적 내용연수는 10년이며, A 기업 입장에서 내용연수는 6년이 된다.

(4) 보증잔존가치와 무보증잔존가치

리스종료일의 기초자산 추정 잔존가치는 보증잔존가치와 무보증잔존가치로 구분된다.

> **리스종료일의 기초자산 추정 잔존가치 = 보증잔존가치 + 무보증잔존가치**

> ① **보증잔존가치**: 리스제공자와 특수관계에 있지 않은 당사자가 리스제공자에게 제공한, 리스종료일의 기초
> 자산 가치(또는 가치의 일부)가 적어도 특정 금액이 될 것이라는 보증을 말한다.
> ② **무보증잔존가치**: 리스종료일의 잔존가치 중 보증잔존가치를 제외한 나머지 부분으로, 리스제공자가 실현할
> 수 있을지 확실하지 않거나 리스제공자의 특수관계자만이 보증한 기초자산의 잔존가치 부분을 말한다.

승철쌤's comment   제3자 보증

리스제공자와 특수관계에 있지 않은 제3자(예 보증보험회사)가 잔존가치 중 일부를 보증하는 경우가 있다. 보증잔존
가치는 리스제공자와 특수관계에 있지 않은 당사자가 리스제공자에게 제공한 잔존가치 보증을 말한다. 따라서 이렇게
(리스이용자가 아닌) 제3자가 보증한 잔존가치도 리스제공자 입장에서는 보증잔존가치에 포함된다. 그러나 리스이용
자 입장에서는 잔존가치를 보증한 것이 아니므로 무보증잔존가치가 됨에 유의한다.

(5) (리스제공자의) 리스료

(리스제공자의) 리스료는 기초자산 사용권과 관련하여 리스제공자가 리스기간에 리스이용자로부터
회수하는 금액으로서 다음 항목으로 구성된다.

> ① **고정리스료**: 리스이용자가 리스제공자에게 지급하는 금액에서 변동리스료를 뺀 금액으로 실질적인 고정리스
> 료를 포함하고, 리스제공자가 리스이용자에게 지급하는 리스 인센티브는 차감한다.
> ② **지수나 요율(이율)에 따라 달라지는 변동리스료**
> ③ 보증잔존가치
> ④ 리스이용자가 매수선택권을 행사할 것이 상당히 확실한 경우에 그 매수선택권의 행사가격
> ⑤ 리스기간이 리스이용자의 종료선택권 행사를 반영하는 경우에, 그 리스를 종료하기 위하여 부담하는 금액

보증잔존가치는 리스료에 포함된다. 다만, 리스료에 포함되는 보증잔존가치를 리스제공자 입장과 리스
이용자 입장에서 다음과 같이 각각 다르게 정의하고 있다.

> ① **리스제공자의 리스료에 포함되는 보증잔존가치**: 리스제공자의 리스료에는 잔존가치 보증에 따라 리스이용자
> (리스이용자의 특수관계자 포함), 리스제공자와 특수관계에 있지 않고 보증의무를 이행할 재무적 능력이 있는
> 제3자가 리스제공자에게 제공하는 잔존가치 보증을 포함한다.
> ② **리스이용자의 리스료에 포함되는 보증잔존가치**: 리스이용자의 리스료에는 잔존가치 보증에 따라 리스이용자
> 가 지급할 것으로 예상되는 금액을 포함한다.

즉, 리스제공자의 경우에는 보증잔존가치 총액을 (리스제공자의) 리스료에 포함하지만, 리스이용자
의 경우에는 보증잔존가치 중 리스이용자가 지급할 것으로 예상하는 금액만 (리스이용자의) 리스료에
포함한다는 점에 유의한다.

(6) 선택권 리스료

선택권 리스료는 리스를 연장하거나 종료하는 선택권의 대상 기간(리스기간에 포함되는 기간은 제외)의 기초자산 사용권에 대하여 리스이용자가 리스제공자에게 지급하는 리스료를 말한다.

(7) 리스 인센티브

리스 인센티브는 리스와 관련하여 리스제공자가 리스이용자에게 지급하는 금액이나 리스의 원가를 리스제공자가 보상하거나 부담하는 금액을 말한다. 리스 인센티브는 고정리스료에서 차감한다.

(8) 리스개설직접원가

리스개설직접원가는 리스를 체결하지 않았더라면 부담하지 않았을 리스체결의 증분원가를 말한다. 다만, 금융리스와 관련하여 제조자 또는 판매자인 리스제공자(판매형리스의 리스제공자)가 부담하는 원가는 리스개설직접원가에서 제외한다.

(9) 리스의 내재이자율과 리스이용자의 증분차입이자율

① 리스의 내재이자율: 리스총투자(리스료 및 무보증잔존가치)의 현재가치 합계액을 리스순투자(기초자산의 공정가치와 리스제공자의 리스개설직접원가의 합계액)와 동일하게 하는 할인율을 말한다.
② 리스이용자의 증분차입이자율: 리스이용자가 비슷한 경제적 환경에서 비슷한 기간에 걸쳐 비슷한 담보로 사용권자산과 가치가 비슷한 자산 획득에 필요한 자금을 차입한다면 지급해야 하는 이자율을 말한다.

(10) 리스총투자와 리스순투자

① 리스총투자: 금융리스에서 리스제공자가 받게 될 리스료와 무보증잔존가치의 합계액을 말하며, 리스제공자의 미래현금흐름으로 이해하면 된다.

> **리스총투자**(리스제공자의 FCF) = (리스제공자의) 리스료 + 무보증잔존가치

② 리스순투자: 리스총투자를 리스의 내재이자율로 할인한 금액으로서, 기초자산의 공정가치와 리스제공자의 리스개설직접원가의 합계액과 일치한다. 리스순투자는 리스제공자가 리스거래를 하기 위해 투자한 금액으로 이해하면 된다.

> ① 리스총투자의 현재가치(할인율: 내재이자율) = 리스순투자
> ② **리스순투자** = 기초자산의 공정가치 + 리스제공자의 리스개설직접원가

③ 리스총투자와 리스순투자의 차이는 리스제공자의 미실현금융수익이 되며, 리스제공자는 미실현금융수익을 리스기간에 걸쳐 유효이자율법을 적용하여 금융수익(이자수익)으로 인식한다.

> 리스총투자 − 리스순투자 = 리스제공자의 미실현금융수익

05 리스거래의 미래현금흐름

1. 리스총투자의 산정

(1) 개요

① 금융리스는 기초자산의 소유에 따른 위험과 보상의 대부분이 리스이용자에게 이전된다. 따라서 리스제공자 입장에서 금융리스는 리스이용자에게 기초자산의 사용권을 판매한 것으로 그 실질이 장기할부판매와 동일하다.

② 즉, 금융리스에서 리스제공자는 리스자산을 리스이용자에게 장기할부판매한 것으로 회계처리하므로 미래현금흐름의 현재가치로 리스채권을 인식한다. 따라서 리스제공자의 금융리스 회계처리를 위해서는 리스제공자의 미래현금흐름(리스총투자)이 어떻게 결정되고 어떤 금액으로 구성되어 있는지를 파악하는 것이 중요하다.

(2) 내재이자율과 리스총투자의 결정

[그림 20-2] 리스총투자의 결정

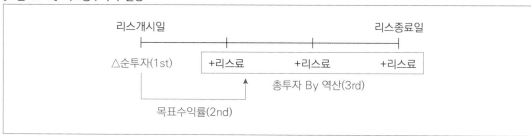

① 리스제공자는 리스개시일에 리스순투자 금액을 지출하여 기초자산을 취득한 후 리스기간 동안 총투자금액만큼의 미래현금흐름을 리스이용자와 리스이용자 외의 자로부터 회수한다. 리스제공자는 이 리스거래를 통해 일정한 수익률을 얻고자 하는데, 이때 리스제공자가 리스거래를 통해 얻고자 하는 목표수익률을 내재이자율이라고 한다.

② 여기서 리스제공자의 리스순투자 금액은 리스개시일 이전에 확정된다. 따라서 리스제공자가 리스거래의 목표수익률인 내재이자율을 얼마로 결정하는지에 따라 리스제공자의 미래현금흐름인 총투자금액이 결정되는 것이다.

| 사례 |

리스총투자의 결정

① 20×1년 1월 1일, (주)한국리스(리스제공자)는 리스자산을 공정가치 ₩100,000에 취득하여 (주)서울(리스이용자)에게 3년 동안 제공하고 매년 말 고정리스료를 수취하기로 리스계약을 체결하였다. 리스기간 종료일에 리스이용자가 리스자산을 반환하는 조건이며, 리스기간 종료일의 추정 잔존가치는 ₩10,000으로 예상된다. (주)한국리스가 동 리스거래를 통해 달성하고자 목표수익률(내재이자율)이 10%라고 할 경우, 매년 말 수령하는 고정리스료는 다음과 같이 결정된다.

매년 말 수령하는 고정리스료를 a라고 하면,
100,000 = a × 2.4868(3기간, 10% 연금현가계수) + 10,000 × 0.7513(3기간, 10% 현가계수)
⇨ a(고정리스료) = 37,191

② 즉, (주)한국리스는 (주)서울로부터 매년 말 고정리스료로 ₩37,191을 수령하고 리스기간 종료일에 추정 잔존가치 ₩10,000을 회수하면, 리스기간 동안 연평균 10%의 투자수익률을 달성할 수 있게 된다. 이때 (주)한국리스가 리스거래를 통해 얻게 되는 총 현금유입액은 ₩121,573(3년간 고정리스료 ₩111,573 + 리스자산 추정잔존가치 ₩10,000)이며, 이 금액이 리스제공자의 미래현금흐름인 총투자금액이다.

③ 결과적으로 이러한 순서에 따라 리스료가 결정되기 때문에, 리스제공자의 순투자금액(리스자산의 공정가치 + 리스개설직접원가)은 리스제공자의 미래현금흐름인 총투자금액을 내재이자율로 할인한 현재가치와 동일한 금액이 되는 것이다.

2. 리스계약의 유형별 미래현금흐름의 구성

(1) 개요

금융리스계약은 일반적으로 다음과 같이 리스기간 종료일에 리스자산의 소유권이 리스이용자에게 이전되는 리스계약과 리스자산의 소유권이 리스이용자에게 이전되지 않는 리스계약으로 구분할 수 있다.

[표 20-2] 금융리스계약의 유형

구분	내용
리스기간 종료일에 리스자산의 소유권이 리스이용자에게 이전되는 리스계약	① 리스기간 종료일에 리스자산의 소유권을 리스이용자에게 이전하는 약정(소유권 이전 약정)이 있는 경우 ② 리스기간 종료일에 리스이용자가 공정가치보다 충분히 낮은 가격으로 리스자산을 매수할 수 있는 선택권(염가매수선택권)이 있고, 그 선택권을 행사할 것이 상당히 확실한 경우
리스기간 종료일에 리스자산의 소유권이 리스이용자에게 이전되지 않는 리스계약	리스기간 종료 후에 리스이용자가 리스자산을 반환하는 경우

이하 상기 금융리스계약의 유형별로 리스제공자와 리스이용자의 미래현금흐름이 각각 어떻게 구성되어 있는지 살펴보기로 한다.

(2) 리스자산의 소유권이 리스이용자에게 이전되는 경우

구분	리스총투자 (제공자의 FCF)	리스제공자의 리스료 (이용자로부터 회수액)	리스이용자의 리스료 (이용자의 FCF)
리스기간	고정리스료 변동리스료	고정리스료 변동리스료	고정리스료 변동리스료
리스종료일	소유권 이전가액 또는 매수선택권 행사가액	소유권 이전가액 또는 매수선택권 행사가액	소유권 이전가액 또는 매수선택권 행사가액

필수암기! 리스자산의 소유권이 이전되는 경우 미래현금흐름의 구성

① **리스총투자**: 리스자산의 소유권이 리스이용자에게 이전되는 리스계약에서 리스제공자는 리스기간 동안 리스이용자로부터 고정리스료와 변동리스료를 회수한다. 그리고 리스기간 종료일에 리스이용자로부터 소유권 이전 약정액(또는 염가매수선택권 행사가격)을 추가로 회수한다.

② **리스제공자의 리스료**: 리스제공자의 미래현금흐름(총투자) 중 리스이용자로부터 회수하는 금액을 리스제공자의 리스료라고 한다. 리스자산의 소유권이 이전되는 리스계약의 경우, 리스제공자의 미래현금흐름(총투자)은 모두 리스이용자로부터 회수하는 금액이다. 따라서 소유권이 이전되는 리스계약에서 리스제공자의 미래현금흐름인 리스총투자는 리스제공자의 리스료와 일치한다.

③ **리스이용자의 리스료**: 리스이용자가 리스거래와 관련하여 리스기간 동안 리스제공자에게 지급하는 금액, 즉, 리스이용자의 미래현금흐름을 리스이용자의 리스료라고 한다. 소유권이 이전되는 리스계약의 경우 리스제공자가 리스기간 동안 얻게 되는 현금흐름은 모두 리스이용자가 지급하는 금액이다. 따라서 소유권이 이전되는 리스계약에서 리스이용자의 리스료는 리스제공자의 리스료와 일치한다.

④ 결과적으로 리스자산의 소유권이 리스이용자에게 이전되는 리스계약에서는 리스제공자의 미래현금흐름인 리스총투자, 리스제공자의 리스료 그리고 리스이용자의 미래현금흐름인 리스이용자의 리스료가 모두 일치하게 된다.

(3) 리스자산의 소유권이 리스이용자에게 이전되지 않는 경우

필수암기! 리스자산의 소유권이 이전되지 않는 경우 미래현금흐름의 구성

구분	리스총투자 (제공자의 FCF)	리스제공자의 리스료 (이용자로부터 회수액)	리스이용자의 리스료 (이용자의 FCF)
리스기간	고정리스료 변동리스료	고정리스료 변동리스료	고정리스료 변동리스료
리스종료일	보증잔존가치 무보증잔존가치	보증잔존가치	보증잔존가치 중 지급예상액

① **리스총투자**: 리스자산의 소유권이 리스이용자에게 이전되지 않는 리스계약에서 리스제공자는 리스기간 동안 리스이용자로부터 고정리스료와 변동리스료를 회수한다. 그리고 리스기간 종료일에 리스자산을 다시 회수한다. 따라서 리스기간 종료일의 리스자산의 추정 잔존가치는 리스제공자가 회수할 수 있으므로 리스제공자의 미래현금흐름(리스총투자)에 포함되며, 이는 다시 리스이용자가 보증한 보증잔존가치와 무보증잔존가치로 구분된다.

② **리스제공자의 리스료**: 리스자산의 소유권이 이전되지 않는 리스계약의 경우, 리스제공자의 미래현금흐름(총투자) 중 무보증잔존가치는 리스이용자로부터 회수하는 금액이 아니므로 리스제공자의 리스료에 포함되지 않는다. 따라서 소유권이 이전되지 않는 리스계약의 경우에는 리스제공자의 미래현금흐름인 리스총투자와 리스제공자의 리스료가 무보증잔존가치만큼 차이가 발생한다.

③ **리스이용자의 리스료**: 소유권이 이전되지 않는 리스계약에서 리스제공자는 보증잔존가치 총액을 리스총투자와 리스제공자의 리스료에 각각 포함한다. 그러나 리스이용자의 경우에는 보증잔존가치 전체 금액을 부담하는 것은 아니다. 즉, 리스이용자는 리스기간 종료일의 실제 잔존가치가 보증잔존가치에 미달하는 경우 차액만을 리스제공자에게 지급하면 된다. 따라서 리스이용자는 보증잔존가치 중 리스이용자가 지급할 것으로 예상되는 금액(보증잔존가치 − 실제 잔존가치)만을 리스이용자의 리스료에 포함한다.

④ 결과적으로 리스자산의 소유권이 리스이용자에게 이전되지 않는 리스계약에서는 리스제공자의 미래현금흐름인 리스총투자, 리스제공자의 리스료 그리고 리스이용자의 미래현금흐름인 리스이용자의 리스료가 모두 다르게 결정된다.

제2절 | 리스제공자

01 금융리스: 제조자 또는 판매자가 아닌 리스제공자

1. 최초인식(리스개시일)

리스제공자 입장에서 금융리스는 리스이용자에게 기초자산의 사용권을 장기할부판매한 것으로 회계처리하므로 리스개시일에 수취채권(리스채권)을 재무상태표에 인식한다. 이때 장기할부채권인 리스채권은 리스총투자(리스제공자의 미래현금흐름)를 리스의 내재이자율로 할인한 금액으로 측정하며, 동 금액은 리스순투자 금액과 일치한다.

> **리스개시일의 리스채권** = 리스총투자(리스제공자의 리스료 + 무보증잔존가치)의 현재가치
> = 리스순투자(기초자산의 공정가치 + 리스개설직접원가)

리스개시일의 리스순투자의 측정치(리스채권)에 포함되는 (리스제공자의) 리스료는 기초자산 사용권 제공에 대해 리스이용자로부터 리스기간에 걸쳐 수취하기로 한 대가 중 리스개시일 현재 지급받지 않은 다음 금액으로 구성된다.

① **고정리스료:** 실질적인 고정리스료를 포함하고, 지급할 리스 인센티브는 차감
② **지수나 요율(이율)에 따라 달라지는 변동리스료:** 처음에는 리스개시일의 지수나 요율(이율)을 사용하여 측정
③ **보증잔존가치:** 잔존가치 보증에 따라 리스이용자, 리스이용자의 특수관계자, 리스제공자와 특수관계에 있지 않고 보증의무를 이행할 재무적 능력이 있는 제3자가 리스제공자에게 제공하는 잔존가치 보증
④ **리스이용자의 매수선택권 행사가격:** 리스이용자가 매수선택권을 행사할 것이 상당히 확실한 경우에 그 매수선택권의 행사가격
⑤ **리스이용자의 리스종료 선택권 행사가격:** 리스기간이 리스이용자의 종료선택권 행사를 반영하는 경우에 그 리스를 종료하기 위하여 리스이용자가 부담하는 금액

한편, 제조자 또는 판매자인 리스제공자(판매형리스의 리스제공자)가 부담하는 것이 아니라면, 리스제공자가 부담하는 리스개설직접원가는 리스채권(리스순투자)의 최초인식 금액에 포함되어 있다. 즉, 리스개설직접원가가 자동적으로 리스채권(리스순투자)에 포함되도록 리스의 내재이자율이 산출되었으므로, 리스개설직접원가를 리스채권에 다시 더할 필요가 없음에 유의한다.

> **[리스개시일 이전]**
> (차) 선급리스자산   ×××   (대) 현금(기초자산의 공정가치)   ×××
>
> **[리스개시일]**
> (차) 리스채권   ×××   (대) 선급리스자산   ×××
>   현금(리스개설직접원가)   ×××

2. 후속측정(리스기간)

(1) 리스채권의 회수와 이자수익 인식

① 금융리스 거래에서 리스제공자는 장기간에 걸쳐 대가를 수취하므로 리스제공자가 미래에 수령하는 명목금액(총투자)에는 금융요소(이자요소)가 포함되어 있다. 따라서 리스제공자는 매기 수취하는 리스료를 금융수익(이자수익)과 리스채권 원금 회수액으로 나누어 회계처리해야 한다.

② 이때 매기 인식하는 리스채권의 금융수익(이자수익)은 유효이자율법을 적용한 유효이자로 인식하며, 유효이자율은 리스제공자의 내재이자율로 한다. 이에 따라 리스제공자는 리스총투자와 리스순투자의 차이인 미실현금융수익을 체계적이고 합리적인 기준(유효이자율법)으로 리스기간에 걸쳐 배분한 금액을 매 기간 금융수익(이자수익)으로 인식하게 되는 것이다.

리스료 수령액 = $^{(*)}$금융수익(이자수익) + 리스채권 원금 회수액

$^{(*)}$ 직전 리스료 수취일의 리스채권 장부금액 × 유효이자율(내재이자율)

[리스료 수취]

(차) 현금(리스료 수령액)   ×××   (대) 이자수익 $^{(*1)}$×××

                                                  리스채권 $^{(*2)}$×××

   $^{(*1)}$ 이자수익: 직전 리스료 수취일의 리스채권 장부금액 × 유효이자율(내재이자율)

   $^{(*2)}$ 리스채권 원금 회수액: 리스료 수령액 − 이자수익

승철쌤's comment   미실현금융수익의 실현(감소)

① 리스총투자와 리스순투자의 차이는 리스제공자가 리스거래를 통해 리스기간 동안 얻게 되는 총이익인데, 동 금액이 모두 금융수익(이자수익)으로만 구성되어 있다. 다만, 리스개시일에는 금융수익이 전혀 실현되지 않은 상태이므로, 리스총투자와 순투자의 차이를 리스제공자의 '미실현'금융수익이라고 한다.

② 이 미실현금융수익은 리스제공자가 매기 리스료를 수령할 때 내재이자율(유효이자율) 만큼 이자수익을 인식하면서 조금씩 실현된다. 즉, 리스개시일의 미실현금융수익은 리스제공자가 리스기간 동안 유효이자율로 배분한 금액을 매기간 이자수익으로 인식(실현)하면서 감소하는 것이다.

③ 상기와 같은 이유로 리스회계 기준서에서는 리스제공자가 매기 말 리스료를 수령할 때 이자수익을 인식하는 회계처리를 "해당 기간의 리스료를 리스총투자에 대응시켜 원금(리스채권 장부금액)과 미실현 금융수익을 줄인다"고 표현하고 있는 것이다.

(2) 리스채권 손상차손

① 리스제공자는 리스순투자(리스채권)에 기업회계기준서 제1109호(금융상품)의 제거 및 손상에 대한 요구사항을 적용한다. 따라서 리스제공자는 리스총투자를 계산할 때 사용한 추정 무보증잔존가치를 정기적으로 검토한다.

② 검토 결과 추정 무보증잔존가치가 감소한 경우, 리스채권의 미래현금흐름이 감소한 것이므로 추정 무보증잔존가치의 감소액을 내재이자율로 할인한 현재가치를 리스채권 손상차손으로 하여 즉시 당기비용으로 인식한다. 한편, 추정잔존가치 중 보증잔존가치는 리스제공자가 리스이용자 등으로부터 회수할 수 있는 금액이므로 보증잔존가치 감소액은 리스채권의 손상차손으로 인식하지 않는다.

> **리스채권 손상차손** = 추정 무보증잔존가치 감소액의 현재가치(할인율: 내재이자율)

[추정 무보증잔존가치의 감소]

(차) 리스채권손상차손	(*)×××	(대) 손실충당금	×××

(*) 추정 무보증잔존가치 감소액의 현재가치

③ 그리고 추정 무보증잔존가치의 감소액을 리스채권 손상차손으로 인식한 경우에는 이후 리스기간에 걸쳐 인식할 금융수익(이자수익) 배분액을 조정한다.

⇨ 리스채권 손상차손 인식 이후 리스기간에 걸쳐 인식할 이자수익 배분액을 조정하라는 것은 추정 무보증잔존가치의 감소로 인한 리스채권 미래현금흐름의 하락을 리스채권의 신용이 손상된 사건으로 보라는 의미이다. 따라서 손상차손 인식 후 리스채권 이자수익은 리스채권의 (총장부금액이 아니라) 손실충당금 차감 후 상각후원가에 유효이자율을 곱하여 인식한다.

> **손상차손 인식 후 이자수익** = 리스채권 상각후원가(= 총장부금액 − 손실충당금) × 유효이자율

[손상차손 인식 후 리스채권 이자수익 인식]

(차) 현금(리스료 수령액)	×××	(대) 이자수익	(*1)×××
		리스채권	(*2)×××

(*1) 이자수익: 직전 리스료 수취일의 리스채권 상각후원가 × 유효이자율(내재이자율)

(*2) 리스채권 원금 회수액: 리스료 수령액 − 이자수익

3. 리스종료일

(1) 기초자산의 소유권을 리스이용자에게 이전하는 경우

리스종료일이 되면 리스채권 잔액은 소유권 이전 약정액 또는 염가매수선택권 행사가격이 된다. 따라서 리스제공자는 소유권 이전 약정액 또는 염가매수선택권 행사가격을 수령하고 리스채권 잔액을 제거한다. 만일 리스채권 장부금액과 현금 수령액이 일치하지 않는 경우에는 동 차이를 당기손익(리스자산처분손익)으로 인식한다.

[리스자산의 소유권 이전]			
(차) 현금	×××	(대) 리스채권	×××
		리스자산처분이익	×××

(2) 기초자산을 반환받는 경우

① 소유권 이전 약정이나 염가매수선택권 약정이 없는 경우 리스제공자는 리스종료일에 리스이용자로부터 리스자산을 반환받는다. 이때 리스채권 잔액은 리스자산의 잔존가치(보증잔존가치와 무보증잔존가치의 합계액)가 된다.

② 리스제공자는 반환받는 리스자산의 실제 잔존가치를 자산으로 인식하고 리스채권 장부금액을 제거한다. 이때 리스자산의 실제 잔존가치가 리스채권 장부금액에 미달하면 차액을 리스채권손상차손으로 인식한다. 그리고 실제 잔존가치가 보증잔존가치에 미달하여 리스이용자로부터 추가로 수령하는 현금은 리스자산보증이익으로 하여 당기손익으로 인식한다.

[리스자산 회수]			
(차) 리스자산	(*1)×××	(대) 리스채권	(*2)×××
리스채권손상차손	×××		
(*1) 리스자산 회수일의 실제 잔존가치			
(*2) 보증잔존가치 + 무보증잔존가치			
(차) 현금	(*)×××	(대) 리스자산보증이익	×××
(*) 보증잔존가치 - 리스종료일의 실제 잔존가치			

③ 한편, 국제회계기준에서는 리스자산을 반환받는 경우의 회계처리에 대한 명시적인 규정이 없다. 따라서 리스채권손상차손과 리스자산보증이익을 상계하여 순액으로 회계처리해도 될 것이다.

[리스자산 회수]			
(차) 리스자산	×××	(대) 리스채권	×××
현금	×××		
리스채권손상차손	×××		

구분	내용
리스개시일 리스채권	① 리스자산 소유권이 이전되는 경우 = PV(리스총투자) By 내재이자율 = PV(정기리스료 + (*)소유권 이전가액) By 내재이자율 (*) 또는 염가매수선택권 행사가액 = PV(제공자의 리스료) By 내재이자율 = 순투자: 리스자산 구입가격(FV) + 리스개설직접원가 ② 리스자산을 반환받는 경우 = PV(리스총투자) By 내재이자율 = PV(정기리스료 + 보증잔존가치 + 무보증잔존가치) By 내재이자율 = PV(제공자의 리스료 + 무보증잔존가치) By 내재이자율 = 순투자: 리스자산 구입가격(FV) + 리스개설직접원가
매기 이자수익	직전 리스료 수취일의 리스채권 BV × 내재이자율
매기 당기손익 효과	이자수익
매기 말 리스채권 BV	직전 리스료 수취일의 리스채권 BV × (1 + 내재이자율) - 정기리스료
추정 잔존가치 감소 시	손상차손 인식액: PV(무보증잔존가치 감소액) By 내재이자율

리스제공자(1): 기초자산의 소유권이 이전되는 경우

(1) 리스제공자인 (주)대한리스는 (주)한국과 기계장치를 리스하는 금융리스계약을 체결하였다. 리스개시일은 20×1년 1월 1일이며, (주)대한리스는 20x0년 12월 30일에 기계장치를 공정가치인 ₩980,000에 취득하였다. 그리고 (주)대한리스는 리스개시일에 리스개설직접원가로 ₩20,000을 지출하였다.

(2) 기계장치의 경제적 내용연수는 5년이며, 내용연수 종료시점의 잔존가치는 ₩25,000이다. 기초자산은 정액법으로 감가상각한다.

(3) 리스기간은 3년이며, 리스료는 매년 말 ₩387,009의 고정리스료를 지급받는다. 리스기간 종료시점에 리스이용자가 리스자산을 ₩50,000에 매수할 수 있는 염가매수선택권이 있으며, 리스약정일 현재 행사할 것이 상당히 확실하다.

(4) 리스제공자의 내재이자율은 10%이며, 현가계수는 다음과 같다. 계산 결과는 소수점 첫째 자리에서 반올림한다.

기간	10%	
	현가계수	연금현가계수
1	0.90909	0.90909
2	0.82645	1.73554
3	0.75131	2.48685

[요구사항]

1. (주)대한리스가 리스개시일에 인식할 리스채권 금액을 계산하시오.

2. 상기 리스거래가 (주)대한리스의 20×1년 당기순이익에 미치는 영향을 계산하시오.

3. (주)대한리스가 리스기간 동안 해야 할 회계처리를 제시하시오.

해답 **1. 리스개시일의 리스채권**
= 총투자의 현재가치(할인율: 10%) = 387,009 × 2.48685 + 50,000 × 0.75131 = 1,000,000
= 리스순투자(= 리스자산 공정가치 + 리스개설직접원가) = 980,000 + 20,000 = 1,000,000

2. 20×1년 당기순이익 효과
= 리스채권 이자수익: 1,000,000 × 10% = 100,000 증가

3. 리스제공자 회계처리
(1) 리스채권 상각표

일자	리스료	유효이자(10%)	채권회수액	미회수채권
20×1.1.1				1,000,000
20×1.12.31	387,009	100,000	287,009	712,991
20×2.12.31	387,009	71,299	315,710	397,281
20×3.12.31	387,009	39,728	347,281	50,000
	1,161,027	211,027	950,000	

(2) 일자별 회계처리

20×0.12.30	(차) 선급리스자산	980,000	(대) 현금	980,000	
20×1.1.1	(차) 리스채권	1,000,000	(대) 선급리스자산	980,000	
			현금	20,000	⇨ 1,000,000
20×1.12.31	(차) 현금	387,009	(대) 이자수익	100,000	
			리스채권	287,009	⇨ 712,991
20×2.12.31	(차) 현금	387,009	(대) 이자수익	71,299	
			리스채권	315,710	⇨ 397,281
20×3.12.31	(차) 현금	387,009	(대) 이자수익	39,728	
			리스채권	347,281	⇨ 50,000
	(차) 현금	50,000	(대) 리스채권	50,000	⇨ 0

예제 3 │ 리스제공자(2): 기초자산을 반환하는 경우

(1) 리스제공자인 (주)대한리스는 (주)서울과 기계장치를 리스하는 금융리스계약을 체결하였다. 리스개시일은 20×1년 1월 1일이며, (주)대한리스는 20×0년 12월 30일에 기계장치를 공정가치인 ₩980,000에 취득하였다. 그리고 (주)대한리스는 리스개시일에 리스개설직접원가로 ₩20,000을 지출하였다.

(2) 기계장치의 경제적 내용연수는 5년이며, 내용연수 종료시점의 잔존가치는 ₩25,000이다. 기초자산은 정액법으로 감가상각한다.

(3) 리스기간은 3년이며, 리스료는 매년 말 ₩387,009의 고정리스료를 지급받는다. 리스기간 종료시점에 소유권이전 약정이나 리스이용자의 염가매수선택권은 없으며, 기초자산을 반환받는다.

(4) 리스기간 종료일의 추정잔존가치는 ₩50,000이며, (주)서울은 이 중 ₩30,000을 보증하였다. 리스기간 종료일의 실제 잔존가치는 ₩23,000이다.

(5) 리스제공자의 내재이자율은 10%이며, 현가계수는 다음과 같다. 계산 결과는 소수점 첫째 자리에서 반올림한다.

기간	10%	
	현가계수	연금현가계수
1	0.90909	0.90909
2	0.82645	1.73554
3	0.75131	2.48685

[요구사항]

1. 상기 리스거래와 관련하여 다음 물음에 답하시오.
   (1) (주)대한리스가 리스개시일에 인식할 리스채권 금액을 계산하시오.
   (2) 상기 리스거래가 (주)대한리스의 20×1년 당기손익에 미치는 효과를 계산하시오.
   (3) (주)대한리스가 20×1년에 해야 할 회계처리를 제시하시오.

2. 만일 20×1년 말 (주)대한리스가 리스종료일의 잔존가치를 ₩26,000으로 재추정하였다고 가정할 경우, 다음 물음에 답하시오.
   (1) 상기 리스거래가 (주)대한리스의 20×1년 당기손익에 미치는 효과를 계산하시오.
   (2) (주)대한리스가 20×2년에 인식할 리스채권 이자수익을 계산하시오.
   (3) (주)대한리스가 20×1년과 20×2년에 해야 할 회계처리를 제시하시오.

해답 1. 리스제공자 회계처리

(1) 리스개시일의 리스채권
= 총투자의 현재가치(할인율: 10%) = 387,009 × 2.48685 + 50,000 × 0.75131 = 1,000,000
= 리스순투자(= 리스자산 공정가치 + 리스개설직접원가) = 980,000 + 20,000 = 1,000,000

(2) 20×1년 당기손익 효과
= 리스채권 이자수익: 1,000,000 × 10% = 100,000

(3) 일자별 회계처리

① 리스채권 상각표

일자	리스료	유효이자(10%)	채권회수액	미회수채권
20×1.1.1				1,000,000
20×1.12.31	387,009	100,000	287,009	712,991
20×2.12.31	387,009	71,299	315,710	397,281
20×3.12.31	387,009	39,728	347,281	50,000
	1,161,027	211,027	950,000	

② 일자별 회계처리

20×0.12.30	(차) 선급리스자산	980,000	(대) 현금	980,000	
20×1.1.1	(차) 리스채권	1,000,000	(대) 선급리스자산	980,000	
			현금	20,000	⇨ 1,000,000
20×1.12.31	(차) 현금	387,009	(대) 이자수익	100,000	
			리스채권	287,009	⇨ 712,991
20×2.12.31	(차) 현금	387,009	(대) 이자수익	71,299	
			리스채권	315,710	⇨ 397,281
20×3.12.31	(차) 현금	387,009	(대) 이자수익	39,728	
			리스채권	347,281	⇨ 50,000
	(차) 기초자산	23,000	(대) 리스채권	50,000	
	리스채권손상차손	$^{(*)}$27,000			⇨ 0

$^{(*)}$ 50,000(추정잔존가치) − 23,000(실제잔존가치) = 27,000

	(차) 현금	$^{(*)}$7,000	(대) 리스자산보증이익	7,000	

$^{(*)}$ 30,000(보증잔존가치) − 23,000(실제잔존가치) = 7,000

2. 추정무보증잔존가치의 감소

(1) 20×1년 당기손익 효과

① 추정잔존가치가 50,000에서 26,000으로 감소하였으나, 보증잔존가치 30,000은 리스이용자로부터 회수할 수 있다. 따라서 잔존가치 감소액 24,000 중 추정무보증잔존가치의 감소액 20,000만 내재이자율로 할인한 현재가치를 리스채권손상차손으로 인식한다.

② 20×1년 당기손익 효과

리스채권 이자수익	100,000
리스채권 대손상각비 20,000(무보증잔존가치 감소액) × 0.82645 =	(16,529)
당기손익 효과	83,471 증가

(2) 20×2년 리스채권 이자수익

① 추정무보증잔존가치의 감소로 인한 리스채권 미래현금흐름의 하락은 리스채권의 신용이 손상된 사건이 된다. 따라서 손상차손 인식 후 리스채권 이자수익은 리스채권의 (총장부금액이 아니라) 손실충당금 차감 후 상각후원가에 유효이자율을 곱하여 인식한다.

② 20×1년 말 리스채권 상각후원가

리스채권 총장부금액 1,000,000 × 1.1 − 387,009 =	712,991
리스채권 손실충당금	(16,529)
리스채권 상각후원가	$^{(*)}$696,462

$^{(*)}$ **별해** 387,009 × 1.73554 + 30,000 × 0.82645 = 696,463

③ 20×2년 이자수익

696,462(리스채권 상각후원가) × 10% = 69,646

(3) 20×1년과 20×2년 회계처리

20×1.12.31	(차) 현금	387,009	(대) 이자수익	100,000		
			리스채권	287,009	⇨	712,991
	(차) 리스채권손상차손	16,529	(대) 손실충당금	16,529	⇨	696,462
20×2.12.31	(차) 현금	387,009	(대) 이자수익	69,646		
			리스채권	317,363	⇨	379,099

02 판매형리스: 제조자 또는 판매자인 리스제공자

(1) 개요

[그림 20-3] 판매형리스

판매형리스(sales-type lease)는 제조자 또는 판매자인 기업(리스제공자)이 자신이 제조하거나 구입한 자산을 고객(리스이용자)에게 금융리스의 형태로 판매하는 경우의 리스거래를 말한다. 리스제공자 입장에서 판매형리스거래는 재고자산의 장기할부판매거래에 해당하므로, 판매형리스를 재고자산의 판매거래와 자금대여거래로 구분하여 회계처리한다. 이에 따라 판매형리스의 리스제공자는 다음과 같이 이익을 인식한다.

① **리스개시일**: 재고자산의 판매로 인한 매출손익(매출액, 매출원가)
② **리스기간**: 금융수익(이자수익)

(2) 매출액

제조자 또는 판매자인 리스제공자는 리스개시일에 리스제공자에게 귀속되는 리스료를 시장이자율로 할인한 현재가치와 기초자산의 공정가치 중 적은 금액을 수익(매출액)으로 인식한다.

수익(매출액) = Min[(리스제공자의) 리스료를 시장이자율로 할인한 현재가치, 기초자산의 공정가치]

[리스개시일의 매출액 인식]

(차) 리스채권 ×××   (대) 매출액 [*]×××
    [*]Min[(리스제공자의) 리스료를 시장이자율로 할인한 현재가치, 기초자산의 공정가치]

⊘ **참고   판매형리스거래의 매출액 결정**

① **무보증잔존가치를 포함하지 않는 이유**: 리스제공자의 미래현금흐름(리스총투자)은 리스료와 무보증잔존가치의 합계액이다. 그러나 무보증잔존가치는 고객인 리스이용자로부터 직접 회수되는 금액이 아니며 회수가 안 될 수도 있는 불확실한 금액이므로 수익금액(매출액)에 포함하지 않는 것이다.
② **내재이자율이 아닌 시장이자율을 사용하는 이유**: 제조자 또는 판매자인 리스제공자는 고객을 끌기 위하여 의도적으로 낮은 내재이자율을 제시하기도 한다. 그러나 이렇게 낮은 내재이자율을 사용하면 리스개시일의 매출액이 과도한 금액으로 인식되므로, 리스제공자가 리스거래에서 생기는 전체이익(매출총이익과 금융수익) 중 과도한 부분을 리스개시일에 매출총이익으로 인식하는 결과를 가져올 수 있다. 이에 따라 제조자 또는 판매자인 리스제공자는 (내재이자율이 아니라) 시장이자율을 부과하였을 경우의 금액으로 매출총이익을 제한하는 것이다.

(3) 매출원가

판매형리스의 리스제공자는 리스개시일에 기초자산의 원가(원가와 장부금액이 다를 경우에는 장부금액)에서 무보증잔존가치의 현재가치를 차감한 금액을 매출원가로 인식한다. 즉, 무보증잔존가치를 매출액에 포함하지 않았기 때문에 매출원가에서도 제외하는 것이다.

> **매출원가** = 기초자산의 원가(장부금액) - 무보증잔존가치를 시장이자율로 할인한 현재가치

[리스개시일의 매출원가 인식]

(차) 매출원가 (*)××× (대) 재고자산 ×××

(*) 기초자산의 제조원가(장부금액) - PV(무보증잔존가치) By 시장이자율

승철쌤's comment 무보증잔존가치의 현재가치에 상당하는 기초자산의 원가(장부금액)

① 매출원가로 인식하지 않은 기초자산의 원가(무보증잔존가치의 현재가치)는 계속하여 기초자산(즉, 재고자산)으로 인식해야 한다는 주장과 이를 리스채권으로 대체해야 한다는 주장이 있다.
② 첫 번째 주장의 근거는 무보증잔존가치에 해당하는 기초자산은 판매된 것이 아니기 때문에 기초자산으로 계속 인식해야 한다는 것이다. 반면에 두 번째 주장의 근거는 무보증잔존가치에 해당하는 기초자산도 리스이용자에게 대여한 것으로 볼 수 있으므로 리스채권으로 대체하는 것이 타당하다는 것이다.

(4) 금융리스 체결과 관련하여 부담하는 원가

제조자 또는 판매자인 리스제공자는 금융리스 체결과 관련하여 부담하는 원가를 리스개시일에 비용으로 인식한다. 왜냐하면, 그 원가는 주로 제조자 또는 판매자인 리스제공자가 매출이익을 벌어들이는 일과 관련되기 때문이다(즉, 일종의 재고자산 판매 부대비용으로 보는 관점임). 이에 따라 제조자 또는 판매자인 리스제공자가 금융리스 체결과 관련하여 부담하는 원가는 리스개설직접원가의 정의에서 제외되고, 리스순투자에서도 제외된다.

[리스개시일의 금융리스 체결 증분원가 인식]

(차) 지급수수료(*) ××× (대) 현금 ×××

(*) 금융리스 체결과 관련하여 부담한 원가

구분	내용
기본개념	리스제공자가 제조기업 또는 상기업인 경우
리스개시일 매출액	Min[①, ②] ① PV(리스제공자의 리스료) By 시장이자율 ② 리스자산 공정가치(한도)
리스개시일 매출원가	리스자산 제조원가 - PV(무보증 잔존가치) By 시장이자율
리스계약체결 증분원가	발생 즉시 비용인식(not 리스채권 가산)

예제 4 판매형리스(1): 기초자산을 반환하는 경우

(1) 자동차 제조기업인 (주)한국은 제조원가 ₩800,000의 자동차를 (주)서울에게 금융리스방식으로 판매하는 계약을 체결하였다.

(2) 리스개시일은 20×1년 1월 1일이며, 리스개시일 현재 기초자산의 공정가치는 ₩980,000이다. 그리고 (주)한국은 금융리스계약체결과 관련하여 리스개시일에 ₩20,000을 지출하였다.

(3) 기초자산의 경제적 내용연수는 5년으로 내용연수 종료시점의 잔존가치는 없으며, 정액법으로 감가상각한다.

(4) 리스기간은 3년이며, 리스료는 매년 말 ₩387,009의 고정리스료를 지급받는다. 리스기간 종료시점에 소유권 이전 약정이나 리스이용자의 염가매수선택권은 없으며, 기초자산을 반환받는다. 리스기간 종료일의 추정잔존가 치는 ₩50,000이며, (주)서울은 이 중 ₩30,000을 보증하였다.

(5) (주)한국이 리스료의 산정 시 적용한 내재이자율은 10%이나, 내재이자율은 인위적으로 낮은 이자율이 적용된 것으로 리스기간 개시일 현재 시장이자율은 12%이다. 현가계수는 다음과 같다.

기간	10%		12%	
	현가	연금현가	현가	연금현가
1	0.90909	0.90909	0.89286	0.89286
2	0.82645	1.73554	0.79719	1.69005
3	0.75131	2.48685	0.71178	2.40183

(6) (주)한국은 리스개시일에 무보증잔존가치의 현재가치를 리스채권으로 대체하지 않는다.

[요구사항]

1. (주)한국이 리스개시일에 인식할 매출액과 매출원가를 각각 계산하시오.

2. (주)한국이 20×1년에 해야 할 회계처리를 제시하시오.

해답 **1. 리스개시일의 매출과 매출원가**

　　(1) 매출액

　　　① 리스료의 현재가치(할인율: 시장이자율): 387,009 × 2.40183 + 30,000 × 0.71178 = 950,883

　　　② 매출액: Min[리스료의 현재가치, 기초자산 공정가치] = Min[950,833, 980,000] = 950,883

　　(2) 매출원가

　　　① 무보증잔존가치의 현재가치(할인율: 시장이자율): 20,000 × 0.71178 = 14,236

　　　② 매출원가: 제조원가 − 무보증잔존가치의 현재가치 = 800,000 − 14,236 = 785,764

2. 20×1년 회계처리

20×1.1.1	(차) 리스채권	950,883	(대) 매출액	950,883	⇨	950,883
	(차) 매출원가	785,764	(대) 재고자산	785,764		
	(차) 지급수수료	20,000	(대) 현금	20,000		
20×1.12.31	(차) 현금	387,009	(대) 이자수익	(*)114,106		
			리스채권	272,903	⇨	677,980

　　　　　　　　(*) 950,883 × 12% = 114,106

3. 참고 무보증잔존가치의 현재가치를 리스채권으로 대체하는 경우 20×1년 회계처리

20×1.1.1	(차) 리스채권	950,883	(대) 매출액	950,883	⇨	950,883
	(차) 매출원가	785,764	(대) 재고자산	800,000		
	리스채권	14,236			⇨	965,119
	(차) 지급수수료	20,000	(대) 현금	20,000		
20×1.12.31	(차) 현금	387,009	(대) 이자수익	(*)115,814		
			리스채권	271,195	⇨	693,924

　　　　　　　　(*) (950,883 + 14,236) × 12% = 115,814

(1) 자동차 제조기업인 (주)한국은 제조원가 ₩800,000의 자동차를 (주)서울에게 금융리스방식으로 판매하는 계약을 체결하였다.

(2) 리스개시일은 20×1년 1월 1일이며, 리스개시일 현재 기초자산의 공정가치는 ₩980,000이다. 그리고 (주)한국은 금융리스계약체결과 관련하여 리스개시일에 ₩20,000을 지출하였다.

(3) 기초자산의 경제적 내용연수는 5년으로 내용연수 종료시점의 잔존가치는 없으며, 정액법으로 감가상각한다.

(4) 리스기간은 3년이며, 리스료는 매년 말 ₩387,009의 고정리스료를 지급받는다. (주)한국은 리스기간 종료일인 20×3년 12월 31일에 (주)서울로부터 ₩50,000을 지급받고 소유권을 이전하기로 하였다.

(5) (주)한국이 리스료의 산정 시 적용한 내재이자율은 10%이나, 내재이자율은 인위적으로 낮은 이자율이 적용된 것으로 리스기간 개시일 현재 시장이자율은 12%이다. 현가계수는 다음과 같다.

기간	10%		12%	
	현가	연금현가	현가	연금현가
1	0.90909	0.90909	0.89286	0.89286
2	0.82645	1.73554	0.79719	1.69005
3	0.75131	2.48685	0.71178	2.40183

[요구사항]

1. 상기 리스거래가 (주)한국의 20×1년 당기순이익에 미치는 영향을 계산하시오.

2. (주)한국이 20×1년에 해야 할 회계처리를 제시하시오.

해답 **1. 20×1년 당기순이익 영향**

(1) 리스개시일의 매출액

① 리스료의 현재가치(할인율: 시장이자율): 387,009 × 2.40183 + 50,000 × 0.71178 = 965,119

② 매출액: Min[리스료의 현재가치, 기초자산 공정가치] = Min[965,119, 980,000] = 965,119

참고 기초자산의 소유권이 리스이용자에게 이전되는 경우에는 리스제공자의 미래현금흐름(리스총투자)은 모두 제공자의 리스료로 구성된다. 따라서 판매형리스에서 리스제공자의 리스개시일의 매출액을 측정할 때 미래현금흐름에서 제외되는 금액이 없다. 매출액에서 제외되는 금액이 없으므로 매출원가도 제외되는 금액이 없이 기초자산의 원가(장부금액)를 전액 매출원가로 인식한다.

(2) 20×1년 당기순이익 영향

20×1.1.1 매출액		965,119	
20×1.1.1 매출원가		(800,000)	
20×1.1.1 지급수수료		(20,000)	
20×1.12.31 이자수익	965,119 × 12% =	115,814	
20×1년 당기순이익 효과		260,933	증가

2. 20×1년 회계처리

20×1.1.1	(차) 리스채권	965,119	(대) 매출액	965,119	⇨	965,119
	(차) 매출원가	800,000	(대) 재고자산	800,000		
	(차) 지급수수료	20,000	(대) 현금	20,000		
20×1.12.31	(차) 현금	387,009	(대) 이자수익	(*)115,814		
			리스채권	271,195	⇨	693,924

(*) 965,119 × 12% = 115,814

03 운용리스의 제공자

(1) 리스개시일

리스제공자는 제조자나 판매자로부터 기초자산을 구입하고 선급리스자산으로 계상한다. 리스개시일에 선급리스자산을 운용리스자산으로 대체하고, 운용리스 체결과정에서 부담하는 리스개설직접원가는 기초자산의 장부금액에 가산한다.

> **[리스개시일 이전]**
> (차) 선급리스자산   ×××   (대) 현금(기초자산의 구입가격)   ×××
>
> **[리스개시일]**
> (차) 운용리스자산   ×××   (대) 선급리스자산   ×××
> (차) 운용리스자산   ×××   (대) 현금(리스개설직접원가)   ×××

(2) 리스기간

리스제공자는 정액 기준이나 다른 체계적인 기준으로 운용리스의 리스료를 수익으로 인식한다. 다른 체계적인 기준이 기초자산의 사용으로 생기는 효익이 감소되는 형태를 더 잘 나타낸다면 리스제공자는 그 기준을 적용한다. 만일 리스료수익으로 인식한 금액과 리스료 수령액이 차이가 있는 경우에는 동 차이를 선수리스료 또는 미수리스료로 인식한다.

> **리스료수익(정액기준)** = 리스기간의 리스료 합계 ÷ 리스기간

> **[리스료수익의 인식]**
> (차) 현금   ×××   (대) 리스료수익   ×××
>   미수리스료   ×××   선수리스료   ×××

리스제공자는 리스료수익 획득 과정에서 부담하는 원가를 비용으로 인식한다. 운용리스자산은 감가상각을 통하여 비용으로 인식하는데, 운용리스자산의 감가상각정책은 리스제공자가 소유한 비슷한 자산의 보통 감가상각 정책과 일치해야 한다. 따라서 리스제공자는 운용리스자산을 경제적 내용연수에 걸쳐 감가상각비를 인식한다. 다만, 운용리스자산의 장부금액에 가산한 리스개시일의 리스개설직접원가는 리스료수익과 같은 기준으로 리스기간에 걸쳐 비용으로 인식한다.

> **[감가상각비의 인식]**
> (차) 감가상각비   ×××   (대) 감가상각누계액   ×××

한편, 운용리스자산이 손상된 경우에는 기업회계기준서 제1036호(자산손상)를 적용하여 손상차손을 인식한다.

예제 6   리스제공자: 운용리스

(1) (주)한국리스는 (주)서울과 20×1년 1월 1일을 리스개시일로 하여 생산설비를 리스하는 계약을 체결하였다. 동 리스계약은 운용리스로 분류된다. 기초자산은 20×0년 12월 20일에 ₩800,000에 취득하였으며, 내용연수 10년, 잔존가치는 없다. (주)한국리스는 운용리스자산을 정액법으로 감가상각한다.

(2) 리스기간은 3년이며 고정리스료는 매년 말에 다음과 같이 수령한다.

일자	리스료
20×1년 12월 31일	₩100,000
20×2년 12월 31일	150,000
20×3년 12월 31일	110,000

(3) (주)한국리스는 리스개시일에 리스개설직접원가로 ₩30,000을 지출하였다.

[요구사항]

1. 상기 리스거래가 (주)한국리스의 20×1년 당기순이익에 미친 영향을 계산하시오. 단, 리스와 관련된 효익의 기간적 형태를 더 잘 나타내는 다른 체계적인 인식기준은 없다고 가정한다.

2. (주)한국리스가 리스거래와 관련하여 수행할 회계처리를 제시하시오.

해답   1. 당기순이익에 미치는 영향

운용리스료수익	(100,000 + 150,000 + 110,000) ÷ 3년 =	120,000
운용리스자산 감가상각비	800,000 ÷ 10년 + 30,000 ÷ 3년 =	(90,000)
		30,000 증가

2. 리스제공자의 회계처리

20×0.12.20	(차) 선급리스자산	800,000	(대) 현금	800,000
20×1.1.1	(차) 운용리스자산	830,000	(대) 선급리스자산	800,000
			현금	30,000
20×1.12.31	(차) 현금	100,000	(대) 운용리스료수익	120,000
	미수리스료	20,000		
	(차) 감가상각비	90,000	(대) 감가상각누계액	90,000
20×2.12.31	(차) 현금	150,000	(대) 운용리스료수익	120,000
			미수리스료	20,000
			선수리스료수익	10,000
	(차) 감가상각비	90,000	(대) 감가상각누계액	90,000
20×3.12.31	(차) 현금	110,000	(대) 운용리스료수익	120,000
	선수리스료수익	10,000		
	(차) 감가상각비	90,000	(대) 감가상각누계액	90,000

01 리스이용자의 리스분류

리스제공자는 리스계약을 금융리스와 운용리스로 분류하여 회계처리한다. 그러나 리스이용자는 리스계약을 금융리스나 운용리스로 분류하지 않고, 모든 리스에 대하여 리스이용자가 자산과 부채를 인식하는 단일 리스이용자 회계모형을 채택하였다. 이에 따라 리스이용자는 (리스제공자의 리스분류에 관계없이) 모든 리스에 대하여 리스 기초자산의 사용권을 나타내는 사용권자산과 리스료 지급의무를 나타내는 리스부채를 인식해야 한다.

> ⊘ 참고 종전 리스 회계모형에 대한 비판   [회계사 2차 19]
>
> 종전 리스 회계모형은 리스이용자의 경우에도 리스를 금융리스 아니면 운용리스로 분류하고, 리스이용자에게 운용리스에서 생기는 자산 및 부채를 인식하도록 요구하지 않았고, 금융리스에서 생기는 자산 및 부채는 인식하도록 요구하였다. 이러한 회계모형은 재무제표 이용자의 요구를 충족하지 못하였다는 다음과 같은 비판을 받았다.
> ① 운용리스는 리스에 관련되는 자산 및 부채가 리스이용자의 재무제표에 인식되지 않으므로 운용리스에 의해 보고되는 정보는 투명성이 결여되었고 재무제표 이용자의 요구를 충족하지 못하였다.
> ② 또한 리스에 관련되는 자산 및 부채가 운용리스에서는 인식되지 않고 금융리스에서만 인식되는 상황은 경제적으로 비슷한 거래가 매우 다르게 회계처리될 수 있음을 의미한다. 이는 재무정보의 비교가능성을 떨어뜨리고, 기업이 특정 회계 결과를 달성하기 위해 거래를 구조화할 수 있는 문제점이 있었다.
>
> 이러한 비판을 해결하기 위하여 개정 리스 기준서 제1116호에서는 리스이용자의 경우 모든 리스에 대하여 사용권자산과 리스부채를 인식하는 일종의 금융리스 방식의 회계모형을 채택하였고, 결과적으로 리스제공자와 리스이용자의 회계모형이 더 이상 대칭적인 회계처리를 수행하지 않게 되었다.

> ⊘ 참고 사용권자산과 리스부채의 인식면제
>
> ① 리스이용자는 단기리스나 소액 기초자산 리스에는 사용권자산과 리스부채를 인식하지 않기로 선택할 수 있다. 이 경우 리스이용자는 해당 리스에 관련되는 리스료를 리스기간에 걸쳐 정액 기준이나 다른 체계적인 기준에 따라 비용으로 인식한다. 다른 체계적인 기준이 리스이용자의 효익의 형태를 더 잘 나타내는 경우에는 그 기준을 적용한다.
> ② 여기서 단기리스는 리스개시일에, 리스기간이 12개월 이하인 리스(매수선택권이 있는 리스는 제외)를 말하며, 소액 기초자산인 리스는 기초자산이 새것일 때 소액인 경우의 리스(예 태블릿, 개인 컴퓨터, 소형 사무용 가구, 전화기 리스)로서, 기초자산이 새것일 때 대략 US$5,000 이하인 리스를 말한다.

02 최초인식(리스개시일)

1. 리스부채

리스이용자 입장에서 금융리스는 리스제공자로부터 기초자산의 사용권을 장기할부매입한 것으로 회계처리하므로 리스개시일에 지급채무인 리스부채를 인식한다. 이때 장기할부채무인 리스부채는 리스이용자의 미래현금흐름인 (리스이용자의) 리스료를 현재가치로 할인한 금액으로 측정한다. 리스의 내재이자율을 쉽게 산정할 수 있는 경우에는 내재이자율로 리스료를 할인하며, 내재이자율을 쉽게 산정할 수 없는 경우에는 리스이용자의 증분차입이자율을 사용하여 할인한다.

> **리스개시일의 리스부채** = 미지급 리스료의 현재가치(할인율: (*)내재이자율)
>   (*) 내재이자율을 쉽게 산정할 수 없는 경우에는 리스이용자의 증분차입이자율

리스개시일의 리스부채의 측정치에 포함되는 (리스이용자의) 리스료는, 기초자산 사용권 취득에 대해 리스제공자에게 리스기간에 걸쳐 지급하기로 한 대가 중 리스개시일 현재 지급되지 않은 다음 금액으로 구성된다.

> ① **고정리스료**: 실질적인 고정리스료를 포함하고, 받을 리스 인센티브는 차감
> ② **지수나 요율(이율)에 따라 달라지는 변동리스료**: 처음에는 리스개시일의 지수나 요율(이율)을 사용하여 측정
> ③ **잔존가치 보증에 따라 리스이용자가 지급할 것으로 예상되는 금액**:
>   보증잔존가치 – 리스종료일의 추정 잔존가치
> ④ **리스이용자의 매수선택권 행사가격**: 리스이용자가 매수선택권을 행사할 것이 상당히 확실한 경우에 그 매수선택권의 행사가격
> ⑤ **리스이용자의 리스종료 선택권 행사가격**: 리스기간이 리스이용자의 종료선택권 행사를 반영하는 경우에 그 리스를 종료하기 위하여 리스이용자가 부담하는 금액

한편, 기초자산을 반환하는 리스계약의 경우 리스이용자의 리스료에 포함되는 금액은, 리스제공자의 리스료와는 달리, (보증잔존가치가 아니라) 보증잔존가치 중 리스이용자가 지급할 것으로 예상되는 금액임에 유의한다. 이때 보증잔존가치 중 리스이용자의 지급예상액은 보증잔존가치에서 리스종료일의 추정 잔존가치를 차감한 금액으로 측정한다.

> **보증잔존가치 중 리스이용자의 지급예상액** = Max[보증잔존가치 – 리스종료일의 추정 잔존가치, 0]

2. 사용권자산

사용권자산(right-of-use asset)은 리스이용자가 기초자산을 리스기간 동안 사용할 수 있는 권리 (기초자산 사용권)를 나타내는 자산으로, 리스이용자는 리스개시일에 사용권자산을 원가로 측정하여 인식한다. 사용권자산의 원가는 다음 항목으로 구성된다.

① **리스부채**: 리스부채의 최초 측정금액
② **선급리스료**: 리스개시일이나 그 전에 지급한 리스료(단, 리스 인센티브 수령액은 차감)
③ **리스이용자의 리스개설직접원가**: 리스이용자가 부담하는 리스개설직접원가
④ **복구원가 추정치**: 리스계약에서 요구하는 대로 기초자산을 해체하고 제거하거나, 기초자산이 위치한 부지를 복구하거나, 기초자산 자체를 복구할 때 리스이용자가 부담하는 원가의 추정치

한편, 리스이용자는 사용권자산을 다른 자산과 구분하여 표시하거나 공시한다. 다만, 투자부동산의 정의를 충족하는 사용권자산은 재무상태표에 투자부동산으로 표시한다.

[리스개시일]

(차) 사용권자산	×××	(대) 리스부채	×××
현금(리스 인센티브)	×××	선급리스료	×××
		현금(리스개설직접원가)	×××
		복구충당부채	×××

03 후속측정(리스기간)

1. 리스부채

① 금융리스 거래에서 리스이용자는 장기간에 걸쳐 대가를 지급하므로 리스이용자가 미래에 지급하는 명목금액(리스이용자의 리스료)에는 금융요소(이자요소)가 포함되어 있다. 따라서 리스이용자는 매기 지급하는 리스료를 금융원가(이자비용)와 리스부채 원금 상환액으로 나누어 회계처리해야 한다.
② 이때 매기 인식하는 리스부채의 금융원가(이자비용)는 유효이자율법을 적용한 유효이자로 인식하며, 유효이자율은 리스부채를 측정할 때 사용한 내재이자율(또는 리스이용자의 증분차입이자율)로 한다.

> **리스료 지급액** = [*]금융원가(이자비용) + 리스부채 원금 상환액
> [*] 직전 리스료 지급일의 리스부채 장부금액 × 유효이자율(내재이자율 또는 증분차입이자율)

> **[리스료 지급]**
>
> | | | | |
> |---|---|---|---|
> | (차) 이자비용 | [*1]××× | (대) 현금(리스료 지급액) | ××× |
> | 리스부채 | [*2]××× | | |
>
> [*1] 이자비용: 직전 리스료 지급일의 리스부채 장부금액 × 내재이자율(또는 증분차입이자율)
> [*2] 리스부채 원금 상환액: 리스료 지급액 - 이자비용

2. 사용권자산

(1) 사용권자산의 측정

사용권자산은 원가모형과 재평가모형 중 하나를 적용하여 측정한다. 만일 사용권자산이 투자부동산으로 분류되는 경우에는 원가모형과 공정가치모형 중 하나를 적용하여 측정한다.

(2) 사용권자산의 감가상각

리스이용자는 사용권자산을 감가상각할 때 기업회계기준서 제1016호(유형자산)의 감가상각에 대한 요구사항을 적용한다. 리스가 리스기간 종료시점 이전에 리스이용자에게 기초자산의 소유권을 이전하는 경우나 사용권자산의 원가에 리스이용자가 매수선택권을 행사할 것임이 반영되는 경우에, 리스이용자는 리스개시일부터 기초자산의 내용연수 종료시점까지 사용권자산을 감가상각한다. 그 밖의 경우(기초자산의 소유권이 이전되지 않는 경우)에는 리스이용자는 리스개시일부터 사용권자산의 내용연수 종료일과 리스기간 종료일 중 이른 날까지 사용권자산을 감가상각한다.

[사용권자산의 감가상각비]

(1) 리스자산의 소유권이 이전되는 경우

= (사용권자산 취득원가 − 내용연수 종료일의 잔존가치) ÷ 내용연수

(2) 리스자산의 소유권이 이전되지 않는 경우

① 취득원가를 기준으로 감가상각하는 경우

= 사용권자산 취득원가 ÷ Min[내용연수, 리스기간]

② 취득원가에서 보증잔존가치 중 지급예상액을 차감한 금액을 기준으로 감가상각하는 경우

= (사용권자산 취득원가 − 보증잔존가치 중 지급예상액) ÷ Min[내용연수, 리스기간]

[사용권자산의 감가상각]

(차) 감가상각비	×××	(대) 감가상각누계액	×××

승철쌤's comment　　사용권자산의 감가상각

① 사용권자산을 감가상각할 때 잔존가치를 차감하지 않은 취득원가를 기준으로 계산해야 한다는 주장과 취득원가에서 보증잔존가치 중 지급예상액을 차감한 금액을 기준으로 계산해야 한다는 주장이 있다.

② 사용권자산은 기초자산을 리스기간 동안 사용할 수 있는 권리(임차권)를 나타내는 자산으로서, 리스이용자가 기초자산의 소유권을 보유하고 있지 않으므로 리스기간 종료일에 회수할 수 있는 잔존가치가 없다고 보는 것이 합리적일 것이다.

③ 다만, 상기 두 가지 주장이 모두 출제된 적이 있으므로 수험목적으로는 문제에서 제시하는 단서에 따라 풀이하면 된다.

(3) 사용권자산의 손상

그리고 리스이용자는 사용권자산이 손상되었는지를 판단하고 식별되는 손상차손을 회계처리하기 위하여 기업회계기준서 제1036호(자산손상)를 적용한다. 즉, 사용권자산의 손상 회계처리는 유형자산과 무형자산에 적용되는 손상회계처리와 동일하다.

04 리스종료일

(1) 기초자산의 소유권을 이전받는 경우

리스종료일이 되면 리스부채 잔액은 소유권 이전 약정액 또는 염가매수선택권 행사가격이 된다. 따라서 리스이용자는 소유권 이전 약정액 또는 염가매수선택권 행사가격을 지급하고 리스부채 장부금액을 제거한다. 그리고 사용권자산은 적절한 계정(예 유형자산)으로 대체한다.

[리스자산의 소유권 이전]

(차) 리스부채	×××	(대) 현금	×××
(차) 유형자산	×××	(대) 사용권자산	×××
(차) 감가상각누계액(사용권자산)	×××	(대) 감가상각누계액(유형자산)	×××

(2) 기초자산을 반환하는 경우

① 소유권 이전 약정이나 염가매수선택권 약정이 없는 경우 리스이용자는 리스종료일에 리스제공자에게 리스자산을 반환한다. 이때 취득원가를 기준으로 감가상각하는 경우 리스기간 종료일의 사용권자산 장부금액은 0(영)이 된다. 그리고 리스기간 종료일의 리스부채 잔액은 리스이용자가 잔존가치 보증에 따라 지급할 것으로 예상한 금액이 된다.

② 따라서 리스이용자는 리스자산을 반환할 때 리스부채 장부금액을 제거하면서 잔존가치 보증에 따라 리스제공자에게 지급하는 금액(보증잔존가치에서 리스종료일의 실제 잔존가치를 차감한 금액)과의 차이를 리스자산보증손실로 하여 당기손익으로 인식한다.

[리스자산의 반환]

(차) 감가상각누계액	(*)×××	(대) 사용권자산	×××

(*) 취득원가를 기준으로 감가상각하는 경우 리스기간 종료일의 감가상각누계액은 사용권자산 취득원가와 동일한 금액이 된다.

(차) 리스부채	(*1)×××	(대) 현금	(*2)×××
리스자산보증손실	×××		

(*1) 보증잔존가치 - 리스종료일의 예상 잔존가치
(*2) 보증잔존가치 - 리스종료일의 실제 잔존가치

구분	내용
리스개시일 리스부채	① 리스자산 소유권이 이전되는 경우 　= PV(리스이용자의 리스료) By (*)내재이자율 　　(*) 또는 리스이용자의 증분차입이자율 　= PV(정기리스료 + (*)소유권 이전가액) By 내재이자율 　　(*) 또는 염가매수선택권 행사가액 ② 리스자산을 반환하는 경우 　= PV(리스이용자의 리스료) By (*)내재이자율 　　(*) 또는 리스이용자의 증분차입이자율 　= PV(정기리스료 + 보증잔존가치 중 지급예상액) By 내재이자율
리스개시일 사용권자산	리스부채 + 리스개설직접원가 + PV(복구원가 추정치) − 리스 인센티브
매기 이자비용	직전 리스료 지급일의 리스부채 BV × 내재이자율
매기 감가상각비	① 리스자산 소유권이 이전되는 경우 　㉠ 상각기간: 리스자산 내용연수(not 리스기간) 　㉡ 잔존가치: 내용연수 종료일의 잔존가치 ② 리스자산을 반환하는 경우 　㉠ 상각기간: Min[리스기간, 리스자산 내용연수] 　㉡ 잔존가치: (*)영(0) 　　(*) 보증잔존가치 중 지급예상액으로 보는 주장도 있음
매기 당기손익 효과	이자비용 + 감가상각비
매기 말 리스부채 BV	직전 리스료 지급일의 리스부채 BV × (1 + 내재이자율) − 정기리스료

(1) 리스이용자인 (주)한국은 (주)대한리스와 기계장치를 리스하는 금융리스계약을 체결하였다. 리스개시일은 20×1년 1월 1일이며, 리스개시일에 리스개설직접원가로 ₩5,000을 지출하였다. 기계장치의 경제적 내용연수는 5년으로 내용연수 종료시점의 잔존가치는 ₩25,000이다. 기초자산은 정액법으로 감가상각한다.

(2) 리스기간은 3년이며, 리스료는 매년 말 ₩387,009의 고정리스료를 지급한다. 리스기간 종료시점에 리스이용자가 리스자산을 ₩50,000에 매수할 수 있는 염가매수선택권이 있으며, 리스약정일 현재 행사할 것이 상당히 확실하다.

(3) 리스제공자의 내재이자율은 10%이며, 현가계수는 다음과 같다.

기간	10%	
	현가계수	연금현가계수
1	0.90909	0.90909
2	0.82645	1.73554
3	0.75131	2.48685

[요구사항]

1. (주)한국이 리스개시일에 인식할 리스부채와 사용권자산 금액을 각각 계산하시오.

2. 금융리스계약이 (주)한국의 20×1년 당기순이익에 미치는 영향을 계산하시오.

3. (주)한국이 리스기간 동안 해야 할 회계처리를 제시하시오.

해답   **1. 리스이용자의 리스부채와 사용권자산**

(1) 리스부채: 리스료의 현재가치
= 387,009(고정리스료) × 2.48685 + 50,000(염가매수선택권 행사가액) × 0.75131 = 1,000,000

(2) 사용권자산: 리스부채 + 리스개설직접원가 = 1,000,000 + 5,000 = 1,005,000

2. 20×1년 당기순이익 효과

(1) 리스부채 이자비용: 1,000,000 × 10% = 100,000

(2) 사용권자산 감가상각비: (1,005,000 − 25,000) ÷ 5년 = 196,000

(3) 20×1년 당기순이익 효과: 100,000 + 196,000 = 296,000 감소

3. 리스이용자 회계처리

(1) 리스부채 상각표

일자	리스료	유효이자(10%)	부채상환액	미상환부채
20×1.1.1				1,000,000
20×1.12.31	387,009	100,000	287,009	712,991
20×2.12.31	387,009	71,299	315,710	397,281
20×3.12.31	387,009	39,728	347,281	50,000
	1,161,027	211,027	950,000	

(2) 일자별 회계처리

20×1.1.1	(차) 사용권자산	1,005,000	(대) 리스부채	1,000,000
			현금	5,000 ⇨ 1,000,000
20×1.12.31	(차) 이자비용	100,000	(대) 현금	387,009
	리스부채	287,009		⇨ 712,991
	(차) 감가상각비	196,000	(대) 감가상각누계액	196,000
20×2.12.31	(차) 이자비용	71,299	(대) 현금	387,009
	리스부채	315,710		⇨ 397,281
	(차) 감가상각비	196,000	(대) 감가상각누계액	196,000
20×3.12.31	(차) 이자비용	39,728	(대) 현금	387,009
	리스부채	347,281		⇨ 50,000
	(차) 감가상각비	196,000	(대) 감가상각누계액	196,000
	(차) 리스부채	50,000	(대) 현금	50,000 ⇨ 0
	(차) 기계장치	1,005,000	(대) 사용권자산	1,005,000
	(차) 감가상각누계액(사용권자산)	588,000	(대) 감가상각누계액(기계장치)	588,000

(1) 리스이용자인 (주)한국은 (주)대한리스와 기계장치를 리스하는 금융리스계약을 체결하였다. 리스개시일은 20×1년 1월 1일이며, 리스개시일에 리스개설직접원가로 ₩5,000을 지출하였다. 기계장치의 경제적 내용연수는 5년으로 내용연수 종료시점의 잔존가치는 ₩25,000이다. 기초자산은 정액법으로 감가상각한다.

(2) 리스기간은 3년이며, 리스료는 매년 말 ₩387,009의 고정리스료를 지급한다. 리스기간 종료시점에 소유권 이전 약정이나 리스이용자의 염가매수선택권은 없으며, 기초자산을 반환한다.

(3) 리스기간 종료일의 추정잔존가치는 ₩50,000이며, (주)한국은 이 중 ₩30,000을 보증하였다. 다만, 잔존가치 보증에 따라 리스이용자가 지급할 것으로 예상한 금액은 없다고 추정하였다.

(4) 리스제공자의 내재이자율은 10%이며, 현가계수는 다음과 같다.

기간	10%	
	현가계수	연금현가계수
1	0.90909	0.90909
2	0.82645	1.73554
3	0.75131	2.48685

(5) 리스기간 종료일의 실제 잔존가치는 ₩23,000이다.

[요구사항]

1. (주)한국이 리스개시일에 인식할 리스부채와 사용권자산 금액을 각각 계산하시오.

2. 금융리스계약이 (주)한국의 20×1년 당기순이익에 미치는 영향을 계산하시오.

3. (주)한국이 리스기간 동안 해야 할 회계처리를 제시하시오.

해답 **1. 리스이용자의 리스부채와 사용권자산**

(1) 리스부채: 리스료의 현재가치 = 387,009(고정리스료) × 2.48685 = 962,433

(2) 사용권자산: 리스부채 + 리스개설직접원가 = 962,433 + 5,000 = 967,433

2. 20×1년 당기순이익 효과

(1) 리스부채 이자비용: 962,433 × 10% = 96,243

(2) 사용권자산 감가상각비: 967,433 ÷ Min[5년, 3년] = 322,478

(3) 20×1년 당기순이익 효과: 96,243 + 322,478 = 418,721 감소

3. 리스이용자 회계처리

(1) 리스부채 상각표

일자	리스료	유효이자(10%)	부채상환액	미상환부채
20×1.1.1				962,433
20×1.12.31	387,009	96,243	290,766	671,667
20×2.12.31	387,009	67,167	319,842	351,825
20×3.12.31	387,009	35,184	351,825	–
	1,161,027	198,594	962,433	

(2) 일자별 회계처리

20×1.1.1	(차) 사용권자산	967,433	(대) 리스부채	962,433	
			현금	5,000	⇨ 962,433
20×1.12.31	(차) 이자비용	96,243	(대) 현금	387,009	
	리스부채	290,766			⇨ 671,667
	(차) 감가상각비	322,478	(대) 감가상각누계액	322,478	
20×2.12.31	(차) 이자비용	67,167	(대) 현금	387,009	
	리스부채	319,842			⇨ 351,825
	(차) 감가상각비	322,478	(대) 감가상각누계액	322,478	
20×3.12.31	(차) 이자비용	35,184	(대) 현금	387,009	
	리스부채	351,825			⇨ 0
	(차) 감가상각비	322,478	(대) 감가상각누계액	322,478	
	(차) 리스자산보증손실	7,000	(대) 현금	(*)7,000	

(*) 30,000(보증잔존가치) − 23,000(실제잔존가치) = 7,000

05 리스부채의 재평가

(1) 개요

필수암기! 리스부채의 재평가

리스부채의 재평가 원인	재평가 시 적용 할인율
① 잔존가치 보증에 따른 지급예상액에 변동이 있는 경우 ② 지수나 요율(이율)의 변동으로 인한 변동리스료의 변동	① 기존 할인율로 재평가 ② 단, 변동이자율의 변동으로 변동 시: 　　재평가일의 수정할인율로 재평가
③ 리스기간에 변경이 있는 경우 ④ 염가매수선택권 평가에 변동이 있는 경우	재평가일의 수정할인율로 재평가

　　리스이용자는 리스개시일 후에 리스료에 생기는 변동을 반영하기 위하여 리스부채를 다시 측정한다. 이때 리스이용자는 사용권자산을 조정하여 리스부채의 재측정금액을 인식한다. 그러나 사용권자산의 장부금액이 영(0)으로 감소하고 리스부채 측정치가 그보다 더 많이 감소하는 경우에는, 나머지 재측정금액(즉, 리스부채 초과 감소액)을 당기손익으로 인식한다.

[리스부채가 증가하는 경우]

(차) 사용권자산　　　　　　　　　×××　②　(대) 리스부채　　　　　　　　　　×××　①

[리스부채가 감소하는 경우]

(차) 리스부채　　　　　　　　　　×××　①　(대) 사용권자산　　　　　　　　　×××　②
　　　　　　　　　　　　　　　　　　　　　　　　　당기손익　　　　　　　　　(*)×××　③

　　(*) 리스부채 초과 감소액: 리스부채 감소액 – 사용권자산 장부금액

(2) 기존 할인율로 리스부채를 재평가하는 경우

① 리스이용자는 다음 중 어느 하나에 해당하는 경우에 수정된 리스료를 변경되지 않은 할인율로 할인하여 리스부채를 다시 측정한다. 다만, 리스료의 변동이 변동이자율의 변동으로 생긴 경우에는 그 이자율 변동을 반영하는 수정할인율을 사용하여 리스부채를 재측정한다.

> ㉠ **잔존가치 보증에 따라 지급할 것으로 예상되는 금액에 변동이 있는 경우**: 리스이용자는 잔존가치 보증에 따라 지급할 것으로 예상되는 금액의 변동을 반영하여 수정리스료를 산정한다.
> ㉡ **리스료를 산정할 때 사용한 지수나 요율(이율)의 변동으로 생기는 미래 리스료에 변동이 있는 경우**: 예를 들면 시장 대여료를 검토한 후 시장 대여요율 변동을 반영하는 리스료 변동을 포함한다. 리스이용자는 현금흐름에 변동이 있을 경우에만 수정리스료를 반영하여 리스부채를 다시 측정한다. 리스이용자는 변경된 계약상 지급액에 기초하여 남은 리스기간의 수정리스료를 산정한다.

② 이때 유의할 점은 리스이용자의 리스부채 측정 시 포함되는 변동리스료는 지수나 요율(이율)에 따라 달라지는 변동리스료만 포함하며, 그 외의 이유로 리스료가 달라지는 경우에는 이를 리스부채 측정 시 포함되는 변동리스료로 보지 않는다는 것이다.

③ 따라서 지수나 요율(이율)에 따라 달라지는 변동리스료만 사용권자산과 리스부채 측정치에 포함하여 리스부채를 재측정하고 사용권자산을 조정하며, 그 외의 이유로 리스료가 달라지는 경우에는 변동금액을 발생기간의 당기손익으로 인식해야 한다. 예를 들어, 리스이용자가 사용권자산에서 생기는 매출액의 일정비율을 추가로 지급하기로 한 경우 추가지급액은 당기손익으로 인식한다.

⊘ 참고 지수나 요율(이율)에 따라 달라지는 변동리스료만 리스부채 측정 시 포함하는 이유

① 리스료는 계약상 기준금리나 소비자물가지수 등의 변동에 따라 조정될 수 있다. 이렇게 지수나 요율(이율)에 따라 리스료가 달라지는 변동리스료는 리스부채의 측정치에 포함한다. 그 이유는 지수나 요율(이율)에 따라 리스료가 변동되는 경우에는 리스이용자가 그 지급액을 회피할 수 없고 리스이용자의 미래 행위에 따라 달라지지 않으므로 부채의 정의를 충족하기 때문이다.
② 반면 리스료는 기초자산에서 생기는 리스이용자의 성과나 기초자산의 사용정도에 따라 변동될 수도 있다. 예를 들어, 상가 부동산 리스는 그 부동산에서 생기는 매출의 특정 비율에 기초하도록 리스료를 정할 수 있으며, 차량 리스에서 리스이용자가 특정 주행거리를 초과하면 추가 리스료를 지급하도록 요구할 수 있다.
③ 그러나 이렇게 리스이용자의 성과나 기초자산의 사용정도에 따라 리스료가 변동되는 경우에는 리스부채의 측정에 포함하지 않는다. 왜냐하면 그 지급액은 리스이용자의 미래 행위에 따라 회피할 수 있으므로 부채의 정의를 충족하지 못하기 때문이다. 따라서 이로 인한 리스료의 변동은 지급이 필요한 미래사건(예 기초자산이 사용되거나 판매됨)이 발생한 시점에 당기손익으로 인식한다.

(3) 수정할인율로 리스부채를 재평가하는 경우

리스이용자는 다음 중 어느 하나에 해당하는 경우에 수정할인율로 수정리스료를 할인하여 리스부채를 다시 측정한다. 이때 리스이용자는 내재이자율을 쉽게 산정할 수 있는 경우에는 남은 리스기간의 내재이자율로 수정할인율을 산정하나, 리스의 내재이자율을 쉽게 산정할 수 없는 경우에는 재평가시점의 증분차입이자율로 수정할인율을 산정한다.

① **리스기간에 변경이 있는 경우:** 리스이용자는 변경된 리스기간에 기초하여 수정리스료를 산정한다.
② **기초자산을 매수하는 선택권 평가에 변동이 있는 경우:** 리스이용자는 매수선택권에 따라 지급할 금액의 변동을 반영하여 수정리스료를 산정한다.

> ⊘ 참고　**수정할인율을 사용하여 리스부채를 재평가하는 이유**
>
> ① 유효이자율법을 사용하여 상각후원가로 측정하는 리스부채는 원칙적으로는 리스기간 동안에 할인율을 다시 평가하지 않는다. 이는 유효이자율법을 사용하여 회계처리하는 금융상품에 적용하는 접근법과 일반적으로 일치한다.
> ② 그러나 관련된 부채가 현행가치 측정기준으로 측정되는 경우에는 할인율을 다시 평가하는 것이 허용된다. 즉, 리스부채의 경우에도 리스기간이 변동되거나 리스이용자가 기초자산 매수선택권을 행사할 것이 상당히 확실한지에 대한 평가 결과에 변동이 있는 경우에는 리스의 경제적 실질이 달라졌기 때문에 수정리스료와 수정할인율을 사용하여 리스부채를 다시 측정해야 한다. 따라서 이 경우에는 리스부채(및 사용권자산)의 측정치에 포함되는 리스료의 변동과 일치하도록 할인율도 다시 평가하는 것이다.

예제 9   리스부채의 재평가(1): 지수에 따라 달라지는 변동리스료

(1) (주)한국은 20x1년 1월 1일에 (주)서울리스로부터 부동산을 리스하는 계약을 체결하였다. 리스기간은 10년이며, 리스기간 종료일에 소유권이 이전되거나 기초자산을 염가로 매수할 수 있는 선택권은 없다. 연간 리스료 ₩50,000은 매년 말에 지급한다.

(2) 리스계약에 따르면, 앞선 24개월의 소비자물가지수 상승에 기초하여 리스료가 2년마다 오르도록 조정하며, 리스개시일의 소비자물가지수는 125이다.

(3) 리스의 내재이자율은 쉽게 산정할 수 없다. (주)한국의 증분차입이자율은 연 5%이고, 이 이자율은 (주)한국이 비슷한 담보로 사용권자산의 가치와 비슷한 금액을 같은 통화로 10년간 빌릴 수 있는 고정이율을 반영한다.

(4) 현가계수는 다음과 같다.

기간	5%		6%	
	현가계수	연금현가계수	현가계수	연금현가계수
8	0.67684	6.46322	0.62741	6.20980
9	0.64461	7.10783	0.59190	6.80170
10	0.61391	7.72174	0.55839	7.36009

[요구사항]

1. (주)한국이 20×1년과 20×2년에 해야 할 회계처리를 제시하시오.

2. 20×3년 초에 소비자물가지수가 135로 상승하였으며, 이로 인하여 20×3년 말부터 지급할 리스료가 ₩50,000에서 ₩54,000(= ₩50,000 × 135/125)으로 상승하였다고 할 경우 다음 물음에 답하시오. 단, 20×3년 초 리스의 내재이자율은 쉽게 산정할 수 없으며, (주)한국의 증분차입이자율은 연 6%이다.

   (1) 동 리스와 관련하여 (주)한국의 20×3년 당기손익에 미치는 효과를 계산하시오.

   (2) (주)한국이 20×3년과 20×4년에 해야 할 회계처리를 제시하시오.

3. 제시된 상황에 추가하여, (주)한국은 리스한 부동산에서 생기는 매출액의 1%도 변동리스료로 추가로 지급해야 한다고 가정한다. 리스한 부동산에서 생긴 20×1년 매출액이 ₩800,000인 경우, (주)한국이 20×1년에 해야 할 회계처리를 제시하시오.

해답 **1. 리스부채와 사용권자산의 최초측정**

(1) 20×1년 초 리스부채와 사용권자산: 50,000 × 7.72174 = 386,087

(2) 리스부채 상각표

일자	리스료	유효이자(5%)	부채상환액	미상환부채
20×1.1.1				386,087
20×1.12.31	50,000	19,304	30,696	355,391
20×2.12.31	50,000	17,770	32,230	323,161

(3) 20×1년과 20×2년 회계처리

20×1.1.1	(차) 사용권자산	386,087	(대) 리스부채	386,087 ⇨ 386,087

20×1.12.31	(차) 이자비용	19,304	(대) 현금	50,000
	리스부채	30,696		⇨ 355,391
	(차) 감가상각비	(*)38,609	(대) 감가상각누계액	38,609

(*) 386,087 ÷ 10년 = 38,609

20×2.12.31	(차) 이자비용	17,770	(대) 현금	50,000
	리스부채	32,230		⇨ 323,161
	(차) 감가상각비	38,609	(대) 감가상각누계액	38,609

2. 리스부채의 재측정

(1) 20×3년 당기손익 효과

① 소비자물가지수의 변동으로 미래리스료가 변동되는 경우이므로 수정된 리스료를 변경되지 않은 할인율로 할인하여 리스부채를 재측정한다.

② 재측정 시 리스부채와 사용권자산 증가금액
  ㉠ 20×3년 초 리스부채(재측정 전): 323,161
  ㉡ 20×3년 초 리스부채(재측정 후): 54,000 × 6.46322 = 349,014
  ㉢ 리스부채와 사용권자산 증가금액: 349,014 - 323,161 = 25,853

③ 20×3년 당기손익 효과

사용권자산 감가상각비	334,722(= 386,087 - 38,609 × 2년 + 25,853) ÷ 8년 =	(41,840)
리스부채 이자비용	349,014 × 5% =	(17,451)
20×3년 당기손익 효과		(59,291) 감소

(2) 20×3년과 20×4년 회계처리

① 재측정한 리스부채 상각표

일자	리스료	유효이자(5%)	부채상환액	미상환부채
20×3.1.1				349,014
20×3.12.31	54,000	17,451	36,549	312,465
20×4.12.31	54,000	15,623	38,377	274,088

② 20×3년과 20×4년 회계처리

20×3.1.1	(차) 사용권자산	25,853	(대) 리스부채	25,853	⇨ 349,014
20×3.12.31	(차) 이자비용	17,451	(대) 현금	54,000	
	리스부채	36,549			⇨ 312,465
	(차) 감가상각비	41,840	(대) 감가상각누계액	41,840	
20×4.12.31	(차) 이자비용	15,623	(대) 현금	54,000	
	리스부채	38,377			⇨ 274,088
	(차) 감가상각비	41,840	(대) 감가상각누계액	41,840	

3. 매출에 연동되는 변동리스료

(1) 미래 매출에 연동되는 변동리스료는 리스료의 정의를 충족하지 않는다. 따라서 사용권자산과 리스부채의 측정치에 포함되지 않으며 당기손익으로 인식한다.

(2) 회계처리

20×1.1.1	(차) 사용권자산	386,087	(대) 리스부채	386,087	⇨ 386,087
20×1.12.31	(차) 이자비용	19,304	(대) 현금	50,000	
	리스부채	30,696			⇨ 355,391
	(차) 감가상각비	38,609	(대) 감가상각누계액	38,609	
	(차) 지급수수료	(*)8,000	(대) 미지급수수료 등	8,000	

(*) 800,000 × 1% = 8,000

예제 10 리스부채의 재평가(2): 보증잔존가치 중 지급예상액 변경

(1) 리스이용자인 (주)민국은 20×1년 1월 1일을 리스개시일로 하여 (주)대한리스와 기계장치를 리스하는 금융리스 계약을 체결하였다.

(2) (주)민국은 리스계약과 관련하여 리스개설직접원가로 ₩7,000을 지출하였다. 리스기간은 리스개시일로부터 3년 이며, 고정리스료는 리스기간 동안 매년 말 ₩50,000을 지급한다.

(3) 기초자산인 기계장치의 내용연수는 5년이다. 내용연수 종료시점의 추정잔존가치는 ₩0이며, 해당 기계장치는 정액법으로 감가상각한다. (주)민국은 사용권자산을 감가상각할 때 취득원가를 기준으로 감가상각하는 회계정책 을 채택하고 있다.

(4) 소유권 이전약정이나 염가매수선택권은 없으며, 리스기간 종료일에 기초자산을 반환한다. 리스기간 종료시점의 해당 기초자산의 잔존가치는 ₩5,000으로 추정되며, 이 중 (주)민국이 ₩3,000을 보증하였다. 리스개시일 현재 잔존가치 보증에 따라 (주)민국이 지급할 것으로 예상한 금액은 없는 것으로 추정된다.

(5) 20×1년 말 리스종료일의 추정잔존가치가 ₩2,000으로 변경되었다.

(6) 리스기간 개시일의 내재이자율은 연 10%이며, 20×1년 말 수정할인율은 9%이다. 현가계수는 다음과 같다.

기간	10%		9%	
	현가계수	연금현가계수	현가계수	연금현가계수
1	0.9091	0.9091	0.9174	0.9174
2	0.8264	1.7355	0.8417	1.7591
3	0.7513	2.4868	0.7722	2.5313

[요구사항]

1. 상기 리스거래와 관련하여 다음 물음에 답하시오.
   (1) (주)민국이 리스개시일에 인식할 사용권자산과 리스부채 금액을 각각 계산하시오.
   (2) (주)민국이 20×1년에 인식할 감가상각비와 이자비용을 각각 계산하시오.
   (3) (주)민국이 20×1년 말 리스부채 재측정 전까지 수행할 회계처리를 제시하시오.

2. (주)민국이 20×2년에 인식할 감가상각비와 이자비용을 각각 계산하시오.

3. (주)민국이 20×1년 말(리스부채 재측정)과 20×2년에 수행할 회계처리를 제시하시오.

해답   1. 20×1년 회계처리

    (1) 리스개시일의 사용권자산과 리스부채

리스부채	50,000(정기리스료) × 2.4868 + 0(지급예상액) × 0.7513 =	124,340
리스개설직접원가		7,000
사용권자산		131,340

    (2) 20×1년 감가상각비와 이자비용

      ① 사용권자산 감가상각: 131,340 ÷ 3년 = 43,780

      ② 20×1년 리스부채 이자비용: 124,340 × 10% = 12,434

    (3) 리스이용자의 20×1년(리스부채 재측정 전) 회계처리

20×1.1.1	(차)	사용권자산	131,340	(대)	리스부채	124,340 ⇨ 124,340
					현금	7,000
20×1.12.31	(차)	감가상각비	43,780	(대)	감가상각누계액	43,780
	(차)	이자비용	12,434	(대)	현금	50,000
		리스부채	37,566			⇨ 86,774

2. 20×2년 감가상각비와 이자비용

    (1) 거래의 분석

      ① 20×1년 말에 잔존가치 추정치가 2,000으로 변경됨에 따라 보증잔존가치 중 지급할 것으로 예상되는 금액이 1,000(= 3,000 - 2,000)으로 변경되었다.

      ② 잔존가치 보증에 따라 지급할 것으로 예상되는 금액이 변동되는 경우이므로 수정된 리스료를 변경되지 않은 할인율로 할인하여 리스부채를 재측정한다.

    (2) 20×1년 말 리스부채와 사용권자산 증가금액

재측정 후 리스부채(기존할인율: 10%)	50,000 × 1.7355 + (*)1,000 × 0.8264 =	87,601
재측정 전 리스부채	124,340 × 1.1 - 50,000 =	86,774
리스부채와 사용권자산 증가금액		827

      (*) 20×1년 말 보증잔존가치 중 지급예상액: 3,000 - 2,000 = 1,000

    (3) 20×2년 사용권자산 감가상각비: (131,340 - 43,780 + 827) ÷ 2년 = 44,194

    (4) 20×2년 리스부채 이자비용: 87,601 × 10% = 8,760

3. 20×1년 말(리스부채 재측정)과 20×2년 회계처리

20×1.12.31	(차)	사용권자산	827	(대)	리스부채	827 ⇨ 87,601
20×2.12.31	(차)	감가상각비	44,194	(대)	감가상각누계액	44,194
	(차)	이자비용	8,760	(대)	현금	50,000
		리스부채	41,240			⇨ 46,361

(1) (주)한국(리스이용자)은 (주)서울과 건물의 한 층을 5년간 리스하는 계약을 체결하였다. 이 리스에는 2년간 연장할 수 있는 선택권이 있다. 리스료는 최초 기간에 매년 ₩50,000씩이고, 선택권에 따라 가감될 수 있는 기간(선택권 기간)에는 매년 ₩55,000씩이며, 모든 지급액은 연초에 지급한다. 다만, 리스개시일에는 리스이용자가 리스 연장선택권을 행사할 것이 상당히 확실하지 않으므로 리스기간이 5년이라고 판단하였다.

(2) (주)한국은 리스를 체결하기 위하여 리스개설직접원가 ₩10,000을 부담하였다. 그 중 ₩8,000은 건물 해당 층의 종전 임차인에게 지급하는 금액에 관련되고, ₩2,000은 리스를 주선한 부동산 중개인에게 지급하는 수수료에 관련된다.

(3) 20×2년 말에 (주)한국은 기존 리스의 연장선택권을 행사하는 것이 이제 상당히 확실하다고 결론 내렸다.

(4) 리스의 내재이자율은 쉽게 산정할 수 없다. 리스기간 개시일의 리스이용자의 증분차입이자율은 연 5%이며, 20×2년 말 리스이용자의 증분차입이자율은 연 6%이다.

(5) 현가계수는 다음과 같다.

기간	5%		6%	
	현가계수	연금현가계수	현가계수	연금현가계수
1	0.952	0.952	0.944	0.944
2	0.907	1.859	0.890	1.834
3	0.864	2.723	0.840	2.674
4	0.823	3.546	0.792	3.466
5	0.783	4.329	0.747	4.213

[요구사항]

1. 상기 리스거래와 관련하여 다음 물음에 답하시오.
    (1) (주)한국이 리스개시일에 인식할 사용권자산과 리스부채 금액을 각각 계산하시오.
    (2) (주)한국이 20×1년에 인식할 감가상각비와 이자비용을 각각 계산하시오.
    (3) (주)한국이 20×1년과 20×2년 말 리스부채 재측정 전까지 수행할 회계처리를 제시하시오.

2. (주)한국이 20×3년에 인식할 감가상각비와 이자비용을 각각 계산하시오.

3. (주)한국이 20×2년 말(리스부채 재측정)과 20×3년에 수행할 회계처리를 제시하시오.

해답 1. 20×1년과 20×2년 회계처리
    (1) 리스개시일의 사용권자산과 리스부채

현금		50,000
리스부채	50,000 × 3.546 =	177,300
리스개설직접원가		10,000
사용권자산		237,300

(2) 20×1년 감가상각비와 이자비용

① 사용권자산 감가상각비: 237,300 ÷ 5년 = 47,460

② 20×1년 리스부채 이자비용: 177,300 × 5% = 8,865

(3) 리스이용자의 20×1년과 20×2년(리스부채 재측정 전) 회계처리

① 리스부채 상각표

일자	유효이자(5%)	리스료 지급 전	리스료 지급	리스료 지급 후
20×1.1.1		227,300	50,000	177,300
20×2.1.1	8,865	186,165	50,000	136,165
20×3.1.1	6,808	142,973	50,000	92,973

② 회계처리

20×1.1.1	(차) 사용권자산	237,300	(대) 현금	50,000		
			리스부채	177,300	⇨	177,300
			현금	10,000		
20×1.12.31	(차) 감가상각비	47,460	(대) 감가상각누계액	47,460		
	(차) 이자비용	8,865	(대) 리스부채	8,865	⇨	186,165
20×2.1.1	(차) 리스부채	50,000	(대) 현금	50,000	⇨	136,165
20×2.12.31	(차) 감가상각비	47,460	(대) 감가상각누계액	47,460		
	(차) 이자비용	6,808	(대) 리스부채	6,808	⇨	142,973

2. 20×3년 감가상각비와 이자비용

(1) 20×2년 말에 기존 리스의 연장선택권을 행사하는 것이 이제 상당히 확실하다고 결론 내렸으므로 리스기간이 2년 연장되었다. 리스기간의 연장으로 미래리스료가 변동되는 경우이므로 수정된 리스료를 변경일의 수정할인율로 할인하여 리스부채를 재측정한다.

(2) 20×2년 말 리스부채와 사용권자산 증가금액

재측정 후 리스부채(수정할인율: 6%)   50,000 + 50,000 × 1.834 + 55,000 × (0.840 + 0.792) = 231,460
재측정 전 리스부채   177,300 + 8,865 − 50,000 + 6,808 = 142,973
리스부채와 사용권자산 증가금액   88,487

(3) 20×3년 사용권자산 감가상각비: (237,300 − 47,460 × 2년 + 88,487) ÷ [*]5년 = 46,173
   [*] 20×3년 초 잔존내용연수: 5년 − 2년 + 2년 = 5년

(4) 20×3년 리스부채 이자비용: (231,460 − 50,000) × 6% = 10,888

3. 20×2년 말(리스부채 재측정)과 20×3년 회계처리

20×2.12.31	(차) 사용권자산	88,487	(대) 리스부채	88,487	⇨	231,460
20×3.1.1	(차) 리스부채	50,000	(대) 현금	50,000	⇨	181,460
20×3.12.31	(차) 감가상각비	46,173	(대) 감가상각누계액	46,173		
	(차) 이자비용	10,888	(대) 리스부채	10,888	⇨	192,348

(1) 리스이용자인 (주)대한은 리스제공자인 (주)민국리스와 리스개시일인 20x1년 1월 1일에 기계장치 리스계약을 체결하였다. 기초자산(생산공정에 사용할 기계장치)의 리스기간은 20x1년 1월 1일부터 20x3년 12월 31일까지이다. 기초자산의 내용연수는 4년으로 내용연수 종료시점의 잔존가치는 없으며, 정액법으로 감가상각한다.

(2) (주)대한은 리스기간 동안 매년 말 ₩3,000,000의 고정리스료를 지급한다. 사용권자산은 원가모형을 적용하여 정액법으로 감가상각하고, 잔존가치는 없다.

(3) 20x1년 1월 1일에 동 리스의 내재이자율은 연 8%로 리스제공자와 리스이용자가 이를 쉽게 산정할 수 있다.

(4) (주)대한은 리스기간 종료시점에 기초자산을 현금 ₩500,000에 매수할 수 있는 선택권을 가지고 있으나, 리스 개시일 현재 동 매수선택권을 행사하지 않을 것이 상당히 확실하다고 판단하였다. 그러나 20x2년 말에 (주)대한은 유의적인 상황변화로 인해 동 매수선택권을 행사할 것이 상당히 확실하다고 판단을 변경하였다.

(5) 20x2년 말 현재 (주)대한은 남은 리스기간의 내재이자율을 쉽게 산정할 수 없으며, (주)대한의 증분차입이자율은 연 10%이다.

(6) 적용할 현가계수는 아래의 표와 같다.

기간	8%		10%	
	현가계수	연금현가계수	현가계수	연금현가계수
1	0.9259	0.9259	0.9091	0.9091
2	0.8573	1.7832	0.8264	1.7355
3	0.7938	2.5770	0.7513	2.4868

[요구사항]

1. 상기 리스거래와 관련하여 다음 물음에 답하시오.

   (1) (주)대한이 리스개시일에 인식할 사용권자산과 리스부채 금액을 각각 계산하시오.

   (2) (주)대한이 20×1년에 인식할 감가상각비와 이자비용을 각각 계산하시오.

   (3) (주)대한이 20×1년과 20×2년 말 리스부채 재측정 전까지 수행할 회계처리를 제시하시오.

2. (주)대한이 20×3년에 인식할 감가상각비와 이자비용을 각각 계산하시오.

3. (주)대한이 20×2년 말(리스부채 재측정)과 20×3년에 수행할 회계처리를 제시하시오.

해답　**1. 20×1년과 20×2년 회계처리**

(1) 리스개시일의 사용권자산과 리스부채
= 3,000,000 × 2.5770 = 7,731,000

(2) 20×1년 감가상각비와 이자비용
① 사용권자산 감가상각비: 7,731,000 ÷ 3년 = 2,577,000
② 20×1년 리스부채 이자비용: 7,731,000 × 8% = 618,480

(3) 리스이용자의 20×1년과 20×2년(리스부채 재측정 전) 회계처리
① 리스부채 상각표

일자	리스료	유효이자(8%)	부채상환액	미상환부채
20×1.1.1				7,731,000
20×1.12.31	3,000,000	618,480	2,381,520	5,349,480
20×2.12.31	3,000,000	427,958	2,572,042	2,777,438

② 회계처리

20×1.1.1	(차) 사용권자산	7,731,000	(대) 리스부채	7,731,000	⇨ 7,731,000
20×1.12.31	(차) 감가상각비	2,577,000	(대) 감가상각누계액	2,577,000	
	(차) 이자비용	618,480	(대) 현금	3,000,000	
	리스부채	2,381,520			⇨ 5,349,480
20×2.12.31	(차) 감가상각비	2,577,000	(대) 감가상각누계액	2,577,000	
	(차) 이자비용	427,958	(대) 현금	3,000,000	
	리스부채	2,572,042			⇨ 2,777,438

2. 20×3년 감가상각비와 이자비용

(1) 20×2년 말에 매수선택권을 행사할 것이 상당히 확실하다고 판단을 변경하였다. 매수선택권 평가에 변동이 있는 경우이므로 수정된 리스료를 변경일의 수정할인율로 할인하여 리스부채를 재측정한다.

(2) 20×2년 말 리스부채와 사용권자산 증가금액

재측정 후 리스부채(수정할인율: 10%)	(3,000,000 + 500,000) × 0.9091 =	3,181,850
재측정 전 리스부채		2,777,438
리스부채와 사용권자산 증가금액		404,412

(3) 20×3년 사용권자산 감가상각비
= (7,731,000 − 2,577,000 × 2년 + 404,412) ÷ [*]2년 = 1,490,706
    [*] 20×3년 초 잔존내용연수: 4년(기초자산 내용연수) − 2년 = 2년

(4) 20×3년 리스부채 이자비용: 3,181,850 × 10% = [*]318,150
    [*] 끝수조정: 3,000,000 − 2,681,850(= 3,181,850 − 500,000) = 318,150

3. 20×2년 말(리스부채 재측정)과 20×3년 회계처리

20×2.12.31	(차) 사용권자산	404,412	(대) 리스부채	404,412	⇨ 3,181,850
20×3.12.31	(차) 감가상각비	1,490,706	(대) 감가상각누계액	1,490,706	
	(차) 이자비용	318,150	(대) 현금	3,000,000	
	리스부채	2,681,850			⇨ 500,000
	(차) 리스부채	500,000	(대) 현금	500,000	⇨ 0

01 판매후리스

(1) 개요

판매후리스(sales-and-lease back)는 기업(판매자인 리스이용자)이 다른 기업(구매자인 리스제공자)에게 자산을 이전하고 그 구매자인 리스제공자에게서 그 자산을 다시 리스(임차)하는 거래를 말한다.

[그림 20-4] 판매후리스의 거래구조

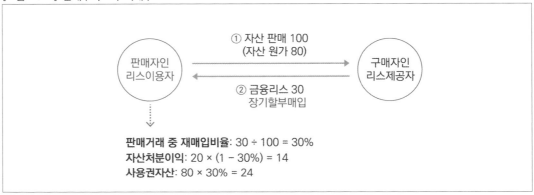

판매후리스거래는 최초 자산의 이전 거래가 판매인지 여부에 따라 회계처리가 달라진다. 기업은 자산 이전을 자산의 판매로 회계처리할지를 판단하기 위해, 수행의무의 이행시기 판단에 대한 기업회계기준서 제1115호(고객과의 계약에서 생기는 수익)의 요구사항을 적용한다.

> ⊘참고 **수행의무의 이행시기에 대한 판단**
>
> 고객에게 약속한 재화나 용역, 즉 자산을 이전하여 수행의무를 이행할 때 수익을 인식한다. 그리고 자산은 고객이 그 자산을 통제할 때 이전된다. 따라서 자산을 이전한다는 것은 고객에게 그 자산에 대한 통제를 이전하는 것이다.

(2) 자산의 이전이 판매에 해당하는 경우

판매자인 리스이용자가 행한 자산 이전이 자산의 판매에 해당한다면 다음과 같이 회계처리한다.

---

① 판매자인 리스이용자
  ㉠ 판매자인 리스이용자는 계속 보유하는 사용권에 관련되는 자산의 종전 장부금액에 비례하여 판매후리스에서 생기는 사용권자산을 측정한다. 따라서 판매자인 리스이용자는 구매자인 리스제공자에게 이전한 권리에 관련되는 차손익 금액만을 인식한다.
  ㉡ 즉, 판매후리스거래에서 리스이용자는 리스거래를 금융리스(장기할부매입)로 회계처리하므로, 기초자산의 당초 판매금액 중 리스한 부분은 기초자산을 다시 재매입한 것으로 볼 수 있다. 따라서 당초 판매거래 중 리스한 부분(재매입한 부분)만큼은 (기초자산을 처분한 것이 아니므로) 사용권자산을 인식하고 리스자산처분이익을 인식하지 않겠다는 의미이다.
② 구매자인 리스제공자
  구매자인 리스제공자는 매입한 자산에 대하여는 해당 자산의 매입에 적용할 수 있는 기준서를 적용하고, 리스에는 리스 기준서의 리스제공자 회계처리 요구사항을 적용하여 금융리스나 운용리스로 회계처리한다.

[판매자인 리스이용자: 공정가치 판매인 경우]

(차) 현금	××× ①	(대) 기초자산	××× ②
사용권자산	(*2)××× ④	리스부채	(*1)××× ③
		기초자산처분이익	(*3)××× ⑤

(*1) 리스부채: 리스료의 현재가치

(*2) 기초자산 장부금액 × 기초자산 미처분비율(= $\dfrac{리스부채}{기초자산\ 공정가치}$)

(*3) (기초자산 공정가치 − 기초자산 장부금액) × 기초자산 처분비율(= 1 − 미처분비율)

[구매자인 리스제공자: 공정가치 판매인 경우]

① 금융리스인 경우

(차) 리스채권	×××	(대) 현금	×××

② 운용리스인 경우

(차) 기초자산	×××	(대) 현금	×××

만일 기초자산 판매대가의 공정가치가 그 자산의 공정가치와 같지 않거나 리스에 대한 지급액이 시장요율이 아니라면 판매금액을 공정가치로 측정하기 위하여 다음과 같이 조정한다.

---

① 기초자산 판매대가 > 기초자산 공정가치
    ㉠ 기초자산의 처분이익은 (실제 판매대가가 아닌) 기초자산의 공정가치를 기준으로 측정해야 한다. 따라서 시장조건을 웃도는 부분(판매대가가 공정가치를 초과하는 금액)은 판매자인 리스이용자가 구매자인 리스제공자로부터 추가 금융을 제공받은 것(차입금)으로 회계처리한다.
    ㉡ 이에 따라 판매자인 리스이용자는 리스료의 현재가치에서 추가 금융(차입금)으로 인식한 금액을 차감한 금액으로 리스부채를 인식하며, 이렇게 산정한 리스부채를 기초자산의 공정가치로 나누어 기초자산의 미처분비율을 계산한다.

② 기초자산 판매대가 < 기초자산 공정가치
    ㉠ 기초자산의 처분이익은 (실제 판매대가가 아닌) 기초자산의 공정가치를 기준으로 측정해야 한다. 따라서 시장조건을 밑도는 부분(판매대가가 공정가치에 미달하는 금액)은 리스이용자가 리스료를 선급한 것으로 회계처리한다.
    ㉡ 이에 따라 판매자인 리스이용자는 리스부채(미지급 리스료의 현재가치)와 리스료 선급액을 합한 금액을 기초자산의 공정가치로 나누어 기초자산의 미처분비율을 계산한다.

[판매자인 리스이용자: 판매대가 > 공정가치인 경우]

(차) 현금	××× ①	(대) 기초자산	××× ②
사용권자산	(*3)××× ⑤	금융부채(차입금)	(*1)××× ③
		리스부채	(*2)××× ④
		기초자산처분이익	(*4)××× ⑥

(*1) 금융부채(차입금): 기초자산 판매대가 − 기초자산 공정가치

(*2) 리스부채: 리스료의 현재가치 − 금융부채(차입금)

(*3) 기초자산 장부금액 × 기초자산 미처분비율(= $\dfrac{\text{리스부채}}{\text{기초자산 공정가치}}$)

(*4) (기초자산 공정가치 − 기초자산 장부금액) × 기초자산 처분비율(= 1 − 미처분비율)

[판매자인 리스이용자: 판매대가 < 공정가치인 경우]

(차) 현금(공정가치)	××× ①	(대) 기초자산	××× ②
사용권자산	(*3)××× ⑤	현금(선급리스료)	(*1)××× ③
		리스부채	(*2)××× ④
		기초자산처분이익	(*4)××× ⑥

(*1) 선급리스료: 기초자산 공정가치 − 기초자산 판매대가

(*2) 리스부채: 리스료의 현재가치

(*3) 기초자산 장부금액 × 기초자산 미처분비율(= $\dfrac{\text{선급리스료} + \text{리스부채}}{\text{기초자산 공정가치}}$)

(*4) (기초자산 공정가치 − 기초자산 장부금액) × 기초자산 처분비율(= 1 − 미처분비율)

판매후리스의 리스이용자: 자산의 이전이 판매에 해당되는 경우 요약

구분	판매대가 = 공정가치	판매대가 > 공정가치	판매대가 < 공정가치
판매대가와 공정가치 차이	차이 없음	차입금(금융부채)	선급리스료
리스부채	리스료의 현재가치	리스료의 현재가치 – 차입금	리스료의 현재가치
리스거래 지급대가 (기초자산 재매입대가)	리스부채	리스부채	리스부채 + 선급리스료
기초자산 미처분비율 (기초자산 재매입비율)	$\dfrac{\text{리스부채}}{\text{기초자산 공정가치}}$	$\dfrac{\text{리스부채}}{\text{기초자산 공정가치}}$	$\dfrac{\text{리스부채 + 선급리스료}}{\text{기초자산 공정가치}}$
사용권자산 인식액	기초자산 장부금액 × 기초자산 미처분비율		
기초자산처분이익	기초자산 [*1]총처분이익 × 기초자산 [*2]처분비율 [*1] 기초자산 공정가치 – 기초자산 장부금액 [*2] 1 – 기초자산 미처분비율		

(3) 자산의 이전이 판매에 해당하지 않는 경우

판매자인 리스이용자가 행한 자산 이전이 자산의 판매에 해당하지 않는 경우에는 다음과 같이 회계처리한다.

---

(1) 판매자인 리스이용자
  ① 판매자인 리스이용자는 이전한 자산을 계속 인식하고, 이전금액과 같은 금액으로 금융부채를 인식한다. 그 금융부채는 기업회계기준서 제1109호(금융상품)를 적용하여 회계처리한다.
  ② 즉, 기초자산의 이전거래가 판매에 해당하지 않으므로, 기초자산을 리스제공자에게 리스기간 동안 담보로 맡기고 자금을 차입한 것으로 회계처리한다는 의미이다.
(2) 구매자인 리스제공자
  ① 구매자인 리스제공자는 이전된 자산을 인식하지 않고, 이전금액과 같은 금액으로 금융자산을 인식한다. 그 금융자산은 기업회계기준서 제1109호(금융상품)를 적용하여 회계처리한다.
  ② 즉, 기초자산의 이전거래를 자산을 매입한 거래로 볼 수 없으므로, 기초자산을 담보로 맡고 리스이용자에게 리스기간 동안 자금을 대여한 것으로 회계처리한다는 의미이다.

[판매자인 리스이용자]

(차) 현금   ××× (대) 금융부채(차입금)   ×××

[구매자인 리스제공자]

(차) 금융자산(대여금)   ××× (대) 현금   ×××

(1) (주)한국(판매자인 리스이용자)은 20×1년 1월 1일 장부금액 ₩1,000,000인 건물을 (주)서울리스(구매자인 리스제공자)에게 ₩1,500,000에게 판매하고, 동시에 3년 동안 고정리스료로 매년 말 ₩200,000을 지급하는 조건의 리스계약을 체결하였다. 거래의 조건에 따르면 건물의 이전은 판매에 해당하며, 리스계약은 리스기간 종료시점에 기초자산을 반환하는 조건이다.

(2) (주)서울리스는 건물리스를 운용리스로 분류하며, 20×1년 1월 1일 현재 건물의 잔존내용연수는 10년, 잔존가치는 없다. (주)한국과 (주)서울리스는 사용권자산과 건물을 정액법으로 감가상각한다.

(3) 판매일 현재 건물의 공정가치는 ₩1,500,000이다. 그리고 리스의 내재이자율은 10%이며, 판매자인 리스이용자가 이를 쉽게 산정할 수 있다. 10%, 3기간 연금현가계수는 2.48685이다.

[요구사항]

1. 상기 거래와 관련하여 다음 물음에 답하시오.
   (1) (주)한국이 20×1년 1월 1일에 사용권자산과 유형자산처분이익으로 인식할 금액을 각각 계산하시오.
   (2) (주)한국이 20×1년에 해야 할 회계처리를 제시하시오.
   (3) (주)서울리스가 20×1년에 해야 할 회계처리를 제시하시오.

2. 만일 건물의 판매가격이 공정가치를 초과하여 ₩1,800,000으로 결정되었다고 할 경우, 다음 물음에 답하시오.
   (1) (주)한국이 20×1년 1월 1일에 사용권자산과 유형자산처분이익으로 인식할 금액을 각각 계산하시오.
   (2) (주)한국이 20×1년에 해야 할 회계처리를 제시하시오.
   (3) (주)서울리스가 20×1년에 해야 할 회계처리를 제시하시오.

3. 만일 건물의 판매가격이 공정가치를 미달하여 ₩1,200,000으로 결정되었다고 할 경우, 다음 물음에 답하시오.
   (1) (주)한국이 20×1년 1월 1일에 사용권자산과 유형자산처분이익으로 인식할 금액을 각각 계산하시오.
   (2) (주)한국이 20×1년에 해야 할 회계처리를 제시하시오.
   (3) (주)서울리스가 20×1년에 해야 할 회계처리를 제시하시오.

해답   **1. 기초자산** 판매금액 = 공정가치

   (1) 사용권자산과 유형자산처분이익

      ① 리스료의 현재가치: 200,000 × 2.48685 = 497,370(리스부채 인식액과 동일함)

      ② 기초자산 미처분비율(재매입비율): 497,370(리스부채) ÷ 1,500,000(건물 공정가치) = 33.158%

      ③ 사용권자산: 1,000,000(건물 장부금액) × 33.158% = 331,580

      ④ 유형자산처분이익

         ⊙ 건물의 총처분이익: 1,500,000(공정가치) − 1,000,000(장부금액) = 500,000

         ⓒ 이전한 건물의 처분이익: 500,000 × 66.842%(= 1 − 33.158%) = 334,210

   (2) (주)한국(판매자인 리스이용자)의 회계처리

20×1.1.1	(차) 현금	1,500,000	(대) 건물	1,000,000
	사용권자산	331,580	리스부채	497,370
			유형자산처분이익	334,210

20×1.12.31	(차) 이자비용	$^{(*)}$49,737	(대) 현금	200,000
	리스부채	150,263		

              $^{(*)}$ 497,370 × 10% = 49,737

	(차) 감가상각비	$^{(*)}$110,527	(대) 감가상각누계액	110,527

              $^{(*)}$ 331,580 ÷ Min[3년, 10년] = 110,527

   (3) (주)서울리스(구매자인 리스제공자)의 회계처리

20×1.1.1	(차) 건물	1,500,000	(대) 현금	1,500,000

20×1.12.31	(차) 현금	200,000	(대) 운용리스료수익	200,000
	(차) 감가상각비	$^{(*)}$150,000	(대) 감가상각누계액	150,000

              $^{(*)}$ 1,500,000 ÷ 10년 = 150,000

2. 기초자산 판매금액 > 공정가치

   (1) 사용권자산과 유형자산처분이익

      ① 리스료의 현재가치: 200,000 × 2.48685 = 497,370

      ② 판매자(리스이용자)가 제공받은 추가금융(차입금): 1,800,000(판매금액) − 1,500,000(공정가치) = 300,000

      ③ 리스부채: 497,370(리스료의 현재가치) − 300,000(차입금) = 197,370

      ④ 기초자산 미처분비율(재매입비율): 197,370(리스부채) ÷ 1,500,000(건물 공정가치) = 13.158%

      ⑤ 사용권자산: 1,000,000(건물 장부금액) × 13.158% = 131,580

      ⑥ 유형자산처분이익

         ⊙ 건물의 총처분이익: 1,500,000(공정가치) − 1,000,000(장부금액) = 500,000

         ⓒ 이전한 건물의 처분이익: 500,000 × 86.842%(= 1 − 13.158%) = 434,210

(2) (주)한국(판매자인 리스이용자)의 회계처리

20×1.1.1	(차) 현금	1,800,000	(대) 건물	1,000,000
	사용권자산	131,580	금융부채(차입금)	300,000
			리스부채	197,370
			유형자산처분이익	434,210

20×1.12.31	(차) 이자비용	(*1)30,000	(대) 현금	(*2)120,635
	금융부채(차입금)	90,635		

(*1) 300,000 × 10% = 30,000
(*2) 200,000 × 300,000 ÷ (300,000 + 197,370) = 120,635

	(차) 이자비용	(*1)19,737	(대) 현금	(*2)79,365
	리스부채	59,628		

(*1) 197,370 × 10% = 19,737
(*2) 200,000 × 197,370 ÷ (300,000 + 197,370) = 79,365

	(차) 감가상각비	(*)43,860	(대) 감가상각누계액	43,860

(*) 131,580 ÷ Min[3년, 10년] = 43,860

※ 참고 차입금과 리스부채를 구분하지 않고 다음과 같이 금융부채로 통합하여 회계처리해도 무방하다.

20×1.1.1	(차) 현금	1,800,000	(대) 건물	1,000,000
	사용권자산	131,580	금융부채	(*)497,370
			유형자산처분이익	434,210

(*) 300,000(금융부채) + 197,370(리스부채) = 497,370

20×1.12.31	(차) 이자비용	(*)49,737	(대) 현금	200,000
	금융부채	150,263		

(*) 497,370 × 10% = 49,737

	(차) 감가상각비	43,860	(대) 감가상각누계액	43,860

(3) (주)서울리스(구매자인 리스제공자)의 회계처리

20×1.1.1	(차) 건물	1,500,000	(대) 현금	1,800,000
	금융자산(대여금)	300,000		

20×1.12.31	(차) 현금	120,635	(대) 이자수익	30,000
			금융자산	90,635
	(차) 현금	79,365	(대) 운용리스료수익	79,365
	(차) 감가상각비	(*)150,000	(대) 감가상각누계액	150,000

(*) 1,500,000 ÷ 10년 = 150,000

3. **기초자산** 판매금액 < 공정가치

  (1) 사용권자산과 유형자산처분이익

    ① 공정가치 미달금액: 1,500,000(공정가치) - 1,200,000(판매금액) = 300,000

      ⇨ 공정가치에 미달한 판매금액 300,000은 리스이용자가 리스개시일에 선급한 리스료이다.

    ② 리스료의 현재가치: 200,000 × 2.48685 = 497,370

    ③ 리스부채: 497,370(리스료의 현재가치)

    ④ 기초자산 미처분비율(재매입비율): $^{(*)}$797,370 ÷ 1,500,000(건물 공정가치) = 53.158%

      $^{(*)}$ 리스거래로 지급한 대가: 497,370(리스부채) + 300,000(선급리스료) = 797,370

    ⑤ 사용권자산: 1,000,000(건물 장부금액) × 53.158% = 531,580

    ⑥ 유형자산처분이익

      ㉠ 건물의 총처분이익: 1,500,000(공정가치) - 1,000,000(장부금액) = 500,000

      ㉡ 이전한 건물의 처분이익: 500,000 × 46.842%(= 1 - 53.158%) = 234,210

  (2) (주)한국(판매자인 리스이용자)의 회계처리

20×1.1.1	(차) 현금	1,200,000	(대) 건물	1,000,000
	사용권자산	531,580	리스부채	497,370
			유형자산처분이익	234,210

20×1.12.31	(차) 이자비용	$^{(*)}$49,737	(대) 현금	200,000
	리스부채	150,263		

      $^{(*)}$ 497,370(= 797,370 - 300,000) × 10% = 49,737

	(차) 감가상각비	$^{(*)}$177,193	(대) 감가상각누계액	177,193

      $^{(*)}$ 531,580 ÷ Min[3년, 10년] = 177,193

  (3) (주)서울리스(구매자인 리스제공자)의 회계처리

20×1.1.1	(차) 건물	1,500,000	(대) 현금	1,200,000
			선수리스료수익	300,000

20×1.12.31	(차) 현금	200,000	(대) 운용리스료수익	$^{(*)}$300,000
	선수리스료수익	100,000		

      $^{(*)}$ (300,000 + 200,000 × 3년) ÷ 3년 = 300,000

	(차) 감가상각비	$^{(*)}$150,000	(대) 감가상각누계액	150,000

      $^{(*)}$ 1,500,000 ÷ 10년 = 150,000

02 리스변경

(1) 개요

리스변경은 변경 전 리스 조건의 일부가 아니었던 리스의 범위 또는 리스대가의 변경을 말한다. 예를 들어, 하나 이상의 기초자산 사용권을 추가하거나 종료하는 경우 또는 계약상 리스기간을 연장하거나 단축하는 경우가 이에 해당한다. 그리고 리스변경에서 변경 유효일은 두 당사자인 리스제공자와 리스이용자가 리스변경에 동의하는 날을 말한다.

(2) 리스제공자의 리스변경

금융리스의 경우, 리스제공자는 다음 조건을 모두 충족하는 금융리스의 변경을 (기존 리스거래와는 분리된) 별도 리스로 회계처리한다.

---

① 하나 이상의 기초자산 사용권이 추가되어 리스의 범위가 넓어진다.
② 넓어진 리스 범위의 개별가격에 상응하는 금액과 특정한 계약의 상황을 반영하여 그 개별가격에 적절히 조정하는 금액만큼 리스대가가 증액된다.

리스제공자는 별도 리스로 회계처리하지 않는 금융리스의 변경에 대하여는 다음과 같이 회계처리한다.

---

① 리스변경이 리스약정일에 유효하였다면 그 리스를 운용리스로 분류하였을 경우에, 리스제공자는 다음과 같이 처리한다.
   ㉠ 리스변경을 변경 유효일부터 새로운 리스로 회계처리한다. 즉, 리스변경일 기준으로 기존 금융리스를 종료하고 새로운 운용리스계약을 체결한 것으로 회계처리한다는 의미이다.
   ㉡ 기초자산의 장부금액을 리스변경 유효일 직전의 리스순투자(리스채권)로 측정한다. 따라서 리스변경일 현재 금융리스채권 장부금액을 운용리스자산 취득원가로 대체한다.
② 그 밖에는 기업회계기준서 제1109호(금융상품)의 요구사항을 적용한다. 즉, 리스변경일 현재 변경된 미래현금흐름을 반영하여 리스채권을 재측정한다.

운용리스의 경우, 리스제공자는 운용리스의 변경을 변경 유효일부터 새로운 리스로 회계처리한다. 이 경우에 변경 전 리스에 관련하여 선수하였거나 발생한 (미수)리스료를 새로운 리스의 리스료의 일부로 본다.

(3) 리스이용자의 리스변경

리스이용자는 다음 조건을 모두 충족하는 리스변경을 (기존 리스거래와는 분리된) 별도 리스로 회계처리한다.

① 하나 이상의 기초자산 사용권이 추가되어 리스의 범위가 넓어진다.
② 넓어진 리스 범위의 개별가격에 상응하는 금액과 특정한 계약의 상황을 반영하여 그 개별가격에 적절히 조정하는 금액만큼 리스대가가 증액된다.

별도 리스로 회계처리하지 않는 리스변경에 대하여 리스이용자는 리스변경 유효일에 다음과 같이 처리한다.

① 리스의 범위를 좁히는 리스변경
  ㉠ 리스의 일부나 전부의 종료를 반영하기 위하여 리스부채와 사용권자산의 기존 장부금액을 비례적으로 감소시키고, 리스부채 감소액과 사용권자산 감소액의 차이는 당기손익(변경손익)으로 인식한다.
  ㉡ 수정할인율로 수정리스료를 할인하여 리스부채를 다시 측정하고, 재측정 시 리스부채 변동액을 사용권자산에 가감한다.
② 그 밖의 모든 리스변경
  수정할인율로 수정리스료를 할인하여 리스부채를 다시 측정하고, 재측정 시 리스부채 변동액을 사용권자산에 가감한다.

[리스이용자의 리스변경: 리스범위의 축소]

(차) 리스부채   (*)×××　(대) 사용권자산   (*)×××
　　　　　　　　　　　　　　　　　　　　리스변경이익(당기손익)   ×××
　(*) 리스범위 축소로 인한 리스부채와 사용권자산 장부금액 감소액

(차) 사용권자산   ×××　(대) 리스부채   (*)×××
　(*) 리스부채 재측정시 리스부채 변동액

[리스이용자의 리스변경: 그 밖의 리스변경]

(차) 사용권자산   ×××　(대) 리스부채   (*)×××
　(*) 리스부채 재측정시 리스부채 변동액

승철쌤's comment　리스부채의 재평가 vs 리스변경

① 리스부채의 재평가는 (리스조건을 중간에 변경한 것이 아니라) 리스부채 측정에 포함되는 미래현금흐름에 대한 추정이 변경되어 리스부채를 재측정하는 것이다.
② 반면에, 리스변경은 리스계약조건(리스범위나 리스대가)이 후속적으로 변경되어 리스부채를 재측정하는 점에 차이가 있다.

(1) 20×1년 초 (주)한국(리스이용자)는 사무실 공간 5,000m²를 5년간 리스하는 계약을 체결하였다. 연간 리스료는 매년 말에 ₩50,000씩 지급해야 한다. 리스개시일 현재 리스의 내재이자율은 쉽게 산정할 수 없으며, (주)한국의 증분차입이자율은 연 6%이다.

(2) 20×3년 초에 (주)한국과 (주)대한리스(리스제공자)는 기존 리스를 수정하여 리스기간을 2년 연장하기로 합의하였다. 시장요율이 상승하였지만, 연간 리스료는 변동하지 않기로 하였다(3차 연도부터 7차 연도까지 매년 말 ₩50,000씩을 지급).

(3) 20×3년 초 리스의 내재이지율은 알 수 없으며, (주)한국의 증분차입이자율은 7%이다. 현가계수는 다음과 같다.

기간	6%		7%	
	현가계수	연금현가계수	현가계수	연금현가계수
1	0.9434	0.9434	0.9346	0.9346
2	0.8900	1.8334	0.8734	1.8080
3	0.8396	2.6730	0.8163	2.6243
4	0.7921	3.4651	0.7629	3.3872
5	0.7473	4.2124	0.7130	4.1002

[요구사항]

1. (주)한국이 20×3년에 인식할 감가상각비와 이자비용을 각각 계산하시오.

2. (주)한국이 20×3년에 수행할 회계처리를 제시하시오.

해답 1. 20×3년 이자비용과 감가상각비

   (1) 거래의 분석

     리스기간이 연장되었지만 리스대가의 증가액이 리스변경일의 개별가격을 반영하지 않으므로 별도리스로 회계처리할 수 없다. 따라서 수정리스료를 리스변경일의 수정할인율로 할인하여 리스부채를 재측정한다.

   (2) 리스변경 직전(20×2년 말) 리스부채와 사용권자산

     ① 20×2년 말 리스부채

       ⑦ 20×1.1.1 리스부채: 50,000 × 4.2124 = 210,620

       ⓒ 20×1년 말 장부금액: 210,620 × 1.06 − 50,000 = 173,257

       ⓒ 20×2년 말 장부금액: 173,257 × 1.06 − 50,000 = 133,652

     ② 20×2년 말 사용권자산

       210,620 − 42,124(= 210,620 ÷ 5년) × 2년 = 126,372

   (3) 20×3년 초 리스부채 재측정시 리스부채 변동액

재측정 후 리스부채(할인율: 7%) 50,000 × 4.1002 =		205,010
재측정 전 리스부채		(133,652)
재측정시 리스부채 변동액		71,358 증가

   (4) 20×3년 리스부채 이자비용

     205,010(재측정 후 리스부채) × 7%(변경일 수정할인율) = 14,351

   (5) 20×3년 사용권자산 감가상각비

     (126,372 + 71,358) ÷ 5년 = 39,546

2. 20×3년 회계처리

20×3.1.1	(차) 사용권자산	71,358	(대) 리스부채	71,358	⇨ 205,010
20×3.12.31	(차) 감가상각비	39,546	(대) 감가상각누계액	39,546	
	(차) 이자비용	14,351	(대) 현금	50,000	
	리스부채	35,649			⇨ 169,361

예제 15 리스변경(2): 리스의 범위를 좁히는 계약변경

(1) 20×1년 초 (주)한국(리스이용자)는 사무실 공간 5,000m²를 5년간 리스하는 계약을 체결하였다. 연간 리스료는 매년 말에 ₩50,000씩 지급해야 한다. 리스개시일 현재 리스의 내재이자율은 쉽게 산정할 수 없으며, (주)한국의 증분차입이자율은 연 6%이다.

(2) 20×3년 초에 (주)한국과 (주)대한리스(리스제공자)는 기존 리스를 수정하여 20×3년부터 기존 공간의 2,500m²만으로 공간을 줄이기로 합의하였다. 연간 고정리스료(20×3년 말부터 20×5년 말까지)는 ₩30,000씩이다.

(3) 20×3년 초 리스의 내재이지율은 알 수 없으며, (주)한국의 증분차입이자율은 5%이다. 현가계수는 다음과 같다.

기간	5%		6%	
	현가계수	연금현가계수	현가계수	연금현가계수
1	0.9524	0.9524	0.9434	0.9434
2	0.9070	1.8594	0.8900	1.8334
3	0.8638	2.7232	0.8396	2.6730
4	0.8227	3.5459	0.7921	3.4651
5	0.7835	4.3294	0.7473	4.2124

[요구사항]

1. (주)한국이 리스변경일에 인식할 리스변경손익을 계산하시오.

2. (주)한국이 20×3년에 인식할 감가상각비와 이자비용을 각각 계산하시오.

3. (주)한국이 20×3년에 수행할 회계처리를 제시하시오.

해답 **1. 20×3년 초 리스변경손익**

    (1) 리스의 범위를 좁히는 리스변경

        ① 사용권자산과 리스부채 장부금액을 비례적으로 감소시키고, 차액은 당기손익(변경손익)으로 인식한다.

        ② 수정리스료를 리스변경일의 수정할인율로 할인하여 리스부채를 재측정한다.

    (2) 리스변경 직전(20×2년 말) 리스부채와 사용권자산

        ① 20×2년 말 리스부채

            ㉠ 20×1.1.1 리스부채: 50,000 × 4.2124 = 210,620

            ㉡ 20×1년 말 장부금액: 210,620 × 1.06 − 50,000 = 173,257

            ㉢ 20×2년 말 장부금액: 173,257 × 1.06 − 50,000 = 133,652

        ② 20×2년 말 사용권자산

            210,620 − 42,124(= 210,620 ÷ 5년) × 2년 = 126,372

    (3) 20×3년 초 리스변경이익(손실)

리스부채 감소액	133,652 × 50% =	66,826
사용권자산 감소액	126,372 × 50% =	(63,186)
리스변경이익(손실)		3,640

2. 20×3년 이자비용과 감가상각비

    (1) 20×3년 초 리스부채 재측정시 리스부채 변동액

재측정 후 리스부채(할인율: 5%)	30,000 × 2.7232 =	81,696
재측정 전 리스부채	133,652 − 66,826 =	(66,826)
재측정시 리스부채 변동액		14,870 증가

    (2) 20×3년 리스부채 이자비용

        81,696(재측정 후 리스부채) × 5%(변경일 수정할인율) = 4,085

    (3) 20×3년 사용권자산 감가상각비

        (126,372 − 63,186 + 14,870) ÷ 3년 = 26,019

3. 20×3년 회계처리

20×3.1.1	(차) 리스부채	66,826	(대) 사용권자산	63,186	⇨	66,826
			리스변경이익	3,640		
	(차) 사용권자산	14,870	(대) 리스부채	14,870	⇨	81,696
20×3.12.31	(차) 감가상각비	26,019	(대) 감가상각누계액	26,019		
	(차) 이자비용	4,085	(대) 현금	30,000		
	리스부채	25,915			⇨	55,781

(1) 20×1년 초 (주)한국(리스이용자)는 사무실 공간 5,000m²를 5년간 리스하는 계약을 체결하였다. 연간 리스료는 매년 말에 ₩50,000씩 지급해야 한다. 리스개시일 현재 리스의 내재이자율은 쉽게 산정할 수 없으며, (주)한국의 증분차입이자율은 연 6%이다.

(2) 20×3년 초에 (주)한국과 (주)대한리스(리스제공자)는 기존 리스를 수정하여 남은 3년간의 리스료를 연 ₩50,000에서 연 ₩40,000으로 줄이기로 합의하였다. 연간 리스료는 매년 말에 지급한다.

(3) 20×3년 초 리스의 내재이지율은 알 수 없으며, (주)한국의 증분차입이자율은 7%이다. 현가계수는 다음과 같다.

기간	6%		7%	
	현가계수	연금현가계수	현가계수	연금현가계수
1	0.9434	0.9434	0.9346	0.9346
2	0.8900	1.8334	0.8734	1.8080
3	0.8396	2.6730	0.8163	2.6243
4	0.7921	3.4651	0.7629	3.3872
5	0.7473	4.2124	0.7130	4.1002

[요구사항]

1. (주)한국이 20×3년에 인식할 감가상각비와 이자비용을 각각 계산하시오.

2. (주)한국이 20×3년에 수행할 회계처리를 제시하시오.

해답   1. **20×3년 이자비용과 감가상각비**

(1) 거래의 분석

리스범위에 변경 없이 리스대가가 감소하였으므로 리스변경을 별도리스로 회계처리할 수 없다. 따라서 수정리스료를 리스변경일의 수정할인율로 할인하여 리스부채를 재측정한다.

(2) 리스변경 직전(20×2년 말) 리스부채와 사용권자산

① 20×2년 말 리스부채

㉠ 20×1.1.1 리스부채: 50,000 × 4.2124 = 210,620

㉡ 20×1년 말 장부금액: 210,620 × 1.06 - 50,000 = 173,257

㉢ 20×2년 말 장부금액: 173,257 × 1.06 - 50,000 = 133,652

② 20×2년 말 사용권자산

210,620 - 42,124(= 210,620 ÷ 5년) × 2년 = 126,372

(3) 20×3년 초 리스부채 재측정시 리스부채 변동액

재측정 후 리스부채(할인율: 7%) 40,000 × 2.6243 =	104,972
재측정 전 리스부채	(133,652)
재측정 시 리스부채 변동액	(28,680) 감소

(4) 20×3년 리스부채 이자비용

104,972(재측정 후 리스부채) × 7%(변경일 수정할인율) = 7,348

(5) 20×3년 사용권자산 감가상각비

(126,372 - 28,680) ÷ 3년 = 32,564

2. **20×3년 회계처리**

20×3.1.1	(차) 리스부채	28,680	(대) 사용권자산	28,680	⇨ 104,972
20×3.12.31	(차) 감가상각비	32,564	(대) 감가상각누계액	32,564	
	(차) 이자비용	7,348	(대) 현금	40,000	
	리스부채	32,652			⇨ 72,320

01 리스제공자는 기초자산의 소유에 따른 위험과 보상의 대부분을 리스이용자에게 이전 (O, X)
하는 리스는 금융리스로 분류하며, 기초자산의 소유에 따른 위험과 보상의 대부분을
이전하지 않는 리스는 운용리스로 분류한다.

02 리스총투자는 금융리스에서 리스제공자가 받게 될 리스료와 무보증잔존가치의 합계액 (O, X)
을 말하며, 리스제공자의 미래현금흐름이 된다. 그리고 리스순투자는 리스총투자를 리
스의 내재이자율로 할인한 금액으로서, 기초자산의 공정가치와 리스제공자의 리스개
설직접원가의 합계액과 일치한다.

03 금융리스 거래에서 리스제공자는 리스개시일에 수취채권(리스채권)을 재무상태표에 (O, X)
인식한다. 이때 장기할부채권인 리스채권은 리스총투자(리스제공자의 미래현금흐름)
를 리스의 내재이자율로 할인한 금액으로 측정하며, 동 금액은 리스순투자 금액과 일
치한다.

04 금융리스 거래에서 리스제공자가 미래에 수령하는 명목금액(총투자)에는 금융요소(이 (O, X)
자요소)가 포함되어 있다. 따라서 리스제공자는 매기 수취하는 리스료를 금융수익(이
자수익)과 리스채권 원금 회수액으로 나누어 회계처리한다.

05 금융리스 거래에서 리스제공자는 리스총투자를 계산할 때 사용한 잔존가치 추정치를 (O, X)
정기적으로 검토한다. 검토 결과 보증잔존가치 추정치가 감소한 경우, 보증잔존가치
추정치의 감소액을 내재이자율로 할인한 현재가치를 리스채권손상차손으로 하여 즉시
당기비용으로 인식한다.

06 리스제공자와는 달리, 리스이용자는 리스계약을 금융리스나 운용리스로 분류하지 않고, (O, X)
모든 리스에 대하여 사용권자산과 리스부채를 인식하는 금융리스로만 회계처리한다.

정답 및 해설

01 O

02 O

03 O

04 O

05 X 추정잔존가치 중 보증잔존가치는 리스제공자가 리스이용자 등으로부터 회수할 수 있는 금액이므로 보증잔존가치
감소액은 리스채권의 손상차손으로 인식하지 않는다. 따라서 추정잔존가치의 감소액 중 '무보증'잔존가치의 감소액
만 내재이자율로 할인한 현재가치를 리스채권의 손상차손으로 인식한다.

06 O

07 리스이용자는 리스개시일에 리스부채를 리스이용자의 미래현금흐름인 (리스이용자의)   (O, X)
리스료를 현재가치로 할인한 금액으로 측정한다. 이때 리스료의 현재가치는 리스이용
자의 증분차입이자율을 사용하여 산정한다. 다만, 증분차입이자율을 쉽게 산정할 수
없는 경우에는 리스의 내재이자율로 리스료를 할인한다.

08 금융리스 거래에서 리스이용자가 미래에 지급하는 명목금액(리스이용자의 리스료)에   (O, X)
는 금융요소(이자요소)가 포함되어 있다. 따라서 리스이용자는 매기 지급하는 리스료
를 금융원가(이자비용)와 리스부채 원금 상환액으로 나누어 회계처리한다.

09 리스이용자는 리스개시일에 사용권자산을 원가로 측정하여 인식하고, 원가모형과 재   (O, X)
평가모형 중 하나를 적용하여 후속측정한다.

10 리스가 리스기간 종료시점 이전에 리스이용자에게 기초자산의 소유권을 이전하는 경   (O, X)
우, 리스이용자는 리스개시일부터 사용권자산의 내용연수 종료일과 리스기간 종료일
중 이른 날까지 사용권자산을 감가상각한다.

11 리스이용자는 리스기간에 변경이 있거나 잔존가치보증에 따라 지급할 것으로 예상되   (O, X)
는 금액에 변동이 있는 경우에는 수정할인율로 수정리스료를 할인하여 리스부채를 다
시 측정한다.

리스회계 제20장 해가스 IFRS 김승철 중급회계 하

정답 및 해설

07 X 리스부채의 최초 측정시 리스료의 현재가치는 리스의 내재이자율을 쉽게 산정할 수 있는 경우에는 내재이자율로 리
스료를 할인하며, 내재이자율을 쉽게 산정할 수 없는 경우에는 리스이용자의 증분차입이자율을 사용하여 할인한다.

08 O

09 O

10 X 리스가 리스기간 종료시점 이전에 리스이용자에게 기초자산의 소유권을 이전하는 경우나 사용권자산의 원가에 리
스이용자가 매수선택권을 행사할 것임이 반영되는 경우에, 리스이용자는 리스개시일부터 기초자산의 내용연수 종
료시점까지 사용권자산을 감가상각한다. 그 밖의 경우(기초자산의 소유권이 이전되지 않는 경우)에는 리스이용자
는 리스개시일부터 사용권자산의 내용연수 종료일과 리스기간 종료일 중 이른 날까지 사용권자산을 감가상각한다.

11 X 잔존가치보증에 따라 지급예상액에 변동이 있는 경우에는 수정된 리스료를 변경되지 않은 할인율을 사용하여 리
스부채를 재측정한다.

개념정리 OX문제   439

소유권 이전○ + 고정리스료 추정

01 (주)대한은 20×1년 1월 1일 (주)민국리스와 다음과 같은 조건의 금융리스계약을 체결하였다.

○ 리스개시일: 20×1년 1월 1일
○ 리스기간: 20×1년 1월 1일부터 20×4년 12월 31일까지
○ 리스자산의 리스개시일의 공정가치는 ₩1,000,000이고 내용연수는 5년이다. 리스자산의 내용연수 종료시점의 잔존가치는 없으며, 정액법으로 감가상각한다.
○ (주)대한은 리스기간 종료 시 (주)민국리스에게 ₩100,000을 지급하고, 소유권을 이전받기로 하였다.
○ (주)민국리스는 상기 리스를 금융리스로 분류하고, (주)대한은 리스개시일에 사용권자산과 리스부채로 인식한다.
○ 리스의 내재이자율은 연 8%이며, 그 현가계수는 아래의 표와 같다.

구분	단일금액 ₩1의 현재가치	정상연금 ₩1의 현재가치
4년	0.7350	3.3121
5년	0.6806	3.9927

(주)민국리스가 리스기간 동안 매년 말 수취하는 연간 고정리스료는 얼마인가? (단, 단수차이로 인해 오차가 있다면 가장 근사치를 선택한다) [회계사 20]

① ₩233,411
② ₩244,132
③ ₩254,768
④ ₩265,522
⑤ ₩279,732

소유권 이전○ : 리스제공자와 이용자

02 (주)대한리스는 20×1년 1월 1일 (주)민국과 다음과 같은 금융리스계약을 약정과 동시에 체결하였다.

○ 리스개시일: 20×1년 1월 1일
○ 리스기간: 20×1년 1월 1일 ~ 20×3년 12월 31일(3년)
○ 연간 정기리스료: 매년 말 ₩500,000 후급
○ 리스자산의 공정가치는 ₩1,288,530이고 내용연수는 4년이다. 내용연수 종료시점에 잔존가 치는 없으며, (주)민국은 정액법으로 감가상각한다.
○ (주)민국은 리스기간 종료시점에 ₩100,000에 리스자산을 매수할 수 있는 선택권을 가지고 있고, 그 선택권을 행사할 것이 리스약정일 현재 상당히 확실하다. 동 금액은 선택권을 행사할 수 있는 날(리스기간 종료시점)의 공정가치보다 충분히 낮을 것으로 예상되는 가격이다.
○ (주)대한리스와 (주)민국이 부담한 리스개설직접원가는 각각 ₩30,000과 ₩20,000이다.
○ (주)대한리스는 상기 리스를 금융리스로 분류하고, (주)민국은 리스개시일에 사용권자산과 리 스부채를 인식한다.
○ 리스의 내재이자율은 연 10%이며, 그 현가계수는 아래 표와 같다.

기간	단일금액 ₩1의 현재가치	정상연금 ₩1의 현재가치
3	0.7513	2.4868
4	0.6830	3.1698

상기 리스거래가 (주)대한리스와 (주)민국의 20×1년도 당기순이익에 미치는 영향은? (단, 단수차이로 인 해 오차가 있다면 가장 근사치를 선택한다)　　　　[회계사 19]

	(주)대한리스	(주)민국
①	₩131,853 증가	₩466,486 감소
②	₩131,853 증가	₩481,486 감소
③	₩131,853 증가	₩578,030 감소
④	₩134,853 증가	₩466,486 감소
⑤	₩134,853 증가	₩481,486 감소

03 소유권 이전 ○ + 리스료 기초 지급

20×0년 11월 1일 (주)세무는 (주)대한리스로부터 업무용 컴퓨터 서버(기초자산)를 리스하는 계약을 체결하였다. 리스기간은 20×1년 1월 1일부터 3년이며, 고정리스료는 리스개시일에 지급을 시작하여 매년 ₩500,000씩 총 3회 지급한다. 리스계약에 따라 (주)세무는 연장선택권(리스기간을 1년 연장할 수 있으며 동시에 기초자산의 소유권도 리스이용자에게 귀속)을 20×3년 12월 31일에 행사할 수 있으며, 연장된 기간의 리스료 ₩300,000은 20×4년 1월 1일에 지급한다. 리스개시일 현재 (주)세무가 연장선택권을 행사할 것은 상당히 확실하다. 20×1년 1월 1일 기초자산인 업무용 컴퓨터 서버(내용연수 5년, 잔존가치 ₩0, 정액법으로 감가상각)가 인도되어 사용 개시되었으며, (주)세무는 리스개설과 관련된 법률비용 ₩30,000을 동 일자에 지출하였다. (주)세무의 증분차입이자율은 10%이며, 리스 관련 내재이자율은 알 수 없다. 이 리스거래와 관련하여 (주)세무가 20×1년에 인식할 이자비용과 사용권자산 상각비의 합계액은? [세무사 19]

기간	단일금액 ₩1의 현재가치 (할인율 10%)	정상연금 ₩1의 현재가치 (할인율 10%)
1년	0.9091	0.9091
2년	0.8264	1.7355
3년	0.7513	2.4869
4년	0.6830	3.1699

① ₩408,263
② ₩433,942
③ ₩437,942
④ ₩457,263
⑤ ₩481,047

04 소유권 이전 × + 리스채권 손상차손

20×1년 1월 1일 (주)강원리스는 제조사로부터 공정가치 ₩600,000인 기계장치를 구입하여 (주)원주에게 금융리스계약을 통하여 리스하였다. 리스약정일과 리스기간개시일은 동일하며, 경제적 내용연수와 리스기간도 동일하다. 리스료는 20×1년부터 5년간 매년도 말 ₩150,000을 수취한다. 리스기간 종료 후 그 잔존가치는 ₩50,540이며, (주)원주가 이 중 ₩30,000을 보증한다. 동 금융리스에 적용되는 유효이자율(내재이자율)은 연 10%이며, 현가계수는 다음과 같다.

기간	기간 말 ₩1의 현재가치 (단일 금액, 10%)	정상연금 ₩1의 현재가치 (10%)
4년	0.6830	3.1699
5년	0.6209	3.7908

20×1년 말에 이 리스자산의 잔존가치가 ₩50,540에서 ₩30,540으로 감소하였다. 이 리스계약이 리스제공자인 (주)강원리스의 20×1년도 당기순이익에 미치는 영향은 얼마인가? (단, 소수점 이하는 반올림하며, 이 경우 단수차이로 인해 약간의 오차가 있으면 가장 근사치를 선택한다) [회계사 10]

① ₩40,500
② ₩42,340
③ ₩44,500
④ ₩46,340
⑤ ₩60,000

소유권 이전 ×: 리스이용자

05 리스이용자인 (주)한국은 20×1년 1월 1일을 리스개시일로 하여 (주)서울리스와 다음과 같이 영업용 차량을 리스하는 금융리스계약을 체결하였다. 리스개시일에 리스개설직접원가로 ₩30,000을 지급하였다. 기계장치의 경제적 내용연수는 5년으로 내용연수 종료시점의 잔존가치는 없으며, 정액법으로 감가상각한다. 동 리스계약과 관련하여 (주)한국이 20×1년 포괄손익계산서에 당기비용으로 인식할 금액은 얼마인가?

> ○ 리스기간은 3년이며, 리스료는 매년 말 ₩1,000,000의 고정리스료를 지급한다.
> ○ 소유권 이전 약정이나 염가매수선택권은 없으며, 리스기간 종료일에 기초자산을 반환한다.
> ○ 리스기간 종료일의 기초자산의 추정잔존가치는 ₩200,000이며, (주)한국은 이 중 ₩60,000을 보증하였다. 단, 잔존가치 보증에 따라 (주)한국이 지급할 것으로 예상한 금액은 없는 것으로 추정된다.
> ○ (주)한국리스의 내재이자율은 10%이며, 현가계수(3기간, 10%)는 0.7513, 연금현가계수(3기간, 10%)는 2.4868이다.

① ₩248,680   ② ₩752,040
③ ₩838,933   ④ ₩1,077,613
⑤ ₩1,087,613

소유권 이전 ×: 리스이용자

06 (주)한국은 20×1년 1월 1일 (주)대한리스로부터 영업용 차량을 3년간 리스하기로 하고 매년 말 리스료로 ₩160,000을 지급하기로 하였다. 동 차량의 내용연수는 4년이고, 내용연수 종료시점의 추정잔존가치는 없으며 정액법으로 감가상각한다. 리스기간 종료 시 동 차량은 (주)대한리스에 반환하는 조건이다. 리스기간 종료시점의 추정잔존가치는 ₩8,000으로 추정되며, 이 중 (주)한국이 ₩5,000을 보증하였다. (주)한국은 리스종료일의 보증잔존가치 중 ₩2,000을 지급할 것으로 예상하고 있다. 리스계약과 관련하여 (주)한국이 지출한 리스개설직접원가는 ₩1,000이다. 리스와 관련하여 (주)한국이 20×1년 포괄손익계산서에 인식할 비용은 얼마인가? (단, (주)한국은 사용권자산을 감가상각할 때 지급할 것으로 예상되는 보증잔존가치를 차감하는 방법으로 회계처리한다. (주)한국은 (주)대한리스의 내재이자율 10%를 알고 있으며, 할인율 10%의 3년 단일금액 현가계수는 0.7513이고, 3년 정상연금 현가계수는 2.4868이다. 단수차이로 인한 오차가 있으면 가장 근사치를 선택한다)

① ₩139,537   ② ₩172,689
③ ₩172,713   ④ ₩172,736
⑤ ₩173,403

07 자동차 제조회사인 (주)대한은 (주)민국에게 제조된 차량(제조원가 ₩2,000,000)을 판매하는 리스계약(금융리스)을 체결하였다. 다음은 (주)대한의 리스계약과 관련된 자료이다.

○ 리스기간은 20×1년 1월 1일부터 20×3년 12월 31일까지이고, 해지불능리스이다.
○ 정기리스료 ₩1,071,693을 매년 말 수취한다.
○ 리스기간 종료시점의 잔존가치는 ₩300,000으로 추정되는데 리스이용자는 이 중 ₩100,000을 보증한다.
○ 시장이자율은 연 10%이지만, (주)대한은 (주)민국에게 인위적으로 낮은 연 8% 이자율을 제시하였다.
○ 판매시점에 차량의 공정가치는 ₩3,000,000이었다.

기간	단일금액 ₩1의 현재가치		정상연금 ₩1의 현재가치	
	8%	10%	8%	10%
3	0.7983	0.7513	2.5771	2.4868

상기 거래로 (주)대한이 20×1년도 포괄손익계산서에 보고할 매출총이익은? (단, 단수차이로 인해 오차가 있다면 가장 근사치를 선택한다)

[회계사 18]

① ₩665,086
② ₩740,216
③ ₩815,346
④ ₩890,476
⑤ ₩1,000,000

리스부채의 재평가 - 리스기간 변동

08 (주)한국은 (주)서울리스와 기계장치를 리스하는 금융리스계약을 체결하였다. 리스개시일은 20×1년 1월 1일이며, 리스료는 매년 말 ₩100,000을 지급한다. 리스종료일에는 리스자산을 리스제공자에게 반환하며, 리스종료일의 보증잔존가치는 없다. 기초자산은 정액법으로 감가상각한다. 리스기간은 3년이며, 1년간 연장할 수 있는 선택권이 있다. 리스개시일에는 (주)한국이 리스기간 연장선택권을 행사할 것이 상당히 확실하지 않았으나, 20×1년 말에는 연장선택권을 행사할 것이 상당히 확실하다고 판단하였다. 리스의 내재이자율은 8%이며, 20×1년 말 수정할인율은 10%이다. (주)한국이 20×1년 말 재무상태표에 보고할 사용권자산과 리스부채의 장부금액은 각각 얼마인가? (단, 현재가치계수는 다음과 같다)

기간	현재가치계수		연금현재가치계수	
	8%	10%	8%	10%
1년	0.9259	0.9091	0.9259	0.9091
2년	0.8573	0.8264	1.7832	1.7355
3년	0.7938	0.7513	2.5770	2.4868

	사용권자산	리스부채		사용권자산	리스부채
①	₩171,800	₩178,316	②	₩242,164	₩248,680
③	₩242,164	₩257,700	④	₩251,184	₩248,680
⑤	₩251,184	₩257,700			

판매후리스: 기초자산 판매금액 > 공정가치

09 (주)대한은 20×1년 1월 1일 장부금액 ₩500,000, 공정가치 ₩600,000의 기계장치를 (주)민국리스에게 ₩650,000에 현금 판매(기업회계기준서 제1115호상 '판매' 조건 충족)하고 동 일자로 기계장치를 5년 동안 리스하였다. (주)대한은 (주)민국리스에게 리스료로 매년 말 ₩150,000씩 지급하기로 하였으며, 내재이자율은 연 8%이다. (주)대한이 리스 회계처리와 관련하여 20×1년 1월 1일 인식할 이전된 권리에 대한 차익(기계장치처분이익)은 얼마인가? (단, 단수차이로 인해 오차가 있다면 가장 근사치를 선택한다)

[회계사 20]

기간	8%	
	단일금액 ₩1의 현재가치	정상연금 ₩1의 현재가치
4년	0.7350	3.3121
5년	0.6806	3.9927

① ₩8,516		② ₩46,849	
③ ₩100,183		④ ₩150,000	
⑤ ₩201,095			

10 (주)한국은 리스이용자로 사무실용 건물을 20×1년 초부터 4년간 리스하는 계약(연간 리스료 매년 말 ₩90,000 지급)을 체결하였다. (주)한국은 리스개시일인 20×1년 초에 리스부채로 ₩311,859을 인식하였다. 한편, 2년이 경과된 20×3년 초 (주)한국은 리스회사와 매년 말 연간 리스료 ₩70,000을 지급하기로 합의하였다. (주)한국이 20×3년에 인식할 이자비용은? (단, 리스의 내재이자율은 쉽게 산정할 수 없으나, 리스개시일과 20×3년 초 리스이용자인 (주)한국의 증분차입이자율은 각각 연 6%와 연 8%이다)

기간	정상연금 ₩1의 현재가치	
	6%	8%
1	0.9434	0.9259
2	1.8334	1.7833
3	2.6730	2.5771
4	3.4651	3.3121

① ₩7,490   ② ₩9,900

③ ₩9,986   ④ ₩13,200

⑤ ₩14,434

정답

01 ⑤ 02 ① 03 ② 04 ④ 05 ⑤ 06 ④ 07 ④ 08 ② 09 ① 10 ③

해설

01 ⑤ **(1) 리스총투자와 순투자의 관계**

리스총투자(리스료와 무보증잔존가치)를 내재이자율로 할인한 현재가치는 리스순투자(기초자산의 공정가치와 리스개설직접원가의 합계액)와 동일한 금액이다.

(2) 고정리스료 추정

고정리스료 × 3.3121 + 100,000 × 0.7350 = 1,000,000(기초자산 공정가치) + 0(제공자의 리스개설직접원가)

⇨ 고정리스료 279,732

02 ① **(1) (주)대한리스(리스제공자)**

① 20×1.1.1 리스채권

리스순투자: 리스자산의 FV + 리스개설직접원가 = 1,288,530 + 30,000 = 1,318,530

(또는) 리스총투자의 현재가치: 500,000 × 2.4868 + 100,000 × 0.7513 = 1,318,530

② 20×1년 당기순이익 효과(리스채권 이자수익): 1,318,530 × 10% = 131,853 증가

(2) (주)민국(리스이용자)

① 20×1.1.1 리스부채: 500,000 × 2.4868 + 100,000 × 0.7513 = 1,318,530

② 20×1.1.1 사용권자산: 1,318,530(리스부채) + 20,000(리스개설직접원가) = 1,338,530

③ 20×1년 당기순이익 효과

리스부채 이자비용	1,318,530 × 10% =	131,853
사용권자산 감가상각비	(1,338,530 - 0) ÷ 4년 =	334,633
당기순이익 효과		466,486 감소

03 ② **(1) 20×1.1.1 리스부채와 사용권자산**

① 리스부채: 500,000 × 1.7355 + 300,000 × 0.7513 = 1,093,140

② 사용권자산: 500,000(리스개시일 현금지급액) + 1,093,140 + 30,000 = 1,623,140

(2) 20×1년 당기비용

리스부채 이자비용	1,093,140 × 10% =	109,314
사용권자산 감가상각비	(1,623,140 - 0) ÷ 5년 =	324,628
당기비용 합계		433,942

04 ④ **(1) 거래의 분석**

20×1년 말에 추정잔존가치가 50,540에서 30,540으로 20,000만큼 감소하였으며, 보증잔존가치가 30,000이므로 추정잔존가치 감소액은 전액 무보증잔존가치가 감소한 것이다. 무보증잔존가치는 리스이용자로부터 회수할 수 없으므로 추정 무보증잔존가치 감소액 20,000의 현재가치를 리스채권 손상차손으로 인식한다.

(2) 20×1년 당기순이익 영향

리스채권 이자수익	600,000(리스개시일 순투자) × 10% =	60,000
리스채권 손상차손	20,000 × 0.6830 =	(13,660)
당기순이익 영향		46,340 증가

05 ⑤ **(1) 20×1.1.1 리스부채와 사용권자산**

① 리스부채(리스료의 현재가치): 1,000,000(고정리스료) × 2.4868 = 2,486,800

② 사용권자산: 리스부채 + 리스개설직접원가 = 2,486,800 + 30,000 = 2,516,800

(2) 20×1년 당기비용

리스부채 이자비용	2,486,800 × 10% =	248,680
사용권자산 감가상각비	2,516,800 ÷ Min[5년, 3년] =	838,933
20×1년 당기비용		1,087,613

06 ④ **(1) 20×1.1.1 리스부채와 사용권자산**

① 리스부채: 160,000 × 2.4868 + 2,000 × 0.7513 = 399,391

② 사용권자산: 399,391(리스부채) + 1,000(리스개설직접원가) = 400,391

(2) 20×1년 비용인식액

리스부채 이자비용	399,391 × 10% =	39,939
사용권자산 감가상각비	(400,391 − 2,000) ÷ Min[3년, 4년] =	132,797
비용인식액		172,736

(3) 참고 사용권자산의 잔존가치를 영(0)으로 보는 주장에 따르면, 20×1년 비용인식액은 다음과 같이 계산된다.

리스부채 이자비용	399,391 × 10% =	39,939
사용권자산 감가상각비	400,391 ÷ Min[3년, 4년] =	133,464
비용인식액		173,403

07 ④ **(1) 리스료의 현재가치(할인율: 10%)**

1,071,693 × 2.4868 + 100,000 × 0.7513 = 2,740,216

(2) 매출액

Min[리스료의 현재가치, 기초자산 공정가치] = Min[2,740,216, 3,000,000] = 2,740,216

(3) 매출원가

2,000,000 − 200,000(무보증 잔존가치) × 0.7513 = 1,849,740

(4) 매출총이익

2,740,216 − 1,849,740 = 890,476

08 ② **(1) 20×1.1.1 리스부채와 사용권자산**

100,000 × 2.5770 = 257,700

(2) 20×1년 말 리스부채와 사용권자산 증가금액

재측정 후 리스부채(수정할인율 10%)	100,000 × 2.4868 =	248,680
재측정 전 리스부채	257,700 × 1.08 − 100,000 =	(178,316)
리스부채와 사용권자산 증가금액		70,364

(3) 20×1년 말 리스부채와 사용권자산

① 리스부채: 248,680

② 사용권자산: 257,700 − (*)85,900 + 70,364 = 242,164

    (*) 257,700 ÷ 3년 = 85,900

09 ① **(1) 리스료의 현재가치**

150,000 × 3.9927 = 598,905

(2) 판매자(리스이용자)가 제공받은 추가 금융부채(차입금)

650,000(판매금액) − 600,000(공정가치) = 50,000

(3) 리스부채

598,905 − 50,000 = 548,905

(4) 유형자산처분이익

① 건물의 총처분이익: 600,000(공정가치) − 500,000 = 100,000

② 이전한 건물의 처분이익: 100,000 × 8.516%(= 1 − 548,905 ÷ 600,000) = 8,516

10 ③ **(1) 리스변경 분석**

리스범위에 변경이 없이 리스대가가 감소하였으므로 리스변경을 별도 리스로 회계처리하지 않는다. 리스변경이 별도 리스에 해당하지 않는 경우에는 수정리스료를 리스변경일의 수정할인율로 할인하여 리스부채를 다시 측정한다.

(2) 20×3년 이자비용

① 20×3년 초 재측정 후 리스부채: 70,000 × 연금의 현가계수(2년, 8%) = 70,000 × 1.7833 = 124,831

② 20×3년 이자비용: 124,831 × 8% = 9,986

(3) 참고 **20×3년 회계처리**

20×3.1.1	(차) 리스부채	(*)40,174	(대) 사용권자산	40,174

    (*) 리스부채 감소액

      ① 20×1년 말 리스부채: 311,859 × 1.06 − 90,000 = 240,571

      ② 20×2년 말 리스부채: 240,571 × 1.06 − 90,000 = 165,005

      ③ 재측정으로 인한 감소액: 165,005 − 124,831 = 40,174

20×3.12.31	(차) 감가상각비	(*)57,878	(대) 감가상각누계액	57,878

    (*) (311,859 − 311,859 ÷ 4년 × 2년 − 40,174) ÷ 2년 = 57,878

	(차) 이자비용	9,986	(대) 현금	70,000
	리스부채	60,014		

[세무사 2차 19]

일반금융리스

01 (주)대한은 20×0년 12월 31일에 항공기를 ₩5,198,927에 취득하였다. 리스제공자인 (주)대한은 항공서비스를 제공하는 (주)세무와 20×1년 1월 1일에 금융리스계약을 체결하였다. 구체적인 계약내용이 다음과 같을 때, 각 물음에 답하시오.

(1) 리스개시일은 20×1년 1월 1일이고, 만료일은 20×4년 12월 31일이다. 이 기간 동안은 리스계약의 해지가 불가능하다.

(2) 기초자산(항공기)의 공정가치는 ₩5,198,927이며, 경제적 내용연수는 6년이고 내용연수 종료 후 추정잔존가치는 없다. 해당 기초자산은 정액법으로 감가상각한다.

(3) 리스기간 종료시점의 해당 기초자산 잔존가치는 ₩500,000으로 추정되며, (주)세무의 보증잔존가치는 ₩200,000이다. 추정잔존가치 중 (주)세무가 보증한 잔존가치 지급예상액은 ₩200,000이다.

(4) 리스료는 리스기간 동안 매년 말 고정된 금액을 수수한다.

(5) 리스기간 종료시점에 소유권 이전 약정이나 염가매수선택권은 없으며, 리스기간 종료 시 기초자산을 (주)대한에 반환하여야 한다.

(6) (주)대한이 리스계약과 관련하여 지출한 리스개설직접원가는 ₩300,000이며, (주)세무가 리스계약과 관련하여 지출한 리스개설직접원가는 ₩200,000이다. 이들 리스개설직접원가는 모두 현금으로 지급하였다.

(7) (주)대한의 내재이자율은 연 10%이며, (주)세무의 증분차입이자율은 12%이다. (주)세무는 (주)대한의 내재이자율을 알고 있다.

(8) (주)세무는 사용권자산에 대한 감가상각방법으로 정액법을 채택하고 있으며, 감가상각비는 지급할 것으로 예상되는 보증잔존가치를 차감하는 방법으로 회계처리한다.

(9) 현재가치 계산 시 아래의 현가계수를 이용하며, 금액을 소수점 첫째 자리에서 반올림하여 계산한다. (예 ₩5,555.5 ⇨ ₩5,556)

기간	10%		12%	
	현가계수	연금현가계수	현가계수	연금현가계수
1	0.9091	0.9091	0.8929	0.8929
2	0.8264	1.7355	0.7972	1.6901
3	0.7513	2.4868	0.7118	2.4018
4	0.6830	3.1699	0.6355	3.0373

[물음 1] (주)대한이 매년 말 받게 될 고정리스료를 계산하고, (주)대한이 리스개시일에 수행해야 할 회계처리를 제시하시오.

①	고정리스료	
②	(차)	(대)

[물음 2] (주)대한이 동 리스거래로 인해 인식하게 될 리스총투자, 미실현금융수익을 계산하시오.

리스총투자	미실현금융수익
①	②

[물음 3] (주)세무가 리스개시일에 계상해야 할 사용권자산과 리스부채를 계산하고, (주)세무가 리스개시일에 수행해야 할 회계처리를 제시하시오.

①	사용권자산	리스부채
②	(차)	(대)

[물음 4] 동 리스거래와 관련한 회계처리가 (주)대한의 20×1년도 당기순이익에 미치는 영향과 (주)세무의 20×1년도 당기순이익에 미치는 영향을 각각 계산하시오. 단, 당기순이익이 감소하는 경우에는 금액 앞에 (-)표시를 하시오.

(주)대한의 20×1년도 당기순이익	(주)세무의 20×1년도 당기순이익
①	②

[물음 5] (주)대한의 20×2년도 이자수익과 (주)세무의 20×2년 말 미상환부채를 계산하시오.

(주)대한의 20×2년도 이자수익	(주)세무의 20×2년 말 미상환부채
①	②

[물음 6] 만일, 20×1년 12월 31일 해당 기초자산의 잔존가치 추정치가 ₩300,000으로 하락하였다면, (주)대한이 20×1년 말 리스채권손상차손으로 인식할 금액을 계산하시오.

해답 [물음 1]

1. 고정리스료 × 3.1699 + 500,000 × 0.6830 = 5,198,927 + 300,000

   ⇨ 고정리스료 1,627,000

2. 리스제공자의 리스개시일 회계처리

(차) 리스채권	5,498,927	(대) 선급리스자산	5,198,927
		현금	300,000

[물음 2]

1. 답안의 작성

   ① 7,008,000

   ② 1,509,073

2. 리스총투자(리스제공자의 미래현금흐름)

   1,627,000 × 4년 + 500,000 = 7,008,000

3. 리스제공자의 미실현금융수익(이자수익)

리스총투자	7,008,000
리스순투자	(-)5,498,927
미실현금융수익	1,509,073

[물음 3]

1. 리스부채: 1,627,000 × 3.1699 + 200,000(보증잔존가치 중 지급예상액) × 0.6830 = 5,294,027

2. 사용권자산: 5,294,027(리스부채) + 200,000(리스개설직접원가) = 5,494,027

3. 리스이용자의 리스개시일 회계처리

(차) 사용권자산	5,494,027	(대) 리스부채	5,294,027
		현금	200,000

[물음 4]

1. 답안의 작성

   ① 549,893

   ② (-)1,852,910

2. (주)대한의 20×1년 당기순이익 효과

   20×1년 리스채권 이자수익: 5,498,927 × 10% = 549,893(당기순이익 증가)

3. (주)세무의 20×1년 당기순이익 효과

리스부채 이자비용	5,294,027 × 10% =	(-)529,403
사용권자산 감가상각비	(5,494,027 − (*)200,000) ÷ 4년 =	(-)1,323,507
당기순이익 효과		(-)1,852,910

   (*) 사용권자산 감가상각비를 계산할 때 잔존가치를 차감하지 않는 것이 합리적이다. 그러나 문제의 단서에서 보증잔존가치 중 지급예상액을 차감한다고 언급하고 있으므로 단서에 따라 풀이하였다.

4. 참고 20×1년 말 회계처리

   (1) (주)대한(리스제공자)

20×1년 말	(차) 현금	1,627,000	(대) 이자수익	549,893
			리스채권	1,077,107

   (2) (주)세무(리스이용자)

20×1년 말	(차) 감가상각비	1,323,507	(대) 감가상각누계액	1,323,507
	(차) 이자비용	529,403	(대) 현금	1,627,000
	리스부채	1,097,597		

[물음 5]

1. 답안의 작성
   ① 442,182
   ② 2,989,073

2. (주)대한의 20×2년 이자수익
   (1) 20×1년 말 리스채권 장부금액: 5,498,927 × 1.1 − 1,627,000 = 4,421,820
   (2) 20×2년 리스채권 이자수익: 4,421,820 × 10% = 442,182

3. (주)세무의 20×2년 말 리스부채 장부금액
   (1) 20×1년 말 리스부채 장부금액: 5,294,027 × 1.1 − 1,627,000 = 4,196,430
   (2) 20×2년 말 리스부채 장부금액: 4,196,430 × 1.1 − 1,627,000 = 2,989,073

4. 참고 20×2년 말 회계처리
   (1) (주)대한(리스제공자)

20×2년 말	(차) 현금	1,627,000	(대) 이자수익	442,182
			리스채권	1,184,818

   (2) (주)세무(리스이용자)

20×2년 말	(차) 감가상각비	1,323,507	(대) 감가상각누계액	1,323,507
	(차) 이자비용	(*)419,643	(대) 현금	1,627,000
	리스부채	1,207,357		

   (*) 4,196,430 × 10% = 419,643

[물음 6]

1. 20×1년 말에 추정잔존가치가 500,000에서 300,000으로 200,000만큼 감소하였으며, 보증잔존가치가 200,000이므로 추정잔존가치 감소액은 전액 무보증잔존가치가 감소한 것이다. 무보증잔존가치는 리스이용자로부터 회수할 수 없으므로 추정무보증잔존가치 감소액 200,000의 현재가치를 리스채권손상차손으로 인식한다.

2. 리스제공자의 20×1년 말 리스채권손상차손: 200,000 × 0.7513 = 150,260

3. 참고 (주)대한(리스제공자)의 20×1년 말 회계처리

20×1년 말	(차) 현금	1,627,000	(대) 이자수익	549,893
			리스채권	1,077,107
	(차) 리스채권손상차손	150,260	(대) 손실충당금	150,260

02

(1) (주)세무는 20×1년 1월 1일에 (주)나라리스로부터 기초자산 A(기계)를, (주)민국리스로부터 기초자산 B(사무실)를 각각 리스하는 계약을 체결하였다. 기초자산 A와 B의 리스 모두 리스 개시일은 20×1년 1월 1일이며 리스기간은 6년이고, 리스료는 매년 말에 지급한다.

(2) 기초자산 A와 B는 리스기간 종료 시 리스제공자에게 반환하며, 모든 리스는 소액기초자산리스에 해당하지 않는다.

(3) 리스개시일 현재 기초자산 A의 내용연수는 8년(잔존가치 ₩0), 기초자산 B의 내용연수는 10년(잔존가치 ₩0)이다.

(4) 리스의 내재이자율은 알 수 없으며, 20×1년 1월 1일 (주)세무의 증분차입이자율은 연 5%이다.

(5) (주)세무는 모든 사용권자산에 대해 원가모형을 적용하여 회계처리하고 있으며, 사용권자산은 모두 잔존가치 없이 정액법을 이용하여 상각한다.

(6) 현재가치 계산이 필요할 경우 다음의 현가계수를 이용하고 금액은 소수점 첫째 자리에서 반올림하여 계산한다. (예) ₩555.555.. ⇨ ₩556)

기간	5%		10%	
	현가계수	연금현가계수	현가계수	연금현가계수
1	0.9524	0.9524	0.9091	0.9091
2	0.9070	1.8594	0.8264	1.7355
3	0.8638	2.7232	0.7513	2.4868
4	0.8227	3.5460	0.6830	3.1699
5	0.7835	4.3295	0.6209	3.7908
6	0.7462	5.0757	0.5645	4.3553

[물음 1] (주)세무는 기초자산 A(기계)에 대한 리스료로 20×1년과 20×2년에는 연간 ₩100,000을 지급하고, 이후에는 2년 단위로 소비자물가지수의 변동을 반영하여 리스료를 조정하기로 하였다. 20×3년과 20×4년의 리스료는 20×3년 초의 소비자물가지수를 반영하여 산정하고, 20×5년과 20×6년의 리스료는 20×5년 초의 소비자물가지수를 반영하여 산정하다. 리스개시일의 소비자물가지수는 100이었으나 20×3년 1월 1일에는 120으로 상승하였고 그 이후에는 변동이 없다고 가정한다. 20×3년 1월 1일 (주)세무의 증분차입이자율은 연 10%이다. 기초자산 A의 리스와 관련하여 (주)세무가 20×2년과 20×3년에 당기손익으로 인식할 아래 항목의 금액을 각각 계산하시오. 단, 기초자산 A의 리스와 관련하여 발생한 비용 중 자본화된 금액은 없다.

구분	감가상각비	이자비용
20×2년	①	②
20×3년	③	④

[물음 2] 기초자산 B는 1,000m²의 사무실 공간이며, 이에 대한 리스료로 (주)세무는 연간 ₩200,000을 지급한다. 20×3년 1월 1일에 (주)세무는 리스기간 중 남은 4년 동안 사무실의 공간을 1,000m²에서 500m²로 줄이기로 (주)민국리스와 합의하였으며, 남은 4년 동안 리스료로 매년 말에 ₩120,000씩 지급하기로 하였다. 리스계약 변경시점인 20×3년 1월 1일 (주)세무의 증분차입이자율은 연 10%이다. 기초자산 B의 리스와 관련하여 20×3년 1월 1일 (주)세무가 인식할 리스부채와 리스변경손익, 그리고 20×3년에 당기손익으로 인식할 리스부채의 이자비용과 사용권자산에 대한 감가상각비를 각각 계산하시오. 단, 기초자산 B의 리스와 관련하여 발생한 비용 중 자본화된 금액은 없다. 또, 리스변경손실이 발생한 경우에는 금액 앞에 '(-)'를 표시하며, 계산된 금액이 없는 경우에는 '없음'으로 표시하시오.

구분	리스부채	리스변경손익
20×3년 1월 1일	①	②

구분	이자비용	감가상각비
20×3년 당기손익	③	④

해답 **[물음 1]**

1. 답안의 작성
   ① 84,595
   ② 21,647
   ③ 102,326
   ④ 21,276

2. 리스부채의 재측정 여부: 지수의 변동에 따라 리스료가 변동되므로 수정리스료를 리스부채 측정치에 포함하여 리스부채를 재측정한다. 다만, 리스부채 재측정 시 할인율은 기존 할인율을 사용한다.

3. 리스개시일의 리스부채와 사용권자산
   (1) 리스부채: 100,000 × 5.0757 = 507,570
   (2) 사용권자산: 507,570(리스부채) + 0(리스이용자의 리스개설직접원가) = 507,570

4. 20×2년 손익계산서 효과
   (1) 20×2년 감가상각비: 507,570 ÷ Min[8년, 6년] = 84,595
   (2) 20×2년 이자비용
       ① 20×1년 말 리스부채: 507,570 × 1.05 - 100,000 = 432,949
       ② 20×2년 이자비용: 432,949 × 5% = 21,647

5. 20×3년 손익계산서 효과
   (1) 20×3년 초 리스부채 재측정
       ① 수정리스료: 100,000 × 120/100 = 120,000
       ② 리스부채 재측정액: 120,000 × 3.5460 = 425,520
       ③ 리스부채 재측정 시 변동액

리스부채 재측정액	425,520
재측정 전 장부금액(20×2년 말) 432,949 × 1.05 - 100,000 =	(354,596)
재측정으로 인한 증가액	70,924

   (2) 20×3년 감가상각비
       ① 20×2년 말 사용권자산 장부금액: 507,570 - 84,595 × 2년 = 338,380
       ② 20×3년 감가상각비: (338,380 + 70,924) ÷ 4년 = 102,326
   (3) 20×3년 이자비용: 425,520 × 5% = 21,276

6. 참고 회계처리

20×1년 초	(차) 사용권자산		507,570	(대) 리스부채	507,570
20×1년 말	(차) 감가상각비		84,595	(대) 감가상각누계액	84,595
	(차) 이자비용		(*)25,379	(대) 리스부채	25,379
	(*) 507,570 × 5% = 25,379				
	(차) 리스부채		100,000	(대) 현금	100,000
20×2년 말	(차) 감가상각비		84,595	(대) 감가상각누계액	84,595
	(차) 이자비용		21,647	(대) 리스부채	21,647
	(차) 리스부채		100,000	(대) 현금	100,000
20×3년 초	(차) 사용권자산		70,924	(대) 리스부채	70,924
20×3년 말	(차) 감가상각비		102,326	(대) 감가상각누계액	102,326
	(차) 이자비용		21,276	(대) 리스부채	21,276
	(차) 리스부채		120,000	(대) 현금	120,000

[물음 2]

1. 답안의 작성
   ① 380,388(재측정 후)
   ② 16,216
   ③ 38,039
   ④ 91,043

2. 20×2년 말 리스부채와 사용권자산
   (1) 리스부채
   ① 리스개시일 리스부채: 200,000 × 5.0757 = 1,015,140
   ② 20×1년 말 리스부채: 1,015,140 × 1.05 - 200,000 = 865,897
   ③ 20×2년 말 리스부채: 865,897 × 1.05 - 200,000 = 709,192

   (2) 사용권자산
   ① 리스개시일 사용권자산: 1,015,140
   ② 20×2년 말 사용권자산: 1,015,140 - 338,380(= 1,015,140 ÷ 6년 × 2년) = 676,760

3. 20×3년 초 리스변경손익
   (1) 거래의 분석
   리스의 범위를 좁히는 리스변경은 사용권자산과 리스부채 장부금액을 비례적으로 감소시키고, 차액은 당기손익(변경손익)으로 인식한다.
   (2) 리스변경손익

리스부채 감소액	709,192 × 50% =	354,596
사용권자산 감소액	676,760 × 50% =	(338,380)
리스변경이익(손실)		16,216

4. 20×3년 이자비용과 감가상각비
   (1) 20×3년 리스부채 이자비용
   ① 20×3년 초 재측정 후 리스부채(할인율: 10%): 120,000 × 3.1699 = 380,388
   ② 20×3년 이자비용: 380,388(재측정 후 리스부채) × 10%(변경일 수정할인율) = 38,039

   (2) 사용권자산 감가상각비
   ① 리스부채 재측정으로 증가하는 사용권자산: 380,388 - $^{(*)}$354,596(재측정 전 리스부채) = 25,792
   $^{(*)}$ 재측정 전 리스부채: 709,192 - 354,596 = 354,596
   ② 20×3년 감가상각비: 364,172(= 676,760 - 338,380 + 25,792) ÷ 4년 = 91,043

5. 참고 20×3년 회계처리

20×3.1.1	(차) 리스부채	354,596	(대) 사용권자산	338,380
			리스변경이익	16,216
	(차) 사용권자산	25,792	(대) 리스부채	25,792
20×3.12.31	(차) 감가상각비	91,043	(대) 감가상각누계액	91,043
	(차) 이자비용	38,039	(대) 현금	120,000
	리스부채	81,961		

해커스 IFRS 김승철 중급회계 하

제21장

법인세회계

제1절 | 법인세회계의 기초

01 당기 법인세와 이연법인세

(1) 당기 법인세

법인세는 기업이 회계기간 동안 창출한 이익에 대하여 국가에 납부하는 세금을 말한다. 이때 법인세 계산의 대상이 되는 기업의 이익은 회계이익이 아니라 과세소득을 말한다.

> ① **회계이익**: 법인세비용 차감 전 회계기간의 손익(포괄손익계산서상 법인세비용차감전순이익)
> ② **과세소득**: 과세당국이 제정한 법규에 따라 납부할 법인세를 산출하는 대상이 되는 회계기간의 이익

당기 법인세는 당기의 과세소득에 대하여 납부할 법인세액을 말하며, 법인세 부담액이라고도 한다. 실무적으로는 회계기간 중에 선납한 선급법인세와 회계기간 종료일 후 90일 이내에 신고 · 납부하는 법인세(미지급법인세)의 합계액을 말한다.

[당기 법인세(법인세 부담액)]

당기의 과세소득 × 법인세율 = 납부할 법인세

[당기 법인세의 회계처리]

중간예납 시: (차) 선급법인세(자산 ↑) ×××	(대) 현금(자산 ↓)	×××
결산일: (차) 법인세비용(자본 ↓: 비용) ×××	(대) 선급법인세(자산 ↓)	×××
	당기법인세부채(부채 ↑)	(*)×××
(*) 당기 법인세 − 선급법인세		
신고 · 납부일: (차) 당기법인세부채(부채 ↓) ×××	(대) 현금(자산 ↓)	×××

(2) 법인세 기간간배분(이연법인세회계)

① 회계이익(회계상 세전이익)은 재무정보이용자의 의사결정에 유용한 정보를 제공하는데 목적이 있으며, 발생주의에 근거하여 인식한 수익에서 비용을 차감하여 계산된다. 이에 반해 과세소득은 국가 재정수요에 충당할 세금부과에 그 목적이 있으며, 법인세법상 권리·의무 확정주의에 따라 측정한 익금에서 손금을 차감하여 계산한다.

② 즉, 회계이익과 과세소득은 각자의 목적이 다르기 때문에 금액도 다르게 측정될 수밖에 없다. 그런데 만일, 기업이 과세소득을 기준으로 계산한 법인세 납부액을 포괄손익계산서에 법인세비용으로 인식한다면, 회계이익과 무관하게 측정된 금액을 법인세비용으로 인식하기 때문에 수익(회계이익)과 관련된 비용(법인세비용)이 대응되지 않는 문제가 발생할 것이다.

③ 따라서 이와 같은 문제점을 해결하기 위하여 나온 회계처리가 바로 법인세 기간간배분(이연법인세회계)이다. 즉, 법인세 기간간배분(이연법인세회계)이란, 회계이익을 기준으로 계산한 법인세를 포괄손익계산서에 법인세비용으로 인식하여 수익·비용을 합리적으로 대응시키고, 이를 위해 당기 법인세(법인세 부담액) 중 일부를 재무상태표에 이연법인세자산(부채)으로 인식하여 차기 이후의 회계기간에 배분하는 회계처리를 말한다.

(3) 법인세 기간간배분 사례

① (주)한국의 20×1년과 20×2년의 회계이익(세전이익)은 각각 ₩1,000,000이다. 다만, 법인세법에 따르면, 20×1년의 회계상 비용 중 ₩100,000은 20×1년에는 세법상 비용으로 인정하지 않고, 20×2년의 비용으로 인정된다고 가정한다. 법인세율이 30%라고 하면, 20×1년과 20×2년의 과세소득과 납부할 법인세(당기 법인세)는 각각 다음과 같다.

	20×1년	20×2년
회계이익(세전이익)	₩1,000,000	₩1,000,000
회계와 세법의 차이	100,000	(100,000)
과세소득	₩1,100,000	₩900,000
법인세율	30%	30%
납부할 법인세(당기 법인세)	₩330,000	₩270,000

② 이때 만일 (주)한국이 세법규정에 따라 납부할 법인세(당기 법인세)를 포괄손익계산서에 법인세비용으로 인식하면, 20×1년과 20×2년의 회계이익(세전이익)과 법인세율은 모두 동일한데, 법인세비용은 서로 다른 금액으로 인식하게 된다. 즉, 세전이익은 발생주의에 따라 측정한 금액인데, 관련된 법인세비용은 세법에 따라 측정한 금액으로 인식하게 되므로 수익(세전이익)과 비용(법인세비용)이 대응되지 않게 되는 것이다.

[법인세 기간간배분을 반영하지 않은 회계처리와 재무제표]

20×1.12.31 (차) 법인세비용	330,000	(대) 당기법인세부채	330,000
20×2.12.31 (차) 법인세비용	270,000	(대) 당기법인세부채	270,000

〈포괄손익계산서〉

	20×1년	20×2년	기간간배분 전
회계이익(세전이익)	₩1,000,000	₩1,000,000	발생주의
법인세비용	(330,000)	(270,000)	권리의무 확정주의
당기순이익	₩670,000	₩730,000	

---

③ 수익과 비용의 합리적인 대응을 위해서는 회계이익을 기초로 계산한 법인세 ₩300,000(= 1,000,000 × 30%)을 20×1년과 20×2년의 포괄손익계산서에 법인세비용으로 인식해야 한다. 다만, 이를 위해서는 20×1년에 납부할 법인세(당기 법인세) ₩330,000 중 ₩30,000을 20×1년에는 (법인세비용이 아니라) 일단 자산(이연법인세자산)으로 인식했다가, 이를 20×2년의 법인세비용으로 이연시켜야 한다.

[법인세 기간간배분을 반영한 회계처리와 재무제표]

20×1.12.31	(차)	법인세비용	300,000	(대)	당기법인세부채	330,000
		이연법인세자산	30,000			
20×2.12.31	(차)	법인세비용	300,000	(대)	당기법인세부채	270,000
					이연법인세자산	30,000

〈포괄손익계산서〉

	20×1년	20×2년	기간간배분 후
회계이익(세전이익)	₩1,000,000	₩1,000,000	발생주의
법인세비용	(300,000)	(300,000)	발생주의
당기순이익	₩700,000	₩700,000	

〈재무상태표〉

	20×1년 말	20×2년 말
이연법인세자산	₩30,000	₩ -

④ 이와 같이 회계이익에 대응되는 법인세를 포괄손익계산서에 법인세비용으로 인식하기 위해 당기 법인세 중 일부를 차기 이후의 기간에 배분(이연)하는 절차를 법인세 기간간배분(또는 이연법인세회계)이라고 한다.

⑤ 결과적으로 법인세 기간간배분을 반영하면 포괄손익계산서의 법인세비용이 (법인세 부담액과 관계없이) 회계이익의 크기에 비례하여 인식됨으로서 수익·비용이 올바르게 대응되며, 또한 회계이익에 근거한 법인세비용과 세법상 법인세 부담액의 차이를 재무상태표에 이연법인세자산(부채)으로 인식함으로써 자산·부채의 적정한 평가도 함께 달성하게 된다.

02 회계이익과 과세소득의 차이: 세무조정

[그림 21-1] 세무조정의 구조

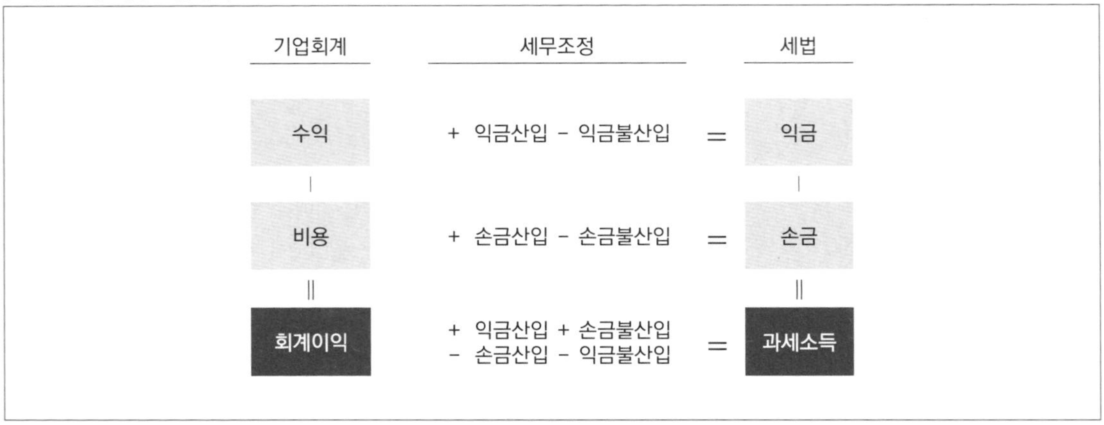

① 당기 법인세(법인세 부담액)를 계산하기 위해서는 먼저 회계이익과 과세소득 간의 차이를 조정해야 한다. 즉, 회계상 수익(비용)과 세법상 익금(손금)은 서로 유사하지만 완전히 일치하지는 않기 때문에 둘 간의 차이를 조정해야 하는 것이다. 이렇게 회계이익에서 출발해서 회계이익과 과세소득 간의 차이를 조정하여 과세소득을 산출하는 과정을 세무조정이라고 한다.

② 회계이익과 과세소득 간의 차이를 조정하는 세무조정사항은 다음과 같이 4가지가 있다.

구분	내용	과세소득에 미치는 영향
① 익금산입	회계상 수익이 아니지만, 세법상 익금인 항목	과세소득 증가
② 익금불산입	회계상 수익이지만, 세법상 익금이 아닌 항목	과세소득 감소
③ 손금산입	회계상 비용이 아니지만, 세법상 손금인 항목	과세소득 감소
④ 손금불산입	회계상 비용이지만, 세법상 손금이 아닌 항목	과세소득 증가

③ 결과적으로 회계이익에 과세소득을 증가시키는 익금산입과 손금불산입 항목을 가산하고 과세소득을 감소시키는 손금산입과 익금불산입 항목을 차감하면 과세소득이 계산된다.

[과세소득의 계산(세무조정)]
회계이익 + 익금산입 · 손금불산입 – 손금산입 · 익금불산입 = 과세소득
세무조정

03 일시적차이와 영구적차이

[그림 21-2] 일시적차이와 영구적차이

		당기		차기 이후(미래기간)	
	회계이익	×××		×××	
세무조정	유보	+ ×××	⇨	− ×××(차감할 일시적차이)	⎫ 법인세 기간간배분
	△유보	− ×××	⇨	+ ×××(가산할 일시적차이)	⎬ (이연법인세) 대상
	사외유출	+ ×××	⇨	반대조정 없음(영구적차이)	
		− ×××	⇨	반대조정 없음(영구적차이)	
	과세소득	×××		×××	

(1) 개요

세무조정을 하면 세무조정항목의 세금부담 주체를 결정하기 위해 세무조정의 결과가 누구에게 귀속되었는지 결정해야 하는데, 이를 소득처분이라고 한다. 법인세법상 소득처분은 크게 유보(△유보)와 사외유출로 구분된다. 다만, 회계에서는 유보(△유보)를 일시적차이라고 하며, 사외유출을 영구적차이라고 한다.

> ① **일시적차이(temporary difference)**: 특정 회계기간의 세무조정이 미래 회계기간에 반대의 세무조정이 발생하는 항목을 말한다. 즉, 당기의 과세소득에 가산된 항목은 차기 이후의 과세소득에서 반대로 차감되고, 당기의 과세소득에 차감된 항목은 차기 이후의 과세소득에서 반대로 가산되는 세무조정항목이다.
> ② **영구적차이(permanent difference)**: 특정 회계기간의 세무조정이 미래 회계기간에 반대의 세무조정이 발생하지 않는 항목을 말한다. 즉, 영구적차이 항목은 당기의 과세소득에만 영향을 미치고, 차기 이후의 과세소득에는 영향을 미치지 않는다.

사례 1 일시적차이: 감가상각비 한도초과

① (주)한국은 20×1년 초에 기계장치를 ₩100,000(내용연수 4년, 잔존가치 ₩0)에 취득하여 연수합계법으로 감가상각한다. 다만, 세법에서는 기계장치의 감가상각방법으로 정액법만 인정한다고 가정한다. 이 경우 각 회계기간의 회계상 감가상각비와 세법상 감가상각비, 그리고 이로 인한 세무조정은 다음과 같다.

구분	20×1년	20×2년	20×3년	20×4년
회계상 감가상각비	₩40,000	₩30,000	₩20,000	₩10,000
세법상 감가상각비	25,000	25,000	25,000	25,000
회계와 세법의 차이	₩15,000	₩5,000	₩(5,000)	₩(15,000)
세무조정	[손금불산입] ₩15,000	[손금불산입] ₩5,000	[손금산입] ₩5,000	[손금산입] ₩15,000

② 20×1년과 20×2년에는 세법상 감가상각비를 초과한 감가상각비 ₩20,000(= 15,000 + 5,000)을 손금불산입으로 세무조정하지만, 20×3년과 20×4년에는 반대로 ₩20,000(= 5,000 + 15,000)을 손금산입으로 세무조정하므로 일시적차이에 해당한다. 즉, 20×1년과 20×2년에 세법상 손금으로 인정받지 못한 감가상각비 ₩20,000이 20×3년과 20×4년에는 반대로 손금으로 인정받는 것이다.

③ 결과적으로 일시적차이는 기업회계나 법인세법에서 모두 수익(또는 비용)과 익금(또는 손금)으로 인정되지만, 귀속되는 회계기간이 다른 경우에 발생하는 것이며, 결국 회계와 세법이 일시적으로만 차이가 나기 때문에 이를 일시적차이라고 하는 것이다.

사례 2 영구적차이: 벌과금 및 과태료

① (주)한국은 20×1년 벌과금 ₩100,000을 납부하고 이를 포괄손익계산서에 비용으로 인식하였다. 그러나 세법에서는 벌과금을 손금으로 인정하지 않는다. 따라서 20×1년의 세무조정은 다음과 같다.
20×1년 세무조정: [손금불산입] 벌과금 ₩100,000

② 그리고 20×1년에 손금으로 인정받지 못한 벌과금은 차기 이후에도 영원히 손금으로 인정받지 못하기 때문에 영구적차이에 해당한다. 즉, 영구적차이는 기업회계와 세법의 차이가 차기 이후에 조정되지 않고 영구적으로 차이가 나기 때문에 영구적차이라고 하는 것이다.

(2) 일시적차이: 이연법인세회계의 대상

세무조정항목 중 일시적차이 항목들은 어느 한 회계연도에 발생하면 이후 기간에 반드시 반대로 소멸된다. 따라서 일시적차이 항목은 회계와 세법이 일시적으로만 차이가 나므로 법인세 기간간배분, 즉, 이연법인세회계의 대상이 된다. 이러한 일시적차이는 다시 가산할 일시적차이와 차감할 일시적차이로 구분된다.

구분	내용
가산할 일시적차이	① 당기 이전의 과세소득에 차감 조정한 일시적차이로서, 미래의 과세소득에 가산할 금액이 되는 일시적차이를 말한다. ② 세법상 △유보 항목이 이에 해당되며, 미래의 과세소득에 가산되므로 미래의 과세소득을 증가시키는 세무조정항목이다.
차감할 일시적차이	① 당기 이전의 과세소득에 가산 조정한 일시적차이로서, 미래의 과세소득에 차감할 금액이 되는 일시적차이를 말한다. ② 세법상 유보 항목이 이에 해당되며, 미래의 과세소득에 차감되므로 미래의 과세소득을 감소시키는 세무조정항목이다.

이러한 가산할 일시적차이와 차감할 일시적차이 세무조정항목들의 예는 다음과 같다.

구분	내용
재고자산평가손실 (차감할 일시적차이)	세법에서 재고자산평가손실은 실제로 재고자산을 폐기·처분할 때 손금으로 인정된다. ① 재고평가손실(재고평가충당금) 인식 시: 손금불산입(유보)으로 세무조정 ② 차기 이후 재고자산을 처분·폐기할 때: 손금산입(△유보)으로 반대 세무조정
감가상각비 한도초과 (차감할 일시적차이)	세법에서 감가상각비는 일정한 한도 내에서 손금으로 인정된다. ① 세법상 한도초과 감가상각비: 손금불산입(유보)으로 세무조정 ② 차기 이후 한도부족액: 손금산입(△유보)으로 반대 세무조정
제품보증충당부채 (차감할 일시적차이)	세법에서 제품보증비는 실제로 보증비용을 현금지출할 때 손금으로 인정된다. ① 제품보증비(제품보증충당부채) 인식 시: 손금불산입(유보)으로 세무조정 ② 차기 이후 실제로 보증비 지출 시: 손금산입(△유보)으로 반대 세무조정
미수이자 (가산할 일시적차이)	세법에서 이자수익은 실제로 이자를 수령할 때 익금으로 인정한다. ① 미수이자 발생일: 익금불산입(△유보)으로 세무조정 ② 차기 이후 실제로 이자를 수령할 때: 익금산입(유보)으로 반대 세무조정
당기손익 - 공정가치 측정 금융자산평가손익	세법에서 금융자산평가이익(손실)은 실제로 금융자산을 처분하여 실현될 때 익금(손금)으로 인정된다. ① 금융자산평가이익(손실) 발생 시: 평가이익은 익금불산입(△유보)으로 세무조정하고, 평가손실은 손금불산입(유보)으로 세무조정 ② 차기 이후 금융자산 처분 시: 평가이익은 익금산입(유보)으로, 평가손실은 손금산입(△유보)으로 반대 세무조정

(3) 영구적차이: 이연법인세회계의 대상 아님

① 세무조정항목 중 영구적차이 항목들은 미래기간에 반대로 소멸되지 않는다. 세법상 사외유출 항목이 이에 해당되며, 영구적차이 항목은 회계와 세법이 영구적으로 차이가 나므로 법인세 기간간배분의 대상이 되지 않는다. 즉, 영구적차이로 인한 법인세효과는 차기 이후의 회계기간에 영향을 미치지 않으므로 영구적차이가 발생한 회계기간(당기)의 당기 법인세와 법인세비용에 가산(차감)하면 된다.

② 이러한 영구적차이 세무조정항목들의 예는 다음과 같다.

구분	내용
접대비 한도초과액	① 세법에서 접대비는 일정한 한도 내에서 손금으로 인정된다. ② 따라서 세법상 한도를 초과하여 비용으로 인식한 접대비 한도초과액은 손금불산입으로 세무조정하며, 차기 이후에도 손금으로 인정받지 못한다.
벌금 및 과태료	① 세법에서는 벌과금을 손금으로 인정하지 않는다. ② 따라서 벌과금은 손금불산입으로 세무조정하며, 차기 이후에도 손금으로 인정받지 못한다.
비과세 이자수익	① 세법상 일정요건을 충족하는 이자소득은 세법상 익금으로 보지 않는다. ② 따라서 해당 이자수익은 익금불산입으로 세무조정하며, 차기 이후에도 익금으로 보지 않는다.

제2절 │ 이연법인세회계(법인세 기간간배분)

01 의의

① 이연법인세회계란 회계이익과 과세소득의 차이 중 일시적차이로 인한 법인세효과를 미래에 반대로 영향을 미치는 회계기간(실제로 법인세를 납부하거나 감소시키는 회계기간)까지 이연시키는 법인세회계를 말한다.

② 즉, 차감할 일시적차이가 발생하여 당기에 법인세를 더 많이 납부한 경우, 그만큼 미래 법인세가 절감되기 때문에 동 금액을 (법인세비용이 아니라) 이연법인세자산으로 인식한다. 반대로 가산할 일시적차이가 발생하여 당기에 법인세를 더 적게 납부한 경우, 미래 법인세 부담액이 그만큼 증가하므로 동 금액을 (법인세비용의 차감이 아니라) 이연법인세부채로 인식한다. 이렇게 인식한 이연법인세자산(부채)은 이후 일시적차이가 소멸하여 실제로 법인세가 절감되거나 더 많이 납부하는 기간에 장부에서 제거한다.

> **[이연법인세 회계처리: 차감할 일시적차이가 발생한 경우]**
>
> (차) 법인세비용(자본 ↓: 비용)   (*1)×××   (대) 당기법인세부채(부채 ↑)   (*2)×××
>   이연법인세자산(자산 ↑)   (*3)×××
>   (*1) 회계이익에 대응되는 법인세: 회계이익 × 당기 법인세율
>   (*2) 당기 법인세(법인세 부담액): 과세소득 × 당기 법인세율
>   (*3) 차감할 일시적차이 × 일시적차이 소멸시점의 예상 법인세율

③ 이와 같은 회계처리의 결과, 일시적차이로 인한 법인세효과는 포괄손익계산서의 법인세비용에 영향을 미치지 않게 되며, 따라서 회계이익의 크기에 비례하여 법인세비용을 인식하게 되므로 수익 · 비용의 대응이 합리적으로 이루어지게 되는 것이다.

02 이연법인세자산과 부채의 인식

(1) 이연법인세자산

① 차감할 일시적차이는 일시적차이가 소멸될 때 미래의 과세소득에서 차감되므로 미래에 납부할 법인세를 감소시키는 효과가 있다. 따라서 차감할 일시적차이에 법인세율을 곱한 금액을 자산(이연법인세자산)으로 인식한다.

② 다만, 납부할 법인세가 실질적으로 감소하기 위해서는 일시적차이가 소멸되는 회계연도에 차감할 일시적차이보다 많은(충분한) 과세소득이 발생해야 한다. 따라서 차감할 일시적차이에 대한 이연법인세자산은 차감할 일시적차이가 사용될 수 있는 과세소득의 발생가능성이 높은 경우에만 인식한다.

이연법인세자산 = 실현가능한 차감할 일시적차이 × 소멸되는 회계연도의 예상 법인세율

③ 이연법인세자산의 실현가능성은 매 보고기간 말에 검토한다. 즉, 충분한 과세소득이 발생할 가능성이 더 이상 높지 않다면 이연법인세자산을 감액한다. 감액된 이연법인세자산은 차감할 일시적차이가 사용되기에 충분한 과세소득이 발생할 가능성이 다시 높아지면 감액된 금액의 범위 내에서 환입한다.

> ⊘ 참고   미래 과세소득의 발생가능성이 높은 경우
>
> 차감할 일시적차이가 사용될 수 있는 과세소득의 발생가능성이 높은 경우란 다음의 경우를 말한다.
> ① **충분한 가산할 일시적차이**: 차감할 일시적차이가 소멸될 것으로 예상되는 기간과 동일한 기간에 소멸이 예상되는 가산할 일시적차이가 충분한 경우
> ② **충분한 과세소득**: 차감할 일시적차이가 소멸될 기간에 과세소득이 충분할 것으로 예상되는 경우
> ③ **과세소득의 창출**: 세무정책으로 미래 적절한 기간에 과세소득 창출이 가능한 경우

(2) 이연법인세부채

가산할 일시적차이는 일시적차이가 소멸될 때 미래의 과세소득에 가산하므로 미래에 납부할 법인세를 증가시키는 효과가 있다. 따라서 가산할 일시적차이에 법인세율을 곱한 금액을 부채(이연법인세부채)로 인식한다. 다만, 이연법인세부채는 (이연법인세자산과 달리) 그 실현가능성 여부를 판단하지 않고 전액 부채로 인식하는 것이 원칙이다.

이연법인세부채 = 가산할 일시적차이 × 소멸되는 회계연도의 예상 법인세율

> ⊘ 참고   이연법인세자산과 부채의 장부금액 변동
>
> ① 이연법인세자산과 부채의 장부금액은 관련된 일시적차이 금액에 변동이 없는 경우에도 다음과 같은 원인으로 변경될 수 있다.
>   ㉠ 세율이나 세법이 변경되는 경우
>   ㉡ 이연법인세자산의 회수가능성을 재검토하는 경우
>   ㉢ 예상되는 자산의 회수방식이 변경되는 경우
> ② 이렇게 변경된 이연법인세는 (이전에 당기손익 이외의 항목으로 인식되었던 항목과 관련된 부분을 제외하고는) 당기손익으로 인식한다.

(3) 적용할 법인세율

① 당기 법인세(법인세 부담액)는 당기에 납부할 법인세이므로 당기 법인세율을 곱하여 계산한다. 반면에 이연 법인세는 실제로 납부하는(또는 법인세가 경감되는) 시점이 일시적차이가 소멸되는 미래시점이므로, 일시적차이가 소멸되는 기간에 적용되는 법인세율을 곱하여 이연법인세자산(부채)을 계산한다. 즉, 세법개정 등으로 당기 법인세율과 이후 회계기간에 적용될 법인세율이 달라지는 경우, 이연법인세자산(부채)은 일시적차이가 소멸되는 기간에 적용될 것으로 예상되는 세율을 곱하여 계산해야 한다.

② 한편, 과세대상수익의 수준에 따라 적용되는 세율이 다른 경우(누진세율)에는 일시적차이가 소멸될 것으로 예상되는 기간의 과세소득에 적용될 것으로 기대되는 평균세율을 사용하여 이연법인세자산과 부채를 측정한다.

$$평균세율 = \frac{예상법인세부담액}{예상과세소득}$$

$$평균유효세율 = \frac{법인세비용}{회계이익(법인세비용차감전순이익)}$$

(4) 현재가치 평가의 배제

이연법인세자산과 부채는 현재가치로 평가하지 않는다. 즉, 이연법인세자산과 부채를 신뢰성 있게 현재가치로 할인하기 위해서는 각 일시적차이의 소멸시점을 상세히 추정하여야 한다. 그러나 많은 경우 일시적차이의 소멸시점은 실무적으로 추정할 수 없거나 추정이 매우 복잡하다. 이에 따라 이연법인세자산과 부채는 현재가치 평가를 배제하게 되었다.

03 법인세 기간간배분의 절차

이연법인세회계는 기말에 결산수정분개를 통하여 이루어진다. 이때 포괄손익계산서에 인식할 법인세비용은 다음과 같이 당기 법인세(법인세 부담액)에 이연법인세부채(자산)의 당기 변동액을 가감하여 계산한다.

[법인세비용의 계산순서]

① 당기 법인세(법인세 부담액)   ××× : 과세소득(세전이익 ± 세무조정) × 당기 법인세율
② 이연법인세부채(자산)의 당기 변동액 가감   ××× : 당기 말 재무상태표상 이연법인세부채(자산)
                                            − 전기 말 재무상태표상 이연법인세부채(자산)
③ 포괄손익계산서에 인식할 법인세비용(① ± ②)   ×××

[이연법인세 회계처리]

(차) 법인세비용   (*3)××× ③   (대) 당기법인세부채   (*1)××× ①
      이연법인세부채(자산)   (*2)××× ②
     (*1) 당기에 실제로 납부할 법인세(법인세 부담액)
     (*2) 이연법인세부채(자산)의 당기 변동액 반영
     (*3) 포괄손익계산서에 인식할 법인세비용: 대차차액으로 계산

(1) [1단계] 당기 법인세 계산

당기 법인세(법인세 부담액)는 당해 사업연도에 부담할 법인세 및 법인세에 부가되는 세액인 주민세 등을 가산한 금액을 말한다. 당기 법인세는 당기의 과세소득에 당기 법인세율을 곱하여 계산하며, 이때 과세소득은 회계이익(법인세비용차감전순이익)에 회계와 세법의 차이 항목(세무조정)을 가감하여 산출한다.

> **당기 법인세(법인세 부담액)** = 과세소득(세전이익 ± 세무조정) × 당기 법인세율

당기 법인세는 당기법인세부채의 과목으로 하여 부채로 인식한다. 만일 원천징수나 중간예납 등을 통하여 기중에 미리 납부한 법인세(선급법인세)가 있을 경우, 선급법인세를 우선 상계하고 남은 잔액을 당기법인세부채로 인식한다. 한편, 선급법인세 잔액이 당기 법인세보다 큰 경우에는 상계 후 잔액을 당기법인세자산으로 인식한다.

(2) [2단계] 이연법인세자산(부채)의 당기 변동액 계산

① 전술한 바와 같이, 회계이익에 대응되는 법인세비용을 계산하기 위해서는 당기 법인세를 그대로 법인세비용으로 인식하면 안 되며, 일시적차이로 인한 미래 법인세 부담액(절감액)을 계산하여 법인세비용에 가산(차감)하고 동 금액을 재무상태표에 이연법인세부채(자산)로 인식해야 한다.

② 다만, 이연법인세부채(자산)는 일시적차이가 발생한 회계기간에 인식하고 일시적차이가 소멸된 회계기간에 제거하므로, 이연법인세부채(자산)의 당기 '변동액'을 계산하여 이를 법인세비용에 가감하면 회계이익에 대응되는 법인세비용이 보다 간편하게 산출된다. 이때 이연법인세부채(자산)의 당기 변동액은 당기 말 재무상태표에 보고할 이연법인세부채(자산)에서 전기 말 재무상태표에 보고한 이연법인세부채(자산)를 차감하여 계산한다.

[이연법인세부채(자산)의 당기 변동액]

① 당기 말 이연법인세부채(자산) ××× : 당기 말 누적 일시적차이 × 소멸시점의 예상 법인세율
② 전기 말 이연법인세부채(자산) (×××) : 전기 말 누적 일시적차이 × 소멸시점의 예상 법인세율
③ 당기 변동액(① - ②) ×××

---

(3) [3단계] 법인세비용 계산

당기 법인세(법인세 부담액)에 이연법인세부채(자산)의 당기 변동액을 가감하면 포괄손익계산서에 보고할 법인세비용이 계산된다. 결과적으로 포괄손익계산서에 보고할 법인세비용은 당기 법인세와 이연법인세부채(자산)의 당기 변동액으로 구성된다.

법인세비용 = 당기 법인세(법인세 부담액) ± 이연법인세부채(자산)의 당기 변동액

[이연법인세 회계처리]

(차) 법인세비용 ××× ③ (대) 선급법인세 ××× ①
　　이연법인세부채(자산) ××× ② 　　당기법인세부채 ××× ①
　　　　　　　　　　　　　　　　　　　이연법인세부채(자산) ××× ②

① 당기 법인세 = 선급법인세 + 당기법인세부채(미지급법인세)
② 이연법인세부채(자산)의 당기 변동액 반영
③ 대차차액으로 계산

필수암기! **법인세 기간간배분: 법인세비용 계산**

① 법인세비용(PL) = 당기 법인세 − 이연법인세자산 변동액 + 이연법인세부채 변동액
② [간편법] 세율의 변동이 없고, 미래 과세소득이 충분한 경우
　⇨ 법인세비용(PL) = (세전이익 ± 영구적차이) × 법인세율

04 재무상태표 표시

(1) 당기법인세자산과 부채

당기법인세자산은 당해 회계기간에 과세당국으로부터 환급받을 법인세를 말하고, 당기법인세부채는 납부할 법인세를 말한다. 당기법인세자산과 당기법인세부채는 다음의 조건을 모두 충족하는 경우에만 상계하며, 상계 후 잔액은 재무상태표에 유동자산(또는 유동부채)으로 표시한다.

> ① **상계권리**: 기업이 납부할 법인세와 환급받을 법인세에 대해 법적으로 집행 가능한 상계권리를 가지고 있다.
> ② **순액결제 의도**: 기업이 순액으로 결제하거나, 자산을 실현하는 동시에 부채를 결제할 의도가 있다.

(2) 이연법인세자산과 부채

이연법인세자산과 이연법인세부채는 다음의 조건을 모두 충족하는 경우에만 상계하며, 상계 후 잔액은 재무상태표에 비유동자산(또는 비유동부채)으로 표시한다.

> ① **당기 법인세의 상계권리**: 기업이 당기법인세자산과 당기법인세부채를 상계할 수 있는 법적으로 집행 가능한 권리를 가지고 있다.
> ② **동일한 과세당국**: 이연법인세자산과 이연법인세부채가 다음의 각 경우에 동일한 과세당국에 의해서 부과되는 법인세와 관련되어 있다.
> ㉠ 과세대상기업이 동일한 경우
> ㉡ 과세대상기업은 다르지만 당기 법인세 부채와 자산을 순액으로 결제할 의도가 있거나, 유의적인 금액의 이연법인세부채가 결제되거나 이연법인세자산이 회수될 미래의 각 회계기간마다 자산을 실현하는 동시에 부채를 결제할 의도가 있는 경우

한편, 상기 상계요건에서 동일 과세당국이 부과하는 법인세이고 기업이 당기법인세자산과 당기법인세부채를 상계할 수 있는 법적으로 집행가능한 권리를 가진 경우에만 보고기업의 이연법인세자산과 이연법인세부채를 상계하도록 규정하였는데, 이는 각 일시적차이가 소멸되는 시점을 상세히 추정할 필요가 없도록 하기 위해서이다.

법인세 기간간배분(1)

---

(1) 20×1년 초에 설립된 (주)한국의 20×1년과 20×2년의 법인세비용차감전순이익은 각각 ₩1,000,000과 ₩1,100,000이다.

(2) (주)한국의 20×1년과 20×2년의 법인세 세무조정사항은 다음과 같다.

	20×1년	20×2년	20×3년 이후
감가상각비 한도초과	200,000	(100,000)	(100,000)
재고자산평가충당금	80,000	(80,000)	-
정기예금 미수이자	-	(30,000)	30,000
접대비 한도초과	50,000	-	-
벌과금	-	20,000	-

(3) 법인세율은 20×1년의 30%이며, 20×2년에는 25%, 20×3년 이후에는 20%로 예상된다. 이러한 법인세율의 인하는 20×1년 11월에 발표된 세법개정안에 따른 것이다.

(4) 차감할 일시적차이가 사용될 수 있는 미래 과세소득의 발생가능성은 높다.

(5) 이연법인세자산과 이연법인세부채는 상계요건을 충족하는 것으로 가정한다.

[요구사항]

1. (주)한국이 20×1년 재무제표에 인식할 법인세와 관련하여 다음 물음에 답하시오.
   (1) (주)한국이 부담할 20×1년 당기 법인세를 계산하시오.
   (2) (주)한국이 20×1년 말 재무상태표에 보고할 이연법인세자산(부채)을 계산하시오.
   (3) (주)한국이 20×1년 포괄손익계산서에 인식할 법인세비용을 계산하시오.
   (4) (주)한국이 20×1년 말에 해야 할 회계처리를 제시하시오.

2. (주)한국이 20×2년 재무제표에 인식할 법인세와 관련하여 다음 물음에 답하시오.
   (1) (주)한국이 부담할 20×2년 당기 법인세를 계산하시오.
   (2) (주)한국의 20×2년 이연법인세자산(부채)의 변동액을 계산하시오.
   (3) (주)한국이 20×2년 포괄손익계산서에 인식할 법인세비용을 계산하시오.
   (4) (주)한국이 20×2년 말에 해야 할 회계처리를 제시하시오.

해답 1. 20×1년 법인세
   (1) 당기 법인세 및 이연법인세 계산

	20×1년	20×2년	20×3년 이후
법인세비용차감전순이익	1,000,000		
감가상각비 한도초과	200,000	(100,000)	(100,000)
재고자산평가충당금	80,000	(80,000)	
접대비 한도초과	50,000		
과세소득	1,330,000	(180,000)	(100,000)
법인세율	30%	25%	20%
당기 및 이연법인세	399,000	(45,000)	(20,000)

(2) 20×1년 말 이연법인세자산

20×2년 법인세 절감액	45,000
20×3년 법인세 절감액	20,000
20×1년 말 이연법인세자산	65,000

(3) 20×1년 법인세비용

당기 법인세	399,000
이연법인세자산의 증가	(65,000)
법인세비용	334,000

(4) 20×1년 말 법인세비용 회계처리

(차) 이연법인세자산	65,000 ②	(대) 당기법인세부채	399,000 ①
법인세비용	(*)334,000 ③		

(*) 대차차액

2. 20×2년 법인세

(1) 당기 법인세 및 이연법인세 계산

	20×2년	20×3년 이후
법인세비용차감전순이익	1,100,000	
전기 감가상각비 한도초과	(100,000)	(100,000)
전기 재고자산평가충당금	(80,000)	
정기예금 미수이자	(30,000)	30,000
벌과금	20,000	
과세소득	910,000	(70,000)
법인세율	25%	20%
당기 및 이연법인세	227,500	(14,000)

(2) 20×2년 이연법인세 변동

20×2년 말 이연법인세자산	14,000
20×2년 초 이연법인세자산	65,000
이연법인세자산 감소	51,000

(3) 20×2년 법인세비용

당기 법인세	227,500
이연법인세자산의 감소	51,000
법인세비용	278,500

(4) 20×2년 말 법인세비용 회계처리

(차) 이연법인세자산(기말)	14,000 ②	(대) 당기법인세부채	227,500 ①
법인세비용	(*)278,500 ③	이연법인세자산(기초)	65,000 ②

(*) 대차차액

(1) 20×1년 초에 설립된 (주)한국의 20×1년 법인세비용차감전순이익은 ₩300,000이다.

(2) (주)한국의 20×1년 법인세 세무조정사항은 다음과 같다.

감가상각비 한도초과액	100,000
정기예금(20×2년 만기) 미수이자	30,000
벌금과 과태료	20,000

(3) 감가상각비 한도초과금액은 20×2년부터 2년 동안 균등하게 소멸한다.

(4) 향후 과세소득은 경기침체로 인해 20×2년부터 매년 ₩40,000으로 예상된다.

(5) 20×1년 법인세율은 20%이나, 20×2년부터는 30%가 적용된다.

(6) 이연법인세자산과 이연법인세부채는 상계요건을 충족하는 것으로 가정한다.

[요구사항]

1. (주)한국이 부담할 20×1년 당기 법인세를 계산하시오.

2. (주)한국이 20×1년 말 재무상태표에 보고할 이연법인세자산(부채)을 계산하시오.

3. (주)한국이 20×1년 포괄손익계산서에 인식할 법인세비용을 계산하시오.

4. (주)한국이 201년 말에 해야 할 회계처리를 제시하시오.

해답 1. 20×1년 당기 법인세 및 이연법인세 계산

	20×1년	20×2년	20×3년
법인세비용차감전순이익	300,000		
감가상각비 한도초과	100,000	(50,000)	(50,000)
정기예금 미수이자	(30,000)	30,000	
벌금과 과태료	20,000		
과세소득	390,000	(20,000)	(50,000)
실현가능한 일시적차이		(20,000)	(*)(40,000)
법인세율	20%	30%	30%
당기 및 이연법인세	78,000	(6,000)	(12,000)

(*) 20×3년에 소멸되는 차감할 일시적차이는 50,000이나, 20×3년 과세소득 발생예상액이 40,000이므로 실현가능한 차감할 일시적차이는 40,000이 된다.

2. 20×1년 말 이연법인세자산

20×2년 법인세 절감액	6,000
20×3년 법인세 절감액	12,000
20×1년 말 이연법인세자산	18,000

3. 20×1년 법인세비용

당기 법인세	78,000
이연법인세자산의 증가	(18,000)
법인세비용	60,000

4. 20×1년 말 법인세비용 회계처리

(차) 이연법인세자산	18,000 ②	(대) 당기법인세부채	78,000 ①
법인세비용	(*)60,000 ③		

(*) 대차차액

05 이월결손금과 이월세액공제

(1) 이월결손금

법인세법상 결손금이 발생할 경우, 동 결손금이 (소멸되는 것이 아니라) 미래기간으로 이월되어 미래의 과세소득에서 공제(차감)되는 경우가 있다. 이러한 결손금의 이월공제는 미래에 납부할 법인세를 감소시키므로 관련 법인세효과를 이연법인세자산으로 인식하고, 동 금액을 법인세수익(당기손익)으로 인식한다.

[결손금의 이월공제]

(차) 이연법인세자산 $^{(*)}$×××   (대) 법인세수익   ×××

$^{(*)}$ 이월결손금 × 이월결손금이 공제될 회계연도의 예상 법인세율

승철쌤's comment   결손금의 소급공제

> 만일 세무상 결손금이 과거에 납부한 법인세액에 소급 적용되어 환급될 수 있다면, 환급이 예상되는 금액을 결손금이 발생한 기간에 당기법인세자산으로 인식하고 동 금액을 법인세수익(당기손익)으로 인식한다.

(2) 이월세액공제

당기에 공제되지 못한 세액공제가 미래기간으로 이월되어 미래에 납부할 법인세에서 공제되는 경우가 있다. 이러한 세액공제의 이월공제도 미래에 납부할 법인세를 감소시키므로 관련 법인세효과를 이연법인세자산으로 인식한다. 다만, 이월된 세액공제액은 그 자체가 미래 법인세 감소액이므로, 법인세효과 계산 시 법인세율을 곱하면 안 된다.

> **⊘ 참고   이월결손금과 이월세액공제의 실현가능성 검토**
>
> ① 세무상 결손금과 이월세액공제는 미래에 납부할 법인세를 감소시킨다는 점에서 차감할 일시적차이와 동일하다. 따라서 이월된 미사용 세무상 결손금과 세액공제에 대한 이연법인세자산의 인식조건은 차감할 일시적차이에 대한 이연법인세자산의 인식조건과 동일하다.
> ② 그러나 미사용 세무상 결손금이 존재한다는 것은 미래 과세소득이 발생하지 않을 수 있다는 강한 증거가 된다. 따라서 기업이 최근 결손금 이력이 있는 경우, 충분한 가산할 일시적차이가 있거나 세무상 결손금 또는 세액공제가 사용될 수 있는 충분한 미래 과세소득이 발생할 것이라는 설득력 있는 기타 증거가 있는 경우에만 그 범위 안에서 미사용 세무상 결손금과 세액공제로 인한 이연법인세자산을 인식한다.

예제 3 법인세 기간간배분(3): 결손금의 이월공제

(1) 20×1년 초에 설립된 (주)한국의 20×1년 법인세비용차감전순손실은 ₩170,000이다.

(2) (주)한국의 20×1년 법인세 세무조정사항은 다음과 같다.

감가상각비 한도초과액	40,000
재고자산평가손실	50,000
접대비 한도초과액	10,000

(3) 감가상각비 한도초과금액은 20×2년부터 2년 동안 균등하게 소멸한다.

(4) 상기 세무조정사항을 반영하기 전의 예상과세소득은 20×2년부터 매년 ₩100,000으로 예상된다.

(5) 20×1년 법인세율은 30%이나, 20×1년 말 세법이 개정되어 20×2년과 20x3년에 적용될 법인세율은 각각 25%와 20%이다.

(6) 세무상 결손금은 5년간 이월공제되며, 이연법인세자산과 이연법인세부채는 상계요건을 충족하는 것으로 가정한다.

[요구사항]

1. (주)한국이 20×1년 말 재무상태표에 보고할 이연법인세자산(부채)을 계산하시오.

2. (주)한국이 20×1년 포괄손익계산서에 인식할 법인세비용(수익)을 계산하시오.

3. (주)한국이 201년 말에 해야 할 회계처리를 제시하시오.

해답 1. **20×1년 말 이연법인세 계산**

(1) 당기 법인세 및 이연법인세 계산

	20×1년	20×2년	20×3년
법인세비용차감전순손실	(170,000)		
감가상각비 한도초과	40,000	(20,000)	(20,000)
재고자산평가손실	50,000	(50,000)	
접대비 한도초과액	10,000		
과세소득	(70,000)	(70,000)	(20,000)
결손금의 이월공제	–	(*1)(30,000)	(*2)(40,000)
계	(70,000)	(100,000)	(60,000)
법인세율	30%	25%	20%
당기 및 이연법인세	–	(25,000)	(12,000)

(*1) 20×2년의 예상과세소득이 100,000이고 소멸이 예상되는 차감할 일시적차이가 70,000이므로 결손금 공제가능 과세소득은 30,000(= 100,000 - 70,000)이다. 따라서 이월된 결손금 70,000 중 30,000을 20×2년에 공제한다.

(*2) 20×3년의 예상과세소득이 100,000이고 소멸이 예상되는 차감할 일시적차이가 20,000이므로 결손금 공제가능 과세소득은 80,000(= 100,000 - 20,000)이다. 따라서 미사용 이월결손금 잔액 40,000(= 70,000 - 30,000)을 20×3년에 전액 공제한다.

(2) 20×1년 말 이연법인세자산

20×2년 법인세 절감액	25,000
20×3년 법인세 절감액	12,000
20×1년 말 이연법인세자산	37,000

2. **20×1년 법인세비용**

당기 법인세	–
이연법인세자산의 증가	(37,000)
법인세비용(수익)	(37,000)

3. **20×1년 말 법인세비용 회계처리**

(차) 이연법인세자산	37,000 ①	(대) 법인세수익	(*)37,000 ②

(*) 대차차액

제3절 | 법인세 기간내배분

01 법인세 기간내배분의 기초

(1) 의의

[그림 21-3] 법인세 기간내배분

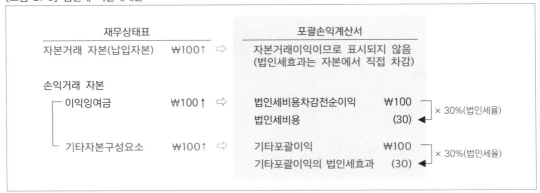

① 지금까지 설명한 법인세 기간간배분은 수익·비용의 합리적인 대응을 위해 회계이익인 법인세비용 차감전순이익(세전이익)에 대응되는 법인세를 포괄손익계산서에 법인세비용으로 인식하는 회계처리이다.

② 이때 법인세 기간간배분의 대상이 되는 세전이익은 재무상태표상 손익거래 자본 중 이익잉여금의 (순)증가가 포괄손익계산서에 표시된 것이다. 다만, 재무상태표의 자본은 이익잉여금 외에도 자본거래 자본인 납입자본과 이익잉여금을 제외한 손익거래 자본인 기타자본구성요소(기타포괄손익누계액)가 있으며, 이러한 납입자본과 기타자본구성요소의 (순)증가에 대해서도 법인세를 납부하는 경우가 있다.

③ 그런데 만일, 납입자본과 기타자본구성요소의 (순)증가에 대해 납부하는 법인세를 포괄손익계산서에 법인세비용으로 표시하면, 세전이익은 이익잉여금의 (순)증가인데, 법인세비용은 (이익잉여금이 아닌) 납입자본과 기타자본구성요소에 대한 법인세를 표시하게 되는 문제가 발생한다. 즉, 세전이익과 관련이 없는 거래로 인한 법인세가 법인세비용에 반영되므로 회계이익에 대응하는 법인세비용을 산출하려는 법인세회계의 목적을 달성하지 못하게 되는 것이다.

④ 결과적으로 수익과 비용의 합리적인 대응을 위해서는 납입자본과 기타자본구성요소에 대한 법인세는 (법인세비용으로 표시하는 것이 아니라) 관련된 자본인 납입자본과 기타자본구성요소에서 직접 차감하여 표시해야 하는데, 이를 법인세 기간내배분이라고 한다.

(2) 사례: 자기주식처분이익

① (주)한국의 20×1년 회계이익은 ₩1,000,000이다. 당기에 자기주식처분이익 ₩100,000이 발생하였으며, 법인세율은 30%로 가정한다.

② 자기주식처분이익은 자본거래에서 발생한 이익이므로 포괄손익계산서에 수익으로 표시되지 않으며, 따라서 회계이익에 포함되지 않는다. 그러나 법인세법상으로는 익금에 해당하므로 자기주식처분이익 ₩100,000을 [익금산입]하는 세무조정을 수행하며, 따라서 20×1년의 과세소득과 납부할 법인세(당기 법인세)는 다음과 같이 계산된다.

	20×1년
회계이익	₩1,000,000
[익금산입] 자기주식처분이익	100,000
과세소득	₩1,100,000
법인세율	30%
납부할 법인세(당기 법인세)	₩330,000

③ 이때, 만일 (주)한국이 세법규정에 따라 납부할 법인세 ₩330,000(당기 법인세)을 법인세비용으로 인식하면, 회계이익과 관련이 없는 자본거래이익(자기주식처분이익)에 대한 법인세 ₩30,000(= 100,000 × 30%)이 법인세비용에 포함되므로 회계이익과 법인세비용이 대응되지 않게 된다.

[법인세 기간간배분을 반영하지 않은 회계처리와 재무제표]

20×1.12.31 (차) 법인세비용 330,000 (대) 당기법인세부채 330,000

〈포괄손익계산서〉

	20×1년	
회계이익(세전이익)	₩1,000,000	
법인세비용	(330,000)	: 자본거래이익에 대한 법인세 ₩30,000 포함
당기순이익	₩670,000	

④ 따라서 회계이익과 법인세비용의 합리적인 대응을 위해서는 자기주식처분이익에 대한 법인세 ₩30,000은 (법인세비용에 포함하면 안 되며) 해당 자본인 자기주식처분이익(납입자본)에서 직접 차감해야 한다. 이에 따라 포괄손익계산서상 법인세비용은 회계이익에 대응되는 ₩300,000(= 1,000,000 × 30%)으로 인식하게 되는 것이다.

[법인세 기간간배분을 반영한 **회계처리와 재무제표**]

20×1.12.31   (차) 법인세비용   300,000   (대) 당기법인세부채   330,000

                   자기주식처분이익   30,000

〈포괄손익계산서〉

	20×1년	
회계이익(세전이익)	₩1,000,000	
법인세비용	(300,000)	: 회계이익에 대한 법인세만 포함
당기순이익	₩700,000	

⑤ 이와 같이 특정 회계기간에 발생한 법인세를 '해당 자본항목'에서 직접 차감하는 것을 법인세의 기간내배분이라고 한다. 이러한 법인세의 기간내배분은 당기 법인세를 동일한 회계기간 내에서 해당 법인세의 발생원천별로 배분한다는 점에서 다른 회계기간에 배분하는 기간간배분과 차이가 있다.

02 기간내배분 회계처리

(1) 자본거래이익에 대한 법인세: 자기주식처분이익

① 전술한 바와 같이, 자기주식처분이익은 세법상 익금에 해당한다. 그러나 자기주식처분이익은 자본거래에서 발생한 이익이므로 회계이익에는 포함되지 않는다.

② 따라서 자기주식처분이익에 대한 당기 법인세는 (법인세비용으로 인식하면 안 되며) 해당 자본인 자기주식처분이익(납입자본)에서 직접 차감한다. 이에 따라 재무상태표상 자기주식처분이익도 관련 법인세효과를 차감한 세후금액으로 표시된다.

[자기주식처분손익에 대한 법인세]

자기주식 처분: (차) 현금   ×××   (대) 자기주식   ×××

                                                   자기주식처분이익   ×××

결산일: (차) 자기주식처분이익   (*)×××   (대) 당기법인세부채   ×××

                (*) 자기주식처분이익 × 당기 법인세율

---

(2) 기타포괄손익에 대한 법인세: 재평가잉여금

① 유형자산에 대해 재평가모형을 적용하여 인식한 재평가잉여금은 포괄손익계산서상 기타포괄이익으로 인식하므로 회계이익(세전이익)에 포함되지 않는다. 반면에 세법상으로는 당기에는 익금이 아니지만, 추후 유형자산을 처분할 때(이익이 실현될 때) 익금으로 과세된다.

② 이에 따라, 재평가잉여금이 발생하여도 당기에는 회계이익과 과세소득 간에 차이가 발생하지 않지만, 추후 해당 유형자산을 처분할 때 미래 법인세 납부액을 증가시키므로 재평가잉여금에 대한 법인세효과를 이연법인세부채로 인식해야 한다. 다만, 재평가잉여금이 회계이익에는 포함되지 않았으므로, 동 금액을 (법인세비용이 아니라) 해당 기타포괄이익(재평가잉여금)에서 직접 차감한다. 이에 따라 재무상태표상 재평가잉여금도 관련 법인세효과를 차감한 세후금액으로 표시된다.

> **[재평가잉여금에 대한 법인세]**
>
> 재평가잉여금 발생: (차) 유형자산(순액)　　　　×××　(대) 재평가잉여금　　　　×××
>
> 결산일:　　　　　(차) 재평가잉여금　　(*)×××　(대) 이연법인세부채　　×××
> 　　　　　　　　(*) 재평가잉여금 × 유형자산 처분일의 예상 법인세율

승철쌤's comment　재평가잉여금의 세무조정

재평가잉여금이 발생하는 경우, 회계이익과 과세소득의 차이는 없지만, 회계상 순자산과 세법상 순자산 간의 차이가 발생하므로 세무조정을 두 번 수행한다. 예를 들어, 당기에 토지를 재평가하여 재평가잉여금 100,000이 발생하였다고 할 경우, 세무조정은 아래와 같이 수행한다.

① [익금산입] 재평가잉여금 100,000 [기타]
② [익금불산입] 토지 100,000 [△유보]

상기 세무조정 중 익금불산입한 토지 100,000(△유보)이 추후 토지를 처분할 때 익금산입되면서 미래의 과세소득을 증가시키게 되는 것이다.

(3) 기타포괄손익에 대한 법인세: FVOCI금융자산평가손익

① 기타포괄손익 – 공정가치 측정 금융자산(이하 'FVOCI금융자산')을 공정가치로 평가하여 인식한 금융자산평가이익(손실)은 포괄손익계산서상 기타포괄이익(손실)으로 인식하므로 회계이익(세전이익)에 포함되지 않는다. 반면에 세법상으로는 당기에는 익금(손금)이 아니지만, 추후 FVOCI금융자산을 처분할 때 익금(손금)으로 과세된다.

② 이에 따라, FVOCI금융자산평가이익(손실)이 발생하여도 당기에는 회계이익과 과세소득 간에 차이가 발생하지 않지만, 추후 해당 FVOCI금융자산을 처분할 때 미래 법인세 납부액을 증가(감소)시키므로 FVOCI금융자산평가이익(손실)에 대한 법인세효과를 이연법인세부채(자산)로 인식해야 한다. 다만, FVOCI금융자산평가이익(손실)이 회계이익에는 포함되지 않았으므로, 동 금액을 (법인세비용이 아니라) 해당 기타포괄손익(FVOCI금융자산평가손익)에서 직접 차감한다. 이에 따라 재무상태표상 FVOCI금융자산평가손익누계액도 관련 법인세효과를 차감한 세후금액으로 표시된다.

[FVOCI금융자산평가손익에 대한 법인세]

금융자산평가이익 발생: (차) FVOCI금융자산 ××× (대) 금융자산평가이익 ×××

결산일: (차) 금융자산평가이익 (*)××× (대) 이연법인세부채 ×××
(*) 금융자산평가이익 × FVOCI금융자산 처분일의 예상 법인세율

승철쌤's comment FVOCI금융자산평가손익의 세무조정

FVOCI금융자산평가손익이 발생하는 경우, 회계이익과 과세소득의 차이는 없지만, 회계상 순자산과 세법상 순자산 간의 차이가 발생하므로 세무조정을 두 번 수행한다. 예를 들어, 당기에 FVOCI금융자산평가이익 100,000이 발생하였다고 할 경우, 세무조정은 아래와 같이 수행한다.

① [익금산입] 금융자산평가이익 100,000 [기타]
② [익금불산입] FVOCI금융자산 100,000 [△유보]

상기 세무조정 중 익금불산입한 FVOCI금융자산 100,000(△유보)이 추후 금융자산을 처분할 때 익금산입되면서 미래의 과세소득을 증가시키게 되는 것이다.

⊘참고 기타포괄손익 항목의 법인세효과 표시방법

① **재무상태표**: 기타포괄손익에 대한 법인세효과를 해당 자본항목에서 직접 차감하므로 재무상태표상 관련 기타자본구성요소(기타포괄손익누계액)는 항상 세후금액으로만 표시된다.
② **포괄손익계산서**: 기타포괄손익을 법인세효과를 차감한 세후금액으로 표시하거나, 기타포괄손익은 세전금액으로 표시하고 법인세효과는 별도로 구분하여 표시하는 방법을 선택할 수 있다.

① 법인세비용(PL):

당기 법인세	xxx	
- 이연법인세자산 변동액	(xxx)	
+ 이연법인세부채 변동액	xxx	
- 자기주식처분이익에 대한 법인세 '제거'	(xxx)	: 자기주식처분이익 × 당기 법인세율
- 기타포괄이익에 대한 법인세 '제거'	(xxx)	: 기타포괄이익 × 소멸시점 법인세율
+ 기타포괄손실에 대한 법인세 '제거'	xxx	: 기타포괄손실 × 소멸시점 법인세율
법인세비용	xxx	

⇨ 자본거래이익과 기타포괄손익에 대한 법인세는 세전이익에 대한 법인세인 법인세비용에 포함하면 안 된다. 따라서 당기 법인세에 포함되어 있는 자기주식처분이익에 대한 법인세를 '제거'하고, 이연법인세에 포함되어 있는 기타포괄손익에 대한 법인세를 '제거'해 주어야 세전이익에 대응되는 법인세비용이 계산되는 것이다.

② [간편법] 세율의 변동이 없고, 미래 과세소득이 충분한 경우

⇨ 법인세비용(PL) = (세전이익 ± 영구적차이) × 법인세율

예제 4 **법인세 기간내배분(1): 기간내배분 항목의 발생**

(1) 20×1년 초에 설립된 (주)한국의 20×1년 법인세비용차감전순이익은 ₩1,000,000이다.

(2) (주)한국의 20×1년 법인세 세무조정사항은 다음과 같다.

○ 정기예금 미수이자	₩50,000
○ 접대비 한도초과	60,000
○ 자기주식처분이익	200,000
○ 기타포괄손익 – 공정가치 측정 지분상품평가이익	120,000

(3) 연도별 법인세율은 20%로 일정하다.

(4) 차감할 일시적차이가 사용될 수 있는 미래 과세소득의 발생가능성은 높다.

[요구사항]

1. (주)한국의 20×1년 포괄손익계산서에 인식할 법인세비용을 계산하시오.

2. (주)한국이 20×1년 말에 해야 할 회계처리를 제시하시오.

해답 1. 20×1년 법인세비용

(1) 당기 및 이연법인세

	20×1년	20×2년 이후
법인세비용차감전순이익	1,000,000	
정기예금 미수이자	(50,000)	50,000
접대비 한도초과	60,000	
자기주식처분이익	200,000	
FVOCI금융자산평가이익(기타)	120,000	
FVOCI금융자산(△유보)	(120,000)	120,000
과세소득	1,210,000	170,000
법인세율	20%	20%
당기 및 이연법인세	242,000	34,000

(2) 20×1년 말 이연법인세부채: 34,000

(3) 20×1년 법인세비용

① 자기주식처분이익에 대한 법인세: 자기주식처분이익 200,000에 대한 법인세 40,000(= 200,000 × 20%)이 당기 법인세 242,000에 포함되어 있다. 그러나 자기주식처분이익에 대한 법인세는 자본거래이익에 대한 법인세이므로 포괄손익계산서에 법인세비용으로 인식하면 안 되며, 해당 자본에서 직접 차감해야 한다.

② FVOCI금융자산평가이익에 대한 법인세: FVOCI금융자산평가이익 120,000에 대한 법인세 24,000(= 120,000 × 20%)이 이연법인세부채 34,000에 포함되어 있다. 그러나 FVOCI금융자산평가이익에 대한 법인세는 기타포괄손익에 대한 법인세이므로 포괄손익계산서에 법인세비용으로 인식하면 안 되며, 해당 기타포괄이익에서 직접 차감해야 한다.

③ 20×1년 법인세비용

당기 법인세		242,000
이연법인세부채의 증가		34,000
자기주식처분이익에 대한 당기 법인세	200,000 × 20% =	(40,000)
금융자산평가이익에 대한 이연 법인세	120,000 × 20% =	(24,000)
법인세비용		212,000

④ [간편법] 20×1년 법인세비용

= (세전이익 ± 영구적차이) × 법인세율 = (1,000,000 + 60,000) × 20% = 212,000

2. 20×1년 말 법인세비용 회계처리

(1) 20×1년 말 회계처리

(차) 자기주식처분이익	40,000 ③	(대) 당기법인세부채	242,000 ①
금융자산평가이익	24,000 ③	이연법인세부채	34,000 ②
법인세비용	(*)212,000 ④		

(*) 대차차액

(2) 참고로, 상기 회계처리를 반영하면 자기주식처분손익과 FVOCI금융자산평가손익은 20×1년 말 재무상태표에 모두 세후금액으로 표시된다.

① 20×1년 말 자기주식처분이익 잔액: 200,000 – 40,000 = 160,000

② 20×2년 말 금융자산평가이익누계액: 120,000 – 24,000 = 96,000

03 [심화] 기타포괄손익에 대한 법인세효과의 사후처리

(1) 재분류조정하지 않는 항목에 대한 법인세: 재평가잉여금

① 재평가모형을 적용하는 유형자산을 처분하여 관련 재평가잉여금이 실현되는 경우, 세법상으로는 관련 △유보(가산할 일시적차이) 잔액이 익금으로 추인되어 법인세가 과세된다. 그러나 회계상으로는 재평가잉여금 실현금액이 포괄손익계산서상 회계이익(세전이익)에 포함되지 않으므로, 재평가잉여금에 대한 법인세효과도 포괄손익계산서에 법인세비용으로 표시하면 안 된다.

② 이에 따라, 유형자산 처분 시 관련 재평가잉여금이 실현되는 경우, 실현되는 재평가잉여금에 대한 법인세효과는 재무상태표상 이연법인세부채에서 당기법인세부채로 대체될 뿐이며, 포괄손익계산서상 법인세비용에는 아무런 영향을 미치지 않는다.

[재평가잉여금 실현 시 법인세효과 회계처리]

재평가잉여금 실현: (차) 재평가잉여금   ××× (대) 이익잉여금   ×××

결산일: (차) 이연법인세부채   ××× (대) 당기법인세부채   (*)×××
               (*) 재평가잉여금 실현금액 × 당기 법인세율

승철쌤's comment   재평가잉여금 실현 시 세무조정

재평가잉여금이 실현되는 경우, 실현된 금액이 회계이익(세전이익)에는 포함되지 않지만 과세소득에는 포함된다. 따라서 실현된 재평가잉여금을 과세소득에 포함시키기 위하여 세무조정을 한번만 수행한다. 예를 들어, 당기에 토지를 처분하였으며 관련된 재평가잉여금 잔액이 100,000이 있었다고 할 경우, 세무조정은 아래와 같이 수행한다.

[익금산입] 토지 100,000 [유보] (△유보의 추인)

(2) 재분류조정하지 않는 항목에 대한 법인세: FVOCI지분상품평가손익

① FVOCI지분상품을 처분하여 관련 지분상품평가이익(손실)이 실현되는 경우, 세법상으로는 관련 Δ유보(유보) 잔액이 익금(손금)으로 추인되어 법인세가 과세된다. 그러나 회계상으로는 지분상품평가이익(손실)의 실현금액이 포괄손익계산서상 회계이익(세전이익)에 포함되지 않으므로, 지분상품평가이익(손실)에 대한 법인세효과도 포괄손익계산서에 법인세비용으로 표시하면 안 된다.

② 이에 따라, FVOCI지분상품 처분 시 관련 평가이익(손실)이 실현되는 경우, 실현되는 평가이익(손실)에 대한 법인세효과는 재무상태표상 이연법인세부채(자산)에서 당기법인세부채(자산)로 대체될 뿐이며, 포괄손익계산서상 법인세비용에는 아무런 영향을 미치지 않는다.

[FVOCI지분상품평가이익 실현 시 법인세효과 회계처리]

| 평가이익 실현: | (차) 금융자산평가이익 | ××× | (대) 이익잉여금 | ××× |

| 결산일: | (차) 이연법인세부채 | ××× | (대) 당기법인세부채 | (*)××× |

(*) 금융자산평가이익 실현금액 × 당기 법인세율

승철쌤's comment   FVOCI지분상품평가손익 실현 시 세무조정

FVOCI지분상품평가손익이 실현되는 경우, 실현된 금액이 회계이익(세전이익)에는 포함되지 않지만 과세소득에는 포함된다. 따라서 실현된 평가손익을 과세소득에 포함시키기 위하여 세무조정을 한번만 수행한다. 예를 들어, 당기에 FVOCI지분상품을 처분하였으며 관련된 누적평가이익이 100,000이 있었다고 할 경우, 세무조정은 아래와 같이 수행한다.

[익금산입] FVOCI금융자산 100,000 [유보] (Δ유보의 추인)

(3) 재분류조정하는 항목에 대한 법인세: FVOCI채무상품평가손익

① FVOCI채무상품을 처분하여 관련 채무상품평가이익(손실)이 실현되는 경우, 세법상 관련 △유보 (유보) 잔액이 익금(손금)으로 추인되어 법인세가 과세된다.

② 그리고 FVOCI채무상품의 평가이익(손실)은 회계상으로도 실현금액이 재분류조정을 통하여 포괄 손익계산서상 회계이익(세전이익)에 금융자산처분이익(손실)으로 표시된다. 따라서 FVOCI채무상품 평가이익(손실)의 실현금액에 대한 법인세효과도 포괄손익계산서에 법인세비용으로 표시해야 한다.

[FVOCI채무상품평가이익 실현 시 법인세효과 회계처리]

평가이익 실현: (차) 금융자산평가이익   ×××   (대) 금융자산처분이익   ×××

결산일: (차) 이연법인세부채   (*)×××   (대) 금융자산처분이익   (*)×××
　　　　　(*) 전기에 금융자산평가이익 발생 시 금융자산평가이익에서 직접 차감했던 이연법인세부채를 제
　　　　　　거하고 처분이익으로 재분류조정
　　　　　(차) 법인세비용   ×××   (대) 당기법인세부채   (*)×××
　　　　　(*) 금융자산평가이익 실현금액(처분이익 인식금액) × 당기 법인세율

승철쌤's comment   FVOCI채무상품평가손익 실현 시 세무조정

FVOCI채무상품평가손익이 실현되는 경우, 회계이익과 과세소득의 차이는 없지만, 회계상 순자산과 세법상 순자산 간 의 차이가 발생하므로 세무조정을 두 번 수행한다. 예를 들어, 당기에 FVOCI채무상품을 처분하였으며 관련된 누적평 가이익이 100,000이 있었다고 할 경우, 세무조정은 아래와 같이 수행한다.

① [익금산입] FVOCI금융자산 100,000 [유보] (△유보의 추인)
② [익금불산입] 금융자산평가이익 100,000 [기타]

예제 5	**법인세 기간내배분(2): 기간내배분 항목의 사후처리**

(1) 20×1년 초에 설립된 (주)한국의 20×1년과 20×2년의 법인세비용차감전순이익은 각각 ₩1,000,000과 ₩1,100,000
이다.

(2) (주)한국은 20×1년 중 토지를 ₩100,000에 취득하고 재평가모형을 적용하였다. 20×1년 말 토지의 공정가치
는 ₩110,000이며, (주)한국은 20×2년에 동 토지를 ₩120,000에 처분하였다.

(3) 20×1년 초 (주)한국은 (주)민국이 발행한 액면금액 ₩100,000의 사채를 액면금액에 취득하고, 기타포괄손익-
공정가치 측정 금융자산(FVOCI금융자산)으로 분류하였다. 20×1년 말 (주)민국 사채의 공정가치는 ₩115,000
이며, 20×2년 초 (주)한국은 (주)민국 사채를 ₩115,000에 처분하였다.

(3) 법인세율은 20%로 변동이 없다.

(4) 차감할 일시적차이가 사용될 수 있는 미래 과세소득의 발생가능성은 높다.

(5) 이연법인세자산과 이연법인세부채는 상계요건을 충족하는 것으로 가정한다.

[요구사항]

1. (주)한국이 20×1년 포괄손익계산서에 인식할 법인세비용을 계산하시오.

2. (주)한국이 20×2년 포괄손익계산서에 인식할 법인세비용을 계산하시오.

해답   1. 20×1년 법인세비용
(1) 당기 및 이연법인세

	20×1년	20×2년 이후
법인세비용차감전순이익	1,000,000	
재평가잉여금(기타)	10,000	
토지(△유보)	(10,000)	10,000
FVOCI채무상품평가이익(기타)	15,000	
FVOCI채무상품(△유보)	(15,000)	15,000
과세소득	1,000,000	25,000
법인세율	20%	20%
당기 및 이연법인세	200,000	5,000

(2) 20×1년 말 이연법인세부채: 5,000

(3) 20×1년 법인세비용

① 20×1년 법인세비용

당기 법인세		200,000
이연법인세부채의 증가		5,000
재평가잉여금(발생액)의 법인세효과	10,000 × 20% =	(2,000) (당기 발생액 제거)
금융자산평가이익(발생액)의 법인세효과	15,000 × 20% =	(3,000) (당기 발생액 제거)
법인세비용		200,000

② [간편법] 20×1년 법인세비용

= (세전이익 ± 영구적차이) × 법인세율 = (1,000,000 + 0) × 20% = 200,000

(4) 참고 20×1년 말 법인세비용 회계처리

(차) 재평가잉여금	2,000 ③	(대) 당기법인세부채	200,000 ①
금융자산평가이익	3,000 ③	이연법인세부채	5,000 ②
법인세비용	(*)200,000 ④		

(*) 대차차액

2. 20×2년 법인세비용

(1) 당기 및 이연법인세

	20×2년	20×3년 이후	
법인세비용차감전순이익	1,100,000		
토지(유보)	10,000		(전기말 △유보 추인)
FVOCI채무상품(유보)	15,000		(전기말 △유보 추인)
FVOCI채무상품평가이익(기타)	(15,000)		
과세소득	1,110,000	–	
법인세율	20%	20%	
당기 및 이연법인세	222,000	–	

(2) 20×2년 법인세비용

① 기타포괄손익에 대한 법인세효과의 사후처리

㉠ 재평가잉여금: 재평가잉여금은 후속적으로 당기손익으로 재분류조정하지 않으므로 재평가잉여금 실현금액이 포괄손익계산서상 회계이익(세전이익)에 포함되지 않는다. 따라서 당기 중 재평가잉여금 실현금액과 관련한 법인세효과도 포괄손익계산서에 법인세비용으로 표시하면 안 된다.

㉡ FVOCI채무상품평가이익: FVOCI채무상품평가이익 실현금액은 재분류조정을 통하여 포괄손익계산서상 회계이익(세전이익)에 금융자산처분이익으로 표시된다. 따라서 당기 중 FVOCI채무상품평가이익 실현금액과 관련한 법인세효과도 포괄손익계산서에 법인세비용으로 표시해야 한다.

② 20×2년 법인세비용

당기 법인세	222,000	
이연법인세부채의 감소	(5,000)	
재평가잉여금(실현액)의 법인세효과	–	(당기 실현액 조정 없음)
금융자산평가이익(실현액)의 법인세효과 15,000 × 20% =	3,000	(당기 실현액 가산)
법인세비용	220,000	

③ [간편법] 20×2년 법인세비용

= (세전이익 ± 영구적차이) × 법인세율 = (1,100,000 + 0) × 20% = 220,000

(3) 참고 20×2년 말 법인세비용 회계처리

(차) 이연법인세부채(기초)	5,000 ②	(대) 당기법인세부채	222,000 ①
법인세비용	(*2)220,000 ④	금융자산처분이익	(*1)3,000 ③

(*1) 전기에 평가이익에서 직접 차감했던 법인세효과의 재분류조정 금액임

(*2) 대차차액

01 당기 법인세는 당기의 과세소득에 대하여 납부할 법인세액을 말하므로 당기의 과세소 (O, X)
득에 당기의 법인세율을 곱하여 계산한다.

02 세무조정항목 중 일시적차이 항목들은 어느 한 회계연도에 발생하면 이후 기간에 반드 (O, X)
시 반대로 소멸되므로 기업이 전체 과세기간 동안 부담하는 법인세에 미치는 영향이 없
다. 따라서 차감할(가산할) 일시적차이로 인해 미래에 절감될(납부할) 법인세는 당기의
법인세비용에 차감(가산)하지 않고 이연법인세자산(이연법인세부채)으로 인식한다.

03 차감할 일시적차이는 일시적차이가 소멸될 때 미래의 과세소득에서 차감되므로 미래 (O, X)
에 납부할 법인세를 감소시키는 효과가 있다. 따라서 차감할 일시적차이에 법인세율을
곱한 금액을 이연법인세자산으로 인식한다.

04 이연법인세자산과 부채는 보고기간 말까지 제정되었거나 실질적으로 제정된 세율(및 (O, X)
세법)에 근거하여 당해 자산이 실현되거나 부채가 결제될 회계기간에 적용될 것으로
기대되는 세율을 사용하여 측정한다.

05 과세대상수익의 수준에 따라 적용되는 세율이 다른 경우에는 일시적 차이가 소멸될 것 (O, X)
으로 예상되는 기간의 과세소득(세무상 결손금)에 적용될 것으로 기대되는 한계세율을
사용하여 이연법인세자산과 부채를 측정한다.

06 모든 차감할 일시적 차이에 대하여 이연법인세자산을 인식하는 것을 원칙으로 한다. (O, X)

정답 및 해설

01 O

02 O

03 O

04 O

05 X 과세대상수익의 수준에 따라 적용되는 세율이 다른 경우(누진세율)에는 일시적차이가 소멸될 것으로 예상되는 기
간의 과세소득에 적용될 것으로 기대되는 평균세율을 사용하여 이연법인세자산과 부채를 측정한다.

06 X 차감할 일시적차이에 대한 이연법인세자산은 차감할 일시적차이가 사용될 수 있는 과세소득의 발생가능성이 높은
경우에만 인식한다. 반면 모든 가산할 일시적 차이에 대하여는 이연법인세부채를 인식하는 것을 원칙으로 한다.

07 미사용 세무상 결손금과 세액공제가 사용될 수 있는 미래 과세소득의 발생가능성이 높 (O, X)
은 경우 그 범위 안에서 이월된 미사용 세무상 결손금과 세액공제에 대하여 이연법인
세자산을 인식한다.

08 당기법인세자산과 당기법인세부채는 기업이 인식된 금액에 대한 법적으로 집행 가능 (O, X)
한 상계권리를 가지고 있는 경우 또는 순액으로 결제하거나 자산을 실현하고 부채를
결제할 의도가 있는 경우에 상계한다.

09 이연법인세자산과 부채는 현재가치로 할인한다. (O, X)

10 동일 회계기간 또는 다른 회계기간에 당기손익 이외로 인식되는 항목과 관련된 당기 (O, X)
법인세와 이연법인세는 당기손익 이외의 항목으로 인식한다.

11 당기에 취득하여 보유 중인 토지에 재평가모형을 적용하여 토지의 장부금액이 세무기 (O, X)
준액보다 높은 경우에는 이연법인세부채를 인식하며, 이로 인한 이연법인세 효과는 당
기손익으로 인식한다.

정답 및 해설

07 O

08 O 당기법인세자산과 당기법인세부채는 다음의 조건을 모두 충족하는 경우에만 상계한다. 즉, 둘 중의 하나만 충족하
는 경우에는 상계할 수 없다.
① 기업이 인식된 금액에 대한 법적으로 집행 가능한 상계권리를 가지고 있다.
② 기업이 순액으로 결제하거나, 자산을 실현하는 동시에 부채를 결제할 의도가 있다.

09 X 이연법인세자산과 부채는 현재가치로 할인하지 않는다. 즉, 일시적차이의 소멸시점은 실무적으로 추정할 수 없거
나 추정이 매우 복잡하므로 이연법인세자산과 부채는 현재가치 평가를 배제하게 되었다.

10 O

11 X 토지의 재평가잉여금은 포괄손익계산서에 기타포괄손익으로 인식한다. 따라서 재평가잉여금에 대한 이연법인세효
과는 (당기손익이 아니라) 해당 재평가잉여금(기타포괄손익)에서 직접 차감하여 인식한다.

이연법인세 - 법인세비용
01 20×1년 초 설립된 (주)세무의 법인세 관련 자료가 다음과 같을 때, 20×1년도 법인세비용은?

[세무사 18]

> (1) 법인세비용차감전순이익: ₩1,000,000
> (2) 세무조정사항:
> - 정기예금 미수이자 ₩200,000
> - 접대비 한도초과액 150,000
> - 벌금과 과태료 70,000
> - 감가상각비 한도초과액 50,000
> (3) 법인세율은 20%로 유지된다.
> (4) 일시적차이가 사용될 수 있는 미래 과세소득의 발생가능성은 높다.

① ₩214,000 　　　　　　　　② ₩244,000
③ ₩258,000 　　　　　　　　④ ₩288,000
⑤ ₩298,000

이연법인세 - 법인세비용
02 20×1년 초에 설립된 (주)세무의 20×1년도 포괄손익계산서상 법인세비용차감전순이익은 ₩700,000이고, 법인세율은 20%이다. 당기 법인세 부담액을 계산하기 위한 세무조정사항 및 이연법인세자산(부채) 자료가 다음과 같을 때, 20×1년도 법인세비용은?

[세무사 20]

> ○ 20×1년도에 당기손익-공정가치 측정 금융자산평가손실로 ₩100,000을 인식하였으며, 동 금융자산은 20×2년에 처분한다.
> ○ 20×1년 세법상 손금한도를 초과하여 지출한 접대비는 ₩100,000이다.
> ○ 20×1년 정기예금(만기 20×2년)에서 발생한 이자 ₩20,000을 미수수익으로 인식하였다.
> ○ 20×2년 법인세율은 18%로 예상된다.
> ○ 일시적차이가 사용될 수 있는 미래 과세소득의 발생가능성은 높다.

① ₩158,000 　　　　　　　　② ₩161,600
③ ₩176,000 　　　　　　　　④ ₩179,600
⑤ ₩190,400

일시적차이의 계산

03 20×1년 초에 설립된 (주)한국의 20×1년 법인세비용차감전순이익은 ₩1,000,000이었으며 법인세율은 30%이다. 이에 대한 세무조정사항과 그 이유는 다음과 같다.

세무조정사항	금액	손익의 인식기준	
		재무보고 목적	세무신고 목적
당기손익인식금융자산평가손실	₩60,000	발생기준	현금기준
할부매출이익	₩100,000	발생기준	현금기준
벌과금	₩35,000	비용인식	손금불인정

(주)한국의 20×1년도 포괄손익계산서에 인식할 법인세비용은? (단, 20×1년과 동일한 법인세비용차감전순이익과 법인세율이 미래에도 계속된다고 가정한다)

① ₩280,500
② ₩286,500
③ ₩298,500
④ ₩310,500
⑤ ₩328,500

기초 이연법인세 있는 경우

04 (주)세무의 20×2년도 법인세 관련 자료가 다음과 같을 때, 20×2년도 법인세비용은?   [세무사 22]

○ 20×2년도 법인세비용차감전순이익 ₩500,000
○ 세무조정사항
  - 전기 감가상각비 한도초과액 ₩(80,000)
  - 접대비한도초과액 ₩130,000
○ 감가상각비 한도초과액은 전기 이전 발생한 일시적차이의 소멸분이고, 접대비한도초과액은 일시적차이가 아니다.
○ 20×2년 말 미소멸 일시적차이(전기 감가상각비 한도초과액)는 ₩160,000이고, 20×3년과 20×4년에 각각 ₩80,000씩 소멸될 것으로 예상된다.
○ 20×1년 말 이연법인세자산은 ₩48,000이고, 이연법인세부채는 없다.
○ 차감할 일시적차이가 사용될 수 있는 과세소득의 발생가능성은 매우 높다.
○ 적용될 법인세율은 매년 20%로 일정하고, 언급된 사항 이외의 세무조정 사항은 없다.

① ₩94,000
② ₩110,000
③ ₩126,000
④ ₩132,000
⑤ ₩148,000

차감할 일시적차이의 실현가능성 검토

05 다음은 20×1년 초 설립한 (주)한국의 20×1년도 법인세와 관련된 내용이다.

○ 20×1년 세무조정내역

법인세비용차감전순이익	₩5,700,000
세무조정항목:	
감가상각비 한도초과	300,000
연구및인력개발준비금	(600,000)
과세소득	₩5,400,000

○ 연구및인력개발준비금은 20×2년부터 3년간 매년 ₩200,000씩 소멸하며, 감가상각비 한도초과는 20×4년에 소멸한다.
○ 향후 과세소득(일시적차이 조정 전)은 경기침체로 20×2년부터 20×4년까지 매년 ₩50,000으로 예상된다. 단, 20×5년도부터 과세소득은 없을 것으로 예상된다.
○ 연도별 법인세율은 20%로 일정하다.

(주)한국이 20×1년도 포괄손익계산서에 인식할 법인세비용은? [회계사 17]

① ₩1,080,000
② ₩1,140,000
③ ₩1,150,000
④ ₩1,180,000
⑤ ₩1,200,000

기간내배분 - 자기주식처분이익, 재평가잉여금

06 아래 자료는 (주)한국의 20×1년도 법인세와 관련된 거래내용이다.

(가) 20×1년도 (주)한국의 접대비 한도초과액은 ₩300,000이다.
(나) (주)한국은 20×1년 6월 7일에 ₩35,000에 취득한 자기주식을 20×1년 9월 4일에 ₩60,000에 처분했다.
(다) (주)한국이 20×1년 9월 7일 사옥을 건설하기 위하여 ₩70,000에 취득한 토지의 20×1년 12월 31일 현재 공정가치는 ₩80,000이다. (주)한국은 유형자산에 대하여 재평가모형을 적용하고 있으나, 세법에서는 이를 인정하지 않는다.

(주)한국의 20×1년도 법인세비용차감전순이익은 ₩3,000,000이다. 당기 과세소득에 적용될 법인세율은 30%이고, 향후에도 세율이 일정하다면 (주)한국이 20×1년도 포괄손익계산서에 인식할 법인세비용과 20×1년 말 재무상태표에 계상될 이연법인세자산·부채는 각각 얼마인가? (단, (주)한국의 향후 과세소득은 20×1년과 동일한 수준이며, 전기이월 일시적차이는 없다고 가정한다) [회계사 10]

	법인세비용	이연법인세자산·부채		법인세비용	이연법인세자산·부채
①	₩900,000	이연법인세자산 ₩3,000	②	₩973,500	이연법인세자산 ₩4,500
③	₩973,500	이연법인세부채 ₩3,000	④	₩990,000	이연법인세자산 ₩4,500
⑤	₩990,000	이연법인세부채 ₩3,000			

기간내배분 - FVOCI금융자산평가손익

07 아래 자료는 (주)한국의 20×1년도 법인세와 관련된 거래내용이다.

○ 20×1년 말 접대비 한도초과액은 ₩30,000이다.
○ 20×1년 말 재고자산평가손실은 ₩10,000이다.
○ 20×1년 말 기타포괄손익 – 공정가치 측정 금융자산평가손실 ₩250,000을 기타포괄손익으로 인식하였다. 동 기타포괄손익 – 공정가치 측정 금융자산평가손실은 20×3년도에 소멸된다고 가정한다.
○ 20×1년도 법인세비용차감전순이익은 ₩1,000,000이다.
○ 20×1년까지 법인세율이 30%이었으나, 20×1년 말에 세법개정으로 인하여 20×2년 과세소득 분부터 적용할 세율은 20%로 미래에도 동일한 세율이 유지된다.

(주)한국의 20×1년도 포괄손익계산서에 계산할 법인세비용은 얼마인가? (단, 일시적차이에 사용될 수 있는 과세소득의 발생가능성은 높으며, 전기이월 일시적차이는 없는 것으로 가정한다)　　　[회계사 14]

① ₩260,000　　　　　　　　　　② ₩310,000
③ ₩335,000　　　　　　　　　　④ ₩360,000
⑤ ₩385,000

기간내배분 + 기초 이연법인세 있는 경우

08 다음 자료는 (주)한국의 20×2년도 법인세와 관련된 내용이다.

○ 20×1년 말 현재 일시적차이
　정기예금 미수이자(20×2년 만기)　　₩(100,000)
○ 20×2년도 법인세비용차감전순이익　　1,000,000
○ 20×2년도 세무조정사항
　전기 정기예금 미수이자　　　　　　　100,000
　정기예금 미수이자(20×3년 만기)　　　(20,000)
　접대비 한도초과　　　　　　　　　　　15,000
　자기주식처분이익　　　　　　　　　　100,000
○ 연도별 법인세율은 20%로 일정하다.

(주)한국의 20×2년도 포괄손익계산서에 인식할 법인세비용은 얼마인가? (단, 일시적차이에 사용될 수 있는 과세소득의 발생가능성은 높으며, 20×1년 말과 20×2년 말 각 연도의 미사용 세무상 결손금과 세액공제는 없다)　　　[회계사 15 수정]

① ₩199,000　　　　　　　　　　② ₩203,000
③ ₩219,000　　　　　　　　　　④ ₩223,000
⑤ ₩243,000

정답 및 해설

정답

01 ②   02 ②   03 ④   04 ③   05 ③   06 ⑤   07 ②   08 ②

해설

01 ②   **(1) 당기 및 이연법인세**

	20×1년	20×2년 이후
법인세비용차감전순이익	1,000,000	
정기예금 미수이자	(200,000)	200,000
접대비 한도초과액	150,000	
벌금과 과태료	70,000	
감가상각비 한도초과액	50,000	(50,000)
과세소득	1,070,000	150,000
법인세율	20%	20%
당기 및 이연법인세	214,000	30,000

(2) 20×1년 말 이연법인세부채

30,000

(3) 20×1년 법인세비용

당기 법인세	214,000
이연법인세부채의 증가	30,000
법인세비용	244,000

(4) 별해 **20×1년 법인세비용**

(1,000,000 + 150,000 + 70,000) × 20% = 244,000

(5) 참고 **20×1년 말 법인세비용 회계처리**

(차) 법인세비용	(*)244,000 ③	(대) 당기법인세부채	214,000 ①
		이연법인세부채	30,000 ②

(*) 대차차액

02 ② **(1) 당기 및 이연법인세**

	20×1년	20×2년 이후
법인세비용차감전순이익	700,000	
금융자산평가손실	100,000	(100,000)
접대비 한도초과액	100,000	
정기예금 미수이자	(20,000)	20,000
과세소득	880,000	(80,000)
법인세율	20%	18%
당기 및 이연법인세	176,000	(14,400)

(2) 20×1년 말 이연법인세자산

14,400

(3) 20×1년 법인세비용

당기 법인세	176,000
이연법인세자산의 증가	(14,400)
법인세비용	161,600

(4) 참고 **20×1년 말 법인세비용 회계처리**

(차) 이연법인세자산	14,400 ②	(대) 당기법인세부채	176,000 ①
법인세비용	(*)161,600 ③		

(*) 대차차액

03 ④ **(1) 당기 및 이연법인세**

	20×1년	20×2년 이후
법인세비용차감전순이익	1,000,000	
금융자산평가손실	60,000	(60,000)
할부매출이익	(100,000)	100,000
벌과금	35,000	
과세소득	995,000	40,000
법인세율	30%	30%
당기 및 이연법인세	298,500	12,000

(2) 20×1년 말 이연법인세부채

12,000

(3) 20×1년 법인세비용

당기 법인세	298,500
이연법인세부채의 증가	12,000
법인세비용	310,500

(4) 별해 **20×1년 법인세비용**

(1,000,000 + 35,000) × 30% = 310,500

(5) 참고 **20×1년 말 법인세비용 회계처리**

(차) 법인세비용	(*)310,500 ③	(대) 당기법인세부채	298,500 ①
		이연법인세부채	12,000 ②

(*) 대차차액

04 ③ **(1) 당기 및 이연법인세**

	20×2년	20×3년 이후
법인세비용차감전순이익	500,000	–
전기 감가상각비 한도초과액	(80,000)	(160,000)
접대비한도초과액	130,000	–
과세소득	550,000	(160,000)
법인세율	20%	20%
당기 및 이연법인세	110,000	(32,000)

(2) 20×2년 법인세비용

110,000 – 32,000 – △48,000(기초 이연법인세자산) = 126,000

(3) 별해 20×2년 법인세비용

(500,000 + 130,000) × 20% = 126,000

(4) 참고 20×2년 법인세 회계처리

(차) 이연법인세자산(기말)	32,000 ②	(대) 당기법인세부채	110,000 ①
법인세비용	(*)126,000 ③	이연법인세자산(기초)	48,000 ②

(*) 대차차액

05 ③ **(1) 당기 및 이연법인세**

	20×1년	20×2년	20×3년	20×4년
법인세비용차감전순이익	5,700,000			
감가상각비 한도초과	300,000			(300,000)
연구및인력개발준비금	(600,000)	200,000	200,000	200,000
과세소득	5,400,000	200,000	200,000	(100,000)
실현가능한 일시적차이		200,000	200,000	(50,000)
법인세율	20%	20%	20%	20%
당기 및 이연법인세	1,080,000	40,000	40,000	(10,000)

(2) 20×1년 말 이연법인세부채(자산)

40,000 + 40,000 – 10,000 = 70,000

(3) 20×1년 법인세비용

당기 법인세	1,080,000
이연법인세부채의 증가	70,000
법인세비용	1,150,000

(4) 참고 20×1년 말 법인세비용 회계처리

(차) 법인세비용	(*)1,150,000 ③	(대) 당기법인세부채	1,080,000 ①
		이연법인세부채	70,000 ②

(*) 대차차액

06 ⑤ **(1) 당기 및 이연법인세**

		20×1년	20×2년 이후
법인세비용차감전순이익		3,000,000	
접대비 한도초과		300,000	
자기주식처분이익	60,000 – 35,000 =	25,000	
재평가잉여금(기타)	80,000 – 70,000 =	10,000	
토지(△유보)		(10,000)	10,000
과세소득		3,325,000	10,000
법인세율		30%	30%
당기 및 이연법인세		997,500	3,000

(2) 20×1년 말 이연법인세부채

3,000

(3) 20×1년 법인세비용

당기 법인세		997,500
이연법인세부채의 증가		3,000
자기주식처분이익에 대한 당기 법인세	25,000 × 30% =	(7,500)
재평가잉여금에 대한 이연법인세부채	10,000 × 30% =	(3,000)
법인세비용		990,000

(4) 참고 **20×1년 말 법인세비용 회계처리**

(차) 자기주식처분이익	7,500 ③	(대) 당기법인세부채	997,500 ①
재평가잉여금	3,000 ③	이연법인세부채	3,000 ②
법인세비용	(*)990,000 ④		

(*) 대차차액

07 ② **(1) 당기 및 이연법인세**

	20×1년	20×2년 이후
법인세비용차감전순이익	1,000,000	
접대비 한도초과	30,000	
재고자산평가손실	10,000	(10,000)
금융자산평가손실(기타)	(250,000)	
금융자산(유보)	250,000	(250,000)
과세소득	1,040,000	(260,000)
법인세율	30%	20%
당기 및 이연법인세	312,000	(52,000)

(2) 20×1년 말 이연법인세자산

52,000

(3) 20×1년 법인세비용

당기 법인세		312,000
이연법인세자산의 증가		(52,000)
금융자산평가손실에 대한 이연법인세자산	250,000 × 20% =	50,000
법인세비용		310,000

(4)[참고] 20×1년 말 법인세비용 회계처리

(차) 이연법인세자산	52,000 ②	(대) 당기법인세부채	312,000 ①
법인세비용	(*)310,000 ④	금융자산평가손실	50,000 ③

(*) 대차차액

08 ② **(1) 당기 및 이연법인세**

	20×2년	20×3년 이후
법인세비용차감전순이익	1,000,000	
미수이자(전기 발생)	100,000	
미수이자(당기 발생)	(20,000)	20,000
접대비 한도초과	15,000	
자기주식처분이익	100,000	
과세소득	1,195,000	20,000
법인세율	20%	20%
당기 및 이연법인세	239,000	4,000

(2) 20×2년 이연법인세자산(부채)의 변동

기말 이연법인세부채		4,000
기초 이연법인세부채	100,000 × 20% =	20,000
이연법인세부채의 감소		16,000

(3) 20×2년 법인세비용

당기 법인세		239,000
이연법인세부채의 감소		(16,000)
자기주식처분이익에 대한 당기 법인세	100,000 × 20% =	(20,000)
법인세비용		203,000

(4)[참고] 20×2년 말 법인세비용 회계처리

(차) 이연법인세부채(기초)	20,000 ②	(대) 당기법인세부채	239,000 ①
자기주식처분이익	20,000 ③	이연법인세부채(기말)	4,000 ②
법인세비용	(*)203,000 ④		

(*) 대차차액

제21장
주관식 연습문제

[세무사 2차 16 수정]

01 다음은 20×1년 1월 1일에 설립되어 영업을 시작한 (주)세무의 20×1년도 법인세와 관련된 자료이다. 제
시된 물음에 답하시오.

> (1) (주)세무의 법인세비용 세무조정을 제외한 20×1년도 세무조정사항은 다음과 같다. 단, 세무
> 조정사항 중 금융자산은 기타포괄손익 – 공정가치 측정 범주로 분류된 금융자산이다.
>
> <소득금액조정합계표>
>
> | 익금산입 및 손금불산입 | | | 손금산입 및 익금불산입 | | |
> |---|---|---|---|---|---|
> | 과목 | 금액 | 소득처분 | 과목 | 금액 | 소득처분 |
> | 감가상각부인액 | ₩20,000 | 유보 | 미수수익 | ₩10,000 | 유보 |
> | 제품보증충당부채 | 5,000 | 유보 | 금융자산 | 5,000 | 유보 |
> | 접대비 한도초과액 | 10,000 | 기타사외유출 | | | |
> | 금융자산평가이익 | 5,000 | 기타 | | | |
> | 합계 | ₩40,000 | | 합계 | ₩15,000 | |
>
> (2) 20×1년도 과세소득에 적용되는 법인세율은 20%이며, 차기 이후 관련 세율 변동은 없는 것
> 으로 가정한다.
>
> (3) 20×1년도 법인세비용차감전순이익(회계이익)은 ₩120,000이다.
>
> (4) 세액공제 ₩8,000을 20×1년도 산출세액에서 공제하여 차기 이후로 이월되는 세액공제는
> 없으며, 최저한세와 농어촌특별세 및 법인지방소득세는 고려하지 않는다.
>
> (5) 20×1년도 법인세 부담액(당기 법인세)은 ₩21,000이며, 20×1년 중 원천징수를 통하여
> ₩10,000의 법인세를 납부하고 아래와 같이 회계처리하였다.
>
> | (차) 당기법인세자산 | 10,000 | (대) 현금 | 10,000 |
> |---|---|---|---|
>
> (6) 당기법인세자산과 당기법인세부채는 상계조건을 모두 충족하며, 이연법인세자산과 이연법인
> 세부채는 인식조건 및 상계조건을 모두 충족한다.
>
> (7) 포괄손익계산서상 기타포괄손익 항목은 관련 법인세효과를 차감한 순액으로 표시하며, 법인
> 세효과를 반영하기 전 기타포괄이익은 ₩5,000이다.

[물음 1] (주)세무의 20×1년도 포괄손익계산서와 20×1년 말 재무상태표에 계상될 다음 각 계정과목의 금액을 계산하시오.

재무제표	계정과목	금액
포괄손익계산서	법인세비용	①
	기타포괄이익	②
재무상태표	이연법인세자산	③
	이연법인세부채	④
	당기법인세부채(미지급법인세)	⑤

[물음 2] (주)세무의 20×1년도 평균유효세율(%)을 계산하시오.

[물음 3] (주)세무의 회계이익에 적용세율(20%)을 곱하여 산출한 금액과 [물음 1]에서 계산된 법인세비용 간에 차이가 발생한다. 해당 차이를 발생시키는 각 원인을 모두 수치화하여 기술하시오.

[물음 4] [본 물음은 독립적이다] 다음은 이연법인세자산과 이연법인세부채의 인식과 표시에 관한 내용이다. 물음에 답하시오.

[물음 4-1] 이연법인세자산은 차감할 일시적차이 등과 관련하여 미래 회계기간에 회수될 수 있는 법인세 금액을 말한다. 미래 과세소득의 발생가능성이 높은 경우, 차감할 일시적차이 이외에 재무상태표상 이연법인세자산을 인식할 수 있는 항목을 모두 기술하시오.

[물음 4-2] 재무상태표상 이연법인세자산과 이연법인세부채를 상계하여 표시할 수 있는 조건을 기술하시오.

해답 **[물음 1] 법인세비용, 당기 및 이연법인세 계산**

1. 20×1년 법인세비용

   (1) 당기 법인세 및 이연법인세

	20×1년	20×2년 이후
법인세비용차감전순이익	120,000	
감가상각부인액	20,000	(20,000)
제품보증충당부채	5,000	(5,000)
접대비 한도초과액	10,000	-
FVOCI금융자산평가이익(기타)	5,000	-
FVOCI금융자산(△유보)	(5,000)	5,000
미수수익	(10,000)	10,000
과세소득	145,000	(10,000)
법인세율	20%	20%
산출세액	29,000	(2,000)
세액공제	(8,000)	-
당기 및 이연법인세	21,000	(2,000)

   (2) 20×1년 법인세비용

당기 법인세		21,000
이연법인세자산 증가		(2,000)
기타포괄이익에 대한 이연법인세	5,000 × 20% =	(1,000)
법인세비용		18,000

2. 답안의 작성

   ① 20×1년 법인세비용: 18,000

   ② 20×1년 기타포괄손익: 5,000 × (1 - 20%) = 4,000

   ③ 20×1년 말 이연법인세자산: 2,000

   ④ 20×1년 말 이연법인세부채: 영(0)

   ⑤ 당기법인세부채(미지급법인세): 21,000(당기 법인세) - 10,000(당기법인세자산) = 11,000

3. 참고 20×1년 말 법인세 회계처리

(차) 이연법인세자산	2,000	(대) 당기법인세자산(선급법인세)	10,000
FVOCI금융자산평가이익	1,000	당기법인세부채(미지급법인세)	(*1)11,000
법인세비용	(*2)18,000		

   (*1) 21,000(당기 법인세) - 10,000(선급법인세) = 11,000

   (*2) 대차차액

[물음 2] 평균유효세율

   20×1년 평균유효세율: 법인세비용 ÷ 법인세비용차감전순이익 = 18,000 ÷ 120,000 = 15%

[물음 3] 회계이익과 법인세비용 간 차이조정

회계이익에 대한 법인세	120,000 × 20% =	24,000
차이조정		
영구적차이에 대한 법인세	(*)10,000 × 20% =	2,000
세액공제		(8,000)
법인세비용		18,000

(*) 접대비 한도초과액

[물음 4] 이연법인세자산(부채)의 인식 및 표시
[물음 4-1]

차감할 일시적차이 이외에 이연법인세자산을 인식할 수 있는 항목

① 미사용 세무상 결손금
② 이월세액공제

[물음 4-2]

다음의 조건을 모두 충족하는 경우에만 이연법인세자산과 이연법인세부채를 상계한다.

① 기업이 당기법인세자산과 당기법인세부채를 상계할 수 있는 법적으로 집행 가능한 권리를 가지고 있다.
② 이연법인세자산과 이연법인세부채가 다음의 각 경우에 동일한 과세당국에 의해서 부과되는 법인세와 관련되어 있다.
   ⊙ 과세대상기업이 동일한 경우
   ⓒ 과세대상기업은 다르지만 당기 법인세 부채와 자산을 순액으로 결제할 의도가 있거나, 유의적인 금액의 이연법인세부채가 결제되거나 이연법인세자산이 회수될 미래의 각 회계기간마다 자산을 실현하는 동시에 부채를 결제할 의도가 있는 경우

02 다음에 제시되는 [물음]은 각각 독립된 상황이다.

(주)대한의 당기(20×1년) 법인세 관련 <공통자료>는 다음과 같다.

〈공통자료〉

1. 당기의 법인세 부담액 즉, 당기 법인세는 ₩23,000이다.
2. 당기 중 일시적차이의 변동 내용은 다음과 같다.

구분	기초	감소	증가	기말
당기손익인식금융자산	₩(5,600)	₩(2,400)	₩(3,500)	₩(6,700)
대손충당금	13,400	3,400	2,500	12,500
계	₩7,800	₩1,000	₩(1,000)	₩5,800

주: ( )는 가산할 일시적차이

3. 당기의 평균세율과 20×0년 말 및 20×1년 말의 일시적차이가 소멸될 것으로 예상되는 기간의 과세소득에 적용될 것으로 예상되는 평균세율은 20%이다.
4. 전기 말과 당기 말 현재 차감할 일시적차이가 사용될 수 있는 과세소득의 발생가능성은 높다.
5. 이연법인세자산과 이연법인세부채는 상계하며, 포괄손익계산서에서 기타포괄손익은 관련 법인세효과를 차감한 순액으로 표시한다.

[물음 1] 당기 중 ₩9,500에 취득하였던 자기주식을 ₩10,000에 전부 처분한 경우 ① 당기 포괄손익계산서에 인식할 법인세비용과 ② 당기 말 재무상태표에 계상할 이연법인세자산(이연법인세부채일 경우에는 금액 앞에 (-)를 표시함)을 각각 구하시오.

[물음 2] 당기 중 일시적차이의 변동 내용은 다음과 같다.

구분	기초	감소	증가	기말
당기손익인식금융자산	₩(5,600)	₩(2,400)	₩(3,500)	₩(6,700)
대손충당금	13,400	3,400	2,500	12,500
토지	(1,750)	(1,500)	(800)	(1,050)
계	₩6,050	₩(500)	₩(1,800)	₩4,750

토지 일시적차이의 기초와 당기 증가는 재평가이익(기타포괄이익)으로 발생한 것이며, 감소는 재평가한 토지의 처분에 따른 것이다. 그 외의 내용은 <공통자료>와 같다. 당기 포괄손익계산서에 인식할 법인세비용을 구하시오.

[물음 3] 당기 중 일시적차이의 변동 내용은 다음과 같다.

구분	기초	감소	증가	기말
당기손익인식금융자산	₩(5,600)	₩(2,400)	₩(3,500)	₩(6,700)
대손충당금	13,400	3,400	2,500	12,500
기타포괄손익인식금융자산	(1,750)	(1,500)	(800)	(1,050)
계	₩6,050	₩(500)	₩(1,800)	₩4,750

기타포괄손익인식금융자산(전액 채무상품) 일시적차이의 기초와 당기 증가는 금융자산평가이익(기타포괄이익)으로 발생한 것이며, 감소는 당기 중 기타포괄손익인식금융자산의 처분에 따른 것이다. 그 외의 내용은 <공통자료>와 같다. ① 당기 포괄손익계산서에 인식할 법인세비용과 ② 당기 말 재무상태표에 계상할 이연법인세자산(이연법인세부채일 경우에는 금액 앞에 (-)를 표시함)을 각각 구하시오.

해답 **[물음 1]** 자기주식처분이익에 대한 법인세

1. 20×1년 법인세비용

   (1) 이연법인세자산(부채)의 변동

기말 이연법인세자산	5,800 × 20% =	1,160
기초 이연법인세자산	7,800 × 20% =	(1,560)
이연법인세자산의 증가(감소)		(400)

   (2) 20×1년 법인세비용

당기 법인세	23,000
이연법인세자산의 감소	400
자기주식처분이익에 대한 당기 법인세 500(= 10,000 − 9,500) × 20% =	(100)
법인세비용	23,300

2. 참고 20×1년 말 법인세 회계처리

(차) 이연법인세자산(기말)	1,160	(대) 당기법인세부채	23,000
자기주식처분이익	100	이연법인세자산(기초)	1,560
법인세비용	$^{(*)}$23,300		

   $^{(*)}$ 대차차액

3. 답안의 작성

   ① 20×1년 법인세비용: 23,300
   ② 20×1년 말 이연법인세자산: 1,160

[물음 2] 재평가잉여금에 대한 법인세

1. 20×1년 법인세비용

   (1) 이연법인세자산(부채)의 변동

기말 이연법인세자산	4,750 × 20% =	950
기초 이연법인세자산	6,050 × 20% =	(1,210)
이연법인세자산의 증가(감소)		(260)

   (2) 20×1년 법인세비용

당기 법인세		23,000
이연법인세자산의 감소		260
기타포괄이익에 대한 이연법인세	$^{(*)}$800 × 20% =	(160)
법인세비용		23,100

   $^{(*)}$ 재평가잉여금 당기 발생액

   (3) 재평가잉여금은 후속적으로 당기손익으로 재분류조정하지 않는다. 따라서 당기 중 토지처분으로 인한 재평가잉여금 감소액 1,500과 관련한 법인세효과도 재분류조정을 하지 않으므로 법인세비용에 미치는 영향이 없다.

2. 참고 20×1년 말 법인세 회계처리

(차) 이연법인세자산(기말)	950	(대) 당기법인세부채	23,000
재평가잉여금	160	이연법인세자산(기초)	1,210
법인세비용	$^{(*)}$23,100		

   $^{(*)}$ 대차차액

[물음 3] 기타포괄손익 - FV 측정 '채무상품'에 대한 법인세

1. 20×1년 법인세비용

    (1) 이연법인세자산(부채)의 변동

기말 이연법인세자산	4,750 × 20% =	950
기초 이연법인세자산	6,050 × 20% =	(1,210)
이연법인세자산의 증가(감소)		(260)

    (2) 20×1년 법인세비용

당기 법인세		23,000
이연법인세자산의 감소		260
기타포괄이익(당기 발생액)에 대한 이연 법인세	[*1]800 × 20% =	(160)
기타포괄이익(당기 실현액)에 대한 당기 법인세	[*2]1,500 × 20% =	300
법인세비용		23,400

      [*1] FVOCI채무상품평가이익 당기 발생액
      [*2] FVOCI채무상품평가이익 당기 실현액(재분류조정액)

    (3) FVOCI채무상품평가손익은 후속적으로 당기손익(처분손익)으로 재분류조정한다. 따라서 당기 중 FVOCI채무상품의 처분으로 인한 평가이익 감소액 1,500과 관련한 법인세효과도 당기손익(처분손익)으로 재분류조정하므로 동 금액만큼 법인세비용이 증가하게 된다.

2. 참고 20×1년 말 법인세 회계처리

(차) 이연법인세자산(기말)	950	(대) 당기법인세부채	23,000
FVOCI금융자산평가이익	160	이연법인세자산(기초)	1,210
법인세비용	[*]23,400	FVOCI금융자산처분이익	300

      [*] 대차차액

해커스 IFRS 김승철 중급회계 하

제22장

회계변경과 오류수정

제1절 | 개요

[그림 22-1] 회계변경과 오류수정

		변경·수정방법
회계변경(IFRS ○ ⇨ IFRS ○)		
– 회계정책의 변경	:	소급법(예외: 수정된 전진법)
– 회계추정의 변경	:	전진법
오류수정(IFRS X ⇨ IFRS ○)	:	소급법(예외: 수정된 전진법)

① 회계변경과 오류수정의 공통점은 둘 다 재무제표상의 금액을 변경하거나 수정한다는 점이다. 다만, 둘의 차이점은 회계변경은 변경하기 전의 금액이 국제회계기준에서 인정하는 금액이며, 오류수정은 수정하기 전의 금액이 국제회계기준에서 인정하는 금액이 아니라는 점이다.

② 회계변경은 다시 회계정책의 변경과 회계추정의 변경으로 나누어진다.

> ⊙ 회계정책의 변경은 기업이 재무제표상의 금액을 산출하는 방법(회계처리방법)을 변경하는 것이다. 따라서 회계정책의 변경은 국제회계기준에서 특정 회계상의 거래에 대하여 여러 가지 회계처리방법을 선택적으로 인정하는 경우, 기업이 그 중 하나의 회계처리방법에서 다른 방법으로 변경(예 재고자산의 평가방법을 선입선출법에서 이동평균법으로 변경)할 때 많이 발생한다.
> ⓒ 회계추정의 변경은 기업이 새로운 정보의 획득, 새로운 상황의 전개 등에 따라 지금까지 사용해오던 회계추정치를 변경(예 매출채권의 대손예상률 변경)하는 것을 말한다.

③ 오류수정은 기업이 과거기간에 재무제표를 작성할 때 발생했던 오류를 후속기간에 발견하여 올바른 금액으로 수정하는 것을 말한다.

제2절 | 회계변경

01 회계정책의 변경

(1) 회계정책의 선택과 적용

① 회계정책은 기업이 재무제표를 작성·표시하기 위하여 적용하는 구체적인 원칙, 근거, 관습, 규칙 및 관행을 말한다. 기업이 거래, 기타 사건 또는 상황에 한국채택국제회계기준을 구체적으로 적용하는 경우, 그 항목에 적용되는 회계정책은 한국채택국제회계기준을 적용하여 결정될 것이다. 한국채택국제회계기준은 회계정책의 적용대상인 거래, 기타 사건 및 상황에 관한 정보가 목적적합하고 신뢰성 있게 재무제표에 반영될 수 있도록 한다.

> ⊘참고 **한국채택국제회계기준**
>
> **한국채택국제회계기준**: 한국회계기준원 회계기준위원회가 국제회계기준에 따라 제정한 회계기준으로 다음과 같이 구성된다.
> ① 기업회계기준서
> ② 기업회계기준해석서

② 회계정책의 적용효과가 중요하지 않은 경우에는 그 회계정책을 적용하지 않을 수 있다. 그러나 기업의 재무상태, 재무성과 또는 현금흐름을 특정한 의도대로 표시하기 위하여 한국채택국제회계기준에 위배된 회계정책을 적용하는 것은 그것이 중요하지 않더라도 적절하다고 할 수 없다.

③ 만일 거래, 기타 사건 또는 상황에 대하여 구체적으로 적용할 수 있는 한국채택국제회계기준이 없는 경우, 경영진은 판단에 따라 회계정책을 개발 및 적용하여 회계정보를 작성할 수 있다. 이러한 판단을 하는 경우, 경영진은 다음 사항을 순차적으로 참조하여 적용가능성을 고려한다.

> ㉠ 내용상 유사하고 관련되는 회계논제를 다루는 한국채택국제회계기준의 규정
> ㉡ 자산, 부채, 수익, 비용에 대한 '개념체계'의 정의, 인식기준 및 측정개념

④ 또한 경영진은 유사한 개념체계를 사용하여 회계기준을 개발하는 그 밖의 회계기준제정기구가 가장 최근에 발표한 회계기준, 그 밖의 회계문헌과 인정된 산업관행을 고려할 수 있다.

(2) 회계정책의 변경

회계정책의 변경은 기업이 재무제표의 작성과 보고에 적용하던 회계정책을 다른 회계정책으로 변경하는 것을 말한다. 이러한 회계정책의 변경은 국제회계기준에서 인정하는 회계정책에서 국제회계기준에서 인정하는 또 다른 회계정책으로 변경하는 것이다. 따라서 회계정책의 변경은 국제회계기준이 제·개정되는 경우 또는 다음과 같이 국제회계기준에서 여러 가지 회계처리방법을 선택적으로 인정하는 경우에 많이 발생한다.

① 재고자산 원가흐름의 가정 변경(예 선입선출법에서 가중평균법으로 변경하는 경우)
② 자산이나 부채의 측정기준 변경
    ㉠ 유형자산과 무형자산의 평가방법을 원가모형에서 재평가모형으로 변경하는 경우
    ㉡ 투자부동산의 평가방법을 원가모형에서 공정가치모형으로 변경하는 경우

한편, 다음의 경우는 회계정책의 변경에 해당하지 아니한다.

① **실질이 다른 거래**: 과거에 발생한 거래와 실질이 다른 거래, 기타 사건 또는 상황에 대하여 다른 회계정책을 적용하는 경우
② **새로운 거래**: 과거에 발생하지 않았거나 발생하였어도 중요하지 않았던 거래, 기타 사건 또는 상황에 대하여 새로운 회계정책을 적용하는 경우

(3) 변경요건

재무제표 이용자는 기업의 재무상태, 재무성과 및 현금흐름의 추이를 알기 위하여 기간별 재무제표를 비교할 수 있어야 한다. 따라서 기업은 원칙적으로 동일 기간 내에 그리고 기간 간에 동일한 회계정책을 적용하여야 한다(원칙: 변경금지). 그러나 기업은 다음 중 하나에 해당되는 경우에는 회계정책을 변경할 수 있다.

① **강제적 변경**: 국제회계기준에서 회계정책의 변경을 요구하는 경우(예 국제회계기준이 제·개정되는 경우)
② **자발적 변경**: 회계정책의 변경을 반영한 재무제표가 기업의 재무상태, 재무성과 또는 현금흐름에 미치는 영향에 대하여 보다 신뢰성 있고 더욱 목적적합한 정보를 제공하는 경우

(4) 변경 회계처리

① 회계정책의 변경은 원칙적으로 다음과 같이 회계처리한다.

> ㉠ 경과규정이 있는 한국채택국제회계기준을 최초적용하는 경우에 발생하는 회계정책의 변경은 해당 경과규정에 따라 회계처리한다.
> ㉡ 경과규정이 없는 한국채택국제회계기준을 최초적용하는 경우에 발생하는 회계정책의 변경이나 자발적인 회계정책의 변경은 소급적용한다.

② 회계정책의 변경을 소급적용하는 경우에는 비교 표시되는 가장 이른 과거기간의 기초 금액과 비교 공시되는 각 과거기간의 금액을 새로운 회계정책이 처음부터 적용된 것처럼 조정한다(소급법). 다만, 소급적용이 과거기간에 미치는 누적효과를 실무적으로 결정할 수 없는 경우에는 실무적으로 적용할 수 있는 가장 이른 날부터 새로운 회계정책을 전진적으로 적용하여 비교정보를 재작성한다(수정된 전진법).

③ 한편, 새로운 회계정책을 과거기간에 적용하거나 과거기간의 금액을 수정하는 경우에 과거기간에 존재했던 경영진의 의도에 대한 가정이나 과거기간에 인식, 측정, 공시된 금액의 추정에 사후에 인지된 사실을 이용할 수 없다.

> ⊘ 참고 **유형자산이나 무형자산에 대하여 재평가모형을 최초로 적용하는 경우**
>
> ① 측정기준의 변경은 (회계추정의 변경이 아니라) 회계정책의 변경에 해당하므로 소급적용하는 것이 원칙이다.
> ② 그러나 유형자산이나 무형자산에 대하여 재평가모형을 최초로 적용하는 경우에는 (회계정책의 변경에는 해당하지만) 변경일 이후부터 재평가모형을 적용한다(전진법).

02 회계추정의 변경

(1) 개요

① 회계추정의 변경은 새로운 정보의 획득, 새로운 상황의 전개 등에 따라 지금까지 사용해오던 회계적 추정치를 새로운 추정치로 바꾸는 것을 말한다. 추정 변경의 예는 다음과 같다.

> ㉠ 기대신용손실에 대한 손실충당금 추정치 변경
> ㉡ 재고자산의 순실현가능가치 추정치 변경
> ㉢ 자산이나 부채의 공정가치 추정치 변경
> ㉣ **유형자산과 무형자산의 감가상각 관련 추정치 변경**: 유형자산과 무형자산의 경제적 내용연수, 잔존가치 및 감가상각방법의 변경
> ㉤ **충당부채 추정치 변경**: 품질보증의무로 인한 제품보증충당부채의 추정치 변경, 환경복구의무에 대한 복구 충당부채 추정치 변경 등

> ⊘ 참고 **감가상각방법의 변경**
> ① 유형자산의 감가상각방법은 (기업이 임의로 선택하는 것이 아니라) 해당 유형자산에 내재된 미래경제적효익 의 예상 소비형태를 가장 잘 반영하는 방법으로 결정하는 것이다.
> ② 따라서 감가상각방법이 변경되었다는 것은 (감가상각에 대한 기업의 회계정책이 바뀐 것이 아니라) 해당 유형자 산의 미래경제적효익의 예상 소비형태에 대한 추정이 변경되었다는 것이므로 회계추정의 변경에 해당한다.

② 사업활동에 내재된 불확실성으로 인하여 재무제표의 많은 항목이 정확히 측정될 수 없고 추정될 수밖에 없다. 따라서 추정의 근거가 되었던 상황의 변화, 새로운 정보의 획득, 추가적인 경험의 축적이 있는 경우 지금까지 사용해오던 추정치를 수정하는 것이다. 추정의 수정은 그 성격상 과거 기간과 연관되지 않으며, 따라서 오류수정으로 보지 않는다. 다만, 과거 추정 당시에 부주의나 경험 부족 등의 사유로 인하여 잘못 추정된 추정치를 올바른 추정치로 수정하는 것은 (추정의 변경이 아니 라) 오류의 수정이다.

③ 한편, 측정기준의 변경은 회계추정의 변경이 아니라 회계정책의 변경에 해당한다. 그리고 회계정 책의 변경과 회계추정의 변경을 구분하는 것이 어려운 경우에는 이를 회계추정의 변경으로 본다.

(2) 변경 회계처리

추정의 변경은 변경이 발생한 시점 이후부터 전진적으로 적용한다(전진법). 추정의 변경을 전진적으 로 적용한다는 것은 회계추정의 변경효과를 당기 및 그 후의 회계기간에 인식하는 것을 말한다. 따라 서 회계추정의 변경효과는 원칙적으로 당해 회계연도 개시일(기초 시점)부터 반영하여 회계처리한다.

03 회계변경의 회계처리: 소급법과 전진법

1. 소급법

① 회계정책의 변경은 원칙적으로 소급법으로 회계처리한다. 소급법이란 새로운 회계정책을 처음부터 (해당 거래 발생시점부터) 적용한 것처럼 소급하여 수정하는 방법을 말한다.

② 이때 당해 회계정책 변경으로 과거기간의 당기손익에 미친 누적효과를 회계변경의 누적효과라고 하는데, 회계변경의 누적효과는 회계변경을 한 회계기간의 기초 이익잉여금에 반영한다. 결국 회계변경의 누적효과는 변경 후 방법에 따른 기초 이익잉여금과 변경 전 방법에 따른 기초 이익잉여금의 차이로 계산된다.

> **회계변경의 누적효과** = 회계변경으로 인해 과거기간의 당기손익에 미친 효과의 합계액
> = 회계변경 후 기초 이익잉여금 − 회계변경 전 기초 이익잉여금

[장점]
① **기간 간 비교가능성의 제고**: 비교대상이 되는 과거기간 재무제표를 동일한 정책을 적용한 재무제표로 재작성하므로 재무제표의 기간 간 비교가능성이 제고된다.
② **이익조작의 방지**: 회계변경으로 인한 손익효과(회계변경의 누적효과)를 과거기간으로 소급하여 반영하므로 당기손익을 조작하기 어렵다.

[단점]
① **재무제표의 신뢰성 저하**: 과거에 공시한 재무제표를 새로운 회계처리방법으로 재작성하므로 재무제표의 신뢰성이 저하된다.
② **실무적인 어려움**: 과거 기간의 재무제표를 소급하여 재작성하는데 많은 노력과 비용이 소요되며 실무적으로 적용하는데 어려움이 존재한다.

2. 전진법

회계추정의 변경은 전진법으로 회계처리한다. 이때 전진법이란 회계변경을 하는 회계연도와 그 이후의 기간에만 반영하는 방법을 말한다. 즉, 전진법은 회계변경 이전에 보고된 재무제표를 수정하지 않으므로 회계변경의 누적효과도 계산할 필요가 없다.

[장점]
① **재무제표의 신뢰성 유지**: 과거에 공시한 재무제표를 수정하지 않으므로 재무제표의 신뢰성이 유지된다.
② **실무적인 적용 간편**: 과거기간의 재무제표를 소급하여 재작성하지 않으므로 실무적으로 적용하기 간편하다.

[단점]
① **기간 간 비교가능성 저하**: 비교대상이 되는 과거기간 재무제표를 재작성하지 않으므로 재무제표의 기간 간 비교가능성이 저하된다.
② **회계변경 영향의 파악 어려움**: 회계변경으로 인해 당기손익에 미친 효과를 파악하기 어렵다.

3. 적용사례

① 20×1년 1월 1일, (주)한국은 내용연수 4년, 잔존가치가 없는 기계장치를 ₩1,000에 취득하였다. (주)한국은 기계장치를 연수합계법으로 감가상각하고 있었으나, 20×3년에 감가상각방법을 연수합계법에서 정액법으로 변경하였다.

② 감가상각방법의 변경은 회계추정의 변경이므로 전진법으로 회계처리해야 한다. 다만, 소급법과 전진법 회계처리를 비교하기 위하여 소급법과 전진법을 모두 적용하여 회계처리를 예시한다.

(1) 소급법 적용 시 회계처리

① 회계변경의 누적효과

연도	연수합계법 감가상각비		정액법 감가상각비		차이
20×1년	(1,000 - 0) × 4/10 =	400	(1,000 - 0) × 1/4 =	250	150
20×2년	(1,000 - 0) × 3/10 =	300	(1,000 - 0) × 1/4 =	250	50
합계		700		500	200

② 소급법 회계처리

20×1년 초	(차) 기계장치	1,000	(대) 현금		1,000
20×1년 말	(차) 감가상각비(20×1년)	400	(대) 감가상각누계액		400
20×2년 말	(차) 감가상각비(20×2년)	300	(대) 감가상각누계액		300
20×3년 초	(차) 감가상각누계액	150	(대) 이익잉여금(*)		150
	(차) 감가상각누계액	50	(대) 이익잉여금(*)		50

(*) 과거기간(20×1년과 20×2년)의 연수합계법에 따른 감가상각비를 정액법에 따른 감가상각비로 소급수정하기 위해 20×1년과 20×2년의 감가상각비를 각각 ₩150과 ₩50만큼 감소시켜야 한다. 다만, 과거기간의 포괄손익계산서가 마감되었으므로, 20×1년과 20×2년의 감가상각비를 취소하는 대신 기초 이익잉여금을 증가시키는 것으로 회계처리한다. 이때 기초 이익잉여금에 미친 효과의 합계액 ₩200이 회계변경의 누적효과가 된다.

20×3년 말	(차) 감가상각비(20×3년)	250	(대) 감가상각누계액		250
20×4년 말	(차) 감가상각비(20×4년)	250	(대) 감가상각누계액		250

(2) 전진법 적용 시 회계처리

20×1년 초	(차) 기계장치	1,000	(대) 현금		1,000
20×1년 말	(차) 감가상각비(20×1년)	400	(대) 감가상각누계액		400
20×2년 말	(차) 감가상각비(20×2년)	300	(대) 감가상각누계액		300
20×3년 초		- 회계처리 없음 -			
20×3년 말	(차) 감가상각비(20×3년)	(*)150	(대) 감가상각누계액		150

(*) (300 - 0) ÷ 2년 = 150

전진법은 과거기간의 연수합계법 감가상각비를 소급수정하지 않고, 감가상각방법 변경의 효과를 20×3년 이후의 기간에 반영하는 방법이다. 따라서 변경일(20×3년 초) 현재 미상각 장부금액 ₩300(=1,000 - 400 - 300)을 잔존내용연수인 2년 동안 정액법으로 감가상각비를 인식한다.

20×4년 말	(차) 감가상각비(20×4년)	150	(대) 감가상각누계액		150

4. 자동조정 항목의 풀이방법

(1) 자동조정 항목

① 자동조정 항목이란 회계변경이나 오류로 인한 손익의 효과가 두 회계기간에 걸쳐 서로 상쇄되는 자산이나 부채 항목을 말한다. 즉, 자동조정 항목에서는 회계변경이나 오류로 인한 특정 회계연도의 당기손익에 미치는 효과가 다음 연도의 당기손익에는 반대로 나타나게 된다.

② 이러한 자동조정 항목은 재무상태표에 머물러 있는 기간이 최대 두 회계기간 이하인 자산이나 부채 항목들로서, 그 예로 매출채권, 재고자산, 미수수익, 선급비용 등 유동자산이나 매입채무, 미지급비용, 선수수익 등 유동부채 항목이 있다.

(2) 자동조정 항목의 풀이방법

소급법을 적용하는 회계정책의 변경이나 오류수정 문제는 회계변경이나 오류수정으로 인해 재무제표, 특히, 포괄손익계산서에 미치는 효과를 물어보는 문제가 많이 출제된다. 이 경우에는 다음과 같이 '당기순이익'에 미치는 영향을 먼저 파악한 후, 물음에 맞는 답안으로 적절히 변환하는 것이 보다 빠르고 정확한 풀이방법이 된다.

---

① 당기순이익(손실)은 손익거래 자본의 증가(감소)이다. 따라서 회계변경이나 오류로 인해 자본에 미치는 효과를 계산하여 당기순이익에 미치는 효과를 바로 계산할 수 있다.

② 당기순이익에 미치는 효과 계산

자산·부채 영향		자본 영향		20×1년(당기)		20×2년(차기)
자산 증가(또는 부채 감소)	⇨	자본 증가	⇨	당기순이익 증가	⇨	당기순이익 감소
자산 감소(또는 부채 증가)	⇨	자본 감소	⇨	당기순이익 감소	⇨	당기순이익 증가

③ 상기 관계를 요약하면, 자산은 당기순이익과 동일한 방향으로 영향을 미치고, 부채는 당기순이익과 반대 방향으로 영향을 미친다. 그리고 자동조정 항목이므로 다음 회계연도의 당기순이익에는 반대방향으로 효과가 나타나게 된다.

④ 이 방법은 자동조정 항목(유동자산과 유동부채)의 회계변경과 오류수정 문제에서 포괄손익계산서에 미치는 효과를 계산할 때 유용하게 적용할 수 있다.

┌ **사례** ┐

① 20×2년 말 (주)한국이 재고자산에 대한 회계정책을 변경하여 (주)한국의 20×1년 말 재고자산이 100 증가하고, 20×2년 말 재고자산은 300 감소하였다고 가정한다.

② 이 경우, 재고자산의 회계정책 변경이 (주)한국의 20×1년과 20×2년의 당기순이익, 이익잉여금 그리고 매출원가에 미치는 영향은 아래와 같이 계산할 수 있다.

	20×1년	20×2년	비고
20×1년 말 재고자산 증가(자본 증가)	+100	(*) -100	
20×2년 말 재고자산 감소(자본 감소)	-	-300	
당기순이익 영향	+100	-400	
이익잉여금 영향	+100	-300	당기순이익의 누적액
매출원가 영향	-100	+400	당기순이익과 부호반대

(*) 재고자산은 자동조정 항목이므로 20×1년 당기순이익에 미치는 효과가 20×2년에는 반대로 나타난다.

(1) (주)한국은 20×1년 설립 이후 재고자산 단위원가 결정방법으로 가중평균법을 사용하여 왔다. 그러나 20×2년 말에 단위원가 결정방법을 선입선출법으로 변경하였다. 각 방법에 따른 보고기간 말의 재고자산은 다음과 같다.

구분	20×1년	20×2년
가중평균법 적용 기말재고자산	₩10,000	₩11,000
선입선출법 적용 기말재고자산	12,000	14,000

(2) (주)한국이 가중평균법으로 보고한 각 회계연도의 매출원가와 당기순이익은 다음과 같다.

구분	20×1년	20×2년
회계정책 변경 전 매출원가	₩50,000	₩60,000
회계정책 변경 전 당기순이익	100,000	200,000
회계정책 변경 전 이익잉여금	100,000	300,000

[요구사항]

1. 회계변경 반영 후 (주)한국의 20×1년과 20×2년의 매출원가, 당기순이익 및 이익잉여금을 각각 계산하시오.

2. (주)한국이 20×2년에 회계변경과 관련하여 해야 할 회계처리를 수행하시오.

해답 **1. 회계정책 변경 후 매출원가와 당기순이익**

(1) 회계정책 변경효과 분석

	20×1년	20×2년	비고
20×1년 기말재고(자산) 증가	2,000	(2,000)	
20×2년 기말재고(자산) 증가		3,000	
당기순이익	2,000	1,000	
이익잉여금	2,000	3,000	당기순이익의 누적액
매출원가	(2,000)	(1,000)	당기순이익과 부호반대

(2) 회계정책 변경 후 매출원가와 당기순이익

① 매출원가

	20×1년	20×2년
변경 전	50,000	60,000
변경효과	(2,000)	(1,000)
변경 후	48,000	59,000

② 당기순이익

	20×1년	20×2년
변경 전	100,000	200,000
변경효과	2,000	1,000
변경 후	102,000	201,000

③ 이익잉여금

	20×1년	20×2년
변경 전	100,000	300,000
변경효과	2,000	3,000
변경 후	102,000	303,000

2. 회계변경 회계처리

(1) 회계변경의 회계처리는 회계변경의 영향을 받는 재무상태표(①)와 손익계산서(②) 계정을 분석하여 차이금액만을 수정한 후, 대차차액을 이익잉여금(③)으로 처리하면 된다. 이때 이익잉여금으로 처리하는 금액이 회계변경의 누적효과(전기 이전 손익의 누적효과)가 된다.

(2) 회계처리

20×2.12.31 (차) 재고자산(20×2년 말)   3,000 ①   (대) 매출원가(20×2년)   1,000 ②
　　　　　　　　　　　　　　　　　　　　　　　　　　　　이익잉여금(20×1년)   (*)2,000 ③

(*) 대차차액: 전기 이전 누적손익효과(20×1년 매출원가)

예제 2 회계정책의 변경(2): 유형자산의 측정기준 변경 [세무사 2차 22 수정]

(1) (주)한국은 20×1년 초에 건물을 ₩500,000에 취득하고 유형자산으로 분류하였다. (주)한국은 동 건물에 대하여 내용연수는 10년, 잔존가치는 ₩0으로 추정하였으며, 정액법으로 감가상각하고 원가모형을 적용하여 회계처리하고 있다.

(2) (주)한국은 20×2년부터 동 건물에 대하여 자산을 재평가하는 회계정책을 최초로 적용하기로 하였다. (주)한국은 재평가모형 적용 시 재평가자산의 총장부금액과 감가상각누계액을 장부금액의 변동에 비례하여 수정한다.

(3) 각 보고기간 말 현재 건물의 공정가치는 다음과 같으며, (주)한국은 건물의 사용기간 동안 재평가잉여금을 이익잉여금으로 대체하지 않는다.

구분	20×1년 말	20×2년 말
공정가치	₩540,000	₩480,000

[요구사항]

1. 20×2년 말에 동 건물과 관련하여 (주)한국의 비교재무제표를 작성할 경우 다음의 금액을 각각 계산하시오.

   (1) 20×1년 말과 20×2년 말 재무상태표에 보고할 건물 감가상각누계액

   (2) 20×1년과 20×2년 포괄손익계산서에 보고할 재평가잉여금(또는 재평가손실)

2. (주)한국이 건물과 관련하여 해야 할 회계처리를 제시하시오.

해답   **1. 유형자산의 측정기준 변경**

(1) 재평가모형의 최초적용

① 재평가모형을 '최초로' 적용하는 경우에는 (회계정책의 변경에는 해당하지만) 전진적으로 적용한다.

② 따라서 비교표시되는 20×1년 말의 유형자산 금액(원가모형 적용한)을 소급수정하지 않고 20×2년부터 재평가모형을 전진적으로 적용한다.

(2) 각 연도 말 건물 감가상각누계액

① 20×1년 말 감가상각누계액(원가모형)

500,000 ÷ 10년 = 50,000

② 20×2년 말 감가상각누계액(재평가모형)

건물(취득원가)	480,000 ÷ 80%(= 1 − (*)10% × 2년) =	600,000	②
감가상각누계액	600,000 × 20%(= (*)10% × 2년) =	(120,000)	③
장부금액		480,000	①

(*) 매년 감가상각비율: 1 ÷ 10년 = 10%

(3) 각 연도별 재평가손익

① 재평가모형의 적용

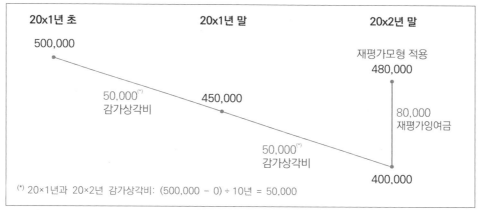

② 20×1년: 영(0)

③ 20×2년: 재평가잉여금(기타포괄손익) 80,000

2. 일자별 회계처리

20×1.1.1	(차) 건물	500,000	(대) 현금		500,000
20×1년 말	(차) 감가상각비	50,000	(대) 감가상각누계액		50,000
20×2년 말	(차) 감가상각비	50,000	(대) 감가상각누계액		50,000
	(차) 건물	(*1)100,000	(대) 감가상각누계액	(*2)20,000
			재평가잉여금	(*3)80,000

(*1) 600,000(= 500,000 × 480,000 ÷ 400,000) − 500,000 = 100,000

(*2) ① 평가 전 감가상각누계액: 50,000 + 50,000 = 100,000

② 120,000(= 100,000 × 480,000 ÷ 400,000) − 100,000 = 20,000

(*3) 대차차액

(1) (주)한국은 20×1년 초 건물을 ₩500,000에 취득하여 투자부동산으로 분류하고 원가모형을 적용하여 정액법으로 감가상각(내용연수 10년, 잔존가치 ₩0)하여 왔으나, 20×3년 초부터 공정가치모형을 적용하였다.

(2) 각 보고기간 말 현재 건물의 공정가치와 원가모형을 적용할 경우 이익잉여금은 다음과 같다.

구분	20×2년 말	20×3년 말	20×4년 말
건물의 공정가치	₩420,000	₩400,000	₩390,000
이익잉여금	90,000	100,000	120,000

[요구사항]

1. 20×4년 말에 동 건물과 관련하여 (주)한국의 비교재무제표를 작성할 경우 다음의 금액을 각각 계산하시오.

   (1) 20×3년 말과 20×4년 말 재무상태표에 보고할 투자부동산 장부금액

   (2) 20×3년과 20×4년 포괄손익계산서에 보고할 투자부동산평가손익

   (3) 20×3년 말과 20×4년 말 재무상태표에 보고할 이익잉여금

2. (주)한국이 건물과 관련하여 해야 할 회계처리를 제시하시오.

해답　1. 투자부동산의 측정기준 변경

(1) 거래의 분석

투자부동산의 측정기준 변경은 회계정책의 변경이므로, 투자부동산을 취득한 시점부터 공정가치 모형을 적용하였다고 가정(소급 수정)하여 당기와 비교표시되는 재무제표에 표시한다.

(2) 투자부동산 장부금액

① 20×3년 말 장부금액 400,000(20x3년 말 공정가치)
② 20×4년 말 장부금액 390,000(20x4년 말 공정가치)

(3) 투자부동산평가손익

① 20×3년 투자부동산평가이익(손실): 400,000 - 420,000 = (-)20,000
② 20×4년 투자부동산평가이익(손실): 390,000 - 400,000 = (-)10,000

(4) 이익잉여금

① 20×3년 말 이익잉여금

20×3년 말 이익잉여금(원가모형)		100,000
회계변경의 누적효과	(*1)100,000 - (*2)80,000 =	20,000
20×3년 감가상각비 취소		50,000
20×3년 투자부동산평가손실 인식		(20,000)
20×3년 말 이익잉여금(공정가치모형)		150,000

(*1) 20×1년과 20×2년 감가상각비 취소: 50,000(= 500,000 ÷ 10년) × 2년 = 100,000
(*2) 20×2년 말 누적평가이익(손실): 420,000 - 500,000 = (-)80,000

② 20×4년 말 이익잉여금

20×4년 말 이익잉여금(원가모형)		120,000
회계변경의 누적효과	100,000 - 80,000 =	20,000
20×3년 감가상각비 취소		50,000
20×4년 감가상각비 취소		50,000
20×3년 투자부동산평가손실 인식		(20,000)
20×4년 투자부동산평가손실 인식		(10,000)
20×4년 말 이익잉여금(공정가치모형)		210,000

2. 일자별 회계처리

20×1.1.1	(차)	투자부동산	500,000	(대)	현금	500,000
20×1년 말	(차)	감가상각비	50,000	(대)	감가상각누계액	50,000
20×2년 말	(차)	감가상각비	50,000	(대)	감가상각누계액	50,000
20×3년 초	(차)	감가상각누계액	100,000	(대)	투자부동산	80,000
					이익잉여금	(*)20,000

(*) 대차차액: 전기 이전 누적손익효과

20×3년 말	(차)	투자부동산평가손실	20,000	(대)	투자부동산	20,000
20×4년 말	(차)	투자부동산평가손실	10,000	(대)	투자부동산	10,000

(1) (주)한국은 20×1년 1월 1일, 내용연수 5년, 잔존가치 ₩10,000의 건물을 ₩100,000에 취득하고 정액법으로 감가상각하였다.

(2) (주)한국은 건물에 내재된 미래 경제적 효익의 예상되는 소비형태의 유의적인 변동을 반영하기 위하여 20×3년 초부터 감가상각방법을 연수합계법으로 변경하고 잔존내용연수는 4년, 잔존가치는 ₩15,000으로 추정을 변경 하였다.

[요구사항]

1. (주)한국이 20×3년에 인식할 감가상각비를 계산하시오.

2. (주)한국이 20×3년에 해야 할 회계처리를 제시하시오.

해답　1. 20×3년 감가상각비
(1) 감가상각 추정치 변경
① 유형자산 감가상각 추정치의 변경은 회계추정의 변경이므로 변경이 발생한 시점 이후부터 전진적으로 적용한다.
② 따라서 회계추정 변경 직전의 유형자산 장부금액을 먼저 계산하고, 추정 변경일에 동 금액으로 유형자산을 새로이 취득하였다고 가정하여 남아있는 기간 동안 변경된 추정치를 적용하여 감가상각하면 비교적 간편하게 계산할 수 있다.
(2) 20×2년 말(회계변경 직전) 건물 장부금액
① 20×2년 말 감가상각누계액: (100,000 - 10,000) ÷ 5년 × 2년 = 36,000
② 20×2년 말 장부금액: 100,000 - 36,000 = 64,000
(3) 20×3년 감가상각비: (64,000 - 15,000) × 4/10 = 19,600

2. 20×3년 회계처리

20×3.12.31 (차) 감가상각비	19,600	(대) 감가상각누계액	19,600

제3절 | 오류수정

01 개요

1. 의의

오류수정은 당기 중에 발견한 당기의 잠재적 오류나 후속기간 중에 발견한 전기 이전의 오류를 재무제표의 발행승인일 전에 수정하는 것을 말한다. 이때 전기오류는 과거기간에 재무제표를 작성할 때 신뢰할 만한 정보를 이용하지 못했거나 잘못 이용하여 발생한 재무제표의 누락이나 왜곡표시를 말한다.

2. 오류의 유형

오류는 크게 당기손익에 영향을 미치지 않는 오류와 당기손익에 영향을 미치는 오류로 구분된다. 오류의 유형을 구분하는 것은 오류가 기업의 재무상태나 경영성과에 미친 영향을 파악하고 이를 수정하는 방법을 결정하는 데 중요하다.

(1) 당기손익에 영향을 미치지 않는 오류

① 당기손익에 영향을 미치지 않는 오류는 단순한 계정분류상의 오류를 말한다. 이러한 오류는 재무상태표나 포괄손익계산서 둘 중 하나에만 영향을 미친다. 예를 들어, 단기차입금을 매입채무로 잘못 기록한 오류는 재무상태표에만 영향을 미치며, 매출액을 이자수익으로 잘못 기록한 오류는 포괄손익계산서에만 영향을 미친다.

② 당기손익에 영향을 미치지 않는 오류는 오류가 발생한 회계기간의 재무제표에만 영향을 미치므로 상대적으로 덜 중요하며, 계정재분류를 통하여 오류를 수정하면 된다.

(2) 당기손익에 영향을 미치는 오류

당기손익에 영향을 미치는 오류는 재무상태표와 포괄손익계산서 둘 모두에 영향을 미치는 오류이다. 예를 들어, 감가상각비를 과소계상하면 감가상각누계액도 함께 과소계상된다.

당기손익에 영향을 미치는 오류는 오류발생 회계기간의 당기손익뿐만 아니라 이후 회계기간의 당기손익에도 영향을 미치기 때문에 상대적으로 중요하며, 이는 다시 자동조정오류와 비자동조정오류로 구분된다.

구분	내용	사례
자동조정오류	① 오류로 인한 손익의 효과가 두 회계기간에 걸쳐 서로 상쇄되는 오류이다. ② 즉, 특정 회계연도의 오류로 인한 당기손익 효과가 다음 연도의 당기손익에는 반대로 나타난다.	매출채권, 재고자산 등 주로 유동자산 또는 유동부채에서 발생한 오류
비자동조정오류	① 오류로 인한 손익의 효과가 두 회계기간에 걸쳐 서로 상쇄되지 않는 오류이다. ② 즉, 당해 오류가 당기손익에 미치는 효과가 모두 상쇄되어 소멸되기까지 세 회계기간 이상이 걸리는 오류이다.	유형자산, 무형자산, 사채 등 주로 비유동자산 또는 비유동부채에서 발생한 오류

3. 오류수정 회계처리

당기 중에 발견한 당기의 잠재적 오류는 당기 재무제표의 발행승인일 전에 수정하면 된다. 그러나 중요한 전기오류를 당기에 발견하는 경우, 이러한 전기오류는 다음과 같이 수정한다.

> ① 중요한 전기오류는 특정기간에 미치는 오류의 영향이나 오류의 누적효과를 실무적으로 결정할 수 없는 경우를 제외하고는 과거재무제표를 소급재작성하여 전기오류를 수정한다(소급법).
> ② 만일 비교표시되는 하나 이상의 과거기간의 비교정보에 대해 특정기간에 미치는 오류의 영향을 실무적으로 결정할 수 없는 경우에는 실무적으로 적용할 수 있는 가장 이른 날부터 전진적으로 오류를 수정하여 비교정보를 재작성한다(수정된 전진법).

> ⊘참고 **'중요한'의 의미**
>
> 특정 보고기업에 대한 재무정보를 제공하는 일반목적재무제표에 정보를 누락하거나 잘못 기재하거나 불분명하게 하여, 이를 기초로 내리는 주요 이용자의 의사결정에 영향을 줄 것으로 합리적으로 예상할 수 있다면 그 정보는 중요하다.

02 오류의 수정방법

(1) 일반원칙(총액법)

① 오류수정의 일반원칙은 회사측 회계처리(오류발생분개)를 파악하여 수행한 후, 회사측 회계처리를 취소하고 올바른 회계처리를 수행하는 방법이다.

> ㉠ 회사측 회계처리를 수행한다.
> ㉡ 회사의 회계처리를 취소한다.
> ㉢ 올바른 회계처리를 수행한다.

② 이때 ㉠의 회계처리는 회사가 이미 수행한 상태이므로 오류의 현황을 파악하기 위한 참고목적의 회계처리이다. 따라서 오류수정분개는 회사의 회계처리를 취소(㉡)하고 올바른 회계처리를 수행 (㉢)하는 ㉡과 ㉢의 회계처리가 된다. 다만, 오류수정분개를 수행할 때 장부가 마감된 과거 회계기간의 손익계정은 이익잉여금으로 회계처리한다.

③ 원칙적인 오류수정방법은 회사의 회계처리와 올바른 회계처리를 반복하여 수행하므로 오류수정과 상관이 없는 회계처리까지 해야 하는 번거로움이 있다. 그러나 복잡하거나 새로운 유형의 오류를 분석할 때는 가장 실수가 적은 방법이다.

(2) 증분접근법(순액법)

증분접근법은 회계오류의 영향을 받는 계정을 분석하여 차이금액만을 수정한 후, 대차차액을 이익잉 여금으로 처리하는 방법이다. 증분접근법은 다음과 같은 순서로 수행한다.

> ① 기말 재무상태표 계정을 분석하여 차액을 수정한다.
> ② '당기의' 수익과 비용 계정을 분석하여 차액을 수정한다.
> ③ 오류수정분개의 대차차액을 이익잉여금으로 처리한다.

이때 ③에서 이익잉여금으로 처리한 금액은 당해 오류수정분개로 인해 과거기간의 당기손익에 미친 효과의 누적액(오류수정의 누적효과)이 된다.

(주)한국은 20×3년도의 결산과정 중에서 20×1년 1월 1일에 취득한 기계장치를 전액 수선유지비로 처리한 것을 발견하였다. 기계장치의 취득원가는 ₩1,000, 추정내용연수 5년, 내용연수 종료시점의 추정 잔존가치는 없다. (주)한국은 기계장치를 정액법으로 감가상각한다.

[요구사항]

(주)한국이 20×3년에 해야 할 회계처리를 수행하시오.

해답 1. 총액법 회계처리
    (1) 회사의 회계처리

20×1.1.1	(차) 수선유지비(20×1년)	1,000	(대) 현금		1,000

    (2) 올바른 회계처리

20×1.1.1	(차) 기계장치	1,000	(대) 현금		1,000
20×1.12.31	(차) 감가상각비(20×1년)	(*)200	(대) 감가상각누계액		200

          (*) 1,000 ÷ 5년 = 200

20×2.12.31	(차) 감가상각비(20×2년)	200	(대) 감가상각누계액		200
20×3.12.31	(차) 감가상각비(20×3년)	200	(대) 감가상각누계액		200

    (3) 오류수정 회계처리: 회사의 회계처리 취소 후 올바른 회계처리 수행

20×3.12.31	(차) 기계장치	1,000	(대) 수선유지비(20×1년)		1,000
	(차) 감가상각비(20×1년)	200	(대) 감가상각누계액		200
	(차) 감가상각비(20×2년)	200	(대) 감가상각누계액		200
	(차) 감가상각비(20×3년)	200	(대) 감가상각누계액		200

    상기 회계처리에서 과거기간(20×1년, 20×2년)의 손익계정을 모두 이익잉여금으로 대체하고 동일한 계정의 금액들을 통합하여 정리하면 아래와 같이 오류수정 회계처리가 완성된다.

20×3.12.31	(차) 기계장치	1,000	(대) 감가상각누계액		600
	감가상각비(20×3년)	200	이익잉여금		(*)600

        (*) 1,000(20×1년 수선유지비) − 400(20×1년과 20×2년 감가상각비) = 600

2. 순액법(증분접근법) 회계처리
    순액법(증분접근법)은 회계오류의 영향을 받는 재무상태표(①)와 손익계산서(②) 계정을 분석하여 차이금액만을 수정한 후, 대차차액을 이익잉여금(③)으로 처리하는 방법이다. 증분접근법에 따른 회계처리는 다음과 같다.

20×3.12.31	(차) 기계장치	1,000 ①	(대) 감가상각누계액		600 ①
	감가상각비(20×3년)	200 ②	이익잉여금		(*)600 ③

        (*) 대차차액

03 자동조정오류

1. 개요

자동조정오류는 재무상태표상 자산이나 부채가 과대(또는 과소) 계상된 오류이다. 즉, 재무상태표상 자산과 부채의 기말잔액은 다음 회계연도의 기초금액으로 이월되므로, 특정 회계기간의 당기손익에 미치는 효과가 다음 회계연도에는 반대로 영향을 미치게 된다. 자동조정오류의 예는 다음과 같다.

---

① 재고자산 오류
  ㉠ 기말 재고자산 과대·과소계상 오류
  ㉡ 매입 과대·과소계상 오류
② 미수수익, 미지급비용 과대·과소계상 오류
③ 선수수익, 선급비용 과대·과소계상 오류
④ 매출채권 대손충당금 관련 오류 등

자동조정오류의 수정회계처리는 오류를 발견한 시점에 따라 다음과 같이 수행한다.

구분	수정 회계처리
① 오류가 발생한 기간에 발견	당해 자산 및 부채 계정과 관련 수익 및 비용 계정을 직접 수정한다.
② 오류가 발생한 다음 회계기간에 발견	전기의 손익에 미치는 효과는 이익잉여금을 수정하고, 당기의 손익에 미치는 효과는 당기의 수익과 비용을 직접 수정한다.
③ 오류가 발생한 이후 두 회계기간이 지난 후에 발견	별도의 오류수정 회계처리가 필요하지 않다.

2. 자동조정 오류의 풀이방법

오류수정 문제는 오류수정으로 인해 재무제표, 특히, 포괄손익계산서에 미치는 효과를 물어보는 문제가 많이 출제된다. 이 경우에는 다음과 같이 오류로 인해 '당기순이익'에 미치는 영향을 먼저 파악한 후, 물음에 맞는 답안으로 적절히 변환하는 것이 보다 빠르고 정확한 풀이방법이 된다.

---

① 당기순이익(손실)은 손익거래 자본의 증가(감소)이다. 따라서 오류로 인해 자본에 미치는 효과를 계산하여 당기순이익에 미치는 효과를 바로 계산할 수 있다.

② 당기순이익에 미치는 효과 계산

자산·부채 영향		자본 영향		20×1년(당기)		20×2년(차기)
자산 과대(또는 부채 과소)	⇨	자본 과대	⇨	당기순이익 과대	⇨	당기순이익 과소
자산 과소(또는 부채 과대)	⇨	자본 과소	⇨	당기순이익 과소	⇨	당기순이익 과대

③ 상기 관계를 요약하면, 자산 오류는 당기순이익과 동일한 방향으로 영향을 미치고, 부채 오류는 당기순이익과 반대 방향으로 영향을 미친다. 그리고 자동조정 오류이므로 다음 회계연도의 당기순이익에는 반대방향으로 효과가 나타나게 된다.

사례

① (주)한국의 결산상 오류로 인하여 (주)한국의 20×1년 말 재고자산이 100만큼 과대계상되고, 20×2년 말 재고자산은 300만큼 과소계상되었고 가정한다.

② 이 경우, (주)한국의 기말재고자산 오류가 20×1년과 20×2년의 당기순이익, 이익잉여금 그리고 매출원가에 미치는 영향은 아래와 같이 계산할 수 있다.

	20×1년	20×2년	비고
20×1년 말 재고자산 과대(자본 과대)	+100	(*) −100	
20×2년 말 재고자산 과소(자본 과소)	−	−300	
당기순이익 영향	+100	−400	
이익잉여금 영향	+100	−300	당기순이익의 누적액
매출원가 영향	−100	+400	당기순이익과 부호반대

(*) 재고자산은 자동조정 항목이므로 20×1년 당기순이익에 미치는 효과가 20×2년에는 반대로 나타난다.

예제 6	자동조정 오류(1): 기말재고자산 오류

(1) (주)한국은 20×2년 결산과정에서 각 보고기간 말의 재고자산이 다음과 같이 과대(과소)되었다는 사실을 발견하였다.

구분	20×1년	20×2년
기말재고자산	₩1,000 과대	₩2,000 과소

(2) (주)한국이 상기 오류사항을 반영하지 않은 연도별 매출원가와 당기순이익은 각각 다음과 같다.

구분	20×1년	20×2년
재고자산 오류 반영 전 매출원가	₩3,000	₩8,000
재고자산 오류 반영 전 당기순이익	10,000	20,000

[요구사항]

1. 재고자산 오류수정 후 (주)한국의 20×1년과 20×2년의 매출원가와 당기순이익을 각각 계산하시오.

2. (주)한국이 재고자산 오류와 관련하여 20×2년에 해야 할 회계처리를 수행하시오.

해답   1. 재고자산 오류수정 후 매출원가와 당기순이익
(1) 재고자산 오류의 효과 분석

	20×1년	20×2년	비고
20×1년 기말재고(자산) 과대	1,000	(1,000)	
20×2년 기말재고(자산) 과소		(2,000)	
당기순이익	1,000	(3,000)	
매출원가	(1,000)	3,000	당기순이익과 부호반대

(2) 재고자산 오류수정 후 매출원가와 당기순이익
① 매출원가

	20×1년	20×2년	비고
수정 전	3,000	8,000	
수정효과	1,000	(3,000)	오류의 수정이므로 오류의 효과와 부호가 반대
수정 후	4,000	5,000	

② 당기순이익

	20×1년	20×2년
수정 전	10,000	20,000
수정효과	(1,000)	3,000
수정 후	9,000	23,000

2. 오류수정 회계처리

20×2.12.31 (차) 재고자산(20×2년 말)   2,000 ①   (대) 매출원가(20×2년)   3,000 ②
　　　　　　　　이익잉여금(20×1년)   (*)1,000 ③

(*) 대차차액: 전기 이전 누적손익효과(20×1년 매출원가)

(1) (주)한국은 FOB 도착지인도조건으로 상품을 수입하고 있으며, 송장이 도착하는 경우 매입으로 회계처리하고 있다. 각 보고기간 말 현재 매입으로 회계처리하였으나 도착하지 않은 상품은 20×1년과 20×2년에 각각 ₩1,000과 ₩3,000이다. 이들 상품은 (주)한국의 각 보고기간 말 재고자산에 포함되어 있지 않다.

(2) (주)한국이 상기 오류사항을 반영하지 않은 연도별 매출원가와 당기순이익은 각각 다음과 같다.

구분	20×1년	20×2년
매입 오류 반영 전 매출원가	₩5,000	₩8,000
매입 오류 반영 전 당기순이익	10,000	20,000

[요구사항]

1. 재고자산의 매입 오류수정 후 (주)한국의 20×1년과 20×2년의 매출원가와 당기순이익을 각각 계산하시오.

2. (주)한국이 재고자산의 매입 오류와 관련하여 20×2년에 해야 할 회계처리를 수행하시오.

해답　1. 매입 오류수정 후 매출원가와 당기순이익

(1) 매입 오류의 효과 분석

	20×1년	20×2년	비고
20×1년 매입 과대(*)	(1,000)	1,000	
20×2년 매입 과대(*)		(3,000)	
당기순이익	(1,000)	(2,000)	
매출원가	1,000	2,000	당기순이익과 반대방향

(*) 재고자산을 외상으로 매입하면 매입과 매입채무가 동시에 인식된다. 따라서 (매입은 임시계정이므로) 매입 오류는 매입채무(부채)의 오류로 생각하여 접근하면 된다.

(2) 매입 오류수정 후 매출원가와 당기순이익

① 매출원가

	20×1년	20×2년	비고
수정 전	5,000	8,000	
수정효과	(1,000)	(2,000)	오류의 수정이므로 오류의 효과와 부호가 반대
수정 후	4,000	6,000	

② 당기순이익

	20×1년	20×2년
수정 전	10,000	20,000
수정효과	1,000	2,000
수정 후	11,000	22,000

2. 오류수정 회계처리

20×2.12.31　(차) 매입채무(20×2년 말)　3,000 ①　(대) 매출원가(20×2년)　2,000 ②
　　　　　　　　　　　　　　　　　　　　　　　　　　이익잉여금(20×1년)　(*)1,000 ③

(*) 대차차액: 전기 이전 누적손익효과(20×1년 매출원가)

예제 8	자동조정 오류(3): 미수수익과 미지급비용 오류

(1) (주)한국은 20×2년 결산과정(장부마감 전)에서 다음의 오류사항을 발견하였다.

구분	20×1년 말	20×2년 말
미수이자	₩6,000 과소	-
미지급급여	₩3,000 과소	₩5,000 과소

(2) 상기 오류사항을 반영하지 않은 (주)한국의 20×1년과 20×2년 당기순이익은 각각 ₩100,000과 ₩150,000 이다.

[요구사항]

1. 상기 오류수정 후 (주)한국의 20×1년과 20×2년 당기순이익을 각각 계산하시오.

2. (주)한국이 20×2년 장부를 마감하기 전에 오류를 발견한 경우의 회계처리를 수행하시오.

해답　1. 오류수정 후 당기순이익

　　　(1) 오류의 효과 분석

	20×1년	20×2년
20×1년 말 미수이자(자산) 과소	(6,000)	6,000
20×1년 말 미지급급여(부채) 과소	3,000	(3,000)
20×2년 말 미지급급여(부채) 과소		5,000
당기순이익	(3,000)	8,000

　　　(2) 오류수정 후 당기순이익

　　　　① 오류수정 후 20×1년 당기순이익: 100,000 + 3,000 = 103,000

　　　　② 오류수정 후 20×2년 당기순이익: 150,000 - 8,000 = 142,000

　　2. 오류수정 회계처리

　　　(1) 미수수익

　　　　20×2.12.31　(차) 이자수익(20×2년)　　　6,000 ①　　(대) 이익잉여금(20×1년)　　(*)6,000 ②

　　　　　　　　　(*) 대차차액: 전기 이전 누적손익효과(20×1년 이자수익)

　　　(2) 미지급비용

　　　　20×2.12.31　(차) 급여(20×2년)　　　(*1)2,000 ②　　(대) 미지급비용(20×2년 말)　　5,000 ①

　　　　　　　　　　　이익잉여금(20×1년)　　(*2)3,000 ③

　　　　　　　　　(*1) 20×2년 급여비용 수정액: (-)3,000 + 5,000 = 2,000

　　　　　　　　　(*2) 대차차액: 전기 이전 누적손익효과(20×1년 급여비용)

(1) (주)한국은 20×2년 결산과정(장부마감 전)에서 다음의 오류사항을 발견하였다.

구분	20×1년 말	20×2년 말
선수임대료	₩30,000 과대	₩20,000 과소
선급보험료	₩12,000 과소	₩34,000 과대

(2) 상기 오류사항을 반영하지 않은 (주)한국의 20×1년과 20×2년 당기순이익은 각각 ₩200,000과 ₩300,000
이다.

[요구사항]

1. 상기 오류수정 후 (주)한국의 20×1년과 20×2년 당기순이익을 각각 계산하시오.

2. (주)한국이 20×2년 장부를 마감하기 전에 오류를 발견한 경우의 회계처리를 수행하시오.

해답   1. 오류수정 후 당기순이익

    (1) 오류의 효과 분석

	20×1년	20×2년
20×1년 말 선수임대료(부채) 과대	(30,000)	30,000
20×2년 말 선수임대료(부채) 과소		20,000
20×1년 말 선급보험료(자산) 과소	(12,000)	12,000
20×2년 말 선급보험료(자산) 과대		34,000
당기순이익	(42,000)	96,000

    (2) 오류수정 후 당기순이익
      ① 오류수정 후 20×1년 당기순이익: 200,000 + 42,000 = 242,000
      ② 오류수정 후 20×2년 당기순이익: 300,000 - 96,000 = 204,000

   2. 오류수정 회계처리

    (1) 선수수익

      20×2.12.31   (차) 임대료수익(20×2년)   (*1)50,000 ②   (대) 선수임대료(20×2년 말)   20,000 ①
                                                      이익잉여금(20×1년)   (*2)30,000 ③

           (*1) 20×2년 임대료수익 수정액: 30,000 + 20,000 = 50,000
           (*2) 대차차액: 전기 이전 누적손익효과(20×1년 임대료수익)

    (2) 선급비용

      20×2.12.31   (차) 보험료(20×2년)   (*1)46,000 ②   (대) 선급보험료(20×2년 말)   34,000 ①
                                                    이익잉여금(20×1년)   (*2)12,000 ③

           (*1) 20×2년 보험료(비용) 수정액: 12,000 + 34,000 = 46,000
           (*2) 대차차액: 전기 이전 누적손익효과(20×1년 보험료)

예제 10 자동조정 오류(5): 대손충당금 오류

(1) (주)한국은 매출채권에 대해 손실충당금을 설정하지 않고 실제로 대손이 확정되는 경우에만 매출채권을 제각하고 손상차손을 인식하여 왔다.
(2) (주)한국의 매출채권 대손과 관련된 자료는 다음과 같다.

판매연도	실제 대손처리액		20×3년 이후 대손예상액
	20×1년	20×2년	
20×1년	₩100,000	₩90,000	₩40,000
20×2년	–	60,000	160,000

[요구사항]

1. (주)한국이 20×2년 말 장부마감 전에 오류를 발견한 경우, 오류수정 회계처리가 (주)한국의 20×1년과 20×2년 당기순이익에 미치는 영향을 각각 계산하시오.

2. (주)한국이 매출채권의 손실충당금 오류와 관련하여 20×2년에 해야 할 회계처리를 수행하시오.

해답 1. 오류수정의 당기순이익 효과
   (1) 오류의 현황 분석

	20×1년 말	20×2년 말
회사계상 손실충당금	–	–
올바른 손실충당금	(*1)130,000	(*2)200,000
손실충당금 과대(과소)	(130,000)	(200,000)

(*1) 90,000 + 40,000 = 130,000
(*2) 40,000(20×1년 판매분) + 160,000(20×2년 판매분) = 200,000

   (2) 오류의 효과 분석

	20×1년	20×2년	비고
20×1년 말 손실충당금(*) 과소	130,000	(130,000)	
20×2년 말 손실충당금(*) 과소		200,000	
당기순이익	130,000	70,000	
대손상각비	(130,000)	(70,000)	당기순이익과 부호반대

(*) 손실충당금은 자산의 차감계정(△자산)이다. △자산은 부채와 동일한 방향으로 당기순이익에 영향을 미친다고 생각하여 풀이하면 된다.

   (3) 오류수정의 당기순이익 효과
      ① 20×1년 당기순이익: 130,000 감소
      ② 20×2년 당기순이익: 700,000 감소

2. 20×2년 오류수정 회계처리

20×2.12.31 (차) 대손상각비(20×2년) 70,000 ②   (대) 손실충당금(20×2년 말) 200,000 ①
          이익잉여금(20×1년) (*)130,000 ③
          (*) 대차차액: 전기 이전 누적손익효과(20×1년 대손상각비)

제3절 오류수정 541

예제 11 | 자동조정 오류(6): 제품보증충당부채 오류

(1) (주)한국은 20×1년에 노트북을 처음 판매하면서 판매일로부터 1년 이내에 하자가 발생하는 경우 무상수리를 해 주기로 하였다. 동종업종의 과거 경험에 따르면, 매출액의 3%가 보증비용으로 발생할 것으로 추정된다.

(2) 20×1년 및 20×2년의 노트북 매출액과 실제 발생한 보증수리비용은 다음과 같다.

| 연도 | 매출액 | 실제 발생한 제품보증수리비용 | |
		20×1년 판매분	20×2년 판매분
20×1년	₩2,000,000	₩15,000	–
20×2년	3,000,000	20,000	₩26,000

(3) (주)한국은 제품보증에 대하여 충당부채를 인식하지 않고 제품수리비용이 실제로 발생할 때 보증비용을 인식하여 왔다.

[요구사항]

1. (주)한국이 20×2년 말 장부마감 전에 오류를 발견한 경우, 오류수정 회계처리가 (주)한국의 20×1년과 20×2년 당기순이익에 미치는 영향을 각각 계산하시오.

2. (주)한국이 제품보증충당부채 오류와 관련하여 20×2년에 해야 할 회계처리를 수행하시오.

해답 **1. 오류수정의 당기순이익 효과**

　(1) 오류의 현황 분석

	20×1년 말	20×2년 말
회사계상 제품보증충당부채	–	–
올바른 제품보증충당부채	(*1)45,000	(*2)64,000
제품보증충당부채 과대(과소)	(45,000)	(64,000)

　　(*1) 2,000,000×3% – 15,000 = 45,000
　　(*2) 3,000,000×3% – 26,000 = 64,000

　(2) 오류의 효과 분석

	20×1년	20×2년	비고
20×1년 말 제품보증충당부채 과소	45,000	(45,000)	
20×2년 말 제품보증충당부채 과소		64,000	
당기순이익	45,000	19,000	
보증비용	(45,000)	(19,000)	당기순이익과 부호반대

　(3) 오류수정의 당기순이익 효과
　　① 20×1년 당기순이익: 45,000 감소
　　② 20×2년 당기순이익: 19,000 감소

2. 20×2년 오류수정 회계처리

20×2.12.31　(차) 보증비용(20×2년)　19,000 ②　(대) 제품보증충당부채(20×2년 말) 64,000 ①
　　　　　　　　이익잉여금(20×1년)　(*)45,000 ③
　　　　　　(*) 대차차액: 전기 이전 누적손익효과(20×1년 보증비용)

04 비자동조정오류

비자동조정오류는 오류로 인한 손익효과가 두 회계기간에 걸쳐 서로 상쇄되지 않고, 세 회계기간 이상에 걸쳐 영향을 미치는 오류이다. 비자동조정오류는 유형자산, 무형자산, 사채 등과 같이 주로 비유동자산 또는 부채에서 발생한다. 비자동조정오류의 수정분개는 다음과 같이 수행한다.

① 오류를 발견한 회계기간까지 회사의 분개(오류가 반영된)와 올바른 분개를 파악한다.
② 회사의 분개와 올바른 분개를 비교하여 기말 재무상태표 계정을 수정한다.
③ 회사의 분개와 올바른 분개를 비교하여 당기의 수익과 비용 계정을 수정한다.
④ 오류수정분개의 대차차액을 이익잉여금(오류수정의 누적효과)으로 처리한다.

예제 12 비자동조정오류(1): 오류수정 회계처리

(1) (주)한국은 20×1년 1월 1일에 비품에 대한 수선비 ₩10,000을 비용으로 회계처리했어야 하나 이를 비품의 장부가액에 가산하여 정액법으로 상각하였다. 20×1년 1월 1일 수선비 지출 시 비품의 잔여 내용연수는 5년이고 잔존가치는 없다.

(2) (주)한국은 20×3년 재무제표 마감 전에 수선비 지출에 대한 오류를 발견하였으며, 해당 비품의 최초 취득원가는 ₩500,000이다.

[요구사항]

(주)한국이 20×3년에 해야 할 오류수정 회계처리를 제시하시오.

해답 1. 회사의 회계처리

20×1.1.1	(차) 비품	10,000	(대) 현금	10,000
20×1.12.31	(차) 감가상각비(20×1년)	2,000	(대) 감가상각누계액	2,000
20×2.12.31	(차) 감가상각비(20×2년)	2,000	(대) 감가상각누계액	2,000
20×3.12.31	(차) 감가상각비(20×3년)	2,000	(대) 감가상각누계액	2,000

2. 올바른 회계처리

20×1.1.1	(차) 수선유지비(20×1년)	10,000	(대) 현금	10,000

3. 오류수정 회계처리

20×3.12.31	(차) 감가상각누계액	6,000 ①	(대) 비품	10,000 ①
	이익잉여금	(*)6,000 ③	감가상각비(20×3년)	2,000 ②

(*) 대차차액(전기 이전 누적손익효과): 10,000 − 2,000 − 2,000 = 6,000

20×1년 초에 설립된 (주)한국의 회계담당자는 20×2년도 장부를 마감하기 전에 다음과 같은 오류를 발견하였다.

> (1) (주)한국은 20×1년 1월 1일에 본사 건물을 ₩2,000,000(잔존가치 ₩0, 정액법 상각)에 취득하였는데 감가상각에 대한 회계처리를 한 번도 하지 않았다. 20×2년 말 현재 동 건물의 잔존내용연수는 8년이다.
>
> (2) 20×1년 7월 1일에 동 건물의 미래효익을 증가시키는 냉난방설비를 부착하기 위한 지출 ₩380,000이 발생하였는데, 이를 수선비로 처리하였다.
>
> (3) (주)한국은 20×1년 1월 1일에 사채(액면금액 ₩2,000,000, 3년 만기)를 ₩1,903,926에 발행하였다. 동 사채의 액면이자율은 10%(매년 말 이자지급), 유효이자율은 12%이다. (주)한국은 사채 발행 시 적절하게 회계처리하였으나, 20×1년과 20×2년의 이자비용은 현금지급 이자에 대해서만 회계처리 하였다.

[요구사항]

1. 상기 거래들에 대한 회계처리를 올바르게 수정하였을 때 (주)한국의 20×1년과 20×2년의 당기순이익에 미치는 영향을 각각 계산하시오.

2. (주)한국이 20×2년에 해야 할 오류수정 회계처리를 제시하시오.

해답 **1. 오류수정의 당기순이익 효과**
　　(1) 오류의 효과 분석

	20×1년	20×2년
① 건물 감가상각비 과소	$^{(*1)}$200,000	$^{(*1)}$200,000
② 건물 취득원가 과소(수선비 과대)	(380,000)	–
건물 감가상각비 과소	$^{(*2)}$20,000	$^{(*3)}$40,000
③ 사채할인발행차금 상각액 과소	$^{(*4)}$28,471	$^{(*5)}$31,888
당기순이익 영향	(131,529)	271,888

　　　$^{(*1)}$ (2,000,000 − 0) ÷ 10년(= 8년 + 2년) = 200,000
　　　$^{(*2)}$ 380,000 ÷ 9.5년(= 8년 + 1.5년) ×6/12 = 20,000
　　　$^{(*3)}$ 380,000 ÷ 9.5년(= 8년 + 1.5년) = 40,000
　　　$^{(*4)}$ 20×1년 상각액: 1,903,926 × 12% − 200,000 = 28,471
　　　$^{(*5)}$ 20×2년 상각액: 28,471 × 1.12 = 31,888

　　(2) 오류수정의 당기순이익 효과
　　　① 20×1년 당기순이익: 131,529 증가
　　　② 20×2년 당기순이익: 271,888 감소

2. 20×2년 말 오류수정 회계처리
　　① 건물 감가상각비 오류수정

　　　20×2.12.31　(차) 감가상각비(20×2년)　　200,000 ②　　(대) 감가상각누계액(20×2년 말) $^{(*1)}$400,000 ①
　　　　　　　　　　　이익잉여금(20×1년)　 $^{(*2)}$200,000 ③

　　　　　$^{(*1)}$ 200,000 + 200,000 = 400,000
　　　　　$^{(*2)}$ 대차차액: 전기 이전 누적손익효과

　　② 건물 자본적지출 오류수정

　　　20×2.12.31　(차) 건물(20×2년 말)　　　380,000 ①　　(대) 감가상각누계액(20×2년 말) $^{(*1)}$60,000 ①
　　　　　　　　　　　감가상각비(20×2년)　　　40,000 ②　　　　　이익잉여금(20×1년)　　　　 $^{(*2)}$360,000 ③

　　　　　$^{(*1)}$ 20,000 + 40,000 = 60,000
　　　　　$^{(*2)}$ 대차차액: 전기 이전 누적손익효과

　　③ 사채할인발행차금 상각 오류수정

　　　20×2.12.31　(차) 이자비용(20×2년)　　　31,888 ②　　(대) 사채할인발행차금(20×2년 말) $^{(*1)}$60,359 ①
　　　　　　　　　　　이익잉여금(20×1년)　 $^{(*2)}$28,471 ③

　　　　　$^{(*1)}$ 28,471 + 31,888 = 60,359
　　　　　$^{(*2)}$ 대차차액: 전기 이전 누적손익효과

01 한국채택국제회계기준에서 특정 범주별로 서로 다른 회계정책을 적용하도록 규정하거 (O, X)
나 허용하는 경우를 제외하고는 유사한 거래, 기타 사건 및 상황에는 동일한 회계정책
을 선택하여 일관성 있게 적용한다.

02 회계정책의 변경을 반영한 재무제표가 거래, 기타 사건 또는 상황이 재무상태, 재무성 (O, X)
과 또는 현금흐름에 미치는 영향에 대하여 신뢰성 있고 더 목적적합한 정보를 제공하
는 경우에는 회계정책을 변경할 수 있다.

03 과거에 발생하였지만 중요하지 않았던 거래에 대하여 새로운 회계정책을 적용하는 경 (O, X)
우는 회계정책의 변경에 해당한다.

04 경과규정이 없는 한국채택국제회계기준을 최초적용하는 경우에 발생하는 회계정책의 (O, X)
변경이나 자발적인 회계정책의 변경은 소급적용한다. 다만, 소급적용이 과거기간에 미
치는 누적효과를 실무적으로 결정할 수 없는 경우에는 실무적으로 적용할 수 있는 가
장 이른 날부터 새로운 회계정책을 전진적으로 적용하여 비교정보를 재작성한다.

05 회계정책의 변경을 소급적용함에 따라 과거기간의 당기손익에 미친 누적효과를 회계 (O, X)
변경의 누적효과라고 하는데, 회계변경의 누적효과는 회계변경을 한 회계기간의 기초
이익잉여금에 반영한다.

06 유형자산이나 무형자산에 대하여 재평가모형을 최초로 적용하는 경우에는 회계정책의 (O, X)
변경에 해당하므로 재평가모형을 소급적용한다.

정답 및 해설

01 O

02 O

03 X 과거에 발생하지 않았거나 발생하였어도 중요하지 않았던 거래, 기타 사건 또는 상황에 대하여 새로운 회계정책을
적용하는 경우는 회계정책의 변경에 해당하지 않는다.

04 O

05 O

06 X 유형자산이나 무형자산에 대하여 재평가모형을 최초로 적용하는 경우에는 (회계정책의 변경에는 해당하지만) 변경
일 이후부터 재평가모형을 적용한다(전진법).

07 회계추정의 변경은 변경이 발생한 시점 이후부터 전진적으로 적용한다. 회계추정의 변경을 전진적으로 적용한다는 것은 회계추정치의 변경효과를 차기 이후의 회계기간에 인식하는 것을 말한다. (O, X)

08 유형자산의 감가상각방법의 변경은 회계정책의 변경에 해당한다. (O, X)

09 측정기준의 변경은 회계추정의 변경이 아니라 회계정책의 변경에 해당한다. 회계정책의 변경과 회계추정의 변경을 구분하는 것이 어려운 경우에는 이를 회계정책의 변경으로 본다. (O, X)

10 당기손익에 영향을 미치는 오류는 재무상태표와 포괄손익계산서 둘 모두에 영향을 미치는 오류로서, 크게 자동조정오류와 비자동조정오류로 구분된다. (O, X)

11 자동조정 오류는 오류로 인한 손익의 효과가 두 회계기간에 걸쳐 서로 상쇄되는 오류를 말한다. 따라서 자동조정 오류는 오류로 인해 특정 회계연도의 당기손익에 미치는 효과가 다음 연도의 당기손익에는 반대로 나타나게 된다. (O, X)

12 전기오류는 특정기간에 미치는 오류의 영향이나 오류의 누적효과를 실무적으로 결정할 수 없는 경우를 제외하고는 소급재작성에 의하여 수정한다. (O, X)

정답 및 해설

07 X 회계추정의 변경을 전진적으로 적용한다는 것은 회계추정치의 변경효과를 당기 및 그 후의 회계기간에 인식하는 것을 말한다. 따라서 회계추정의 변경효과는 원칙적으로 당해 회계연도 개시일(기초 시점)부터 반영하여 회계처리한다.

08 X 유형자산의 감가상각방법은 (기업이 임의로 선택하는 것이 아니라) 해당 유형자산에 내재된 미래경제적효익의 예상 소비형태를 가장 잘 반영하는 방법으로 결정하는 것이다. 따라서 감가상각방법이 변경되었다는 것은 (감가상각에 대한 기업의 회계정책이 바뀐 것이 아니라) 해당 유형자산의 미래경제적효익의 예상 소비형태에 대한 추정이 변경되었다는 것이므로 회계추정의 변경에 해당한다.

09 X 회계정책의 변경과 회계추정의 변경을 구분하는 것이 어려운 경우에는 회계추정의 변경으로 본다.

10 O

11 O

12 O

재고자산 평가방법 변경

01 (주)한국은 20×3년도부터 재고자산 평가방법을 선입선출법에서 가중평균법으로 변경하였다. 이러한 회계정책의 변경은 한국채택국제회계기준에서 제시하는 조건을 충족하며, (주)한국은 이러한 변경에 대한 소급효과를 모두 결정할 수 있다. 다음은 (주)한국의 재고자산 평가방법별 기말재고와 선입선출법에 의한 당기순이익이다.

구분	20×1년	20×2년	20×3년
기말 재고자산:			
선입선출법	₩1,100	₩1,400	₩2,000
가중평균법	1,250	1,600	1,700
당기순이익	₩21,000	₩21,500	₩24,000

회계변경 후 20×3년도 당기순이익은? (단, 20×3년도 장부는 마감 전이다)

① ₩23,500 ② ₩23,700
③ ₩24,000 ④ ₩24,300
⑤ ₩24,500

투자부동산 측정기준 변경

02 (주)대한은 20×1년 초 건물을 ₩1,000,000에 취득하여 투자부동산으로 분류하고 원가모형을 적용하여 정액법으로 감가상각(내용연수 10년, 잔존가치 ₩0)하였다. 그러나 20×2년에 (주)대한은 공정가치모형이 보다 더 신뢰성 있고 목적적합한 정보를 제공하는 것으로 판단하여, 동 건물에 대하여 공정가치모형을 적용하기로 하였다. 동 건물 이외의 투자부동산은 없으며, 원가모형 적용 시 20×1년 말 이익잉여금은 ₩300,000이었다. 건물의 공정가치가 다음과 같은 경우, 동 건물의 회계처리와 관련된 설명 중 옳지 않은 것은? (단, 이익잉여금 처분은 없다고 가정한다) [회계사 19]

구분	20×1년 말	20×2년 말
건물의 공정가치	₩950,000	₩880,000

① 20×2년 말 재무상태표에 표시되는 투자부동산 금액은 ₩880,000이다.
② 20×2년도 포괄손익계산서에 표시되는 투자부동산평가손실 금액은 ₩70,000이다.
③ 20×2년 재무제표에 비교 표시되는 20×1년 말 재무상태표상 투자부동산 금액은 ₩950,000이다.
④ 20×2년 재무제표에 비교 표시되는 20×1년도 포괄손익계산서상 감가상각비 금액은 ₩100,000이다.
⑤ 20×2년 재무제표에 비교 표시되는 20×1년 말 재무상태표상 이익잉여금 금액은 ₩350,000이다.

감가상각 추정치 변경 + 자본적 지출

03 (주)국세는 20×1년 1월 1일에 본사사옥을 ₩1,000,000에 취득(내용연수 5년, 잔존가치 ₩100,000)하고 연수합계법으로 감가상각한다. (주)국세는 20×2년 초에 본사사옥의 증축을 위해 ₩200,000을 지출하였으며 이로 인해 잔존가치는 ₩20,000 증가하였고, 내용연수는 2년 더 연장되었다. (주)국세가 20×2년 초에 감가상각방법을 이중체감법(상각률은 정액법 상각률의 2배)으로 변경하였다면, 20×2년도에 인식해야 할 감가상각비는 얼마인가? (단, (주)국세는 본사사옥에 대하여 원가모형을 적용한다)

[세무사 14]

① ₩145,000
③ ₩240,000
⑤ ₩300,000

② ₩150,000
④ ₩260,000

감가상각 추정치 변경 + 자본적 지출

04 (주)세무는 20×1년 4월 1일 기계장치를 취득(취득원가 ₩30,000, 잔존가치 ₩0, 내용연수 4년)하여 연수합계법으로 감가상각하고 원가모형을 적용하고 있다. 20×3년 1월 1일 동 기계장치의 부품 교체에 ₩10,000을 지출하고 다음과 같은 조치를 취하였다.

○ 부품 교체는 자본적 지출로 인식한다.
○ 부품 교체시점에서의 회계추정 변경사항
    – 감가상각방법: 정액법
    – 잔존내용연수: 5년
    – 잔존가치: ₩500

동 기계장치의 20×2년 감가상각비와 20×3년 말 장부금액은? (단, 감가상각은 월할상각한다)

[세무사 18]

	20×2년 감가상각비	20×3년 말 장부금액
①	₩9,000	₩15,500
②	₩9,000	₩17,100
③	₩9,750	₩15,500
④	₩9,750	₩17,100
⑤	₩12,000	₩17,100

자동조정 오류 - 재고자산 오류

05 (주)대한의 20×3년 말 회계감사과정에서 발견된 기말재고자산 관련 오류사항은 다음과 같다.

구분	20×1년 말	20×2년 말	20×3년 말
기말재고자산	₩5,000 과대	₩2,000 과소	₩3,000 과대

위의 오류사항을 반영하기 전 20×3년 말 이익잉여금은 ₩100,000, 20×3년도 당기순이익은 ₩30,000이었다. 오류를 수정한 후의 20×3년 말 이익잉여금(A)과 20×3년도 당기순이익(B)은 각각 얼마인가? (단, 오류는 중요한 것으로 가정한다)

	(A)	(B)
①	₩90,000	₩25,000
②	₩97,000	₩25,000
③	₩97,000	₩27,000
④	₩99,000	₩27,000
⑤	₩99,000	₩29,000

자동조정 오류 - 결산수정분개 항목 오류

06 (주)한국은 20×1년과 20×2년의 당기순이익을 각각 ₩400,000과 ₩540,000으로 보고하였다. 그러나 20×2년의 외부감사 과정에서 다음의 오류가 있음을 확인하였다. 오류를 수정한 후 20×1년과 20×2년 당기순이익은?

구분	20×1년	20×2년
기말 미지급이자	₩12,000 과대계상	-
기말 미수이자	-	₩15,000 과소계상
기말 선수임대료	₩22,000 과소계상	₩13,000 과대계상
기말 선급보험료	₩10,000 과대계상	-

	20×1년	20×2년
①	₩376,000	₩492,000
②	₩380,000	₩492,000
③	₩380,000	₩588,000
④	₩420,000	₩588,000
⑤	₩420,000	₩590,000

비자동조정 오류 - 사채발행비 오류

07 (주)세무는 20×1년 초에 사채(상각후원가로 측정하는 금융부채)를 발행하였다. 20×1년 말 장부마감 과정에서 동 사채의 회계처리와 관련한 다음과 같은 중요한 오류를 발견하였다.

○ 사채의 발행일에 사채발행비 ₩9,500이 발생하였으나 이를 사채의 발행금액에서 차감하지 않고, 전액 20×1년도의 당기비용으로 처리하였다.
○ 20×1년 초 사채의 발행금액(사채발행비 차감 전)은 ₩274,000이고, (주)세무는 동 발행금액에 유효이자율 연 10%를 적용하여 20×1년도 이자비용을 인식하였다.
○ 상기 사채발행비를 사채 발행금액에서 차감할 경우 사채발행시점의 유효이자율은 연 12%로 증가한다.

(주)세무의 오류수정 전 20×1년도의 당기순이익이 ₩100,000인 경우, 오류를 수정한 후의 20×1년도 당기순이익은?

[세무사 22]

① ₩90,500
② ₩95,660
③ ₩104,340
④ ₩105,160
⑤ ₩109,500

오류 수정 - 종합

08 (주)한국은 20×3년, 20×4년에 당기순이익을 각각 ₩55,000, ₩56,000으로 보고하였지만, 다음과 같은 오류를 포함하고 있었다. 이러한 오류가 (주)한국의 20×3년과 20×4년의 순이익에 미친 영향은?

구분	20×3년	20×4년
기말 재고자산	₩5,000 과대계상	₩7,000 과대계상
기말 선급보험료	₩700 과대계상	₩1,400 과대계상
감가상각비	₩2,700 과소계상	₩2,400 과소계상

	20×3년	20×4년
①	₩8,400 과대계상	₩5,100 과소계상
②	₩8,400 과대계상	₩5,100 과소계상
③	₩8,400 과소계상	₩5,100 과소계상
④	₩8,400 과소계상	₩10,800 과소계상
⑤	₩8,400 과소계상	₩10,800 과대계상

09 (주)대한은 20x3년 말 장부 마감 전에 과거 3년간의 회계장부를 검토한 결과 다음과 같은 오류사항을 발견하였으며, 이는 모두 중요한 오류에 해당한다.

(1) 기말재고자산은 20x1년에 ₩20,000 과소계상, 20x2년에 ₩30,000 과대계상, 20x3년에 ₩35,000 과대계상되었다.

(2) 20x2년에 보험료로 비용 처리한 금액 중 ₩15,000은 20x3년 보험료의 선납분이다.

(3) 20x1년 초 (주)대한은 잔존가치 없이 정액법으로 감가상각하고 있던 기계장치에 대해 ₩50,000의 지출을 하였다. 동 지출은 기계장치의 장부금액에 포함하여 인식 및 감가상각 하여야 하나, (주)대한은 이를 지출 시점에 즉시 비용(수선비)으로 처리하였다. 20x3년 말 현재 동 기계장치의 잔존내용연수는 2년이며, (주)대한은 모든 유형자산에 대하여 원가모형을 적용 하고 있다.

위 오류사항에 대한 수정효과가 (주)대한의 20x3년 전기이월이익잉여금과 당기순이익에 미치는 영향은 각각 얼마인가?

[회계사 21]

	전기이월이익잉여금	당기순이익
①	₩15,000 감소	₩15,000 감소
②	₩15,000 증가	₩15,000 감소
③	₩15,000 감소	₩30,000 감소
④	₩15,000 증가	₩30,000 감소
⑤	₩0	₩0

정답 및 해설

정답

01 ①　02 ④　03 ⑤　04 ④　05 ②　06 ③　07 ④　08 ②　09 ④

해설

01 ① **(1) 회계정책 변경효과 분석**

	20×1년	20×2년	20×3년
20×1년 기말재고(자산) 증가	150	(150)	
20×2년 기말재고(자산) 증가		200	(200)
20×3년 기말재고(자산) 감소			(300)
당기순이익	150	50	(500)

(2) 회계정책 변경 후 20×3년 당기순이익

24,000 - 500 = 23,500

02 ④ **(1) 투자부동산의 측정기준 변경**

투자부동산의 측정기준 변경은 회계정책의 변경에 해당하므로 소급법을 적용하여 회계처리한다.

※ 비교 유·무형자산: 원가모형에서 재평가모형을 최초로 적용하는 경우에는 (회계정책의 변경에 해당하지만) 전진법으로 회계처리한다.

(2) 각 항목의 분석

① 20×2년 말 투자부동산 장부금액: 880,000(20×2년 말 공정가치)

② 20×2년 말 투자부동산평가이익(손실): 880,000 - 950,000 = (-)70,000

③ 20×1년 말 투자부동산 장부금액: 950,000(20×1년 말 공정가치)

④ 20×1년 감가상각비: 영(0)

⑤ 20×1년 말 이익잉여금

㉠ 원가모형 적용 시 20×1년 감가상각비: (1,000,000 - 0) ÷ 10년 = 100,000

㉡ 20×1년 초 이익잉여금: 300,000 + 100,000 = 400,000(투자부동산 취득 직전 이익잉여금)

㉢ 20×1년 투자부동산평가이익(손실): 950,000 - 1,000,000 = (-)50,000

㉣ 20×1년 말 이익잉여금: 400,000(㉡) - 50,000(㉢) = 350,000

03 ⑤

연도	감가상각비	장부금액
20×1년	(1,000,000 - 100,000) × 5/15 = 300,000	1,000,000 - 300,000 = 700,000
20×2년	(700,000 + 200,000) × 2/[*]6 = 300,000	700,000 + 200,000 - 300,000 = 600,000

[*] 5년 - 1년 + 2년 = 6년

04 ④

연도	감가상각비	장부금액
20×1년	30,000 × 4/10 × 9/12 = 9,000	30,000 − 9,000 = 21,000
20×2년	30,000 × (4/10 × 3/12 + 3/10 × 9/12) = 9,750	21,000 − 9,750 = 11,250
20×3년	(11,250 + 10,000 − 500) ÷ 5년 = 4,150	11,250 + 10,000 − 4,150 = 17,100

05 ②　(1) 기말재고 오류의 효과 분석

	20×1년	20×2년	20×3년	비고
20×1년 기말재고(자산) 과대	5,000	(5.000)		
20×2년 기말재고(자산) 과소		(2,000)	2,000	
20×3년 기말재고(자산) 과대			3,000	
당기순이익	5,000	(7,000)	5,000	
이익잉여금	5,000	(2,000)	3,000	당기순이익의 누적액

(2) 오류수정 후 20×3년 말 이익잉여금(A)

100,000 − 3,000 = 97,000

(3) 오류수정 후 20×3년 당기순이익(B)

30,000 − 5,000 = 25,000

06 ③　(1) 오류의 효과 분석

	20×1년	20×2년
20×1년 말 미지급이자 과대	(12,000)	12,000
20×2년 말 미수이자 과소	–	(15,000)
20×1년 말 선수임대료 과소	22,000	(22,000)
20×2년 말 선수임대료 과대	–	(13,000)
20×1년 말 선급보험료 과대	10,000	(10,000)
당기순이익 영향	20,000	(48,000)

(2) 오류수정 후 20×1년 당기순이익

400,000 − 20,000 = 380,000

(3) 오류수정 후 20×2년 당기순이익

540,000 + 48,000 = 588,000

07 ④ **(1) 오류의 효과 분석**

회사계상 이자비용	9,500 + 27,400(= 274,000 × 10%) =	36,900
올바른 이자비용	264,500(= 274,000 - 9,500) × 12% =	31,740
이자비용 과대(과소)		5,160
당기순이익 과대(과소)		(5,160)

(2) 오류수정 후 20×1년 당기순이익

100,000 + 5,160 = 105,160

08 ②

	20×3년	20×4년
20×3년 기말재고 과대	5,000	(5,000)
20×4년 기말재고 과대	-	7,000
20×3년 선급보험료 과대	700	(700)
20×4년 선급보험료 과대	-	1,400
20×3년 감가상각비 과소	2,700	-
20×4년 감가상각비 과소	-	2,400
당기순이익 영향	8,400	5,100

09 ④ **(1) 오류의 효과 분석**

	20×1년	20×2년	20×3년
20×1년 기말재고 과소	(20,000)	20,000	-
20×2년 기말재고 과대	-	30,000	(30,000)
20×3년 기말재고 과대	-	-	35,000
20×2년 말 선급비용 과소	-	(15,000)	15,000
유형자산 취득원가 과소	(50,000)	-	
유형자산 감가상각비 과소	(*)10,000	(*)10,000	(*)10,000
당기순이익 영향	(60,000)	45,000	30,000

(*) (50,000 - 0) ÷ 5년(= 2년 + 3년) = 10,000

(2) 오류수정으로 인한 20×3년 초 이익잉여금 영향

+60,000 - 45,000 = 15,000 증가

(3) 오류수정으로 인한 20×3년 당기순이익 영향

30,000 감소

01 (주)한국은 20×1년에 설립되었으며, 20×3년에 회계변경을 하였다.

(1) 다음은 회계변경을 반영하기 전 20×2년과 20×3년의 재무상태표와 포괄손익계산서이다.

재무상태표

구분	20×2년 말	20×3년 말	구분	20×2년 말	20×3년 말
현금	₩70,000	₩90,000	매입채무	₩60,000	₩40,800
매출채권	39,000	78,500	선수금	18,300	23,000
재고자산	60,000	65,000	납입자본	100,000	110,000
건물	210,000	210,000	이익잉여금	66,700	93,700
감가상각누계액	(84,000)	(126,000)	기타자본구성요소	50,000	50,000
자산 계	₩295,000	₩317,500	부채와 자본 계	₩295,000	₩317,500

포괄손익계산서

구분	20×2년	20×3년
매출액	₩350,000	₩420,000
매출원가	225,000	285,000
매출총이익	₩125,000	₩135,000
감가상각비	42,000	42,000
기타비용	40,300	51,000
당기순이익	₩42,700	₩42,000

(2) 재고자산 평가방법을 선입선출법에서 가중평균법으로 변경하였다. 각 방법에 따른 기말 재고자산은 다음과 같다.

구분	20×1년	20×2년	20×3년
선입선출법	₩50,000	₩60,000	₩65,000
가중평균법	70,000	82,000	90,000

(3) 건물은 20×1년 1월 1일에 취득하였다. 건물의 내용연수는 5년, 잔존가치는 없는 것으로 추정하여 정액법으로 감가상각하였다. 20×3년 초에 잔존내용연수는 4년으로, 감가상각방법은 연수합계법으로 변경하였다.

[물음 1] 회계변경을 반영한 후 (주)한국의 20×2년과 20×3년 재무상태표와 포괄손익계산서에 보고할 금액을 다음의 양식에 따라 제시하시오.

구분		20×2년	20×3년
재무상태표	감가상각누계액	①	②
	이익잉여금	③	④
포괄손익계산서	매출원가	⑤	⑥
	감가상각비	⑦	⑧
	당기순이익	⑨	⑩

[물음 2] (주)한국의 20×3년 재고자산 매입액을 계산하시오.

해답 [물음 1]

1. 재고자산 회계정책 변경효과

구분	20×1년	20×2년	20×3년	비고
20×1년 기말재고(자산) 증가	20,000	(20,000)		
20×2년 기말재고(자산) 증가		22,000	(22,000)	
20×3년 기말재고(자산) 증가			25,000	
당기순이익	20,000	2,000	3,000	
이익잉여금	20,000	22,000	25,000	당기순이익의 누적액
매출원가	(20,000)	(2,000)	(3,000)	당기순이익과 부호반대

2. 유형자산 감가상각 추정치 변경효과

변경 후 20×3년 감가상각비   126,000(20×2년 말 장부금액) × 4/10 =   50,400

변경 전 20×3년 감가상각비   (42,000)

차이   8,400

3. 답안의 작성

구분		20×2년	20×3년
재무상태표	감가상각누계액	① 84,000	② [*1]134,400
	이익잉여금	③ [*2]88,700	④ [*3]110,300
포괄손익계산서	매출원가	⑤ [*4]223,000	⑥ [*5]282,000
	감가상각비	⑦ 42,000	⑧ 50,400
	당기순이익	⑨ [*6]44,700	⑩ [*7]36,600

[*1] 20×3년 말 감가상각누계액: 84,000 + 50,400 = 134,400

[*2] 20×2년 말 이익잉여금: 66,700 + 22,000(재고자산) = 88,700

[*3] 20×3년 말 이익잉여금: 93,700 + 25,000(재고자산) − 8,400(감가상각비) = 110,300

[*4] 20×2년 매출원가: 225,000 − 2,000 = 223,000

[*5] 20×3년 매출원가: 285,000 − 3,000 = 282,000

[*6] 20×2년 당기순이익: 42,700 + 2,000(재고자산) = 44,700

[*7] 20×3년 당기순이익: 42,000 + 3,000(재고자산) − 8,400(감가상각비) = 36,600

[물음 2]

1. 기초재고 + 당기매입재고 = 매출원가 + 기말재고
   ⇨ 당기매입재고 = 매출원가 + 기말재고 − 기초재고

2. 회계변경 전 자료 이용: 당기매입재고 = 285,000 + 65,000 − 60,000 = 290,000

3. 회계변경 후 자료 이용: 당기매입재고 = 282,000 + 90,000 − 82,000 = 290,000

02 **(주)대한은 20×3년도의 재무제표를 작성하던 중 다음의 중요한 오류를 발견하였다.**

(1) 20×1년 말 재고자산을 ₩5,000 과대평가하였으며, 20×2년 말 재고자산을 ₩10,000 과대평가하였다. 그리고 20×3년 말 재고자산은 ₩6,000 과소평가하였다.

(2) 20×2년 말 미지급급여를 ₩3,000 과소계상하였으며, 20×3년 말 미지급급여를 ₩2,000 과소계상하였다.

(3) 20×1년 말 미수이자를 ₩4,000 과소계상하였으며, 20×2년 말 미수이자를 ₩6,000 과소계상하였다.

(4) 20×2년 1월 1일에 ₩20,000에 취득한 기계장치를 모두 비용(소모품비)으로 처리하였다. 유형자산은 내용연수 5년으로 하고, 잔존가치 없이 정액법으로 감가상각한다.

[물음 1] 20×3년의 장부가 마감되지 않았다고 할 경우 각 오류에 대한 수정분개를 제시하시오.

[물음 2] 오류수정 전 20×2년 말 이익잉여금이 ₩500,000이라고 할 경우, 오류수정 후 20×2년 말 이익잉여금을 계산하시오.

[물음 3] 오류수정 전 20×3년 당기순이익이 ₩200,000이라고 할 경우, 오류수정 후 20×3년 당기순이익을 계산하시오.

해답 [물음 1]

1. 재고자산 오류

   (1) 오류의 효과 분석

구분	20×1년	20×2년	20×3년	비고
20×1년 기말재고(자산) 과대	5,000	(5,000)		
20×2년 기말재고(자산) 과대		10,000	(10,000)	
20×3년 기말재고(자산) 과소			(6,000)	
당기순이익	5,000	5,000	(16,000)	
이익잉여금	5,000	10,000	(6,000)	당기순이익의 누적액
매출원가	(5,000)	(5,000)	16,000	당기순이익과 부호반대

   (2) 20×3년 오류수정 회계처리

(차) 재고자산	6,000 ①	(대) 매출원가(20×3년)	16,000 ②
이익잉여금	10,000 ③		

2. 미지급급여 오류

   (1) 오류의 효과 분석

구분	20×2년	20×3년	비고
20×2년 말 미지급급여(부채) 과소	3,000	(3,000)	
20×3년 말 미지급급여(부채) 과소		2,000	
당기순이익	3,000	(1,000)	
이익잉여금	3,000	2,000	당기순이익의 누적액
급여비용	(3,000)	1,000	당기순이익과 부호반대

   (2) 20×3년 오류수정 회계처리

(차) 이익잉여금	3,000 ③	(대) 미지급급여	2,000 ①
		급여(20×3년)	1,000 ②

3. 미수이자 오류

   (1) 오류의 효과 분석

구분	20×1년	20×2년	20×3년	비고
20×1년 말 미수이자(자산) 과소	(4,000)	4,000		
20×2년 말 미수이자(자산) 과소		(6,000)	6,000	
당기순이익	(4,000)	(2,000)	6,000	
이익잉여금	(4,000)	(6,000)	-	당기순이익의 누적액
이자수익	(4,000)	(2,000)	6,000	당기순이익과 부호동일

   (2) 20×3년 오류수정 회계처리

(차) 이자수익(20×3년)	6,000 ①	(대) 이익잉여금	6,000 ②

4. 감가상각 오류

(1) 오류의 효과 분석

구분	20×2년	20×3년
소모품비	20,000	
감가상각비	(4,000)	(4,000)
비용 계	16,000	(4,000)
당기순이익	(16,000)	4,000
이익잉여금	(16,000)	(12,000)

(2) 20×3년 오류수정 회계처리

(차) 기계장치	20,000 ①	(대) 감가상각누계액	8,000 ①
감가상각비(20×3년)	4,000 ②	이익잉여금	16,000 ③

[물음 2]

오류수정 전 이익잉여금(20×2년 말)	500,000
재고자산 오류수정	(10,000)
미지급급여 오류수정	(3,000)
미수이자 오류수정	6,000
감가상각 오류수정	16,000
오류수정 후 이익잉여금(20×2년 말)	509,000

[물음 3]

오류수정 전 당기순이익(20×3년)	200,000
재고자산 오류수정	16,000
미지급급여 오류수정	1,000
미수이자 오류수정	(6,000)
감가상각 오류수정	(4,000)
오류수정 후 당기순이익(20×3년)	207,000

03 (주)대한은 20×1년 초에 영업을 개시하였으며, 다음은 (주)대한의 회계담당자가 20×3년도 장부를 마감하기 전에 발견한 중요사항들을 정리한 것이다. (주)대한의 회계변경은 타당한 것으로 간주하고, 회계정책의 적용효과가 중요하며, 오류가 발견된 경우 중요한 오류로 간주한다. 다음 각 사항은 독립적이다.

〈중요사항〉

(1) (주)대한은 동종업계의 대손경험만을 고려하여 연도별 신용매출액의 2%를 대손상각비로 인식하고 다음과 같이 회계처리하였다. 단, 과거 3년간 (주)대한이 대손 확정한 금액과 환입한 금액은 없다.

20×1년 말	(차) 대손상각비	40,000	(대) 대손충당금	40,000
20×2년 말	(차) 대손상각비	50,000	(대) 대손충당금	50,000
20×3년 말	(차) 대손상각비	60,000	(대) 대손충당금	60,000

과거 3년간 (주)대한의 신용매출액과 매 연도 말 추정한 기대신용손실금액은 다음과 같다.

구분	20×1년	20×2년	20×3년
신용매출액	₩2,000,000	₩2,500,000	₩3,000,000
추정기대신용손실금액	35,000	27,000	28,000

(2) (주)대한은 20×1년 7월 1일에 차입한 장기차입금의 3년간 이자 ₩36,000(20×1년 7월 1일~20×4년 6월 30일)을 동일자에 현금으로 선지급하고 전액 비용으로 처리하였다. 단, 현재가치 계산은 고려하지 않는다.

(3) (주)대한은 20×2년 초 ₩50,000에 무형자산을 취득하였다. 취득 시점에 해당 무형자산이 순현금유입을 창출할 것으로 기대되는 기간을 합리적으로 결정할 수 없어서 내용연수가 비한정이라고 판단하고 무형자산을 상각하지 않았다. 20×3년 말에 해당 무형자산의 내용연수가 비한정이라는 평가가 계속하여 정당화되는지를 검토한 결과, 사건과 상황이 그러한 평가를 정당화하지 않는다고 판단하여 비한정 내용연수를 유한한 내용연수 4년(정액법 상각, 추정잔존가치 ₩0)으로 변경하고 다음과 같이 소급하여 회계처리하였다.

20×3년 말	(차) 전기이월이익잉여금	10,000	(대) 무형자산	20,000
	무형자산상각비	10,000		

(4) (주)대한은 사용이 종료되면 설치지역을 원상복구해야 하는 구축물을 20×3년 1월 1일에 ₩50,000을 지출하여 설치하였다. 설치지역을 복구하는 시점인 10년 후에 ₩57,062의 지출이 예상되며, 적절한 할인율 연 10%를 적용하였을 경우의 현재가치는 ₩22,000이다. 이 구축물의 내용연수는 10년이고, 정액법으로 감가상각하며, 잔존가치는 없다. (주)대한은 이와 관련하여 다음과 같이 회계처리하였다.

20×3년 초	(차) 구축물	50,000	(대) 현금	50,000
20×3년 말	(차) 감가상각비	5,000	(대) 감가상각누계액	5,000

(5) (주)대한은 20×2년 초에 내용연수가 10년, 잔존가치가 ₩8,000으로 추정되는 기계장치를 ₩100,000에 구입하였다. 이 기계를 1년간 사용한 후 보다 유용한 정보제공을 위해 20×3년 초에 감가상각방법을 정률법에서 정액법으로 변경하기로 결정하였다. (주)대한은 이러한 감가상각방법의 변경을 반영하지 않고 20×2년과 같이 정률법으로 감가상각하여 20×3년 재무제표를 작성하였다. 내용연수 10년의 정률법에 의한 상각률은 20%로 가정한다.

[물음] 상기 거래들에 대한 회계처리를 올바르게 수정하였을 때 (주)대한의 20×3년 말 재무상태표와 20×3년 포괄손익계산서에 미치는 영향을 아래의 양식에 따라 작성하시오. 단, 감소하는 경우에는 금액 앞에 (-)를 표시한다.

구분	자산	부채	이익잉여금	당기순이익
수정 전	₩900,000	₩500,000	₩300,000	₩100,000
(1)				
(2)				
(3)				
(4)				
(5)				
수정 후				

해답 1. 대손충당금 오류

  (1) 오류의 현황 분석

구분	20×1년 말	20×2년 말	20×3년 말
회사계상 대손충당금	40,000	90,000	150,000
올바른 대손충당금	35,000	27,000	28,000
대손충당금 과대(과소)	5,000	63,000	122,000

  (2) 오류의 효과 분석

구분	20×1년	20×2년	20×3년	비고
20×1년 말 대손충당금^(*) 과대	(5,000)	5,000		
20×2년 말 대손충당금^(*) 과대		(63,000)	63,000	
20×3년 말 대손충당금^(*) 과대			(122,000)	
당기순이익	(5,000)	(58,000)	(59,000)	
이익잉여금	(5,000)	(63,000)	(122,000)	당기순이익의 누적액
대손상각비	5,000	58,000	59,000	당기순이익과 부호반대

    ^(*) 대손충당금은 자산의 차감계정(△자산)이다. △자산은 부채와 동일한 방향으로 당기순이익에 영향을 미친다고 생각하여 풀이하면 된다.

  (3) 20×3년 오류수정 회계처리

(차) 대손충당금	122,000 ①	(대) 대손상각비(20×3년)	59,000 ②	
		이익잉여금	63,000 ③	

2. 선급비용(선급이자) 오류

  (1) 오류의 효과 분석

구분	20×1년	20×2년	20×3년	비고
20×1년 말 선급이자(자산) 과소	^(*1)(30,000)	30,000		
20×2년 말 선급이자(자산) 과소		^(*2)(18,000)	18,000	
20×3년 말 선급이자(자산) 과소			^(*3)(6,000)	
당기순이익	(30,000)	12,000	12,000	
이익잉여금	(30,000)	(18,000)	(6,000)	당기순이익의 누적액
이자비용	30,000	(12,000)	(12,000)	당기순이익과 부호반대

    ^(*1) 20×1년 말 선급이자: 36,000 × (36 − 6)/36 = 30,000 과소
    ^(*2) 20×2년 말 선급이자: 36,000 × (36 − 18)/36 = 18,000 과소
    ^(*3) 20×3년 말 선급이자: 36,000 × (36 − 30)/36 = 6,000 과소

  (2) 20×3년 오류수정 회계처리

(차) 선급이자	6,000 ①	(대) 이익잉여금	18,000 ③	
이자비용(20×3년)	12,000 ②			

3. 무형자산 상각 오류
(1) 오류의 효과 분석

구분	20×2년	20×3년
회사계상 무형자산상각비	10,000	10,000
올바른 무형자산상각비	-	$^{(*)}$12,500
무형자산상각비 과대(과소)	10,000	(2,500)
당기순이익	(10,000)	2,500
이익잉여금	(10,000)	(7,500)

$^{(*)}$ 50,000 ÷ 4년 = 12,500

(2) 20×3년 오류수정 회계처리

(차) 무형자산 $^{(*)}$7,500 ①   (대) 이익잉여금   10,000 ③
      무형자산상각비   2,500 ②

$^{(*)}$ 20,000 - 12,500 = 7,500

4. 복구충당부채 오류수정 회계처리

(차) 구축물   22,000   (대) 복구충당부채   22,000
(차) 감가상각비 $^{(*)}$2,200   (대) 감가상각누계액   2,200

$^{(*)}$ 22,000 ÷ 10년 = 2,200

(차) 이자비용 $^{(*)}$2,200   (대) 복구충당부채   2,200

$^{(*)}$ 22,000 × 10% = 2,200

5. 유형자산 감가상각 오류
(1) 오류의 효과 분석

구분	20×2년	20×3년
회사계상 감가상각비	$^{(*1)}$20,000	$^{(*2)}$16,000
올바른 감가상각비	$^{(*1)}$20,000	$^{(*3)}$8,000
감가상각비 과대(과소)	-	8,000
당기순이익	-	(8,000)
이익잉여금	-	(8,000)

$^{(*1)}$ 100,000 × 20% = 20,000
$^{(*2)}$ (100,000 - 20,000) × 20% = 16,000
$^{(*3)}$ (100,000 - 20,000 - 8,000) ÷ 9년 = 8,000

(2) 20×3년 오류수정 회계처리

(차) 감가상각누계액   8,000   (대) 감가상각비   8,000

6. 답안의 작성

구분	자산	부채	이익잉여금	당기순이익
수정 전	900,000	500,000	300,000	100,000
(1)	122,000	-	122,000	59,000
(2)	6,000	-	6,000	(-)12,000
(3)	7,500	-	7,500	(-)2,500
(4)	19,800	24,200	(-)4,400	(-)4,400
(5)	8,000	-	8,000	8,000
수정 후	1,063,300	524,200	439,100	148,100

해커스 IFRS 김승철 중급회계 하

제23장

현금흐름표

제1절 | 현금흐름표의 기초

01 의의

(1) 현금흐름표의 작성목적

① 현금흐름표(statements of cash flows)란 특정 기업의 한 회계기간 동안 현금및현금성자산의 역사적 변동(현금흐름)에 대한 포괄적인 정보를 제공하는 재무제표이다. 즉, 재무상태표와 포괄손익계산서는 발생주의로 작성된 재무제표이므로 발생주의에 의한 기간별 성과평가나 측정에는 적합하지만, 기업이 현금을 어떻게 창출하고 어떠한 용도로 지출하는지에 대한 정보를 제공하는 데는 미흡할 수 있다. 따라서 현금흐름표는 회계정보 이용자들이 기업의 미래현금흐름 창출능력과 배당금지급 및 채무상환 등 실질적인 현금지급능력을 평가하는 데 유용한 정보를 제공할 목적으로 작성된다.

② 그리고 현금흐름표는 현금의 단순한 결과치나 잔액만을 보고하지 않고 현금흐름에 대한 정보를 몇 가지 활동으로 구분하여 제공한다. 왜냐하면 이렇게 현금흐름을 세분화하여 정보를 제공하는 것이 정보이용자들에게 기업의 미래현금흐름 창출능력을 평가하는데 보다 유용한 정보를 제공할 수 있기 때문이다.

③ 이러한 현금흐름표의 유용성과 한계점은 다음과 같다.

> **[유용성]**
> ㉠ 기업의 미래현금흐름의 예측과 평가에 유용한 정보를 제공한다.
> ㉡ 기업의 부채상환능력과 배당금지급능력에 대한 정보를 제공하고, 이를 바탕으로 추가로 자금을 조달할 필요성에 대한 정보를 제공한다.
> ㉢ 투자 및 재무활동에 관한 정보를 제공함으로써 기업의 자산, 부채, 자본의 변동원인에 대한 정보를 제공한다.
> ㉣ 발생주의에 따라 계산된 당기순이익과 영업활동 현금흐름의 차이에 대한 정보를 제공한다.
>
> **[한계점]**
> ㉠ 현금흐름표는 현금주의에 따라 작성하기 때문에, 경영자의 기간별 적정한 경영성과를 평가하는 데는 한계가 있다.
> ㉡ 현금흐름표의 현금을 현금및현금성자산으로 파악하는데, 그 개념이 자의적이고 모호한 경우가 있다.
> ㉢ 현금흐름표가 제공하는 정보는 기업의 단기적인 유동성(liquidity) 관리, 현금관리에 대한 정보를 제공하는 데는 유용하지만, 기업의 장기적인 현금흐름을 예측하고 평가하는 데는 한계가 있다.

(2) 현금의 개념

① 현금흐름표의 현금은 현금및현금성자산을 의미하며, 따라서 현금흐름표에 표시되는 현금흐름(CF; Cash Flows)은 현금및현금성자산의 유입과 유출을 말한다.

② 현금및현금성자산에 대한 구체적인 내용은 '제12장 금융자산(Ⅰ): 현금과 수취채권'에서 설명한 바와 같다. 다만, 은행 차입은 일반적으로 재무활동으로 간주되지만, 금융회사의 요구에 따라 즉시 상환하여야 하는 당좌차월은 기업의 현금관리의 일부를 구성하므로 현금및현금성자산의 구성요소에 포함(차감)된다. 즉, 별도의 만기가 없이 금융기관이 요구할 때마다 즉시 상환해야 하는 당좌차월은 현금흐름표 관점에서는 (차입금이 아니라) 부(-)의 현금으로 보겠다는 의미이다. 그러한 은행거래 약정이 있는 경우 은행잔고는 예금과 차월 사이에서 자주 변동하는 특성이 있다.

> **현금(현금흐름표)** = 현금(재무상태표) - 금융기관의 요구에 따라 즉시 상환하여야 하는 당좌차월

③ 한편, 현금및현금성자산을 구성하는 항목 간 이동은 영업활동, 투자활동 및 재무활동의 일부가 아닌 현금관리의 일부이므로 이러한 항목 간의 변동은 현금흐름에서 제외한다. 예를 들어, 보유 현금을 3개월 만기 정기예금(현금성자산)에 투자하는 경우에는 현금및현금성자산 내 항목 간 이동이므로 현금흐름표상 현금흐름으로 표시되지 않는다.

예제 1 현금흐름표상 현금의 개념

다음은 (주)한국의 20×1년도 재무제표의 일부 자료이다.

(1) 재무상태표 계정

구분	20×0년 말	20×1년 말
현금및현금성자산	₩500,000	₩800,000
단기차입금	200,000	250,000

(2) (주)한국은 세무은행과 당좌차월 계약(금융회사의 요구에 따라 즉시 상환해야 하는 조건이 있음)을 체결하고 있으며, 20×0년 말과 20×1년 말 단기차입금 잔액에 포함되어 있는 당좌차월 금액은 각각 ₩130,000과 ₩150,000이다.

[요구사항]

(주)한국이 20×1년 현금흐름표에 보고할 현금및현금성자산의 순증감액을 계산하시오.

해답			
기말현금	800,000 - 150,000 =	650,000
기초현금	500,000 - 130,000 =	370,000
현금의 증가(감소)		280,000

02 현금흐름 산출방법

(1) 현금주의를 이용한 직접분석법

현금주의를 이용한 직접분석법은 회계기간 동안의 현금의 변동(현금흐름)을 현금거래를 직접 분석하여 산출하는 방법이다. 예를 들어, 기업에서 발생한 거래 중에서 현금의 증감이 있는 거래를 일일이 추적한 후, 이를 기업의 활동별로 그리고 현금흐름의 발생원천별로 세분화하여 현금흐름표를 작성하는 방법이다. 그러나 이 방법은 회계기간 동안에 발생한 모든 현금거래를 일일이 분석하여 현금흐름표를 작성해야 하므로 실무적으로 적용하기는 매우 어려운 방법이다.

(2) 발생주의를 이용한 간접분석법

발생주의를 이용한 간접분석법은 발생주의로 작성된 재무제표(재무상태표, 포괄손익계산서)를 이용하여 현금흐름을 간접적으로 산출하는 방법이다. 즉, 간접분석법은 포괄손익계산서상 발생주의 당기순이익에 재무상태표의 자산, 부채 그리고 자본의 변동을 가감하여 현금흐름을 간접적으로 산출하는 방법이다. 이를 재무상태표 등식을 이용하여 설명하면 다음과 같다.

> 등식 ①: 자산 = 부채 + 자본
> 등식 ②: 현금 + 기타자산 = 부채 + (이익잉여금 + 나머지 자본)
> 등식 ③: Δ현금 + Δ기타자산 = Δ부채 + Δ이익잉여금 + Δ나머지 자본
> 등식 ④: Δ현금 = Δ이익잉여금 $-$ Δ기타자산 + Δ부채 + Δ나머지 자본
>   현금흐름   당기순이익   재무상태표

등식 ①: 재무상태표 등식의 차변금액(자산)은 대변금액(부채와 자본의 합계)과 동일하다.

등식 ②: 차변의 자산을 현금과 기타자산으로 세분화하고, 대변의 자본을 이익잉여금과 이익잉여금을 제외한 나머지 자본으로 세분화하여 표시한다.

등식 ③: 재무상태표 등식에서 차변잔액과 대변잔액이 동일하면, 차변의 변동액과 대변의 변동액도 동일할 것이다. 따라서 재무상태표 등식을 세분화한 등식 ②를 변동액(Δ)으로 전환해도 등식은 성립한다.

등식 ④: 등식 ③에서 차변에 Δ현금(현금흐름)만 남기고 모두 대변으로 이항하여 표시한다. 이때 대변의 이익잉여금의 변동이 손익계산서상 발생주의 당기순이익이다.

상기에 따르면, 결과적으로 현금흐름(현금주의 당기순이익)은 "손익계산서"상 발생주의 당기순이익에 "재무상태표"의 자산의 변동은 차감하고, 부채와 자본의 변동은 가산하여 산출된다. 이와 같이 간접분석 법은 손익계산서와 재무상태표를 이용하여 간접적으로 현금흐름을 산출하는 방법이다. 다만, 현금흐 름을 산출할 때 자산의 변동은 차감하므로 자산의 증가는 차감하고, 자산의 감소는 가산함에 유의해야 한다.

[간접분석법에 따른 현금흐름 산출]

구분	현금흐름 산출
발생주의(손익계산서)	당기순이익(기타포괄손익 제외)
차이조정(재무상태표)	− 자산(현금 제외)의 증가 + 자산(현금 제외)의 감소 + 부채의 증가 − 부채의 감소 + 자본(이익잉여금 제외)의 증가 − 자본(이익잉여금 제외)의 감소
현금주의(현금흐름표)	현금흐름(CF; Cash flows)

제2절 | 현금흐름의 분류

01 개요

[그림 23-1] 간접분석법에 따른 현금흐름 산출

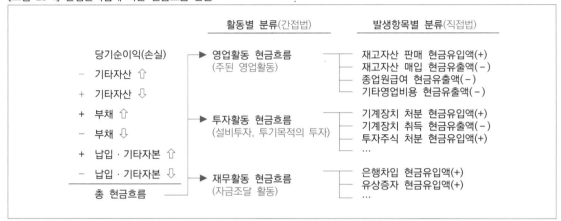

전술한 바와 같이, 현금흐름표가 회계정보 이용자들의 의사결정에 유용하기 위해서는 현금흐름에 대한 정보를 세부 항목별로 구분하여 표시해야 하는데, 이는 현금흐름을 구분하는 수준에 따라 다음과 같이 2단계로 나누어진다.

① **기업의 활동별 분류**: 현금흐름을 기업이 영위하는 활동의 종류별로 구분하여 표시한다. 기업의 활동에는 크게 영업활동, 투자활동 그리고 재무활동이 있다.
② **항목별 분류**: 활동별 현금흐름이 어떻게 유입되었는지 어떠한 용도로 유출되었는지, 즉, 활동별 현금흐름을 다시 그 발생항목(현금흐름의 발생원천)별로 세분화하여 표시한다.

이때 기업의 현금흐름을 기업이 영위하는 활동별 수준까지만 구분하여 표시하는 방법을 간접법이라고 하며, 활동별 현금흐름을 다시 항목별 수준까지 보다 세분화하여 표시하는 방법을 직접법이라고 한다.

02 기업의 활동별 분류

1. 영업활동

① 영업활동(operating activities)은 ① 기업의 주요 수익창출활동 그리고 ⓒ 투자활동이나 재무활동이 아닌 기타의 활동을 말한다. 영업활동 현금흐름은 주로 기업의 주요 수익창출활동에서 발생한다. 따라서 영업활동 현금흐름은 일반적으로 당기순손익의 결정에 영향을 미치는 거래나 그 밖의 사건의 결과로 발생한다. 영업활동 현금흐름의 예는 다음과 같다.

> ① **매출(재고자산 판매):** 재화의 판매와 용역 제공에 따른 현금유입
> ② **매출(수수료 수익):** 로열티, 수수료, 중개료 및 기타수익에 따른 현금유입
> ③ **매입:** 재화와 용역의 구입에 따른 현금유출
> ④ **인건비:** 종업원과 관련하여 직·간접으로 발생하는 현금유출
> ⑤ **매출:** 보험회사의 경우 수입보험료, 보험금, 연금 및 기타 급부금과 관련된 현금유입과 현금유출
> ⑥ **법인세:** 법인세의 납부 또는 환급(단, 재무활동과 투자활동에 명백히 관련되는 것은 제외)
> ⑦ **단기매매계약:** 단기매매 목적으로 보유하는 계약에서 발생하는 현금유입과 현금유출

② 기업은 단기매매 목적으로 유가증권이나 대출채권을 보유할 수 있으며, 이때 유가증권이나 대출채권은 판매를 목적으로 취득한 재고자산과 유사하다. 따라서 단기매매 목적으로 보유하는 유가증권(예 당기손익인식금융자산)의 취득과 판매에 따른 현금흐름은 영업활동으로 분류한다. 마찬가지로 금융회사의 현금 선지급이나 대출채권은 주요 수익창출활동과 관련되어 있으므로 일반적으로 영업활동으로 분류한다.

③ 한편, 설비 매각과 같은 일부 거래에서도 당기순손익의 결정에 포함되는 처분손익이 발생할 수 있다. 그러나 그러한 거래와 관련된 현금흐름은 투자활동 현금흐름이다. 그러나 타인에게 임대할 목적으로 보유하다가 후속적으로 판매목적으로 보유하는 자산을 제조하거나 취득하기 위한 현금지급액은 영업활동 현금흐름이다. 이러한 자산의 임대 및 후속적인 판매로 수취하는 현금도 영업활동 현금흐름이다.

2. 투자활동

투자활동(investing activities)은 ① 장기성 자산(예 유형자산, 무형자산 등) 및 ② 현금성자산에 속하지 않는 기타 투자자산(예 지분상품, 채무상품 등)의 취득과 처분활동을 말한다. 투자활동 현금흐름은 미래수익과 미래현금흐름을 창출할 자원의 확보를 위하여 지출된 정도를 나타내기 때문에 현금흐름을 별도로 구분 공시하는 것이 중요하다. 또한 재무상태표에 자산으로 인식되는 지출만이 투자활동으로 분류하기에 적합하다. 이러한 투자활동 현금흐름의 예는 다음과 같다.

> ① **설비투자**: 유형자산, 무형자산 및 기타 장기성 자산의 취득에 따른 현금유출(자본화된 개발원가와 자가건설 유형자산에 관련된 지출 포함)과 처분에 따른 현금유입
> ② **투기목적의 금융자산 투자**: 다른 기업의 지분상품이나 채무상품 및 공동기업 투자지분의 취득에 따른 현금유출과 처분에 따른 현금유입(단, 현금성자산으로 간주되는 상품이나 단기매매 목적으로 보유하는 상품의 취득에 따른 유출액과 처분에 따른 유입액은 제외)
> ③ **투기목적의 대여**: 제3자에 대한 선급금 및 대여금에 의한 현금유출과 회수에 따른 현금유입(단, 금융회사의 현금 선지급과 대출채권은 제외)
> ④ **투기목적의 파생상품 투자**: 선물계약, 선도계약, 옵션계약 및 스왑계약에 따른 현금유출과 현금유입(단, 단기매매 목적으로 계약을 보유하거나 현금유출입이 재무활동으로 분류되는 경우는 제외)

한편, 파생상품계약에서 식별 가능한 거래에 대하여 위험회피회계를 적용하는 경우, 그 계약과 관련된 현금흐름은 위험회피대상 거래의 현금흐름과 동일하게 분류한다.

3. 재무활동

재무활동(financing activities)은 기업의 납입자본과 차입금의 크기 및 구성내용에 변동을 가져오는 활동을 말한다. 재무활동 현금흐름은 미래현금흐름에 대한 자본 제공자의 청구권을 예측하는 데 유용하기 때문에 현금흐름을 별도로 구분 공시하는 것이 중요하다. 재무활동 현금흐름의 예는 다음과 같다.

> ① **유상증자(자기자본)**: 주식이나 기타 지분상품의 발행에 따른 현금유입
> ② **자기주식의 취득·처분과 배당(자기자본)**: 주식의 취득이나 상환에 따른 소유주에 대한 현금유출
> ③ **사채(타인자본)의 발행과 상환**: 담보·무담보부 사채 및 어음의 발행과 상환
> ④ **차입금(타인자본)의 차입과 상환**: 장·단기차입에 따른 현금유입과 차입금의 상환에 따른 현금유출
> ⑤ **금융리스부채(타인자본)의 상환**: 리스이용자의 금융리스부채 상환에 따른 현금유출

4. 특수한 항목의 활동분류

(1) 이자와 배당금

필수암기! **이자와 배당금 현금흐름의 분류**

구분	활동 분류
이자수취	영업활동 또는 투자활동(투자자산에 대한 수익)
이자지급	영업활동 또는 재무활동(재무자원을 획득하는 원가)
배당금수입	영업활동 또는 투자활동(투자자산에 대한 수익)
배당금지급	영업활동 또는 재무활동(재무자원을 획득하는 원가)

① 이자와 배당금의 수취 및 지급에 따른 현금흐름은 각각 별도로 공시한다. 각 현금흐름은 매 기간 일관성 있게 영업활동, 투자활동 또는 재무활동으로 분류한다.

② 금융회사의 경우 이자지급, 이자수입 및 배당금수입은 일반적으로 영업활동 현금흐름으로 분류한다. 그러나 다른 업종의 경우 이러한 현금흐름의 분류방법에 대하여 합의가 이루어지지 않았으므로 다음과 같이 대체적인 분류가 가능하다.

> ㉠ **이자수입 현금유입액**: 이자수입은 당기순손익의 결정에 영향을 미치므로 영업활동 현금흐름으로 분류할 수 있다. 대체적인 방법으로 이자수입은 투자자산에 대한 수익이므로 투자활동 현금흐름으로 분류할 수도 있다.
>
> ㉡ **이자지급 현금유출액**: 이자지급은 당기순손익의 결정에 영향을 미치므로 영업활동 현금흐름으로 분류할 수 있다. 대체적인 방법으로 이자지급은 재무자원을 획득하는 원가이므로 재무활동 현금흐름으로 분류할 수 있다.
>
> ㉢ **배당금수입 현금유입액**: 배당금수입은 당기순손익의 결정에 영향을 미치므로 영업활동 현금흐름으로 분류할 수 있다. 대체적인 방법으로 배당금수입은 투자자산에 대한 수익이므로 투자활동 현금흐름으로 분류할 수도 있다.
>
> ㉣ **배당금지급 현금유출액**: 배당금의 지급은 재무자원을 획득하는 원가이므로 재무활동 현금흐름으로 분류할 수 있다. 대체적인 방법으로, 재무제표 이용자가 영업활동 현금흐름에서 배당금을 지급할 수 있는 기업의 능력을 판단하는 데 도움을 주기 위하여 영업활동 현금흐름의 구성요소로 분류할 수도 있다.

③ 한편, 하나의 거래에는 서로 다른 활동으로 분류되는 현금흐름이 포함될 수 있다. 예를 들어 이자와 차입금을 함께 상환하는 경우, 이자지급은 영업활동으로 분류될 수 있고 원금상환은 재무활동으로 분류된다.

(2) 법인세

　　법인세로 인한 현금흐름은 별도로 공시하며, 다음과 같이 투자활동과 재무활동에 명백히 관련되지 않는 한 영업활동 현금흐름으로 분류한다.

> ① 법인세 현금흐름은 영업활동뿐만 아니라 투자활동 또는 재무활동 관련 거래에서도 발생할 수도 있다. 다만, 법인세비용이 투자활동이나 재무활동 때문에 발생하는 경우에도 관련된 법인세 현금흐름을 실무적으로 식별(추적)할 수 없는 경우가 많다. 따라서 법인세의 지급은 일반적으로 영업활동 현금흐름으로 분류한다.
> ② 그러나 투자활동이나 재무활동으로 분류한 현금흐름을 유발하는 개별 거래와 관련된 법인세 현금흐름을 실무적으로 식별(추적)할 수 있다면, 해당 법인세 현금흐름은 투자활동이나 재무활동으로 적절히 분류한다. 다만, 이렇게 법인세 현금흐름이 둘 이상의 활동에 배분되는 경우에는 법인세의 총지급액을 별도로 공시한다.
> ③ 한편, 문제에서 별도의 단서가 없는 경우, 법인세 현금흐름은 영업활동 현금흐름 분류를 가정하여 풀이한다.

(3) 정부보조금

① 유형자산의 취득금액 중 일부를 정부로부터 보조금을 수령하여 취득하는 경우가 있다. 자산의 취득과 이와 관련된 보조금의 수취는 기업의 현금흐름에 중요한 변동을 일으킨다. 따라서 재무상태표에 보조금이 관련 자산에서 차감하여 표시(자산차감법)되는지와 관계없이 자산의 총투자를 보여주기 위해 이러한 변동을 현금흐름표에 별도 항목으로 표시한다.

② 즉, 정부보조금이 재무상태표에서 순액표시방법인 원가(자산)차감법으로 표시되는 경우에도 현금흐름표에서는 유형자산 취득 현금유출액과 정부보조금 수령 현금유입액을 구분하여 각각 총액으로 표시하라는 의미이다. 이때 정부보조금은 유형자산을 취득하기 위한 자금을 조달한 것이므로 현금흐름표에 재무활동으로 분류하는 것이 타당하다.

03 활동별 현금흐름의 항목별 세분화

활동별로 구분한 현금흐름은 해당 활동별 현금흐름이 어떻게 창출되고 어떤 용도로 지출되는지 현금흐름의 발생항목(발생원천)별로 세분화하여 표시해야 한다. 활동별 현금흐름의 항목의 예는 다음과 같다.

활동구분	활동별 현금흐름의 발생항목(발생원천)	
	현금유입	현금유출
영업활동	① 고객으로부터의 유입된 현금 　(매출 현금유입액) ② 로열티, 수수료 및 기타수익 현금유입 ③ 단기매매 목적 금융자산의 처분 ④ 이자수취(투자활동으로 분류가능) ⑤ 배당금수입(투자활동으로 분류가능) 등	① 공급자에 대한 현금유출 　(재고자산 매입 현금유출액) ② 종업원에 대한 지출(퇴직급여 포함) ③ 기타영업비용 현금지출액 ④ 단기매매 목적 금융자산의 취득 ⑤ 이자지급(재무활동으로 분류가능) ⑥ 배당금지급(재무활동으로 분류가능) ⑦ 법인세 납부(단, 투자활동 및 재무활동과 명백히 관련되는 법인세 제외) 등
투자활동	① 유형자산 처분으로 인한 현금유입 ② 무형자산 처분으로 인한 현금유입 ③ 금융자산(단기매매 목적 제외) 처분 ④ 대여금의 회수 ⑤ 파생상품 계약에 따른 현금유입 등	① 유형자산 취득으로 인한 현금유출 ② 무형자산 취득으로 인한 현금유출 ③ 금융자산(단기매매 목적 제외) 취득 ④ 대여금의 지급 ⑤ 파생상품 계약에 따른 현금유출 등
재무활동	① 장ㆍ단기차입금의 차입 ② 금융부채, 사채의 발행 ③ 유상증자 ④ 자기주식 처분 등	① 장ㆍ단기차입금의 상환 ② 금융부채, 사채의 상환 ③ 유상감자 ④ 자기주식 취득 ⑤ 리스이용자의 금융리스부채 상환 등

04 국제회계기준에 따른 현금흐름표 양식

① 기업의 현금흐름을 활동별 수준까지만 구분하여 표시하는 방법을 간접법이라고 하며, 활동별 현금흐름을 항목별 수준까지 세분화하여 표시하는 방법을 직접법이라고 한다. 직접법으로 표시한 현금흐름표는 실제 현금유입의 원천과 현금유출의 용도를 항목별로 구분하여 나타내기 때문에 기업의 미래현금흐름 창출능력을 평가하는 데 보다 유용한 정보를 제공한다.

② 국제회계기준에서는 현금흐름의 표시방법에 대해 다음과 같이 규정하고 있다.

> ㉠ **투자활동과 재무활동 현금흐름**: 직접법을 사용하여 표시할 것을 강제하고 있다.
> ㉡ **영업활동 현금흐름**: 영업활동 현금흐름은 영업에서 창출된 현금을 어떻게 표시하는가에 따라 직접법 현금흐름표와 간접법 현금흐름표로 구분된다. 다만, 직접법 현금흐름표가 간접법 현금흐름표에서는 파악할 수 없는 정보를 제공하여 정보이용자들이 기업의 미래현금흐름을 추정하는데 보다 유용하므로, 영업활동 현금흐름은 직접법을 사용하여 표시할 것을 권장하고 있다.

◇ 참고 **직접법과 간접법의 장단점**   [세무사 2차 19]

[직접법]
① **장점**: 현금유입의 원천과 현금유출의 용도를 항목별로 구분하여 나타내므로 기업의 미래현금흐름 창출능력을 평가하는 데 보다 유용한 정보를 제공한다.
② **단점**: 당기순이익과 영업활동 현금흐름간의 연관관계를 설명할 수 없으며, 항목별로 현금흐름을 산출해야 하므로 작성에 시간과 노력이 많이 소요된다.

[간접법]
① **장점**: 당기순이익과 영업활동 현금흐름간의 연관관계를 설명할 수 있으며, 현금흐름표 작성이 간편하다.
② **단점**: 항목별 현금흐름에 대한 정보를 제공하지 못한다.

[그림 23-2] 현금흐름표 양식

현금흐름표(직접법)			현금흐름표(간접법)		
20×1년 1월 1일 ~ 20×1년 12월 31일			20×1년 1월 1일 ~ 20×1년 12월 31일		
Ⅰ 영업활동 현금흐름		×××	Ⅰ 영업활동 현금흐름		×××
고객으로부터 유입된 현금	×××		당기순이익	×××	
공급자에 대한 현금유출	(×××)		감가상각비	×××	
종업원에 대한 현금유출	(×××)		유형자산처분이익	(×××)	
기타영업비용에 대한 현금유출	(×××)		…	×××	
영업에서 창출된 현금	×××		영업에서 창출된 현금	×××	
이자수취	×××		이자수취	×××	
배당금수취	×××		배당금수취	×××	
이자지급	(×××)		이자지급	(×××)	
법인세납부	(×××)		법인세납부	(×××)	
Ⅱ 투자활동 현금흐름		×××	Ⅱ 투자활동 현금흐름		×××
1. 투자활동으로 인한 현금유입액	×××		1. 투자활동으로 인한 현금유입액	×××	
유형자산의 처분	×××		유형자산의 처분	×××	
금융자산의 처분	×××		금융자산의 처분	×××	
2. 투자활동으로 인한 현금유출액	(×××)		2. 투자활동으로 인한 현금유출액	(×××)	
유형자산의 취득	(×××)		유형자산의 취득	(×××)	
금융자산의 취득	(×××)		금융자산의 취득	(×××)	
Ⅲ 재무활동 현금흐름		×××	Ⅲ 재무활동 현금흐름		×××
1. 재무활동으로 인한 현금유입액	×××		1. 재무활동으로 인한 현금유입액	×××	
유상증자	×××		유상증자	×××	
장기차입금의 차입	×××		장기차입금의 차입	×××	
사채의 발행	×××		사채의 발행	×××	
2. 재무활동으로 인한 현금유출액	(×××)		2. 재무활동으로 인한 현금유출액	(×××)	
사채의 상환	(×××)		사채의 상환	(×××)	
배당금의 지급	(×××)		배당금의 지급	(×××)	
Ⅳ 현금및현금성자산의 환율변동효과		×××	Ⅳ 현금및현금성자산의 환율변동효과		×××
Ⅴ 현금및현금성자산의 증감(Ⅰ+Ⅱ+Ⅲ+Ⅳ)		×××	Ⅴ 현금및현금성자산의 증감(Ⅰ+Ⅱ+Ⅲ+Ⅳ)		×××
Ⅵ 기초 현금및현금성자산		×××	Ⅵ 기초 현금및현금성자산		×××
Ⅶ 기말 현금및현금성자산		×××	Ⅶ 기말 현금및현금성자산		×××

제3절 | 영업활동 현금흐름

01 직접법 표시방법

① 직접법은 현금흐름을 활동별 현금흐름을 발생항목별로 세분화하여 표시하는 방법이다. 따라서 영업활동 현금흐름을 직접법으로 작성하면 영업활동 현금흐름을 발생항목별로 산출해야 한다.

② 영업활동 현금흐름을 항목별로 산출하는 방법은 앞서 설명한 발생주의를 현금주의로 전환하는 방법을 그대로 적용하면 된다. 예를 들어, 영업활동 현금흐름 중 매출로 인한 현금유입액은 포괄손익계산서상 매출 관련 순이익(발생주의)에 재무상태표의 매출 관련 자산, 부채 및 자본의 변동을 가감하여 산출한다.

(1) 고객으로부터의 유입된 현금

고객으로부터의 유입된 현금(매출 현금유입액)은 포괄손익계산서상 매출 관련 수익·비용에 재무상태표의 매출 관련 자산 및 부채의 변동을 가감하여 산출한다.

[매출로 인한 현금유입액 산출]

구분	관련 계정과목 가감
포괄손익계산서	+ 매출, 대손충당금환입, 외환이익(매출채권 관련) 등
	- 매출채권 대손상각비, 외환손실(매출채권 관련) 등
재무상태표	+ 매출채권의 감소, 대손충당금의 증가, 선수금의 증가 등
	- 매출채권의 증가, 대손충당금의 감소, 선수금의 감소 등
	매출로 인한 현금유입액

다음은 (주)한국의 20×1년도 재무제표의 일부 자료이다.

(1) 매출과 관련된 손익계산서 계정

매출액	₩450,000
대손상각비	7,000
외환이익(매출채권 관련)	15,000

(2) 매출과 관련된 재무상태표 계정

구분	20×0년 말	20×1년 말
매출채권	₩100,000	₩117,000
대손충당금	30,000	37,000
선수금	9,000	6,000

[요구사항]

(주)한국의 20×1년 현금흐름표상 고객으로부터 유입된 현금을 계산하시오.

해답	구분	매출 관련 계정	금액
	포괄손익계산서	매출액	450,000
		대손상각비	(7,000)
		외환이익(매출채권 관련)	15,000
	재무상태표	매출채권의 증가	(17,000)
		대손충당금의 증가	7,000
		선수금의 감소	(3,000)
		매출 현금유입액	445,000

(2) 공급자에 대한 현금유출

공급자에 대한 현금유출(매입 현금유출액)은 포괄손익계산서상 매입 관련 수익·비용에 재무상태표의 매입 관련 자산 및 부채의 변동을 가감하여 산출한다.

[매입으로 인한 현금유출액 산출]

구분	관련 계정과목 가감
포괄손익계산서	+ 외환이익(매입채무 관련), 재고자산평가충당금환입 등
	- 매출원가, 재고자산감모손실, 재고자산평가손실, 외환손실(매입채무 관련) 등
재무상태표	+ 재고자산의 감소, 재고자산평가충당금의 증가, 선급금의 감소, 매입채무의 증가 등
	- 재고자산의 증가, 재고자산평가충당금의 감소, 선급금의 증가, 매입채무의 감소 등
	매입으로 인한 현금유출액

예제 3 　공급자에 대한 현금유출액(1)

다음은 (주)한국의 20×1년도 재무제표의 일부 자료이다. 한편, 아래 자료 중 재고자산감모손실은 매출원가에 포함되어 있지 않다.

(1) 매입과 관련된 손익계산서 계정

매출원가	₩340,000
재고자산감모손실	10,000
외환이익(매입채무 관련)	4,000

(2) 매입과 관련된 재무상태표 계정

구분	20×0년 말	20×1년 말
재고자산(순액)	₩60,000	₩81,000
선급금	10,000	9,000
매입채무	50,000	70,000

[요구사항]

(주)한국의 20×1년 현금흐름표상 공급자에 대한 현금유출액을 계산하시오.

해답

구분	매입 관련 계정	금액
포괄손익계산서	매출원가	(340,000)
	재고자산감모손실	(10,000)
	외환이익(매입채무 관련)	4,000
재무상태표	재고자산의 증가	(21,000)
	선급금의 감소	1,000
	매입채무의 증가	20,000
	매입 현금유출액	(346,000)

다음은 (주)한국의 20×1년도 재무제표의 일부 자료이다. 한편, 아래 자료 중 재고자산감모손실은 매출원가에 포함되어 있지 않다.

(1) 매입과 관련된 손익계산서 계정

    매출원가   ₩   ?

    재고자산감모손실   20,000

(2) 매입과 관련된 재무상태표 계정

구분	20×0년 말	20×1년 말
재고자산(순액)	₩40,000	₩70,000
매입채무	35,000	42,000

(3) 20×1년 현금흐름표상 공급자에 대한 현금유출액은 ₩523,000이다.

[요구사항]

1. (주)한국의 20×1년 포괄손익계산서에 보고할 매출원가를 계산하시오.

2. (주)한국의 20×1년 재고자산의 매입액을 계산하시오.

해답   1. 매출원가

구분	매입 관련 계정	금액
포괄손익계산서	매출원가	(480,000) (역산)
	재고자산감모손실	(20,000)
재무상태표	재고자산의 증가	(30,000)
	매입채무의 증가	7,000
	매입 현금유출액	(523,000)

    2. 당기 매입액

        (1) 기초재고 + 당기 매입액 = 매출원가 + 감모손실 + 기말재고

             당기 매입액 = 매출원가 + 감모손실 + 재고자산의 증감(= 기말재고 - 기초재고)

        (2) 당기 매입액 = 480,000 + 20,000 + 30,000 = 530,000

(3) 종업원에 대한 현금유출

① 종업원에 대한 현금유출액은 포괄손익계산서상 종업원급여 관련 급여비용(퇴직급여 포함)에 재무상태표의 종업원급여 관련 자산, 부채 및 자본의 변동을 가감하여 산출한다.

② 한편, 종업원에 대한 현금유출액을 산출할 때 유의할 사항은 다음과 같다.

[주식결제형 주식기준보상]

㉠ 손익계산서상 발생주의 급여비용에는 주식결제형 주식기준보상거래에서 인식한 보상비용이 포함되어 있을 수 있다.

㉡ 다만, 주식보상비용은 현금지출을 수반하는 비용이 아니므로[∵ 대변에 주식선택권(자본) 인식] 재무상태표에서 관련된 자본인 주식선택권(자본)을 동액만큼 다시 가산하여 발생주의 급여비용과 현금주의 급여비용 간의 차이를 조정해야 한다.

[종업원에 대한 현금유출액]

구분	관련 계정과목 가감
포괄손익계산서	− 종업원급여, 퇴직급여 등
재무상태표	+ 선급급여의 감소, 미지급급여의 증가, 확정급여채무의 증가, 사외적립자산의 감소, 순확정급여채무의 재측정요소의 증가, 주식선택권(자본)의 증가 등
	− 선급급여의 증가, 미지급급여의 감소, 확정급여채무의 감소, 사외적립자산의 증가, 순확정급여채무의 재측정요소의 감소 등
	종업원에 대한 현금유출액

종업원에 대한 현금유출액

다음은 (주)한국의 20×1년도 재무제표의 일부 자료이다.

---

(1) (주)한국의 20×1년 포괄손익계산상 급여는 ₩260,000이다. 다만, 이 중에는 주식결제형 주식기준보상거래와 관련하여 인식한 주식보상비용 ₩40,000이 포함되어 있다.

(2) 종업원급여와 관련된 재무상태표 계정

구분	20×0년 말	20×1년 말
선급급여	₩14,000	₩20,000
미지급급여	25,000	35,000

[요구사항]

(주)한국의 20×1년 현금흐름표상 종업원에 대한 현금유출액을 계산하시오.

해답

구분	종업원급여 관련 계정	금액
포괄손익계산서	급여	(260,000)
재무상태표	선급급여의 증가	(6,000)
	미지급급여의 증가	10,000
	주식선택권(자본)의 증가	(*)40,000
	종업원급여 현금유출액	(216,000)

(*) 손익계산서상 급여비용에는 주식결제형 주식보상비용 40,000이 포함되어 있다. 다만, 주식보상비용은 비용 항목이므로 현금흐름 산출 시 차감된다. 그러나 주식보상비용은 현금지출이 있는 비용이 아니므로, 차감되는 금액을 상쇄시키기 위해 다시 가산조정하는 것이다.

(4) 기타영업비용 현금유출액

기타영업비용 현금유출액은 포괄손익계산서상 기타영업비용(판매비와관리비)에 재무상태표의 기타영업비용 관련 자산 및 부채의 변동을 가감하여 산출한다.

[기타영업비용 현금유출액 산출]

구분	관련 계정과목 가감
포괄손익계산서	− 기타영업비용(예 지급수수료, 임차료, 보험료 등)
재무상태표	+ 선급비용의 감소, 미지급비용의 증가 등
	− 선급비용의 증가, 미지급비용의 감소 등
	기타영업비용 현금유출액

예제 6 기타영업비용 현금유출액

다음은 (주)한국의 20×1년도 재무제표의 일부 자료이다.

(1) 기타영업비용과 관련된 손익계산서 계정

임차료	₩25,000
보험료	10,000
지급수수료	32,000

(2) 기타영업비용과 관련된 재무상태표 계정

구분	20×0년 말	20×1년 말
선급비용	₩17,000	₩8,000
미지급비용	36,000	44,000

[요구사항]

(주)한국의 20×1년 현금흐름표상 기타영업비용에 대한 현금유출액을 계산하시오.

해답 구분	기타영업비용 관련 계정	금액
포괄손익계산서	임차료	(25,000)
	보험료	(10,000)
	지급수수료	(32,000)
재무상태표	선급비용의 감소	9,000
	미지급비용의 증가	8,000
	기타영업비용 현금유출액	(50,000)

(5) 이자수취 현금유입액

① 이자수취 현금유입액은 영업활동이나 투자활동으로 분류할 수 있다. 이때 이자수익 현금유입액은 포괄손익계산서상 이자수익에 재무상태표의 이자수익 관련 자산 및 부채의 변동을 가감하여 산출한다.

② 한편, 이자수취 현금유입액을 산출할 때 유의할 사항은 다음과 같다.

[투자채무상품의 할인(할증)취득 상각액]

㉠ 손익계산서상 발생주의 이자수익에는 투자채무상품(투자사채)의 할인(할증)취득액 상각으로 인한 이자수익이 포함(차감)되어 있을 수 있다.

㉡ 다만, 투자채무상품의 할인(할증)취득액 상각으로 인식한(차감한) 이자수익은 현금유입(지출)을 수반하지 않으므로(∵ 상대편 계정과목에 투자채무상품 인식) 재무상태표에서 관련된 자산인 투자채무상품을 동 액만큼 다시 차감(가산)하여 발생주의 이자수익과 현금주의 이자수익 간의 차이를 조정해야 한다.

[이자수익 현금유입액 산출]

구분	관련 계정과목 가감
포괄손익계산서	+ 이자수익(투자채무상품의 상각액 포함)
재무상태표	+ 미수이자의 감소, 선수이자의 증가, 　투자채무상품의 할증취득액 상각으로 인한 감소 등
	− 미수이자의 증가, 선수이자의 감소, 　투자채무상품의 할인취득액 상각으로 인한 증가 등
	이자수익 현금유입액

다음은 (주)한국의 20×1년도 재무제표의 일부 자료이다.

(1) (주)한국의 20×1년 포괄손익계산상 이자수익은 ₩50,000이다. 단, 이 중에는 상각후원가 측정 금융자산의 할인차금 상각액 ₩8,000이 포함되어 있다.

(2) 이자수익과 관련된 재무상태표 계정

구분	20×0년 말	20×1년 말
미수이자	₩14,000	₩10,000
선수이자	7,000	9,000

[요구사항]

(주)한국의 20×1년 현금흐름표상 이자의 수취로 인하여 유입된 현금액을 계산하시오.

해답

구분	이자수익 관련 계정	금액
포괄손익계산서	이자수익	50,000
재무상태표	미수이자의 감소	4,000
	선수이자의 증가	2,000
	금융자산의 증가(상각액)	(*)(8,000)
	이자수익 현금유입액	48,000

(*) 손익계산서상 이자수익에는 AC금융자산의 할인취득 상각액 8,000이 포함되어 있다. 다만, 이자수익은 수익 항목이므로 현금흐름 산출 시 가산된다. 그러나 투자채무상품의 할인취득 상각으로 인식한 이자수익은 현금유입이 있는 수익이 아니므로, 가산되는 금액을 상쇄시키기 위해 다시 차감조정하는 것이다.

(6) 이자지급 현금유출액

① 이자지급 현금유출액은 영업활동이나 재무활동으로 분류할 수 있다. 이때 이자지급 현금유출액은 포괄손익계산서상 이자비용에 재무상태표의 이자비용 관련 자산 및 부채의 변동을 가감하여 산출한다.

② 한편, 이자지급 현금유출액을 산출할 때 유의할 사항은 다음과 같다.

[사채할인(할증)발행차금 상각액]

㉠ 손익계산서상 발생주의 이자비용에는 사채할인(할증)발행차금 상각으로 인한 이자비용이 포함(차감)되어 있을 수 있다.

㉡ 다만, 사채할인(할증)발행차금 상각으로 인식한(차감한) 이자비용은 현금지출(유입)을 수반하지 않으므로(∵ 상대편 계정과목에 사채발행차금 인식) 재무상태표에서 관련된 계정인 사채할인(할증)발행차금 상각액을 다시 가산(차감)하여 발생주의 이자비용과 현금주의 이자비용 간의 차이를 조정해야 한다.

[자본화 차입원가(이자비용)]

㉠ 손익계산서상 발생주의 이자비용에는 차입원가 자본화로 인해 이자비용이 차감되어 있을 수 있다.

㉡ 다만, 차입원가 자본화로 감소한 이자비용은 현금유입을 수반하지 않으므로(∵ 상대편 계정과목에 건설중인자산 인식) 재무상태표에서 관련된 계정인 건설중인자산을 동액만큼 다시 차감하여 발생주의 이자비용과 현금주의 이자비용 간의 차이를 조정해야 한다.

[이자지급 현금유출액 산출]

구분	관련 계정과목 가감
포괄손익계산서	− 이자비용(사채발행차금 상각액 포함, 자본화 이자비용 차감)
재무상태표	+ 선급이자의 감소, 미지급이자의 증가, 사채할인발행차금 감소액(상각액) 등
	− 선급이자의 증가, 미지급이자의 감소, 사채할증발행차금 감소액(상각액), 차입원가 자본화로 인한 건설중인자산의 증가 등
	이자지급 현금유출액

⊘참고 **자본화 이자비용의 현금흐름표 공시**

① 차입원가 자본화로 인해 손익계산서상 발생주의 이자비용 중 일부가 차감(취소)되고 유형자산(건설중인자산)으로 대체(자본화)했을 수 있다. 그러나 국제회계기준에 따르면, 기업이 회계기간 동안 지급한 이자금액은 (이자비용을 손익계산서에 이자비용으로 인식했는지 아니면 관련 유형자산으로 자본화했는지에 관계없이) 현금흐름표에는 총지급액을 공시하도록 하고 있다.

② 예를 들어, 당기에 건물을 취득하는 과정에서 자본화한 이자비용 ₩100이 있을 경우, 동 자본화 이자비용 ₩100은 현금흐름표에 (유형자산의 취득 현금유출이 아니라) 이자지급 현금유출액으로 표시해야 한다.

예제 8 이자지급 현금유출액

다음은 (주)한국의 20×1년도 재무제표의 일부 자료이다.

(1) (주)한국의 20×1년 포괄손익계산상 이자비용은 ₩80,000이다. 단, 이 중에는 사채할인발행차금 상각액 ₩9,000이 포함되어 있으며, 당기에 자본화한 차입원가는 ₩30,000이다.

(2) 이자비용과 관련된 재무상태표 계정

구분	20×0년 말	20×1년 말
선급이자	₩10,000	₩17,000
미지급이자	24,000	35,000

[요구사항]

(주)한국의 20×1년 현금흐름표상 이자의 지급으로 인하여 유출된 현금액을 계산하시오.

해답	구분	이자비용 관련 계정	금액
	포괄손익계산서	이자비용	(80,000)
	재무상태표	선급이자의 증가	(7,000)
		미지급이자의 증가	11,000
		사채할인발행차금의 감소(상각액)	(*1)9,000
		건설중인자산의 증가(자본화)	(*2)(30,000)
		이자지급 현금유출액	(97,000)

(*1) 손익계산서상 이자비용에는 사채할인발행차금 상각액 9,000이 포함되어 있다. 다만, 이자비용은 비용 항목이므로 현금흐름 산출 시 차감된다. 그러나 사채할인발행차금 상각으로 인식한 이자비용은 현금지출이 있는 비용이 아니므로, 차감되는 금액을 상쇄시키기 위해 다시 가산조정하는 것이다.

(*2) 손익계산서상 이자비용에는 자본화한 이자비용 30,000이 차감되어 있다. 다만, 자본화한 금액 만큼 비용(이자비용)이 감소하므로 현금흐름 산출 시 가산되는 효과가 있다. 그러나 차입원가 자본화로 인해 현금유입이 있는 것은 아니므로, 가산되는 금액을 상쇄시키기 위해 다시 차감조정하는 것이다.

(7) 법인세 현금유출액

법인세 현금유출액은 재무활동과 투자활동에 명백히 관련되지 않는 한 영업활동 현금흐름으로 분류한다. 이때 법인세 현금유출액은 포괄손익계산서상 법인세비용에 재무상태표의 법인세 관련 자산 및 부채의 변동을 가감하여 산출한다.

[법인세 현금유출액 산출]

구분	관련 계정과목 가감
포괄손익계산서	– 법인세비용
재무상태표	+ 당기법인세자산의 감소, 당기법인세부채의 증가
	+ 이연법인세자산의 감소, 이연법인세부채의 증가
	– 당기법인세자산의 증가, 당기법인세부채의 감소
	– 이연법인세자산의 증가, 이연법인세부채의 감소
	법인세 현금유출액

예제 9　법인세 현금유출액

다음은 (주)한국의 20×1년도 재무제표의 일부 자료이다.

(1) (주)한국의 20×1년 포괄손익계산상 법인세비용은 ₩120,000이다.

(2) 법인세와 관련된 재무상태표 계정

구분	20×0년 말	20×1년 말
당기법인세부채	₩20,000	₩40,000
이연법인세부채	50,000	34,000

[요구사항]

(주)한국의 20×1년 현금흐름표상 법인세의 납부로 인하여 유출된 현금액을 계산하시오.

해답	구분	법인세 관련 계정	금액
	포괄손익계산서	법인세비용	(120,000)
	재무상태표	당기법인세부채의 증가	20,000
		이연법인세부채의 감소	(16,000)
		법인세 현금유출액	(116,000)

02 간접법 표시방법

(1) 간접법 현금흐름표 개요

영업활동 현금흐름은 직접법뿐만 아니라 간접법으로도 작성할 수 있다. 간접법은 영업활동 현금흐름을 항목별로 구분하여 표시하지 않고, 영업활동에서 발생한 순현금흐름이 얼마인지만 표시하는 방법이다. 즉, 간접법에서는 영업활동 현금흐름을 항목별로 산출할 필요가 없다. 따라서 간접법에서는 영업활동 현금흐름을 포괄손익계산서상 영업활동 관련 순이익에 재무상태표의 영업활동 관련 자산, 부채및 자본의 변동을 가감하여 바로 산출한다. 다만, 이때 포괄손익계산서상 영업활동 관련 순이익을 계산하는 방법에는 다음의 2가지 방법이 있다.

> **[방법 1]** 포괄손익계산서에서 영업활동 관련 수익과 비용을 발췌한 후 이를 합산하여 영업활동 관련 순이익을 직접 계산한다.
> **[방법 2]** 포괄손익계산서상 당기순이익에서 영업활동이 아닌 수익과 비용을 제거하여 영업활동 관련 순이익을 간접 산출한다(간편법).

당기순이익에 포함된 대부분의 수익과 비용 항목은 영업활동과 관련된 것이다. 따라서 포괄손익계산서에서 영업활동 관련 수익과 비용을 일일이 발췌하여 영업활동 관련 순이익을 직접 계산하는 방법[방법 1]보다는, 당기순이익에서 영업활동이 아닌 투자활동 및 재무활동 수익과 비용을 제거하여 영업활동 관련 순이익을 간접 산출하는 간편법[방법 2]을 일반적으로 사용한다. 다만, 당기순이익에서 투자활동 및 재무활동 수익과 비용을 제거할 때 투자활동 및 재무활동 수익은 차감하고 투자활동 및 재무활동 비용은 가산해야 함에 유의한다.

[간접법에 따른 영업활동 현금흐름 산출]

당기순이익
- 투자활동 · 재무활동 관련 수익(제거)
+ 투자활동 · 재무활동 관련 비용(제거)
영업활동 관련 순이익
± 영업활동 관련 자산, 부채, 자본의 변동
영업활동 순현금흐름

(2) 국제회계기준에 의한 간접법 현금흐름표

　기업은 이자, 배당 그리고 법인세 현금흐름을 영업활동으로 분류할 수 있다. 다만, 이렇게 이자, 배당, 법인세 현금흐름이 영업활동 현금흐름에 포함될 경우에는 간접법 현금흐름표를 작성할 때 다음 사항을 추가로 고려해야 한다.

---

① **영업에서 창출된 현금과 복합활동 현금흐름의 구분표시**

　㉠ 기업의 순수 영업활동(주요 수익창출활동)에서 발생하는 현금흐름을 "영업에서 창출된 현금"이라고 한다. 그러나 이자, 배당, 법인세는 순수 영업활동뿐만 아니라 다른 활동이 복합되어 발생하는 일종의 "복합활동" 현금흐름이다.

　㉡ 따라서 영업활동 현금흐름을 간접법으로 표시하는 경우에도 영업에서 창출된 현금과 이자·배당·법인세 현금흐름은 별도로 구분하여 표시해야 한다.

② **영업에서 창출된 현금의 계산**

　㉠ 영업에서 창출된 현금은 투자활동과 재무활동 현금흐름뿐만 아니라 이자, 배당, 법인세 현금흐름도 제외된 현금흐름이다.

　㉡ 따라서 영업에서 창출된 현금을 간접법으로 산출할 때는 당기순이익에서 투자·재무활동 수익과 비용뿐만 아니라 이자·배당·법인세 관련 수익과 비용도 추가로 제거해야 한다. 또한 재무상태표에서도 순수 영업활동 관련 자산, 부채 및 자본의 변동만 가감해야 한다.

　㉢ 한편, 영업창출 현금을 산출할 때는 당기순이익에서 영업창출 현금과 관련이 없는 법인세비용을 제거(가산)해야 한다. 따라서 영업창출 현금을 산출할 때는 당기순이익에 법인세비용을 가산한 법인세비용차감전순이익에서 영업창출 현금과 관련이 없는 나머지 수익과 비용을 제거하는 방식으로 계산해도 된다.

③ **복합활동 현금흐름은 직접법 표시방법만 인정**

　㉠ 이자, 배당, 법인세 현금흐름은 직접법 표시방법만 인정된다. 즉, 영업활동 현금흐름을 간접법으로 표시하는 경우에도 이자, 배당, 법인세 현금흐름은 항목별로 현금흐름을 각각 구분하여 표시해야 한다.

　㉡ 결과적으로 영업활동 현금흐름을 간접법으로 표시한다는 것은 영업에서 창출된 현금만 간접법으로 표시한다는 의미이다.

[국제회계기준에 의한 간접법 현금흐름표]

당기순이익
- 투자활동 · 재무활동 관련 수익(제거)
+ 투자활동 · 재무활동 관련 비용(제거)
- 이자 · 배당 · 법인세 관련 수익(제거)
+ 이자 · 배당 · 법인세 관련 비용(제거)
_____
순수 영업활동 관련 순이익
± 순수 영업활동 관련 자산, 부채 및 자본의 변동
영업에서 창출된 현금
+ 이자의 수취
- 이자의 지급
+ 배당금의 수취
- 배당금의 지급
- 법인세 납부
_____
영업활동 순현금흐름

[그림 23-3] 간접법 현금흐름표 양식(영업활동 순현금흐름)

현금흐름표

(주)한국	20×1년 1월 1일 ~ 20×1년 12월 31일		
Ⅰ 영업활동 현금흐름			×××
법인세비용차감전순이익	×××		
가감			
감가상각비	×××		
유형자산처분손실	×××		
사채상환이익	(×××)		
이자비용	×××		
이자수익	(×××)		
배당금수익	(×××)		
매출채권의 증가	(×××)		
재고자산의 감소	×××		
매입채무의 감소	(×××)		
영업에서 창출된 현금		×××	
이자의 수취(*)		×××	
배당금의 수취(*)		×××	
이자의 지급(*)		(×××)	
법인세 납부(*)		(×××)	

(*) 이자수취, 이자지급, 배당금수취, 법인세 납부를 영업활동으로 분류함을 가정함

다음은 (주)한국의 20×1년도 간접법에 의한 현금흐름표를 작성하기 위한 자료이다. 단, 당기손익인식금융자산은 단기매매 목적으로 취득한 것이다.

(1) (주)한국의 20×1년도 포괄손익계산서에서 발췌한 자료들은 다음과 같다.

당기순이익	₩500,000
법인세비용	100,000
재고자산평가손실	10,000
대손상각비(매출채권에서 발생)	90,000
유형자산감가상각비	300,000
유형자산처분이익	30,000
이자비용	70,000
외화환산이익(매출채권에서 발생)	40,000
외화환산손실(매입채무에서 발생)	50,000
당기손익인식금융자산평가이익	60,000
유형자산의 재평가잉여금	80,000

(2) (주)한국의 재무상태표 계정과목들의 20×1년 기초금액 대비 기말금액의 증감액은 다음과 같다.

자산		부채와 자본	
계정과목	증감액	계정과목	증감액
현금및현금성자산	₩50,000	단기차입금	₩(70,000)
당기손익인식금융자산	120,000	매입채무	(330,000)
매출채권(순액)	650,000	미지급이자	40,000
재고자산(순액)	(480,000)	미지급법인세	(20,000)
선급이자	20,000	이연법인세부채	30,000
유형자산(순액)	(230,000)	자본	480,000

(3) (주)한국은 이자와 배당금의 수취, 이자지급 및 법인세납부 또는 환급은 영업활동으로 분류하고, 배당금의 지급은 재무활동으로 분류한다.

[요구사항]

(주)한국의 20×1년도 현금흐름표상 영업에서 창출된 현금과 영업활동 순현금흐름을 각각 계산하시오.

해답　1. 법인세 현금유출액

구분	법인세 관련 계정	금액
포괄손익계산서	법인세비용	(100,000)
재무상태표	미지급법인세의 감소	(20,000)
	이연법인세부채의 증가	30,000
	법인세 현금유출액	(90,000)

2. 이자지급 현금유출액

구분	이자비용 관련 계정	금액
포괄손익계산서	이자비용	(70,000)
재무상태표	선급이자의 증가	(20,000)
	미지급이자의 증가	40,000
	이자지급 현금유출액	(50,000)

3. 영업에서 창출된 현금, 영업활동 순현금흐름

구분	관련 계정	금액	비고
포괄손익계산서[*]	당기순이익	500,000	
	법인세비용	100,000	복합활동 비용 제거
	감가상각비	300,000	투자활동 비용 제거
	유형자산처분이익	(30,000)	투자활동 수익 제거
	이자비용	70,000	복합활동 비용 제거
재무상태표	당기손익인식금융자산의 증가	(120,000)	
	매출채권의 증가	(650,000)	
	재고자산의 감소	480,000	
	매입채무의 감소	(330,000)	
	영업에서 창출된 현금	320,000	
	법인세 현금유출액	(90,000)	
	이자지급 현금유출액	(50,000)	
	영업활동 순현금흐름	180,000	

[*] ① 당기손익인식금융자산평가이익: 당기손익인식금융자산은 단기매매 목적으로 보유하는 유가증권이므로 관련 현금흐름은 (순수)영업활동으로 분류된다. 따라서 당기손익인식금융자산평가이익은 영업에서 창출된 현금을 산출할 때 당기순이익에서 제거할 필요가 없다.

② 유형자산의 재평가잉여금: 투자활동 관련 수익이지만 포괄손익계산서상 기타포괄손익으로 인식한다. 따라서 포괄손익계산서상 당기손익으로 인식하는 영업활동순이익을 계산할 때 제거하지 않는다.

제4절 | 투자활동과 재무활동 현금흐름

01 영업활동 현금흐름과의 차이

[그림 23-4] 간접분석법에 따른 현금흐름 산출

```
            해당 항목 관련 손익
      −     해당 항목 관련 자산 ⇧
      +     해당 항목 관련 자산 ⇩
      +     해당 항목 관련 부채, 납입 · 기타자본 ⇧
      −     해당 항목 관련 부채, 납입 · 기타자본 ⇩
            해당 항목에서 발생한 순현금흐름 ──▶ 해당 항목에서 유입된 현금
                                          ──▶ 해당 항목에서 유출된 현금
```

① 투자활동과 재무활동 현금흐름은 직접법만을 인정하고 있으므로, 항목별로 현금흐름을 구분하여 표시한다. 이때 항목별로 현금흐름을 산출하는 방법은 영업활동 직접법과 동일하다. 즉, 투자활동과 재무활동 항목별 손익계산서상 관련 수익, 비용에 재무상태표상 관련 항목의 자산, 부채 및 자본의 변동을 가감하면 항목별 현금흐름이 산출된다.

② 다만, 영업활동과 달리, 투자활동과 재무활동은 동일한 항목에서 현금유입과 현금유출이 동시에 발생할 수 있다. 이 경우 항목별로 현금유입과 현금유출을 각각 구분하여 표시해야 한다. 예를 들어, 기계장치는 처분하여 현금이 유입되기도 하지만 기계장치를 취득하면서 현금이 유출되기도 한다. 이 경우 현금흐름표에는 이를 상계하지 않고 기계장치 처분 현금유입액과 기계장치 취득 현금유출액으로 각각 구분하여 표시해야 한다.

02 투자활동 주요 항목별 현금흐름 산출

1. 유형자산 현금흐름

　　유형자산 순현금흐름은 포괄손익계산서상 유형자산 관련 수익·비용에 재무상태표의 유형자산 관련 자산, 부채 및 자본의 변동을 가감하여 산출한다. 다만, 포괄손익계산서상 기타포괄손익으로 인식하는 재평가잉여금은 재무상태표의 자본(재평가잉여금)의 변동에서 고려하므로 포괄손익계산서에서는 별도로 고려하지 않음에 유의한다.

[유형자산 순현금흐름 산출]

구분	관련 계정과목 가감
포괄손익계산서	+ 유형자산처분이익, 손상차손환입
	− 유형자산처분손실, 감가상각비, 손상차손
재무상태표	+ 유형자산의 감소, 감가상각누계액의 증가, 손상차손누계액의 증가, 재평가잉여금(자본)의 증가, 유형자산 처분 관련 미수금의 감소, 유형자산 취득 관련 미지급금의 증가 등
	− 유형자산의 증가, 감가상각누계액의 감소, 손상차손누계액의 감소, 재평가잉여금(자본)의 감소, 유형자산 처분 관련 미수금의 증가, 유형자산 취득 관련 미지급금의 감소 등
유형자산 순현금흐름	

　　상기와 같이 산출한 순현금흐름을 유형자산 처분 현금유입액과 유형자산 취득 현금유출액으로 각각 구분하여 표시한다.

다음은 (주)한국의 20×1년도 재무제표의 일부 자료이다.

(1) 기계장치

① 기계장치와 관련된 손익계산서 계정

기계장치처분이익　　　　　₩50,000

기계장치 감가상각비　　　　　200,000

② 기계장치와 관련된 재무상태표 계정

구분	기초잔액	기말잔액
기계장치	₩900,000	₩1,200,000
감가상각누계액	450,000	520,000

③ 기계장치 관련 기타자료: 당기 중 기계장치 처분으로 증가한 미수금은 ₩12,000이며, 기계장치의 현금 취득액은 ₩500,000이다.

(2) 건물

① 건물과 관련된 손익계산서 계정

건물처분이익　　　　　₩12,000

건물 감가상각비　　　　　60,000

② 건물과 관련된 재무상태표 계정

구분	기초잔액	기말잔액
건물	₩400,000	₩450,000
감가상각누계액	230,000	190,000
재평가잉여금	70,000	140,000

③ 건물 관련 기타자료: 당기 중 건물 취득으로 증가한 미지급금은 ₩20,000이며, 건물의 처분으로 인한 현금유입액은 ₩42,000이다.

[요구사항]

1. (주)한국의 20×1년 현금흐름표상 기계장치의 처분으로 인한 현금유입액을 계산하시오.

2. (주)한국의 20×1년 현금흐름표상 건물의 취득으로 인한 현금유출액을 계산하시오. 단, (주)한국은 재평가모형 적용 시 재평가잉여금을 이익잉여금으로 대체하지 않는다.

해답 1. **기계장치**

(1) 기계장치 순현금흐름

구분	기계장치 관련 계정	금액
포괄손익계산서	기계장치처분이익	50,000
	감가상각비	(200,000)
재무상태표	기계장치의 증가	(300,000)
	감가상각누계액의 증가	70,000
	미수금의 증가	(12,000)
	기계장치 순현금흐름	(392,000)

(2) 기계장치 현금유입 및 현금유출

구분	금액	비고
현금유입(기계장치의 처분)	108,000	역산
현금유출(기계장치의 취득)	(500,000)	
순현금흐름	(392,000)	

2. **건물**

(1) 건물 순현금흐름

구분	건물 관련 계정	금액
포괄손익계산서	건물처분이익	12,000
	감가상각비	(60,000)
재무상태표	건물의 증가	(50,000)
	감가상각누계액의 감소	(40,000)
	재평가잉여금(자본)의 증가	70,000
	미지급금의 증가	20,000
	건물 순현금흐름	(48,000)

(2) 건물 현금유입 및 현금유출

구분	금액	비고
현금유입(건물의 처분)	42,000	
현금유출(건물의 취득)	(90,000)	역산
순현금흐름	(48,000)	

2. 금융자산 현금흐름

(1) 기타포괄손익 - 공정가치 측정 채무상품

기타포괄손익 – 공정가치 측정 채무상품의 순현금흐름은 포괄손익계산서상 관련 수익·비용에 재무상태표의 관련 자산(금융자산) 및 자본(금융자산 누적평가손익)의 변동을 가감하여 산출한다. 다만, 포괄손익계산서상 기타포괄손익으로 인식하는 금융자산평가손익은 재무상태표의 자본(누적평가손익)의 변동에서 고려하므로 포괄손익계산서에서는 별도로 고려하지 않음에 유의한다.

[기타포괄손익 – 공정가치 측정 채무상품의 순현금흐름 산출]

구분	관련 계정과목 가감
포괄손익계산서	+ 금융자산처분이익, 할인취득액 상각으로 인식한 이자수익
	− 금융자산처분손실, 할증취득액 상각으로 차감한 이자수익, 손상차손
재무상태표	+ 금융자산의 감소, 금융자산 누적평가이익(손실)의 증가(감소) 등
	− 금융자산의 증가, 금융자산 누적평가이익(손실)의 감소(증가) 등
	금융자산 순현금흐름

상기와 같이 산출한 순현금흐름을 금융자산 처분 현금유입액과 금융자산 취득 현금유출액으로 각각 구분하여 표시한다.

(2) 상각후원가 측정 채무상품

상각후원가 측정 채무상품의 순현금흐름은 포괄손익계산서상 관련 수익·비용에 재무상태표의 관련 자산(상각후원가금융자산, 관련 손실충당금)의 변동을 가감하여 산출한다.

[상각후원가 측정 채무상품의 순현금흐름 산출]

구분	관련 계정과목 가감
포괄손익계산서	+ 금융자산처분이익, 할인취득액 상각으로 인식한 이자수익
	− 금융자산처분손실, 할증취득액 상각으로 차감한 이자수익, 손상차손
재무상태표	+ 금융자산 총장부금액의 감소, 손실충당금의 증가 등
	− 금융자산 총장부금액의 증가, 손실충당금의 감소 등
	금융자산 순현금흐름

상기와 같이 산출한 순현금흐름을 금융자산 처분 현금유입액과 금융자산 취득 현금유출액으로 각각 구분하여 표시한다.

다음은 (주)한국의 20×1년도 재무제표의 일부 자료이다.

(1) 상각후원가 측정 금융자산
　① 금융자산과 관련된 손익계산서 계정

　　금융자산처분손실　　　　　　　　₩30,000
　　금융자산손상차손　　　　　　　　 16,000

　② 금융자산과 관련된 재무상태표 계정

구분	기초잔액	기말잔액
상각후원가 측정 금융자산	₩600,000	₩770,000
손실충당금	30,000	40,000

　③ 금융자산 관련 기타자료: 당기 중 상각후원가 측정 금융자산의 할인취득액 상각액은 ₩11,000이며, 금융자산의 현금 취득액은 ₩240,000이다.

(2) 기타포괄손익 – 공정가치 측정 금융자산
　① 금융자산과 관련된 손익계산서 계정

　　금융자산처분이익　　　　　　　　₩72,000
　　금융자산손상차손　　　　　　　　 23,000

　② 금융자산과 관련된 재무상태표 계정

구분	기초잔액	기말잔액
기타포괄손익인식금융자산	₩920,000	₩960,000
금융자산평가이익	120,000	230,000

　③ 금융자산 관련 기타자료: 당기 중 기타포괄손익−공정가치 측정 금융자산의 할증취득액 상각액은 ₩20,000이며, 금융자산의 처분으로 인한 현금유입액은 ₩350,000이다.

[요구사항]

1. (주)한국의 20×1년 현금흐름표상 상각후원가 측정 금융자산의 처분으로 인한 현금유입액을 계산하시오.

2. (주)한국의 20×1년 현금흐름표상 기타포괄손익 – 공정가치 측정 금융자산의 취득으로 인한 현금유출액을 계산하시오.

해답　1. 상각후원가 측정 금융자산
　　(1) 금융자산 순현금흐름

구분	금융자산 관련 계정	금액
포괄손익계산서	금융자산처분손실	(30,000)
	이자수익(할인취득 상각액)	(*)11,000
	금융자산손상차손	(16,000)
재무상태표	금융자산의 증가	(170,000)
	손실충당금의 증가	10,000
	금융자산 순현금흐름	(195,000)

　　(*) 재무상태표상 AC금융자산의 증가 170,000에는 AC금융자산 할인취득액 상각으로
　　　증가한 금액 11,0000이 포함되어 있다. 다만, 자산(AC금융자산)이 증가하였으므로 현
　　　금흐름 산출 시 차감된다. 그러나 AC금융자산 할인취득액 상각으로 인해 현금유출이
　　　있는 것은 아니므로, 차감되는 금액을 상쇄시키기 위해 다시 가산조정하는 것이다.

　　(2) 금융자산 현금유입 및 현금유출

구분	금액	비고
현금유입(금융자산의 처분)	45,000	역산
현금유출(금융자산의 취득)	(240,000)	
순현금흐름	(195,000)	

　2. 기타포괄손익 - 공정가치 측정 금융자산
　　(1) 금융자산 순현금흐름

구분	금융자산 관련 계정	금액
포괄손익계산서	금융자산처분이익	72,000
	이자수익(할증취득 상각액)	(*)(20,000)
	금융자산손상차손	(23,000)
재무상태표	금융자산의 증가	(40,000)
	금융자산평가이익(자본)의 증가	110,000
	금융자산 순현금흐름	99,000

　　(*) 재무상태표상 FVOCI금융자산의 증가 40,000에는 FVOCI금융자산 '할증'취득액 상
　　　각으로 '감소'한 금액 20,000이 포함되어 있다. 다만, 자산(FVOCI금융자산)이 감소하
　　　였으므로 현금흐름 산출 시 가산된다. 그러나 FVOCI금융자산 할증취득액 상각으로
　　　인해 현금유입이 있는 것은 아니므로, 가산되는 금액을 상쇄시키기 위해 다시 차감조
　　　정하는 것이다.

　　(2) 금융자산 현금유입 및 현금유출

구분	금액	비고
현금유입(금융자산의 처분)	350,000	
현금유출(금융자산의 취득)	(251,000)	역산
순현금흐름	99,000	

03 재무활동 주요 항목별 현금흐름 산출

1. 사채 현금흐름

사채 관련 순현금흐름은 포괄손익계산서상 사채 관련 수익·비용에 재무상태표의 사채 관련 부채(사채, 사채발행차금)의 변동을 가감하여 산출한다.

[사채 순현금흐름 산출]

구분	관련 계정과목 가감
포괄손익계산서	+ 사채상환이익, 사채할증발행차금 상각으로 차감한 이자비용
	− 사채상환손실, 사채할인발행차금 상각으로 인식한 이자비용
재무상태표	+ 사채의 증가, 사채할인(할증)발행차금의 감소(증가) 등
	− 사채의 감소, 사채할인(할증)발행차금의 증가(감소) 등
	사채 순현금흐름

상기와 같이 산출한 순현금흐름을 사채 발행 현금유입액과 사채 상환 현금유출액으로 각각 구분하여 표시한다.

2. 장기차입금 현금흐름

장기차입금 관련 순현금흐름은 포괄손익계산서상 관련 수익·비용에 재무상태표의 관련 부채(유동성장기차입금, 장기차입금)의 변동을 가감하여 산출한다.

[장기차입금 순현금흐름 산출]

구분	관련 계정과목 가감
포괄손익계산서	+ 외환이익(외화차입금 관련)
	− 외환손실(외화차입금 관련)
재무상태표	+ 유동성장기차입금의 증가, 장기차입금의 증가 등
	− 유동성장기차입금의 감소, 장기차입금의 감소 등
	장기차입금 순현금흐름

상기와 같이 산출한 순현금흐름을 장기차입금의 차입 현금유입액과 장기차입금의 상환 현금유출액으로 각각 구분하여 표시한다. 다만, 장기차입금의 상환 현금유출액은 유동성장기차입금의 기초금액을 먼저 상환하고, 나머지 금액을 장기차입금의 조기상환금액으로 가정하여 배분한다.

재무활동 현금흐름: 사채와 차입금

다음은 (주)한국의 20×1년도 재무제표의 일부 자료이다.

(1) 사채

   ① 사채와 관련된 손익계산서 계정

      사채상환손실   ₩50,000

   ② 사채와 관련된 재무상태표 계정

구분	기초잔액	기말잔액
사채	₩200,000	₩320,000
사채할인발행차금	20,000	25,000

   ③ 사채 관련 기타자료: 당기 중 사채할인발행차금 상각액은 ₩10,000이며, 사채의 상환금액은 ₩150,000이다.

(2) 장기차입금

   ① 장기차입금과 관련된 손익계산서 계정

      외화환산이익   ₩16,000

   ② 장기차입금과 관련된 재무상태표 계정

구분	기초잔액	기말잔액
유동성장기차입금	₩50,000	₩80,000
장기차입금	100,000	160,000

   ③ 장기차입금 관련 기타자료: 당기 중 장기차입금 차입액은 ₩200,000이다.

[요구사항]

1. (주)한국의 20×1년 현금흐름표상 사채로 인한 현금유입액을 계산하시오.

2. (주)한국의 20×1년 현금흐름표상 장기차입금으로 인한 현금유출액을 계산하시오.

해답 1. 사채

(1) 사채 순현금흐름

구분	사채 관련 계정	금액
포괄손익계산서	사채상환손실	(50,000)
	이자비용(상각액)	(*)(10,000)
재무상태표	사채의 증가	120,000
	사채할인발행차금의 증가	(5,000)
	사채 순현금흐름	55,000

(*) 재무상태표상 사채할인발행차금의 증가 5,000에는 사채할인발행차금 상각으로 감소한 금액 10,000이 포함되어 있다. 다만, 부채의 차감계정이 감소하였으므로 현금흐름 산출 시 가산된다. 그러나 사채할인발행차금 상각으로 인해 현금유입이 있는 것은 아니므로, 가산되는 금액을 상쇄시키기 위해 다시 차감조정하는 것이다.

(2) 사채 현금유입 및 현금유출

구분	금액	비고
현금유입(사채의 차입)	205,000	역산
현금유출(사채의 상환)	(150,000)	
순현금흐름	55,000	

2. 장기차입금

(1) 장기차입금 순현금흐름

구분	장기차입금 관련 계정	금액
포괄손익계산서	외화환산이익	16,000
재무상태표	유동성장기차입금의 증가	30,000
	장기차입금의 증가	60,000
	장기차입금 순현금흐름	106,000

(2) 장기차입금 현금유입 및 현금유출

구분	금액	비고
현금유입(장기차입금의 차입)	200,000	
현금유출(유동성장기차입금의 상환)	(50,000)	유동성장기차입금 기초금액
현금유출(장기차입금의 조기상환)	(44,000)	역산
순현금흐름	106,000	

3. 자본거래 관련 현금흐름

(1) 유상증자 현금유입액

유상증자는 자본거래이므로 포괄손익계산서에 보고되는 금액이 없다. 따라서 유상증자 현금유입액은 재무상태표의 관련 자본(자본금, 주식발행초과금)의 변동을 가감하여 산출한다.

[유상증자 현금유입액 산출]

구분	관련 계정과목 가감
포괄손익계산서	해당사항 없음
재무상태표	+ 자본금의 증가, 주식발행초과금의 증가
	- 무상증자[*]로 인한 자본금 증가액
	- 주식배당으로 인한 자본금 증가액
유상증자 현금유입액	

[*] 단, 주식발행초과금을 재원으로 하는 무상증자는 제외한다. 왜냐하면 주식발행초과금을 재원으로 하는 무상증자는 자본금의 증가로 현금흐름에 가산되는 금액이 주식발행초과금의 감소로 현금흐름에서 차감되어 상쇄되기 때문에 추가로 고려할 필요가 없는 것이다.

(2) 자기주식 관련 현금흐름

자기주식의 취득, 처분은 자본거래이므로 포괄손익계산서에 보고되는 금액이 없다. 따라서 자기주식 관련 순현금흐름은 재무상태표의 관련 자본(자기주식, 자기주식처분손익)의 변동을 가감하여 산출한다.

[자기주식 순현금흐름 산출]

구분	관련 계정과목 가감
포괄손익계산서	해당사항 없음
재무상태표	+ 자기주식(자본의 차감계정)의 감소, 자기주식처분이익의 증가
	- 자기주식(자본의 차감계정)의 증가, 자기주식처분이익의 감소
자기주식 순현금흐름	

상기와 같이 산출한 순현금흐름을 자기주식 처분 현금유입액과 자기주식 취득 현금유출액으로 각각 구분하여 표시한다.

(3) 배당금지급 현금유출액

① 이자지급 현금유출액은 영업활동이나 재무활동으로 분류할 수 있다. 배당금은 이익잉여금의 처분으로 지급하므로 관련 계정과목은 당기순이익(손익계산서)과 이익잉여금(재무상태표)이 있다. 따라서 배당금지급 현금유출액은 포괄손익계산서상 관련 당기순이익에 재무상태표의 관련 자본인 이익잉여금의 변동을 가감하여 산출한다.

② 다만, 배당금지급 현금흐름은 (주식배당은 제외하고) 현금배당만이 해당되므로 주식배당으로 인한 납입자본(자본금)의 증가는 다시 가산함에 유의해야 한다.

> **[배당금지급 현금유출액의 산출]**
>
> | 구분 | 관련 계정과목 가감 |
> |------|------|
> | 포괄손익계산서 | – 당기순이익 |
> | 재무상태표 | + 이익잉여금의 증가, 주식배당으로 인한 납입자본(자본금)의 증가 |
> | | – 이익잉여금의 감소 |
> | | 배당금지급 현금유출액 |

승철쌤's comment 배당금지급 현금유출액의 산출 별해

① 배당금 지급 현금유출액을 아래와 같이 이익잉여금의 당기 변동 자료에서 역산에 의해 산출하면 보다 간편하게 계산할 수 있다.
② 기초 이익잉여금 + 당기순이익 - 현금배당 - 주식배당 + 재평가잉여금에서 대체 = 기말 이익잉여금
   ⇨ 상기 산식에서 현금배당을 역산하여 계산

예제 14 재무활동 현금흐름: 자본거래

다음은 (주)한국의 20×1년도 비교재무상태표에서 발췌한 자료이다.

구분	기초잔액	기말잔액
자본금	₩500,000	₩600,000
주식발행초과금	150,000	200,000
자기주식처분이익	10,000	18,000
자기주식	65,000	40,000
이익잉여금	340,000	370,000

〈추가자료〉

① 20×1년 중에 유상증자를 실시하였으며, 이외의 증자나 감자거래는 발생하지 않았다.

② 당기 중 자기주식을 ₩50,000에 처분하였다.

③ 당기 중 주식배당 ₩10,000이 실시되었으며, 20×1년의 당기순이익으로 ₩60,000을 보고하였다.

[요구사항]

1. (주)한국의 20×1년 현금흐름표상 유상증자로 인한 현금유입액을 계산하시오.

2. (주)한국의 20×1년 현금흐름표상 현금배당액을 계산하시오.

3. (주)한국의 20×1년 현금흐름표상 자기주식 취득으로 인한 현금유출액을 계산하시오.

해답　1. 유상증자

구분	유상증자 관련 계정	금액
포괄손익계산서	–	–
재무상태표	자본금의 증가	100,000
	주식발행초과금의 증가	50,000
	자본금 증가액(주식배당)	(10,000)
	유상증자 현금유입액	140,000

2. 현금배당액

(1) 간접분석법

구분	배당 관련 계정	금액
포괄손익계산서	당기순이익	(60,000)
재무상태표	이익잉여금의 증가	30,000
	자본금의 증가(주식배당)	10,000
	배당금 현금유출액	(20,000)

(2) 별해 현금배당액을 a라고 하면,
기초 이익잉여금 + 당기순이익 - a - 주식배당액 = 기말 이익잉여금
340,000 + 60,000 - a - 10,000 = 370,000
⇨ a(현금배당액) = 20,000

3. 자기주식

(1) 자기주식 순현금흐름

구분	자기주식 관련 계정	금액
포괄손익계산서	–	–
재무상태표	자기주식처분이익의 증가	8,000
	자기주식의 감소	25,000
	자기주식 순현금흐름	33,000

(2) 자기주식 현금유입 및 현금유출

구분	금액	비고
현금유입(자기주식의 처분)	50,000	
현금유출(자기주식의 취득)	(17,000)	역산
순현금흐름	33,000	

제5절 | 현금흐름표의 기타사항

01 순증감액에 의한 현금흐름 표시

투자활동과 재무활동에서 발생하는 총 현금유입과 총 현금유출은 주요 항목별로 구분하여 총액으로 표시한다. 그러나 다음의 영업활동, 투자활동 또는 재무활동에서 발생하는 현금흐름은 순증감액으로 보고할 수 있다.

구분	사례
고객을 대리함에 따라 발생하는 현금유입과 유출	① 은행의 요구불예금 수신 및 인출 ② 투자기업이 보유하고 있는 고객예탁금 ③ 부동산 소유주를 대신하여 회수한 임대료와 소유주에게 지급한 임대료
회전율이 높고 금액이 크며 만기가 짧은 항목과 관련된 현금유입과 유출	① 신용카드 고객에 대한 대출과 회수 ② 투자자산의 구입과 처분 ③ 기타 단기차입금(예) 차입 당시 만기일이 3개월 이내인 경우)
금융기관의 경우	① 확정만기조건 예수금의 수신과 인출에 따른 현금유입과 현금유출 ② 금융회사 간의 예금이체 및 예금인출 ③ 고객에 대한 현금 선지급과 대출 및 이의 회수

02 비현금거래의 공시

비현금거래는 현금및현금성자산의 사용을 수반하지 않는 투자활동과 재무활동거래를 말한다. 많은 투자활동과 재무활동은 자본과 자산 구조에 영향을 미치지만, 당기의 현금흐름에는 직접적인 영향을 미치지 않는다. 비현금거래의 경우 당기에 현금흐름을 수반하지 않으므로 그 항목을 현금흐름표에서 제외하는 것이 현금흐름표의 목적에 부합한다. 이러한 비현금거래의 예를 들면 다음과 같다.

① 자산 취득 시 직접 관련된 부채를 인수하거나 금융리스를 통하여 자산을 취득하는 경우
② 주식 발행을 통한 기업의 인수
③ 채무의 지분(자본) 전환(출자전환)

비현금거래는 현금및현금성자산의 사용을 수반하지 않으므로 현금흐름표에서 제외한다. 다만, 비현금거래는 투자활동과 재무활동에 대하여 모든 목적적합한 정보를 제공할 수 있도록 재무제표의 다른 부분(주석)에 공시한다.

03 외화표시 현금및현금성자산의 환율변동효과

① 환율변동으로 인한 미실현손익은 현금흐름이 아니다. 그러나 외화로 표시된 현금및현금성자산의 환율변동효과는 기초와 기말의 현금및현금성자산을 조정하기 위해 현금흐름표에 보고한다. 이 금액은 영업활동, 투자활동 및 재무활동 현금흐름과 구분하여 별도로 표시하며, 그러한 현금흐름을 기말 환율로 보고하였다면 발생하게 될 차이를 포함한다.

② 예를 들어, 기말 현재 보유하고 있는 외화보통예금에서 외화환산이익이 ₩1,000 발생했다고 가정할 경우, 해당 외화현금의 환율변동효과를 현금흐름표(간접법)에 표시하면 다음과 같다.

현금흐름표(간접법)

(주)한국	20×1년 1월 1일 ~ 20×1년 12월 31일		
Ⅰ. 영업활동 현금흐름			×××
당기순이익		×××	
…		×××	
외화환산이익		(*)(1,000)	
…		×××	
Ⅱ. 투자활동 현금흐름			×××
Ⅲ. 재무활동 현금흐름			×××
Ⅳ. 현금및현금성자산의 환율변동효과			1,000
Ⅴ. 현금및현금성자산의 증감(Ⅰ+Ⅱ+Ⅲ+Ⅳ)			×××
Ⅵ. 기초 현금및현금성자산			×××
Ⅶ. 기말 현금및현금성자산			×××

(*) 외화현금의 환율변동효과로 증가한 현금은 어느 활동에도 해당하지 않으므로 영업활동 현금흐름을 산출할 때 당기순이익(또는 법인세비용차감전순이익)에서 제거해 주어야 한다.

01 현금흐름표의 현금은 현금및현금성자산을 말한다. 다만, 재무상태표상 현금및현금성   (O, X)
자산과의 차이는 은행차입은 일반적으로 재무활동으로 간주되지만, 금융회사의 요구
에 따라 즉시 상환하여야 하는 당좌차월은 기업의 현금관리의 일부를 구성하므로 현금
흐름표에서는 현금및현금성자산의 구성요소에 포함(차감)된다는 것이다.

02 현금흐름표상 현금흐름은 '손익계산서'상 당기순이익에 '재무상태표'의 자산의 증가(감   (O, X)
소)는 가산(차감)하고, 부채와 자본의 증가(감소)는 차감(가산)하여 산출한다.

03 기업의 현금흐름을 활동별 수준까지만 구분하여 표시하는 방법을 간접법이라고 하며, 활   (O, X)
동별 현금흐름을 항목별 수준까지 세분화하여 표시하는 방법을 직접법이라고 한다. 직접
법을 적용하여 표시한 현금흐름이 간접법에 의한 현금흐름보다 보다 유용한 정보를 제공
하므로, 영업활동 현금흐름을 보고하는 경우에는 직접법을 사용할 것을 권장한다.

04 영업활동은 기업의 주요 수익창출활동 그리고 투자활동이나 재무활동이 아닌 기타의   (O, X)
활동을 말하며, 영업활동 현금흐름의 예로 고객으로부터 유입된 현금, 공급자에 대한
현금유출, 종업원에 대한 현금유출, 기타영업비용 현금유출 등이 있다.

05 단기매매목적으로 보유하는 계약에서 발생한 현금유입과 현금유출은 투자활동으로 분   (O, X)
류된다.

06 투자활동은 장기성 자산(예 유형자산, 무형자산 등) 및 현금성자산에 속하지 않는 기타   (O, X)
투자자산(예 지분상품, 채무상품 등)의 취득과 처분활동을 말한다.

정답 및 해설

01 O

02 X   현금흐름표상 현금흐름은 '손익계산서'상 당기순이익에 '재무상태표'의 자산의 증가(감소)는 차감(가산)하고, 부채와
자본의 증가(감소)는 가산(차감)하여 산출한다.

03 O

04 O

05 X   단기매매목적으로 보유하는 계약에서 발생한 현금유입과 현금유출은 영업활동으로 분류된다.

06 O

07 재무활동은 기업의 납입자본과 차입금의 크기 및 구성내용에 변동을 가져오는 활동을 (O, X)
말하며, 재무활동 현금흐름의 예로 주식의 발행에 따른 현금유입, 장·단기차입에 따른
현금유입과 차입금의 상환에 따른 현금유출, 리스이용자의 금융리스부채 상환에 따른
현금유출 등이 있다.

08 이자수입 현금유입액은 영업활동 현금흐름으로 분류할 수 있지만, 대체적인 방법으로 (O, X)
재무활동 현금흐름으로 분류할 수도 있다.

09 법인세로 인한 현금흐름은 별도로 공시하며, 투자활동과 재무활동에 명백히 관련되지 (O, X)
않는 한 영업활동 현금흐름으로 분류한다.

10 영업활동 현금흐름을 직접법으로 표시하는 경우, 고객으로부터의 유입된 현금(매출 현 (O, X)
금유입액)은 포괄손익계산서상 매출 관련 수익·비용에 재무상태표의 매출 관련 자산
및 부채의 변동을 가감하여 산출한다.

11 기업의 주요 수익창출활동에서 발생하는 현금흐름을 '영업에서 창출된 현금'이라고 한 (O, X)
다. 따라서 영업활동 현금흐름은 크게 '영업에서 창출된 현금'과 이자·배당·법인세 현
금흐름으로 구성된다. 다만, 영업활동 현금흐름을 간접법으로 표시하는 경우에도 '영업
에서 창출된 현금'과 이자·배당·법인세 현금흐름은 별도로 구분하여 표시해야 한다.

12 영업활동 현금흐름을 간접법으로 표시하는 경우에는 이자, 배당, 법인세 현금흐름도 (O, X)
간접법으로 표시할 수 있다.

13 영업활동과 달리, 투자활동과 재무활동은 동일한 항목에서 현금유입과 현금유출이 동 (O, X)
시에 발생할 수 있다. 이 경우 항목별로 현금유입과 현금유출을 상계하여 표시할 수
있다.

정답 및 해설

07 O

08 X 이자수입과 배당금수입 현금유입액은 영업활동이나 투자활동 현금흐름으로 분류할 수 있으며, 이자지급과 배당금
지급 현금유출액은 영업활동이나 재무활동 현금흐름으로 분류할 수 있다.

09 O

10 O

11 O

12 X 이자, 배당, 법인세 현금흐름은 직접법 표시방법만 인정된다. 따라서 영업활동 현금흐름을 간접법으로 표시한다는
것은 '영업에서 창출된 현금'만 간접법으로 표시한다는 의미이다.

13 X 투자활동과 재무활동의 항목별 현금유입과 현금유출은 (서로 상계하지 않고) 각각 구분하여 총액으로 표시해야 한다.

현금흐름의 활동별 분류

01 현금흐름표는 회계기간 동안 발생한 현금흐름을 영업활동, 투자활동 및 재무활동으로 분류하여 보고한다. 다음 중 현금흐름의 분류가 다른 것은? [세무사 10]

① 리스이용자의 금융리스부채 상환에 따른 현금유출
② 판매목적으로 보유하는 재고자산을 제조하거나 취득하기 위한 현금유출
③ 보험회사의 경우 보험금과 관련된 현금유출
④ 기업이 보유한 특허권을 일정기간 사용하도록 하고 받은 수수료 관련 현금유입
⑤ 단기매매 목적으로 보유하는 계약에서 발생한 현금유입

영업활동(직접법) - 매출CF, 매입CF

02 다음은 (주)대한의 20×1년도 재무제표의 일부 자료이다. 직접법을 사용하여 20×1년도 현금흐름표의 영업활동 현금흐름을 구할 때, 고객으로부터 유입된 현금흐름과 공급자에 대해 유출된 현금흐름으로 옳은 것은? (단, (주)대한은 재고자산평가손실과 외환차익을 매출원가에 반영하지 않는다) [회계사 10]

(1) 포괄손익계산서 중 일부 자료

매출액	₩1,500,000
매출원가	1,000,000
대손상각비	7,000
재고자산평가손실	50,000
외환차익(매입채무 관련)	20,000

(2) 재무상태표 중 일부 자료

계정과목	기초잔액	기말잔액
매출채권(총액)	₩200,000	₩140,000
대손충당금	10,000	14,000
재고자산	60,000	50,000
매입채무	50,000	100,000
선수금	10,000	8,000

	고객으로부터 유입된 현금흐름	공급자에 대해 유출된 현금흐름
①	₩1,555,000	₩970,000
②	₩1,555,000	₩995,000
③	₩1,560,000	₩950,000
④	₩1,560,000	₩970,000
⑤	₩1,560,000	₩995,000

03 다음의 자료를 이용하여 (주)대한의 20×1년도 매출액과 매출원가를 구하면 각각 얼마인가?

[회계사 22]

(1) (주)대한의 20×1년도 현금흐름표상 '고객으로부터 유입된 현금'과 '공급자에 대한 현금유출' 은 각각 ₩730,000과 ₩580,000이다.

(2) (주)대한의 재무상태표에 표시된 매출채권, 매출채권 관련 손실충당금, 재고자산, 매입채무의 금액은 각각 다음과 같다.

구분	20×1년 초	20×1년 말
매출채권	₩150,000	₩115,000
(손실충당금)	(40,000)	(30,000)
재고자산	200,000	230,000
매입채무	90,000	110,000

(3) 20×1년도 포괄손익계산서에 매출채권 관련 외환차익과 매입채무 관련 외환차익이 각각 ₩200,000과 ₩300,000으로 계상되어 있다.

(4) 20×1년도 포괄손익계산서에 매출채권에 대한 손상차손 ₩20,000과 기타비용(영업외비용) 으로 표시된 재고자산감모손실 ₩15,000이 각각 계상되어 있다.

	매출액	매출원가
①	₩525,000	₩855,000
②	₩525,000	₩645,000
③	₩545,000	₩855,000
④	₩545,000	₩645,000
⑤	₩725,000	₩555,000

04 다음은 (주)대한의 20×1년도 이자지급과 관련된 자료이다. (주)대한의 20×1년도 이자지급으로 인한 현금유출액은 얼마인가? [세무사 14 수정]

(1) 포괄손익계산서에 인식된 이자비용 ₩20,000에는 사채할인발행차금 상각액 ₩2,000이 포함되어 있으며, 당기에 자본화한 차입원가는 ₩7,000이다.

(2) 재무상태표에 인식된 이자 관련 계정과목의 기초 및 기말잔액은 다음과 같다.

계정과목	기초잔액	기말잔액
미지급이자	₩2,300	₩3,300
선급이자	1,000	1,300

① ₩17,300
② ₩24,300
③ ₩25,700
④ ₩28,300
⑤ ₩29,700

05 (주)한국의 당기순이익은 ₩215,000이다. 다음 사항을 고려할 때 현금흐름표에 영업활동 현금흐름으로 표시할 금액은? (단, 이자수익과 이자비용 및 법인세지급은 모두 영업활동으로 분류한다)

○ 감가상각비	₩40,000	○ 유형자산처분이익	₩20,000
○ 사채상환손실	₩10,000	○ 이자수익	₩10,000
○ 법인세비용	₩9,000	○ 미수이자 감소액	₩6,000
○ 매출채권 감소액	₩8,000	○ 재고자산 증가액	₩14,000
○ 단기차입금 증가액	₩2,000	○ 매입채무 증가액	₩5,000
○ 미지급법인세 감소액	₩3,000		
○ 기타포괄손익 – 공정가치 측정 금융자산평가이익	₩4,000		

① ₩237,000
② ₩243,000
③ ₩247,000
④ ₩249,000
⑤ ₩250,000

06 다음은 제조기업인 (주)대한의 20×1년도 간접법에 의한 현금흐름표를 작성하기 위한 자료이다.

○ 법인세비용차감전순이익: ₩500,000
○ 대손상각비: ₩30,000
○ 재고자산평가손실: ₩10,000
○ 건물 감가상각비: ₩40,000
○ 이자비용: ₩50,000
○ 법인세비용: ₩140,000
○ 단기매매금융자산 처분이익: ₩15,000
○ 재무상태표 계정과목의 기초금액 대비 기말금액의 증감
  - 매출채권(순액): ₩100,000 증가
  - 매입채무: ₩50,000 감소
  - 재고자산(순액): ₩20,000 증가
  - 단기매매금융자산: ₩50,000 감소
  - 미지급이자: ₩70,000 증가

이자지급 및 법인세납부를 영업활동으로 분류한다고 할 때, 20×1년 (주)대한이 현금흐름표에 보고할 영업에서 창출된 현금은 얼마인가? [회계사 14]

① ₩420,000 ② ₩456,000
③ ₩470,000 ④ ₩495,000
⑤ ₩535,000

07 (주)대한의 20×1년도 현금흐름표상 영업에서 창출된 현금(영업으로부터 창출된 현금)은 ₩100,000이다. 다음에 제시된 자료를 이용하여 계산한 (주)대한의 20×1년도 포괄손익계산서상 법인세비용차감전순이익은 얼마인가? (단, 이자와 배당금수취, 이자지급 및 법인세납부는 영업활동으로 분류한다) [회계사 19]

○ 감가상각비	₩2,000	○ 미지급이자 감소	₩1,500
○ 유형자산처분이익	1,000	○ 재고자산(순액) 증가	3,000
○ 이자비용	5,000	○ 매입채무 증가	4,000
○ 법인세비용	4,000	○ 매출채권(순액) 증가	2,500
○ 재고자산평가손실	500	○ 미수배당금 감소	1,000
○ 배당금수익	1,500	○ 미지급법인세 감소	2,000

① ₩90,000 ② ₩96,500
③ ₩97,000 ④ ₩97,500
⑤ ₩99,000

08 다음은 (주)한국의 20×1년도 비교재무제표 중 기계장치와 관련된 부분들만 발췌한 것으로, (주)한국은 기계장치를 원가모형으로 측정한다. (주)한국이 당기에 처분한 기계장치의 처분금액은 ₩75,000으로 처분금액 중 ₩12,000은 20×2년에 수령하기로 하였다. (주)한국이 20×1년도에 기계장치의 취득으로 유출된 현금은 얼마인가?

계정과목	20×0년	20×1년
기계장치	₩150,000	₩300,000
감가상각누계액	(45,000)	(52,000)
감가상각비		45,000
유형자산처분이익		15,000

① ₩173,000
② ₩185,000
③ ₩236,000
④ ₩248,000
⑤ ₩260,000

09 (주)한국은 20×1년도의 손익계산서에 이자비용 ₩8,000, 사채상환손실로 ₩600을 보고하였으며, 이자비용 중 사채할인발행차금 상각액은 ₩400이다. 당기 중 사채의 상환금액은 ₩9,000이다. 다음의 자료를 이용하여 (주)한국의 20×1년 현금흐름표상 사채로 인한 현금유입액을 계산하면 얼마인가?

항목	20×0년 말	20×1년 말
사채	₩50,000	₩60,000
사채할인발행차금	1,300	2,500

① ₩7,800
② ₩8,800
③ ₩16,800
④ ₩17,200
⑤ ₩25,800

10 다음은 (주)대한의 재무상태표에 표시된 두 종류의 상각후원가(AC)로 측정하는 금융부채(A사채, B사채)와 관련된 계정의 장부금액이다. 상기 금융부채 외에 (주)대한이 보유한 이자발생 부채는 없으며, (주)대한은 20x1년 포괄손익계산서상 당기손익으로 이자비용 ₩48,191을 인식하였다. 이자지급을 영업활동으로 분류할 경우, (주)대한이 20x1년 현금흐름표의 영업활동 현금흐름에 표시할 이자지급액은 얼마인가? (단, 당기 중 사채의 추가발행·상환·출자전환 및 차입금의 신규차입은 없었으며, 차입원가의 자본화는 고려하지 않는다) [회계사 21]

구분	20×1년 1월 1일	20×1년 12월 31일
미지급이자	₩10,000	₩15,000
A사채(순액)	94,996	97,345
B사채(순액)	110,692	107,334

① ₩42,182   ② ₩43,192
③ ₩44,200   ④ ₩45,843
⑤ ₩49,200

11 다음은 (주)한국의 20x1년도 비교재무상태표에서 발췌한 자료이다.

구분	20×1년 초	20×1년 말
자본금	₩400,000	₩600,000
주식발행초과금	250,000	300,000
이익잉여금	145,000	166,000

자본금과 주식발행초과금은 유상증자와 주식배당으로 인하여 변동된 것이다. (주)한국은 당기 중 주식배당 ₩32,000을 실시하였으며, 20x1년 당기순이익으로 ₩103,000을 보고하였다. 한편, (주)한국은 보유 중인 기계장치에 대하여 재평가모형을 적용하고 있으며, 관련 재평가잉여금 중 당기에 이익잉여금으로 대체한 금액은 ₩20,000이다. (주)한국이 20x1년 현금흐름표상 배당금지급 현금유출액으로 보고할 금액은 얼마인가?

① ₩50,000   ② ₩52,000
③ ₩70,000   ④ ₩82,000
⑤ ₩102,000

정답

해설

01　①　① 재무활동 분류
②③④⑤ 영업활동 분류

02　①　**(1) 매출 현금유입액**

PL	매출액	1,500,000
	대손상각비	(7,000)
BS	매출채권(총액)의 감소	60,000
	대손충당금의 증가	4,000
	선수금의 감소	(2,000)
	매출 현금유입액	1,555,000

(2)매입 현금유출액

PL	매출원가	(1,000,000)
	재고자산평가손실	(50,000)
	외환차익	20,000
BS	재고자산의 감소	10,000
	매입채무의 증가	50,000
	매입 현금유출액	(970,000)

03 ① **(1) 매출액 추정**

PL	매출액	525,000	(역산)
	매출채권 손상차손	(20,000)	
	매출채권 외환차익	200,000	
BS	매출채권의 감소	35,000	
	손실충당금의 감소	(10,000)	
	매출 현금유입액	730,000	

(2) 매출원가 추정

PL	매출원가	(855,000)	(역산)
	재고자산감모손실	(15,000)	
	매입채무 외환차익	300,000	
BS	재고자산의 증가	(30,000)	
	매입채무의 증가	20,000	
	매입 현금유출액	(580,000)	

04 ②

PL	이자비용	(20,000)
BS	미지급이자의 증가	1,000
	선급이자의 증가	(300)
	사채의 증가(상각액)	(*1)2,000
	건설중인 자산의 증가(자본화)	(*2)(7,000)
	이자지급 현금유출액	(24,300)

(*1) 손익계산서상 이자비용에는 사채할인발행차금 상각액 2,000이 포함되어 있다. 다만, 이자비용은 비용 항목이 므로 현금흐름 산출 시 차감된다. 그러나 사채할인발행차금 상각으로 인식한 이자비용은 현금지출이 있는 비용이 아니므로, 차감되는 금액을 상쇄시키기 위해 다시 가산조정하는 것이다.

(*2) 손익계산서상 이자비용에는 자본화한 이자비용 7,000이 차감되어 있다. 다만, 자본화한 금액 만큼 비용(이자비용)이 감소하므로 현금흐름 산출 시 가산되는 효과가 있다. 그러나 차입원가 자본화로 인해 현금유입이 있는 것은 아니므로, 가산되는 금액을 상쇄시키기 위해 다시 차감조정하는 것이다.

05 ③ **(1) 이자수취 현금유입액**

10,000(이자수익) + 6,000(미수이자의 감소) = 16,000

(2) 법인세 현금유출액

(-)9,000(법인세비용) - 3,000(미지급법인세의 감소) = (-)12,000

(3) 영업활동 현금흐름

PL(*)	당기순이익	215,000	
	감가상각비	40,000	투자활동 비용 제거
	유형자산처분이익	(20,000)	투자활동 수익 제거
	사채상환손실	10,000	재무활동 비용 제거
	이자수익	(10,000)	복합활동 수익 제거
	법인세비용	9,000	복합활동 비용 제거
BS	매출채권의 감소	8,000	
	재고자산의 증가	(14,000)	
	매입채무의 증가	5,000	
	영업에서 창출된 현금	243,000	
	이자수익 현금유입액	16,000	
	법인세 현금유출액	(12,000)	
	영업활동 현금흐름	247,000	

(*) FVOCI금융자산평가이익은 투자활동 관련 수익이지만 포괄손익계산서상 **기타포괄손익**으로 인식한다. 따라서 포괄손익계산서상 **당기손익**으로 인식하는 영업활동순이익을 계산할 때 제거하지 않는다.

(4) 별해 영업활동 현금흐름

문제에서 영업활동 현금흐름만 물어보는 경우에는 (영업에서 창출된 현금을 별도로 계산하지 않고) 영업활동 현금흐름을 바로 계산해도 된다.

PL	당기순이익	215,000	
	감가상각비	40,000	비영업활동 비용 제거
	유형자산처분이익	(20,000)	비영업활동 수익 제거
	사채상환손실	10,000	비영업활동 비용 제거
BS	미수이자의 감소	6,000	
	매출채권의 감소	8,000	
	재고자산의 증가	(14,000)	
	매입채무의 증가	5,000	
	미지급법인세의 감소	(3,000)	
	영업활동 현금흐름	247,000	

06 ③ PL 당기순이익   500,000 - 140,000 = (*)360,000
           법인세비용   (*)140,000 복합활동 비용 제거
           건물 감가상각비   40,000 투자활동 비용 제거
           이자비용   50,000 복합활동 비용 제거
       BS 매출채권 증가   (100,000)
           매입채무 감소   (50,000)
           재고자산 증가   (20,000)
           단기매매금융자산 감소   50,000
           영업에서 창출된 현금   470,000

(*) 영업에서 창출된 현금(순수영업활동 CF)을 구할 때는 어차피 **법인세비용을 제거(가산)**해야 하므로 (당기순이익이 아니라)
   법인세비용차감전순이익에서 출발해도 된다.

07 ③ **(1) 당기순이익 계산**

       PL 당기순이익   93,000 (역산)
           감가상각비   2,000 투자활동 비용 제거
           유형자산처분이익   (1,000) 투자활동 수익 제거
           이자비용   5,000 복합활동 비용 제거
           법인세비용   4,000 복합활동 비용 제거
           배당금수익   (1,500) 복합활동 수익 제거
       BS 재고자산(순액) 증가   (3,000)
           매입채무 증가   4,000
           매출채권(순액) 증가   (2,500)
           영업창출 CF   100,000

   (2) 법인세비용차감전순이익

       당기순이익   93,000
       법인세비용   4,000
       법인세비용차감전순이익   97,000

08 ④ **(1) 기계장치 순현금흐름**

       PL 감가상각비   (45,000)
           유형자산처분이익   15,000
       BS 기계장치의 증가   (150,000)
           감가상각누계액의 증가   7,000
           미수금의 증가   (12,000)
           기계장치 순현금흐름   (185,000)

   (2) 기계장치 현금유입 및 현금유출

       현금유입(기계장치의 처분)   75,000 - 12,000 =   63,000
       현금유출(기계장치의 취득)   (248,000) (역산)
       기계장치 순현금흐름   (185,000)

09 ③ **(1) 사채 순현금흐름**

PL	이자비용(상각액)	(*)(400)
	사채상환손실	(600)
BS	사채 증가	10,000
	사채할인발행차금 증가	(1,200)
	사채 순현금흐름	7,800

(*) 재무상태표상 사채할인발행차금의 증가 1,200에는 사채할인발행차금 상각으로 감소한 금액 400이 포함되어 있다. 다만, 부채의 차감계정이 감소하였으므로 현금흐름 산출 시 가산된다. 그러나 사채할인발행차금 상각으로 인해 현금 유입이 있는 것은 아니므로, 가산되는 금액을 상쇄시키기 위해 다시 차감조정하는 것이다.

(2)사채 현금유입 및 현금유출

현금유입(사채의 발행)	16,800	(역산)
현금유출(사채의 상환)	(9,000)	
순현금흐름	7,800	

10 ③ **(1) 사채 장부금액의 변동 분석**

당기 중 사채의 추가발행, 상환, 출자전환은 없으므로 A사채와 B사채 장부금액은 전액 사채발행차금 상각으로 변동한 것이다. 다만, A사채는 할인발행차금 상각으로 증가한 것이며, B사채는 할증발행차금 상각으로 감소한 것이다.

(2)이자지급 현금유출액

PL	이자비용		(48,191)
BS	미지급이자의 증가		5,000
	A사채의 증가(할인발행차금 상각액)	97,345 – 94,996 =	2,349
	B사채의 감소(할증발행차금 상각액)	107,334 – 110,692 =	(3,358)
	이자지급 현금유출액		(44,200)

11 ③ 현금배당액을 a라고 하면,

기초 이익잉여금 + 당기순이익 – a – 주식배당액 + 재평가잉여금의 대체액 = 기말 이익잉여금
145,000 + 103,000 – a – 32,000 + 20,000 = 166,000
⇨ a(현금배당액) 70,000

| 현금흐름표 종합 | [세무사 2차 19] |

01 다음은 유통업을 영위하고 있는 (주)세무의 20×2년도 비교재무상태표와 포괄손익계산서이다. 이들 자료와 추가정보를 이용하여 각 물음에 답하시오.

1. 비교재무상태표

계정과목	20×2.12.31	20×1.12.31	계정과목	20×2.12.31	20×1.12.31
현금및현금성자산	₩74,000	₩36,000	매입채무	₩70,000	₩44,000
매출채권	53,000	38,000	미지급이자	18,000	16,000
손실충당금	(3,000)	(2,000)	미지급법인세	2,000	4,000
재고자산	162,000	110,000	사채	200,000	–
금융자산(FVPL)	25,000	116,000	사채할인발행차금	(8,000)	–
차량운반구	740,000	430,000	자본금	470,000	408,000
감가상각누계액	(60,000)	(100,000)	자본잉여금	100,000	100,000
			이익잉여금	139,000	56,000
자산총계	₩991,000	₩628,000	부채와 자본총계	₩991,000	₩628,000

2. 포괄손익계산서

계정과목	금액
매출액	₩420,000
매출원가	(180,000)
판매비와관리비	(92,000)
영업이익	₩148,000
유형자산처분이익	4,000
금융자산(FVPL)평가이익	5,000
금융자산(FVPL)처분손실	(2,000)
이자비용	(8,000)
법인세비용차감전순이익	₩147,000
법인세비용	(24,000)
당기순이익	₩123,000
기타포괄손익	–
총포괄이익	₩123,000

[추가정보]

(1) 금융자산(FVPL)은 단기매매 목적으로 취득 또는 처분한 자산으로 당기손익 – 공정가치모형을 적용해오고 있다.

(2) 20×2년 중에 취득원가가 ₩100,000이고, 80% 감가상각된 차량운반구를 ₩24,000에 매각하였다.

(3) 20×2년 중에 액면금액이 ₩100,000인 사채 2좌를 1좌당 ₩95,000에 할인발행하였다.

(4) 20×2년도 자본금의 변동은 유상증자(액면발행)에 따른 것이다.

(5) 포괄손익계산서의 판매비와관리비 ₩92,000에는 매출채권손상차손 ₩2,000이 포함되어 있으며, 나머지는 급여와 감가상각비로 구성되어 있다.

(6) 포괄손익계산서의 이자비용 ₩8,000에는 사채할인발행차금상각액 ₩2,000이 포함되어 있다.

(7) 이자 및 배당금지급을 영업활동 현금흐름으로 분류하고 있다.

[물음 1] (주)세무가 20×2년도 현금흐름표상 영업활동 현금흐름을 간접법으로 작성한다고 가정하고, 다음 ① ~ ⑤에 알맞은 금액을 계산하시오. 단, 현금유출은 (–)로 표시하고, 현금유출입이 없는 경우에는 '0'으로 표시하시오.

영업활동 현금흐름	
법인세비용차감전순이익	₩ ?
가감:	
감가상각비	①
매출채권의 증가(순액)	②
재고자산의 증가	?
금융자산(FVPL)의 감소	?
매입채무의 증가	?
유형자산처분이익	?
이자비용	③
영업으로부터 창출된 현금	₩ ④
이자지급	?
법인세의 납부	?
배당금지급	?
영업활동 순현금흐름	₩ ⑤

[물음 2] (주)세무가 20×2년도 현금흐름표상 영업활동 현금흐름을 직접법으로 작성한다고 가정하고, 다음 ① ~ ⑥에 알맞은 금액을 계산하시오. 단, 현금유출은 (-)로 표시하고, 현금유출입이 없는 경우에는 '0'으로 표시하시오.

영업활동 현금흐름		
고객으로부터의 유입된 현금	₩	①
금융자산(FVPL)으로부터의 유입된 현금		②
공급자와 종업원에 대한 현금유출		③
영업으로부터 창출된 현금	₩	?
이자지급		④
법인세의 납부		⑤
배당금지급		⑥
영업활동 순현금흐름	₩	?

[물음 3] 현금흐름표상 영업활동 현금흐름은 직접법 또는 간접법으로 작성될 수 있다. 직접법과 간접법의 장·단점을 기술하시오.

[물음 4] 20×2년도 차량운반구 취득으로 인한 현금유출액을 계산하시오.

[물음 5] 20×2년도 현금흐름표상 재무활동 순현금흐름을 계산하시오. 단, 현금유출의 경우에는 금액 앞에 (-)표시를 하시오.

해답 **[물음 1] 영업활동 간접법**

1. 당기 감가상각비 추정

   당기 감가상각비를 a라고 하면,

   100,000 + a − 100,000 × 80% = 60,000 ⇨ a: 40,000

2. 영업에서 창출된 현금

법인세비용차감전순이익	147,000
감가상각비	40,000 투자활동 비용 제거
매출채권의 증가(순액)	(−)14,000
재고자산의 증가	(−)52,000
금융자산(FVPL)의 감소	91,000
매입채무의 증가	26,000
유형자산처분이익	(−)4,000 투자활동 수익 제거
이자비용	8,000 복합활동 비용 제거
영업에서 창출된 현금	242,000

3. 영업활동 순현금흐름

   (1) 이자지급 현금유출액

이자비용	(−)8,000
미지급이자의 증가	2,000
사채할인발행차금의 감소(상각액)	2,000 ∵ 사채할인발행차금 상각 이자비용은 현금유출 없음
이자지급 현금유출액	(−)4,000

   (2) 법인세납부 현금유출액

법인세비용	(−)24,000
미지급법인세의 감소	(−)2,000
법인세납부 현금유출액	(−)26,000

   (3) 배당금지급 현금유출액

   20×2년 현금배당액을 a라고 하면,

   기초 이익잉여금 + 당기순이익 − 현금배당액 = 기말 이익잉여금

   56,000 + 123,000 − a = 139,000 ⇨ a(20×2년 현금배당액): 40,000

   (4) 영업활동 순현금흐름

영업에서 창출된 현금	242,000
이자지급 현금유출액	(−)4,000
법인세납부 현금유출액	(−)26,000
배당금지급 현금유출액	(−)40,000
영업활동 순현금흐름	172,000

4. 답안의 작성

   ① 40,000

   ② (−)14,000

   ③ 8,000

   ④ 242,000

   ⑤ 172,000

[물음 2] 영업활동 직접법

1. 고객으로부터 유입된 현금액

매출액	420,000
손상차손(대손상각비)	(-)2,000
매출채권(순액)의 증가	(-)14,000
고객으로부터 유입된 현금	404,000

2. 금융자산(FVPL)으로부터의 유입된 현금

금융자산(FVPL)평가이익	5,000
금융자산(FVPL)처분손실	(-)2,000
금융자산(FVPL)의 감소	91,000
금융자산(FVPL) 현금유입액	94,000

3. 공급자와 종업원에 대한 현금유출

매출원가	(-)180,000
급여	$^{(*)}$(-)50,000
재고자산의 증가	(-)52,000
매입채무의 증가	26,000
공급자와 종업원 현금유출액	(-)256,000

$^{(*)}$ 92,000(판매관리비) - 2,000(대손상각비) - 40,000(감가상각비) = 50,000

4. 답안의 작성
① 404,000
② 94,000
③ (-)256,000
④ (-)4,000
⑤ (-)26,000
⑥ (-)40,000

[물음 3] 직접법과 간접법의 장·단점

1. 직접법
① 장점: 현금유입의 원천과 현금유출의 용도를 항목별로 구분하여 나타내므로 기업의 미래현금흐름 창출능력을 평가하는데 보다 유용한 정보를 제공한다.
② 단점: 당기순이익과 영업활동 현금흐름 간의 연관관계를 설명할 수 없으며, 항목별로 현금흐름을 산출해야 하므로 작성에 시간과 노력이 많이 소요된다.

2. 간접법
① 장점: 당기순이익과 영업활동 현금흐름 간의 연관관계를 설명할 수 있으며, 현금흐름표 작성이 간편하다.
② 단점: 항목별 현금흐름에 대한 정보를 제공하지 못한다.

[물음 4] 차량운반구 취득으로 인한 현금유출액

1. 차량운반구 순현금흐름

감가상각비	(-)40,000
유형자산처분이익	4,000
차량운반구의 증가	(-)310,000
감가상각누계액의 감소	(-)40,000
차량운반구 순현금흐름	(-)386,000

2. 차량운반구 현금유입 및 현금유출

현금유입(차량운반구 처분)	24,000
현금유출(차량운반구 취득)	(-)410,000 (역산)
차량운반구 순현금흐름	(-)386,000

[물음 5] 재무활동 순현금흐름

1. 20×2년 재무활동 순현금흐름
   (1) 20×2년 순현금흐름: 74,000(기말 현금) - 36,000(기초 현금) = 38,000
   (2) 20×2년 재무활동 순현금흐름: 38,000 - 172,000(영업활동) - (-)386,000(투자활동) = 252,000

2. 참고 20×2년 재무활동 순현금흐름은 다음과 같이 계산할 수도 있다.
   (1) 사채 순현금흐름

이자비용(사채할인발행차금 상각액)	(-)2,000 ∵ 사채할인발행차금 상각으로 증가한 사채는 현금유입 없음
사채의 증가	200,000
사채할인발행차금의 증가	(-)8,000
사채 순현금흐름	190,000

   (2) 유상증자 현금유입액

자본금의 증가	62,000
자본잉여금의 증가	-
유상증자 현금유입액	62,000

   (3) 재무활동 순현금흐름

사채 순현금흐름	190,000
유상증자 현금유입액	62,000
재무활동 순현금흐름	252,000

02 다음의 <자료>를 이용하여 물음에 답하시오.

〈자료〉

다음은 제조업을 영위하고 있는 (주)대한의 재무상태표 계정 중 20×2년 기초 대비 기말잔액이 증가(감소)한 계정의 일부이다(자산 및 부채 모두 증가는 (+), 감소는 (−)로 표시하였음).

계정	증감
매출채권	(+) ₩200,000
손실충당금(매출채권)	(+) 30,000
토지	(+) 50,000
건물	(+) 250,000
감가상각누계액(건물)	(−) 7,000
제품보증충당부채	(+) 45,000
사채	?
사채할인발행차금	?

20×2년 12월 31일로 종료되는 회계연도의 현금흐름표를 작성할 때 추가적으로 고려하여야 할 항목들은 다음과 같다.

1. (주)대한의 매출채권은 전액 미국에 수출하여 발생한 것이다. 매출채권과 관련하여 당기 포괄손익계산서에 계상된 외화환산손실은 ₩40,000이고 외환차손은 ₩20,000이며 손상차손은 ₩5,000이다.

2. 당기 중 토지 ₩50,000을 주주로부터 현물로 출자받았고, 건물을 ₩300,000에 신규 취득하였다. 토지와 건물의 증감은 토지의 취득, 건물의 취득 및 처분으로 발생한 것이다. 포괄손익계산서에 계상된 당기의 감가상각비는 ₩3,000이고, 건물의 처분으로 인하여 발생한 처분이익은 ₩10,000이다.

3. (주)대한은 판매한 제품에 대하여 2년간 보증해 주고 있으며 재무상태표에 제품보증충당부채를 표시하고 있다. 당기 말에 최선의 추정치로 측정하여 포괄손익계산서에 계상한 품질보증비용은 ₩60,000이고, 이외의 변동은 모두 보증으로 인한 수리활동으로 지출된 금액이다.

4. 사채는 전액 당기 초에 발행되었고, 발행 시 액면금액은 ₩90,000(액면이자율 연 8%), 사채할인발행차금은 ₩6,000이다. 당기 포괄손익계산서에 계상된 사채의 이자비용은 ₩9,000이다. 동 사채 액면 ₩90,000중 ₩30,000은 당기 말에 상환되었으며, 포괄손익계산서에 계상된 사채상환이익은 ₩800이다.

(주)대한이 20×2년 12월 31일로 종료되는 회계연도의 현금흐름표를 간접법으로 작성하는 경우 상기 4가지 추가항목과 관련하여 현금흐름표상 영업, 투자 또는 재무활동으로 인한 현금흐름에 가산 또는 차감 표시하여야 할 금액을 아래 양식에 따라 각 항목별로 표시하시오. 단, (주)대한은 이자수취 및 지급을 영업활동으로 분류하고 있으며, 당기순이익은 영업활동으로 인한 현금흐름에 가산하였다.

(예시) 5. 당기 무형자산의 취득액은 ₩12,000이고, 무형자산 상각액은 ₩4,000이다.

항목 번호	활동 구분	현금흐름 가산(+) 또는 차감(-)	금액
5	영업	+	4,000
	투자	-	12,000
	재무	없음	

해답 1. 매출채권

  (1) 영업활동 현금흐름

    ① 매출 현금유입액은 영업활동 현금흐름이다. 따라서 매출채권 관련 손익은 영업활동 현금흐름을 산출할 때 당기순이익에서 제거할 필요가 없으며, 재무상태표에서 매출채권과 대손충당금의 변동만 가감하면 된다.

    ② 영업활동 조정금액

매출채권의 증가	(-)200,000
손실충당금의 증가	30,000
계	(-)170,000

  (2) 투자활동 현금흐름: 가감할 금액 없음

  (3) 재무활동 현금흐름: 가감할 금액 없음

2. 토지와 건물

  (1) 영업활동 현금흐름

    ① 토지와 건물 관련 현금흐름은 투자활동 현금흐름이다. 따라서 토지와 건물 관련 손익은 영업활동 현금흐름을 산출할 때 당기순이익에서 제거해야 한다.

    ② 영업활동 조정금액

감가상각비	3,000	투자활동 비용 제거
유형자산처분이익	(-)10,000	투자활동 수익 제거
계	(-)7,000	

  (2) 투자활동 현금흐름(토지와 건물의 순현금흐름)

감가상각비	(-)3,000
유형자산처분이익	10,000
토지의 증가	(-)50,000
건물의 증가	(-)250,000
감가상각누계액의 감소	(-)7,000
현물출자 자본의 증가	50,000
계	(-)250,000

  (3) 재무활동 현금흐름: 가감할 금액 없음

3. 제품보증충당부채

  (1) 영업활동 현금흐름

    ① 제품보증 현금유출액은 영업활동 현금흐름이다. 따라서 제품보증 관련 손익은 영업활동 현금흐름을 산출할 때 당기순이익에서 제거할 필요가 없으며, 재무상태표에서 제품보증충당부채의 변동만 가감하면 된다.

    ② 영업활동 조정금액

제품보증충당부채의 증가	45,000

  (2) 투자활동 현금흐름: 가감할 금액 없음

  (3) 재무활동 현금흐름: 가감할 금액 없음

4. 사채
   (1) 영업활동 현금흐름
      ① 사채 관련 현금흐름은 재무활동 현금흐름이다. 따라서 사채 관련 손익은 영업활동 현금흐름을 산출할 때 당기순이익에서 제거해야 한다.
      ② 이자지급 현금유출액은 복합활동 현금흐름이다. 따라서 이자비용 관련 손익은 영업창출 현금흐름을 산출할 때 제거해야 한다. 다만, 이자지급 현금유출액을 영업활동으로 분류하고 있으므로 영업활동 순현금흐름을 계산할 때 이자지급 현금유출액을 차감한다.
      ③ 이자지급 현금유출액

이자비용	(-)9,000
사채할인발행차금 상각액	[*]1,800 ∵ 사채할인발행차금 상각 이자비용은 현금유출 없음
이자지급 현금유출액	(-)7,200

      [*] 9,000 - 90,000 × 8% = 1,800
      ④ 영업활동 조정금액

사채상환이익	(-)800 재무활동 수익 제거
이자비용	9,000 복합활동 비용 제거
이자지급 현금유출액	(-)7,200
계	1,000

   (2) 투자활동 현금흐름: 가감할 금액 없음
   (3) 재무활동 현금흐름(사채의 순현금흐름)
      ① 사채발행 현금유입액: 90,000 - 6,000 = 84,000
      ② 사채상환 현금유출액
         ㉠ 상환 직전 장부금액: 84,000 + 1,800(할인차금 상각액) = 85,800
         ㉡ 사채상환이익: 85,800 × 30,000 ÷ 90,000 - 상환금액 = 800 ⇨ 상환금액: 27,800
      ③ 재무활동 조정금액

사채발행 현금유입액	84,000
사채상환 현금유출액	(-)27,800
사채 순현금흐름	56,200

5. 답안의 작성

항목 번호	활동 구분	현금흐름 가산(+) 또는 차감(-)	금액
1	영업	-	170,000
	투자	없음	
	재무	없음	
2	영업	-	7,000
	투자	-	250,000
	재무	없음	
3	영업	+	45,000
	투자	없음	
	재무	없음	
4	영업	+	1,000
	투자	없음	
	재무	+	56,200

해커스 IFRS 김승철 중급회계 하

제24장

주당이익

제1절 │ 주당이익의 기초

01 의의

① 주당이익(EPS; Earnings Per Share)은 기업의 당기순이익을 기업이 발행한 보통주식수로 나누어 계산한 것으로서, 보통주 1주당 기업이 벌어들인 순이익이 얼마인지를 나타내는 수익성 지표이다.
② 주당이익은 기업의 당기순이익을 투자금액으로 나누어 계산한 일종의 투자수익률로 이해하면 된다. 다만, 투자금액은 일반적으로 기업이 발행한 주식수에 비례하므로, 분모의 투자금액을 보통주식수로 바꾸어서 계산한 것이 바로 주당이익이다. 따라서 정보이용자들은 기업 간 또는 특정 기업의 기간별 경영성과를 비교할 때 (당기순이익만을 비교하는 것보다는) 투자규모를 고려한 수익성 지표인 주당이익을 함께 비교함으로써 보다 합리적인 의사결정에 도달할 수 있을 것이다.

02 주당이익의 종류

주당이익은 다음과 같이 기본주당이익과 희석주당이익으로 구분된다.

① **기본주당이익(Primary EPS)**: 실제로 발행되어 유통되고 있는 보통주식수를 기준으로 계산한 주당이익을 말한다.
② **희석주당이익(Diluted EPS)**: 실제로 발행된 보통주뿐만 아니라, 보통주로 전환될 가능성이 있는 잠재적 보통주(신주인수권 등)도 보통주로 전환되었다고 가정하여 계산한 주당이익을 말한다.

─┤ 사례 ├─

기본주당이익과 희석주당이익

(주)한국의 20×1년 당기순이익은 ₩10,000이고 발행된 보통주는 100주이다. 그리고 발행된 신주인수권이 100주가 있다.
① 기본주당이익 = ₩10,000 ÷ 100주 = ₩100/주
② 희석주당이익 = ₩10,000 ÷ 200주 = ₩50/주

03 주당이익의 공시

[그림 24-1] 주당이익의 공시

포괄손익계산서
(주)한국
당기 20×2.1.1~20×2.12.31
전기 20×1.1.1~20×1.12.31

	당기	전기
계속영업이익	×××	×××
중단영업이익	×××	×××
당기순이익	×××	×××
기타포괄손익	×××	×××
총포괄이익	×××	×××
주당계속영업이익	×××	×××
기본주당이익	×××	×××
희석주당이익	×××	×××
주당순이익	×××	×××
기본주당이익	×××	×××
희석주당이익	×××	×××

주당이익은 다음과 같이 공시한다.

① 주당이익은 상장기업이나 상장예정기업의 별도재무제표나 개별재무제표 및 연결재무제표에 표시한다.
② 주당이익은 포괄손익계산서의 총포괄이익 다음에 표시한다. 만일 기업이 포괄손익을 두 개의 보고서로 나누어 표시하는 경우에는 주당이익은 별개의 손익계산서의 당기순이익 다음에 표시한다.
③ 기본주당이익과 희석주당이익은 부(-)의 금액인 경우에도 표시한다.
④ 중단영업에 대해 보고하는 기업은 중단영업에 대한 기본주당이익과 희석주당이익을 포괄손익계산서에 표시하거나 주석으로 공시한다.

제2절 | 기본주당이익

기본주당이익은 실제로 발행되어 유통되고 있는 보통주 1주당 순이익을 계산한 것이다. 따라서 기본주당 이익은 보통주에 귀속되는 당기순이익(분자)을 당기에 유통된 보통주식수를 가중평균한 가중평균유통보 통주식수(분모)로 나누어 계산한다. 그리고 기본주당계속영업이익은 보통주에 귀속되는 계속영업이익(분 자)을 가중평균유통보통주식수(분모)로 나누어 계산한다.

$$기본주당이익 = \frac{보통주당기순이익}{가중평균유통보통주식수}$$

$$기본계속영업이익 = \frac{보통주계속영업이익}{가중평균유통보통주식수}$$

01 [분모] 가중평균유통보통주식수의 계산

1. 가중평균유통보통주식수

① 주당이익을 계산할 때 분모의 보통주식수는 가중평균유통보통주식수로 한다. 이때 가중평균유통보 통주식수는 보통주가 유통된 기간을 고려하여 연평균으로 계산한 보통주식수를 말한다. 따라서 가 중평균유통보통주식수를 연평균유통보통주식수로 이해하면 된다.

② 그리고 가중평균유통보통주식수를 산정하기 위한 보통주 유통일수 계산의 기산일은 원칙적으로 주 식의 발행일이다. 왜냐하면 실제로 기업이 주식을 발행하여 현금이 유입되어야 유입된 현금으로 당 기순이익을 만들어 내는데 투자할 수 있기 때문이다.

> **승철쌤's comment   가중평균유통주식수(연평균유통주식수)**
>
> ① (주)한국은 20×1.1.1과 7.1에 각각 보통주 100주를 발행하여 자금을 조달하였다. 이때 20×1.1.1에 발행된 100주는 1년 내내 유통되었으므로 연평균으로도 100주가 유통된 것이다. 다만, 20×1.7.1에 발행된 100주는 6개월 동안만 유통되었으므로 연평균으로 따져보면 실질적으로 50주만 유통된 것으로 볼 수 있다.
>
> **[연평균주식수의 계산]**
>
> | | | |
> |---|---|---|
> | 1.1 발행분: | 100주 × 12/12 = | 100주 |
> | 7.1 발행분: | 100주 × 6/12 = | 50주 |
> | 계 | | 150주 |
>
> ② 이렇게 보통주의 유통기간을 고려하여 연평균으로 계산한 주식수를 가중평균유통주식수라고 한다. 기업은 영업활 동을 위한 자금을 주식을 발행하여 조달할 수 있으며, 이때 보통주의 유통기간은 조달한 자금의 투자기간으로 볼 수 있다. 주당이익도 일종의 투자수익률이다. 따라서 주당이익은 보통주의 유통기간(투자기간)을 고려한 연평균 (가중평균)주식수를 분모로 하여 계산해야 올바른 주당이익이 계산될 것이다.
>
> ③ 참고로, 가중평균유통주식수는 원칙적으로 유통일수를 기준으로 가중평균해야 한다. 다만, 수험목적으로는 유통월 수로 가중평균하는 문제가 주로 출제된다.

③ 앞서 언급한 바와 같이, 가중평균유통보통주식수를 산정하기 위한 보통주 유통일수 계산의 기산일은 통상 주식발행의 대가를 받을 권리가 발생하는 시점(일반적으로 주식발행일)이다. 보통주 유통일수를 계산하는 기산일의 예를 들면 다음과 같다.

> ㉠ 현금납입의 경우 현금을 받을 권리가 발생하는 날
> ㉡ 보통주나 우선주 배당금을 자발적으로 재투자하여 보통주가 발행되는 경우 배당금의 재투자일
> ㉢ 채무상품의 전환으로 인하여 보통주를 발행하는 경우 최종이자발생일의 다음 날
> ㉣ 그 밖의 금융상품에 대하여 이자를 지급하거나 원금을 상환하는 대신 보통주를 발행하는 경우 최종이자발생일의 다음 날
> ㉤ 채무를 변제하기 위하여 보통주를 발행하는 경우 채무변제일
> ㉥ 현금 이외의 자산을 취득하기 위하여 보통주를 발행하는 경우 그 자산의 취득을 인식한 날
> ㉦ 용역의 대가로 보통주를 발행하는 경우 용역제공일

④ 보통주 유통일수를 계산하는 기산일은 주식발행과 관련된 특정 조건에 따라 결정하며, 이때 주식발행에 관한 계약의 실질을 적절하게 고려한다.

예제 1 가중평균주식수의 계산

(주)한국의 20×1년 보통주식수의 변동내역이 다음과 같을 경우, (주)한국의 20×1년 가중평균유통보통주식수를 계산하시오. 단, 가중평균유통보통주식수는 월할계산한다.

구분	주식수
20×1.1.1	100주
20×1.5.1 유상증자	300주
20×1.12.31	400주

해답
1.1 ~ 12.31	100주 × 12/12 =	100주
5.1 ~ 12.31	300주 × 8/12 =	200주
계		300주

2. 무상증자 등

① 무상증자, 주식배당, 주식분할의 경우에는 추가로 대가를 받지 않고 기존 주주에게 보통주를 발행하므로 기업에 자원(현금 등)은 유입되지 않고 유통보통주식수만 증가하게 된다. 그리고 주식병합은 자원의 실질적인 유출 없이 유통보통주식수만 감소하게 된다.

② 이렇게 무상증자, 주식배당, 주식분할, 주식병합(이하 '무상증자 등')의 경우에는 당해 사건이 있기 전의 유통보통주식수를 비교표시되는 최초기간의 개시일에 그 사건이 일어난 것처럼 비례적으로 조정한다. 즉, 무상증자 등은 이미 발행되어 유통되고 있는 기존 주식(원본주식)에 대하여 실시되는 것이므로 기존 주식으로 간주하여 주식수의 변동을 소급수정하는 것이다.

③ 따라서 기초의 유통보통주식수에 대해 무상증자 등이 실시된 경우에는 기초부터 유통보통주식수에 포함하며, 당기 중 유상증자로 발행된 주식에 대해 무상증자 등이 실시된 경우에는 당해 주식의 기산일부터 유통보통주식수에 포함한다.

사례

무상증자

① 20×1.1.1에 유통보통주가 100주 있었고, 20×1.7.1에 무상증자(10%)로 보통주 10주가 추가로 발행되었다고 가정한다.

② 이 경우 가중평균유통보통주식수를 계산할 때 무상주 10주는 (20×1.7.1에 발행된 것이 아니라) 20×1. 1.1에 이미 유통되고 있었다고 간주하여 계산한다는 것이다. 즉, 20×1.1.1 유통보통주식수가 (100주가 아니라) 무상주까지 포함하여 110주가 있었다고 가정하여 가중평균주식수를 계산한다는 의미이다.

③ 이렇게 가정하면, 20×1년 가중평균유통보통주식수는 110주(= 110주 × 12/12)로 계산된다.

---

④ 한편, 무상증자 등이 실시된 경우 수험목적으로는 다음과 같은 방법으로 가중평균유통보통주식수를 계산하는 것이 보다 간편하다.

> ㉠ 무상증자비율을 계산한다. 이때 무상증자비율은 무상증자 등으로 발행한 주식수를 무상증자 등을 실시하기 직전의 기존 주식수로 나누어 산정한다.
> ㉡ 무상증자 등을 실시하기 직전의 기존 주식수를 무상증자비율만큼 일괄적으로 증가시켜 유통보통주식수에 포함시킨다.

$$\text{가중평균유통보통주식수} = \text{무상증자 직전의 주식수} \times (1 + {}^{(*)}\text{무상증자비율}) \times \text{유통기간}/12$$

$$^{(*)} \text{무상증자비율} = \frac{\text{무상증자 주식수}}{\text{무상증자 직전 주식수}}$$

| 예제 2 | 가중평균유통보통주식수: 유상증자와 무상증자 |

(주)한국의 20×1년 보통주식수의 변동내역이 다음과 같을 경우, (주)한국의 20×1년 가중평균유통보통주식수를 계산하시오. 단, 가중평균유통보통주식수는 월할계산하고, 소수점 이하는 반올림한다.

구분	주식수
20×1.1.1	100주
20×1.5.1 유상증자	100주
20×1.7.1 무상증자	20주
20×1.12.31	220주

해답   1. 무상증자비율
　　　　20주 ÷ (100주 + 100주) = 10%

　　　　2. 가중평균유통보통주식수

1.1 ~ 12.31	100주 × (1 + 10%) × 12/12 =	110주
5.1 ~ 12.31	100주 × (1 + 10%) × 8/12 =	73주
계		183주

3. 유상증자

(1) 주주배정 유상증자

① 유상증자를 실시한 경우에는 현금이 납입되므로 주식발행대금의 납입일부터 포함하여 가중평균유통보통주식수를 계산한다.

② 다만, 주주우선배정에 따라 기존 주주에게 공정가치보다 낮은 가격으로 주식을 발행하는 경우(공정가치 미만 유상증자), 공정가치보다 낮게 발행한 금액만큼은 대가 없이 주식을 발행한 것이므로 무상증자로 볼 수 있다. 따라서 기존 주주에게 공정가치 미만으로 유상증자를 실시하는 경우에는 실제 유상증자 주식수를 공정가치 유상증자 주식수와 무상증자 주식수로 분할하여 가중평균유통보통주식수를 계산한다. 이때 주식수를 분할할 때는 공정가치 유상증자가 먼저 실시되고 무상증자는 나중에 실시된 것으로 가정하여 계산한다.

> **[공정가치 미만 유상증자 주식수의 분할]**
> ㉠ **공정가치 유상증자를 가정한 주식수**: 유상증자로 유입된 현금 ÷ 유상증자 직전 1주당 공정가치
> ㉡ **무상증자 주식수**: 실제 유상증자 주식수 – 공정가치 유상증자 주식수(상기 ㉠)

③ 상기와 같이 주식수를 분할한 후, 공정가치 유상증자 주식수(상기 ㉠)는 납입일부터 유통보통주식수에 포함하고, 무상증자 주식수(상기 ㉡)는 무상증자비율만큼 기존 주식수를 일괄적으로 증가시켜 유통보통주식수에 포함한다.

> **[공정가치 미만 유상증자 시 무상증자비율 계산]**
> $$무상증자비율 = \frac{무상증자\ 주식수}{유상증자\ 직전\ 주식수 + 공정가치\ 유상증자\ 주식수}$$

(2) 제3자배정 유상증자

신주인수권, 주식선택권의 행사 등으로 (기존 주주가 아니라) 제3자에게 유상증자로 보통주를 발행(제3자배정 유상증자)하는 경우에는 주식발행대금의 납입일부터 포함하여 가중평균유통보통주식수를 계산한다.

> **승철쌤's comment 제3자배정 유상증자 시 공정가치 미만으로 발행된 경우**
> ① 제3자배정 유상증자의 경우에는 공정가치 미만 유상증자인 경우에도 무상증자 요소가 포함된 것으로 보지 않는다. 따라서 유상증자 주식수 전체를 납입일부터 유통보통주식수에 포함한다.
> ② 한편, 수험목적으로는 문제에 별도의 언급이 없이 유상증자를 실시했다고 하면, 기존 주주배정 유상증자로 가정하여 풀이하면 된다.

| 예제 3 | 가중평균유통보통주식수: 공정가치 미만 유상증자 |

(주)한국의 20×1년 보통주식수 변동내역은 다음과 같다.

구분	주식수
20×1.1.1	1,900주
20×1.7.1 유상증자	300주
20×1.12.31	2,200주

한편, 20×1년 7월 1일에 실시한 유상증자는 주주우선배정 방식에 따른 것으로, 유상증자 시 주당 발행금액은 ₩100이고 유상증자 권리행사일 전의 공정가치는 주당 ₩300이다.

[요구사항]

(주)한국의 20×1년 가중평균유통보통주식수를 계산하시오. 단, 가중평균유통보통주식수는 월할계산하고, 소수점 이하는 반올림한다.

해답   1. 유상증자 주식수의 분할

　　　① 공정가치 유상증자 주식수: 30,000(= 300주 × @100) ÷ @300 = 100주

　　　② 무상증자 주식수: 300주 - 100주 = 200주

　　　③ 무상증자비율: 200주 ÷ 2,000주(= 1,900주 + 100주) = 10%

　　2. 가중평균유통보통주식수

1.1 ~ 12.31	1,900주 × (1 + 10%) × 12/12 =	2,090주
7.1 ~ 12.31	100주 × (1 + 10%) × 6/12 =	55주
계		2,145주

4. 자기주식

자기주식은 발행 후 유통되고 있는 주식을 다시 취득하여 보유하고 있는 주식을 말한다. 따라서 자기주식은 취득시점부터 재발행할 때까지 보통주식수에서 차감하여 가중평균유통주식수를 계산한다. 즉, 자기주식을 취득하면 유통보통주식수에서 차감하고, 자기주식을 재발행(처분)하면 유통보통주식수에 다시 가산한다.

5. 전환금융상품

전환금융상품은 보통주로 전환할 수 있는 권리가 부여된 금융상품을 말하며, 그 예로 전환사채와 전환우선주 등이 있다. 이러한 전환금융상품의 전환권 행사로 발행되는 보통주는 전환일부터 유통보통주식수 계산에 포함한다. 다만, 보통주로 반드시 전환하여야 하는 전환금융상품은 계약체결시점부터 기본주당이익을 계산하기 위한 보통주식수에 포함한다.

> **승철쌤's comment   전환간주일 규정**
>
> ① 우리나라 상법(제350조)에 따르면, 전환금융상품의 발행자는 전환간주일 규정을 둘 수 있다. 전환간주일이란 전환금융상품이 기중에 전환되는 경우, 이자 및 배당금지급의 편의를 위해 전환일을 특정일로 간주하는 규정을 말한다. 예를 들어, 전환사채의 전환권이 기중에 행사된 경우, 전환간주일이 기초이면 당기에는 보통주로 보아 배당을 지급하며, 전환간주일이 기말이면 당기에는 사채로 보아 이자를 지급하는 것이다.
> ② 다만, 이렇게 전환간주일 규정이 있는 전환금융상품이 당기에 보통주로 전환된 경우, 언제부터 유통보통주식수에 포함할 것인가에 대하여는 논란이 있다. 즉, 발행조건상의 전환간주일부터 포함해야 한다는 주장이 있는 반면, 실제 전환일부터 포함해야 한다는 주장도 있다.
> ③ 저자의 개인적인 의견은 전환간주일은 이자 및 이익배당 지급의 편의를 위한 조건일 뿐 보통주가 실제로 발행된 날은 아니며, 또한 국제회계기준에 전환간주일에 대해 아무런 언급이 없으므로 실제 전환일부터 유통보통주식수에 포함하는 것이 타당하다고 생각된다. 그러나 수험목적으로는 문제에 제시된 단서에 따라 풀이하기 바란다. 만일 문제에서 전환간주일에 대해 별도의 언급이 없다면 실제 전환일부터 포함하면 된다.

예제 4	가중평균유통보통주식수: 자기주식과 전환금융상품

(1) (주)한국의 20×1년 보통주식수 변동내역은 다음과 같다.

구분	주식수
20×1.1.1	1,000주
20×1.4.1 자기주식 취득	(200주)
20×1.7.1 자기주식 처분	100주
20×1.8.1 전환우선주 전환	180주
20×1.11.1 전환사채 전환	240주
20×1.12.31	1,320주

(2) 전환우선주와 전환사채는 모두 20×0년에 발행한 것이다.

[요구사항]

(주)한국의 20×1년도 기본주당이익 계산을 위한 가중평균유통보통주식수를 계산하시오. 단, 가중평균유통보통주식수는 월할계산한다.

해답 1.1 ~ 12.31   1,000주 × 12/12 =   1,000주
      4.1 ~ 12.31   200주 × 9/12 =   (150주)
      7.1 ~ 12.31   100주 × 6/12 =   50주
      8.1 ~ 12.31   180주 × 5/12 =   75주
      11.1 ~ 12.31   240주 × 2/12 =   40주
      계   1,015주

6. [심화] 조건부발행보통주

① 조건부발행보통주란 조건부주식약정에 명시된 특정 조건이 충족된 경우에 현금 등의 대가가 없거나 거의 없이 발행하게 되는 보통주를 말한다. 조건부발행보통주는 모든 필요조건이 충족(즉, 사건의 발생)된 날에 발행된 것으로 보아 기본주당이익을 계산하기 위한 보통주식수에 포함한다.

② 한편, 단순히 일정기간이 경과한 후 보통주를 발행하기로 하는 계약 등의 경우 기간의 경과에는 불확실성이 없으므로 조건부발행보통주로 보지 아니한다. 또한 조건부로 재매입할 수 있는 보통주를 발행한 경우 이에 대한 재매입가능성이 없어질 때까지는 보통주로 간주하지 아니하고, 기본주당이익을 계산하기 위한 보통주식수에 포함하지 아니한다.

7. [심화] 사업결합 이전대가

사업결합 이전대가의 일부로 발행된 보통주의 경우 취득일을 가중평균유통보통주식수를 산정하는 기산일로 한다. 왜냐하면 사업 취득일부터 피취득자 손익을 취득자의 포괄손익계산서에 반영하기 때문이다.

예제 5 ── 조건부발행보통주

(1) (주)한국의 20×1년 1월 1일 현재 유통보통주식수는 100,000주이며, 최근의 사업결합과 관련하여 다음의 조건에 따라 보통주를 추가로 발행하기로 합의하였다.
 ○ 20×1년에 새로 개점하는 영업점 1개당 보통주 300주 발행
 ○ 20×1년 당기순이익이 ₩200,000을 초과하는 경우 매 초과액 ₩1,000에 대하여 보통주 100주 발행
(2) (주)한국은 20×1년 5월 1일과 9월 1일에 각각 1개의 영업점을 새로 개점하였으며, 20×1년 당기순이익으로 ₩290,000을 보고하였다.

[요구사항]

(주)한국의 20×1년도 기본주당이익 계산을 위한 가중평균유통보통주식수를 계산하시오. 단, 가중평균유통보통주식수는 월할계산한다.

해답
1.1 기초		100,000주 × 12/12 =	100,000주
5.1 조건충족(5.1 ~ 12.31)		300주 × 8/12 =	200주
9.1 조건충족(9.1 ~ 12.31)		300주 × 4/12 =	100주
12.31 조건충족(12.31 ~ 12.31)	9,000주(= 90,000 ÷ 1,000 × 100) × 0/12 =		–
계			100,300주

| 예제 6 | 가중평균유통보통주식수: 종합 |

(1) (주)한국의 20×1년 1월 1일 유통보통주식수는 2,400주이며, 20×1년도 중 보통주식수의 변동내역은 다음과 같다.

구분	보통주식수 변동내역
3월 1일	유상증자를 통해 1,200주 발행
5월 1일	자기주식 600주 취득
7월 1일	전환우선주 전환으로 150주 발행
10월 1일	자기주식 200주 재발행

(2) 20×1년 3월 1일 유상증자 시 주당 발행가격은 ₩1,000으로서 권리락 직전일의 종가인 주당 ₩1,500보다 현저히 낮았다.

(3) 20×1년 7월 1일 보통주로 전환된 전환우선주는 20×0년에 발행한 것이다.

[요구사항]

(주)한국의 20×1년도 기본주당이익 계산을 위한 가중평균유통보통주식수를 계산하시오. 단, 가중평균유통보통주식수는 월할계산한다.

해답　1. 공정가치 미만 유상증자 주식수의 분할

　　　① 공정가치 유상증자 주식수: 1,200,000(= 1,200주 × @1,000) ÷ @1,500 = 800주

　　　② 무상증자 주식수: 1,200주 – 800주 = 400주

　　　③ 무상증자비율: 400주 ÷ 3,200주(= 2,400주 + 800주) = 12.5%

　　2. 가중평균유통보통주식수

1.1 ~ 12.31	2,400주 × (1 + 12.5%) × 12/12 =	2,700주
3.1 ~ 12.31	800주 × (1 + 12.5%) × 10/12 =	750주
5.1 ~ 12.31	600주 × 8/12 =	(400주)
7.1 ~ 12.31	150주 × 6/12 =	75주
10.1 ~ 12.31	200주 × 3/12 =	50주
		3,175주

구분	가중평균유통보통주식수 계산
무상증자 등	① **주식수 포함시점**: 원본주식에 가산(차감) ② **계산문제 풀이**: 무상증자비율 계산 후, 무상증자 직전의 기존 주식수를 무상증자비율 만큼 일괄적으로 증가(감소)시킴
유상증자	① **원칙**: 주식발행대금의 납입일부터 포함 ② **예외**: 기존 주주배정 공정가치 미만 유상증자의 경우, 공정가치 유상증자와 무상증자 주식수로 분할하여 가중평균유통보통주식수 계산
자기주식	① **자기주식 취득 시**: 가중평균유통보통주식수에서 차감 ② **자기주식 처분 시**: 가중평균유통보통주식수에 다시 가산
전환금융상품	① **원칙**: 전환일부터 포함 ② **예외**: 단, 의무전환 금융상품은 계약체결일부터 포함
조건부발행보통주	모든 필요조건 충족일부터 포함
사업결합 이전대가	취득일(합병일)부터 포함

02 [분자] 보통주당기순이익의 계산

(1) 보통주당기순이익

기업의 당기순이익은 보통주와 우선주에게 귀속되므로, 보통주에게 귀속되는 당기순이익(보통주당기순이익)은 당기순이익 중에서 우선주에게 귀속되는 당기순이익(우선주 배당금)을 제외한 금액이 된다. 따라서 보통주당기순이익은 당기순이익에서 우선주에게 배당되는 세후 우선주 배당금을 차감하여 계산한다.

> 보통주당기순이익 = 당기순이익 − 세후 우선주 배당금

한편, 상기의 우선주 배당금은 당기순이익 중 우선주에게 귀속되는 배당금, 즉, 당기분 배당금을 말한다. 따라서 당기순이익에서 차감하는 우선주 배당금은 (당기에 지급된 배당금이 아니라) 당 회계연도에 대한 정기주주총회에서 배당할 것으로 결의예정인 우선주 배당금이 된다.

│ 사례 │

우선주 배당금

① 예를 들어, 20×1년도의 주당이익을 계산할 때 당기순이익에서 차감하는 우선주 배당금은 20×1년 회계연도에 대한 정기주주총회(20×2년 3월경 개최)에서 배당결의할 것으로 예상되는 우선주 배당금이다.

② 한편, 기업이 20×1년 중에 중간배당을 실시한 경우에는 우선주에 대한 중간배당액도 20×1년 당기순이익에 대한 배당금이므로 20×1년 주당이익을 계산할 때 차감해야 한다.

---

(1) 다음은 (주)한국의 20×1년도 중 자본금 변동내역으로 보통주와 우선주의 주당 액면금액은 ₩50이다. 가중평균 유통보통주식수는 월할계산한다.

구분	보통주 자본금		우선주 자본금	
	주식수	금액	주식수	금액
기초	1,000	₩50,000	200	₩10,000
7.1 유상증자	200	10,000	40	2,000
9.1 무상증자 10%	120	6,000	24	1,200
11.1 자기주식 취득	(60)	(3,000)	-	-
기말	1,260	₩63,000	264	₩13,200

(2) 우선주는 비누적적 · 비참가적 우선주로 당기에는 현금배당 10%를 한다. 유상신주의 배당기산일은 납입한 때이며, 무상신주의 배당기산일은 원구주에 따른다. 배당금은 월할계산한다.

(3) 한편, 7월 1일의 유상증자는 주주배정 유상증자로 공정가치로 실시되었으며, (주)한국이 20×1년에 보고한 당기순이익은 ₩55,210이다.

[요구사항]

(주)한국의 20×1년의 기본주당순이익을 계산하시오.

해답   1. 가중평균유통보통주식수

1.1 ~ 12.31	1,000주 × (1 + 10%) × 12/12 =	1,100주
7.1 ~ 12.31	200주 × (1 + 10%) × 6/12 =	110주
11.1 ~ 12.31	60주 × 2/12 =	(10주)
계		1,200주

2. 우선주 배당금

(1) 연평균우선주주식수

1.1 ~ 12.31	200주 × (1 + 10%) × 12/12 =	220주
7.1 ~ 12.31	40주 × (1 + 10%) × 6/12 =	22주
계		242주

(2) 우선주 배당금

= 연평균우선주자본금 × 배당률
= 연평균우선주주식수 × 주당 액면금액 × 배당률
= 242주 × @50 × 10% = 1,210

3. 기본주당이익

(1) 보통주당기순이익: 55,210 − 1,210 = 54,000
(2) 기본주당이익: 54,000 ÷ 1,200주 = 45

(2) 우선주: 누적적 우선주인 경우

① 기업이 발행한 우선주가 누적적 우선주일 경우, 전기 이전의 기간과 관련한 배당금이지만 당기에 지급되거나 지급결의된 배당금(연체배당금)이 있을 수 있다. 다만, 이러한 연체배당금은 당기분 배당금이 아니므로 당기순이익에서 차감하는 우선주 배당금에서 제외하여야 한다.

② 따라서 누적적 우선주의 경우에는 배당결의 여부와 관계없이 당해 회계기간과 관련한 세후 배당금 (즉, 당기분 배당금)을 당기순이익에서 차감하여 보통주당기순이익을 계산해야 한다.

> **누적적 우선주인 경우 당기분 배당금**: Max[㉠, ㉡]
> ㉠ 당기분 최소배당금
> ㉡ 당기 주주총회에서 결의예정 배당금(단, 과거기간 연체배당금 제외)

예제 8 　보통주당기순이익: 누적적 우선주인 경우

(1) (주)한국이 발행한 우선주는 최소배당률 10%의 누적적 우선주이다.
(2) 20×1년 말 현재 (주)한국의 우선주 자본금은 ₩10,000이며, 설립 이후 변동이 없다.
(3) 20×1년 회계연도에 대한 정기주주총회는 20×2년 3월에 개최될 예정이다.

[요구사항]

다음의 각 경우별로 20×1년 보통주당기순이익 계산 시 차감할 우선주 배당금을 계산하시오.

1. 정기주주총회에서 배당금을 지급하지 않기로 결의한 경우

2. 정기주주총회에서 ₩2,000의 배당금을 지급하기로 결의한 경우. 단, 결의된 배당금에 20×0년분에 대하여 지급하지 못한 배당금 ₩1,000이 포함되어 있다.

3. 정기주주총회에서 ₩500의 배당금을 지급하기로 결의한 경우

4. 정기주주총회에서 ₩1,200의 배당금을 지급하기로 결의한 경우

해답　1. 당기분 우선주 배당금: Max[①, ②] = 1,000
　　　　　① 당기분 최소배당금: 10,000 × 10% = 1,000
　　　　　② 결의예정 배당금: 영(0)

　　　2. 당기분 우선주 배당금: Max[①, ②] = 1,000
　　　　　① 당기분 최소배당금: 10,000 × 10% = 1,000
　　　　　② 결의예정 배당금: 2,000 − 1,000(전기분 연체배당금) = 1,000

　　　3. 당기분 우선주 배당금: Max[①, ②] = 1,000
　　　　　① 당기분 최소배당금: 10,000 × 10% = 1,000
　　　　　② 결의예정 배당금: 500

　　　4. 당기분 우선주 배당금: Max[①, ②] = 1,200
　　　　　① 당기분 최소배당금: 10,000 × 10% = 1,000
　　　　　② 결의예정 배당금: 1,200

(3) 우선주의 재매입(조기상환)

① 기업이 공개매수 방식으로 우선주를 재매입할 때, 우선주 주주에게 지급한 대가의 공정가치가 우선주의 장부금액을 초과하는 부분(우선주 재매입손실)은 우선주 주주에 대한 이익배분으로서 이익잉여금에서 차감한다. 따라서 우선주 재매입손실은 우선주 배당금으로 간주하여 보통주에 귀속되는 당기순이익을 계산할 때 차감한다.

② 반대로, 우선주 재매입금액이 우선주 장부금액보다 작은 경우에는 동 미달액(우선주 재매입이익)을 보통주 주주에게 귀속되는 것으로 보아 보통주당기순이익을 계산할 때 가산한다.

> **보통주당기순이익 = 당기순이익 - 우선주 재매입손실 + 우선주 재매입이익**

(4) [심화] 전환우선주의 조건변경손실

전환우선주 발행기업이 처음의 전환조건보다 유리한 조건을 제시하거나 추가적인 대가를 지급하여 조기전환을 유도하는 경우가 있다. 이 경우 처음의 전환조건에 따라 발행될 보통주의 공정가치를 초과하여 지급하는 보통주나 그 밖의 대가의 공정가치(조건변경손실)는 전환우선주에 대한 이익배분으로 보아 기본주당이익을 계산할 때 보통주에 귀속되는 당기순손익에서 차감한다.

> **보통주당기순이익 = 당기순이익 - 전환우선주 조건변경손실**

(5) [심화] 할증배당우선주의 차금 상각액

① 할증배당우선주는 우선주를 시가보다 할인발행한 기업에 대한 보상으로 초기에 낮은 배당을 지급하는 우선주 또는 우선주를 시가보다 할증금액으로 매수한 투자자에 대한 보상으로 이후 기간에 시장보다 높은 배당을 지급하는 우선주를 말한다.

② 이러한 할증배당우선주의 당초 할인발행차금(할증발행차금)은 유효이자율법을 사용하여 상각하여 이익잉여금에 차감(가산)하고, 주당이익을 계산할 때 우선주 배당금으로 처리한다.

> **보통주당기순이익 = 당기순이익 - 할증배당우선주 할인차금 상각액 + 할증배당우선주 할증차금 상각액**

필수암기! **보통주당기순이익의 계산 요약**

	총당기순이익	×××
(-)	당기분 우선주 배당금	(×××)
(-)	우선주 재매입손실	(×××)
(+)	우선주 재매입이익	×××
(-)	전환우선주 조건변경손실	(×××)
(-)	할증배당우선주 할인차금 상각액	(×××)
(+)	할증배당우선주 할증차금 상각액	×××
	보통주**당기순이익**	×××

예제 9 기본주당이익: 종합

(1) (주)한국의 20×1년 1월 1일 현재 자본금은 보통주 자본금 ₩5,000,000(10,000주)과 우선주 자본금 ₩500,000(1,000주)으로 구성되어 있다. 우선주는 비참가적, 누적적 우선주이며, 연 배당률은 액면가액의 5%이다. 20×1년 1월 1일 현재 (주)한국이 자기주식으로 보유하고 있는 주식은 없으며, 보통주와 우선주의 주당 액면금액은 각각 ₩500으로 동일하다.

(2) (주)한국의 20×1년 중 보통주식수와 우선주식수의 변동내역은 다음과 같다.

구분	내용
20×1년 4월 1일	보통주에 대해 유상증자를 실시하여 2,000주를 발행하였다.
20×1년 5월 1일	주식발행초과금을 재원으로 하여 보통주에 대해 무상증자 10%를 실시하였다.
20×1년 7월 20일	유통 중인 우선주 200주를 ₩280,000에 공개매수하였다. 우선주는 소각하지 않고 자기주식으로 보유하고 있으며, 20×1년 초 우선주의 장부금액은 액면금액과 동일하였다.
20×1년 9월 1일	주가안정을 목적으로 보통주 600주를 주당 ₩1,600에 자기주식으로 취득하였다.
20×1년 10월 1일	자기주식 중 보통주 200주를 주당 ₩1,800에 처분하였다.

(3) 20×1년 4월 1일의 유상증자는 공정가치로 실시된 것이며, (주)한국은 20×1년 당기순이익과 계속 영업이익으로 각각 ₩3,000,000 ₩2,800,000을 보고하였다.

(4) 유상신주의 배당기산일은 납입한 때이며, 무상신주의 배당기산일은 원구주에 따른다. (주)한국은 자기주식에 대해서 증자 및 배당을 실시하지 않는다. (주)한국은 20×2년 2월 28에 개최예정인 정기주주총회에서 20×1년도에 대한 현금배당으로 보통주와 우선주에 각각 3%를 지급하기로 선언할 예정이다.

(5) 가중평균유통보통주식수는 월할계산한다.

[요구사항]

1. (주)한국의 20×1년도 기본주당이익을 계산하기 위한 가중평균유통보통주식수를 계산하시오.

2. (주)한국의 20×1년도 기본주당이익을 계산하시오.

3. (주)한국의 20×1년도 기본주당계속영업이익을 계산하시오.

해답 **1. 가중평균유통보통주식수**

1.1 ~ 12.31	10,000주 × (1 + 10%) × 12/12 =	11,000주
4.1 ~ 12.31	2,000주 × (1 + 10%) × 9/12 =	1,650주
9.1 ~ 12.31	600주 × 4/12 =	(200주)
10.1 ~ 12.31	200주 × 3/12 =	50주
계		12,500주

2. 기본주당이익

(1) 보통주당기순이익

당기순이익		3,000,000
우선주 배당금	(500,000 - 200주 × @500) × 5% =	(20,000)
우선주 재매입손실	200주 × @500 - 280,000 =	(180,000)
보통주당기순이익		2,800,000

(2) 기본주당이익

= 보통주당기순이익 ÷ 가중평균유통보통주식수

= 2,800,000 ÷ 12,500주 = 224

3. 기본주당계속영업이익

(1) 보통주계속영업이익

계속영업이익		2,800,000
우선주 배당금	(500,000 - 200주 × @500) × 5% =	(20,000)
우선주 재매입손실	200주 × @500 - 280,000 =	(180,000)
보통주계속영업이익		2,600,000

(2) 기본주당계속영업이익

= 보통주계속영업이익 ÷ 가중평균유통보통주식수

= 2,600,000 ÷ 12,500주 = 208

제3절 | 희석주당이익

01 희석주당이익의 기초

(1) 잠재적 보통주

희석주당이익은 실제로 발행된 보통주뿐만 아니라 잠재적 보통주도 보통주로 전환되었다고 가정하여 계산한 주당이익을 말한다. 이때 잠재적 보통주란 보통주를 받을 수 있는 권리가 부여된 금융상품이나 계약을 말한다. 잠재적 보통주의 예는 다음과 같다.

> ① 보통주로 전환할 수 있는 금융부채(예 전환사채)나 지분상품(전환우선주 포함)
> ② 옵션과 주식매입권
> ③ 사업인수나 자산취득과 같이 계약상 합의에 따라 조건이 충족되면 발행하는 보통주

(2) 희석주당이익의 계산

$$\text{희석주당이익} = \frac{\text{보통주당기순이익} + \text{잠재적 보통주이익(세후)}}{\text{가중평균유통보통주식수} + \text{잠재적 보통주식수}}$$

$$\text{희석주당계속영업이익} = \frac{\text{보통주계속영업이익} + \text{잠재적 보통주이익(세후)}}{\text{가중평균유통보통주식수} + \text{잠재적 보통주식수}}$$

희석주당이익은 잠재적 보통주도 보통주로 전환되었다고 가정하여 계산한다. 따라서 희석주당이익을 계산할 때 유통보통주식수(분모)와 보통주당기순이익(분자)은 각각 다음과 같이 계산된다.

> ① [분모] 유통보통주식수: 유통보통주식수에 잠재적 보통주식수를 가산한다.
> ② [분자] 보통주당기순이익: 잠재적 보통주가 보통주로 전환되었다고 가정했을 때 증가하는 당기순이익
>   (예 세후 전환사채 이자비용 등)을 가산한다.

한편, 희석주당이익을 계산할 때 잠재적 보통주를 무조건 포함하는 것은 아니며, 잠재적 보통주를 포함하여 계산한 희석주당이익(손실)이 기본주당이익보다 감소(증가)하는 경우, 즉, 희석효과가 있는 경우에만 포함한다. 만일 잠재적 보통주를 포함하여 계산한 희석주당이익(손실)이 기본주당이익보다 증가(감소)하는 경우(반희석효과가 있는 경우)에는 잠재적 보통주를 포함하지 않으며, 따라서 이 경우에는 희석주당이익과 기본주당이익이 동일한 금액이 된다.

02 [분모] 잠재적 보통주식수의 계산

1. 잠재적 보통주식수 포함기간

[그림 24-2] 잠재적 보통주식수에 포함되는 기간

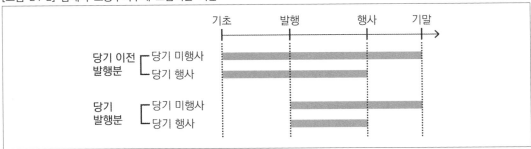

① 희석주당이익을 계산하기 위한 보통주식수는 가중평균유통보통주식수에 희석성 잠재적 보통주가 모두 전환될 경우에 발행될 보통주의 가중평균유통보통주식수(잠재적 보통주식수)를 가산하여 산출한다. 희석성 잠재적 보통주는 회계기간의 기초에 전환된 것으로 보되, 당기에 발행된 것은 그 발행일에 전환된 것으로 본다.

② 잠재적 보통주는 유통기간을 가중치로 하여 가중평균한다. 따라서 해당 기간에 효력을 잃었거나 유효기간이 지난 잠재적 보통주는 해당 기간 중 유통된 기간에 대하여만 희석주당이익의 계산에 포함하며, 당기에 보통주로 전환된 잠재적 보통주는 기초부터 전환일의 전일까지 희석주당이익의 계산에 포함한다.

2. 전환금융상품

(1) 잠재적 보통주에 포함할 주식수의 계산

전환금융상품(예 전환사채, 전환우선주)은 보유자가 전환권을 행사하면 해당 금융상품이 보통주로 전환된다. 다만, 전환권을 행사하여 보통주가 발행될 때 새로운 현금의 유입이 없다. 따라서 전환금융 상품은 전환권을 행사하였다고 가정할 경우에 발행되는 보통주식수를 그대로 잠재적 보통주식수 계산에 포함한다(이러한 방법을 '전환가정법'이라고 한다).

(2) 잠재적 보통주식수의 계산

전환권 행사 가정 시 발행되는 보통주식수를 다음의 기간에 대해 가중평균한 주식수를 잠재적 보통 주식수로 하여 가산한다.

> ① 당기에 보통주 전환분: 기초(당기 발행분은 발행일)부터 전환일의 전일까지
> ② 당기에 보통주 미전환분: 기초(당기 발행분은 발행일)부터 기말까지

승철쌤's comment 전환권과 신주인수권의 잠재적 보통주 기산일

① 전환금융상품의 전환권이나 신주인수권부사채의 신주인수권의 경우, (권리를 행사할 수 있는 시점과 관계없이) 실제 발행일로부터 잠재적 보통주로 본다.
② 예를 들어, 20×1년 4월 1일 발행한 전환우선주의 경우, 20×1년 10월 1일부터 전환권을 행사할 수 있다고 하더라도, 발행일인 20×1년 4월 1일부터 잠재적 보통주로 본다.

예제 10 전환우선주

(1) 20×1년 1월 1일 현재 (주)한국은 전환우선주 100주(20×0년 10월 1일 발행)가 발행되어 있다.
(2) 20×1년 9월 1일에 동 전환우선주 중 60주가 전환권이 행사되어 보통주 60주를 발행하였다.
(3) 가중평균은 월수로 계산한다.

[요구사항]

1. 20×1년 희석주당이익을 계산하기 위한 잠재적 보통주식수를 계산하시오.

2. 만일 (주)한국이 전환우선주를 20×1년 4월 1일에 발행하였다고 가정할 경우, [요구사항 1]에 답하시오.

해답   1. 전환우선주의 잠재적 보통주식수
　　　　　　전환분(1.1 ~ 8.31)　　　　　　60주 × 8/12 = 　　　40주
　　　　　　미전환분(1.1 ~ 12.31)　　　　40주 × 12/12 = 　　　40주
　　　　　　잠재적 보통주식수　　　　　　　　　　　　　　　　80주

　　　　2. 전환우선주를 당기에 발행한 경우
　　　　　　전환분(4.1 ~ 8.31)　　　　　　60주 × 5/12 = 　　　25주
　　　　　　미전환분(4.1 ~ 12.31)　　　　40주 × 9/12 = 　　　30주
　　　　　　잠재적 보통주식수　　　　　　　　　　　　　　　　55주

예제 11　전환사채

(1) (주)한국은 20×0년 1월 1일 액면금액 ₩1,000,000의 전환사채를 액면발행하였다. 동 전환사채는 사채액면 ₩10,000당 1주의 보통주로 전환이 가능하다.
(2) 20×1년 10월 1일, 전환사채 중 액면금액 ₩800,000(80%)의 전환권이 행사되어 보통주 80주를 발행하였다.
(3) 가중평균은 월수로 계산한다.

[요구사항]

1. 20×1년 희석주당이익을 계산하기 위한 잠재적 보통주식수를 계산하시오.

2. 만일 (주)한국이 전환사채를 20×1년 4월 1일에 발행하였다고 가정할 경우, [요구사항 1]에 답하시오.

해답   1. 전환사채의 잠재적 보통주식수
　　　　　　전환분(1.1 ~ 9.30)　　　　　　80주 × 9/12 = 　　　60주
　　　　　　미전환분(1.1 ~ 12.31)　　　　20주 × 12/12 = 　　　20주
　　　　　　잠재적 보통주식수　　　　　　　　　　　　　　　　80주

　　　　2. 전환사채를 당기에 발행한 경우
　　　　　　전환분(4.1 ~ 9.30)　　　　　　80주 × 6/12 = 　　　40주
　　　　　　미전환분(4.1 ~ 12.31)　　　　20주 × 9/12 = 　　　15주
　　　　　　잠재적 보통주식수　　　　　　　　　　　　　　　　55주

3. 옵션과 주식매입권

(1) 잠재적 보통주에 포함할 주식수의 계산

① 옵션과 주식매입권(예 신주인수권)은 보유자가 보통주를 일정한 가격(행사가격)에 매입할 수 있는 권리를 가지는 금융상품을 말한다. 다만, 이러한 옵션과 주식매입권은 전환금융상품과 달리 권리가 행사될 때 행사가격만큼 새로운 현금이 유입된다. 따라서 옵션과 주식매입권은 권리행사 시 발행되는 보통주식수를 그대로 잠재적 보통주식수 계산에 포함하는 게 아니라, 권리행사 시 유입된 현금으로 자기주식을 취득한다고 가정하여 잠재적 보통주에 포함할 주식수를 계산하는데, 이를 '자기주식법'이라고 한다.

② 즉, 옵션과 주식매입권은 권리행사 시 발행할 주식수에서 권리행사로 유입된 현금으로 취득가능한 자기주식수를 차감하고 남은 주식수를 잠재적 보통주식수 계산에 포함한다. 이때 취득가능한 자기주식수는 회계기간 동안 보통주의 평균시장가격으로 취득하였다고 가정하여 계산한다.

> **옵션과 주식매입권의 잠재적 보통주에 포함할 주식수**
>
> = 권리행사로 발행될 주식수 - (*)유입된 현금으로 취득가능한 자기주식수
> (*) 권리행사 시 현금유입액 ÷ 보통주의 평균시장가격

승철쌤's comment   자기주식법의 적용배경

① 옵션이나 주식매입권은 권리가 행사되면 행사가격만큼 현금이 유입되므로, 기업은 유입된 현금으로 당기순이익을 만들어내는 데 투자할 수 있다. 따라서 옵션과 주식매입권이 행사되었다고 가정하면, 희석주당이익을 계산할 때 [분모]의 잠재적 보통주식수도 증가하지만 [분자]의 잠재적 보통주이익도 증가하므로 주당이익이 감소하는 희석효과가 완화되는 효과가 있다.

② 다만, 이렇게 [분자]의 잠재적 보통주이익이 증가되는 금액을 산출하려면 권리행사로 유입된 현금을 기업이 어떻게 투자할 것인지를 결정해야 하는데, 이는 실무적으로 매우 번거롭고 객관성이 결여될 수 있다.

③ 이에 따라, 권리행사로 유입된 현금을 (당기순이익을 만들어내는데 투자하였다고 가정하지 않고) 대신 자기주식을 취득했다고 가정하여 [분모]의 잠재적 보통주식수 증가액을 감소시킴으로서 희석효과가 완화되는 효과를 간접적으로 반영하게 된 것이다.

③ 한편, 옵션과 주식매입권은 그 회계기간의 보통주의 평균시장가격이 옵션과 주식매입권의 행사가격을 초과하는 경우에만 희석효과가 있다. 왜냐하면 보통주의 평균시장가격이 옵션과 주식매입권의 행사가격보다 작은 경우에는 부($-$)의 잠재적 보통주식수가 계산되므로 주당순이익을 증가시키는 반희석효과가 생기기 때문이다.

(2) 잠재적 보통주식수의 계산

자기주식법을 적용하여 계산한 주식수를 다음의 기간에 대해 가중평균한 주식수를 잠재적 보통주식수로 하여 가산한다.

> ① **당기에 권리 행사분**: 기초(당기 발행분은 발행일)부터 권리 행사일의 전일까지
> ② **당기에 권리 미행사분**: 기초(당기 발행분은 발행일)부터 기말까지

예제 12 신주인수권

20×1년 1월 1일, (주)한국은 (주)한국의 보통주를 1주당 ₩1,000에 매입할 수 있는 신주인수권 100개를 발행하였다.

[요구사항]

1. 보통주의 평균시장가격이 주당 ₩2,000일 경우 잠재적 보통주식수를 계산하시오.

2. 만일 20×1년 10월 1일에 신주인수권 중 40개가 행사되었다고 가정할 경우, [요구사항 1]에 답하시오.

3. 보통주의 평균시장가격이 주당 ₩500일 경우, 잠재적 보통주식수를 계산하시오.

해답 1. 평균시장가격이 주당 ₩2,000일 경우
잠재적 보통주식수
= 권리행사시 발행주식수 - 취득가능한 자기주식수
= 100주 × 12/12 - 100주 × @1,000 ÷ @2,000 × 12/12
= 100주 × (1 - 1,000 ÷ 2,000) × 12/12
= 100주 × (1 - 50%) × 12/12 = 50주

참고 [요구사항 1]에서 신주인수권 단위당 행사가격(1,000)을 보통주 1주당 평균주가(2,000)로 나누어 계산한 비율
(50%)을 '자기주식 취득비율'이라고 한다. 자기주식법을 적용하는 잠재적 보통주의 경우, 자기주식 취득비율을
이용하면 상기와 같이 잠재적 보통주식수를 보다 간편하게 계산할 수 있다.

2. 평균시장가격이 주당 ₩2,000이고, 기중에 신주인수권이 일부 행사된 경우

권리 행사분(1.1 ~ 9.30)	40주 × (1 - 1,000 ÷ 2,000) × 9/12 =	15주
권리 미행사분(1.1 ~ 12.31)	60주 × (1 - 1,000 ÷ 2,000) × 12/12 =	30주
잠재적 보통주식수		45주

3. 평균시장가격이 주당 ₩500일 경우
잠재적 보통주식수
= 권리행사시 발행주식수 - 취득가능한 자기주식수
= 100주 × (1 - 1,000 ÷ 500) × 12/12 = (-)100주
⇨ 잠재적 보통주식수가 부(-)의 금액으로 계산되므로 잠재적 보통주식수 계산에 포함하지 않는다.

4. 주식기준보상이 적용되는 주식선택권

(1) 잠재적 보통주에 포함할 주식수의 계산

① 주식결제형 주식기준보상이 적용되는 주식선택권이나 그 밖의 주식기준보상약정의 경우, 종업원들의 권리행사 시 현금의 유입이 있으므로 자기주식법을 적용하여 잠재적 보통주에 포함할 주식수를 산정한다.

② 다만, 주식선택권이 아직 가득되지 않은 경우, 자기주식법 적용 시 행사가격에는 현금으로 수령하는 행사가격 뿐만 아니라 주식선택권이나 그 밖의 주식기준보상약정에 따라 미래에 유입될 재화나 용역의 공정가치도 포함해야 함에 유의한다. 이때 미래에 유입될 재화나 용역의 공정가치는 기초시점 현재(당기 중에 부여한 경우에는 부여일 현재) '잔여'가득기간 동안 인식할 보상원가를 의미한다. 따라서 가득기간 이후에는 포함할 금액이 없다.

주식선택권의 행사가격

= 권리행사시 현금유입액 + 미래 유입될 재화·용역의 공정가치

= 권리행사시 현금유입액 + 잔여가득기간 동안 인식할 보상비용

주식선택권의 잠재적 보통주에 포함할 주식수

= 권리행사로 발행될 주식수 – (*)행사가격으로 취득가능한 자기주식수

(*) 주식선택권의 행사가격 ÷ 보통주의 평균시장가격

---

(2) 잠재적 보통주식수의 계산

자기주식법을 적용하여 계산한 주식수를 다음의 기간에 대해 가중평균한 주식수를 잠재적 보통주식수로 하여 가산한다.

---

① **당기에 권리 행사분**: 기초(당기 발행분은 발행일)부터 권리 행사일의 전일까지

② **당기에 권리 미행사분**: 기초(당기 발행분은 발행일)부터 기말까지

---

(1) 20×1년 4월 1일, (주)한국은 종업원에게 1년간 근무용역을 제공하는 조건으로 주식선택권 100개를 부여하였다.

(2) 부여한 주식선택권 100개의 개당 행사가격은 ₩1,000이며, 부여일 현재 주식선택권 100개의 개당 공정가치는 ₩2,000이다.

(3) 20×2년 11월 1일에 주식선택권 중 40%가 행사되어 보통주 40주를 발행하였다.

(4) 20×1년과 20×2년 보통주의 주당 평균시장가격은 각각 ₩5,000과 ₩6,000이다.

(5) 가중평균은 월수로 계산한다.

[요구사항]

1. 20×1년 희석주당이익을 계산하기 위한 잠재적 보통주식수를 계산하시오.

2. 20×2년 희석주당이익을 계산하기 위한 잠재적 보통주식수를 계산하시오.

해답   1. 20×1년 잠재적 보통주식수

 (1) 개당 행사가격

  = 현금행사가격 + 미래 유입될 근무용역의 공정가치

  = 현금행사가격 + 잔여가득기간 동안 인식할 보상비용

  = 1,000 + 2,000(= 2,000 × 12/12) = 3,000

 (2) 잠재적 보통주식수

권리 행사분	–
권리 미행사분(4.1 ~ 12.31) 100주 × (1 − 3,000 ÷ 5,000) × 9/12 =	30주
잠재적 보통주식수	30주

 2. 20×2년 잠재적 보통주식수

  (1) 개당 행사가격

   = 현금행사가격 + 미래 유입될 근무용역의 공정가치

   = 현금행사가격 + 잔여가득기간 동안 인식할 보상비용

   = 1,000 + 500(= 2,000 × 3/12) = 1,500

  (2) 잠재적 보통주식수

권리 행사분(1.1 ~ 10.31) 40주 × (1 − 1,500 ÷ 6,000) × 10/12 =	25주
권리 미행사분(1.1 ~ 12.31) 60주 × (1 − 1,500 ÷ 6,000) × 12/12 =	45주
잠재적 보통주식수	70주

---

5. 조건부발행보통주

① 기본주당이익을 계산할 때와 마찬가지로, 희석주당이익을 계산할 때에도 조건부발행보통주는 그 조건이 충족된 상태(즉, 사건의 발생)라면 이미 발행되어 유통되고 있는 것으로 보아 회계기간 초부터 희석주당이익을 계산하기 위한 보통주식수에 포함한다. 다만, 회계기간 중에 조건부발행보통주에 대한 약정이 이루어졌다면 약정일부터 포함한다.

② 결과적으로 조건부발행보통주는 조건이 충족된 상태라면, 조건충족일 전까지는 희석주당이익 계산을 위한 잠재적 보통주식수에 포함하고, 조건충족일부터는 기본주당이익을 계산하기 위한 유통보통주식수에 포함한다.

예제 14 조건부발행보통주

(1) (주)한국의 20×1년 1월 1일 현재 유통보통주식수는 100,000주이며, 최근의 사업결합과 관련하여 다음의 조건에 따라 보통주를 추가로 발행하기로 합의하였다.
   ○ 20×1년에 새로 개점하는 영업점 1개당 보통주 300주 발행
   ○ 20×1년 당기순이익이 ₩200,000을 초과하는 경우 매 초과액 ₩1,000에 대하여 보통주 100주 발행

(2) (주)한국은 20×1년 5월 1일과 9월 1일에 각각 1개의 영업점을 새로 개점하였으며, 20×1년 당기순이익으로 ₩290,000을 보고하였다.

[요구사항]

20×1년 희석주당이익을 계산하기 위한 잠재적 보통주식수를 계산하시오.

해답		
5월 1일 충족(1.1 ~ 4.30)	300주 × 4/12 =	100주
9월 1일 충족(1.1 ~ 8.31)	300주 × 8/12 =	200주
12월 31일 충족(1.1 ~ 12.31)	9,000주(= 90,000 ÷ 1,000 × 100) × 12/12 =	9,000주
잠재적 보통주식수		9,300주

03 [분자] 희석당기순이익의 계산

(1) 세후 잠재적 보통주이익

희석당기순이익은 희석성 잠재적 보통주도 보통주로 전환되었다고 가정할 경우의 보통주당기순이익을 말한다. 따라서 희석주당이익을 계산하기 위해서는 보통주당기순이익에 다음의 항목에서 법인세효과를 차감한 금액(이하 '세후 잠재적 보통주이익')만큼 조정(가산)한다.

> ① **전환우선주**: 전환우선주 배당금
> ② **전환사채**: 이자비용 × (1 - 법인세율)
> ③ **주식선택권**: 주식보상비용 × (1 - 법인세율)
> ④ **신주인수권부사채**: 상환할증금 관련하여 인식한 이자비용 × (1 - 법인세율)
>   ※ 신주인수권부사채(상환할증금 미지급조건): 가산할 금액 없음

즉, 잠재적 보통주를 보통주로 전환한다면 상기의 항목은 더 이상 발생하지 않을 것이므로 그만큼 보통주에 귀속되는 당기순이익이 증가할 것이다. 따라서 보통주당기순이익에 상기의 항목에서 법인세효과를 차감한 후의 금액만큼을 가산하는 것이다. 다만, 전환우선주 배당금은 법인세효과가 없으므로 법인세효과를 차감하지 않는다.

(2) 희석당기순이익의 계산

희석주당이익을 계산하기 위한 희석당기순이익은 보통주당기순이익에 잠재적 보통주이익(세후)을 가산하여 계산한다.

보통주당기순이익	×××
세후 잠재적 보통주이익 가산	
전환우선주 배당금	×××
전환사채 이자비용 × (1 - t)	×××
주식보상비용 × (1 - t)	×××
신주인수권부사채 상환할증금 관련 이자비용 × (1 - t)	×××
희석당기순이익	×××

04 희석주당이익의 계산

[그림 24-3] 희석주당이익 산출과정

기본주당이익 계산	실제로 유통 중인 보통주에 대하여 계산한 주당이익
+	
잠재적 보통주별 주당이익 계산	희석효과가 큰 잠재적 보통주부터 순차적으로 포함
=	
희석주당이익 계산	주당이익이 가장 낮을 경우의 주당이익 희석효과가 있는 잠재적 보통주만 포함하여 계산

(1) 희석효과의 판단기준

① 희석효과는 주당이익이 감소하거나 주당손실이 증가하는 효과를 말한다. 희석주당이익은 여러 종류의 잠재적 보통주 중에서 희석효과가 있는 잠재적 보통주만 보통주로 전환된다고 가정하여 산출한, 즉, 주당이익(손실)이 가장 낮은(높은) 금액이 되었을 때의 주당이익을 말한다. 이때 잠재적 보통주가 희석효과가 있는지 여부는 (당기순이익이 아니라) 기준이익인 계속영업손익에 대한 희석효과 유무로 판단한다. 따라서 잠재적 보통주는 보통주로 전환된다고 가정할 경우 주당계속영업이익(손실)을 감소(증가)시키는 경우에만 희석성 잠재적 보통주로 취급한다.

② 만일 잠재적 보통주가 보통주로 전환된다고 가정할 때 주당계속영업이익(손실)을 증가(감소)시키는 경우에는 반희석성 잠재적 보통주가 된다. 이러한 반희석성 잠재적 보통주는 희석주당이익을 계산할 때 보통주로 전환되지 않는다고 가정한다.

(2) 잠재적 보통주의 희석효과 판단순서

① 여러 종류의 잠재적 보통주를 발행한 경우, 잠재적 보통주가 희석효과가 있는지 여부를 판단할 때는 (여러 종류의 잠재적 보통주를 모두 통합해서 판단하는 것이 아니라) 잠재적 보통주별로 각각 판단해야 한다. 즉, 잠재적 보통주별로 각각 주당이익을 산출한 후, 이 중에서 희석효과가 있다고 판단되는 잠재적 보통주만 희석주당이익의 계산에 포함하는 것이다.

$$\text{잠재적 보통주의 주당이익} = \frac{\text{잠재적 보통주의 잠재적 보통주이익(세후)}}{\text{잠재적 보통주식수}}$$

② 희석주당이익을 계산할 때 잠재적 보통주를 포함하는 순서가 각각의 잠재적 보통주가 희석효과가 있는지를 판단하는 데 영향을 미칠 수 있다. 즉, 희석주당이익은 주당이익이 가장 낮게 형성되었을 때의 주당이익이므로, 기본주당이익을 최대한 희석할 수 있도록 희석효과가 가장 큰(주당이익이 가장 작은) 잠재적 보통주부터 순차적으로 기본주당이익에 포함시키면서 희석효과를 판단하는 것이다.

⇨ 신주인수권과 상환할증금 미지급조건의 신주인수권부사채의 경우, 잠재적 보통주별 주당이익을 계산할 때 분자(세후 잠재적 보통주이익)에 가산되는 금액이 없다. 따라서 희석주당이익을 계산할 때 가장 먼저 포함될 것이다.

(3) 희석주당이익의 계산

① 희석효과가 가장 큰 잠재적 보통주부터 순차적으로 기본주당이익에 포함하여 누적으로 주당이익을 계산하다 보면, 주당이익이 단계적으로 감소하다가 어느 시점부터는 다시 증가하게 된다. 이때 주당이익이 가장 낮은 금액이 되었을 때의 주당이익(가장 희석화된 주당이익)이 바로 희석주당이익이 된다. 결국, 주당이익이 가장 낮은 금액이 될 때까지의 잠재적 보통주만 희석효과가 있는 것으로 보고 주당이익 계산에 포함하여 희석주당이익을 산출하는 것이다.

② 이때 유의할 점은 잠재적 보통주의 주당이익이 기본주당이익보다 작다고 하여 희석효과가 있다고 판단해서는 안 된다는 점이다. 즉, 특정 잠재적 보통주의 주당이익이 기본주당이익보다 작다 하더라도, 여러 종류의 잠재적 보통주를 희석효과가 큰 순서대로 순차적으로 포함하면서 희석효과를 판단하다 보면 반희석효과가 발생할 수 있기 때문이다.

필수암기! 잠재적 보통주별 주당순이익 계산 요약

구분	[분자] 세후 잠재적 보통주이익	[분모] 잠재적 보통주식수
전환우선주	전환우선주 배당금	① 포함 주식수: 권리행사 시 발행주식수
전환사채	전환사채 이자비용 × (1 − t)	② 포함 시점: 기초(당기 발행분은 발행일)
신주인수권	영(0)	① 포함 주식수:
신주인수권부사채	상환할증금 관련 이자비용 × (1 − t)	권리행사 시 발행주식수 − 취득가능 자기주식수
주식선택권	주식보상비용 × (1 − t)	② 포함 시점: 기초(당기 발행분은 발행일)

예제 15 희석주당이익

(1) (주)세무의 20×1년 1월 1일 현재 자본금 내역은 다음과 같다.
- ○ 보통주 자본금: ₩50,000,000(총 10,000주)
- ○ 우선주 자본금: ₩50,000,000(총 10,000주)

(2) 우선주는 20×0년 1월 1일 발행된 전환우선주로, 전환우선주 1주를 보통주 1주로 전환할 수 있고, 누적적, 비참가적 우선주이며 액면금액을 기준으로 연 배당률은 6%이다. 당기에 전환된 우선주는 없다.

(3) (주)세무는 20×1년 1월 1일 액면금액 ₩1,000,000의 신주인수권부사채를 액면금액으로 발행하였다. 신주인수권부사채의 만기일은 20×3년 12월 31일이고, 만기일에 액면금액의 100%를 상환한다. 표시이자율은 연 5%이며, 이자는 매 연도 말 지급한다. 신주인수권 행사 시 사채 액면금액 ₩1,000당 현금 ₩10,000을 납입하고 보통주 1주(액면가액 ₩5,000)를 인수할 수 있다. 20×1년 12월 31일까지 행사된 신주인수권은 없었다. 신주인수권부사채의 발행일에 신주인수권은 없으나 다른 조건은 모두 동일한 일반사채의 시장이자율은 연 10%이다.

(4) (주)세무는 20×1년 1월 1일에 최고경영자인 나세무씨에게 주식선택권 10,000개(개당 행사가격 ₩14,000)를 부여하고 3년간 용역제공조건을 부여하였다. 부여일 현재 주식선택권의 단위당 공정가치는 ₩1,800이며, (주)세무는 나세무씨가 해당 주식선택권을 가득할 것으로 기대한다.

(5) (주)세무의 20×1년도 기본주당이익을 계산하기 위한 보통주당기순이익은 ₩50,000,000이라고 가정한다. (주)세무의 20×1년 보통주 시가평균은 ₩16,000이며, 법인세율은 단일세율로 20%이다.

(6) 현재가치계수(3기간, 10%)는 0.7513, 정상연금의 현재가치계수(3기간, 10%)는 2.4868이다.

[요구사항]

1. (주)세무가 신주인수권부사채와 관련하여 20×1년에 인식할 이자비용을 계산하시오.

2. (주)세무가 발행한 주식선택권과 관련하여 20×1년에 인식할 보상비용을 계산하시오.

3. (주)세무의 20×1년도 희석주당이익을 계산하기 위하여 희석효과를 분석하는 다음의 표를 완성하시오.

구분	분자요소	분모요소	주당효과
전환우선주			
신주인수권부사채			
주식선택권			

4. (주)세무의 20×1년 희석주당이익을 계산하시오.

5. 20×1년 초 발행한 (주)세무의 신주인수권부사채가 모든 조건(액면금액, 이자지급조건, 이자율, 만기 등)이 동일한 전환사채라고 가정하자. 단, 전환사채는 전환권 행사 시 사채액면금액 ₩1,000당 보통주 1주(액면가액 ₩5,000)로 전환가능하다. 이 경우 (주)세무의 20×1년 희석주당이익을 계산하시오.

해답 1. **20×1년 신주인수권부사채 이자비용**

(1) 20×1.1.1 일반사채 공정가치: 1,000,000 × 0.7513 + 50,000 × 2.4868 = 875,640

(2) 20×1년 이자비용: 875,640 × 10% = 87,564

2. **20×1년 주식보상비용**

(1) 총 보상비용: 10,000개 × @1,800 = 18,000,000

(2) 20×1년 주식보상비용: 18,000,000 × 1/3 = 6,000,000

3. **주당 희석효과 분석**

(1) 전환우선주

① 전환우선주의 이익 증가분: 50,000,000 × 6% = 3,000,000

② 전환우선주의 잠재적 보통주식수: 10,000주 × 12/12 = 10,000주

③ 전환우선주의 주당효과: 3,000,000 ÷ 10,000주 = 300

(2) 신주인수권부사채

① 신주인수권부사채의 이익 증가분: 0(영)

② 신주인수권부사채의 잠재적 보통주식수

권리 행사분	–
권리 미행사분 (*)1,000주 × (1 – 10,000 ÷ 16,000) × 12/12 =	375주
잠재적 보통주식수	375주

(*) 1,000,000 ÷ @1,000 = 1,000주

③ 신주인수권부사채의 주당효과: 0 ÷ 375주 = 0(영)

(3) 주식선택권

① 주식선택권의 이익 증가분: 6,000,000 × (1 – 20%) = 4,800,000

② 주식선택권의 잠재적 보통주식수

권리 행사분	–
권리 미행사분 10,000주 × (1 – (*)15,800 ÷ 16,000) × 12/12 =	125주
잠재적 보통주식수	125주

(*) 개당 행사가격: 14,000 + 1,800 = 15,800

③ 주식선택권의 주당효과: 4,800,000 ÷ 125주 = 38,400

(4) 답안의 작성

구분	분자요소	분모요소	주당효과
전환우선주	3,000,000	10,000주	300
신주인수권부사채	0(영)	375주	0(영)
주식선택권	4,800,000	125주	38,400

4. **희석주당순이익 계산**

구분	당기순이익	주식수	주당이익	희석화 여부
기본주당이익	50,000,000	10,000주	5,000	
신주인수권부사채	0	375주		
	50,000,000	10,375주	4,819	○
전환우선주	3,000,000	10,000주		
	53,000,000	20,375주	2,601	○
주식선택권	4,800,000	125주		
	57,800,000	20,500주	2,820	×

5. 신주인수권부사채를 전환사채로 가정할 경우 희석주당순이익 계산

(1) 전환사채

① 전환사채의 이익 증가분: 87,565(이자비용) × (1 - 20%) = 70,052

② 전환사채의 잠재적 보통주식수: 1,000,000 ÷ @1,000 × 12/12 = 1,000주

③ 전환사채의 주당효과: 70,052 ÷ 1,000주 = 70

(2) 희석주당이익 계산

구분	당기순이익	주식수	주당이익	희석화 여부
기본주당이익	50,000,000	10,000주	5,000	
전환사채	70,052	1,000주		
	50,070,052	11,000주	4,552	○
전환우선주	3,000,000	10,000주		
	53,070,052	21,000주	2,527	○
주식선택권	4,800,000	125주		
	57,870,052	21,125주	2,739	×

01 기본주당이익은 실제로 발행되어 유통되고 있는 보통주식수를 기준으로 계산한 주당 (O, X)
이익을 말하며, 희석주당이익은 실제로 유통되고 있는 보통주뿐만 아니라 잠재적 보통
주도 보통주로 전환되었다고 가정하여 계산한 주당이익을 말한다.

02 기본주당이익과 희석주당이익은 부(−)의 금액, 즉, 주당손실인 경우에는 공시하지 않 (O, X)
는다.

03 무상증자, 주식배당, 주식분할, 주식병합의 경우에는 당해 사건이 있기 전의 유통보통 (O, X)
주식수를 비교표시되는 최초기간의 개시일에 그 사건이 일어난 것처럼 비례적으로 조
정하여 가중평균유통보통주식수를 산정한다.

04 기존 주주에게 공정가치 미만으로 유상증자를 실시하는 경우에는 실제 유상증자 주식 (O, X)
수를 공정가치 유상증자 주식수와 무상증자 주식수로 분할하여 가중평균유통보통주식
수를 계산한다.

05 자기주식은 취득시점부터 재발행할 때까지 보통주식수에서 차감하여 가중평균유통주 (O, X)
식수를 계산한다. 따라서 자기주식을 취득하거나 소각하면 유통보통주식수에서 차감
하고, 자기주식을 재발행(처분)하면 유통보통주식수에 다시 가산한다.

06 전환사채와 전환우선주 등 전환금융상품의 전환권 행사로 발행되는 보통주는 전환일 (O, X)
부터 유통보통주식수 계산에 포함한다.

정답 및 해설

01 O
02 X 기본주당이익과 희석주당이익은 부(−)의 금액인 경우에도 공시한다.
03 O
04 O
05 X 자기주식을 소각하는 경우에는 유통주식수에 변동이 없으므로 별도로 조정할 필요가 없다.
06 O

07 보통주당기순이익은 당기순이익에서 우선주에게 배당되는 세후 우선주 배당금을 차감 (O, X) 하여 계산한다. 이때 당기순이익에서 차감하는 우선주 배당금은 당기에 지급된 배당금 을 말한다.

08 누적적 우선주는 배당결의가 있는 경우에만 당해 회계기간과 관련한 세후배당금을 보 (O, X) 통주에 귀속되는 당기순손익에서 차감한다.

09 잠재적 보통주의 주당이익을 계산할 때 전환금융상품은 전환권을 행사하였다고 가정 (O, X) 할 경우에 발행되는 보통주식수를 분모의 잠재적 보통주식수 계산에 포함한다.

10 잠재적 보통주의 주당이익을 계산할 때 신주인수권은 권리행사 시 발행할 주식수에서 (O, X) 권리행사로 유입된 현금으로 취득가능한 자기주식수를 차감하고 남은 주식수를 분모 의 잠재적 보통주식수 계산에 포함한다. 이때 취득가능한 자기주식수는 보통주를 회계 기간 말의 시장가격으로 취득하였다고 가정하여 계산한다.

11 잠재적 보통주의 주당이익을 계산할 때 전환사채는 포괄손익계산서상 전환사채 이자 (O, X) 비용에서 법인세효과를 차감한 금액을 분자에 가산한다.

12 희석주당이익은 주당이익이 가장 낮은 금액이 되었을 때의 주당이익이므로, 기본주당 (O, X) 이익을 최대한 희석할 수 있도록 희석효과가 가장 큰 잠재적 보통주부터 순차적으로 기본주당이익에 포함시키면서 희석효과를 판단해야 한다.

정답 및 해설

07 X 보통주당기순이익을 계산할 때 당기순이익에서 차감하는 우선주 배당금은 당기분 배당금을 의미하므로 (당기에 실제로 지급된 배당금이 아니라) 당 회계연도에 대한 정기주주총회에서 배당할 것으로 결의예정인 우선주 배당금 을 말한다.

08 X 누적적 우선주의 경우에는 배당결의 여부와 관계없이 당해 회계기간과 관련한 세후배당금(즉, 당기분 배당금)을 당기순이익에서 차감하여 보통주당기순이익을 계산해야 한다.

09 O

10 X 신주인수권의 잠재적 보통주식수를 계산할 때 취득가능한 자기주식수는 보통주를 회계기간 동안 보통주의 평균시 장가격으로 취득하였다고 가정하여 계산한다.

11 O

12 O

기본주당이익 - 가중평균유통보통주식수

01 (주)세무의 20×1년 초 유통보통주식수는 15,000주였다. 20×1년 중 보통주식수의 변동내역이 다음과 같다면, 20×1년도 기본주당이익 계산을 위한 가중평균유통보통주식수는? (단, 가중평균유통보통주식수는 월할계산한다) [세무사 17]

○ 2월 1일: 유상증자(발행가격: 공정가치) 20%
○ 7월 1일: 주식배당 10%
○ 9월 1일: 자기주식 취득 1,800주
○ 10월 1일: 자기주식 소각 600주
○ 11월 1일: 자기주식 재발행 900주

① 17,750주   ② 18,050주
③ 18,200주   ④ 18,925주
⑤ 19,075주

기본주당이익 - 공정가치 미만 유상증자

02 (주)대한의 20×1년 1월 1일 유통보통주식수는 24,000주이며, 20×1년도 중 보통주식수의 변동내역은 다음과 같았다.

○ 3월 1일: 유상증자를 통해 12,000주 발행
○ 5월 1일: 자기주식 6,000주 취득
○ 9월 1일: 자기주식 3,000주 재발행
○ 10월 1일: 자기주식 1,000주 재발행

한편, 20×1년 3월 1일 유상증자 시 주당 발행가격은 ₩1,000으로서 권리락 직전일의 종가인 주당 ₩1,500보다 현저히 낮았다. (주)대한의 20×1년도 기본주당순이익 계산을 위한 가중평균유통보통주식수는? (단, 가중평균유통보통주식수는 월할계산한다) [세무사 13]

① 31,250주   ② 31,750주
③ 32,250주   ④ 32,750주
⑤ 33,250주

기본주당이익 - 누적적 우선주

03 (주)대한은 보통주와 우선주 두 종류의 주식을 보유하고 있다. 우선주는 배당률 7%의 누적적·비참가적 주식으로 20×0년 말 시점에 연체배당금 ₩700,000이 있다. (주)대한은 20×1년도 이익에 대해서도 배당을 실시하지 않았다. 20×1년 초의 주식수는 모두 유통주식수이다. 유상신주의 배당기산일은 납입한 때이며, 무상신주의 배당기산일은 원래의 구주에 따른다. 20×1년 7월 1일 유상증자는 공정가치로 실시되었다. (주)대한의 20×1년도 당기순이익은 ₩5,170,000이며 자본금(주당액면 ₩5,000) 변동내역이 다음과 같을 때 주당순이익은 얼마인가? (단, 가중평균유통보통주식수와 배당금은 월할계산한다. 계산금액은 소수점 첫째 자리에서 반올림하며, 이 경우 단수차이로 인해 약간의 오차가 있으면 가장 근사치를 선택한다)

[세무사 11]

구분	보통주 자본금		우선주 자본금	
기초(1월 1일)	10,000주	₩50,000,000	1,000주	₩5,000,000
기중				
7월 1일 유상증자(납입) 25%	2,500주	12,500,000	250주	1,250,000
8월 1일 무상증자 6%	750주	3,750,000	75주	375,000
11월 1일 자기주식 구입	(300)주	(1,500,000)	–	–
기말(12월 31일)	12,950주	₩64,750,000	1,325주	₩6,625,000

① ₩206
② ₩300
③ ₩385
④ ₩400
⑤ ₩406

기본주당이익 - 누적적 우선주

04 20×1년 1월 1일 현재 (주)국세의 유통 중인 보통주 발행주식은 10,000주(주당 액면가액 ₩10,000)이고, 우선주 발행주식은 5,000주(주당 액면가액 ₩10,000)이다. 우선주는 누적적, 비참가적 우선주이며 연 배당률은 액면가액의 5%이다. (주)국세는 20×1년 7월 1일에 자기주식(보통주) 1,000주를 구입하였다. 또한 (주)국세는 20×2년 2월 말에 현금배당으로 보통주에 대해서는 액면가액의 2%를, 우선주에 대해서는 1주당 ₩1,000을 지급하기로 결의하였다. 배당결의된 우선주 배당금에는 20×0년분에 대하여 지급하지 못한 부분(1주당 ₩500에 해당)이 포함되어 있다. (주)국세의 20×1년도 보통주 기본주당순이익이 ₩400이라면 당기순이익은 얼마인가? (단, 유통보통주식수의 가중평균은 월수를 기준으로 계산한다)

[세무사 10]

① ₩2,000,000
② ₩4,200,000
③ ₩4,400,000
④ ₩6,300,000
⑤ ₩6,500,000

기본주당이익 - 전환우선주

05 20×5년 1월 1일 현재 (주)한국이 기발행한 보통주 500,000주(1주당 액면금액 ₩5,000)와 배당률 연 10%의 비누적적 전환우선주 150,000주(1주당 액면금액 ₩10,000)가 유통 중에 있다. 전환우선주는 20×3년 3월 1일에 발행되었으며, 1주당 보통주 1주로 전환이 가능하다. 20×5년도에 발생한 보통주식의 변동 상황을 요약하면 다음과 같다.

구분	내용	변동주식수	유통주식수
1월 1일	기초 유통보통주식수	-	500,000주
4월 1일	전환우선주 전환	100,000주	600,000주
9월 1일	1대 2로 주식분할	600,000주	1,200,000주
10월 1일	자기주식 취득	(200,000주)	1,000,000주

20×5년도 당기순이익은 ₩710,000,000이며, 회사는 현금배당을 결의하였다. (주)한국의 20×5년도 기본주당순이익은 얼마인가? (단, 기중에 전환된 전환우선주에 대해서는 우선주 배당금을 지급하지 않으며, 가중평균유통보통주식수 계산 시 월할계산한다. 단수차이로 인해 오차가 있는 경우 가장 근사치를 선택한다) [회계사 15]

① ₩500
② ₩555
③ ₩591
④ ₩600
⑤ ₩645

희석주당이익 - 전환사채

06 (주)세무의 20×1년 초 유통보통주식수는 2,000주이다. (주)세무는 20×1년 4월 1일 처음 전환사채(액면금액 ₩50,000, 전환가격 ₩100)를 발행하였고, 동 전환사채는 당기 중 전환되지 않았다. 20×1년 당기순이익이 ₩1,500,000, 전환사채 이자비용은 ₩120,000, 법인세율이 20%일 때, 희석주당이익은? (단, 계산에 필요한 기간은 월 단위로 한다) [세무사 18]

① ₩632
② ₩638
③ ₩672
④ ₩750
⑤ ₩798

07 다음은 (주)세무의 20×1년도 주당이익과 관련된 자료이다.

○ 20×1년 중 보통주 변동내용은 다음과 같다.

일자	변동내용
1월 1일	기초유통보통주식수(액면금액 ₩5,000)는 1,000주이다.
4월 1일	자기주식 200주를 1주당 ₩8,500에 취득하다.
7월 1일	자기주식 100주를 1주당 ₩10,000에 재발행하다.
10월 1일	자기주식 100주를 소각하다.

○ 20×1년 초 신주인수권 600개를 부여하였는데, 동 신주인수권 1개로 보통주 1주를 인수할 수 있다. 신주인수권의 개당 행사가격은 ₩8,000이고, 20×1년도 보통주 가격현황은 다음과 같다.

1월 1일 종가	1월 1일 ~ 12월 31일 평균주가	12월 31일 종가
₩7,000	₩10,000	₩12,000

20×1년도 희석주당순이익이 ₩840일 때, 기본주당순이익은? (단, 가중평균주식수는 월할계산한다)

[세무사 19]

① ₩840   ② ₩941
③ ₩952   ④ ₩966
⑤ ₩1,027

08 다음은 (주)한국의 20×2년도 주당이익과 관련된 자료이다.

(1) 당기순이익은 ₩21,384이고, 기초의 유통보통주식수는 100주이며 기중 변동은 없었다.
(2) 20×1년 초 전환사채를 발행하였으며, 전환권을 행사하면 보통주 20주로 전환이 가능하다. 20×2년도 포괄손익계산서의 전환사채 관련 이자비용은 ₩5,250이며, 법인세율은 20%이다. 20×2년 말까지 행사된 전환권은 없다.
(3) 20×1년 초 신주인수권 20개를 발행하였으며, 신주인수권 1개당 보통주 1주의 취득(행사가격 ₩3,000)이 가능하다. 20×2년 중의 보통주 평균시가는 주당 ₩5,000이다.

20×2년도 (주)한국의 포괄손익계산서상 희석주당이익은? 단, 가중평균유통보통주식수는 월할로 계산하며, 단수차이로 인해 오차가 있다면 가장 근사치를 선택한다.

[회계사 17]

① ₩178   ② ₩183
③ ₩198   ④ ₩200
⑤ ₩208

희석주당이익 - 신주인수권부사채

09 20×1년 초 현재 (주)대한이 기발행한 보통주 10,000주(주당 액면금액 ₩100)가 유통 중에 있으며, 자기주식과 우선주는 없다. 20×1년 중에 발생한 거래는 다음과 같다.

○ 20×1년 1월 1일에 발행된 상환할증금 미지급조건의 신주인수권부사채의 액면금액은 ₩1,000,000 이고, 행사비율은 사채액면금액의 100%로 사채액면 ₩500당 보통주 1주(주당 액면금액 ₩100)를 인수할 수 있다. 20×1년도 포괄손익계산서의 신주인수권부사채 관련 이자비용은 ₩45,000이며, 법인세율은 20%이다. 한편 20×1년 (주)대한의 보통주 평균시장가격은 주당 ₩800이며, 20×1년 중에 행사된 신주인수권은 없다.

○ 20×1년 3월 1일에 보통주 3,000주의 유상증자(기존의 모든 주주에게 부여되는 주주우선배정 신주발행)를 실시하였는데, 유상증자 직전의 보통주 공정가치는 주당 ₩3,000이고, 유상증자시점의 발행가액은 주당 ₩2,500이다.

○ 20×1년 7월 1일에 취득한 자기주식 500주 중 300주를 3개월이 경과한 10월 1일에 시장에서 처분하였다.

(주)대한이 20×1년도 당기순이익으로 ₩4,000,000을 보고한 경우, 20×1년도 희석주당이익은 얼마인가? (단, 가중평균유통보통주식수는 월할로 계산하며, 단수차이로 인해 오차가 있다면 가장 근사치를 선택한다) [회계사 20]

① ₩298
② ₩304
③ ₩315
④ ₩323
⑤ ₩330

희석주당이익 - 신주인수권

10 20x1년 1월 1일 현재 (주)대한의 유통보통주식수는 200,000주(1주당 액면금액 ₩1,000)이며, 자기주식과 우선주는 없다. (주)대한은 20x1년 1월 1일에 주식매입권 30,000개(20x3년 말까지 행사가능)를 발행하였으며, 주식매입권 1개가 행사되면 보통주 1주가 발행된다. 주식매입권의 행사가격은 1개당 ₩20,000이며, 20x1년 보통주의 평균시장가격은 1주당 ₩25,000이다. 20x1년 10월 1일에 동 주식매입권 20,000개가 행사되었다. (주)대한이 20x1년 당기순이익으로 ₩205,000,000을 보고한 경우 20x1년 희석주당이익은 얼마인가? (단, 가중평균유통보통주식수는 월할로 계산하며, 단수차이로 인해 오차가 있다면 가장 근사치를 선택한다) [회계사 21]

① ₩960
② ₩972
③ ₩976
④ ₩982
⑤ ₩987

정답 및 해설

정답

01 ⑤　02 ②　03 ④　04 ④　05 ④　06 ③　07 ③　08 ③　09 ②　10 ③

해설

01　⑤

1.1 ~ 12.31	15,000주 × 1.1 × 12/12 =	16,500주
2.1 ~ 12.31	3,000주 × 1.1 × 11/12 =	3,025주
9.1 ~ 12.31	(1,800주) × 4/12 =	(600주)
11.1 ~ 12.31	900주 × 2/12 =	150주
계		19,075주

02　②

(1) 공정가치 미만 유상증자 주식수의 분할

① 공정가치 유상증자 주식수: 12,000,000(= 12,000주 × @1,000) ÷ @1,500 = 8,000주

② 무상증자 주식수: 12,000주 − 8,000주 = 4,000주

③ 무상증자비율: 4,000주 ÷ 32,000주(= 24,000주 + 8,000주) = 12.5%

(2) 가중평균유통보통주식수

1.1 ~ 12.31	24,000주 × 1.125 × 12/12 =	27,000주
3.1 ~ 12.31	8,000주 × 1.125 × 10/12 =	7,500주
5.1 ~ 12.31	(6,000주) × 8/12 =	(4,000주)
9.1 ~ 12.31	3,000주 × 4/12 =	1,000주
10.1 ~ 12.31	1,000주 × 3/12 =	250주
계		31,750주

03 ④ **(1) 가중평균유통보통주식수**

1.1 ~ 12.31	10,000주 × 1.06 × 12/12 =	10,600주
7.1 ~ 12.31	2,500주 × 1.06 × 6/12 =	1,325주
11.1 ~ 12.31	(300주) × 2/12 =	(50주)
계		11,875주

(2) 우선주 배당금
① 연평균우선주주식수

1.1 ~ 12.31	1,000주 × 1.06 × 12/12 =	1,060.0주
7.1 ~ 12.31	250주 × 1.06 × 6/12 =	132.5주
계		1,192.5주

② 당기분 우선주 배당금: Max[㉠, ㉡] = 417,375
  ㉠ 당기분 최소배당금: 1,192.5주 × @5,000 × 7% = 417,375
  ㉡ 결의예정 배당금(과거기간 연체배당금 제외): 0(영)

(3) 기본주당이익
① 보통주당기순이익: 5,170,000 − 417,375 = 4,752,625
② 기본주당이익: 4,752,625 ÷ 11,875주 = 400

04 ④ **(1) 가중평균유통보통주식수**

1.1 ~ 12.31	10,000주 × 12/12 =	10,000주
7.1 ~ 12.31	(1,000주) × 6/12 =	(500주)
계		9,500주

(2) 당기분 우선주 배당금
Max[①, ②] = 2,500,000
① 당기분 최소배당금: 5,000주 × @10,000 × 5% = 2,500,000
② 결의예정 배당금(과거기간 연체배당금 제외): 5,000주 × @(1,000 − 500) = 2,500,000

(3) 기본주당순이익
(총당기순이익 − 2,500,000) ÷ 9,500주 = 400
⇨ 총당기순이익 6,300,000

05 ④ **(1) 가중평균유통보통주식수**

1.1 ~ 12.31	500,000주 × 2 × 12/12 =	1,000,000주
4.1 ~ 12.31	100,000주 × 2 × 9/12 =	150,000주
10.1 ~ 12.31	(200,000주) × 3/12 =	(50,000주)
계		1,100,000주

(2) 우선주 배당금
① 기중에 보통주로 전환된 전환우선주에 대하여는 우선주 배당금을 지급하지 않으므로, 당기에 전환된 우선주는 당기분 우선주 배당금을 계산할 때 제외한다.
② 당기분 우선주 배당금: (150,000주 − 100,000주) × @10,000 × 10% = 50,000,000

(3) 기본주당이익
① 보통주당기순이익: 710,000,000 − 50,000,000 = 660,000,000
② 기본주당이익: 660,000,000 ÷ 1,100,000주 = 600

06 ③ **(1) 전환사채의 희석효과**

① 이익 증가분: 120,000(이자비용) × (1 - 20%) = 96,000

② 잠재적 보통주식수: 500주(= 50,000 ÷ @100) × 9/12 = 375주

(2) 희석주당순이익

구분	당기순이익	주식수	주당순이익	희석효과
기본	1,500,000	2,000주	750	
전환사채	96,000	375주		
	1,596,000	2,375주	672	○

07 ③ **(1) 가중평균유통보통주식수**

1,000주 × 12/12 - 200주 × 9/12 + 100주 × 6/12 = 900주

(2) 신주인수권의 잠재적 보통주식수

600주 × (1 - 8,000 ÷ 10,000) × 12/12 = 120주

(3) 희석주당순이익

(보통주당기순이익 + 0) ÷ (900주 + 120주) = 840

⇨ 보통주당기순이익 856,800

(4) 기본주당순이익

856,800 ÷ 900주 = 952

08 ③ **(1) 잠재적 보통주식수**

① 전환사채: 20주

② 신주인수권: 20주 × (1 - 3,000 ÷ 5,000)×12/12 = 8주

(3) 희석주당이익

구분	당기순이익	주식수	주당순이익	희석효과
기본	21,384	100주	214	
신주인수권	-	8주		
	21,384	108주	198	○
전환사채	(*)4,200	20주		
	25,584	128주	200	×

(*) 5,250 × (1 - 20%) = 4,200

09 ② **(1) 공정가치 미만 유상증자 주식수의 분할**

① 공정가치 유상증자 주식수: 7,500,000(= 3,000주 × @2,500) ÷ @3,000 = 2,500주
② 무상증자 주식수: 3,000주 − 2,500주 = 500주
③ 무상증자비율: 500주 ÷ 12,500주(= 10,000주 + 2,500주) = 4%

(2) 가중평균유통보통주식수

1.1 ~ 12.31	10,000주 × 1.04 × 12/12 =	10,400주
3.1 ~ 12.31	2,500주 × 1.04 × 10/12 =	2,167주
7.1 ~ 12.31	(500주) × 6/12 =	(250주)
10.1 ~ 12.31	300주 × 3/12 =	75주
계		12,392주

(3) 신주인수권부사채의 잠재적 보통주식수

① 권리행사시 발행주식수: 1,000,000 ÷ 500 = 2,000주
② 잠재적 보통주식수: 2,000주 × (1 − 500 ÷ 800) × 12/12 = 750주

(4) 희석주당순이익

구분	당기순이익	주식수	주당순이익	희석효과
기본	4,000,000	12,392주	323	
신주인수권부사채	−	750주		
	4,000,000	13,142주	304	○

10 ③ **(1) 가중평균유통보통주식수**

200,000주 + 20,000주 × 3/12 = 205,000주

(2) 신주인수권의 잠재적 보통주식수

권리 행사분(1.1 ~ 9.30)	20,000주 × (1 − 20,000 ÷ 25,000) × 9/12 =	3,000주
권리 미행사분(1.1 ~ 12.31)	10,000주 × (1 − 20,000 ÷ 25,000) × 12/12 =	2,000주
잠재적 보통주식수		5,000주

(3) 희석주당순이익

구분	당기순이익	주식수	주당순이익	희석효과
기본	205,000,000	205,000주	1,000	
신주인수권	−	5,000주		
	205,000,000	210,000주	976	○

[세무사 2차 10 수정]

01

(1) (주)세무의 20×1년 1월 1일 현재 자본금은 보통주 자본금 ₩5,000,000과 우선주 자본금 (비참가적, 누적적 10%) ₩500,000으로 구성되어 있다.

(2) 유상신주의 배당기산일은 납입한 때이며, 무상신주의 배당기산일은 원구주에 따른다. 보통주와 우선주의 주당 액면금액은 각각 ₩500으로 동일하다. 또한 (주)세무의 20×1년 1월 1일 현재 보통주의 유통주식수는 9,000주이다. (주)세무는 자기주식에 대해서 증자 및 배당을 실시하지 않는다. (주)세무는 20×1년도에 대한 배당으로 보통주와 우선주에 각각 10% 실시하였다.

(3) (주)세무의 20×1년 중 보통주식수와 우선주식수의 변동내역은 다음과 같다.

구분	내용
20×1년 4월 1일	보통주에 대해 25%의 유상증자를 실시하여 2,250주를 발행하였다. 주당 발행금액은 ₩1,000이었으며, 유상증자 직전일의 주당 공정가치는 ₩2,250이다.
20×1년 7월 1일	유통 중인 우선주 500주를 ₩350,000에 공개매수하였다. 20×1년 초 우선주의 장부금액은 액면금액과 동일하였다.
20×1년 10월 1일	자기주식 중 보통주 200주를 주당 ₩1,800에 처분하였다.

(4) (주)세무는 20×1년 당기순이익으로 ₩3,000,000을 보고하였다.

(5) 유상증자 관련 조정비율 계산에서는 소수점 이하 넷째 자리에서 반올림하고, 이를 제외한 나머지 계산에서는 소수점 이하 첫째 자리에서 반올림하시오. 또한 주식수의 가중평균은 월수로 계산하여 구하시오.

[물음 1] (주)세무의 20×1년도 기본주당이익을 계산하기 위한 가중평균유통보통주식수를 계산하시오.

[물음 2] (주)세무의 20×1년도 기본주당이익을 계산하기 위해 보통주에 귀속되는 당기순손익을 계산하시오.

[물음 3] (주)세무의 20×1년도 기본주당이익을 계산하시오.

해답 **[물음 1] 가중평균유통보통주식수**

1. 공정가치 미만 유상증자 주식수의 분할

    (1) 공정가치 유상증자 주식수: 2,250,000(= 2,250주 × @1,000) ÷ @2,250 = 1,000주

    (2) 무상증자 주식수: 2,250주 − 1,000주 = 1,250주

    (3) 무상증자비율: 1,250주 ÷ 10,000주(= 9,000주 + 1,000주) = 12.5%

2. 가중평균유통보통주식수

1.1 ~ 12.31	9,000주 × 1.125 × 12/12 =	10,125주
4.1 ~ 12.31	1,000주 × 1.125 × 9/12 =	844주
10.1 ~ 12.31	200주 × 3/12 =	50주
계		11,019주

[물음 2] 보통주 당기순이익

1. 우선주 배당금: (500,000 − 500주 × @500) × 10% = 25,000

2. 우선주 재매입손실: 우선주 재매입금액 − 우선주 장부금액

    = 350,000 − 250,000(= 500주 × @500) = 100,000

3. 보통주 당기순이익: 3,000,000 − 25,000 − 100,000 = 2,875,000

[물음 3] 기본주당이익

    2,875,000 ÷ 11,019주 = 261

| 희석주당이익 |

02 12월 말 결산법인인 (주)여름에 관한 20×1년 자료는 다음과 같다.

〈자료 1〉

○ 기초 보통주식수: 100,000주(액면금액 ₩1,000)
○ 기초 우선주식수: 10,000주(액면금액 ₩500)
  - 비누적적, 비참가적 우선주이며, 배당률은 7%
  - 전환우선주에 해당하며, 우선주 2주당 보통주 1주로 전환 가능
  - 20×1년 10월 1일에 전환우선주 40%가 보통주로 전환됨

〈자료 2〉

20×1년 4월 1일에 (주)여름은 전환사채(액면금액 ₩5,000,000)를 액면발행하였으며, 액면금액 ₩5,000당 보통주 1주로 전환 가능하다. 20×1년 7월 1일 전환권 행사로 전환사채의 60%가 보통주로 전환되었다. 당기포괄손익계산서에 인식된 전환사채 관련 이자비용은 ₩300,000이다.

〈자료 3〉

20×0년 4월 1일에 (주)여름은 상환할증금을 지급하는 조건으로 행사가격이 ₩450인 신주인수권부사채를 발행하였다. 20×1년 4월 1일에 신주인수권의 50%가 행사되어 보통주 2,000주를 교부하였다. 20×1년도 (주)여름의 보통주 주당 평균시장가격은 ₩600이다. (주)여름이 신주인수권부사채에 대해 20×1년에 인식한 이자비용은 모두 ₩2,000,000이며, 이 중 사채상환할증금과 관련된 이자비용은 ₩100,000이다.

〈자료 4〉

(주)여름의 당기순이익은 ₩50,000,000이고 법인세율(법인세에 부가되는 세액 포함)은 25%로 가정하며, 기말에 미전환된 우선주에 대해서만 배당금을 지급한다(상법의 관련 규정은 무시한다). 각 물음 계산 시 소수점 아래 첫째 자리에서 반올림하고(예 12.34 → 12), 가중평균유통보통주식수의 계산과정에서 가중치는 월 단위로 계산한다.

[물음 1] (주)여름의 20×1년도 기본주당이익을 계산하시오.

[물음 2] 다음은 (주)여름의 20×1년도 희석주당이익을 계산하기 위하여 희석효과를 분석하는 표이다. ① ~ ⑦을 구하시오.

구분	분자요소	분모요소	주당효과
전환우선주	①	②	?
전환사채	③	④	⑤
신주인수권부사채	⑥	⑦	?

[물음 3] (주)여름의 20×1년도 희석주당이익은 얼마인지 계산하시오.

해답 **[물음 1] 기본주당이익**

1. 가중평균유통보통주식수

1.1	보통주	100,000주 × 12/12 =	100,000주
4.1	신주인수권 행사	2,000주 × 9/12 =	1,500주
7.1	전환권 행사	600주(= 3,000,000 ÷ 5,000) × 6/12 =	300주
10.1	전환우선주 전환	2,000주(= 10,000 ÷ 2주 × 40%) × 3/12 =	500주
	계		102,300주

2. 보통주 당기순이익: 50,000,000 − $^{(*)}$210,000 = 49,790,000

   $^{(*)}$ 우선주 배당금: 10,000주 × @500 × (1 − 40%) × 7% = 210,000

3. 기본주당이익: 49,790,000 ÷ 102,300주 = 487

[물음 2] 주당 희석효과 분석

1. 각 문항의 분석

   ① 전환우선주의 이익 증가분 210,000([물음 1] 해설 참고)
   ② 전환우선주의 잠재적 주식수: 2,000주(전환분) × 9/12 + 3,000주(미전환분) × 12/12 = 4,500주
   ③ 전환사채의 이익 증가분: 300,000 × (1 − 25%) = 225,000
   ④ 전환사채의 잠재적 보통주식수: 600주(전환분) × 3/12 + 400주(미전환분) × 9/12 = 450주
   ⑤ 전환사채의 주당효과: 225,000 ÷ 450주 = 500/주
   ⑥ 신주인수권부사채의 이익 증가분: 100,000 × (1 − 25%) = 75,000
   ⑦ 신주인수권부사채의 잠재적 보통주식수

권리행사분	2,000주 × (1 − 450 ÷ 600) × 3/12 =	125주
권리미행사분	2,000주 × (1 − 450 ÷ 600) × 12/12 =	500주
계		625주

2. 답안의 작성

구분	분자요소	분모요소	주당효과
전환우선주	① 210,000	② 4,500주	46.7
전환사채	③ 225,000	④ 450주	⑤ 500
신주인수권부사채	⑥ 75,000	⑦ 625주	120

[물음 3] 희석주당순이익

1. 전환사채는 반희석효과가 있으므로 희석화 판단 시 고려할 필요 없음

2. 희석주당이익

구분	당기순이익	주식수	주당이익	희석화 여부
기본주당이익	49,790,000	102,300주	487	
전환우선주	210,000	4,500주		
	50,000,000	106,800주	468	○
신주인수권부사채	75,000	625주		
	50,075,000	107,425주	466	○

cpa.Hackers.com

해커스 IFRS 김승철 중급회계 하

제25장

기타회계

제1절 | 재무비율 분석

01 의의

외부정보이용자들이 기업에 대한 의사결정을 위하여 기업의 재무상태와 경영성과를 평가할 때는 당연히 외부에 공시된 기업의 재무제표를 분석하여 평가를 수행할 것이다. 이러한 재무제표 분석을 보다 체계적이고 효율적으로 수행하기 위하여 사용되는 방법으로는 추세 분석, 구성비율 분석, 재무비율 분석 등 다양한 방법들이 있는데, 본 장에서는 이 중에서 재무비율을 이용하여 재무제표를 분석하는 방법에 대하여 살펴보기로 한다.

02 재무비율의 종류

재무비율 분석이란 재무제표에 표시된 항목들 간의 관련성을 상호비율로 계산한 재무비율을 이용하여 재무제표를 분석하는 방법을 말한다. 이때 이용되는 재무비율에는 크게 안전성비율, 수익성비율 그리고 활동성비율이 있다.

> ① **안전성비율**: 기업의 유동성(단기채무상환능력)과 장기채무상환능력을 나타내는 재무비율로서, 크게 유동성비율과 레버리지비율이 있다.
> ㉠ **유동성비율(liquidity ratio)**: 기업의 단기채무상환능력을 나타내는 비율로 유동비율과 당좌비율이 있다.
> ㉡ **레버리지비율(leverage ratio)**: 기업이 장기채무의 원금과 이자를 원만하게 지급할 수 있는지(장기채무상환능력)를 나타내는 비율로 부채비율과 이자보상비율 등이 있다.
> ② **수익성비율**: 기업이 당기에 이익을 얼마나 벌었는지(경영성과)를 나타내는 재무비율로서, 매출액순이익율, 총자본순이익률, 자기자본순이익률 등이 있다.
> ③ **활동성비율**: 기업이 보유하고 있는 자산을 당기 중에 얼마나 효율적으로 운용하였는지를 나타내는 재무비율이다. 활동성비율은 일반적으로 회전율(turnover ratio)로 나타내며, 총자산회전율, 매출채권회전율, 재고자산회전율 등이 있다.

[표 25-1] 재무비율의 종류

구분	내용	종류
안전성비율	기업의 유동성(단기채무상환능력)과 장기채무상환능력을 나타내는 재무비율	유동비율, 당좌비율, 부채비율, 이자보상비율 등
수익성비율	기업의 경영성과를 나타내는 재무비율	매출액순이익률, 총자본순이익률, 자기자본순이익률 등
활동성비율	기업이 보유자산을 얼마나 효율적으로 운용하였는지를 나타내는 재무비율	총자산회전율, 매출채권회전율, 재고자산회전율 등

앞으로 설명할 재무비율을 계산하기 위하여 (주)한국의 20×1년 비교재무상태표와 별개의 손익계산서가 다음과 같다고 가정한다.

비교재무상태표

	20×1년 말	20×0년 말		20×1년 말	20×0년 말
유동자산	₩1,700	₩2,000	유동부채	₩1,000	₩1,500
재고자산	800	700	매입채무	900	800
매출채권	700	900	기타유동부채	100	700
기타유동자산	200	400	비유동부채	4,000	3,000
비유동자산	7,300	6,000	부채총계	₩5,000	₩4,500
			자본총계	4,000	3,500
자산총계	₩9,000	₩8,000	부채와 자본총계	₩9,000	₩8,000

별개의 손익계산서
20×1년 1월 1일부터 12월 31일까지

매출액	₩16,000
매출원가	(12,000)
매출총이익	₩4,000
판매비와관리비	(1,800)
영업이익	₩2,200
이자비용	(800)
법인세비용차감전순이익	₩1,400
법인세비용	(600)
당기순이익	₩800

<추가자료>
20×1년 유통보통주식수: 10주
20×1년 보통주당기순이익: ₩600
20×1년 말 보통주 1주당 공정가치: ₩400
20×1년 보통주 배당금 예정액: ₩200

03 안정성비율

(1) 유동비율

① 유동비율(current ratio)은 유동자산을 유동부채로 나누어 계산한 비율로, 비율이 높을수록 유동성이 높다. 유동부채는 단기간에 상환해야 할 부채이므로, 일반적으로 기업이 보유하고 있는 (비유동자산보다는) 유동자산을 현금화하여 상환할 가능성이 높다.

② 따라서 유동비율은 기업의 단기채무인 유동부채 상환에 사용할 수 있는 유동자산이 얼마나 되는가를 나타내는 비율로서, 기업의 유동성을 평가할 때 가장 많이 이용되는 재무비율이다.

$$유동비율 = \frac{유동자산}{유동부채} = \frac{₩1,700}{₩1,000} = 1.7(170\%)$$

(2) 당좌비율

① 당좌비율(quick ratio)은 당좌자산(quick assets)을 유동부채로 나누어 계산한 비율로, 이때 당좌자산은 유동자산에서 재고자산을 차감한 금액을 말한다. 즉, 재고자산은 유동자산 중에서 상대적으로 현금화의 속도가 가장 낮으며, 단기간에 현금화하기 어려운 경우가 있을 수 있으므로 제외하는 것이다.

② 따라서 당좌비율은 유동자산에서 재고자산을 제외하고 유동성이 매우 높은 당좌자산만을 고려하여 산정한 재무비율로서, 보다 엄격한 의미의 유동비율이라고 할 수 있다.

$$당좌비율 = \frac{유동자산 - 재고자산}{유동부채} = \frac{₩1,700 - ₩800}{₩1,000} = 0.9(90\%)$$

(3) 부채비율

부채비율(debt-to-equity ratio)은 부채를 자기자본으로 나누어 계산한 비율로, 비율이 낮을수록 안전성이 높다. 부채비율은 기업이 자기자본으로 부채를 어느 정도 상환할 수 있는지를 나타내는 비율이며, 자기자본은 재무상태표상 자본합계를 말한다. 부채비율이 높을수록 채권자의 위험이 증가하므로 부채비율은 채권자의 위험을 평가하는데 유용하다.

$$부채비율 = \frac{부채}{자기자본} = \frac{₩5,000}{₩4,000} = 1.25(125\%)$$

(4) 이자보상비율

① 이자보상비율(interest coverage ratio)은 이자비용과 법인세비용을 차감하기 전의 당기순이익(이자 전 세전 당기순이익)을 이자비용으로 나누어 계산한 비율로, 비율이 높을수록 안정성이 높다.

② 이자보상비율은 기업이 채권자에게 고정적으로 지급되는 이자비용을 기업이 벌어들인 이익으로 감당할 수 있는지를 파악하는데 이용되는데, 이자보상비율이 적어도 100% 이상 되어야 이자비용을 정상적으로 지급할 수 있다. 참고로, 본 사례에서 이자 전 세전 당기순이익은 법인세비용차감전순이익에 이자비용을 가산한 금액이 된다.

$$\text{이자보상비율} = \frac{\text{이자 전 세전 당기순이익}}{\text{이자비용}} = \frac{\text{₩}1,400 + \text{₩}800}{\text{₩}800} = 2.75\text{배}$$

04 수익성비율

(1) 매출액순이익률

① 매출액순이익률(return on sale)은 매출액 1원당 당기순이익을 얼마나 얻었는지를 나타내는 재무비율로, 매출액순이익률이 높다는 것은 매출액 1원에 대해서 당기순이익이 많이 발생하였다는 것이므로 기업의 수익성이 양호하다는 것을 의미한다.

② 한편, 분자에 당기순이익 대신에 매출총이익과 영업이익을 사용하기도 하며, 각각의 경우를 매출총이익률, 매출액영업이익률이라고 한다.

$$매출액순이익률 = \frac{당기순이익}{매출액} = \frac{₩800}{₩16,000} = 0.05(5\%)$$

$$매출총이익률 = \frac{매출총이익}{매출액} = \frac{₩4,000}{₩16,000} = 0.250(25.0\%)$$

$$매출액영업이익률 = \frac{영업이익}{매출액} = \frac{₩2,200}{₩16,000} = 0.1375(13.75\%)$$

(2) 총자산순이익률(총자본순이익률)

총자산순이익률(ROI; Return On Investment)은 총자본순이익률이라고도 하는데, 기업의 자산 1원당 얼마의 이익을 얻었는지를 나타내는 재무비율이다. 즉, 총자본순이익률은 (기업의 자본조달방법과 관계없이) 경영자가 주어진 자산을 얼마나 효율적으로 이용하여 이익을 얻었는가를 나타내는 재무비율로, 비율이 높을수록 수익성이 높다는 것을 의미한다.

$$총자산순이익률 = \frac{당기순이익}{평균총자산} = \frac{당기순이익}{(기초총자산 + 기말총자산) \div 2}$$

$$= \frac{₩800}{(₩8,000 + ₩9,000) \div 2} = 0.094(9.4\%)$$

(3) 자기자본순이익률

자기자본순이익률(ROE; Return On Equity)은 주주들이 출자한 자본을 이용하여 당기순이익을 얼마나 얻었는지를 나타내는 재무비율로, 비율이 높을수록 수익성이 높다.

$$자기자본순이익률 = \frac{당기순이익}{평균자기자본} = \frac{당기순이익}{(기초자기자본 + 기말자기자본) \div 2}$$

$$= \frac{₩800}{(₩3,500 + ₩4,000) \div 2} = 0.213(21.3\%)$$

(4) 주당순이익

주당순이익(EPS; Earnings Per Share)은 보통주당기순이익을 유통보통주식수로 나누어 계산한 비율로, 보통주 1주당 기업이 당기에 벌어들인 순이익을 나타내는 수익성 지표이다.

$$\text{주당순이익} = \frac{\text{보통주당기순이익}}{\text{유통보통주식수}} = \frac{₩600}{10주} = ₩60/주$$

(5) 주가수익률

주가수익률(PER; Price Earnings Ratio)은 주가를 주당순이익으로 나누어 계산한 비율로, 다른 기업의 주가수익률과 비교하여 기업의 주식가격이 상대적으로 과대(또는 과소)평가되었는지를 판단하는 데 도움을 주는 지표이다.

$$\text{주가수익률} = \frac{\text{주당 공정가치}}{\text{주당순이익}} = \frac{₩400}{₩60} = 6.67배$$

(6) 배당성향과 배당수익률

① 배당성향: 배당성향은 주당 배당금을 주당순이익으로 나누어 계산한 비율로, 기업의 당기순이익 중 주주에게 배당금으로 처분된 금액의 비율을 나타낸다. 배당성향은 기업의 배당정책을 판단하는 데 도움을 주는 지표가 된다.

$$\text{배당성향} = \frac{\text{배당총액}}{\text{당기순이익}} = \frac{\text{주당 배당금}}{\text{주당순이익}} = \frac{₩200 \div 10주}{₩60} = 0.333(33.3\%)$$

② 배당수익률: 주주가 주식투자로 얻는 수익은 배당수익과 주식가격 상승에 따른 시세차익으로 구성된다. 배당수익률은 주당 배당금을 주가로 나누어 계산한 비율로서, 주주의 주식투자수익 중 배당으로 얻은 수익률을 나타내는 수익성 지표이다.

$$\text{배당수익률} = \frac{\text{주당 배당금}}{\text{주당 공정가치}} = \frac{₩20}{₩400} = 0.05(5\%)$$

05 활동성비율

(1) 총자산회전율

총자산회전율은 매출액을 평균총자산으로 나누어 산정하며, 기업의 자산 1원당 얼마의 매출액을 달성했는지를 나타내는 재무비율이다. 비율이 높을수록 효율성이 높다.

$$\text{총자산회전율} = \frac{\text{매출액}}{\text{평균총자산}} = \frac{\text{매출액}}{(\text{기초총자산} + \text{기말총자산}) \div 2} = \frac{\text{₩16,000}}{(\text{₩8,000} + \text{₩9,000}) \div 2} = 1.88\text{회}$$

(2) 매출채권회전율과 매출채권평균회수기간

① 매출채권회전율: 기업이 재고자산을 외상으로 판매하였을 경우, 매출채권을 제때에 회수해야 원활한 자금운영을 할 수 있을 것이다. 매출채권회전율은 매출액을 평균매출채권으로 나누어 산정한 비율로서, 기업이 당기 중에 매출과 매출채권 회수를 몇 번이나 반복하였는지를 나타낸다.

예를 들어, 매출채권회전율이 10회라면, 기업이 당기 중에 매출을 한 후 매출채권을 회수하는 과정을 10번 반복하였음을 의미한다. 결국, 매출채권회전율이 높다는 것은 매출채권이 현금화되는 속도가 빠르며 매출채권에 대한 투자효율성이 높다는 것을 의미한다.

$$\text{매출채권회전율} = \frac{\text{매출액}}{\text{평균매출채권}} = \frac{\text{매출액}}{(\text{기초매출채권} + \text{기말매출채권}) \div 2} = \frac{\text{₩16,000}}{(\text{₩900} + \text{₩700}) \div 2} = 20\text{회}$$

② 매출채권평균회수기간: 매출채권회전율의 보조비율로 매출채권평균회수기간(average collection period)을 사용하기도 한다. 매출채권평균회수기간은 365일을 매출채권회전율로 나누어 계산하는데, 이는 재고자산을 판매한 날로부터 매출채권을 회수하기까지 소요되는 기간을 의미한다. 매출채권회전율이 높을수록 매출채권평균회수기간은 짧아진다.

$$\text{매출채권평균회수기간} = \frac{365\text{일}}{\text{매출채권회전율}} = \frac{365\text{일}}{20\text{회}} = 18.25\text{일}$$

(3) 재고자산회전율과 재고자산평균회전기간

① **재고자산회전율**: 재고자산회전율은 매출원가를 평균재고자산으로 나누어 계산한 재무비율로, 기업이 당기 중에 재고자산의 매입과 판매를 몇 번이나 반복하였는지를 나타낸다. 예를 들어, 재고자산회전율이 10회라면, 기업이 당기 중에 재고자산을 매입한 후 판매하는 과정을 10번 반복하였음을 의미한다. 결국, 재고자산회전율이 높다는 것은 재고자산이 판매되는 속도가 빠르며, 재고자산에 대한 투자효율성이 높다는 것을 의미한다.

한편, 특정자산의 회전율을 계산할 때는 일반적으로 매출액을 당해 자산의 평균금액으로 나누어 계산하는데, 재고자산의 회전율은 매출원가를 평균재고자산으로 나누어 계산한다. 왜냐하면, 재고자산은 취득원가인데, 매출액은 원가에 이익(마진)을 가산한 판매가이므로, 원가금액인 매출원가를 재고자산으로 나누어 계산하는 것이 합리적이기 때문이다.

$$\text{재고자산회전율} = \frac{\text{매출원가}}{\text{평균재고자산}} = \frac{\text{매출원가}}{(\text{기초재고자산} + \text{기말재고자산}) \div 2} = \frac{₩12,000}{(₩700 + ₩800) \div 2} = 16.0\text{회}$$

② **재고자산평균회전기간**: 재고자산회전율의 보조비율로 재고자산평균회전기간(average turnover period)을 사용하기도 한다. 재고자산평균회전기간은 365일을 재고자산회전율로 나누어 계산하는데, 이는 재고자산을 매입한 날로부터 판매되는 날까지의 소요되는 기간을 의미한다. 재고자산회전율이 높을수록 재고자산평균회전기간은 짧아진다.

$$\text{재고자산평균회전기간} = \frac{365\text{일}}{\text{재고자산회전율}} = \frac{365\text{일}}{16.0\text{회}} = 22.81\text{일}$$

06 재무비율 분석의 한계점

지금까지 살펴본 재무비율을 통한 재무제표 분석은 다음과 같은 한계점을 내포하고 있다. 따라서 다른 보완적인 분석방법과 함께 이루어지는 것이 바람직하다.

① 과거자료인 재무제표에 기초하여 비율 분석이 이루어지기 때문에, 기업의 미래를 예측하는 데는 한계가 있다.
② 동일한 거래에 대하여 기업마다 회계처리방법이 상이한 경우에는 기업 간 재무비율 비교 분석은 의미가 없을 수 있다. 그리고 동일한 기업 내에서 기간별로 회계처리방법이 다르게 적용된 경우에도 기간 간 재무비율 비교 분석은 의미가 없을 수 있다.
③ 회사의 특정 재무비율의 의미를 분석하기 위해서는 해당 비율과 비교하기 위한 기준비율(예) 전년도의 비율, 동종업계의 비율 등)이 있어야 하는데, 기준비율을 무엇으로 설정할 것인지에 대하여 명확한 지침이 없다.
④ 재무제표에 표시된 금액은 계절적 변동 및 물가변동에 따른 영향이 반영되어 있지 않다.

제2절 | 농림어업

01 의의 및 분류

(1) 개요

농림어업활동은 판매목적 또는 수확물이나 추가적인 생물자산으로의 전환목적으로 생물자산의 생물적 변환과 수확을 관리하는 활동을 말한다. 농림어업활동은 예를 들어, 목축, 조림, 일년생이나 다년생 곡물 등의 재배, 과수재배와 농원경작, 화훼원예, 양식(양어 포함)과 같은 다양한 활동을 포함한다. 이러한 다양한 활동의 공통적인 특성은 다음과 같다.

> ① **변화할 수 있는 능력**: 살아있는 동물과 식물은 생물적 변환을 할 수 있는 능력이 있다.
> ② **변화의 관리**: 관리는 생물적 변환의 발생과정에 필요한 조건(예 영양 수준, 수분, 온도, 비옥도, 조도)을 향상시키거나 적어도 유지시켜 생물적 변환을 용이하게 한다. 이러한 관리는 농림어업활동을 다른 활동과 구분하는 기준이 된다. 예를 들어, 관리하지 않은 자원을 수확하는 것(예 원양어업, 천연림 벌채)은 농림어업활동에 해당하지 않는다.
> ③ **변화의 측정**: 생물적 변환이나 수확으로 인해 발생한 질적(예 유전적 장점, 밀도, 숙성도, 지방분포, 단백질 함량, 섬유의 강도) 변화나 양적(예 개체수 증가, 중량, 부피, 섬유의 길이나 지름, 발아 수량) 변화는 일상적인 관리기능으로 측정되고 관찰된다.

(2) 분류

생물자산, 수확물, 생산용 식물은 각각 다음의 자산을 말한다.

구분	내용	사례
생물자산	살아있는 동물이나 식물을 말하며, 생산용 식물에서 자라는 생산물 포함한다.	젖소, 닭, 돼지, 과일나무에서 자라는 과일 등
수확물	생물자산에서 수확한 생산물을 말한다.	우유, 계란, 돈육, 과일나무에서 수확한 과일 등
생산용식물	다음 모두에 해당하는 살아있는 식물을 말한다. ① 수확물을 생산하거나 공급하는데 사용한다. ② 한 회계기간을 초과하여 생산물을 생산할 것으로 예상한다. ③ 수확물로 판매될 가능성이 희박하다. ⇨ 단, 부수적인 폐물로 판매하는 경우는 제외	과일나무 등
생산용 식물이 아닌 식물	다음은 생산용 식물에 해당하지 않는다. ① 수확물로 수확하기 위해 재배하는 식물 ② 부수적인 폐물 판매가 아닌, 수확물로도 식물을 수확하여 판매할 가능성이 희박하지 않은 경우 수확물을 생산하기 위해 재배하는 식물 ③ 한해살이 작물	① 목재용으로 재배하는 나무 ② 과일과 목재 모두를 얻기 위해 재배하는 나무 ③ 옥수수와 밀

02 인식 및 측정

[그림 25-1] 최초인식 및 후속측정

분류	최초인식	후속측정
생물자산	순FV	순FV + 감가상각 X + 손상 X
수확물(재고자산)	순FV	원가 + 손상 O(평가손실)
생산용 식물(유형자산)	원가	원가 + 감가상각 O + 손상 O FV + 감가상각 O + 손상 O

□ : 순FV 평가손익 ⇨ **당기손익** 인식

(1) 생물자산(생산용 식물 제외)

① **최초인식**: 생산용 식물을 제외한 생물자산은 최초인식시점에 순공정가치로 측정하여 인식한다. 이때 순공정가치는 공정가치에서 추정 매각부대원가를 차감한 금액을 말한다. 그리고 생물자산을 최초인식시점에 순공정가치로 인식하여 발생하는 평가손익은 발생한 기간의 당기손익에 반영한다. 다만, 공정가치를 신뢰성 있게 측정할 수 없는 경우에는 원가에서 감가상각누계액과 손상차손누계액을 차감한 금액으로 측정한다. 이후 그러한 생물자산의 공정가치를 신뢰성 있게 측정할 수 있게 되면 순공정가치로 측정한다.

> ⊘참고 **공정가치의 신뢰성 있는 측정**
>
> ① 생물자산의 공정가치는 신뢰성 있게 측정할 수 있다고 추정하며, 최초인식시점과 매 보고기간 말에 순공정가치로 측정한다. 그러나 공정가치를 신뢰성 있게 측정할 수 없는 경우에는 원가로 평가한다.
> ② 다만, 공정가치를 신뢰성 있게 측정할 수 있다는 추정은 최초인식시점에 한해서만 반론이 제기될 수 있다. 즉, 최초인식시점에 일단 순공정가치로 측정하였다면, 이후에는 공정가치를 신뢰성 있게 측정할 수 없다는 주장은 인정되지 않는다는 의미이다. 따라서 이 경우에는 처분시점까지 계속하여 순공정가치로 측정해야 한다.

② **후속측정**: 생물자산 매 보고기간 말에 순공정가치로 측정하며, 순공정가치의 변동으로 발생하는 평가손익은 발생한 기간의 당기손익에 반영한다.

(2) 수확물

① 생물자산에서 수확된 수확물은 수확시점(최초인식시점)에 순공정가치로 측정한다. 수확시점에서의 공정가치는 '항상' 신뢰성 있게 측정할 수 있으며, 이러한 측정치는 기업회계기준서 제1002호 '재고자산'이나 적용가능한 다른 한국채택국제회계기준서를 적용하는 시점의 원가가 된다. 즉, 최초인식시점의 순공정가치를 최초원가로 간주하여 후속측정 회계처리를 수행한다는 의미이다.
② 그리고 수확물을 최초인식시점(수확시점)에 순공정가치로 인식하여 발생하는 평가손익은 발생한 기간의 당기손익에 반영한다.

(3) 생산용 식물

생물자산 중 생산용 식물은 유형자산으로 분류한다. 따라서 성숙되기 전에는 자가건설 유형자산과 동일한 방법으로 측정하며, 성숙한 후에는 유형자산의 원가모형이나 재평가모형을 적용하여 회계처리한다.

필수암기! 생물자산, 수확물, 생산용 식물의 인식 및 측정 요약

구분	내용
생물자산 (생산용 식물 제외)	① 최초인식시점과 매 보고기간 말에 순공정가치로 측정하고, 순공정가치평가손익은 발생한 기간의 당기손익 인식한다. ② 만일 최초인식시점에 공정가치를 신뢰성 있게 측정할 수 없는 경우에는 원가에서 감가상각누계액과 손상차손누계액을 차감한 금액으로 측정한다. 이후 공정가치를 신뢰성 있게 측정할 수 있게 되면 다시 순공정가치로 측정한다.
수확물	① 최초인식시점(수확시점)에 순공정가치로 측정하고, 순공정가치평가손익은 당기손익으로 인식한다. ② 최초인식 이후에는 원가(최초인식시점의 순공정가치)로 측정한다.
생산용 식물	유형자산으로 분류하여 회계처리한다.

03 정부보조금

(1) 순공정가치로 측정하는 생물자산

① 순공정가치로 측정하는 생물자산과 관련된 정부보조금에 다른 조건이 없는 경우에는 이를 수취할 수 있게 되는 시점에만 당기손익으로 인식한다.

② 그러나 기업이 특정 농림어업활동에 종사하지 못하게 요구하는 경우를 포함하여 순공정가치로 측정하는 생물자산과 관련된 정부보조금에 부수되는 조건이 있는 경우에는 그 조건을 충족하는 시점에만 당기손익으로 인식한다.

> ⊙ 예를 들어, 특정지역에서 5년 동안 경작할 것을 요구하고, 경작기간이 5년 미만인 경우에는 모두 반환해야 하는 보조금이 있을 수 있다.
> ⓒ 이러한 경우에는 5년이 경과하기 전까지는 보조금을 당기손익으로 인식하지 아니한다. 그러나 시간의 경과에 따라 보조금의 일부가 기업에 귀속될 수 있는 경우에는 시간의 경과에 따라 그 정부보조금을 당기손익으로 인식한다.

(2) 원가로 측정하는 생물자산

원가에서 감가상각누계액과 손상차손누계액을 차감한 금액으로 측정하는 생물자산과 관련된 정부보조금에 대해서는 기업회계기준서 제1020호 '정부보조금의 회계처리와 정부지원의 공시'를 적용한다. 즉, 원가모형을 적용하는 유형자산의 정부보조금 회계처리와 동일하게 회계처리하면 된다.

예제 1   생물자산과 수확물

(1) (주)한국은 우유 생산을 위하여 20×1년 7월 1일에 어미 젖소 5마리를 마리당 ₩15,000에 취득하였다. 취득일 현재 어미 젖소의 순공정가치는 ₩14,000이다.

(2) 20×1년 9월 30일에 처음으로 원유를 생산하였으며, 동 일자에 생산된 원유 전체의 순공정가치는 ₩10,000 이다.

(3) 20×1년 10월 2일, 전월에 생산된 원유 전체를 유제품 생산업체에 ₩12,000에 납품하였다.

(4) 20×1년 10월 말에 젖소 새끼 2마리가 태어났다. 이 시점의 새끼 젖소의 순공정가치는 마리당 ₩3,000이다.

(5) 20×1년 12월 28일, 2차로 원유를 생산하였으며, 동 일자에 생산된 원유 전체의 순공정가치는 ₩11,000이다.

(6) 20×1년 12월 말 현재 어미 젖소와 새끼 젖소의 순공정가치는 마리당 각각 ₩16,000과 ₩2,800이며, 보유 중인 원유 전체의 순실현가능가치는 ₩10,500이다.

[요구사항]

1. (주)한국이 20×1년 당기손익에 반영할 금액을 생물자산과 수확물로 구분하여 각각 계산하시오.

2. (주)한국이 20×1년도의 각 일자에 해야 할 회계처리를 수행하시오.

해답 1. 당기손익에 반영할 금액

			생물자산	수확물
20×1.7.1	어미젖소 취득	5마리 × @(14,000 - 15,000) =	(5,000)	-
20×1.9.30	원유 생산		-	10,000
20×1.10.2	원유 매출액		-	12,000
20×1.10.2	원유 매출원가		-	(10,000)
20×1.10.30	새끼젖소 무상취득	2마리 × @3,000 =	6,000	-
20×1.12.28	원유 생산		-	11,000
20×1.12.31	어미젖소 순공정가치평가	5마리 × @(16,000 - 14,000) =	10,000	-
20×1.12.31	새끼젖소 순공정가치평가	2마리 × @(2,800 - 3,000) =	(400)	-
20×1.12.31	원유(수확물) 저가평가	11,000 - 10,500 =	-	(*)(500)
당기손익에 미치는 영향			10,600	22,500

(*) 원유(수확물)은 재고자산 기준서를 적용하여 후속측정한다. 따라서 보고기간 말에 원가(최초인식시점의 순공정가 치)와 순실현가능가치를 비교하여 평가손실을 인식한다.

2. 일자별 회계처리

20×1.7.1	(차) 생물자산(어미젖소)	(*1)70,000	(대) 현금	(*2)75,000
	생물자산평가손실	5,000		

(*1) 5마리 × @14,000 = 70,000
(*2) 5마리 × @15,000 = 75,000

20×1.9.30	(차) 수확물(원유)	10,000	(대) 수확물평가이익	10,000
20×1.10.2	(차) 현금	12,000	(대) 원유매출액	12,000
	(차) 원유매출원가	10,000	(대) 수확물(원유)	10,000
20×1.10.30	(차) 생물자산(새끼젖소)	(*)6,000	(대) 생물자산평가이익	6,000

(*) 2마리 × @3,000 = 6,000

20×1.12.28	(차) 수확물(원유)	11,000	(대) 수확물평가이익	11,000
20×1.12.31	(차) 생물자산(어미젖소)	(*)10,000	(대) 생물자산평가이익	10,000

(*) 5마리 × @(16,000 - 14,000) = 10,000

	(차) 생물자산평가손실	400	(대) 생물자산(새끼젖소)	(*)400

(*) 2마리 × @(2,800 - 3,000) = (-)400

	(차) 수확물평가손실	500	(대) 평가충당금	(*)500

(*) 11,000 - 10,500 = 500

01 의의

① 중간재무보고서(이하 '중간재무제표')란 중간기간에 대한 재무제표를 말한다. 이때 중간기간은 한 회계연도보다 짧은 기간을 말하며, 예를 들어, 3개월 단위의 중간기간(분기), 6개월 단위의 중간기간(반기)이 있을 수 있다.

② 즉, 1년 단위로 공시하는 연차재무제표만으로는 정보이용자들의 적시성 있는 의사결정이 어려우므로 중간재무보고를 함으로써 회계정보의 적시성을 확보하여 재무정보의 유용성을 높이도록 한 것이다. 다만, 중간재무제표를 작성할 때는 주관과 추정이 많이 개입되므로 회계정보의 신뢰성이 저하될 수 있는 문제점이 있다.

> **승철쌤's comment 중간재무제표(분반기재무제표) 작성대상**
>
> 우리나라의 경우, 이해관계자들이 많은 거래소 상장법인과 코스닥 상장법인은 반기보고서와 분기보고서를 작성하여 공시할 것을 의무화하고 있다.

③ 적시성과 재무제표 작성비용의 관점에서 그리고 이미 보고된 정보와의 중복을 방지하기 위하여, 중간재무보고서에는 연차재무제표에 비하여 적은 정보를 공시할 수 있다. 따라서 국제회계기준에서는 요약재무제표와 선별적 주석을 중간재무제표의 최소 내용으로 규정하고 있다.

④ 또한, 중간재무제표는 직전의 전체 연차재무제표를 갱신하는 정보를 제공하기 위하여 작성한 것으로 본다. 따라서 중간재무제표에는 새로운 활동, 사건과 환경에 중점을 두며, 이미 보고된 정보를 반복하지 않는다.

> **⊘ 참고   한국채택국제회계기준의 준수에 대한 공시**
>
> ① 한국채택국제회계기준에 따라 중간재무보고서를 작성한 경우, 그 사실을 공시하여야 한다. 다만, 중간재무보고서가 한국채택국제회계기준의 요구사항을 모두 충족한 경우가 아니라면 한국채택국제회계기준을 준수하여 작성되었다고 기재하여서는 아니 된다.
>
> ② 연차재무제표와 중간재무제표가 국제회계기준에 따라 작성되었는지는 개별적으로 평가한다. 즉, 기업이 중간재무보고를 하지 않았거나 국제회계기준을 준수하지 아니한 중간재무보고를 하였더라도, 연차재무제표는 국제회계기준에 따라 작성될 수 있다.

02 중간재무제표의 형식과 내용

(1) 형식

① 중간재무제표는 전체재무제표(연차재무제표와 동일한 수준) 또는 요약재무제표를 포함한 보고서(요약된 수준)의 형식으로 작성할 수 있다. 다만, 최소한 다음의 구성요소를 포함하여 작성해야 한다.

⊙ 요약재무상태표
ⓛ 요약된 하나 또는 그 이상의 포괄손익계산서
ⓒ 요약자본변동표
ⓔ 요약현금흐름표
ⓜ 선별적 주석

---

② 기업이 주당이익 공시대상 기업인 경우, 기본주당이익과 희석주당이익은 중간기간의 당기순손익의 구성요소를 표시하는 재무제표에 표시한다. 따라서 만일 기업이 별개의 손익계산서에 당기순손익을 표시하는 경우에는 별개의 손익계산서에 기본주당이익과 희석주당이익을 표시한다.

③ 중간재무제표의 이용자는 해당 기업의 직전 연차재무제표도 이용할 수 있을 것이다. 따라서 직전 연차재무제표에 이미 보고된 정보에 대한 갱신사항이 상대적으로 경미하다면 중간재무제표에 주석으로 보고할 필요는 없다.

④ 한편, 직전 연차재무제표를 연결기준으로 작성하였다면 중간재무제표도 연결기준으로 작성해야 한다. 왜냐하면 지배기업의 별도재무제표는 직전 연차연결재무제표와 일관되거나 비교가능한 재무제표가 아니기 때문이다. 다만, 연차재무제표에 연결재무제표 외에 추가적으로 지배기업의 별도재무제표가 포함되어 있더라도, 중간재무제표에 지배기업의 별도재무제표를 포함하는 것을 요구하거나 금지하지 않는다.

(2) 중간재무제표가 제시되어야 하는 기간

중간재무제표는 다음 기간에 대한 중간재무제표(요약 또는 전체)를 포함하여야 한다.

① **재무상태표**: 당해 중간보고기간 말과 직전 연차보고기간 말을 비교하는 형식으로 작성한 재무상태표
② **포괄손익계산서**: 당해 중간기간과 당해 회계연도 [*]누적기간을 직전 회계연도의 동일기간과 비교하는 형식으로 작성한 포괄손익계산서
③ **자본변동표**: 당해 회계연도 [*]누적기간을 직전 회계연도의 동일기간과 비교하는 형식으로 작성한 자본변동표
④ **현금흐름표**: 당해 회계연도 [*]누적기간을 직전 회계연도의 동일기간과 비교하는 형식으로 작성한 현금흐름표
[*] 누적기간: 회계기간 개시일부터 당해 중간기간의 종료일까지의 기간

사례

중간재무제표의 보고기간

예를 들어, 연차보고기간 말이 12월 말인 기업의 20×2년 2분기(20×2.4.1 ~ 6.30) 중간재무제표에 표시되는 보고기간은 다음과 같다.

중간재무제표의 종류	당분기(20×2년)		전분기(20×1년)	
재무상태표	당분기 말	20×2.6.30	전기 말	20×1.12.31
포괄손익계산서	당해 중간기간	20×2.4.1 ~ 6.30	당해 중간기간	20×1.4.1 ~ 6.30
	누적 중간기간	20×2.1.1 ~ 6.30	누적 중간기간	20×1.1.1 ~ 6.30
자본변동표, 현금흐름표	누적 중간기간	20×2.1.1 ~ 6.30	누적 중간기간	20×1.1.1 ~ 6.30

(3) 중요성

중간재무제표를 작성할 때 인식, 측정, 분류 및 공시와 관련된 중요성의 판단은 해당 중간기간의 재무자료에 근거하여 이루어져야 한다. 그리고 중요성을 평가하는 과정에서 중간기간의 금액 측정은 연차재무자료의 측정에 비하여 추정에 의존하는 정도가 크다는 점을 고려하여야 한다.

03 중간재무제표의 인식과 측정

(1) 연차기준과 동일한 회계정책

① 중간재무제표는 연차재무제표에 적용하는 회계정책과 동일한 회계정책을 적용하여 작성한다. 다만, 직전 연차보고기간 말 후에 회계정책을 변경하여 그 후의 연차재무제표에 반영하는 경우에는 변경된 회계정책을 적용한다.

② 이때 유의할 점은 중간재무제표에 대해 연차재무제표와 동일한 회계정책을 적용한다는 것이 개별 중간기간을 독립적인 보고기간으로 간주하여 측정하라는 의미는 아니다. 즉, 중간기간도 전체 회계연도의 일부분이므로 연차재무제표에 보고되는 금액이 재무제표의 보고빈도(연차보고, 반기보고, 분기보고)에 따라 달라지지 않아야 한다. 이러한 목적을 달성하기 위하여 중간재무보고를 위한 금액 측정은 당해 회계연도 누적기간을 기준으로 측정해야 한다.

③ 물론, 당해 회계연도 누적기간의 측정은 당해 회계연도의 이전 중간기간에 보고된 추정금액에 대한 변경을 수반할 수 있다. 그러나 중간기간에 자산, 부채, 수익 및 비용을 인식하는 원칙은 연차재무제표에서의 원칙과 동일하다. 이러한 예는 다음과 같다.

> ⊙ 중간기간에 재고자산의 감액, 구조조정 및 자산손상을 인식하고 측정하는 원칙은 연차재무제표만을 작성할 때 적용하는 원칙과 동일하다. 그러나 이러한 추정치가 당해 회계연도의 후속 중간기간에 변경되는 경우에는 당해 후속 중간기간에 추가로 손실금액을 인식하거나 이전에 인식한 손실을 환입함으로써 당초 추정치가 변경된다.
> ⓛ 중간보고기간 말 현재 자산의 정의를 충족하지 못하는 원가는 그 후에 자산의 정의를 충족할 가능성이 있다는 이유로 또는 중간기간의 이익을 유연화하기 위하여 자산으로 계상할 수 없다.
> ⓒ 법인세비용은 각 중간기간에 전체 회계연도에 대해서 예상되는 최선의 가중평균연간법인세율의 추정에 기초하여 인식한다. 다만, 연간법인세율에 대한 추정이 후속 중간기간에 변경되는 경우에는 후속 중간기간의 법인세비용을 조정해야 할 수도 있다.

(2) 계절적, 주기적 또는 일시적인 수익

① 계절적, 주기적 또는 일시적으로 발생하는 수익은 연차보고기간 말에 미리 예측하여 인식하거나 이연하는 것이 적절하지 않은 경우 중간보고기간 말에도 미리 예측하여 인식하거나 이연하여서는 아니된다.

② 이러한 수익의 예로 배당수익, 로열티수익 및 정부보조금 등이 있을 수 있다. 또 다른 예로, 소매업의 계절적 수익 등과 같이 특정 중간기간마다 다른 중간기간에 비해 지속적으로 더 많이 발생하는 수익도 있다. 이러한 수익은 발생할 때 수익으로 인식한다.

(3) 연중 고르지 않게 발생하는 원가

연중 고르지 않게 발생하는 원가는 연차보고기간 말에 미리 비용으로 예측하여 인식하거나 이연하는 것이 타당한 방법으로 인정되는 경우에 한하여 중간재무보고서에서도 동일하게 처리한다.

(4) 추정치의 사용

중간재무제표 작성을 위한 측정절차는 측정결과가 신뢰성이 있으며 기업의 재무상태와 경영성과를 이해하는 데 적합한 모든 중요한 재무정보가 적절히 공시되었다는 것을 보장할 수 있도록 설계한다. 연차기준과 중간기준의 측정 모두 합리적인 추정에 근거하지만, 일반적으로 중간기준의 측정은 연차기준의 측정보다 추정을 더 많이 사용한다.

01 활동성비율은 기업이 보유하고 있는 자산을 당기 중에 얼마나 효율적으로 운용하였는 (O, X)
지를 나타내는 재무비율을 말하며, 활동성비율의 예로 총자산회전율, 매출채권회전율,
재고자산회전율 등이 있다.

02 재고자산회전율은 매출액을 평균재고자산으로 나누어 계산한 재무비율로, 기업이 당 (O, X)
기 중에 재고자산의 매입과 판매를 몇 번이나 반복하였는지를 나타낸다.

03 생물자산은 살아있는 동물이나 식물을 말하며, 생산용 식물에서 자라는 생산물 포함한다. (O, X)

04 생산용 식물은 수확물을 생산하거나 공급하는 데 사용하고, 한 회계기간을 초과하여 (O, X)
생산물을 생산할 것으로 예상하는 살아있는 식물을 말하며, 수확물로 판매될 가능성이
희박해야 한다.

05 생산용 식물을 제외한 생물자산은 공정가치를 신뢰성 있게 측정할 수 없는 경우를 제 (O, X)
외하고는 최초인식시점과 매 보고기간 말에 순공정가치로 측정한다. 그리고 생물자산
을 최초인식시점에 순공정가치로 인식함에 따라 발생하는 평가손익과 후속측정 시 발
생하는 순공정가치 평가손익은 발생한 기간의 당기손익에 반영한다.

06 생물자산에서 수확된 수확물은 수확시점에 순공정가치로 측정한다. 만일 수확시점에 (O, X)
서의 수확물의 공정가치를 신뢰성 있게 측정할 수 없는 경우에는 원가에서 감가상각누
계액과 손상차손누계액을 차감한 금액으로 측정한다.

07 생산용 식물은 성숙되기 전에는 자가건설 유형자산과 동일한 방법으로 측정하며, 성숙 (O, X)
한 후에는 유형자산의 원가모형이나 재평가모형을 적용하여 회계처리한다.

정답 및 해설

01 O

02 X 재고자산회전율은 (매출액이 아니라) 매출원가를 평균재고자산으로 나누어 계산한다. 참고로, 매출채권회전율은
매출액을 평균매출채권으로 나누어 계산한다.

03 O
04 O
05 O
06 X 생물자산과는 달리, 수확물은 수확시점(최초인식시점)에서의 공정가치를 항상 신뢰성 있게 측정할 수 있는 것으로
간주한다. 그리고 이러한 측정치는 기업회계기준서 제1002호 '재고자산'이나 적용가능한 다른 한국채택국제회계
기준서를 적용하는 시점의 원가가 된다.

07 O

농림어업 - 생물자산, 수확물

01 농림어업 기준서의 내용으로 옳지 않은 것은? [세무사 13]

① 생물자산은 공정가치를 신뢰성 있게 측정할 수 없는 경우를 제외하고는 최초인식시점과 매 보고기간 말에 순공정가치로 측정한다.

② 최초로 인식하는 생물자산을 공정가치로 신뢰성 있게 측정할 수 없는 경우에는 원가에서 감가상각누계액과 손상차손누계액을 차감한 금액으로 측정한다.

③ 생물자산을 최초인식시점에 순공정가치로 인식하여 발생하는 평가손익과 생물자산의 순공정가치 변동으로 발생하는 평가손익은 발생한 기간의 당기손익에 반영한다.

④ 수확물을 최초인식시점에 순공정가치로 인식하여 발생하는 평가손익은 발생한 기간의 당기손익에 반영한다.

⑤ 순공정가치로 측정하는 생물자산과 관련된 정부보조금에 부수되는 조건이 있는 경우에는 이를 수취할 수 있게 되는 시점에만 당기손익으로 인식한다.

중간재무제표의 형식과 내용

02 중간재무보고에 대한 설명으로 옳은 것은? [세무사 20]

① 한국채택국제회계기준에 따라 중간재무보고서를 작성한 경우, 그 사실을 공시할 필요는 없다.

② 중간재무보고서상의 재무상태표는 당해 중간보고기간 말과 직전연도 동일 기간 말을 비교하는 형식으로 작성한다.

③ 중간재무보고서상의 포괄손익계산서는 당해 중간기간과 당해 회계연도 누적기간을 직전 회계연도의 동일기간과 비교하는 형식으로 작성한다.

④ 중간재무보고서를 작성할 때 인식, 측정, 분류 및 공시와 관련된 중요성의 판단은 직전 회계연도의 재무자료에 근거하여 이루어져야 한다.

⑤ 중간재무보고서상의 재무제표는 연차재무제표보다 더 많은 정보를 제공하므로 신뢰성은 높고, 적시성은 낮다.

재고자산회전율 + 매출총이익률법

03 (주)세무는 20×1년 12월 31일 독립 사업부로 운영되는 A공장에 화재가 발생하여 재고자산 전부와 장부가 소실되었다. 화재로 인한 재고자산 손실을 확인하기 위하여 A공장의 매출처 및 매입처, 그리고 외부감사인으로부터 다음과 같은 자료를 수집하였다.

> ○ 매출: ₩1,000,000
> ○ 기초재고: ₩100,000
> ○ 20×0년 재무비율
>   – 매출총이익률: 15%
>   – 재고자산회전율: 680%

(주)세무가 추정한 재고자산 손실금액은? (단, 매출총이익률과 재고자산회전율은 매년 동일하며, 재고자산회전율은 매출원가와 평균재고자산을 이용한다) [세무사 20]

① ₩150,000 ② ₩150,500
③ ₩151,000 ④ ₩151,500
⑤ ₩152,000

농림어업 - 계산형 문제

04 20×1년 초 (주)세무낙농은 우유 생산을 위하여 젖소 5마리(1마리당 순공정가치 ₩5,000,000)를 1마리당 ₩5,200,000에 취득하고 목장운영을 시작하였다. 20×1년 12월 25일에 처음으로 우유를 생산하였으며, 생산된 우유는 전부 1,000리터(ℓ)이다. 생산시점 우유의 1리터(ℓ)당 순공정가치는 ₩10,000이다. 20×1년 12월 27일 (주)세무낙농은 생산된 우유 중 500리터(ℓ)를 유가공업체인 (주)대한에 1리터(ℓ)당 ₩9,000에 판매하였다. 20×1년 말 목장의 실제 젖소는 5마리이고, 우유보관창고의 실제 우유는 500리터(ℓ)이다. 20×1년 말 젖소 1마리당 순공정가치는 ₩5,100,000이고 우유 1리터(ℓ)당 순실현가능가치는 ₩11,000이다. 위 거래가 (주)세무낙농의 20×1년도 포괄손익계산서상 당기순이익에 미치는 영향은? [세무사 22]

① ₩9,000,000 증가 ② ₩10,000,000 증가
③ ₩11,000,000 증가 ④ ₩12,000,000 증가
⑤ ₩13,000,000 증가

정답

01 ⑤　02 ③　03 ①　04 ①

해설

01 ⑤　순공정가치로 측정하는 생물자산과 관련된 정부보조금에 부수되는 조건이 있는 경우에는 그 조건을 충족하는 시점에만 당기손익으로 인식한다.

02 ③　① 한국채택국제회계기준에 따라 중간재무보고서를 작성한 경우, 그 사실을 공시하여야 한다.
　　② 중간재무보고서의 재무상태표는 당해 중간보고기간 말과 직전 연차보고기간 말을 비교하는 형식으로 작성한다.
　　④ 중간재무제표를 작성할 때 인식, 측정, 분류 및 공시와 관련된 중요성의 판단은 (직전 회계연도의 재무자료가 아니라) 해당 중간기간의 재무자료에 근거하여 이루어져야 한다.
　　⑤ 중간재무보고를 함으로써 회계정보의 적시성을 확보할 수 있다. 다만, 중간재무제표를 작성할 때는 주관과 추정이 많이 개입되므로 회계정보의 신뢰성은 저하될 수 있는 문제점이 있다.

03 ①　**(1) 매출원가**
　　매출액 × 매출원가율 = 1,000,000 × 85%(= 1 - 15%) = 850,000
　　(2) 화재 당시 재고자산을 a라고 하면,
　　재고자산회전율: 매출원가 ÷ 평균재고자산 = 850,000 ÷ {(100,000 + a)/2} = 680%
　　⇨ a(화재 당시 재고자산) = 150,000

04 ①

젖소(생물자산) 취득	5마리 × @(5,000,000 - 5,200,000) =	[*1](1,000,000)
우유(수확물) 생산	1,000리터 × @10,000 =	[*2]10,000,000
우유 매출총이익(손실)	500리터 × @(9,000 - 10,000) =	(500,000)
젖소 순공정가치평가	5마리 × @(5,100,000 - 5,000,000) =	[*1]500,000
우유(수확물) 저가평가	500리터 × @(11,000 - 10,000) =	[*3]0
20×1년 당기순이익 영향		9,000,000 증가

[*1] 젖소(생물자산)는 최초인식시점과 매 보고기간 말에 순공정가치로 측정하고, 순공정가치평가손익은 당기손익으로 인식한다.
[*2] 우유(수확물)는 최초인식시점에 순공정가치로 측정하고, 순공정가치평가이익은 당기손익으로 인식한다.
[*3] 우유(수확물)는 재고자산 기준서를 적용하여 후속측정하므로, 기말에 원가(최초인식금액)와 순실현가능가치를 비교하여 평가손실을 인식한다. 다만, 20×1년 말 유유(수확물)의 단위당 순실현가능가치 11,000이 단위당 원가 10,000(최초인식금액)보다 크므로 평가손실로 인식할 금액은 없다.

농림어업

01 다음을 읽고 물음에 답하시오.

(1) (주)한국은 사과를 수확해서 판매할 목적으로 20×1년 초에 사과나무 묘목을 ₩80,000에 구입하였다.

(2) 20×1년 중에 원가 ₩20,000을 투입하여 묘목은 20×2년 초부터 생산이 가능한 상태로 성숙되었으며, 20×1년 말 사과나무의 순공정가치는 ₩130,000이다. 사과나무의 예상 생산연도는 10년이며, 10년 후의 잔존가치는 없는 것으로 판단된다.

(3) (주)한국은 20×2년 중 사과를 100개를 수확하고 이 중 85개를 개당 ₩150에 판매하였으며, 개당 거래원가는 ₩10이 발생하였다. 수확한 사과의 수확시점의 개당 순공정가치는 ₩120이며, 20×2년 말 현재 보유 중인 사과의 개당 순공정가치는 ₩130이다. 그리고 20×2년 말 현재 사과나무와 수확하지 않은 사과의 순공정가치는 각각 ₩150,000과 ₩9,000이다.

[물음] 상기 사과나무 및 관련 수확물과 관련하여 (주)한국의 ① 재무상태표에 보고할 금액과 ② 당기손익에 미치는 영향을 다음의 양식에 따라 각각 제시하시오. 단, (주)한국은 유형자산에 대하여 원가모형을 적용하여 회계처리한다.

구분	재무상태표		당기손익 효과	
	20×1년 말	20×2년 말	20×1년	20×2년
생물자산				
재고자산				
유형자산				

해답 1. 생물자산

(1) 사과나무에서 자라나는 사과는 생물자산으로 분류되며, 최초인식시점과 매 보고기간 말에 순공정가치로 측정한다(순공정가치평가손익: 당기손익 인식).

(2) 답안의 작성

구분	재무상태표		당기손익 효과	
	20×1년 말	20×2년 말	20×1년	20×2년
생물자산	-	9,000	-	9,000

2. 재고자산

(1) 사과나무에서 수확한 사과(수확물)는 재고자산으로 분류되며, 수확시점에만 순공정가치로 측정한다(순공정가치평가손익: 당기손익 인식).

(2) 답안의 작성

구분	재무상태표		당기손익 효과	
	20×1년 말	20×2년 말	20×1년	20×2년
재고자산	-	(*1)1,800	-	(*2)13,700

(*1) 15개 × @Min[120, 130] = 1,800

(*2) 수확시점의 순공정가치평가이익: 100개 × @120 = 12,000
사과 판매이익: 85개 × @(150 - 10 - 120) = 1,700
⇨ 20×2년 당기손익 효과: 12,000 + 1,700 = 13,700 증가

3. 유형자산(생산용 식물)

(1) 사과나무(생산용 식물)는 유형자산으로 분류된다. 생산용 식물은 성숙되기 전에는 자가건설 유형자산과 동일한 방법으로 측정하며, 성숙한 후에는 유형자산으로 처리하고 원가모형이나 재평가모형을 적용한다.

(2) 답안의 작성

구분	재무상태표		당기손익 효과	
	20×1년 말	20×2년 말	20×1년	20×2년
유형자산	(*1)100,000	(*3)90,000	-	(*2)(-)10,000

(*1) 80,000 + 20,000 = 100,000

(*2) 20×2년 감가상각비: (100,000 - 0) ÷ 10년 = 10,000

(*3) 100,000 - 10,000(20×2년 감가상각비) = 90,000

2024 공인회계사·세무사 1, 2차 시험 대비

해커스
IFRS
김승철
중급회계 하

개정 3판 1쇄 발행 2023년 3월 14일

지은이	김승철
펴낸곳	해커스패스
펴낸이	해커스 경영아카데미 출판팀

주소	서울특별시 강남구 강남대로 428 해커스 경영아카데미
고객센터	02-566-0001
교재 관련 문의	publishing@hackers.com
학원 강의 및 동영상강의	cpa.Hackers.com

ISBN	979-11-6880-887-4 (13320)
Serial Number	03-01-01

회계사 · 세무사 · 경영지도사 단번에 합격,
해커스 경영아카데미 cpa.Hackers.com

ĪĦĪ 해커스 경영아카데미

• 김승철 교수님의 **본 교재 인강** (교재 내 할인쿠폰 수록)

• **공인회계사·세무사 기출문제, 시험정보/뉴스** 등 추가 학습 콘텐츠

• 선배들의 성공 비법을 확인하는 **시험 합격후기**